HISTÓRIA DA COMUNA DE 1871

HIPPOLYTE PROSPER-OLIVIER LISSAGARAY

HISTÓRIA DA COMUNA DE 1871

Tradução de Sieni Maria Campos

1ª edição

Expressão Popular

São Paulo • 2021

Revisão: Dulcineia Pavan, Aline Piva e Lia Urbini
Projeto gráfico: ZAP Design
Projeto da capa: Marcos Cartum
Capa e diagramação: Gustavo Motta
Foto da capa: Bruno Braquehais, *Comunardos na barricada da Rua da Paz*, 1871

A presente edição tomou como base a edição da Editora Ensaio (São Paulo, 1991)
Tradução: Sieni Maria Campos
Título original: *Histoire de la Commune de 1871*
1ª edição francesa: 1876
2ª edição francesa, considerada definitiva: 1896
Versão integral: La Découverte/Maspero, 1983

Dados Internacionais de Catalogação-na-Publicação (CIP)

L772h

Lissagaray, Hippolyte Prosper-Olivier
História da Comuna de 1871/ Hippolyte Prosper-Olivier Lissagaray.—1.ed.-- São Paulo : Expressão Popular, 2021.

608 p.

ISBN 978-65-5891-024-4

1. França - História 2. Paris (França) - História Comuna, 1871. 3. Revoluções – História. I. Título.

CDU 944

Bibliotecária: Eliane M. S. Jovanovich CRB 9/1250

1ª edição: maio de 2021

EDITORA EXPRESSÃO POPULAR
Rua Abolição, 201 – Bela Vista
CEP 01319-010 – São Paulo – SP
Tel: (11) 3112-0941 / 3105-9500
livraria@expressaopopular.com.br
www.expressaopopular.com.br
ed.expressaopopular
editoraexpressaopopular

Sumário

Nota editorial

Diante da ofensiva conservadora e neofascista sob a qual vivemos em nosso país e no mundo nestes últimos anos, coloca-se cada vez com mais força a necessidade da organização dos setores populares. A batalha das ideias é uma das importantes trincheiras a se travar nesse período. Assim, desde 2019 a Expressão Popular e a Adunirio – seção sindical dos docentes da Unirio e filiada ao Andes-SN – têm desenvolvido um trabalho conjunto para a edição de títulos clássicos do pensamento e da luta da classe trabalhadora. Desta parceria entre sindicato e editora, foram lançados três títulos: as reedições de *Apontamentos sobre a "teoria do autoritarismo"*, de Florestan Fernandes, e *A ditadura do grande capital*, de Octavio Ianni; e, pela primeira vez em língua portuguesa, *O reformismo e a contrarrevolução (estudos sobre Chile)*, de Ruy Mauro Marini.

Em 2020, essa articulação entre a seção sindical e a editora se ampliou reunindo, além da Adunirio, a Adufc, Aduff, Adufpel e Adufop – todas filiadas ao Andes-SN –, cujo resultado foi a publicação pela primeira vez em língua portuguesa os textos na íntegra da *Nova Gazeta Renana*, escritos por K. Marx e F. Engels, em dois volumes que somam mais de 1.500 páginas.

É com muita alegria e esperança que seguimos fortalecendo essa relação entre a editora e as organizações da classe trabalhadora e que publicamos agora, nos marcos da comemoração dos 150 anos da Comuna de Paris, *A história da Comuna de 1871*, de Hippolyte Prosper-Olivier Lissagaray. Livro já clássico, teve uma edição no Brasil pela editora Ensaio, em 1991, por ocasião dos 120 anos da Comuna.

Conhecer essa história a partir da perspectiva de um de seus participantes ativos – o autor foi um dos comunardos que bravamente resistiu nas barricadas de Paris – é uma forma de aprendermos com a história e com a luta dos que vieram antes de nós para conseguirmos avançar na construção de uma sociedade sem classes.

Nesse sentido, um dos valores mais caros à nossa prática e à nossa perspectiva é o da solidariedade, sem a qual essa edição não teria sido possível. Assim, gostaríamos de agradecer ao Paulo Barsotti que nos autorizou a publicação deste texto, editado pela Ensaio, e preparou uma apresentação para este volume; à Sieni Maria Campos, que prontamente aceitou ceder a sua tradução para essa edição; ao professor José Paulo Netto que preparou uma breve nota biográfica sobre esse importante comunardo; e à professora Virgínia Fontes que redigiu o texto de orelha.

Sigamos nossa luta nos inspirando no lema dos comunardos: "Estamos aqui pela humanidade!"

Editora Expressão Popular
Diretoria da Adunirio (gestão 2019-2021)

Apresentação

Comuna de Paris de 1871: o pesadelo do Estado e do capital

PAULO DOUGLAS BARSOTTI*

As classes dominantes capitalistas sempre cobriram com um manto de obscurantismo a história dos trabalhadores e, em especial, de seus movimentos revolucionários. A Comuna de Paris de 1871 é um capítulo exemplar dessa "conspiração do silêncio", que ignora a primeira revolução vitoriosa dos trabalhadores e tenta jogá-la na vala comum do esquecimento. Evento histórico banido da maior parte dos livros de

---

* Doutor em História Econômica pela USP, Professor aposentado (Fundação Getulio Vargas de São Paulo), dentre as suas publicações destacam-se a organização dos livros *A Comuna de Paris de 1871 – História e Atualidade* (Editora Ícone, 2002), *América Latina: história, ideias e revolução*, (Xamã Editora, edições 1998-1999), *América Latina: história, crise e movimento* (Xamã Editora, 1999), foi diretor executivo da Editora Ensaio (1984-1994), secretário executivo da *Revista Ensaio* (1981-1989), colaborador das revistas *Luta Sociais* (Núcleo de Estudos de Ideologias e Lutas Sociais - PUC-SP), *Margem Esquerda* (ed. Boitempo), *Novos Temas* (Instituto Caio Prado Junior), *Novos Rumos* (Instituto Astrogildo Pereira, Unesp-Marilia) entre outras.

história no Brasil e no mundo, ou, quando muito, referido em poucas linhas como a "revolução horrenda" e minimizada sua importância.

Nos seus 72 dias de existência, a Comuna de Paris significou a vitória da primeira revolução social do trabalho, pioneira conquista do poder político e da constituição de governo dos e para os trabalhadores. Fruto da aspiração do movimento operário e social do século XIX, a emancipação dos trabalhadores como obra dos próprios trabalhadores era a sua insígnia, que inspirou e animou as lutas sociais que a precederam.

A palavra de ordem dos comunardos, que indicava os seus propósitos, era "Estamos aqui pela humanidade". A perspectiva era a emancipação de todo o gênero humano, a construção de uma sociedade universal, e seu horizonte, o de banir "a prostituição, a exploração comercial de todas as criaturas humanas por outras criaturas humanas", como expressou um de seus combatentes, o jornalista e escritor Jules Vallès (1821-1885).

Afirmava-se, assim, a autoemancipação dos trabalhadores e seu caráter internacional, que desde a década de 1840 estava presente no movimento dos trabalhadores franceses da *União Operária* de Flora Tristan (1803-1844), e que seria palavra de ordem permanente da Associação Internacional dos Trabalhadores (AIT-1864).

As ideias de auto-organização dos trabalhadores, de autogestão e de centralização pela base foram praticadas na forma comunal (horizontal e vertical) tanto na organização social, na qual a iniciativa da administração da vida pública fica nas mãos do controle comunal, quanto na econômica, por meio do cooperativismo nas fábricas e oficinas abandonadas pela burguesia assim que é proclamada a República do Trabalho em Paris.

Para se compreender este "assalto ao céu", é necessário recorrer à história francesa desde a Revolução Burguesa de 1789, a mais democrática e generosa de todas as revoluções dessa classe, fruto da presença das massas populares aliadas da burguesia na luta contra as forças absolutistas e privilégios feudais. O seu resultado foi a realização do máximo de igualdade permitida na sociedade capitalista: a proclamação da emancipação política, da igualdade de direitos políticos, da afirmação da cidadania restrita à vida política. Essa limitação da igualdade humana ao plano político foi denunciada no interior da própria revolução burguesa pelos primeiros comunistas franceses da *Conspiração dos Iguais*, de François Noel *Gracchus* Babeuf (1760-1797) e Philippe Buonarroti (1761-1837), que propunham a comunidade de bens e trabalho como forma da igualdade social real na vida concreta dos homens.

A partir desse momento, a burguesia se assusta com a instabilidade e a impossibilidade de exercer diretamente o seu poder político na forma republicana e, assim, a França, em especial Paris, que concentrava maior número de trabalhadores urbanos e futuros proletários, se transforma no terremoto político do século XIX, onde sucessivas revoluções e contrarrevoluções se processam até o ápice e fim do ciclo político com a Comuna de Paris.

A alternativa que se apresentou à burguesia, para garantir o seu poder econômico e tranquilidade aos seus negócios, foi abdicar de seu poder político e não resistir ao golpe militar de 9 de novembro de 1799 (18 Brumário), do general Napoleão Bonaparte, que derruba o Diretório e cria o Consulado (1799-1804). Para proteger a Revolução da reação absolutista feudal, o primeiro cônsul brinda a Europa com guerras expansionistas que garantem internamente a ordem burguesa e a expandem por todo o continente.

Criadas essas condições objetivas internas e externas, Napoleão desfere seu golpe fatal e instaura o Primeiro Império Burguês (1804-1815). Assim, o primeiro bonapartismo, com seu poder centralizado, militarizado e burocratizado no Executivo, cumpre o papel de consolidar a ordem da revolução burguesa na França.

Com a derrota do imperador em Waterloo (1815), vitoriosa, a reação restaura na França a Monarquia Absolutista dos Bourbons

(1815-1830). As contradições entre a nobreza absolutista e a oposição, comandada pela burguesia liberal, atinge o clímax com a reação do monarca Carlos X que, diante da sua derrota nas eleições de 1830, decreta as Ordenanças de Julho (ou Ordenanças de Polignac), que anulam os resultados das eleições, impõem a censura total e fixam um novo censo eleitoral que reduz mais ainda o colégio eleitoral. A resposta da oposição republicana vem através das barricadas e lutas nas ruas de Paris, que forçam ao rei a abdicar do trono e a rumar para o exílio. Diante dessa radicalização das massas populares, temerosa, a alta burguesia financeira instala no trono vago Luís Felipe de Orleans, o "rei burguês", e cria a Monarquia de Julho (1830-1848). Essa forma política, a monarquia constitucional burguesa, concede cidadania somente às frações burguesas ligadas ao capital financeiro e aos grandes proprietários de terra, alijando e excluindo do cenário político outras frações burguesas (industriais e comerciantes) e, obviamente, todas as massas trabalhadoras e populares.

Essa cidadania restrita passa a ser questionada por todos os marginalizados e excluídos da vida política, converte-se no furacão das Revoluções de 1848-1849, a Primavera dos Povos, que abrange a França e todo o continente. Mais uma vez, as massas populares francesas saem às ruas ao lado da bandeira tricolor burguesa e a Revolução de Fevereiro, a "bela Revolução de todas as classes" e da "fraternidade geral", põe fim à Monarquia de Julho e cria um governo provisório que proclama a Segunda República (1848-1852). Segue-se uma nova Assembleia Constituinte, que imediatamente é contestada por manifestações revolucionárias. E aqui, nas Jornadas de Junho de 1848, é travado o primeiro grande embate entre o proletariado e a burguesia, o primeiro grande confronto e explicitação da luta de classes da sociedade moderna capitalista.

Aqui, diferentemente de outras vezes em que apoiara a burguesia e se subordinara à bandeira tricolor e às reivindicações burguesas, o proletariado francês vai às ruas com reivindicações proletárias e hasteando a sua própria bandeira, a bandeira vermelha. O movimento é massacrado e, assim, se dá o batismo de sangue do movimento operário francês. A repressão se estende por todo continente, marcando o fim da Primavera dos Povos e o início da contrarrevolução burguesa permanente. Poucos meses depois, em 10 de dezembro, realizam-se as eleições presidenciais, vencidas por Luís Napoleão.

A lição que resta dessa derrota é que a classe trabalhadora, dentro da sociedade burguesa, não deve esperar nada ou quase nada quanto à melhoria de suas condições de vida. A grande questão estava posta: os trabalhadores devem cessar com todas as ilusões de harmonia entre as classes sociais. A palavra de ordem é a luta contra o regime de trabalho assalariado imposto pela burguesia que escraviza todos os trabalhadores, qualquer que seja a sua forma de dominação social e política. No máximo, a burguesia serve as migalhas que sobram de seus pratos.

Inicia-se um novo período histórico, o da contrarrevolução burguesa permanente e do refluxo do movimento dos trabalhadores, sacramentado pelo golpe de Estado de 1851 e a implantação da ditadura bonapartista, o 18 Brumário de Luís Napoleão. Assim, o segundo bonapartismo, regime de franco terrorismo, manipulação e hostilidade contra a classe trabalhadora, será a forma exemplar do Estado autocrático burguês em sua fase de contrarrevolução permanente.

Nestas condições de repressão aos trabalhadores, seguem-se anos de desenvolvimento industrial e comercial francês e europeu, mas, a partir de 1857, eclode a primeira grande crise econômica capitalista mundial, e com ela a retomada do movimento dos trabalhadores em escala continental, cuja expressão maior é a formação da Primeira Associação Internacional, em 1864.

Como em todo momento de crise mundial capitalista, uma das respostas mais frequentes é a guerra expansionista pela hegemonia política e econômica. Eclode a guerra entre França e Alemanha (1870-1871); a Europa continental não podia comportar e suportar dois bonapartismos.

O II Império de Luís Napoleão é fragorosamente derrotado pelos prussianos, o imperador se rende e seus Exércitos são aprisionados.

Termina assim a aventura bonapartista francesa, e, com sua queda em Paris, é proclamada a Terceira República Francesa, constituído um Governo Provisório de Defesa Nacional com a hegemonia dos republicanos conservadores.

Com o avanço dos prussianos em direção à Paris, o governo provisório não tem alternativa para defender a cidade a não ser armar o povo, organizando Comitês de Defesa Nacional nos 20 distritos da cidade. Esta situação especial, de povo armado, se torna mais perigosa para a burguesia francesa do que o próprio avanço dos Exércitos prussianos a Paris. É aqui que o Governo de Defesa Nacional negocia clandestinamente a paz com a Prússia e realiza manobras para desarmar os trabalhadores parisienses: a tentativa de tomada dos canhões de Montmartre, frustrada pela ação decisiva das mulheres. Malograda esta ação furtiva e explicitada a traição do governo provisório em 18 de março, é proclamada a Comuna pelo Comitê Central da Guarda Nacional: instala-se um duplo poder na França. Em Paris, o poder operário e, em Versalhes, o poder burguês; abre-se a guerra civil e a guerra de classes. A insurreição nacional e popular transforma-se em uma revolução social. No interior da França, fracassam as tentativas de formação de outras comunas, que sofrem oposição e resistência de camponeses, pequenos proprietários e católicos conservadores.

A Comuna de Paris fica isolada e sitiada pelos prussianos. Como parte do acordo de paz com o governo burguês de Versalhes, a Prússia liberta e arma os exércitos franceses aprisionados em Sedan, que marcham para Paris. Pela primeira vez na história, o Exército vencido e o vencedor se unem para massacrar os trabalhadores; a contrarrevolução burguesa executa um concerto a quatro patas e inaugura a repressão internacional do capital sobre o trabalho.

A derrocada da Comuna inicia-se em primeiro de maio. Rapidamente, os Exércitos de Versalhes ocupam a cidade, revelando suas debilidades e falta de comando militar. Aos comunardos, resta a luta nas ruas de Paris, onde a presença das mulheres é marcante até a última barricada na Rua Ramponeau, que marca o fim da Semana Sangrenta

(22-28 de maio). Todo esse heroísmo e energia não contêm a fúria e a repressão do exército versalhês, que se transforma em verdadeiro pelotão de fuzilamento, executando 30 mil homens, mulheres e crianças que ousaram violar o monopólio do poder burguês.

Dos inúmeros legados da Comuna, destacamos a destruição do Estado burguês parlamentar, burocratizado e militarizado, substituído pelo organismo comunal Legislativo e Executivo, ao mesmo tempo, com base no princípio "manda quem faz", com salários iguais aos dos trabalhadores médios para os funcionários públicos, mandatos revogáveis a qualquer momento, fim do serviço militar e do exército permanente. Também é marcante a destruição do aparato ideológico burguês: a separação entre Estado e Igreja – a religião é tratada como questão de foro íntimo, supressão de subvenção de culto, educação laica e gratuita e o início do ensino técnico e escolas profissionais.

O espírito universal da Comuna é praticado objetivamente, estabelecendo uma nova relação entre os povos, banindo xenofobia, hostilidade e discriminação racial. Nos quadros da Comuna e em suas barricadas, vamos encontrar belgas, italianos, poloneses, russos, húngaros e espanhóis, que recebem a cidadania em uma demonstração do internacionalismo do trabalho.

A participação das mulheres foi determinante em todas as instâncias da vida comunal, colocando fim à milenar dominação falocrática e realizando a verdadeira emancipação feminina até hoje não alcançada. O correspondente do *Times* em Paris fez o seguinte comentário a esse respeito, em abril de 1871: "se a nação francesa fosse composta somente de mulheres, que terrível nação seria".

Pela ousadia das experiências esboçadas na curta duração da Comuna de Paris, a humanidade nunca mais seria a mesma, tanto para o trabalho quanto para o capital. A Comuna inaugura a iniciativa social dos trabalhadores, indica e decifra na pureza de suas contradições o enigma, os caminhos e descaminhos do processo da autoemancipação do trabalho. Seu significado é a convocação à revolução; seu exemplo, a postura revolucionária. Seus erros e acertos servem de aprendizado a todos que lutam pela emancipação humana. Nas palavras de Lissagaray, a Comuna "foi apenas um combate de vanguarda", que não teve tempo "para desenvolver suas ideias nem suas legiões [...], mas que potente vanguarda, que durante mais de dois meses manteve na expectativa as forças coligadas das classes governantes; que importais soldados os que, nos mortais postos avançados, respondiam ao versalhês: estamos aqui pela humanidade".

Então, digamos:

COMO
UM
COMUM
UMA
COMUNA

Introdução à primeira edição inglesa*

ELEANOR MARX AVELING

A presente tradução da *Histoire de la Commune* de Lissagaray foi realizada há muitos anos, por desejo expresso do autor, que além de emendá-la bastante, escreveu quase uma centena de páginas especialmente para esta versão em inglês. A tradução foi feita, de fato, a partir de uma versão da *Histoire de la Commune* preparada para uma segunda edição – edição que o governo francês não permitiria que fosse publicada. Esta explicação é necessária em virtude das diferenças entre a tradução e a primeira edição do livro de Lissagaray.

---

* Texto traduzido por Lia Urbini, extraído de https://www.marxists.org/history/france/archive/lissagaray/introduction.htm. Eleanor Marx experienciou de muito perto a Comuna de Paris. Com 16 anos à época, partiu de Londres para Bordeaux acompanhada da irmã mais velha, Jenny. Chegaram em Bourdeaux em 1º de Maio, enquanto em Paris a Comuna ainda resistia, para auxiliar a irmã do meio, Laura, e seu cunhado Paul Lafargue. O casal enfrentava dificuldades: Paul ficara alguns dias incomunicável →

Escrito em 1876, existem hoje, consequentemente, passagens desatualizadas desta história; por exemplo, as referências aos prisioneiros na Nova Caledônia, aos exilados e à anistia. No entanto, prefiro deixar esta tradução do modo como ela estava originalmente por dois motivos. Em primeiro lugar, "atualizá-la" seria apenas fazer dela uma colcha de retalhos. Em segundo lugar, tenho aversão a alterar este trabalho em qualquer dos seus aspectos. Ele foi inteiramente revisto e corrigido pelo meu pai. Quero que permaneça como ele o conheceu.

A *História da Comuna* de Lissagaray é a única história autêntica e confiável que já foi escrita do movimento mais memorável dos tempos modernos. É verdade que Lissagaray foi um soldado da Comuna, mas ele teve a coragem e a honestidade de falar a verdade. Não tentou esconder os erros do seu partido, nem encobrir as fraquezas fatais da Revolução; e, se errou, foi por moderação, em sua ansiedade de não fazer uma única declaração que não pudesse ser corroborada por provas inquestionáveis de sua veracidade. Sempre que possível, as declarações dos versalheses em seus inquéritos parlamentares, imprensa e livros são utilizados em preferência às declarações de amigos e partidários; e sempre que as evidências dos comunardos são dadas, são invariavelmente peneiradas com cuidado escrupuloso. E é esta imparcialidade, este cuidado em evitar qualquer afirmação que possa ser considerada duvidosa, que deve recomendar esta obra aos leitores ingleses.

Especialmente na Inglaterra, a maioria das pessoas ainda ignora consideravelmente os acontecimentos que conduziram e forçaram o

---

→ ao viajar à Paris para solicitar autorização para organizar um exército revolucionário em Bordeaux, e Laura com os dois filhos doentes aguardava seu retorno. Eleanor e Jenny os ajudaram a chegar à Espanha para fugir da perseguição contra os comunardos, mas foram obrigadas a passar uma noite detidas na gendarmaria e uma semana em prisão domiciliar, até terem seus passaportes devolvidos. As crianças acabaram morrendo. Posteriormente, Eleanor organizou o Comitê de Amparo aos Comunardos em Londres, onde conheceu muitos exilados. Foi a responsável pela tradução inglesa de *Histoire de la Commune*, além de ter sido companheira de Lissagaray na juventude, enquanto este estava no exílio inglês. (N. T.)

povo de Paris a fazer aquela Revolução que salvou a França da vergonha e da desgraça de um quarto império. Para a maioria dos ingleses, a Comuna continua a soletrar "rapina, medo e luxúria", e, quando falam das suas "atrocidades", têm uma vaga ideia de reféns massacrados impiedosamente por revoluções brutais e de casas incendiadas por *pétroleuses** furiosas. Não será o momento de os ingleses finalmente aprenderem a verdade? Não será o momento de lhes lembrar que para os 65 reféns abatidos – não pela Comuna, mas por algumas pessoas enlouquecidas pelo massacre dos prisioneiros pelos versalheses –, as tropas da lei e da ordem abateram 30 mil homens, mulheres e crianças, a grande maioria destes muito tempo depois de todos os combates terem cessado? Se algum inglês, depois de ler a *História da Comuna* de Lissagaray, ainda tiver dúvidas sobre o que foram realmente as "atrocidades" da Comuna, deve recorrer à correspondência parisiense, entre maio e junho de 1871, do *Times*, *Daily News* e *Standard*,** a partir

* O termo *pétroleuse* circulou à época para designar mulheres comunardas que, de acordo com rumores, circulavam pela cidade com garrafas de petróleo para incendiar prédios e casas burguesas durante a defesa contra as tropas versalhesas, nos últimos dias da Comuna. (N. T.)

** Basta consultar o relato do *The Times* sobre os assassinatos em Moulin Saquet e Clamart, muito antes da entrada dos versalheses em Paris, e os relatos na imprensa inglesa dos massacres em massa após a sua entrada. Apresento alguns excertos selecionados ao acaso: "A confusão se instaurou no final do Bulevar Malesherbes, e é um espetáculo lúgubre ver cada homem e cada mulher, de todas as idades e condições de vida, marchando adiante, de maneira espaçada, nessa direção fatal. Um grupo de *300* deslocou-se pela avenida há pouco [...]. No Satory, na quarta-feira, mil insurgentes capturados revoltaram-se e livraram-se das suas algemas [...]. Os soldados dispararam contra a multidão, *e 300* insurrectos foram alvejados [...]. Num dos comboios de prisioneiros [...], uma mulher era conduzida por um gendarme, que a atingiu com a ponta do seu sabre até seu sangue correr [...]. M. Galliret deteve a coluna, selecionou 82 [prisioneiros], e mandou fuzilá-los ali mesmo [...]. Cerca de *mil* comunistas foram fuzilados após sua captura (1 de junho) [...]. A vida humana tornou-se tão barata que um homem é fuzilado mais rápido do que um cão. As execuções sumárias continuam [muito depois de os combates terem cessado] a ser realizadas em massa". *The Times*, maio-junho de 1871. →

das quais é possível saber que tipo de "ordem reinou em Paris" após a gloriosa vitória de Versalhes.

Não basta que sejamos claros quanto às "atrocidades" da Comuna. É tempo de as pessoas compreenderem o verdadeiro significado desta Revolução; e isto pode ser resumido em poucas palavras. Significou o governo do povo pelo povo. Foi a primeira tentativa do proletariado se autogovernar. Os trabalhadores de Paris expressaram isto quando declararam, em seu primeiro manifesto, que "compreendiam ser seu dever imperioso e seu direito absoluto se tornarem senhores dos seus próprios destinos, tomando o poder governamental". O estabelecimento da Comuna não significava a substituição de uma forma de dominação de classe por outra, mas sim a abolição de toda a dominação de classe. Significou a substituição da produção capitalista pela verdadeira cooperativa, isto é, a comunista, e a participação nesta revolução dos trabalhadores de todos os países significou a internacionalização, e não apenas a nacionalização da terra e da propriedade privada.

E os mesmos homens que agora clamam contra o uso da força usaram a força – e que força! – para derrotar o povo de Paris. Aqueles que denunciam os socialistas como meros agitadores e dinamiteiros usaram o fogo e a espada para esmagar o povo até a submissão.

→ "Várias centenas de insurgentes que se refugiaram em Madeleine foram, diz-se, baionetados na igreja [...]. Os cadáveres de insurgentes que preencheram 11 vagões foram enterrados na vala comum de Issy [...]. Nenhum centavo sequer foi dado a qualquer homem, mulher ou criança [...]. São fuzilados em lotes de *50* e até *100* de cada vez". *Daily News*, maio-junho de 1871.

"As execuções em massa continuam indiscriminadamente. Os prisioneiros são abatidos em lotes em certos [...] lugares onde os pelotões de fuzilamento estão alocados, e trincheiras profundas são escavadas antecipadamente [...]. Num destes, o Caserne Napoléon, desde ontem à noite, já foram abatidas *500* pessoas [...]. Há, invariavelmente, mulheres e meninos entre eles [...]. Os prisioneiros são logo executados com uma salva de tiros e jogados em uma trincheira; se não são mortos pelos tiros, a morte por asfixia deve em breve pôr fim à sua dor. Dois tribunais marciais estão, por si sós, executando na proporção de *500* por dia. *Dois mil* cadáveres foram recolhidos nos arredores do Panthéon". *Standard*, junho de 1871.

E qual tem sido o resultado destes massacres, desta matança de milhares de homens, mulheres e crianças? O socialismo está morto? Foi afogado no sangue do povo de Paris? Não. O socialismo é hoje uma potência ainda maior do que em qualquer outra época. A república burguesa de França pode dar as mãos ao autocrata da Rússia para sufocá-lo, Bismarck pode aprovar leis repressivas e a América democrática pode perseguir seu rastro – e ele ainda avança! E porque o socialismo é hoje uma potência, porque na Inglaterra ele está até "no ar", chegou o momento de fazer justiça à Comuna de Paris. Chegou o momento em que mesmo os adversários do socialismo lerão, pelo menos com paciência, se não com simpatia, um relato honesto e verdadeiro do maior movimento socialista – até agora – do século.

Junho (Semana do Pentecostes), 1886.

Prefácio à primeira edição [francesa]

HIPPOLYTE PROSPER-OLIVIER LISSAGARAY

O prólogo desta história deveria ser a história do quarto Estado desde 1789. Mas o tempo urge; as vítimas descem ao túmulo: as perfídias liberais ameaçam superar as calúnias gastas dos monarquistas; limito-me hoje à introdução estritamente necessária.

Quem fez os acontecimentos de 18 de março? Que fez o Comitê Central? O que foi a Comuna? Por que estão faltando 100 mil franceses a seu país? Onde estão as responsabilidades? Legiões de testemunhos o dirão.

É um proscrito que empunha a pena – sem dúvida; mas um proscrito que não foi membro oficial, nem alto funcionário da Comuna; que durante cinco anos peneirou os testemunhos; que buscou sete provas antes de escrever; que vê o vencedor à espreita da menor inexatidão para negar todo o resto; que não conhece melhor defesa para os vencidos do que o simples e sincero relato de sua história.

História esta que, aliás, é devida a seus filhos, a todos os trabalhadores da terra. O filho tem o direito de conhecer o porquê das derrotas dos pais; o Partido Socialista, as campanhas de sua bandeira em todos os países. Aquele que conta ao povo falsas lendas revolucionárias, que o diverte com histórias sedutoras é tão criminoso quanto o geógrafo que traça mapas mentirosos para os navegadores.

Londres, novembro de 1876.
35, Fitzroy Street (Fitzroy Square).

Prefácio
à segunda edição [francesa]
— *Para que se saiba* —

HIPPOLYTE PROSPER-OLIVIER LISSAGARAY

"A história da Comuna foi escamoteada", disse Michelet em *La Revolution Française.* A história da Comuna de 1871 foi fabricada por escamoteadores. Desconhecer ou odiar a classe que tudo produz é a característica atual de uma burguesia outrora grande, hoje enlouquecida com as revoluções que vêm de baixo.

A de 18 de março de 1871 é a mais importante do século. A mais surpreendente manifestação daquela força popular que toma a Bastilha, leva o rei de volta à Paris, garante os primeiros passos da Revolução Francesa, sangra no Campo de Marte, arrebata as Tulherias, expulsa o prussiano, extirpa a Gironda. Alimenta com ideias a Convenção, os jacobinos e o Hôtel-de-Ville,* varre os padres, dobra-se sob Robespierre, reergue-se em prairial e a seguir dorme durante 20 anos para despertar ao som do canhão dos aliados; torna a mergulhar na noite, ressuscita em 1830, enche de sobressaltos os primeiros anos do reino

* Paço municipal da cidade de Paris. Desde 1357, o edifício abriga as principais instituições do governo governo municipal – prefeitura e câmara municipal. (N. E.)

orleanista assim que é capturada, rompe as rédeas em 1848, sacode a república madrasta durante três dias em junho; outra vez repelida, eclode em 1869, esvazia as Tulherias em 1870, mais uma vez se ergue contra o invasor, uma vez mais é desdenhada, aviltada, até o dia em que esmaga a mão que a quer oprimir. Essa onda revolucionária se espraia ininterruptamente em nossa história, ora à luz do dia, ora subterrânea, como aqueles rios que de repente mergulham nos abismos ou nas areias para tornar a surgir muito mais formidáveis ao sol, admirado. Vou contar sua última erupção e dos lagos de lama separar as águas vivas.

De onde brotaram os desconhecidos que fizeram os acontecimentos de 18 de março de 1871? O que provocou tais fatos? Que fez o Comitê Central? O que foi a Comuna? Como tantos milhares de franceses patriotas republicanos foram pelos próprios franceses massacrados, banidos da pátria e renegados tanto tempo por republicanos? Onde estão as responsabilidades? Os atos vão dizer.

Resumidos por um ex-combatente, sem dúvida, mas que não foi membro, oficial, alto funcionário, nem empregado da Comuna, mas simplesmente mais um nas fileiras; alguém que conheceu homens de todos os ambientes, viu os fatos, vivenciou dramas; um homem que, durante longos anos, coletou e selecionou os testemunhos sem outra ambição além de iluminar para a nova geração o sulco ensanguentado traçado por seus pais.

O advento gradual e irresistível das classes laboriosas é o fato culminante do século XIX. Em 1830, 1848 e 1870, o povo toma de assalto o Hôtel-de-Ville para entregá-lo quase de imediato aos especialistas em escamotear vitórias; em 1871, ele não se deixa demover, recusa-se a entregá-lo e, durante mais de dois meses, administra o governo, leva a cidade ao combate. Ele precisa saber como e por quem foi mais uma vez derrubado, podendo ouvir e ser paciente diante dessa verdade, pois é imortal.

O bajulador, que construísse falsas lendas pretensamente revolucionárias, seria um inimigo tão criminoso quanto o cartógrafo que traçasse mapas mentirosos para os combatentes de amanhã.

Maio de 1896.

Prólogo do combate: a França antes da guerra

O Império é a *paz.*

Luís Napoleão Bonaparte (outubro de 1852).

Nove de agosto de 1870. Em três dias, o império perdeu três batalhas. Douay, Frossard e Mac-Mahon se deixaram isolar, surpreender, esmagar. A Alsácia está perdida, a Mosela descoberta, Émile Ollivier convocou a Assembleia Legislativa. Desde as 11 horas da manhã, Paris controla a Praça da Concórdia, os cais, a Rua de Bourgogne e cerca o Palais-Bourbon.

Paris espera a palavra de ordem dos deputados da esquerda. Desde a derrota, estes são a única autoridade moral. Burgueses, trabalhadores, todos os seguem. As oficinas espalharam um Exército nas ruas; à frente dos grupos, muitos homens de comprovada energia.

O império está rachando, só falta desmoronar. As tropas formadas diante da Assembleia Legislativa estão muito comovidas, dispostas a se rebelar, apesar do velho marechal Baraguey-d'Hilliers, rabugento e cheio de galões. Gritam-lhes: "À fronteira!". E os oficiais murmuram: "Nosso lugar não é aqui!"

No vestíbulo, conhecidos republicanos, desobedecendo as ordens, apostrofam os deputados imperiais, exigem a república. Lívidos, os mamelucos (*mamelucks*) se esgueiram por trás dos grupos. Thiers chega sobressaltado; rodeiam-no, ele responde: "Pois bem, fazei vossa república!". Passa o presidente da Assembleia, Schneider, que vai ocupar seu lugar, e gritam-lhe: "Deposição!"

Os deputados da esquerda, pressionados pelos delegados dos que estão na rua, perguntam: "Que esperam? Estamos prontos! Apresentem-se na colunata ou nas grades!". Parecem apavorados. "Vocês são em número suficiente? Não é melhor deixar para amanhã?". De fato, só há 100 mil homens. Alguém diz a Gambetta: "Somos vários milhares na Praça Bourbon". Outro que relata os acontecimentos: "Aproveitai a situação, ainda é tempo de salvá-la; amanhã sereis forçados a enfrentá-lo quando for desesperadora". Nada sai daqueles cérebros atordoados; boquiabertos, não proferem uma palavra.

A sessão é aberta. Jules Favre exorta a Assembleia do desastre de assumir o governo. Os mamelucos, furiosos, ameaçam, e no vestíbulo, Jules Simon retorna, cabelos ao vento: "Querem nos fuzilar; desci até o recinto e, de braços cruzados, lhes disse: 'Pois bem, fuzilai-nos'. Alguém disse então: 'Acabai com isso!'. 'Sim', retruca ele: 'É preciso acabar com isso!' e, trágico, volta ao seu lugar".

Aqui terminam as bufonarias. Os mamelucos, que conhecem a esquerda, se recuperam, livram-se de Émile Ollivier, compõem através de uma manobra hábil um ministério com Palikao, o saqueador do Palácio de Verão. Schneider suspende a sessão às pressas. O povo, afastado vagarosamente pelas tropas, volta a se aglomerar na cabeceira das pontes, corre atrás dos que saem da Câmara e a cada instante acredita que a república foi proclamada. Jules Simon, longe das baionetas, convoca-o para o dia seguinte na Praça da Concórdia. No dia seguinte, a Polícia ocupa todas as avenidas.

A esquerda entregava a Napoleão III nossos dois últimos Exércitos. Em 9 de agosto, bastava um empurrão para derrubar esse destroço de império – como admitiu Pietri, chefe de Polícia de Paris. Instintivamente, o povo oferecia seus braços. A esquerda recusava a revolta libertadora, deixando nas mãos do império a tarefa de salvar a França. Até os turcos, em 1876, tiveram mais inteligência e energia.

Durante três semanas, a França resvalará para o abismo diante da imobilidade dos partidários do império e de uma esquerda que se limitará a proferir exclamações.

Alguns meses depois, em Bordeaux, ouço uma Assembleia gritar contra o império e, em Versalhes, clamores entusiastas a favor de um grande senhor que exige: "Varus, devolvei nossas legiões!". Quem fulmina, quem aplaude assim? A mesma alta burguesia que, durante 18 anos, muda e humilhada, ofereceu legiões a Varus.

Por medo do socialismo, ele aceitara o Segundo Império, como seus pais tinham-se oferecido ao Primeiro para encerrar a revolução. Napoleão I prestou-lhe dois serviços que nem a apoteose foi capaz de retribuir: uma centralização de ferro e a deportação para o túmulo dos 100 mil miseráveis que, entusiasmados ainda pelo vendaval revolucionário, podiam reclamar no primeiro momento sua parte dos bens nacionais. Mas deixou-a à mercê de todos os mestres. Ao assumir o governo parlamentar, para onde Mirabeau queria conduzi-la de um salto, a alta burguesia era totalmente incapaz de governar. Seu motim de 1830, transformado pelo povo em revolução, foi uma ascensão de estômagos ao poder. Os integrantes da alta burguesia de 1830, como os de 1889, só tinham um pensamento: fartar-se de privilégios, armar a fortaleza que defendia seus domínios, explorar um novo proletariado. O futuro do país não lhes importava, se engordassem. O rei orleanista tem carta branca para dirigir e comprometer a França, como o tirânico César. Quando, em 1843, uma nova investida do povo lhes entrega as rédeas, estas escapam de suas mãos deformadas ao cabo de três anos, apesar de proscrições e massacres, passando para o primeiro que aparece.

De 1851 a 1869, voltam às suas ruminações de brumário. Com seus privilégios a salvo, deixam Napoleão III desmantelar a França, enfeudá-la a Roma, desonrá-la no México, isolá-la na Europa, entregá-

-la ao prussiano. Tudo podendo por sua influência, por sua riqueza, não protestam nem com um voto, um murmúrio. Em 1869, quando outra arremetida do povo os opõe ao poder, manifestam apenas veleidades de eunuco: ao primeiro sinal, beijam a bota, desdenham o plebiscito que rebatiza a dinastia.

Pobre França! Quem quer te salvar da invasão? O humilde, o trabalhador, aquele que há anos te disputa ao império.

Esbarramos aqui nas apresentações necessárias. Quem fez a jornada de 9 de agosto de 1870, a guerra, a invasão, os homens, os partidos? É obrigatório um prólogo às tragédias que serão relatadas. O menos árido possível, mas nada saberão os que não estiverem atentos.

Seis anos após 1852, o império industrial sonhado pelos saint--simonianos, embora novo, agitava-se. Muito atrasado em relação a seus vizinhos menores, o país continuava sendo um vasto canteiro de obras alimentado por uma poupança até então inexplorada. Enriquecida por novos mercados, a província esquecia os sete ou oito mil proscritos e deportados, habilmente escolhidos pelo terror.

O clero, fortalecido pelo advento do sufrágio universal, abraçava o imperador "saído da legalidade para entrar de novo no direito", como dissera o bispo Darboy, chamando-o de Carlos Magno e Constantino. A alta e média burguesia oferecia-se para todos os serviços que agradassem ao mestre. A Assembleia Legislativa, enfeitada como um lacaio, toda mesuras e sem direitos, teria lamentado tê-los. Uma vasta polícia, hábil e diligente, vigiava as menores questões. Foram eliminados os jornais de oposição, salvo cinco ou seis mantidos sob controle; as reuniões, as associações, a imprensa e o teatro, castrados; para conseguir paz, o império aparafusara a válvula de escape.

Uma vez ou outra, em Paris, uma estrofe da *Marselhesa,* um grito de liberdade no enterro de Lamennais, de David d'Angers; uma vaia na Sorbonne às palinódias de Nisard; algum manifesto clandestino dos proscritos de Londres ou de Jersey, que não se entendiam entre si; um lampejo dos *Castigos,* de Victor Hugo: nem um ligeiro estremecimento da massa: a vida animal absorvia tudo. Napoleão III, esse árbitro cesário, podia dizer às vítimas das enchentes do Ródano em 1856: "A enchente é como a revolução: ambas devem voltar a seus leitos para não mais sair". Suas prodigiosas obras, sua riqueza multiplicada, as glórias da guerra da Crimeia, em que Napoleão III saldara sua dívida para com os ingleses, tudo no mundo falava da França, exceto a própria França.

Os operários de Paris recuperavam-se, não do golpe de Estado de 1851, que pouco os atingira, mas da matança de junho de 1848, que metralhou seus *faubourgs*, fuzilou e deportou milhares de trabalhadores. Ganhavam seu pão sem acreditar devê-lo ao império e, eventualmente, até marchavam contra este. Nas eleições de 1857, foram eleitos em Paris cinco candidatos hostis, entre os quais Darimon, discípulo de Proudhon e Émile Ollivier – este porque, filho de um proscrito, dissera: "Serei o espectro de 2 de dezembro". No ano seguinte, mais dois opositores: Ernest Picard, advogado de língua ferina, e Jules Favre, muito prestigiado nos tribunais, defensor dos revoltosos sob Luís Filipe, ex-constituinte de 1843, que ganhara novo destaque defendendo Orsini.

Esse italiano teve a sorte de vencer por sua derrota. As bombas de janeiro de 1858 pouparam a única vítima visada. Napoleão III, de quem Orsini queria livrar a Itália, foi precisamente seu libertador. Primeiro houve uma reação que levou às prisões e ao exílio uma nova leva de republicanos, mas, alguns meses após a execução de Orsini, o Exército francês marchou contra a Áustria. A opinião pública inflamou-se por esta guerra libertadora; o *faubourg* Saint-Antoine aclamava o imperador e cada vitória obtida era uma festa nos nossos lares; e, quando Napoleão III retornou, deixando inacabada a libertação italiana, a alma francesa ficou tão amargurada quanto a italiana.

Ele pensou que nos acalmaria com uma anistia geral inútil, pois a maioria dos vencidos de dezembro já fora libertada há muito tempo. Mal restavam algumas centenas de vítimas na Argélia e na França e, no exílio, os mais ilustres ou mais conhecidos, como Victor Hugo, Raspail, Ledru-Rollin, Louis Blanc, Pierre Leroux, Edgar Quinet,

Bancel, Félix Pyat, Schoelcher, Clément Thomas, Edmond Adam, Étienne Arago etc. Uma dúzia dos famosos agarrou-se ao pedestal do exílio, que lhes propiciava grandeza e tranquilidade. De resto, seu papel político teria sido nulo; também não era hora dos homens de ação. Mal foi solto, Blanqui voltou a ser preso e condenado a cinco anos de detenção, acusado de conspiração.

Tramavam-se verdadeiras conspirações contra o império, preparavam-se acontecimentos. Um ano após a falsa paz com a Áustria, Garibaldi reinicia a libertação da Itália, aborda a Sicília com mil homens, atravessa o estreito, marcha sobre Nápoles e, em 9 de novembro de 1860, dá um novo reino a Vítor Emanuel. Napoleão III, que quer cobrir a retirada do rei de Nápoles, tem de chamar sua frota de volta. Em breve a enviará ao México.

Espanha e Inglaterra tinham créditos a cobrar. Assim também Jecker, suíço, aventureiro de altos voos, era credor usurário do governo clerical de Miromon, que fugira diante do governo legal de Juárez. Jecker se associou ao irmão do imperador e a Morny, presidente da Assembleia Legislativa, elegante orquestrador dos acontecimentos de 2 de dezembro, príncipe dos grandes aproveitadores enriquecidos nas inúmeras operações dos últimos anos. O segundo filho de Hortense negociou com Jecker e encarregou-se de fazer com que seu crédito fosse cobrado pelo Exército francês, já manchado pela expedição à China, na qual o general Cousin-Montauban levou-o à pilhagem, ficando ele próprio com um colar, com o qual presenteou a imperatriz, que o ataviou com o título de duque de Palikao.

Habilmente trabalhada por Morny, pelo arcebispo do México, por Almonte e por Miramon, aquela mulher – que não era francesa, como não o era nenhuma das soberanas marcantes em nossos desastres – foi logo ganha para a ideia de uma expedição em prol do clero e dos monarquistas mexicanos. Seu marido, sonhador, foi simpático à possibilidade de conquistar o México para seu império, ainda mais quando a guerra dividia os Estados Unidos. Em janeiro de 1862, as forças francesas e inglesas desembarcam em Vera Cruz, onde os espanhóis os haviam precedido. Inglaterra e Espanha logo percebem que se estão deixando levar pelo jogo de Jecker e de uma monarquia qualquer e se retiram, deixando as tropas francesas comandadas por Lorencey. Não se diz que Almonte, de acordo com as Tulherias, negocia em nome da coroa do México junto a Maximiliano, irmão do imperador da Áustria? O ministro Billault nega descaradamente; um mês depois, Lorencey pronuncia-se a favor de Almonte e declara guerra à república mexicana. O general Forey chega ao México com reforços: a opinião pública se alarma. A esquerda, Émile Ollivier, Picard e Jules Favre falam pela França: Billault responde com um ditirambo.

O público responde. Os parafusos da válvula de escape começam a ceder, a criança do golpe de Estado tornara-se um jovem. Paris se agitava; jornais panfletários surgiam no Quartier Latin; estudantes e operários manifestavam-se contra os massacres na Polônia, heroicamente sublevada contra a Rússia. A revolta era geral: todos os candidatos oficiais foram derrotados nas eleições parisienses de maio de 1863. Em seu lugar, os coligados: Jules Favre, Émile Ollivier, Picard, Darimon; depois deles, Eugène Pelletan, lamartiniano fora de época. Jules Simon, filósofo eclético, que se recusou a prestar juramento em 1851 e aceitou fazê-lo em 1863; Guéroult, cesarista liberal; Havin, burguês voltairiano, e Thiers, ex-ministro de Luís Filipe, chefe dos coligados contra a república de 1848, enganado por Luís Bonaparte, agora eleito pelo mal que podia fazer ao império.

Um operário tipógrafo, Blanc, apresentara-se contra o diretor do *Siècle*, Havin, alegando que os operários também tinham direitos. Acharam-no muito impertinente, lançando contra ele várias oficinas. Os operários ainda não viam para além da política. "Resto de couve, resto de torta, pouco me importa!", dizia um deles, diante de quem se discutia as qualificações de Pelletan; "basta que o projétil lançado por mim seja de oposição". Mas precisava de um projétil conhecido.

Alguns meses depois, em fevereiro de 1864, a afirmação operária se reinicia e, dessa vez, se define. Tratava-se de substituir em Paris dois deputados também eleitos na província: Jules Favre e Havin.

Sessenta operários publicam um manifesto redigido pelo cinzelador Tolain. Ultramoderado na forma, o documento é categoricamente revolucionário. "Senhores da oposição", dizem esses operários,

> se estamos de acordo com os senhores na política, estaremos também em matéria de economia social? Repetiu-se até o cansaço: não há classes desde 1789, todos os franceses são iguais perante a lei; mas para nós, que não temos outra propriedade além de nossos braços, que sofremos todos os dias as imposições do capital, que vivemos sob leis de exceção, é-nos bem difícil acreditar nessa afirmação [...]. Nós, cujos filhos muitas vezes passam seus primeiros anos no ambiente desmoralizador e insalubre das fábricas ou da aprendizagem; nós, cujas mulheres são obrigadas a abandonar o lar por causa de um trabalho excessivo, afirmamos que a igualdade descrita na lei é letra morta [...]. Porém, dirão, os deputados eleitos podem reivindicar todas as reformas como vocês, melhor do que vocês [...]. Respondemos: não! Não estamos representados, pois voz alguma se ergueu em sessão recente da Assembleia Legislativa para formular nossas aspirações, nossos desejos e direitos tal como nós os entendemos; não estamos representados, nós, que nos recusamos a acreditar que a miséria seja de origem divina, não estamos representados, pois ninguém disse que o espírito de antagonismo enfraquecia a cada dia nas classes operárias. Afirmamos que, após 12 anos de paciência, chegou o momento oportuno [...]. Em 1848, a eleição de operários consagrou por meio de um fato a igualdade política; em 1864, essa eleição consagrará a igualdade social.

Estava-se longe do Luxemburgo de 1848, quando a classe operária voltava contra a burguesia suas próprias máximas; em 1863, constituía, em bases totalmente novas, seu próprio princípio: o direito econômico. Era, sem dúvida, uma imensa revolução.

Os Sessenta diziam, com justiça, que os operários estavam fora da lei; no ano precedente, os tipógrafos de várias firmas de Paris tinham sido condenados por delito de coalizão por terem entrado em greve. Nem por isto o manifesto deixou de ter péssima acolhida. Contra esses operários, que se chamavam de classe, não apenas a imprensa se indignou, como 80 deles assinaram outro documento em que acusavam seus companheiros de colocar a questão social de maneira intempestiva, semear a divisão e restabelecer as distinções de castas.

Os Sessenta apresentaram Tolain, cuja profissão de fé foi apoiada por Delescluze – ex-comissário-geral da república –, duas vezes proscrito, em 1852 e 1858. A candidatura operária só reuniu 424 votos, contra 14.807 dados a Garnier-Pagès, sobrevivente do governo provisório de 1848.

A voz dos Sessenta não se perdeu: os deputados da esquerda pediram a revogação da lei sobre as coalizões. O império consentiu em modificá-la e Émile Ollivier, pouco disposto a fazer o papel de espectro improdutivo, aceitou apoiar o projeto do governo, bastante pérfido, pois permitia as greves sem dar o direito de associação. Apesar de tudo, os operários souberam aproveitá-lo para obter reduções nas horas de trabalho e dar início a algumas sociedades operárias: bronzistas, joalheiros, funileiros, marceneiros, produtores de assentos, estampadores de tecidos etc.

Em 28 de setembro de 1864, correu pelo mundo inteiro esta grande frase, mais forte que a dos Sessenta: "A emancipação dos trabalhadores deve ser obra dos próprios trabalhadores". Provinha do Saint-Martin's Hall, em Londres, de uma assembleia de delegados-operários enviados por várias nações da Europa. A afinidade datava de alguns anos, mas a ideia de união só tomara corpo em 1862, depois de a Exposição Universal de Londres pôr operários da França em contato com os sindicatos da Inglaterra. Foi então erguido este brinde: "À futura aliança entre todos os trabalhadores do mundo!". Em 1863, em uma manifestação pela Polônia, surgiu em Saint-James o programa de um encontro. Tolain, Perrachon e Limousin, pela França; os ingleses, por seu lado, organizaram as convocações. Em 1864, a Europa assistiu pela primeira vez a um congresso dos Estados Unidos do Trabalho. Nenhum político participou desse evento extraordinário, nenhum esteve na fundação da grande obra. Karl Marx, o vigoroso pesquisador que aplicou à ciência social o método de Spinoza e foi proscrito da Alemanha e da França, forneceu a nobre fórmula. Decidiu-se que a associação se chamaria Internacional, que um comitê redigiria seus estatutos, que o Conselho Geral seria sediado em Londres, único exílio garantido, e que uma segunda assembleia se reuniria em 1865. Um mês depois, os estatutos eram publicados e os delegados da divisão francesa, entre os quais Tolain e Limousin, abriam a seção francesa da Internacional na mesma Rua des Gravilliers, que sempre esteve no coração da Revolução.

Proudhon morreu no começo de 1865, tendo entendido e descrito esse novo mundo; os operários lhe fizeram um cortejo fúnebre. Um mês depois, gritava-se bis ao faustoso enterro do irmão do imperador, Morny, que deixava em má situação seu associado Jecker.

O general Forey entrara na cidade do México em 3 de junho de 1863; 200 notáveis escolhidos por Almonte chamavam Maximiliano da Áustria à coroa. Caíam todos os véus. A esquerda interpela, demonstra que a expedição custa 14 milhões por mês e mantém longe de casa 40 mil homens; o arquiduque ainda não partiu; ainda é tempo de negociar com a república mexicana. Ardente republicano em 1848, Rouher, ministro que substituiu Billault e que agora estava contaminado pelo imperialismo, brada em tom inspirado: "A história dirá: é um homem de gênio aquele que teve a coragem de abrir novas fontes de prosperidade para a nação da qual era o chefe"; a imensa maioria, servil em 1864 como em 1863, via de regra, os mesmos, aclama a continuação da guerra. Maximiliano, tranquilizado pelo voto, pressionado pelo imperador, munido de um bom tratado rubricado por Napoleão III, aceita a coroa e entra na Cidade do México ao lado de Bazaine, que substituiu Forey. Os patriotas mexicanos repetem contra o sobrinho de Napoleão a guerra da Espanha de 1808, atacando e dividindo nossas tropas. Bazaine organiza contraguerrilhas de bandidos em nome da França e do novo império, pilha, saqueia os particulares e as cidades, e escreve a seus comandantes: "Não admito prisioneiros; qualquer indivíduo, seja ele quem for, será executado". Suas atrocidades revoltaram o governo de Washington, desmoralizando suas próprias tropas. O fato foi relatado pelo marquês de Galliffet, oficial superior que não era nenhum pudico, mas um fanfarrão falido, reabilitado por atrizes, refugiado no Exército à sombra de um vantajoso casamento. Mas o México só fornece cadáveres; Maximiliano pede 250 milhões ao crédito francês. Os deputados da esquerda tornam a censurar essa trágica aventura; Rouher os cobre de desdém e de profecias: "A expedição do México é o maior pensamento do reino: a França conquistou um grande país para a colonização". Os mamelucos aplaudem. Banqueiros atilados subscrevem o empréstimo mexicano moralmente garantido. Resta o orçamento da expedição – não ousam dizer guerra –, 330 milhões para o soldo e a manutenção das tropas. Mais uma vez, o protesto da extrema-esquerda é ridicularizado.

No exterior, aplausos. Apesar de espancados pela polícia, 1.500 estudantes manifestam-se em abril, em frente à residência do ministro dos Estados Unidos, em homenagem ao presidente Lincoln, assassinado pelos escravistas; em junho, eclodem numerosas greves em Paris; nas eleições municipais de julho, a província, até então fiel ao império, parece despertar. "Derrubemos o ídolo!", diz o Comitê de Descentralização de Nancy, no qual figuram iconoclastas, ao lado dos cidadãos Jules Simon, Eugène Pelletan, dos senhores De Falloux, De Broglie e Guizot. Em setembro, o *Siècle* entoa um hino estranho:

> Algo grandioso acaba de erguer-se no mundo. Sabíamos bastante bem que esse frio de morte que se estende na superfície de nossas sociedades não ganhara as profundezas, nem congelara a alma popular, e que as fontes da vida não estavam secas. Nossos ouvidos não estavam habituados a palavras assim; elas nos fizeram estremecer até o fundo do coração.

Quem vaticina é Henri Martin, autor da clássica e laureada *História de França*. São do manifesto da Internacional, que realizou uma conferência em Londres, as seguintes palavras:

> Considerando que a emancipação dos trabalhadores deve ser obra dos próprios trabalhadores, que os esforços dos trabalhadores devem tender a implantar direitos e deveres iguais para todos e a aniquilar a dominação de qualquer classe [...]. Que, como a emancipação do trabalho não é um problema local nem nacional, mas social, abarca todos os países [...] declaram que esta associação Internacional, bem como todas as sociedades ou indivíduos que a ela se afiliarem, reconhecerão que a base de seu comportamento

> em relação a todos os homens deve ser a verdade, a justiça e a moral, sem distinção de cor, credo ou nacionalidade. Consideram um dever reclamar os direitos de homem e de cidadão para todos.

Os grandes jornais da Europa falam como Henri Martin. Por seu intermédio, a Internacional entra solenemente no cenário como potência reconhecida e eclipsa o congresso de estudantes de todos os países realizado pouco depois em Liège. Este só comove o Quartier Latin, representado por Albert Regnard, Germain Casse, Jaciard etc., que carregam uma bandeira negra, a única que, segundo eles, convém à França, de luto por suas liberdades. Ao retornar, foram expulsos da Academia de Paris. O Quartier não esqueceu e, para vingar-se também do mutilador de seu Jardim de Luxemburgo, manifestou-se quando o imperador foi ao Odéon numa noite de março de 1866.

À mesma época, ouviu-se um gemido no Palácio de Bourbon. Apesar das urnas violadas, alguns raros eleitos, muito ricos ou com antiga influência provincial, haviam conseguido passar pelas malhas administrativas e chegar à Assembleia Legislativa. Votam a favor das Tulherias, mas ficam um pouco preocupados com o gerente do imóvel; 45 deles pedem algumas migalhas de liberdade. Rouher se zanga e os 45, cuja emenda conseguiu 63 votos, recuam e votam a mensagem que a Assembleia Legislativa depositou aos pés do imperador.

Um único dos poderes de Estado, imutável, não havia abdicado. *Do ut des* [dou para que (me) dês] é a divisa clerical. O clero só fora a Luís Napoleão para dobrar sua aposta. O presidente pagara pela expedição de Roma – 1849 – aprovando a Lei Falloux sobre a educação, os favores às congregações, às associações religiosas, aos jesuítas; o imperador pagara por ela adotando as doutrinas ultramontanas, deixando que surgissem virgens milagrosas, que fossem proclamados a Imaculada Conceição e este quase dogma: Roma, soberana dos católicos. A guerra da Itália, a expedição de Garibaldi, a derrota das tropas pontificais e a anexação de Nápoles deixaram o papa furioso. Este acusou Napoleão III; os bispos o seguiram. Agora o imperador não é mais Constantino, é "Judas". Napoleão III não ousa prosseguir; aliás não esqueçamos sua mulher. Se ele suporta os padres como aliados, ela os estima como coquete convertida; o papa é padrinho de seu filho e enviou a ela a rosa-de-ouro, reservada às soberanas virtuosas. Um acordo com o reino da Itália, estipulando um prazo para a retirada do Exército francês que ocupava Roma, deixou o clero exaltado até o frenesi. O papa respondeu com uma encíclica, seguido do Sílabo, em que anatematiza o espírito e a obra modernos. Apesar do governo, os bispos publicaram o Sílabo com insultos, o papa felicitou-os. A revolta dos báculos foi tão ameaçadora que, em março de 1865, no Senado, o mesmo ministro que, por ordem do clero e da imperatriz, expulsara Renan da tribuna por ter chamado Jesus Cristo de homem incomparável, fez um violento discurso contra o Sílabo. Um senador demonstra que, em 1856, as corporações religiosas autorizadas totalizavam 65 mil pessoas, com uma fortuna imobiliária de 260 milhões, pelo menos igual à das corporações não autorizadas. Como tal cifra aumentara em dez anos! O cardeal Bonnechose mal se dignou a disfarçar o pensamento do Sílabo e afirmou que as congregações religiosas só tinham dívidas. Rouher fez vista grossa, pois temia esse clero que, apesar dos cortejos de forma, colocava-se inteiro diante do império, disposto a todas as lutas pela dominação.

É o ponto morto do regime. O império não deu à França qualquer princípio novo; as condições econômicas que a favoreceram não existem mais. Perdeu a razão de ser, e para o exterior não passa de uma expressão militar sujeita a todas as rivalidades. Ora, os dentes do dragão, semeados na Itália, haviam brotado por toda parte. Como a península, a Alemanha procurava sua unidade, que duas potências lhe ofereciam. A Áustria, embora velha demais para repetir um Fausto, assumira a dianteira e reunira os príncipes confederados em 1863, em Frankfurt, enquanto Napoleão III se enterrava no México. Sua rival, a Prússia, que posava de liberal, não compareceu, mas das intrigas da Dieta surgiu uma querela alemã que permitiu que a Prússia e a Áustria reivindicassem alguns direitos sobre dois ducados submetidos à Dinamarca – o Schleswig e o Holstein. Os mandatários da Dieta desmembram a Dinamarca, usam a Confederação e, em 1866, a Áustria ocupa o Holstein, e a Prússia, o Schleswig. Aos jornais franceses que reclamam, os de Berlim respondem violentamente: "A França teme que a Alemanha se torne a primeira potência do mundo. A missão da Prússia é fazer a unidade alemã". A Prússia não a oculta quando Bismarck vai a Biarritz pedir a Napoleão III a neutralidade da França em uma guerra contra a Áustria. Ele a obtém, ainda em 1866, tornando o conflito inevitável; em março, denuncia o armamento da Áustria; em abril, assina um tratado de aliança com a Itália, aprovado pelo imperador. Em 11 de junho, às vésperas das hostilidades, Napoleão III comunica à Assembleia Legislativa essa política mortal. A Assembleia Legislativa a assume por 239 votos contra 11. O ponto morto foi ultrapassado, o império vai rolar pela outra vertente.

Em 3 de julho de 1866, a Áustria é esmagada em Sadowa. Vitoriosa na Itália, mesmo assim foi derrotada. Cedeu a Vêneto e saiu da Alemanha para dar lugar à Prússia engrandecida, enriquecida, ditadora militar, chefe da grande família. Napoleão III tentou falar de compensações territoriais; Bismarck respondeu com uma Alemanha disposta a sublevar-se inteira. Seu interlocutor acreditou: disseram-lhe que o Exército francês não estava pronto. Para enfrentar essa Prússia, esgotado pelas vitórias, ele aceitou. Quatro anos depois, não hesitaria em lançar o mesmo Exército francês contra uma Prússia alemã dez vezes mais forte.

Sem jornais para instruí-la, sempre simpática à Itália e hostil à Áustria absolutista, e acreditando em uma Prússia liberal, a massa francesa não viu o perigo, que foi nitidamente demonstrado à Assembleia Legislativa por alguns estudiosos. Os servis não quiseram ouvir, e 219 votos contra 45 declararam que, em vez de se sentir atingida, a França devia estar confiante. Festejaram como uma vitória a neutralização de Luxemburgo. O público só viu no episódio uma guerra evitada. Ao manifesto dos estudantes da Alsácia-Lorena, em protesto contra os ódios e as guerras nacionais, os estudantes de Berlim haviam respondido que, de sua parte, protestavam contra a neutralização. Era a tônica da jovem burguesia prussiana, cujo governo proibia aos nacionais a afiliação à Internacional.

Esta última, ignorando o fragor das armas, realizava seu I Congresso Geral em Genebra, em 3 de setembro de 1866, algumas semanas após Sadowa. Sessenta delegados munidos de mandatos regulares representavam várias centenas de milhares de afiliados. O povo não quer mais combater loucamente conforme a vontade dos tiranos, diz o informe dos delegados franceses, "o trabalho pretende conquistar seu lugar no mundo apenas por meio de sua própria influência, independente de todas as que sempre sofreu ou até procurou". Na festa que se seguiu aos trabalhos do congresso, a bandeira da Internacional, tremulando acima da de todas as nações, ostenta sua divisa em letras brancas: *"Não aos direitos sem deveres, não aos deveres sem direitos"*. Os delegados ingleses foram revistados ao passar pela França; os da França haviam tomado suas precauções. Assim que voltaram, retomaram a propaganda política, apoiaram – fevereiro de 1867 – a greve dos bronzistas em luta contra os patrões. O cinzelador Theisz e alguns da comissão de greve afiliaram-se à Internacional; outros ficaram alheios ou até hostis a ela.

Foram juntos a Londres, onde os sindicatos lhes deram 2.500 francos; o efeito moral foi tal que os patrões capitularam. O chefe de Polícia de Paris parabenizou a comissão operária pelo bom comportamento dos grevistas durante a crise; ele autorizara a realização de reuniões muito grandes; o governo queria dar uma lição aos burgueses de oposição e agravar as desavenças entre a Internacional e a jovem burguesia revolucionária.

Esta via com muito maus olhos os agrupamentos de trabalhadores fechados a quem não fosse operário, achava suspeito seu afastamento da política, acusava-os de fortalecer o império. Alguns desses jovens, criados nas tradições de Blanqui e dos agitadores de antanho, que acreditavam ser a miséria geradora de libertação, ardentes e não destituídos de valor – Protot, advogado, Tridon, rico estudante, quase célebre por sua obra *Hébertistes* –, haviam comparecido ao congresso de Genebra para admoestar os delegados operários, a seu ver, traidores da Revolução. Os delegados, pegos a contrapelo, só viram nos filhos da burguesia seus pais em versão mais jovem; acusaram-nos de ignorar os rudimentos do mundo do trabalho e os trataram mal. Um erro. Aquela geração era melhor e seus jornais do Quartier Latin não se isolavam do proletariado em seu corpo-a-corpo com o império: *La Libre Pensée*, de Eudes Fourens, filho do fisiologista, que havia combatido pela independência de Creta; *La Rive Gauche,* onde Longuet publicava *La Dynastie des Lapalisse* e Rogeard, os *Propos de Labienus.* A polícia fazia incursões frequentes nos dois periódicos, perseguia as menores reuniões, inventava complôs a partir da simples leitura, no Café de la Renaissance, de uma mensagem na qual Félix Pyat, revolucionário honorário, incitava, de Londres, os estudantes às barricadas: "é preciso agir: vossos pais não iam a Liège, acampavam em Saint-Merry".

Velharia oca, sobretudo às vésperas da Exposição Universal, em que Paris acorre para desfrutar a alegria e o espetáculo dos soberanos estrangeiros. Bismarck fez a última avaliação dos homens e das coisas do império. Von Moltke, que vencera a Áustria, visitou tranquilamente nossos fortes; seus oficiais brindaram "à tomada de Paris!". O albergue da Europa, como dizia a princesa de Metternich, divertiu fantasticamente todos os príncipes. Só destoaram uma bela polonesa enviada contra o tsar por um refugiado de nome Berezowski e um amargo alísio do México.

Abandonado em 1866 por seu imperial mandante, por injunção dos Estados Unidos, o imperador Maximiliano fora capturado e fuzilado em 19 de junho de 1867. "O mais belo pensamento do reino" resumia-se a milhares de cadáveres franceses, ao ódio do México destroçado, ao desprezo dos Estados Unidos e à perda brutal de um bilhão de francos. Bazaine, que voltou em estado lamentável, logo refloresceu entre os generais mais bem situados na corte.

A Exposição Universal foi o último rojão do espetáculo imperial. Só restou um cheiro de pólvora. A burguesia republicana, preocupada com os pontos negros que cercavam o horizonte, copiou a Internacional. Imaginou a aliança entre os povos, arrebanhou adesões em número suficiente para realizar um grande congresso em Genebra no dia 8 de setembro de 1867. Garibaldi o presidiu. No mesmo momento, a Internacional celebrava seu II Congresso em Lausanne e, ao contrário dos estudantes de Berlim, os operários alemães dirigiram-lhe uma calorosa mensagem contra a guerra. O congresso de Genebra convocou o de Lausanne; este compareceu, falou de uma nova ordem que livraria o povo da exploração do capital e monopolizou de tal forma a discussão que alguns republicanos, delegados de Paris ao congresso de aliança – entre os quais, Chaudey, um dos executores testamentários de Proudhon –, ofereceram aos operários a aliança com a burguesia liberal em vista da comum libertação. Esta foi aceita e o congresso terminou com a constituição de uma Liga da Paz.

Dois meses depois, o canhão falou diante de Roma. Garibaldi lançou-se contra os Estados Pontificiais, chocando-se em Mentana com as tropas francesas enviadas pela imperatriz e por Rouher. O general de Faily, que as comandava, soube aumentar o ódio dos patriotas italianos telegrafando às Tulherias: "As espingardas Chassepot fizeram maravilhas". Mas, se Napoleão III conseguiu tornar a fazer da França um soldado do papa, a democracia francesa continuou reivindicando a mesma ideia de 1849. Cinco dias antes de Mentana, grita-se "Viva a Itália! Viva Garibaldi" diante de Napoleão III e do imperador da Áustria, que saem de um banquete no Hôtel-de-Ville. Em 2 de novembro, a multidão rodeia o túmulo de Manin, grande defensor de Veneza, no cemitério de Montmartre. Pela primeira vez os operários lotam os bulevares. Algumas horas após a ocupação de Roma, uma delegação, conduzida pelo internacionalista Tolain, insta os deputados da esquerda a renunciar em massa. Jules Favre a recebe, protesta contra a forma e aos operários que lhe perguntam "se o proletariado se levantar pela república, poderá contar com o apoio da burguesia liberal, como foi combinado há dois meses em Genebra?", Favre responde: "Senhores operários, fizestes o império sozinhos; sozinhos deveis desfazê-lo". Jules Favre fingia esquecer que o império fora gerado pela Assembleia de 1848, em cujo procurador se erigira. A aversão aos operários revolucionários persistia nos homens de 1848. Os mais jovens tinham o coração igualmente fechado: "o socialismo não existe, ou ao menos não queremos contar com ele", dissera Ernest Picard.

O único jornal socialista da época, *Le Courrier Français,* mostrou muito bem o caminho traçado. Um jovem escritor, Vermorel, já apresentado por *La Jeune France* e por bons estudos sobre Mirabeau, dava-lhe vida com sua pena e seu dinheiro. Ele revelou a história dos homens de 1848, sua política tacanha, antissocialista, que tornou inevitáveis os acontecimentos de 2 de dezembro. Os operários e os republicanos de vanguarda o liam, mas os republicanos velhos ou muito novos se ofendiam por qualquer alusão àquelas glórias. Em vão as condenações, as advertências mais virulentas e os duelistas do império se abateram sobre Vermorel; os homens de 1848 clamaram que ele era subornado, um agente de Rouher. Foi-lhe tirado o jornal. Muitos outros o seguiriam.

Caquético aos 57 anos, Napoleão III tenta rejuvenescer com uma poção liberal. O fantasmagórico Émile Ollivier, promovido a conselheiro, incentiva a experiência na esperança de governar o impotente. Com muito dinheiro será possível editar um jornal e fazer reuniões políticas, correndo o risco de pagar altas penalidades. Rouher geme; Persigny escreve: "o império parece ruir por toda parte". Ele persistiu, confiante em seus magistrados e em sua polícia. Recebeu de presente, em maio de 1868, *La Lanterne*, brochura semanal em forma de bloco de anotações. Os *Propos de Labienus,* as impertinências acadêmicas de *Le Courrier du Dimanche* e os azedumes de *Le Courrier Français* não haviam desencadeado o riso contagioso. *La Lanterne,* de Rochefort, conseguiu provocá-lo, aplicando à política os procedimentos e os disparates do *vaudeville.* Todos os partidos puderam se divertir às custas dos deuses e deusas das Tulherias transformados em heróis de *La Belle Hélène.* A brincadeira não agradou ao príncipe, nem à sua esposa. Dois meses depois, condenado a longa prisão, Rochefort refugiou-se em Bruxelas; mas ressurgiam lutadores por toda parte. Em Paris, *Le Rappel,* inspirado por Victor Hugo em Jersey, onde a composição de um poema o mantinha à margem; *Le Réveil,* de Delescluze, áspero jacobino, hostil aos charlatães; em Toulouse, Agen, Auch, Marselha, Lille, Nantes, Lyon e Arras, no sul, norte, centro, oeste e leste, 100 jornais acenderam fogueiras de liberdade. Apresentou-se uma multidão de jovens, desafiando prisão, multas e choques, pegando o império, seus ministros e funcionários pelo colarinho, detalhando os crimes de dezembro, dizendo: "Têm de contar conosco: a geração que fez o império está morta". Brochuras, publicações populares, pequenas coleções, exemplares ilustrados da *História da Revolução* mal bastaram para estancar a sede de saber que despertava. Como não recebera o forte alimento do que fez 1848, a nova geração operária ia com sede ao pote.

As reuniões públicas aumentam ainda mais esta fogueira de ideias. A afluência é enorme. Há quase 20 anos que Paris não vê uma palavra livre florescer nos lábios. Apesar do senhor comissário estar disposto a dissolver as reuniões à menor alusão destoante, muitos exaltados soltam fumaça diante de um público insuspeito, sobretudo nos bairros populares onde predominam os provincianos atraídos há 15 anos pelas grandes obras de Paris. Mais novos do que o parisiense puro-sangue, eles mesclam robustez e presteza de reações; querem discussões fortes.

A polícia pôde então vislumbrar que, ao contrário do que acreditara estupidamente desde a manifestação de Mentana, a Internacional não era a mola propulsora. Ela ordenara perseguições que a organização da Rua dos Gravilliers aproveitou para desfraldar sua bandeira, até então desconhecida pela multidão. O procurador-imperial foi amável para com esses honrados trabalhadores que – oh, claro! – formavam – infelizmente! – uma associação não autorizada.

O instigador Tolain fez a defesa coletiva:

> Desde 1802, nossa palavra de ordem é a de que os trabalhadores só devem buscar a própria libertação por si mesmos. [...] Só tínhamos um meio de sair da falsa situação que nos criou a lei: violá-la para mostrar que era ruim, mas não a violamos, pois a polícia, o governo e a magistratura tudo puderam ou souberam tolerar.

O presidente, tão amável quanto o procurador, impôs aos acusados uma multa de 100 francos e declarou dissolvida a Associação Internacional estabelecida em Paris. Constituiu-se logo outra seção, com Malon, Londrin, Combault e Varlin, encadernador que em poucos dias angariara dez mil francos para os grevistas de Genebra. Novas perseguições. Varlin apresenta a Defesa, desta feita em tom mais áspero:

> Uma classe oprimida em todas as épocas e em todos os reinos, a classe do trabalho pretende trazer um elemento de regeneração. [...] Só um vento de liberdade absoluta pode depurar essa atmosfera carregada de iniquidades. [...] Quando uma classe perde a superioridade moral que a torna predominante, tem de eclipsar-se se não quiser ser cruel, pois a crueldade é o único recurso dos poderes que se esfacelam.

Três meses de prisão, eis a sentença "por ter afirmado a existência, a vitalidade e a atuação da Associação Internacional ao intervir na recente greve dos operários de Genebra, seja moralmente, seja incentivando a luta entre patrões e operários" e ainda a dissolução da seção de Paris.

Nem por isso a seção de Paris deixou de ser representada no III Congresso da Internacional, realizado em setembro, em Bruxelas, que exortou todos os trabalhadores a se opor a uma guerra entre a França e a Alemanha. A maioria votou a favor da propriedade coletiva, contra a opinião de Tolain: o governo Imperial usou o fato para assustar republicanos, que o inquietavam seriamente.

Em 2 de novembro de 1868, Dia dos Mortos, eles descobrem, sob uma pedra embolorada do cemitério de Montmartre, o túmulo do representante Baudin, morto em 2 de dezembro de 1851 no *fau-*

bourg Saint-Antoine. Quentin, redator de *La Réveil,* vitupera contra o império. Ouve-se na multidão o grito: "Viva a república!" Um homem que se identifica por "Povo e Juventude" fala de vingança e a promete para breve. *Le Réveil,* de Delescluze; *L'Avenir National,* de Peyrat; *La Revue Politique,* de Challemel-Lacour, e outros periódicos entusiasmados pelo exemplo, abrem uma subscrição em prol de um túmulo que recorde Baudin. O próprio Berryer o subscreve. O império leva a seu tribunal os jornalistas e os oradores de 2 de novembro. Um jovem advogado defende Delescluze. Totalmente desconhecido do público, há alguns anos que se distingue entre a juventude estudantil e nos tribunais, onde surpreendeu mestres em um processo estranho chamado de Processo dos 54. Ele não perde muito tempo glorificando Baudin, logo de início. Gambetta ataca o império, evoca os fatos de 2 de dezembro com grandes pinceladas à maneira de Corneille, encarna a dor, a cólera, a esperança dos republicanos, arrasta com sua voz torrencial o procurador imperial e, cabeleira ao vento, desalinhado, durante uma hora parece o profeta do castigo. A nova França foi sacudida como pelo nascimento de uma consciência. O Processo Baudin é o marco fatídico para o império. Este cometeu a tolice de acreditar que ainda haveria manifestações em 2 de dezembro, e colocou em pé de guerra um exército dirigido por um insignificante ministro do interior, Pinard. Paris, suficientemente vingada, limitou-se a rir. O império, ridicularizado, esmagou os jornalistas com multas e meses de prisão, proibiu as reuniões públicas e usou todos os seus recursos administrativos; as eleições gerais estavam à vista.

Estava concluída a missão dos servis de 1863. Eles acompanharam Napoleão III até o crime de lesa-nação. Bastante mais culpados que em 1857, tinham parido a hegemonia prussiana, atirado a Itália nos braços da Prússia, equipado a guerra do México, aclamado a segunda expedição a Roma e Rouher, com seu "Nunca, nunca a França deixará a Itália ter Roma como capital".

Nenhuma desculpa para tais baixezas e traições. Todos esses deputados oficiais eram integrantes da alta burguesia, grandes industriais, financistas tinham parentes na administração do Estado, no Exército, na magistratura, no clero. Nada podia prevalecer contra sua opinião. Preferiram deixar a vida correr, pois sabiam que, afinal de contas, o trabalho paga tudo. Nas eleições de 1869, não tiveram outro programa além do imperador, não procuraram outro eleitor além do ministro. O povo, uma vez mais, teve de salvar sua dignidade.

Paris não quer mais jornais ditando os rumos das eleições. Consegue encontrar seus candidatos sozinha e, frequentemente, contra os deputados de 1863, que os melhores oradores públicos – Lefrançais, Briosne, Langlois, Tolain, Longuet etc. – tentaram provocar, em vão, a discussões polêmicas. Belleville opõe ao velho Carnot o jovem tribuno Gambetta, que aceita as reivindicações dos eleitores e ergue a bandeira "irreconciliável" a Jules Favre, Rochefort. Contra Garnier-Pagès e apesar da concorrência de Raspail, os operários apresentam Briosne, um dos seus, no intuito de afirmar "o direito das minorias, a soberania do trabalho". Guéroult será combatido pelo advogado Jules Ferry, autor de um bom trocadilho sobre o *préfet** Haussmann. Jules Simon e Pelletan terão adversários. Émile Ollivier, que atraiu sobre si o ódio geral, quer medir-se publicamente no Châtelet com Bancel, deputado muito jovem, eleito em 1852, e remoçado ainda mais pelo exílio. Grita-se ao renegado: Viva a Liberdade! A Polícia desembainha e persegue os republicanos, que sobem à Bastilha cantando a *Marselhesa*.

Gambetta, Bancel, Pelletan, Picard e Jules Simon foram eleitos em 24 de maio; no segundo turno, Thiers, Garnier-Pagès e Jules Favre. Ao ouvir este último nome, gritou-se: "Viva *La Lanterne*!" e, no bulevar, começaram manifestações que ganharam Belleville e Saint-Antoine. A Polícia os engrossou com bandos de rufiões, ataviados, de camisas

---

* Na França, há uma distinção entre prefeito (*maire*) e *préfet*. O prefeito é eleito pelos conselheiros municipais, e é responsável por organizar os trabalhos do Conselho Municipal, bem como encaminhar suas deliberações. A figura dos *preféts*, por sua vez, foi criada em 1800 pelo então primeiro cônsul, Napoleão Bonaparte. Existentes até hoje, são nomeados por decreto presidencial e representam o Estado nos governos locais. (N. E.)

brancas, que derrubavam quiosques, quebravam vidraças das fachadas, justificando, assim, detenções em massa. Os redatores dos jornais *Le Rappel* e *Le Réveil*, bem como os oradores das reuniões públicas, foram presos. As prisões e os fortes de Bicêtre receberam 1.500 prisioneiros; um frequentador das Tulherias, Jules Amigues, escreveu: "É preciso descapitalizar Paris".

Sob coação administrativa, a força eleitoral da província dera uma ampla maioria ao império, reconciliado com os bispos desde Mentana. Entretanto, alguns orleanistas haviam-se infiltrado; a oposição de esquerda era de uns 40 eleitos. Napoleão III controlava dois terços dos 260 deputados, o suficiente para desencorajar os raros clarividentes que falavam de reformas e para escrever que não cederia "diante dos movimentos populares". O tiroteio de La Ricamarie pontuou essa missiva. Em 17 de junho, a tropa atirou contra mineiros em greve, matou 11 homens e duas mulheres, fez numerosos feridos, entre os quais uma menina que Palikao impediu que fosse socorrida. Era a primeira maravilha da espingarda Chassepot na França. Um senador, general da força pública, propôs uma espécie de tiroteio em bloco, um entendimento com todos os governos para eliminar todas as associações e ligas de operários.

Esse velhaco não era de todo estúpido; as sociedades operárias nada diziam em favor desse governo sem princípios que fazia jogo duplo, tolerando a greve dos bronzistas e condenando a dos alfaiates, eliminando a seção da Internacional e incentivando as reuniões do beco Raoul, ora autorizando os delegados das câmaras sindicais a se reunirem, ora os prendendo. Formadas há tempo em muitas indústrias, essas câmaras sindicais queriam se constituir em federação. Seus delegados – Theisz, Avrial, Langevin, Varlin, Dereure, Pindy –, que erravam de local em local, acabaram encontrando uma sede muito ampla, que ficaria célebre, na Rua de la Corderie, no verão de 1869. A Federação sublocou uma parte a diferentes círculos ou sociedades; a do bronze, dos marceneiros, o círculo mutualista, em grande parte composto pela primeira diretoria da Internacional – D'Alton

Shee, Langlois etc. –, o círculo de estudos sociais, que reorganizara a Internacional após o primeiro processo. Esse teto comum levou à crença na identidade entre a Associação Internacional e a Federação das Câmaras Sindicais. Era um erro. Vários delegados da Federação só faziam parte da Internacional a título individual; as sociedades que eles representavam evitavam cuidadosamente comprometer sua existência com um vínculo à Internacional, razão pela qual vários de seus membros eram pouco partidários de tais sociedades.

O povo não levava muito a sério esses agrupamentos sindicais; era mais atraído pela misteriosa Internacional, que, dizia-se – e a seção de Paris dava a entender –, possuía milhões de afiliados e tesouros. Seu IV Congresso foi realizado em Basileia, em setembro de 1869; entre os delegados franceses estavam Tolain, Langlois, Varlin, Pindy, Longuet, Murat e Aubry de Rouen. Discutiu-se sobre coletivismo, individualismo e abolição da herança; proclamou-se o papel militante do socialismo, pois havia surgido uma rival, a Aliança Internacional da Democracia Socialista, fundada no ano anterior pelo anarquista Bakunin. Um delegado alemão, Liebknecht, exaltou os operários de Paris: "sabemos que eles estiveram e permanecerão na vanguarda do Exército revolucionário". Como sede do próximo congresso, foi escolhida por aclamação *Paris Livre!*

Lendo seus jornais, ouvindo suas reuniões, dir-se-ia que a cidade o era... Após uma carta do imperador concedendo alguns minúsculos direitos aos deputados, a Assembleia Legislativa foi fechada por tempo indeterminado, permitindo assim que as vozes da rua se ouvissem ainda melhor. Estas diziam que o homem das Tulherias estava moralmente acabado, fisicamente abalado; *La Réveil,* estudando a evolução de sua doença, só lhe dava três anos de vida; a Imperatriz, a corte e os altos funcionários eram crivados de dardos muitíssimo mais afiados que os de *La Lanterne* de outrora; as reuniões desviavam-se para a política, e, em Belleville, algumas delas foram dissolvidas no fio da espada. Nos tapumes dos novos edifícios das Tulherias, onde o empreiteiro colocara "É proibido a entrada ao público", uma mão escreveu: "sim, às vezes".

O Ministério Público não funcionava. Parecia um novo regime, pois Rouher havia sido provisoriamente afastado para o Senado e os novos ministros eram desconhecidos. O imperador convocou a Assembleia Legislativa para o dia 29 de novembro. Um deputado da esquerda, Kératry, tem a ideia de dizer que a reunião deve ser realizada em 26 de outubro, que a Constituição está sendo violada, que os deputados precisam comparecer no dia 26 à Praça da Concórdia para retomar, mesmo à força, seu lugar no Palácio de Bourbon. *La Réforme* assume a ideia, Gambetta escreve da Suíça: "Lá estarei". Assim também Raspail e Bancel; Jules Ferry declara que responderá ao "insolente decreto".

O tiroteio de Audin também se faz sentir: em 8 de outubro, a tropa mata 14 operários grevistas e fere 50. Paris esquenta. O dia 26 pode tornar-se uma jornada marcante; a esquerda se assusta e assina um manifesto, cuja principal motivação era cobrir sua retirada. Os homens da vanguarda a intimam a explicar esta atitude dúbia. Jules Simon, Ernest Picard, Pelletan, Jules Ferry e Bancel comparecem à convocação recusada por Jules Favre, Garnier-Pagès e outros que pretendem depender apenas de sua consciência. Na sala há apenas 200 militantes velhos e jovens, escritores, oradores de reuniões públicas, operários e socialistas conhecidos. A presidência cabe a Millière, recentemente demitido por uma grande empresa que não tolera empregados socialistas. Os deputados fazem um papel bastante pífio, salvo Bancel, envolto na fraseologia de 1848, e Jules Simon, com seu sangue frio. Ele justifica a ausência de Gambetta – "reserva para o futuro" –, expõe as razões estratégicas que fazem da Praça da Concórdia um local perigoso, flagelo do império, fingindo ignorar que já estão reunidos para os acusar. São interrompidos, lembram-lhes os acontecimentos de junho. Os deputados saíram cheios de um ressentimento que foram obrigados a engolir. Não se falou mais do dia 26 de outubro, mas o governo fez preparativos formidáveis, dos quais Paris zombou, como no ano anterior.

Daí por diante, há duas oposições: a dos parlamentares de esquerda e a dos socialistas – aliados a um grande número de operários, empregados e pequeno-burgueses. Dizem estes: "Os mais belos discursos nada impediram, deram em nada; é preciso agir, sacudir o império até aniquilá-lo". Apresenta-se a ocasião. Dia 21 de novembro. Paris tem de substituir quatro deputados – Gambetta, Jules Favre, Picard e Bancel – que optaram pela província. Belleville troca Gambetta por Rochefort. O autor de *La Lanterne* aceita as condições de Gambetta, que ao chegar da Bélgica suscita nas reuniões um entusiasmo insano. Seus concorrentes são eclipsados, salvo Carnot. Para agredir o imperador, admite-se que Rochefort preste o juramento obrigatório; em todos os outros lugares, o partido de ação exige não juramentados, designa Ledru-Rollin, Barbès, Félix Pyat. O velho tribuno se recusa a ir; o segundo morre em Haia e Félix Pyat não gosta nada de cassetetes. Só Rochefort é eleito; nas outras três circunscrições, vencem os homens do passado, dois de 1848 – Emmanuel Arago e o alquebrado Crémieux – e mais um velho republicano pródigo em tolices – Glais-Bizoin.

Estes três se uniram à esquerda, que acabara de aviltar o mandato imperativo com um manifesto: "A liberdade de discussão, o poder da verdade: é a estas armas que os abaixo-assinados pretendem recorrer; só empunhariam outros se a força tentasse abafar suas vozes". Mas calaram-lhes a voz: "A esquerda não foi formada para reivindicar as liberdades que um terceiro partido obterá mais facilmente. Isolando-se do povo, torna-se de antemão incapaz de empunhar outras armas; não é mais preparadora da república, mas conservadora do império".

Era ler na alma de muitos. Duas esquerdas se delineavam. Uma considerada fechada, sob a presidência do dragão Jules Grévy, guardiã dos princípios puros; a outra, aberta a um terceiro partido, composta de híbridos – liberais, orleanistas e até partidários do império – abrandados pelo amigo de Émile Ollivier, Ernest Picard, louco por um ministério.

Como a lesão imperial alastrava-se cada vez mais, Émile Ollivier suplicou que Napoleão III relesse um certo capítulo de Maquiavel sobre a necessidade de adaptar novos ministros a cada nova situação. Napoleão leu e encarregou de constituir um ministério esse maquiavélico Ollivier, que se comprometia, garantindo ao mesmo tempo a liberdade, a "pegar a Revolução corpo a corpo". "Respondo pela ordem!", dissera o imperador à Assembleia Legislativa. O ano de 1870 foi inaugurado sob a égide dessas duas forças. Émile Ollivier, presidente do Conselho dos Ministros; um reacionário de 1848, Buffet, nas Finanças; o general le Boeuf no ministério da Guerra; um qualquer no do Interior, onde, dizia o general Fleury, velho pirata dos acontecimentos de 2 de dezembro, era preciso "uma mão de ferro".

O partido de ação não parava desde a eleição de Belleville. As reuniões públicas eram febris, a ponto de inquietar Delescluze, que assinalava uma avalanche de exaltados desconhecidos. Seu *La Réveil* e *Le Rappel* ficavam bem atrás da *Marseillaise,* criado por Rochefort em dezembro, metralhadora que atirava sem descanso e cujas instalações, por onde a multidão transitava de manhã à noite, pareciam uma espécie de acampamento. A redação está disposta a tudo. Um primo do imperador, o príncipe Pierre Bonaparte, fera entocada em Auteuil, atacou violentamente, no *Avenir* de *la Corse,* o jornal corso *Rèvanche,* cujo correspondente em Paris, Paschal Grousset, ripostou na *Marseillaise.* O príncipe provocou Rochefort, mas Paschal Grousset adiantou-se e enviou a Auteuil dois de seus colaboradores, Ulric de Fonvielle e Victor Noir, bom rapaz, de 20 anos, que ferve de valentia. Pierre Bonaparte responde com brutalidade que sua luta é contra Rochefort, não contra os serventes, que chama de escória. Um tiro. Victor Noir cai no pátio com o coração atravessado por uma bala. Paris fica abalada. Aquela criança morta e aquele Bonaparte assassino transtornam todos os lares, a piedade da mulher e a paixão do marido. Quando, no dia seguinte, a *Marseillaise* gritou "Povo francês, será que não achas que decididamente já basta?!", era certa a explosão, que teria ocorrido se a Polícia não tivesse retido o cadáver em Auteuil.

Em 12 de janeiro de 1870, 200 mil parisienses sobem os Campos Elíseos para os grandes funerais de seu filho. O Exército, reforçado por guarnições vizinhas, domina todos os pontos estratégicos, e o marechal Canrobert, farejando o cheiro de dezembro, promete um tiroteio. Em Auteuil, Delescluze e Rochefort, que veem a iminência do massacre, conseguem que o caixão seja trasladado para o cemitério, contra a opinião de Flourens e dos revolucionários, que querem levá-lo até Paris. Eles não teriam passado pela barreira, que mal deixou entrar Rochefort e a dianteira de uma coluna, logo repelida na altura dos Campos Elíseos. Os mamelucos queixaram-se de que não se aproveitou a ocasião para fazer a boa sangria que lhes parecia indispensável.

O primeiro ato do liberal Émile Ollivier foi solicitar que Rochefort fosse processado, medida aprovada no dia 17, apesar da oposição da extrema-esquerda, diga-se de passagem. Repelido pelos cassetetes, a multidão que rodeava o Palácio de Bourbon gritou "viva a República!" diante do terraço das Tulherias, onde o imperador passeava.

O segundo ato liberal do relator da lei sobre as coalizões foi dirigir o Exército contra os operários de Creusot que queriam administrar a caixa de aposentadoria, alimentada por seu próprio dinheiro.

O presidente da Assembleia Legislativa, Schneider, chefe daquele feudo, expulsara os membros do Comitê Operário à frente do qual estava Assi. Schneider deixou o assento presidencial, acorreu a sua baronia com três mil soldados e dois generais, levou todo o pessoal de volta às minas e processou grande número de seus operários no Tribunal de Autun.

A seção da Internacional, novamente constituída com outro nome, protestou contra "a pretensão desses capitalistas que, não contentes em deter todas as forças econômicas, ainda querem dispor, e efetivamente dispõem, de todas as forças sociais – Exército, Polícia, tribunais – para manter seus iníquos privilégios". O barulho da greve foi encoberto pela maré montante de Paris. Condenado a seis meses de prisão, Rochefort é entregue pelos deputados e preso na noite de 7 de fevereiro, diante da sala da *Marseillaise.* Flourens grita "Às armas!". Pega o comissário e, seguido por uma centena de manifestantes, dirige-se a Belleville e esboça uma barricada no *faubourg* du Temple. A tropa chega; ele é abandonado e tem muita dificuldade em encontrar um refúgio. No dia seguinte, Paris fica sabendo da prisão de Rochefort, de todos os redatores da *Marseillaise* e de numerosos militantes. Nos *faubourgs*, as massas estão agitadas: na Rua Saint-Maur, ergue-se uma barricada, que é proibida; a ocasião da sangria está prestes a se apresentar quando é publicado um manifesto assinado por operários, muitos dos quais pertencentes à seção da Internacional (Malon, Pindy, Combault, Johannard, Landrin etc.):

> Pela primeira vez em 19 anos, erguem-se barricadas; vão acabar a ruína, a humilhação e a vergonha. [...] A Revolução avança a passos largos: não obstruamos seu caminho com uma impaciência que poderia vir a ser desastrosa. Em nome da república social que todos queremos, exortamos nossos amigos a não comprometer tal situação.

Esses trabalhadores foram ouvidos pelo povo, mas as detenções continuaram. Um operário mecânico, Mégy, preso ilegalmente, mata o policial que força sua porta. Delescluze afirma que Mégy estava em seu direito; o operário é condenado a 13 meses de prisão; o advogado de Mégy, Protot, é preso e amordaçado. No dia 14, 450 pessoas estão atrás das grades, acusadas de ter participado do "complô de fevereiro", dizia esta magistratura cujo chefe, Émile Ollivier, tratava, em 1859, de "podridão".

"Podre" foi como ela pareceu em 21 de fevereiro, em Tours, no julgamento do assassino de Victor Noir. A Constituição imperial concedia aos Bonaparte o privilégio de serem julgados por uma Alta Corte, composta de funcionários graduados do império. A fera de Auteuil rugiu, pois se sentia segura com seus juízes, e disse que Victor Noir o insultara. O professor Tardieu, médico oficial, confirmou, e o procurador-geral, mero lacaio, conseguiu a absolvição. Vaiado pelos estudantes de Paris, Tardieu mandou suspender as aulas. A juventude estudantil foi à forra em um banquete oferecido a Gambetta. "Nossa geração", disse ele, "tem a missão de concluir, completar a Revolução Francesa; o centenário de 1789 não deve encontrar uma França que nada tenha feito pela justiça social". Ele desqualificou o culto a Napoleão I que levara à restauração do império, dizendo: "É um monstro moral, como os monstros o são no físico".

Gambetta igualou-se a Mirabeau na discussão sobre o plebiscito. Napoleão III, sempre hipnotizado pela sombra do falso tio, decidira--se a experimentar o grande remédio que Napoleão I tentara 100 dias antes de Waterloo. No dia 19 de julho de 1869, rejeitava a ideia de um plebiscito que, em 4 de abril de 1870, solicitava com essa fórmula: "o povo francês aprova as reformas operadas na Constituição desde 1860". Gambetta denunciou a armadilha, provou que o império não podia suportar a mínima dose de liberdade e falou a favor da república. O plebiscito foi servilmente votado.

"Daremos provas de uma atividade devoradora", dissera Émile Ollivier, que dava prosseguimento a sua série de expressões preciosas. Os primeiros devorados foram os operários de Anzin, a seguir, os de Creusot. A Internacional recomendou-os aos trabalhadores. "Quando os príncipes que matam são absolvidos e os operários, que só querem viver de seu trabalho, condenados, cabe-nos anular essa nova iniquidade com a adoção de viúvas e órfãos". Com essa exortação, todos os jornais de vanguarda abriram subscrições.

A data marcada para a comédia era 8 de maio. Durante um mês, os poderes públicos, a administração, os magistrados, o clero e os altos funcionários de todo tipo só viveram para o plebiscito. Um comitê bonapartista foi fundado e recebeu a dotação de um milhão do Crédit Foncier. Para atemorizar os burgueses, um redator de *Le Figaro* reuniu em um volume as insânias que escapavam em algumas reuniões públicas. Seu jornal lança contra os republicanos a Sociedade dos Porretes. Sob esse império que pôs para fora toda sua podridão, Villemessant, o tratante autor de *Le Lampion* – inventor, em junho de 1848, dos militares serrados entre duas tábuas, do vitríolo lançado com bombas, das mulheres que vendiam aos soldados aguardente envenenada, do soldado da Guarda Municipal de Paris empalado, dos bônus para três damas de Saint-Germain etc. –, criara o jornal modelo dessa imprensa burlesca, *Le Figaro.* Um bando de trocistas mais ou menos escrevinhadores iam à corte, à cidade, ao teatro desencavar o mexerico, o escândalo do dia ou a anedota picante, escutando às portas, farejando os bastidores, remexendo em bolsos, recebendo às vezes uma novidade, com frequência, um pontapé.

Libertino, conservador e religioso, *Le Figaro* era o órgão e o explorador desses vagabundos, que eram os dignitários, os operadores da Bolsa e as raparigas que levantavam de modo igualmente galante as moedas e as pernas. Os letrados o haviam adotado, nele encontrando alimento e palco. O governo utilizou-o para insultar a oposição, ridicularizar os republicanos, caluniar as reuniões públicas e dar crédito aos falsos complôs que podiam atrair os tímidos para o império. Seu sucesso suscitou rivais. Em 1870, essa imprensa licenciosa e cheia de verve, rica e com muitos leitores, era o sustento de um enxame de proxenetas literários que teriam despido a própria mãe em público para vender uma matéria. Lançaram-nos na luta plebiscitária e muitos foram à província para reforçar a imprensa local, obrigada a algum comedimento.

Os republicanos da oposição, sem jornais, tinham ainda menos organização. Realizaram em casa do velho Crémieux, que bancava o Nestor, uma reunião na qual três deputados, Jules Simon entre eles, e sete jornalistas foram encarregados de falar ao povo e ao Exército; redigiram dois artigos. Os 17 deputados do grupo Picard se recusaram a aderir, pois não queriam fazer "revolução alguma"; o *Marseillaise* e *Le Rappel* não os quiseram publicar porque não falavam de república e não havia assinatura de operários. Estes, felizmente, sabiam dispensar os porta-vozes. No dia 24 de abril, a Corderie enviou o seguinte manifesto aos trabalhadores da cidade e do campo:

> insensato o que acreditar que a constituição de 1870 lhe propiciará mais do que a de 1852 [...]. Não [...]. O despotismo só pode gerar despotismo [...]. Se quiserdes acabar de uma vez por todas com o lixo do passado [...], o melhor meio, a nosso ver, é abster-vos ou depositar na urna um voto inconstitucional.

Mais vibrante que o apelo da esquerda foi o de Garibaldi ao Exército francês: "Gostaria de só ver em vós descendentes de Fleurus e de

Jemmapes: então, embora inválido, eu ainda marcharia ao vosso lado saudando vossa esplêndida bandeira da república".

Por sua vez, os jornalistas republicanos e as reuniões públicas supriram a pobreza do manifesto, fizeram a verdadeira campanha, pondo em risco sua liberdade, muitíssimo mais dedicados que os republicanos mais destacados, dentre os quais os mais ricos deram apenas um escudo. O único generoso foi Cernuschi, ex-membro da Constituinte romana, que enviou 200 mil francos.

Tudo isso, porém, não era nada contra aquele império que detinha os bancos públicos e o terror. Em 30 de abril, enviava à prisão de Mazas os redatores do manifesto do Corderie e os agitadores operários Avrial, Malon, Theisz, Héligon, Assi etc.; em 17 de maio, o império simulou um complô. Sua Polícia acabara de prender em uma casa de tolerância um ex-soldado, Beaury, munido de dinheiro e de uma carta de Flourens, então refugiado em Londres, a cuja ordem devia assassinar o imperador. A Internacional está envolvida, juram *Le Figaro* e o mundo oficial. De nada adianta que as sociedades do Corderie protestem e que a Internacional escreva:

> sabemos perfeitamente que os sofrimentos de todo tipo que o proletariado suporta decorrem muito mais do estado econômico do que do despotismo ocidental de alguns fabricantes de golpes de Estado, de modo que não perderemos nosso tempo sonhando com a eliminação de um deles.

Émile Ollivier vê a Internacional em tudo, telegrafa a todos os órgãos do Ministério Público, instando-os a prender os afiliados que deve haver em sua zona. As prisões com mandados em branco chovem sobre todos os tetos. De 1 a 8 de agosto, nenhum republicano está a salvo. Os deputados da esquerda dormem fora de casa. Delescluze e vários jornalistas são forçados a se refugiar na Bélgica.

A votação foi de 7,21 milhões a favor e 1,53 milhão contra, um décimo dos quais em Paris. O Exército deu 51 mil contra. Desde 1852, três vezes o regime imperial reunira mais de 7 milhões de votos. Mas jamais tantos votos hostis. As grandes cidades estavam conquistadas;

os pequenos centros e o campo permaneciam com o poder estabelecido – resultado previsto. Sabiamente contido por uma administração pública de inúmeros tentáculos, a população do campo, temerosa das pilhagens, deixara-se levar às urnas para dar o sim, que, diziam-lhes, garantia a paz. O império confundiu esses milhões de passivos com militantes e os 1,53 milhão ativos, com uma expressão irrelevante. Os mamelucos pediram cabeças. Émile Ollivier organizou-lhes um processo na Alta Corte, no qual seriam julgados, conjuntamente, o famoso Beaury e 72 revolucionários com nomes mais ou menos famosos: Cournet e Razoua, de *Le Réveil;* Mégy, Tony-Molin, Fontaine, Sapia e Ferré, das reuniões públicas.

Entrementes, os operários do manifesto antiplebiscitário foram indiciados pela Polícia Correcional, confundidos com acusados que não conheciam. O procurador inventara duas categorias: a dos chefes de uma sociedade secreta e a de seus afiliados. "Doravante", disse ele aos operários, "nós vos perseguiremos sem trégua nem mercê", e leu seu requisitório, publicado na véspera por *Le Figaro,* no qual o pobre homem atribuía a Internacional à Blanqui. Chalain falou por seus amigos do primeiro grupo, demonstrou que a Internacional era a associação mais conhecida e mais discutida do mundo.

> Filha da necessidade, ela veio organizar a Liga Internacional do Trabalho, esmagada em Paris, Londres, Viena, Berlin, Dresden, Veneza, nos departamentos franceses. [...] Sim, somos mesmo culpados de não aceitar os decretos dos economistas, ignorantes o bastante para qualificar de leis naturais os fenômenos industriais resultantes de um Estado transitório, de coração duro o bastante para glorificar um regime baseado na coação e no sofrimento. [...] Sim, os proletários estão cansados da resignação. [...] Apesar da nova lei sobre as coalizões, as Forças Armadas são colocadas à disposição dos donos das grandes fábricas [...]. Os trabalhadores que as espingardas Chassepot haviam poupado foram condenados a longos meses de prisão, receberam dos magistrados o epíteto de bandidos, selvagens [...]. Que se poderá obter impedindo-nos de estudar as reformas que devem proceder a uma renovação social? [...] A crise se tornará cada vez mais profunda; o remédio, cada vez mais radical [...].

Theisz falou pelas câmaras sindicais, provou que sua organização se distinguia da Internacional e, elevando-se à verdade do debate, declarou:

> Todas as vossas Constituições afirmam e pretendem garantir a liberdade, a igualdade e a fraternidade. Ora, cada vez que aceita uma fórmula abstrata – filosófica, política ou religiosa –, um povo não tem mais descanso nem trégua antes de transpor esse ideal para o terreno dos fatos [...]. A consciência do povo não pode senão ser bem generosa, pois mesmo fustigado sem cessar pela miséria e pelo desemprego, ele ainda não vos pediu explicações sobre vossas riquezas. Todos os que vivem do próprio trabalho – operários, pequenos industriais, pequenos negociantes – arrastam-se e vegetam, ao passo que a fortuna pública pertence aos prestamistas, aos que fazem negociatas, aos agiotas.

Representando os estrangeiros afiliados e residentes na França, Léo Frankel diz: "A união dos proletários de todos os países está realizada; força alguma pode dividi-los". Outros acusados falaram em defesa própria. Duval lembrou a frase dos patrões quando da greve dos fundidores de ferro: "Os operários voltarão quando sentirem fome".

Desde a primeira audiência, os advogados e os profissionais do Palácio assistiam aos debates, atraídos pelo caráter novo das ideias, pela clareza e pela eloquência daquele mundo operário que não imaginavam. "Depois deles, não há mais nada a dizer", confessava-nos um jovem bacharel, Clément Laurier, não inferior a Gambetta no processo Baudin. Eloquência de coração, tanto quanto de razão. No início de uma das audiências, o tribunal despacha os delitos de direito comum: comparece uma criança abandonada pelos pais: "Dai-nos esse pequeno!", exclamam os operários, "nós o adotaremos, dar-lhe-emos o sustento e um ofício". O presidente achou a saída inconveniente. Os réus foram condenados a penas de dois meses a um ano de prisão: Avrial, Theisz, Malon, Varlin, Pindy, Chalain, Frankel, Johannard, Germain Case, Combault, Possedouet etc.; apenas dois foram absolvidos: Assi, que, apesar de *Le Figaro,* foi impossível vincular à Internacional, e Landeck, que renegou.

A paz de dezembro retornou. Paz nas ruas, agitadores presos ou exilados, jornais fechados, como *La Marseillaise,* ou aterrorizados: paz na Assembleia Legislativa, onde a extrema-esquerda está combalida e reina a oposição à moda de Picard. De repente, no começo de julho, tudo são rumores de guerra. Um príncipe prussiano, um Hohenzollern, é candidato ao trono da Espanha, vacante desde a expulsão de Isabel e, ao que parece, tal fato constitui um insulto à França. Um doidivanas. Cochery interpela o ministro das Relações Exteriores, o enfatuado duque de Gramont, que Bismarck chamava de "o homem mais estúpido da Europa". Em 5 de julho, mãos na cintura, declara que a França não pode deixar uma potência estrangeira "colocar um de seus príncipes no trono de Carlos V". A esquerda pede explicações, peças diplomáticas. "São inúteis os documentos!", lança Cassagnac, lobo saído de uma floresta de Gers, favorável à deportação em 1852, rei dos galhofeiros à época de Guizot, chefe dos mamelucos sob Napoleão III, que há 20 anos se dedicava a encher seus bolsos sem fundo. "Bravo!", exclamam com ele os íntimos das Tulherias; qualquer pretexto serve contra a Prússia que ludibriou Napoleão III.

A Imperatriz, aliás, já dissera que seu filho não reinaria se Sadowa não fosse vingada, opinião que seu marido compartilhava. Essa mistura de crioulo sentimental e holandês fleumático, sempre oscilando entre dois opostos, que ajudara a Itália e a Alemanha a renascer, chegara a sonhar com o esfacelamento do princípio das nacionalidades, tão exaltado por ele e do qual tinha sido o único que nada entendeu. A Prússia, que acompanhava essa evolução, há três anos se armava sem descanso, sentia-se pronta, desejava a agressão. Eugênia de Montijo, a estrangeira – espicaçada por seu louco círculo de galanteadores, de oficiais de salão tão bravos como ignaros, de neodecembristas que queriam recordar 1852, instigados por um clero que indicava como aliados os católicos da Alemanha –, fez seu débil marido ultrapassar o limite do sonho, colocou-lhe nas mãos a bandeira da guerra, de sua própria guerra – dizia a camarilha. No dia 7, o mais tolo dos homens pede ao rei da Prússia que retire a candidatura Hohenzollern; o Senado acha de bom alvitre esperar e, no dia 9, declara que o imperador "pode conduzir a França para onde quiser, que só ele deve poder declarar a guerra". No dia 9, o rei responde que aprovará uma renúncia de Hohenzollern; no dia 10, Gramont exige uma resposta mais categórica e acrescenta: "Depois de amanhã será tarde demais". No dia 11, o rei espera, diz ele, a resposta do príncipe, e complementa: "Tomo minhas precauções para não ser surpreendido". No dia 12, o príncipe retira sua candidatura. "É a paz", diz Napoleão III, "lamento-o, pois a ocasião era boa".

A camarilha, consternada e cada vez mais ávida de guerra, cerca, pressiona o imperador, não tem dificuldade em reacender a tocha. A renúncia de Hohenzollern já não basta: é preciso que o próprio rei Guilherme assine uma ordem. Os mamelucos o exigem, vão interpelar o gabinete "sobre suas lentidões derrisórias". Bismarck não esperava esse presente inesperado; certo da vitória, queria parecer o atacado. No dia 13, Guilherme aprova sem reservas a desistência do príncipe. Pouco importa, as Tulherias querem a guerra a qualquer preço. Na mesma noite, nosso embaixador, Benedetti, recebe ordem de pedir ao velho rei que se humilhe, proibindo que o prussiano volte atrás em sua renúncia. Guilherme responde que é inútil uma nova audiência, que se limita a suas declarações e, encontrando-se com nosso embaixador na estação ferroviária de Ems, repete-lhe suas palavras. Um despacho pacífico anuncia a Bismarck a entrevista, que foi muito cortês. Este se volta para Moltke e o ministro da Guerra: "Estais prontos?". Eles prometem a vitória. Bismarck desfigura o despacho, fazendo-o dizer que o rei da Prússia simplesmente mandara embora o embaixador da França; publica-o como suplemento do *Gazette de Cologne* e remete-o aos agentes da Prússia no exterior.

A imperatriz e os mamelucos exultam ainda mais do que Bismarck. Finalmente, têm sua guerra: "A Prússia nos insulta!", imediatamente estampa o *Constitutionnel,* "atravessemos o Reno!, os soldados de Jena estão prontos". Na noite do dia 14, bandos controlados pela Polícia percorrem os bulevares, vociferando: "Abaixo a Prússia! Marchemos sobre Berlim!". Chegando no dia seguinte, Benedetti pôde esclarecer tudo com uma só palavra; porém eles nada ouvem, avançam para a armadilha. Gramont e Le Boeuf leem no senado uma declaração de guerra em que o suplemento da *Gazette de Cologne* é considerado documento oficial. O Senado ergue-se em uma aclamação em uníssono: um *ultra* quer insistir, é impedido: "Basta de discursos! Vamos agir!". Na Assembleia Legislativa, os servis ficam indignados quando a oposição pede para ver o despacho "oficialmente comunicado aos gabinetes da Europa". Émile Ollivier, que não pode mostrá-lo, alega comunicados verbais; lê telegramas dos quais se depreende que o rei da Prússia aprovou a renúncia. "Não se pode ir à guerra baseado nisso", diz a esquerda, e Thiers: "Rompeis por uma questão de forma [...], peço que nos sejam mostrados os despachos que motivaram a declaração de guerra"; injuriam-no. "Onde está a prova de que a honra da França está comprometida?", pergunta Jules Favre. Os mamelucos insistem; 159 votos contra 34 rejeitam qualquer investigação. Émile Ollivier exclama, radiante: "Neste dia começa, para meus colegas e para mim, uma grande responsabilidade; aceitamo-la sem inquietude, nem remorso!".

Imediatamente, uma comissão finge estudar os projetos de lei que vão alimentar a guerra. Chama Gramont, não exige o pretenso despacho dirigido aos gabinetes – não existe –; deixa-o ler qualquer coisa, volta à Assembleia Legislativa e diz: "A Guerra e a Marinha estão em condições de fazer frente às necessidades da situação com notável presteza". Gambetta exige explicações: Émile Ollivier gagueja de raiva; a comissão conclui: "Nossa palavra basta!". Seus projetos de lei são aprovados quase por unanimidade; há apenas dez deputados contra – eis toda a coragem da esquerda.

Esta sem dúvida combatera a guerra. Mas toda sua vitalidade refugiara-se no discurso, não sobrando nada para a boca do canhão. Nenhum apelo ao povo, nenhuma palavra sobre Danton. Em todos aqueles jovens e velhos, homens de 1848, tribunos irredutíveis, nenhuma gota daquele puro sangue revolucionário que tantas vezes, bem perto, jorrara aos borbotões nas épocas heroicas.

Daquela alta burguesia descontente, só se levantou Thiers, seu verdadeiro chefe, restringindo-se a demonstrações. Ele, tão antigo conhecedor dos segredos de Estado, sabia de nossa indubitável ruína, pois estava a par de nossa espantosa inferioridade em tudo; poderia ter agrupado a esquerda, o Terceiro Partido e os jornalistas, evidenciado a loucura do ataque e, com o respaldo dos colegas e da opinião pública conquistada, poderia ter dito da tribuna nas Tulherias: "Combateremos vossa guerra como uma traição". Só quis eximir-se da responsabilidade, salvar "sua memória", como ele afirmou; não disse a verdadeira frase: "Não podeis nada". E aqueles integrantes da alta burguesia, que não teriam exposto uma só migalha de suas fortunas sem garantias gigantescas, jogaram as 100 mil vidas e os bilhões dos franceses com base apenas na palavra de um Gramont e nas fanfarronadas de um Le Boeuf.

Cem vezes o ministro da Guerra disse aos deputados e aos jornalistas, nos corredores, nos salões, nas Tulherias: "Estamos prontos. A Prússia não!". Nunca os Loriquets puderam atribuir aos generais populares da Revolução – como os Rossignol e os Carteaux – enormidades semelhantes às que esse tambor-mor de bigodes assustadores prodigalizava a quem quisesse ouvir: "Eu nego o Exército prussiano! Eis o melhor mapa militar", e mostrava sua espada; "não falta nem um botão de polaina [...] tenho 15 dias de vantagem em relação à Prússia!". O plebiscito revelara à Prússia o número exato de nossos soldados mobilizados: 330 mil, dos quais no máximo 260 mil podiam enfrentá-la, cifra há muito transmitida pelas embaixadas estrangeiras; acumulavam-se nas Tulherias os relatórios sobre o crescimento militar daquela Prússia que, em 1866, foi capaz de concentrar 215 mil homens em Sadowa e agora dispunha de meio milhão; só nossos governantes se recusavam a ver e ler. Em 15 de julho, Rouher, acompanhado de uma legião de senadores, foi dizer a Napoleão: "Há quatro anos, o imperador elevou à mais alta potência a organização de nossas forças militares. Graças a vós, majestade, a França está pronta!"

Os blusas brancas fizeram a claque e, sob o controle da Polícia, realizaram manifestações, sujaram de lixo a porta da embaixada alemã; convencido pelas mentiras oficiais, fechado aos jornais estrangeiros e acreditando no Exército há tantos anos imbatível, o burguês deixou-se levar, ele que tanto quisera a Itália una contra aquela Alemanha que buscava sua unidade. A ópera descobriu-se patriota, exigiu a *Marselhesa* atendendo ao apelo de um velho cético, Girardin, senador por decreto que, em seu jornal, jogava a Alemanha para o outro lado do Reno.

É o que Napoleão III chamou de "impulso irresistível da França".

Para honra do povo francês, outra França apareceu. Os trabalhadores parisienses querem evitar esse crime de guerra, barrar a passagem dessa escória chauvinista que espalha lodo. No dia 15, no momento em que Émile Ollivier aceita sua responsabilidade sem inquietude, nem remorso, grupos formados na Rua de La Corderie descem até os bulevares. Na Praça du Château-d'Eau, muitos se somam; a coluna grita: "Viva a paz!"; canta o refrão de 1848:

> Os *povos são para nós irmãos.*
> *E os tiranos, inimigos.*

Do Château-d'Eau até a Porta Saint-Denis, bairros populares, só se ouvem aplausos: assoviam nos bulevares Bonne-Nouvelle e Montmartre, onde há rixas entre bandos misturados; a coluna força a passagem até a Rua de La Paix, a Praça Vendôme, onde Émile Ollivier é vaiado, a Rua de Rivoli e o Hôtel-de-Ville. No dia seguinte, os manifestantes são muito mais numerosos na Bastilha e o esforço recomeça. Ranvier, pintor em porcelana, muito popular em Belleville, vai à frente com uma bandeira. No Bulevar Bonne-Nouvelle, os policiais atacam de espada na mão e os dispersam.

Impotentes para sublevar a burguesia, os trabalhadores franceses voltam-se para seus companheiros da Alemanha: "Irmãos, protestamos contra a guerra; queremos paz, trabalho e liberdade. Irmãos, não escuteis as vozes corruptas que procurarem vos enganar a respeito do verdadeiro espírito da França". O nobre apelo foi recompensado. Os trabalhadores de Berlim responderam: "Nós também queremos a paz, trabalho e liberdade. Sabemos que dos dois lados do Reno vivem irmãos com os quais estamos dispostos a morrer pela república universal". Grandes e proféticas palavras registradas no livro de ouro do futuro dos trabalhadores.

Como vimos, há três anos que só estão realmente em plena atividade um proletariado de espírito bem moderno e os jovens da burguesia que passaram para o lado do povo. Apenas eles demonstraram alguma coragem política; também são eles que, na paralisia geral de julho de 1870, têm algum vigor para tentar a salvação. O ódio do império jamais os esquecerá, nem no auge da guerra, quando a Alta Corte de Blois julga 72 pessoas acusadas do complô forjado para o plebiscito ou de todo tipo de crimes políticos. Os réus, em sua maioria, não se conheciam. Apenas 37 serão absolvidos, entre os quais Cournet, Razoua e Ferré; Mégy irá para a enxovia.

O cão da guerra está solto e os pulmões ecoam em Paris, que se entusiasma com vitórias imaginárias; segundo jornalistas bem informados, entra-se em Berlim dentro de um mês; na fronteira, porém, faltam ou são escassos os víveres, canhões, fuzis, munições, mapas e calçados; um general telegrafa aos ministros: "Não sei onde estão meus regimentos"; nada para equipar e armar os guardas-móveis, Exército de segunda linha; qualquer ilusão de aliança é impossível; a Áustria está imobilizada pela Rússia, e a Itália, pela recusa de Napoleão III em ceder Roma aos italianos.

O imperador saiu de Saint-Cloud no dia 28, tomando a ferrovia secundária, pois não ousava atravessar Paris, apesar do "impulso irresistível", aquele que por tanto tempo fez desfilarem pela capital seus *100 guardas*. Jamais voltará. Seu único consolo será ver, dentro de alguns meses, seus oficiais, sua servil burguesia superarem-no 100 vezes nos massacres.

Sua queda será fulminante. Seu primeiro despacho à França diz que seu filho foi atingido por uma bola no campo de batalha de Sarrebruck, escaramuça insignificante transformada em vitória. Mal chega a Metz, desaba; seus tenentes não mais aceitam suas ordens e são derrotados à vontade. Desde fins de julho, aquele Exército prussiano, que o chefe do Estado-Maior, Le Boeuf, negava, opõe 450 mil homens aos 240 mil franceses penosamente espalhados ao longo de nossa fronteira. Esta é invadida pelo inimigo que nos ataca; em 4 de agosto, derruba a Divisão Abel Douay em Wissembourg; no dia 6, vence Frossard, preceptor do jovem herói de Sarrebruck, em Spickeren-Forbach; no mesmo dia, derrota em Worth-Froeschwiller todo o corpo do Exército de Mac-Mahon, cujos sobreviventes fogem aos trombolhões. A águia de lata dourada caiu da bandeira: Napoleão III telegrafa à mulher: "Tudo está perdido, esforçai-vos por permanecer em Paris".

Toda guerra é explorada pela Bolsa. Na da Crimeia, houve o logro tártaro; no dia 6, o logro mac-mahomiano; 25 mil inimigos e o príncipe Carlos capturados. Paris se enfeita, rejubila-se, canta a *Marselhesa* e, por fim, decide verificar a notícia. É falsa, anuncia o ministério às seis horas da tarde, dizendo que sabe quem é o falsário e que está à sua procura – mentira; a verdadeira vitória foi um golpe da Bolsa.

No dia 7, foi mesmo preciso confessar os desastres. Por mais que Émile Ollivier disfarçasse os despachos e a Espanhola (Eugênia de Montijo) declamasse, à moda de Marie-Thérese, que "Em caso de perigo, ver-me-eis em primeiro lugar!", Paris só pensa na invasão. A república, o grande recurso das horas trágicas, o mesmo que expulsou os prussianos de Valmy, vem aos lábios. Émile Ollivier proclama o estado de sítio, lança os policiais contra os grupos, não quer convocar a Assembleia Legislativa, seus colegas o forçam; então proclama que toda manifestação será considerada obra do inimigo, mesmo porque foi encontrado o seguinte despacho com um espião prussiano: "Coragem! Paris se levanta, o Exército francês será imprensado entre dois fogos". Deputados da esquerda e alguns jornais pediram que todos os cidadãos fossem imediatamente armados; Émile Ollivier ameaça os jornais com a Lei Marcial. Vã ameaça; com a pátria em perigo, as energias renascem; no dia 9, na abertura da Assembleia Legislativa, a esperança de salvação parece surgir por um instante.

Não passou de um lampejo, já o dissemos. A esquerda continuou sendo a esquerda, desconfiada do povo, refratária a iniciativas. Recusou o 10 de agosto que se oferecia, deixou a espada prussiana entrar até o cabo.

Como os prussianos conquistaram Paris e os rurais, a França

Ousemos!
Eis a palavra que encerra toda a política desta hora.
Relatório de Saint-Just à Convenção

No dia 12, já não se pode negar a evidência, ignorar as mentiras de Rouher, de Le Boeuf – demitido à força –, as idiotices do comando-geral, transmitidas pelo imperador a Bazaine, para alegria da população que não parou de dizer: "É de Bazaine que precisamos!". No dia 13, alguns deputados pedem a nomeação de um Comitê de Defesa. Para quê, se "o país está tranquilo"?, indaga Barthélemy-Saint-Hilaire, homem muito sagaz, *alter-ego* de Thiers.

Os obstinados do dia 9, nem um pouco seguros, armam-se de todas as infelicidades para instigar a coragem. Em *Le Rappel,* encontram-se os homens de ação que escaparam de Sainte-Pélagie; os deputados da esquerda são convocados à casa de Nestor. Esses senhores, tão aturdidos como no dia 9, parecem muito mais preocupados com um golpe de Estado do que com as vitórias prussianas. Crémieux diz com toda naturalidade: "Esperemos algum novo desastre: a tomada de Estrasburgo, por exemplo".

Era mesmo preciso esperar. Sem tais fantasmas não era possível fazer nada. A pequena burguesia Parisiense acreditava na extrema-esquerda como crera nos Exércitos de Le Boeuf. Os que quiseram ignorar esse fato o comprovaram. No dia 14, domingo, o pequeno grupo blanquista, que nunca quis se misturar aos agrupamentos operários à época do império e só acreditava nos ataques-surpresa, tenta um levante. Contra a opinião de Blanqui, que fora consultado, Eudes Brideau e seus amigos atacam o posto de bombeiros de La Villette, onde estão guardadas algumas armas, ferem a sentinela e raptam um dos policiais que acorreram. Donos da situação, os blanquistas percorrem o bulevar periférico até Belleville, gritando “Viva a república! Morte aos prussianos!”. Em vez de lançar um rastilho, criam o vazio. A multidão olha-os de longe, surpresa, imóvel, levada à desconfiança pelos policiais que a desviavam do verdadeiro inimigo, o império. Gambetta, muito mal informado pelos círculos revolucionários, pediu que as pessoas detidas fossem julgadas. O Conselho de Guerra pronunciou quatro condenações à morte. Para impedir tais suplícios, alguns homens corajosos recorreram a George Sand e a Michelet, que redigiu uma carta comovente: o império não teve tempo de fazer as execuções.

O general Trochu também escreveu algumas palavras: “Peço aos homens de todos os partidos que façam justiça com as próprias mãos a esses homens que veem nos infortúnios públicos apenas a ocasião de satisfazer apetites detestáveis”. Napoleão III acabara de nomeá-lo governador de Paris e comandante-em-chefe das forças reunidas para a defesa da cidade. Esse militar, cuja única glória consistia em alguns quantos folhetos, era o ídolo dos liberais por ter criticado um pouco o império. Agradou aos parisienses porque tinha um belo porte, falava bem e não fuzilara ninguém em bulevar algum. Com Trochu em Paris e Bazaine fora, podia-se esperar tudo.

No dia 20, Palikao anuncia da tribuna que no dia 18 Bazaine rechaçara três corpos de Exército nas minas de Jaumont; era a Batalha de Gravelotte, cujo resultado foi remover Bazaine de Paris e empurrá-lo na direção de Metz. A verdade logo aparece: Bazaine está cercado. A Assembleia Legislativa não diz uma só palavra. Ainda resta um Exército livre, o de Mac-Mahon, mescla de soldados vencidos e de tropas inexperientes, pouco mais de 100 mil homens. Está ocupando Châlons, pode cobrir Paris. O próprio Mac-Mahon entendeu, dizem, e quer retroceder. Palikao, a imperatriz e Rouher o proíbem, telegrafam ao imperador: "Se abandonardes Bazaine, a revolução explodirá em Paris". As Tulherias têm mais medo da Revolução do que da Prússia, a tal ponto que mandam para Beauvais, em carro de presos, quase todos os presos políticos de Sainte-Pélagie.

Mac-Mahon obedece; para evitar a revolução, deixa a França descoberta. No dia 25, a Assembleia Legislativa toma conhecimento da marcha insensata que faz o Exército desorientado passar por 100 mil alemães vitoriosos. Thiers, outra vez em destaque depois dos desastres, diz e demonstra nos corredores que tudo aquilo é loucura. Ninguém sobe à tribuna. Estupidamente, esperam o inevitável; a imperatriz continua a despachar seus baús para o exterior.

Na manhã do dia 30, somos surpreendidos, esmagados em Beaumont e, durante a noite, Mac-Mahon empurra o Exército debandado para o recôncavo de Sedan. Na manhã de 1 de setembro, é rodeado por 200 mil alemães e 700 canhões, tomando todos os pontos elevados. Napoleão III só poderia desembainhar a espada para entregá-la ao rei da Prússia. No dia 2, todo o Exército é feito prisioneiro. Na mesma noite, a Europa inteira ficou sabendo desses acontecimentos. Os deputados não se moveram. Durante o dia 3, alguns homens de pulso tentaram sublevar os bulevares: foram repelidos pelos policiais; à noite, uma enorme multidão se comprimia junto às grades da Assembleia Legislativa. A esquerda só toma uma atitude à meia-noite. Jules Favre pede uma Comissão de Defesa e a destituição de Napoleão III, mas não a dos deputados. Do lado de fora, grita-se: "Estais errados, precisamos permanecer unidos, não fazer revolução alguma". Jules Favre, cercado ao sair, esforçou-se em acalmar o povo.

Se Paris tivesse escutado a esquerda, a França capitularia. Como mais tarde confessaram, Jules Favre, Jules Simon e Pelletan tinham ido dizer ao presidente Schneider em 7 de agosto: "Não podemos aguentar mais, só nos resta fazer um tratado o mais depressa possível";* na manhã do dia 14, porém, Paris leu esta proclamação falaciosa: "Apenas 40 mil homens foram feitos prisioneiros; dentro de poucos dias teremos dois novos Exércitos; o imperador foi preso durante a luta". Paris acorre. Alguns burgueses, lembrando-se de que são guardas nacionais, envergam o uniforme, tomam o fuzil e querem forçar a Ponte da Concórdia. Os soldados da Força Pública, surpresos ao ver pessoas tão distintas, abrem passagem; a multidão as segue e invade o Palácio de Bourbon. À uma hora, apesar dos esforços desesperados da esquerda, o povo lota as tribunas. Está em tempo. Os deputados, em trabalho de gabinete, procuram assumir o governo. A esquerda secunda essa combinação com todas as suas forças, indignando-se ao ouvir falar de república. As tribunas gritam, Gambetta faz esforços inauditos, conjura o povo a esperar o resultado das deliberações. Sabe-se de antemão qual será o resultado: uma comissão do governo nomeada pela Assembleia; a paz pedida e aceita a qualquer preço; e, para cúmulo da vergonha, a monarquia mais ou menos parlamentar. Uma nova onda derruba as portas, enche a sala, expulsa ou sufoca os deputados. Gambetta, atirado à tribuna, tem de anunciar a destituição. O povo quer mais – a república! – e arrasta os deputados da esquerda para irem proclamá-la no Hôtel-de-Ville.

A Assembleia já pertencia ao povo. No salão nobre, a bandeira tricolor e a vermelha disputavam o espaço, aplaudidas por uns, vaiadas por outros. Na sala do trono, numerosos oradores discursavam para a multidão; Gambetta, Jules Favre e vários da esquerda chegam aclamados. Millière cede o lugar a Jules Favre dizendo: "Hoje a questão é uma só: expulsar os prussianos". Jules Favre, Jules Simon, Jules Ferry, Gambetta, Crémieux, Emmanuel Arago, Glais-Bizoin, Pelletan,

---

* *Enquête Parlementaire sur le 4 Septembre*. Jules Favre.

Garnier-Pagés e Picard declararam-se governo, leram seus nomes para a multidão. Houve muitas reclamações. Gritaram-se nomes revolucionários: Delescluze, Ledru-Rollin, Blanqui; Gambetta, muito aplaudido, demonstrou que só os deputados de Paris estavam aptos a governar. Essa teoria propiciou a entrada no governo, conferindo-lhe popularidade, de Rochefort, trazido de Sainte-Pélagie.

Mandaram buscar o general Trochu para suplicar-lhe que dirigisse a Defesa. O general prometera, dando sua palavra de bretão, católico e soldado, "deixar-se matar nos degraus das Tulherias para defender a dinastia". Como as Tulherias não haviam sido atacadas – o povo as desprezava –, Trochu, livre do triplo juramento, subiu os degraus do Hôtel-de-Ville. Exigiu que respeitassem Deus e quis a presidência. Deram-lhe a presidência e o resto.

Doze cidadãos tomaram, assim, posse da França. Declararam-se legitimados pela aclamação popular. Assumiram o pomposo nome de Governo da Defesa Nacional. Cinco desses doze haviam posto a perder a república de 1848.

A França de fato lhes pertence. Ao primeiro murmúrio da Concorde, a imperatriz recolhera as saias e debandara por uma escada de serviço. O belicoso Senado, com Rouher à frente, saíra à francesa. Como alguns deputados esboçaram a intenção de se reunir no Palácio de Bourbon, bastou destacar-lhes um comissário armado de lacres. Grandes dignitários, altos funcionários, ferozes mamelucos, imperiosos ministros, camaristas solenes e generais bigodudos se esquivaram de forma lamentável em 4 de setembro, como um bando de canastrões vaiados.

Os delegados das câmaras sindicais e da Internacional foram ao Hôtel-de-Ville à noite. Durante o dia, haviam enviado mais uma mensagem aos trabalhadores da Alemanha, instando-os a se absterem daquela luta fratricida. Cumprido o dever de fraternidade, os trabalhadores franceses só pensavam na Defesa e pediam ao governo que a organizasse. Gambetta recebeu-os muito bem e respondeu a suas perguntas. No dia 7, no primeiro número de seu jornal *La Patrie en*

Danger, Blanqui e os amigos, soltos como todos os outros presos políticos, foram "oferecer ao governo seu mais enérgico e absoluto apoio".

Paris entregou-se por inteiro a esses deputados da esquerda, esqueceu suas últimas fraquezas, enalteceu-os com toda a magnitude do perigo. Assumir, tomar o poder num momento como aquele pareceu uma dessas audácias de que só o gênio é capaz. Aquela Paris, há 80 anos ávida de liberdades municipais, aceitou como prefeito o velho funcionário dos correios de 1848, Étienne Arago, que era irmão de Emmanuel e choramingava contra qualquer audácia revolucionária. Nomeou para os 20 distritos os administradores que quis, que se cercaram dos adjuntos que lhes agradaram. Arago, porém, anunciava eleições para breve e falava de fazer reviver os grandes dias de 1792; mas Jules Favre, orgulhoso como Danton, gritava à Prússia, à Europa: "Não cederemos nem uma polegada de nosso território, nem uma pedra de nossas fortalezas". E Paris aceitava entusiasmada essa ditadura de verbo heroico. No dia 14, quando Trochu passou em revista a Guarda Nacional, 300 mil homens escalonados nos bulevares, na Praça da Concórdia e nos Campos Elíseos fizeram uma aclamação imensa, um ato de fé semelhante ao de seus pais na manhã de Valmy.

Sim, Paris se entregou sem reservas àquela esquerda que tivera de violentar para fazer sua Revolução. O ímpeto de vontade da cidade não durou mais de uma hora. Com o império despedaçado, Paris acreditou que tudo estava terminado, tornou a abdicar. Em vão, patriotas clarividentes tentaram mantê-la em pé; em vão, Blanqui escreveu: "Não é mais impossível tomar Paris do que foi vencer-nos. Paris, mistificada pela imprensa triunfalista, ignora as proporções do perigo: Paris sofre de excesso de confiança"; Paris se entrega aos seus novos senhores, fecha obstinadamente os olhos. Contudo, cada dia trazia um novo sintoma. A sombra do cerco se aproximava e a Defesa, em lugar de afastar os inúteis, atulhava a cidade com 200 mil habitantes do subúrbio. As obras externas não avançavam. Em vez de pôr picaretas nas mãos de toda Paris e, clarins à frente, bandeira desfraldada, conduzir para fora dos muros, em colunas de 100 mil homens, os netos dos niveladores do Campo de Marte, Trochu entregava as terraplanagens aos empreiteiros habituais, que, diziam, não encontravam braços para o trabalho. A elevação de Châtillon, chave de nossos fortes do sul, mal fora estudada quando no dia 19 o inimigo surge e varre do platô uma tropa assustada de zuavos e soldados que não quiseram lutar. No dia seguinte, aquela Paris que os jornais dizem ser impossível cercar é envolvida pelo Exército alemão, ficando isolada da província.

Tal incompetência logo alarmou os homens da vanguarda. Estes haviam prometido seu apoio, não uma fé cega. No dia 5 de setembro, querendo centralizar as forças do partido de ação com vistas à defesa e à manutenção da república, tinham exortado as reuniões públicas a nomear, em cada distrito, um Comitê de Vigilância encarregado de controlar o administrador e de ouvir as reclamações. Cada comitê devia indicar quatro delegados; o conjunto destes formaria um Comitê Central dos Vinte Distritos. Essa maneira tumultuada de fazer a eleição resultara em um comitê composto de operários, funcionários e escritores conhecidos nos movimentos revolucionários e nas reuniões dos últimos anos. Instalara-se na sala da Rua de La Corderie, emprestada pela Internacional e pela Federação das Câmaras Sindicais.

Estas haviam suspendido seus trabalhos, pois a guerra e o serviço da Guarda Nacional absorviam suas atividades. Alguns sindicalistas internacionalistas figurariam nos Comitês de Vigilância e no Comitê Central dos Vinte Distritos, motivo pelo qual este último foi atribuído, erroneamente, à Internacional. No dia 15, o Comitê Central afixou um manifesto pedindo a eleição das municipalidades, a Polícia sob seu controle, a eleição e a responsabilidade de todos os magistrados, a absoluta liberdade de imprensa, de reunião e associação, a expropriação de todos os gêneros de primeira necessidade, o racionamento, o armamento de todos os cidadãos, o envio de comissários para levantar a província. Tudo muito legítimo. Mas Paris mal começava a gastar sua provisão de confiança; os jornais burgueses alertaram contra os prussianos, principal recurso dos que não queriam raciocinar. Entretanto, os nomes de alguns signatários eram conhecidos da imprensa:

Germain Casse, Ch. L. Chassin, Lanjalley, Lefrançais, Longuet, Leverdays, Millière, Malon, Pindy, Ranvier, Vaillant, Jules Vallès.

No dia 20, Jules Favre retorna de Ferrière, onde perguntara a Bismarck quais eram suas condições de paz. Lá fora como diletante, sem o conhecimento de seus colegas, disse no relatório sobre sua entrevista entrecortada de lágrimas. Segundo o secretário de Bismarck, "não derramou uma única lágrima, embora se tenha esforçado em chorar". Imediatamente, o Comitê dos Vinte Distritos se reúne em massa, pede ao Hôtel-de-Ville a luta até o fim e a eleição municipal, ordenada por decreto quatro dias antes. "Precisamos ser apoiados e secundados por assembleias saídas diretamente do sufrágio universal", escrevera o ministro do Interior, Gambetta. Jules Ferry recebeu a delegação, deu sua palavra de honra de que o governo não negociaria em hipótese alguma e anunciou eleições municipais para o fim do mês. Três dias depois, um decreto as adiava indefinidamente.

Assim, aquele poder recém-instalado renega seus compromissos, recusa o conselho que ele mesmo pediu. Terá o segredo da vitória? Mas Trochu acaba de dizer: "Na resistência, é uma heroica loucura". Picard: "A defesa é uma questão de honra, mas toda esperança é vã". O elegante Crémieux: "Os prussianos entrarão em Paris como uma faca quente na manteiga".* O chefe do Estado-Maior de Trochu: "Não podemos nos defender; estamos decididos a não nos defender". E, em vez de alertar lealmente Paris, de lhe dizer "Capitula no ato ou conduze tu mesma tua luta", esses homens que afirmam ser a Defesa impossível querem ser os únicos a dirigi-la.

Mas com que objetivo? Negociar. Desde as primeiras derrotas que não têm outro. Os reveses que exaltavam seus pais tinham colocado os homens da esquerda no nível dos deputados imperiais. Agora governo, eles acenam com a mesma capitulação, mandam Thiers mendigar a paz pela Europa toda, e Jules Favre, junto a Bismarck. Quando toda Paris lhes grita "Defendei-nos, expulsemos o inimigo", eles aplaudem, aceitam e, bem baixinho, dizem: "Vá negociar". Não há mais alta

* *Enquête Parlementaire sur le 4 Septembre*, Petetin, de Lareinty.

traição na história. Os homens de 4 de setembro desviaram ou não o mandato que haviam recebido? "Sim", será o veredicto dos séculos.

Mandato tácito, é bem verdade, mas tão formal que toda Paris estremeceu ao ouvir o relato sobre Ferrières. A mera ideia de capitular transtornava os mais calmos artesãos. Paris, de ponta a ponta, optara pela luta até o fim. Os defensores tiveram de adiá-la, ceder diante do que chamaram de "loucura do sítio", considerando-se os únicos que não tinham perdido a cabeça. Haveria luta, já que aqueles parisienses não queriam desistir, mas só para que experimentassem a aventura. No dia 14, Trochu ficou emocionado, dizem, ao ver o que "jamais", afirmou, "um general-de-Exército teve diante dos olhos: 300 batalhões organizados e armados, rodeados por toda a população, aclamando a defesa de Paris", e anunciou que poderia controlar as muralhas.* Foi o ponto máximo de seu entusiasmo: proteger e não abrir as portas. Quanto a dar àqueles 300 mil guardas nacionais instrução aprofundada, uni-las aos 240 mil soldados da Guarda Nacional móvel e a marinheiros amontoados em Paris e, com todas essas forças, construir uma poderosa coluna capaz de rechaçar o inimigo até o Reno, foram coisas em que jamais pensou. Seus colegas também nunca pensaram nisso, apenas discutiram a respeito dos maiores ou menores ardis a interpor aos generais prussianos.

Como devoto e pouco afeito a ostentações inúteis, Trochu era favorável aos meios suaves. Uma vez que, segundo todos os manuais militares, a grande cidade sucumbiria, ele lhe daria a queda menos sangrenta possível. Assim, deixando o inimigo instalar-se à vontade ao redor de Paris, Trochu organizou, só para constar, algumas escaramuças. Houve apenas um embate sério no dia 30, em Chevilly, onde, depois de certa vantagem, recuamos, abandonando uma bateria por falta de reforços e de carretas.

Sempre mistificado por aquela imprensa que gritara "À Berlim!", a população acreditou tratar-se de um sucesso, mas duas vezes o

---

* *Enquête sur le 4 Septembre*, Garnier-Pagès.

sino toca a rebate: Toul e Estrasburgo capitularam. Flourens, muito popular em Belleville, dá a partida. Escutando apenas seu próprio entusiasmo, chama os batalhões do bairro e, em 5 de outubro, desce até o Hôtel-de-Ville, reclama o alistamento em massa, o ataque, as eleições municipais, o racionamento. Trochu que, para o divertir, concedera-lhe o título de major das fortificações, consegue demovê--lo com um belo discurso. Como as delegações afluíam, pedindo que Paris tivesse voz na Defesa e nomeasse seu conselho e sua comuna, o governo acabou declarando que sua dignidade o impedia de ceder. Essa arrogância gerou o movimento do dia 8. O Comitê dos Vinte Distritos protestou com uma proclamação enérgica. Entre 700 e 800 pessoas foram gritar debaixo das janelas do Hôtel-de-Ville: "Viva a Comuna!" A massa ainda não chegara a perder a fé. Acorreu um grande número de batalhões de Trochu. O governo passou-os em revista e declarou impossível proceder às eleições, visto que, razão irrefutável, todo mundo devia permanecer nas fortificações.

O grande público engolia com avidez essas falácias. Como Trochu escrevera a seu compadre Étienne (Arago) – "executarei até o fim o plano traçado" –, os patetas de Paris retomaram no dia 16 o refrão de agosto sobre Bazaine: "Deixemo-lo agir, ele tem um plano". Os agitadores passaram perfeitamente por prussianos, pois Trochu, como bom jesuíta, não deixara de dizer, repetindo sua proclamação de abertura: "Um número reduzido de homens cujas ideias culpáveis servem aos projetos do inimigo". Paris deixou-se embalar durante todo o mês de outubro pelos rumores de expedições que se iniciavam com sucesso e terminavam em retiradas. No dia 13, tomamos Bagneux e um ataque um pouco mais violento nos teria devolvido Châtillon; mas Trochu não tem reservas. No dia 21, uma ponta de coluna quebra, em Malmaison, a fraqueza da investida, semeando o pânico até em Versalhes; em vez de insistir com todas as forças, o general Ducrot só usa seis mil homens, e os prussianos os fazem voltar, tomando-lhes dois canhões. O governo transformava essas derrotas em reconhecimentos felizes, inebriava Paris com a bela defesa de Châteaudun, conseguia dinheiro usando os despachos de Gambetta, que fora enviado no dia 8 à província, porque em Paris, acreditando na Defesa, incomodava-os.

Os administradores distritais alimentavam essa doce confiança. Reuniam-se no Hôtel-de-Ville com seus adjuntos, a dois passos do governo, e esses 64 homens só precisavam olhar para ver claro. Mas eram em sua grande maioria daqueles liberais e republicanos doutrinários tão bem representados pela esquerda.* Às vezes batiam à porta dos defensores, faziam-lhes perguntas tímidas, recebiam vagas garantias, não acreditavam nelas e queriam que Paris acreditasse. "A uma população ansiosa que nos perguntava o que pensava o governo", disse Corbon, um dos mais importantes deles, "convinha dizer que todo ele era favorável à Defesa, que os chefes do Exército eram totalmente dedicados e trabalhavam com ardor. Dizíamos isso sem saber, sem acreditar; não sabíamos nada".**

O plano do Hôtel-de-Ville é esmiuçado na Corderie, nos clubes, no jornal de Blanqui, em *Le Réveil*, de Delescluze, em *Le Combat*, de Félix Pyat. O que significam esses ataques parciais, nunca sustentados? Por que se deixava a Guarda Nacional quase desarmada, desorganizada, fora de ação militar? Como se encontrava a fundição dos canhões? Seis semanas de palavrório, de ociosidade, não deixam pairar mais dúvida alguma sobre a incompetência, se não a má vontade da Defesa. Nas mentes brota o mesmo pensamento, o de que os céticos deem lugar aos crentes. Que Paris se recupere. Que a Casa Comum de 1792 salve ainda uma vez a cidade e a França. Cada dia firma mais profundamente essa resolução nas almas viris. *Le Combat*, que pregava a Comuna em apóstrofes grandiloquentes, cujos ouropéis atraíam mais a multidão do que a dialética nervosa de Blanqui, atirou uma bomba temível no dia 27: "Bazaine vai libertar Metz, negociar a paz em nome de Napoleão III; seu ajudante-de-ordens está em Versalhes". O Hôtel-de-

---

* Tenaille-Saligny, Tirard, Bonvalet, Greppo, Bertillon, Hérisson, Ribeaucourt, Carnot, Ranc, O'Reilly, Mottu, Grivot, Pernolet, Asseline, Corbon, Henri Martin, F. Fabre, Clemenceau, Richard, Braleret.

** *Enquête sur le 4 Septembre.*

-Ville desmente a notícia "tão infame", diz, "quanto falsa. Bazaine, o glorioso soldado, fustigou sem cessar o Exército atacante por meio de brilhantes ataques". O governo invoca o "castigo da opinião pública" para o jornalista. Assim exortada, a opinião pública acorreu, na figura de baderneiros. Incendiou o jornal e teria linchado o jornalista se este não tivesse desaparecido. No dia seguinte, *Le Combat* declarou ter ouvido a notícia de Flourens, que a recebera de Rochefort, que mantinha as melhores relações com seu colega Trochu.

Nesse mesmo dia, um ataque bem-sucedido nos entregava Le Bourget, a noroeste de Paris, e, no dia 29, o Estado-Maior mandou o clarim dar o toque de triunfo. Durante todo o dia, deixou nossos soldados sem víveres, sem reforços, sob o fogo dos prussianos que voltaram no dia 30 com 15 mil homens e retomaram a aldeia das mãos de seus 1.600 defensores. Em 31 de outubro, Paris recebeu três impactos ao despertar: a perda de Le Bourget, a capitulação de Metz e de todo o Exército do glorioso Bazaine e a chegada de Thiers, que ia negociar um armistício.

Os defensores, muito convencidos de que Paris aceitaria a paz, afixaram lado a lado o armistício esperado e a capitulação infalível, "uma notícia boa e outra ruim", disse Jules Ferry, que chamava o armistício de "uma compensação".*

Paris saltou no ato, assim como Marselha, Toulouse e Saint-Étienne. Uma hora após os cartazes terem sido colocados debaixo de chuva, a multidão gritava diante do Hôtel-de-Ville: "Nada de armistício" e, apesar da resistência dos soldados da Guarda Nacional móvel, invadiu o vestíbulo. Étienne Arago acorre com seus assessores, Roquet e Henri Brisson, que juram que o governo faz tudo pela salvação. A primeira onda humana se retira: outra bate à porta. Ao meio-dia, Trochu aparece ao pé da escada, pensando pôr um ponto-final naquilo tudo com um discurso. Respondem: "Abaixo Trochu!". Jules Simon o substitui e

---

* *Enquête sur le 4 Septembre*. Jules Ferry.

vai até a praça detalhar as vantagens do armistício. Gritam: "Nada de armistício". Sua única saída foi pedir à multidão que designasse dez delegados para acompanhá-lo ao Hôtel-de-Ville. Trochu, Jules Favre, Jules Ferry e Picard os recebem na Sala do Trono. Trochu demonstra de modo ciceroniano a inutilidade de Le Bourget, finge que acaba de saber da capitulação de Metz. Uma voz ecoa: "Mentira!". Foi uma delegação do Comitê dos Vinte Distritos e dos Comitês de Vigilância que penetrou na sala. Outros, para desprestigiar Trochu, querem que ele continue; um tiro, disparado na praça, corta o monólogo e faz desaparecer o orador. Jules Favre o substitui, retoma o fio de sua demonstração.

Enquanto discursa, os administradores distritais deliberam no Conselho Municipal. Para dissolver o tumulto, propõem a eleição das municipalidades, a formação dos batalhões da Guarda Nacional e sua inclusão no Exército. O tolo Étienne leva esses panos quentes ao governo.

São 2h30. Uma multidão imensa circula pela praça, contida a duras penas pela Guarda Nacional móvel, grita "Abaixo Trochu! Viva a Comuna!", agitando faixas nas quais se lê: "Nada de armistício!". Como as delegações que haviam entrado no Hôtel-de-Ville não voltam, a multidão perde a paciência, atravessa a barreira da guarda e faz com que Félix Pyat, que comparecera como curioso, entre na sala em que estão os administradores distritais. Pyat reage, protesta dizendo que não estão procedendo conforme as regras, que ele quer entrar no local "por eleição, não por violência!". Os administradores distritais o apoiam como podem, anunciam que pediram a eleição das municipalidades e que o decreto está prestes a ser assinado. A multidão continua a forçar, sobe até a Sala do Trono, onde põe um ponto final à fala de Jules Favre, que vai ter com seus colegas; eles aprovam, em princípio, a proposta dos administradores distritais, restando apenas fixar a data das eleições.

Por volta das quatro horas o salão é invadido. Rochefort promete as eleições municipais. A multidão o identifica aos outros homens da

Defesa. Um dos delegados do Comitê dos Vinte Distritos sobe na mesa, proclama a derrubada do governo, pede que uma comissão seja encarregada de fazer as eleições em 48 horas. Os nomes de Dorian, único ministro que levou a Defesa a sério, Louis Blanc, Ledru-Rollin, Victor Hugo, Raspail, Delescluze, Blanqui, Félix Pyat e Millière são aclamados.

Se essa comissão tivesse conseguido desocupar, proteger o Hôtel--de-Ville e afixar uma proclamação, o dia teria terminado bem. Mas Dorian se recusou; Louis Blanc, Victor Hugo, Ledru-Rollin, Raspail e Félix Pyat calaram ou viraram as costas. Flourens teve tempo de chegar. Irrompe com seus atiradores de Belleville, sobe na mesa ao redor da qual estão os membros do governo, declara-os prisioneiros e propõe um Comitê de Salvação Pública. Uns aplaudem, outros protestam, declaram que não adianta substituir uma ditadura por outra. Flourens vence, lê nomes – primeiro o seu próprio e, a seguir, os de Blanqui, Delescluze, Millière, Ranvier, Félix Pyat, Mottu. Começam discussões intermináveis. Os homens de 4 de setembro sentem-se salvos, apesar de detidos pela Guarda Nacional, e zombam dos vencedores que deixam escapar a vitória.

A partir daí, perdem-se em um labirinto de confusões. Cada sala tem seu governo, seus oradores, seus instigadores. A tempestade deixa a atmosfera tão escura que, mais ou menos às oito horas, guardas nacionais reacionários conseguem raptar Trochu e Ferry na presença de Flourens. Ao lado, outros agarram Blanqui, que é libertado por franco-atiradores. No gabinete do prefeito, Étienne Arago e seus adjuntos convocam para o dia seguinte os eleitores, sob a presidência de Dorian e Schoelcher. Perto das dez horas, o cartaz é afixado em Paris.

Paris passara o dia inteiro assistindo aos acontecimentos. "Na manhã de 31 de outubro", disse Jules Ferry, "a população parisiense, de alto a baixo da escala, era-nos absolutamente hostil.* Todo mundo achava que merecíamos ser destituídos". Um dos melhores batalhões

* *Enquête sur le 4 Septembre*. Jules Ferry.

de Trochu, conduzido pelo general Tamisier, comandante superior da Guarda Nacional, para socorrer o governo, pôs a coronha para cima ao chegar ao local. Tudo mudou quando se soube que o governo estava preso, sobretudo quando foram divulgados os nomes de seus substitutos. A lição pareceu forte demais. Os que teriam admitido Ledru-Rollin e Victor Hugo não conseguiam engolir Flourens e Blanqui. Em vão tentara-se pôr ordem na situação durante o dia todo; à noite, deu certo. Os batalhões que de manhã eram refratários chegaram à Praça Vendôme – é bem verdade que acreditando, em sua maioria, que as eleições haviam sido concedidas; uma assembleia de oficiais reunidos na Bolsa só consentiu em esperar a votação regular com a garantia do cartaz de Dorian-Schoelcher. Trochu e os fugitivos do Hôtel-de-Ville recuperaram seus seguidores. O Hôtel-de-Ville, ao contrário, se esvaziava.

Acreditando que as eleições haviam sido concedidas, a maioria dos batalhões favoráveis à Comuna havia voltado aos quartéis. Mal restavam cerca de mil homens em armas e os ingovernáveis atiradores de Flourens que vagabundeavam naquela balbúrdia. Blanqui assinava. Delescluze tentou salvar alguns destroços desse movimento. Foi conversar com Dorian, recebeu a garantia formal de que as eleições da Comuna aconteceriam no dia seguinte e as do governo provisório, um dia depois; registrou tais promessas em uma nota em que o poder insurrecional declarava que esperaria as eleições, e fez com que Millière, Flourens e Blanqui a assinassem. Millière e Dorian foram comunicar o documento aos membros da Defesa. Millière propunha-lhes que saíssem juntos do Hôtel-de-Ville deixando Doriane Schoelcher proceder às eleições, sob a condição expressa de que não haveria nenhuma perseguição. Os membros da Defesa aceitaram e Millière lhes disse: “Senhores, estais livres!”; nesse instante os guardas nacionais quiseram compromissos por escrito. Os prisioneiros indignaram-se de que duvidassem de sua palavra. Millière e Flourens não conseguiram convencer os guardas da inutilidade das assinaturas.

De repente, Jules Ferry ataca a Porta da Praça Lobau. Tirando partido de sua liberdade, reuniu alguns batalhões, um dos quais composto de soldados bretões da Guarda Móvel que não entendem francês. Delescluze e Dorian se antecipam, anunciam o acordo, que acreditam estar fechado, convencem Ferry a esperar. Como a modorra persiste, os tambores de Trochu ecoam na praça às três da manhã: o batalhão bretão desemboca em pleno Hôtel-de-Ville pelo subterrâneo do Quartel Napoleão; surpreende e desarma muitos atiradores; Jules Ferry invade a sala do governo. Os indisciplinados não ofereceram resistência. Jules Favre e seus colegas foram libertados. Aos bretões que ameaçavam, o general Tamisier lembrou os acordos debatidos à noite e, como sinal de esquecimento recíproco, saiu do Hôtel-de-Ville entre Blanqui e Flourens. Trochu percorreu as ruas e os cais cercados de batalhões.

Assim esfumou-se aquele dia que poderia ter revivificado a Defesa. A incoerência dos homens da vanguarda devolveu a virgindade de setembro ao governo, que a explorou na mesma noite: arrancou os cartazes de Dorian-Schoelcher, concedeu as eleições municipais para o dia 5, mas cobrou-as com um plebiscito, colocando a questão imperialmente: "Os que quiserem manter o governo votarão 'sim'". Em vão, o Comitê dos Vinte Distritos lançou um manifesto em que *Le Réveil, La Patrie en Danger* e *Le Combat* citavam as 100 razões pelas quais se devia dizer "não". Paris, por medo de dois ou três homens, deu um novo crédito àquele governo, que acumulava inépcias e insolências: disse-lhe "Quero-te" 322.900 vezes. O Exército e os soldados da Guarda Nacional móvel deram 237 mil "sim". Apenas 54 mil civis e nove mil militares disseram "não".

Por que esses 60 mil clarividentes, tão ágeis, tão enérgicos, nunca conseguiram dirigir a opinião pública? Porque se fracionaram em 100 correntes. A febre do sítio não favorecia a disciplina do partido revolucionário – tão dividido algumas semanas antes –, que ninguém tentava impor. Delescluze e Blanqui viviam em um círculo exclusivo de amigos ou partidários. Félix Pyat, oferecendo um fuzil de honra a quem matasse o rei da Prússia, patrocinando um fogo-grego que devia corroer o Exército alemão, só se tornava prático para salvar a si próprio. Os demais – Ledru-Rollin, Louis Blanc, Schoelcher etc. –, esperança dos republicanos sob o império, tinham voltado do exílio sem inspiração, tomados pela vaidade e pelo egoísmo, irritados contra a nova geração socialista, que já não se contentava com seus sistemas. Os radicais, preocupados com o próprio futuro, não iam se comprometer com o Comitê dos Vinte Distritos. Este nunca pôde ser mais do que um centro de impressões, não um núcleo-diretor, pois tanto a seção de Gravilliers de 1870-1871 como a de 1793 tratavam tudo por meio de manifestações.

Mas ali pelo menos há vida, um candeeiro fumegante, porém sempre vigilante. E os pequeno-burgueses? Onde estão seus jacobinos, seus *cordeliers?* Vejo na Corderie os filhos perdidos da pequena burguesia, que empunham a pena ou tomam a palavra; mas onde está o grosso do Exército?

Tudo se cala. Salvo os *faubourgs*, Paris é um quarto de doente onde ninguém ousa dizer uma palavra. Essa abdicação moral é o verdadeiro fenômeno psicológico do sítio, tanto mais extraordinário por coexistir com um admirável ardor de resistência. Homens que dizem "Preferimos queimar nossas casas do que entregá-las ao inimigo", ficam indignados porque se ousa disputar o poder com os covardes do Hôtel-de-Ville. Se temem os estouvados, os febris, as colaborações comprometedoras, por que não assumem a direção do movimento? Mas limitam-se a gritar: "Nada de revoltas diante do inimigo! Nada de exaltados!", como se a capitulação fosse preferível à revolta, como se os acontecimentos de 10 de agosto e de 31 de maio não fossem revoltas diante do inimigo, como se não houvesse meio-termo entre a omissão e o delírio.

Nos dias 5 e 7, repetiram sua votação plebiscitária, nomeando entre os 20 administradores distritais 12 apadrinhados de Étienne Arago. Quatro dos novos – Dubail, Vautrain, Desmarest e Vacherot, democrata empedernido sob o império – eram burgueses intratáveis.

A maioria dos auxiliares era de tipo liberal, apenas alguns internacionalistas muito moderados como Tolain, Murat, Héligon, e alguns militantes – Malon, Jaclard, Dereure, Oudet e Léo Meillet.

Os *faubourgs*, fiéis, elegeram Delescluze no XIX Distrito e, no XX, Ranvier, Millière e Flourens, que não puderam tomar posse; violando o acordo Dorian-Tamisier, o pessoal do Hôtel-de-Ville havia emitido mandados de prisão contra os manifestantes de 31 de outubro.* Acusaram-nos, naturalmente, de estar a soldo da Polícia Imperial, afirmando que seus dossiês haviam sido recém-descobertos na prefeitura. No Hôtel-de-Ville, Jules Ferry, muito contrariado, substituiu Étienne Arago, em 31 de outubro; e no comando da Guarda Nacional, colocou-se Clément Thomas, que atacou os proletários em junho de 1848, pois Tamisier, indignado com a violação do tratado, se demitira.

Nada estava perdido no começo de novembro. O Exército, a Guarda Nacional móvel e os marinheiros somavam, segundo o plebiscito, 246 mil homens e 7.500 oficiais. Facilmente se podia selecionar em Paris 124 mil guardas nacionais capazes de fazer uma campanha de guerra, deixando-se o mesmo número para a defesa interna. As reformas das armas e os canhões deviam ser conseguidos em algumas semanas – sobretudo os canhões, pois cada um dava seu pão para dotar o batalhão de belas peças, tradicional orgulho dos parisienses. "Onde encontrar mil artilheiros?", perguntava Trochu; ora, em todo mecânico de Paris dorme um artilheiro, como evidenciou a Comuna. Por toda parte a mesma abundância. Paris fervilhava de engenheiros, contramestres, chefes de oficina e equipes que poderiam dar suboficiais para todas as necessidades. Jaziam no chão todos os materiais para uma vitória.

---

* Jaclard, Vermorel, G. Lefrançais, Félix Pyat, Eudes, Levrault, Tridon, Ranvier, Razoua, Tibaldi, Goupil, Vésinier, Regére, Maurice Joly, Blanqui, Millière e Flourens. Estes três últimos conseguiram escapar. Félix Pyat livrou-se por meio de uma hipocrisia, escrevendo a Emmanuel Arago: "Pena que eu seja teu prisioneiro! Tu serias meu advogado!".

Os incapazes do Exército regular chamavam tudo aquilo de barbárie. Aquela Paris para a qual Hoche, Marceau e Kléber não teriam sido nem muito jovens, nem muito confiantes, nem muito puros, tinha como generais os piores elementos do império e do orleanismo. Vinoy de dezembro, Ducrot, Suzanne, Le Flô. Um pretensioso fóssil como Chabaud-Latour comandava a arma de engenharia. Na sua amável intimidade, divertiam-se muito com essa defesa,* ainda que achando a brincadeira muito prolongada. Os acontecimentos de 31 de outubro exasperaram-nos contra a Guarda Nacional, que se recusaram a utilizar até o último minuto.

Em vez de reunir as forças de Paris, de dar a todos, com o mesmo comando e a mesma bandeira, o belo nome de Guarda Nacional, Trochu conservara as três divisões: Exército, Guarda Móvel, Civis. Era a decorrência natural de sua opinião sobre a Defesa. O Exército, amotinado pelos Estados-Maiores, passou a odiar aquela Paris que lhe impunha, dizia-se, fadigas inúteis. Os guardas móveis da província, instigados pelos seus oficiais – fina flor de fidalguetes –, também se irritavam. Ao ver os guardas nacionais desprezados, todos os desprezaram, chamando-os de "radicais" e de "30 sous" (desde o início do sítio, os parisienses recebiam um franco e 50 centavos, ou seja, 30 *sous,* de soldo). Era de se temer choques todos os dias.

Os acontecimentos de 31 de outubro em nada mudaram as questões de fundo. O governo interrompeu as negociações que, apesar de sua vitória, não poderia continuar sem sucumbir, decretou a criação de companhias na Guarda Nacional e ativou a fundição dos canhões; mas nem por isso passou a acreditar mais na Defesa, navegando em direção à paz. Sua grande preocupação, como escreveu, era a rebelião. Não era mais só da loucura do sítio que ele queria salvar Paris, mas antes de mais nada dos revolucionários. Os membros da alta burguesia estimularam tal zelo. Antes de 4 de setembro, declararam, como afirma Jules Simon, que "não lutariam se a classe operária estivesse armada

* Apêndice I.

e se tivesse alguma chance de prevalecer"; na noite de 4 de setembro, Jules Favre e Jules Simon tinham ido à Assembleia Legislativa para os tranquilizar, dizer-lhes que os defensores não estragariam a casa. A irresistível força dos acontecimentos armara os operários; era preciso ao menos imobilizar seus fuzis; há dois meses que a alta burguesia espreitava a hora propícia. O plebiscito disse-lhe que chegara a hora. Trochu dominava Paris e, através do clero, a alta burguesia controlava Trochu, tanto mais que ele acreditava só depender da sua própria consciência. Consciência curiosa, com profundezas insondáveis, com mais urdiduras que um teatro. Ele acreditava nos milagres e não nos prodígios, em Santa Genoveva e não em Joana d'Arc, nas legiões do alto e não nos Exércitos que saem da Terra. Assim, desde 4 de setembro se esforçava em enganar Paris e pensava: "Vou te entregar, mas é para teu bem". Após 31 de outubro, acreditou que passara a ter duas missões, viu-se como arcanjo, como o São Miguel da sociedade ameaçada. É o segundo período da Defesa, que talvez caiba em um gabinete da Rua des Postes, pois os chefes do clero viram com mais nitidez do que ninguém o perigo de um avanço dos trabalhadores. Suas manobras foram muito hábeis. Bauer, espécie de bispo à moda de Turpin, de botas, barbudo, jovial, bom bebedor e apreciador de festas, mão-aberta e falador, não saía de perto de Trochu, atiçando sua antipatia pela Guarda Nacional. Em todos os pontos conseguiram intervir nos lugares vitais, penetrando nos Estados-Maiores, nas ambulâncias, nas administrações municipais. E, como o pescador às voltas com uma presa grande demais, afogaram Paris em sua água, sugando-lhe as forças às sacudidelas. No dia 28 de novembro, Trochu realizou a primeira delas: um ataque em grande estilo. O general Ducrot, que o comandava, anunciou-se como um Leônidas: "Juro diante de vós, diante da nação inteira, só retornarei a Paris morto ou vitorioso. Podereis ver-me tombar, mas não me vereis recuar". Essa proclamação deixou Paris febril, sentindo-se às vésperas de Jemmapes, onde os voluntários parisienses escalaram os rochedos guarnecidos de artilharia, pois desta vez a Guarda Nacional ia combater.

Tínhamos programado abrir uma brecha pela região do Marne para nos unir aos Exércitos de província e atravessar o rio em Nogent. O engenheiro Ducrot não tomara as providências corretas; as pontes não estavam em condições. Tivemos de esperar até o dia seguinte. O inimigo, em vez de ser pego de surpresa, pôde colocar-se na defensiva. No dia 30, numa bela arremetida, tomamos Champigny. No dia seguinte, Ducrot permaneceu inativo, ao passo que, desguarnecendo Versalhes, o inimigo acumulava suas forças ao redor de Champigny. No dia 2, retomou uma parte da aldeia. A luta foi árdua o dia inteiro. Os membros do governo, cuja importância não permitia que se afastassem do Hôtel-de-Ville, fizeram-se representar no campo de batalha por uma carta a seu "caríssimo presidente". À noite, acampamos em nossas posições, gelados. O "caro" presidente ordenara que deixássemos os cobertores em Paris, e tínhamos ido sem barracas nem ambulâncias. No dia seguinte, Ducrot declarou que devíamos nos retirar e, diante de Paris, diante da nação inteira, esse fanfarrão desonrado debandou em marcha à ré. Cem mil homens haviam saído de Paris e 50 mil participado do ataque: oito mil deles estavam mortos ou feridos.

Trochu dormiu 20 dias sobre esses louros. Clément Thomas aproveitou para dissolver e condenar o batalhão dos atiradores de Belleville, pouco disciplinado, sem dúvida, mas que teve mortos e feridos. A partir de um simples relatório do general comandante de Vincennes, ele também condenava o 200° Batalhão. Flourens foi preso. No dia 21 de dezembro, esses depuradores encarniçados decidiram pensar um pouco também nos prussianos. A Guarda Móvel do Sena foi lançada, sem canhões, contra as muralhas de Stains e no ataque de le Bourget. O inimigo recebeu-os com uma artilharia poderosa. Uma vantagem conseguida à direita, na Ville-Evrard, não foi aproveitada. Os soldados voltaram desmoralizados. Alguns gritaram: "Viva a paz!" Cada nova iniciativa acusava o plano de Trochu, enervava as tropas, mas não afetava em nada a coragem dos guardas nacionais mobilizados, que sustentaram o fogo de 60 peças no platô de Avron durante dois dias, quase a descoberto. Quando os mortos já eram muito numerosos,

Trochu descobriu que a posição não tinha importância e mandou que a deixassem.

Tais fracassos começaram a desgastar a credulidade parisiense. A fome se intensificava. A carne de cavalo tornava-se um luxo. Devoravam-se cães, gatos e ratos. As donas de casa, com um frio de 17 graus ou na lama do degelo, mendigavam horas e horas uma mísera ração. Em vez de pão, uma argamassa negra que fazia as entranhas se retorcerem. As crianças morriam no seio esgotado. A lenha valia ouro. Para se aquecer, o pobre só dispunha dos despachos de Gambetta anunciando sucessos na província. No fim de dezembro, os olhos arregalados pelas privações se acenderam. Iriam deixar-se afundar com as armas intactas?

Os administradores distritais continuavam impassíveis, refugiando-se no papel de despenseiros, não fazendo qualquer pergunta indiscreta, não tomando providência judicial alguma para evitar até mesmo a aparência de uma municipalidade.* Jules Favre lhes oferecia pequenas recepções semanais, nas quais se conversava amigavelmente sobre as particularidades do sítio. Apenas um cumpriu seu dever: Delescluze, que conquistara muita autoridade com seus artigos de *Le Réveil,* implacáveis contra a Defesa. Em 30 de dezembro, interpelou Jules Favre e disse aos administradores distritais e aos auxiliares: "Sois responsáveis por isto"; pediu que o Conselho fosse incorporado à Defesa. A maioria de seus colegas protestou, sobretudo Dubail e Vacherot. Voltou a insistir em 4 de janeiro, apresentando uma proposta radical: demissão de Trochu e de Clément Thomas; mobilização da Guarda Nacional; instituição de um Conselho de Defesa; renovação dos Comitês de Guerra. Novamente, não o escutaram.

O Comitê dos Vinte Distritos apoiou Delescluze, mandou imprimir, no dia 6, um cartaz vermelho redigido por Tridon e Jules Vallès:

> O governo encarregado da defesa nacional cumpriu sua missão? Não; [...] por sua lentidão, indecisão, inércia, [...] os que nos go-

---

* *Enquête sur le 4 septembre.* Jules Favre.

> vernam nos conduziram à beira do abismo [...]. Não souberam nem administrar, nem combater [...]. Morre-se de frio, quase já de fome [...]. Ataques sem objetivo, lutas mortais sem resultados, insucessos repetidos [...]. O governo mostrou a que veio, ele nos mata [...]. A perpetuação deste regime é a capitulação [...]. A política, a estratégia e a administração de 4 de setembro, continuação do império, foram julgadas. Lugar para o povo! Lugar para a Comuna!

Por mais que o comitê fosse impotente para a ação, seu pensamento era correto e continuou a ser, até o fim do sítio, o sagaz mentor de Paris.

A massa que queria nomes ilustres ignorou os cartazes. Alguns de seus signatários foram presos. Contudo, Trochu sentiu-se atingido e, na mesma noite, mandou escrever em todos os muros: "O governador de Paris não capitulará".

Quatro meses após os acontecimentos de 4 de setembro, Paris ainda aplaudiu. Achou-se muito estranho que, apesar da garantia de Trochu, Delescluze e seus assessores se demitissem.

Entretanto, só mesmo tapando os olhos para não ver o fosso – digno de Sedan – para onde a Defesa conduzia Paris. Do alto dos fortes de Issy e de Vanves, os prussianos bombardeavam as casas, seus obuses pontilhavam de cadáveres certas ruas; no dia 30 de dezembro, Trochu declarava que era impossível qualquer nova ação. Invocava a opinião de todos os generais, concluía pedindo para ser substituído; nos dias 2, 3 e 4 de janeiro de 1871, os defensores discutiram a eleição da Assembleia que sobreviveria à catástrofe. Paris não chegaria ao dia 15 sem a indignação dos patriotas.

Os *faubourgs* agora só chamavam os homens da Defesa de bando de Judas. Os grandes lamas democráticos, que se haviam retirado dos acontecimentos de 31 de outubro, retornavam à Comuna. A Aliança Republicana, na qual o veterano Ledru-Rollin oficiava diante de meia dúzia de turiferários, a União Republicana e as outras igrejinhas chegavam ao ponto de pedir, muito energicamente, uma Assembleia parisiense que organizasse a Defesa. O governo sentiu-se muito pressionado. Se a pequena e média burguesias se unissem ao povo, tornar-se-ia impossível capitular sem enfrentar uma sublevação gigantesca.

Aquela população que gritava hurras debaixo dos obuses não se deixaria apanhar como gado. Primeiro era preciso mortificá-la, curá-la de sua "enfatuação", segundo a expressão de Jules Ferry, purgá-la de sua febre. "A Guarda Nacional só ficará satisfeita quando houver dez mil guardas nacionais no chão", dizia-se no Hôtel-de-Ville. Pressionado por Jules Favre e Picard, de um lado, e pelos simples Emmanuel Arago, Garnier-Pagès e Pelletan, de outro, o diluidor Trochu consentiu em apresentar um último espetáculo.

Decidiu que este teria a aparência de uma farsa, preparada paralelamente à capitulação. Na noite de 18 para 19 de janeiro, os defensores reconhecem que um novo fracasso acarretará a catástrofe; Trochu quer o apoio dos administradores distritais para as questões de capitulação e de abastecimento; Jules Simon e Garnier-Pagès aceitam a rendição de Paris, só emitindo reservas quanto à França; Garnier-Pagès propõe que fossem nomeados, através de eleições especiais, mandatários encarregados da rendição. Tal foi a sua vigília de armas.*

No dia 18, Paris estava pronta para a guerra e os prussianos, alertas com os toques de trombetas e tambores. Para esse supremo esforço, Trochu só conseguiu reunir 84 mil homens, entre os quais 19 regimentos da Guarda Nacional, e os fez passar a noite, chuvosa e fria, na lama dos campos de Mont-Valérien.

O ataque foi contra as defesas que cobriam Versalhes do lado da Bergerle. Às dez horas da manhã do dia 19, com um ímpeto de tropas veteranas – confessou Trochu à tribuna de Versalhes –, os guardas nacionais e os soldados da Guarda Móvel, que constituíam a maioria das alas de esquerda e de centro, haviam conquistado o reduto de Montretout, o parque de Buzenval, uma parte de Saint-Cloud, tinham chegado até Garches, ocupado, em suma, todas as posições designadas. O general Ducrot, comandante da ala esquerda, chegara com duas horas de atraso e, embora seu Exército fosse sobretudo de tropas de linha, não avançou.

* Ver as atas da Defesa, obtidas pelo sr. Dréo, genro de Garnier-Pagès.

Havíamos conquistado elevações de capital importância. Os generais não as guarneceram. Os prussianos puderam varrer à vontade esses cimos. Às quatro horas, eles lançaram colunas de assalto. Primeiro as nossas recuaram, depois se refizeram e sustaram o movimento do inimigo. Ao redor das seis horas, o fogo do inimigo diminuiu; Trochu ordenou a retirada. No entanto, havia 40 mil homens intactos, de reserva, entre Mont-Valérien e Buzenval. Das 150 peças de artilharia, no máximo 30 haviam atirado. Os generais, que praticamente não se dignaram a se comunicar com a Guarda Nacional, declararam que esta não suportaria uma segunda noite; Trochu, então, mandou que abandonassem Montretout e todas as posições conquistadas. Batalhões inteiros gritavam raivosos ao voltar. Todos compreenderam que os haviam mandado atacar para sacrificá-los.*

Paris, que acreditara na vitória, despertara ao dobre de sinos de Trochu. O general pedia mais uma trégua de dois dias para retirar os feridos e enterrar os mortos e, ademais, "tempo, viaturas e muitos padioleiros". Os mortos e os feridos não chegavam a 3 mil.

Dessa vez, por fim, Paris viu o abismo. Desistindo de dissimular por mais tempo, os defensores reuniram os administradores distritais e disseram-lhes que era impossível qualquer resistência. Para consolá-los, Trochu acrescentou que "já na noite de 4 de setembro declarara que seria loucura procurar manter um cerco em torno do Exército prussiano".** A sinistra notícia logo percorreu toda a cidade.

Durante quatro meses de sítio, Paris aceitara tudo de antemão – a fome, a peste, o assalto –, tudo, salvo a capitulação. Nesse sentido era, em 20 de janeiro de 1871, apesar de sua credulidade, de sua fraqueza, a Paris de setembro de 1870. Quando a notícia estourou houve, primeiro, um enorme estupor, como diante dos crimes hediondos, contra a natureza. As feridas daqueles quatro meses se avivaram, gritando

---

* "Vamos castigar um pouco a Guarda Nacional, já que é o que se quer", dizia um coronel de infantaria. muito aborrecido com o caso. (*Enquête sur le 4 Septembre*. Coronel Chaper.)

** *Enquête sur le 4 Septembre*. t. IV, p. 389. Corbon.

por vingança. O frio, a fome, o bombardeio, as longas noites nas trincheiras, as crianças morrendo aos milhares, os mortos semeados nos ataques, tudo isso para acabar na vergonha, ser séquito de Bazaine, tornar-se um segundo Metz. Parecia ouvir-se o escárnio prussiano. Em alguns, o assombro tornou-se fúria. Os mesmos que suspiravam após a rendição tomaram atitudes. O pálido rebanho dos administradores distritais reagiu. Na noite de 21, Trochu tornou a recebê-los, disse que todos os generais consultados e mesmo os oficiais menos graduados haviam concluído, naquela manhã, que era impossível um novo ataque contra os prussianos. De pé, de costas para o fogo, com belos gestos, demonstrou-lhes matematicamente a absoluta necessidade de gestões junto ao inimigo, declarou não querer se envolver e, com aquele discurso de sutilezas incomparáveis, insinuou aos administradores distritais que capitulassem por ele. Estes não gostaram da sugestão, chegando até a protestar, imaginando que não eram responsáveis pelo resultado.

Depois que se foram, os defensores deliberaram. Jules Favre pediu a Trochu que se demitisse. O apóstolo pretendia ser destituído, pois queria aparecer diante da história como aquele que não capitulou, brindando-lhe, de resto, uma frase digna de Escobar: "Deter-se diante da fome é morrer, não capitular"!* Reanimavam-se um pouco quando, às três horas da madrugada, chegou o aviso de que a prisão de Mazas acabara de ser arrombada; Flourens e vários outros presos políticos foram levados por uma tropa de guardas nacionais. Nossos defensores, que pressentiam um 31 de outubro, precipitam suas resoluções, substituem Trochu pelo general Vinoy. O bonapartista se fez de rogado. Jules Favre e Le Flô, ministro da Guerra, mostraram-lhe o povo de pé, a insurreição iminente e o chefe de Polícia que pedia demissão. Os homens de 4 de setembro de 1870 suplicavam aos de 2 de dezembro de 1851. Vinoy dignou-se a ceder. Como verdadeiro bonapartista, começou armando-se contra Paris, desguarneceu as linhas da cidade diante dos prussianos, mandou que as tropas de Suresnes, Gentilly

---

* Souvenirs du 4 Septembre. Jules Simon.

e Les Lilas voltassem, colocou a cavalaria e a força pública de prontidão. Um batalhão da Guarda Móvel do Finistère entrincheirou-se no Hôtel-de-Ville, comandado por um coronel da Guarda Nacional, Vabre – reacionário muito cruel. Em uma proclamação furiosa – "Os facciosos unem-se ao inimigo [...]" –, Clément Thomas conjurou a Guarda Nacional a "levantar-se inteira para esmagá-los". O caso é que ele não a levantara inteira contra os prussianos.

Havia no ar sinais de cólera, não de uma jornada de luta para valer. Sentindo que tudo chegava ao fim, muitos revolucionários, entre os quais Blanqui, não admitiam um movimento que, vitorioso, salvasse os homens da Defesa e capitulasse em seu lugar. Ainda envolvidos pelo ardor de Buzenval, outros – cuja razão não iluminava o patriotismo – acreditavam no ataque em massa e diziam: "É preciso salvar a honra". Na véspera, algumas reuniões tinham votado que se oporiam de armas na mão à capitulação, marcando encontro na frente do Hôtel-de-Ville.

Ao meio-dia, o tambor chama para Batignolles. Às 13h30, surgem alguns grupos armados na Praça do Hôtel-de-Ville. A multidão se concentra. Uma comissão é recebida pelo auxiliar do prefeito, G. Chaudey – o governo se reunia no Louvre desde 31 de outubro. O orador relata as queixas de Paris e exige a Comuna. Chaudey responde que a ideia da Comuna é falsa, que a combateu e combaterá de modo enérgico. Ele era de natureza muito violenta e terrivelmente capcioso. Chega uma nova delegação, mais entusiasmada. Chaudey zanga-se a ponto de passar às injúrias. A emoção cresce; o 101º Batalhão, chegando da margem esquerda do Sena, gritava: "Morte aos traidores!". O 207º Batalhão, de Batignolles, que percorreu os bulevares, desemboca na praça pela Rua du Temple e entra em formação diante do Hôtel-de--Ville, cujas saídas estão todas fechadas.

Ouvem-se disparos; as janelas do Hôtel-de-Ville ficam veladas pela fumaça. Protegidos atrás dos candelabros e de montículos de areia, alguns guardas nacionais, comandados por Sapia e Raoul Rigault, sustentam o fogo da Guarda Móvel. Outros atiram nas casas da Avenida Victória. Já havia meia hora de tiroteio, quando os soldados da força pública surgiram na esquina da avenida. Vinoy os seguia. Os revoltosos se retiraram. Cerca de 12 deles foram presos e levados ao Hôtel-de-Ville, onde Vinoy os queria fuzilar. Jules Favre reservou-os para os Conselhos de Guerra. Entre os manifestantes e a multidão inofensiva, houve 30 mortos ou feridos; o Hôtel-de-Ville não teve mais do que um morto e dois feridos.

O governo fechou os clubes e emitiu numerosos mandados de prisão. Foram presas 83 pessoas, em sua maioria inocentes, dissera o general Soumain. Apesar de seus 65 anos e da bronquite aguda que o minava, aproveitou-se da ocasião para mandar Delescluze somar-se aos presos de 31 de outubro, jogados de qualquer maneira em uma torre úmida de Vincennes. *Le Réveil* e *Le Combat* foram tirados de circulação.

Uma proclamação indignada denunciou os revoltosos como "partidários do estrangeiro", único recurso dos homens de 4 de setembro em suas crises vergonhosas. Só nesse ponto foram jacobinos. Mas quem auxiliou o estrangeiro? O governo, sempre disposto a negociar, ou os parisienses, sempre defendendo encarniçadamente a resistência? A história dirá que em Metz, um imenso Exército de veteranos, organizados e treinados, entregou-se sem que um marechal, um chefe de batalhão se levantasse para salvá-lo de Bazaine, ao passo que os parisienses, sem guias, sem organização, diante de 240 mil soldados e guardas móveis defensores da paz, conseguiram adiar a capitulação por três meses e vingá-la com seu sangue.

Essa indignação de traidores causou repugnância. Nenhum dos batalhões outrora partidários de Trochu levantara-se ao chamado de Clément Thomas. Aquele governo, preservado enquanto governo de Defesa, fedia à capitulação. No próprio dia da refrega, fez seu último jesuitismo. Reunindo os administradores distritais e uma dúzia de oficiais superiores, Jules Simon ofereceu o comando supremo ao militar que propusesse um plano. Agora que a haviam deixado exangue, os homens de 4 de setembro abandonavam a outros aquela Paris que tinham recebido exuberante de vida. Nenhum dos presentes notou a ironia. Restringiram-se a recusar a desesperada herança. Jules Simon os esperava ali. O general Laconte disse: "É preciso capitular". Os administradores distritais finalmente entenderam por que haviam sido convocados, e alguns enxugaram umas poucas lágrimas.

A partir daí, Paris viveu como o doente à espera da amputação. Os fortes continuavam a troar, os mortos e feridos, a chegar, mas sabia-se que Jules Favre estava em Versalhes. À meia-noite de 27 o canhão se calou. Bismarck e Jules Favre se haviam entendido *honrosamente*. Paris estava entregue.

No dia seguinte, a Defesa revelou as bases das negociações: trégua de 15 dias, reunião imediata da Assembleia, ocupação dos fortes, desarmamento dos soldados e da Guarda Móvel, exceto uma divisão. A cidade ficou desolada. As longas jornadas cheias de emoção haviam enfraquecido a cólera geral. Apenas alguns lampejos cruzaram Paris. Um batalhão da Guarda Nacional foi gritar diante do Hôtel-de-Ville: "Abaixo os traidores!". À noite, 400 oficiais assinaram um pacto de resistência, adotaram como chefe o comandante do 107° Batalhão, Brunel, ex-oficial expulso do Exército à época do império por suas opiniões republicanas, e decidiram marchar sobre os fortes do leste, comandados pelo almirante Saisset, de quem os jornais davam uma reputação ao estilo de Beaurepaire. À meia-noite, o toque de reunir e o rebate chamam os X, XIII e XX distritos. Mas a noite estava glacial e a Guarda Nacional por demais nervosa para um ato de desespero. Apenas dois ou três batalhões compareceram ao encontro. Brunel foi preso dois dias depois.

Em 29 de janeiro de 1871, a bandeira alemã foi hasteada nos fortes. O pacto datava da véspera. Quatrocentos mil homens armados de fuzis e canhões capitulavam diante de 200 mil. Os fortes e a muralha eram desarmados. Todo o Exército – 240 mil soldados, marinheiros e guardas móveis – caía prisioneiro. Paris tinha de pagar 200 milhões de francos em 15 dias. O governo orgulhava-se de ter mantido as armas da Guarda Nacional, mas todos sabiam que teria sido preciso saquear Paris para tirá-las. Por fim, não contente em entregar a cidade, o Governo da Defesa Nacional entregava a França inteira; o armistício aplicava-se a todas as tropas da província, salvo à de Bourbaki que, quase cercado, seria o único a aproveitar-se dele. Quando chegou um pouco de ar fresco da província, soube-se que, pressionado pelos alemães e após uma encenação de suicídio, Bourbaki tivera de fazer seu Exército embrenhar-se na Suíça.

A febre eleitoral substituiu a do sítio. O dia 8 de fevereiro enriqueceria a França com uma nova Assembleia Nacional, para a qual Paris se preparou. Por não ter perdido as esperanças na pátria, Gambetta foi o único homem da Defesa que figurou na maioria das chapas, sobretudo quando foi conhecida sua proclamação atacando a paz vergonhosa e seu amontoado de decretos radicais.

Alguns jornais apoiavam Jules Favre e Picard, que habilmente haviam conseguido passar por radicais do governo; nenhum ousou chegar a propor Trochu, Jules Simon e Jules Ferry. O partido de vanguarda multiplicou as listas que explicavam sua impotência durante o sítio. Os homens de 1848 recusaram-se a admitir Blanqui, mas aceitaram, para disfarçar, vários membros da Internacional, e sua lista, sarapintada de neojacobinos e socialistas, intitulou-se Quatro Comitês. Os clubes e os grupos operários compuseram listas fechadas: numa delas, figurava o socialista alemão Liebknecht. A mais demarcada saiu da Corderie.

Emudecida durante o sítio, a Internacional e a Câmara Federal das Sociedades Operárias retomaram seu programa: “É necessário que figurem trabalhadores entre os homens do poder”. Entenderam-se com o Comitê dos Vinte Distritos e os três grupos publicaram um mesmo manifesto:

> Esta é a lista dos candidatos apresentados em nome de um mundo novo, pelo partido dos deserdados [...]. A França vai reconstituir-se novamente; os trabalhadores têm o direito de buscar e assumir seu lugar na ordem que se prepara. As candidaturas socialistas revolucionárias significam: proibição a quem quer que seja de colocar a república em discussão; afirmação da necessidade do advento político dos trabalhadores; queda da oligarquia governamental e do feudalismo industrial.

Afora alguns nomes familiares ao público – Blanqui, Gambon, Garibaldi, Félix Pyat, Ranvier, Tridon, Malon, Lefrançais, Vallès e Tolain –, esses candidatos socialistas só eram conhecidos nos meios populares: funcionários, mecânicos, sapateiros, operários do ferro, alfaiates, carpinteiros, cozinheiros, marceneiros, cinzeladores. Raros foram os cartazes. Quase nenhum jornal para fazer concorrência às trombetas burguesas. Mas seu momento chegará em algumas semanas, quando dois terços deles forem eleitos para a Comuna. Hoje apenas receberão mandato aqueles aceitos pela imprensa burguesa, cinco, no total: Garibaldi, Gambon, Félix Pyat, Tolain e Malon.

A lista que saiu em 8 de fevereiro foi um arco-íris de todos os matizes republicanos e de todas as fantasias políticas. Louis Blanc, comadre bem-comportada durante o sítio, apoiado por todos os comitês, salvo pela Corderie, abriu a lista com 216 mil votos, seguido por Victor Hugo, Gambetta e Garibaldi. Delescluze, cuja adesão deveria ter sido conseguida antes, conseguiu 154 mil sufrágios. Na sequência, grande quantidade de velharias: jacobinos, radicais, oficiais, administradores distritais, jornalistas e excêntricos. Um foi eleito por ter inventado uma canhoneira; outro por ser místico. Apenas um membro do governo insinuou-se entre eles: Jules Favre, que – com provas autênticas nas mãos – Millière acabara de acusar de falsificação, bigamia e traição ao Estado. Millière foi eleito, é bem verdade, por uma injustiça cruel. Blanqui, sentinela alerta que durante todo o sítio sempre demonstrara sagacidade, só conseguiu 52 mil votos – mais ou menos o número dos opositores do plebiscito –, ao passo que Félix Pyat obteve 145 mil pelas suas clarinadas em *Le Combat*.

Esse escrutínio confuso, disparatado, pelo menos atestava a ideia republicana. Paris, derrubada pelo império e pelos liberais, voltava-se para a república que lhe reabriria o futuro. Mas, antes mesmo de ver sua votação proclamada, ouve um grito selvagem de reação saído das urnas da província. Antes que um único de seus eleitos abandonasse a cidade, Paris vê encaminhar-se para Bordeaux uma multidão de camponeses, de Pourceaugnacs, de clérigos sombrios, abantesmas de

1815, 1830 e 1849, que, embrutecidos e furiosos, vêm tomar posse da França por meio do sufrágio universal. Que mascarada sinistra era aquela? Como tal vegetação subterrânea conseguira chegar à superfície e espalhar-se até o cimo do país?

Foi preciso que Paris e a província fossem vencidas, que o Shylock prussiano drenasse nossos bilhões e cortasse duas fatias de nosso flanco, que o estado de sítio se abatesse durante quatro anos sobre 42 departamentos, que 100 mil franceses fossem arrancados da vida ou do solo natal e que os vermes conduzissem suas procissões por toda a França, para que as pessoas reconhecessem aquela grande maquinação reacionária, que, desde a primeira hora até a explosão final, os republicanos de Paris e da província denunciaram, incansáveis, aos poderes traidores ou enfraquecidos.

Na província, o terreno e a tática não foram os mesmos. Em vez de ser feita no governo, a conspiração medrou à sua volta. Durante todo o mês de setembro, os reacionários se esconderam em suas tocas. Na certeza da negociação, os ocupantes do Hôtel-de-Ville só tinham enviado à província um general qualquer para providenciar a papelada administrativa. Mas a província levava a Defesa, como a república, a sério. Lyon até entendera seu dever antes de Paris, proclamara a república na manhã de 4 de setembro e nomeara um Comitê de Salvação Pública. Marselha e Toulouse organizavam comissões regionais. Os defensores, muito alarmados com a febre patriótica que lhes contrariava os planos, proclamaram que a França se desagregava e escolheram, para se lhe opor, os dois mais ignominiosos de seu bando – Crémieux e Glais-Bizoin –, além do almirante bonapartista Fourichon, ex-governador de Caiena e bárbaro para com os deportados de 1852.

Chegaram a Tours em 18 de setembro com a papelada dos ministérios, com tudo o que se chamou então de Delegação. Os patriotas acorreram. No Oeste e no Sul, tinham organizado ligas de união para agrupar os departamentos contra o inimigo, compensar a falta de impulso do centro. Rodearam os delegados de Paris, pediram a palavra de ordem, que fossem tomadas medidas vigorosas, enviados comissários, e prometeram uma colaboração absoluta. Os artríticos responderam: "Aqui entre nós, sejamos sinceros. Não temos mais Exército; qualquer resistência é impossível. Resistimos apenas para obter melhores condições". E aquele que relata ouviu um estupor unânime: "O quê? É essa a vossa resposta quando milhares de franceses vos oferecem seus braços e fortunas?".

No dia 28, os lioneses estouraram. Apenas quatro departamentos os separavam do inimigo, que a qualquer momento podia ocupar a cidade, e desde 4 de setembro exigiam armas. A municipalidade, eleita no dia 16 para substituir o Comitê de Salvação Pública, perdia-se em discussões inúteis com o *préfet** Challemel-Lacour, jacobino muito ardiloso. No dia 27, como contribuição para a Defesa, o Conselho reduzira em 50 centavos o pagamento dos operários empregados nas fortificações e nomeara um certo Cluseret como general de um Exército de voluntários a ser criado.

Este *in partibus* era um ex-oficial condecorado por Cavaignac por seu belo comportamento nos acontecimentos de junho. Expulso do Exército, foi ser jornalista na Guerra de Secessão americana, adotando o título de general. Incompreendido pela burguesia dos dois países, voltou à política pelo outro extremo, ofereceu-se aos fenianos da Irlanda; lá chegando, incitou-os à rebelião e, uma noite, os abandonou. Aproximou-se da Internacional nascente. Escreveu muitas brochuras e disse aos filhos dos que havia fuzilado em junho: "Nós ou o nada!", pretendendo com isso ser a espada do socialismo. Como o governo de 4 de setembro se recusara a lhe confiar um Exército, tratou Gambetta de prussiano, conseguiu que a Corderie o enviasse como delegado a Lyon, onde fora introduzido por Varlin, de quem ele muito se aproveitou. Esse doidivanas suspeito persuadira o Conselho Municipal de Lyon de que ele organizaria um Exército. Tudo andava mal quando, no dia 28, os comitês republicanos de Brotteaux, la Guillotière, Croix-Rousse e o Comitê Central da Guarda Nacional decidiram apresentar

---

* Ver nota à p.50. (N. E.)

ao Hôtel-de-Ville um enérgico programa de defesa. Os operários das fortificações, capitaneados por Saigne, apoiaram a medida com uma manifestação, encheram a Praça Terreaux e, com ajuda dos discursos e da emoção, invadiram o Hôtel-de-Ville. Saigne propôs que se nomeasse uma comissão revolucionária e, vendo Cluseret, nomeou-o comandante da Guarda Nacional. Este, preocupado com seus futuros galões, apareceu à varanda apenas para expor seu plano e pedir calma. Constituída a comissão, não ousou resistir e foi à procura de suas tropas. À porta, o prefeito Hénon e o *préfet* o pegaram pelo colarinho: haviam entrado no Hôtel-de-Ville pela Praça de la Comédie. Saigne foi depressa à varanda e relatou o que estava ocorrendo à multidão, que, arremessando-se novamente contra o Hôtel-de-Ville, libertou Cluseret e prendeu o prefeito e o *préfet*.

Os batalhões burgueses chegaram à Praça Terreaux. Pouco depois, os de Croix-Rousse e de la Guillotière. Grandes infortúnios podiam seguir-se ao primeiro disparo. Parlamentaram. A comissão desapareceu; Cluseret tomou o trem para Genebra.

Era uma advertência. Outros sintomas surgiram em várias cidades. Os *préfets* presidiam as ligas, convocavam-se uns aos outros. No começo de outubro, o almirante de Caiena só conseguira juntar, lá e cá, alguns milhares de homens das prisões; nenhuma palavra de ordem vinha de Tours.

O chefe do triunvirato dos ridículos, o israelita Crémieux, tinha seu escritório no arcebispado, onde Guibert, papa dos ultramontanos franceses, dava-lhe casa e comida em troca de uma ampla gama de serviços exigidos pelo clero. Um dia Crémieux quase foi posto na rua. Ludibriando a vigilância da Itália, Garibaldi, quase paralisado, com as mãos retorcidas pelo reumatismo, chegou a Tours para pôr a serviço da república o que restava de si: o coração e o nome. Guibert achou que estava vendo o diabo, recriminou Crémieux, que confinou Garibaldi nos escritórios do *préfet,* despachando-o rapidamente para o interior.

Perdendo a esperança de resolver a questão, os delegados convocaram os eleitores. Foi seu único pensamento digno. A França estava para nomear seus representantes no dia 16 de outubro, quando, no dia 9, um vento mais forte leva Gambetta a Tours, chamado por Clément Laurier.

Os homens do Hôtel-de-Ville assistiram com alegria sua partida, na certeza de que se chocaria com o impossível, pois "ninguém no governo, nem o general Trochu, nem o general Le Flô, havia ousado falar em operação militar de qualquer natureza".* Também Gambetta tinha seu plano: não acreditar que a nação estava morta. Perdeu as esperanças por um instante ao ver a província sem soldados, oficiais, armas, munições, equipamentos, intendência e tesouro; mas recuperou-se logo, ao vislumbrar imensos recursos: muitos homens; Bourges, Brest, Lorient, Rochefort e Toulon, como arsenais; as oficinas de Lille, Nantes, Bordeaux, Toulouse, Marselha e Lyon; os mares livres; 100 vezes mais homens do que em 1793, quando havia que lutar contra o estrangeiro e contra os bandos da Vendeia ao mesmo tempo; uma bela chama nas cidades; conselhos municipais e gerais que se impunham e votavam empréstimos; e, nos campos, nenhum rebelde. A seu admirável apelo, a França respondeu com o entusiasmo de Paris em 14 de setembro. Os reacionários encolheram-se em suas tocas; Gambetta apoderou-se da alma do país e foi capaz de tudo.

Até, como queria um decreto do Hôtel-de-Ville, de adiar as eleições, que se anunciavam republicanas, belicosas. Bismarck dissera a Jules Favre que não queria uma Assembleia porque esta seria a favor da guerra. Razão demais para querê-la. Circulares enérgicas, algumas medidas contra os intrigantes e instruções precisas poderiam ter resgatado, vitoriosa, a chama da resistência. Uma Assembleia alimentada por todas as forças republicanas, reunida em uma cidade populosa, podia centuplicar a energia nacional e exigir tudo do país, até mesmo seu sangue e seu ouro. Proclamaria a república e, em caso de infortúnio, obrigada a negociar, salvá-la-ia do naufrágio, preservando-nos da reação. Mas as instruções de Gambetta eram categóricas. "Eleições

* *Enquête sur le 4 Septembre*. t. I. p. 561. Gambetta.

em Paris trariam dias como os de junho", acrescentava ele. "Agiremos sem Paris", respondiam. Foi tudo inútil, inclusive os pedidos dos seus íntimos menos revolucionários, como Laurier. Usando como justificativa a timidez de vários *préfets*, que eram incapazes de mobilizar seus ambientes, fazendo assim pressentir eleições duvidosas, Gambetta assumiu a ditadura.

Ele próprio proclamou seu lema: "Manter a ordem e a liberdade e instigar à guerra". Ninguém perturbava a ordem, todos os patriotas queriam marchar. As ligas dispunham de ótimos elementos, capazes de fornecer reservas de regimentos, e todo departamento possuía grupos de republicanos experientes, aos quais se podia confiar a administração da Defesa sob a direção de comissários. Infelizmente, esse jovem, tão bom agitador, acreditava nas velhas formas. As ligas pareceram-lhe coisas secessionistas, manteve sob controle estreito os raros comissários que nomeou, deu todo poder aos *préfets,* em sua maioria sobreviventes de 1848, ou seus colegas da Conferência Molé, débeis, tímidos, preocupados em tudo poupar, alguns querendo conquistar eleitores. Em certas administrações foram mantidos os mesmos funcionários que haviam elaborado as listas de proscrição de 2 de dezembro. Crémieux não chamara os bonapartistas de "republicanos extraviados"? No ministério das Finanças, fortaleza dos reacionários, e no da Educação Pública, atulhado de bonapartistas, foi proibido destituir um só titular; tornou-se quase impossível removê-los. A palavra de ordem dos artríticos foi mantida: conservar. Salvo alguns juízes de paz e um número reduzido de magistrados, só foi mudado o alto escalão político.

Até no ministério da Guerra toleraram-se adversários. As repartições, por muito tempo sob a direção do bonapartista Loverdo, minaram surdamente a Delegação; o almirante Fourichon pôde disputar as tropas da Marinha; as Companhias de Estradas de Ferro dominaram os transportes. Chegou-se a implorar ao representante do Banco da França, que só forneceu o que quis. Determinados departamentos aprovaram um empréstimo compulsório, nas proporções em que era possível pagá-lo; Gambetta recusou-se a homologar as decisões dos departamentos; a França sofreu a humilhação de pedir um empréstimo de guerra a Londres.

Na província, a Defesa apoiava-se em duas muletas: um pessoal sem iniciativa e uma conciliação exasperante. Apesar de tudo, batalhões se levantavam. Ao apelo daquele em quem acreditavam, sob o impulso ativo de Freycinet, seu delegado técnico, os restos de tropas se reuniam, as prisões esvaziavam suas celas, a Guarda Móvel acorria; no final de outubro, estava em formação em Salbris, perto de Vierzan, um verdadeiro Exército munido de bom armamento, mas infelizmente sob o comando do general D'Aurelles de Paladine, ex-senador e carola, que passava por capitão.

No fim de outubro, se nada se perdera em Paris, a vitória surgia na província. Para efetuar o bloqueio de Paris, os alemães haviam empregado todas as tropas – salvo três divisões –, 30 mil homens da infantaria e a maior parte de sua cavalaria. Não lhes restava reserva alguma. Essas três divisões estavam imobilizadas em Orléans e Châteaudun por nossas tropas do Loire. Embora pudesse percorrer e observar uma grande extensão de terreno, a oeste, ao norte e a leste, a cavalaria – 1º e 2º bávaras, 22º prussiana – era incapaz de resistir à infantaria. No final de outubro, a linha alemã que cercava Paris, muito bem fortificada do lado da cidade, desguarnecera-se do lado da província. Teriam bastado 50 mil homens, mesmo tropas jovens como as de D'Aurelles de Paladine, para romper o bloqueio.

O desbloqueio de Paris, mesmo momentâneo, podia significar a pressão da Europa e uma paz honrosa; seria certamente imenso o efeito moral de ver Paris abastecida pelas ferrovias do sul e do oeste, bem como precioso o tempo ganho para a organização dos Exércitos da província.

Nosso Exército do Loire – 15º corpo em Salbris, 16º em Blois – dispunha de 70 mil homens. No dia 26 de outubro, D'Aurelles de Paladine recebeu ordem de retomar Orléans dos bávaros; no dia 28, apresenta-se em Blois com 40 mil homens aproximadamente. Às nove horas da noite, o comandante das tropas alemãs manda dizer-lhe que

Metz capitulou. A caminho de Paris, Thiers encontra-o e aconselha--o a esperar. D'Aurelles logo telegrafa a Tours, dizendo-lhe que adia o movimento.

Um general com um mínimo de inteligência teria, ao contrário, precipitado os acontecimentos. Já que o Exército alemão de Metz ia ficar livre para agir e atacar o centro da França, era preciso antecipar--se sem perder um dia. Cada hora contava. Era o momento crítico da guerra.

Em vez de destituir D'Aurelles, a Delegação de Tours contentou-se em dizer que concentrasse suas forças. Essa concentração terminou em 3 de novembro e D'Aurelles dispunha de 70 mil homens dispostos de Mer a Marchenoir. Os acontecimentos o auxiliavam. Naquele dia, intimidada por aguerridos bandos de franco-atiradores, a cavalaria prussiana – uma brigada – foi obrigada a abandonar Nantes e recuar para Vert; forças francesas consideráveis, compostas de todas as armas, eram observadas marchando de Courville em direção a Chartres. Se o Exército do Loire tivesse atacado no dia 4, forçando a passagem entre os bávaros em Orléans e a 22ª divisão prussiana em Châteaudun, e, baseado em sua ampla superioridade numérica, derrotado os alemães uns após os outros, a estrada de Paris permaneceria livre, e quase com certeza a grande cidade teria sido libertada.

Moltke não desconhecia o perigo. Caso necessário, decidira-se mesmo a agir como Bonaparte diante de Mântua, levantar o bloqueio, sacrificar o sítio em formação em Villacoublay, concentrar seu Exército para a ação em campo aberto e só restabelecer o bloqueio após a vitória, quer dizer, depois da chegada do Exército de Metz. As bagagens do quartel-general de Versalhes já estavam nas viaturas; só restava "atrelar os cavalos", disse uma testemunha ocular, o coronel suíço D'Erlach.

D'Aurelles não se moveu. A delegação, tão paralítica quanto ele, contenta-se em trocar cartas de delegado a ministro. "Senhor ministro", escreve Freycinet em 4 de novembro,

> há alguns dias que o Exército e eu ignoramos se o governo quer a paz ou a guerra [...]. No momento em que nos preparamos para executar projetos laboriosamente preparados, rumores de armis-

> tício confundem a alma de nossos generais; eu mesmo, embora procure levantar seu moral e fazê-los ir em frente, ignoro se amanhã serei desautorizado ou não.

Gambetta responde: "Senhor delegado, constato com o senhor a detestável influência das hesitações políticas do governo [...]. É preciso interromper nossa marcha a partir de hoje". No dia 7, D'Aurelles ainda permanece imóvel. No dia 8, se põe em marcha, percorre 15 km e à noite fala em parar. Suas forças reunidas ultrapassam 100 mil homens. No dia 9, decide atacar os bávaros, em Coulmiers. Estes deixam imediatamente Orléans, indo para Toury. Em vez de os perseguir, D'Aurelles anuncia que vai se abrigar atrás das fortificações que ficam diante da cidade. A delegação o deixa agir e Gambetta, que vai ao quartel-general, aprova o plano. Enquanto isso, duas divisões (prussianas 3ª e 4ª), enviadas de Metz por ferrovia, já haviam chegado a Paris; assim, Moltke pôde dirigir a 17ª divisão prussiana para Toury, onde chegou no dia 12. Ademais, três corpos do Exército de Metz aproximavam-se do Sena em marcha forçada. Graças à inação proposital de D'Aurelles e lentidão da Delegação, o Exército do Loire deixou de preocupar os alemães.

Teria sido mesmo preciso demitir esse D'Aurelles, mas a ocasião precisa tinha sido perdida; o Exército do Loire, dividido em dois, lutou com Chanzy apenas para manter a honra. A delegação teve de se deslocar para Bordeaux.

No final de novembro, ficou evidente a situação de atoleiro. Os *préfets* encarregados de organizar os soldados das guardas móveis e mobilizados e de promover o recrutamento no campo estavam em luta contínua com os generais, perdendo-se em questões sobre equipamento. Uma vez que não sabiam aproveitar aqueles contingentes sem formação militar, os pobres generais do antigo Exército só agiam, disse Gambetta, "quando não havia outro recurso".

A debilidade da Delegação incentivava sua má vontade. Gambetta perguntava a alguns generais se aceitariam servir sob Garibaldi, admitia a recusa e mandava soltar um padre que, do alto do púlpito, oferecia recompensa a quem matasse o general; condescendia em fornecer informações aos oficiais de Charette, permitia que os zuavos pontificais arvorassem outra bandeira que não a da França. Confiou o Exército do leste a Bourbaki, completamente exausto, que acabara de levar à imperatriz uma carta de Bazaine.

Faltava-lhe autoridade? Seus colegas da delegação nem ousavam levantar os olhos, os *préfets* não reconheciam outra pessoa, os generais assumiam ares de colegiais em sua presença. O país obedecia, colaborava com tudo, numa passividade cega. Os contingentes eram recrutados sem dificuldade. No campo não havia fugitivos, embora toda a força pública estivesse no Exército. As ligas mais ardentes haviam cedido à primeira observação. E só em 31 de outubro explodiu uma revolta. Indignados com a debilidade do Conselho Municipal, os revolucionários marselheses proclamaram a Comuna. Cluseret que, de Genebra, tornara a pedir ao "prussiano" Gambetta o comando de um corpo de Exército, apareceu em Marselha, fez-se nomear general, desapareceu de novo e voltou à Suíça, pois sua dignidade o proibia de servir como simples soldado. Em Toulouse, a população expulsou o general, um sanguinário de junho de 1843. Em Saint-Étienne, a Comuna durou uma hora. Tão grande era o temor de criar a mínima dificuldade à delegação que por toda parte uma palavra bastou para devolver-lhe o prestígio.

Tal abnegação só serviu aos reacionários. Os jesuítas puderam armar suas intrigas, protegidos por Gambetta, que os reintegrara a Marselha, de onde a indignação do povo os expulsara; o clero recusou às tropas seus edifícios, seus seminários etc.; os antigos juízes das comissões mistas puderam continuar a insultar os republicanos – o *préfet* do departamento de Haute-Garonne foi destituído por um tempo, pois suspendera um desses honrados magistrados; os jornais puderam publicar mensagens de candidatos. Perdendo todo e qualquer patriotismo, alguns conselhos municipais votaram à submissão aos prussianos; como único castigo, Gambetta repreendeu-os.

Os bonapartistas reuniram-se abertamente. Ao pedir autorização para prender alguns desses agitadores, o *préfet* de Bordeaux, republicano ultramoderado, ouviu de Gambetta: "Essas são práticas do império, não da república".

Então a Vendeia conservadora se rebelou. Monarquistas, clericais e especuladores esperavam a hora enfurnados em seus castelos, nos seminários intactos, nas magistraturas, conselhos gerais, os quais a delegação por muito tempo recusou-se a dissolver em massa. Tinham habilidade suficiente para enviar alguns representantes aos campos de batalha, no intuito de manter a aparência de patriotismo. Bastaram-lhes algumas semanas para ver Gambetta de forma transparente, decifrar o indeciso por trás do tribuno.

Sua campanha foi traçada e conduzida desde o início pelos únicos estrategistas de alguma importância na França, os jesuítas, que dominavam o clero. Thiers foi o chefe político que faltava.

Sabe-se que os homens de 4 de setembro haviam feito dele seu embaixador. A França, carente de diplomatas desde Talleyrand, não encontrou melhor simulacro do que esse homenzinho. Ele fora a Londres, a São Petersburgo, a Viena e àquela Itália da qual foi inimigo encarniçado procurar, para a França vencida, alianças que lhe foram recusadas. Foi alvo de troça por toda parte; obteve somente uma audiência com Bismarck e negociou o armistício repelido pelos acontecimentos de 31 de outubro. Quando chegou a Tours nos primeiros dias de novembro, sabia que daí em diante a luta seria mortal. Em lugar de tomar corajosamente uma posição, de pôr sua experiência a serviço da delegação, seu objetivo foi um só: enterrar a Defesa.

Esta não podia ter inimigo mais temível. O sucesso desse homem sem princípios de governo, sem ideia de progresso e sem coragem, teria sido impossível fora da burguesia francesa. Mas ele sempre esteve à mão quando foi preciso um liberal para metralhar o povo e raramente se viu artífice melhor em matéria de intrigas parlamentares. Foi insuperável na arte de atacar e isolar um governo, agrupar os preconceitos, ódios e interesses, e mascarar de patriotismo e bom-senso suas intrigas. A campanha de 1870-1871 certamente será sua obra-prima. Resolvida em pensamento a questão dos prussianos, não se ocuparia deles mais do que se tivessem tornado a atravessar o Mosela. Para ele, o inimigo era o defensor. Quando nossa pobre Guarda Móvel afainava-se em um frio de 20 graus, Thiers triunfava passando por cima de suas desgraças. Enquanto em Bruxelas e em Londres os mamelucos, fiéis às tradições de Coblentz – como Cassagnac e Amigues –, trabalhavam para desacreditar a França, para fazer fracassar seus empréstimos, e enviavam aos prisioneiros da Alemanha insultos contra a república e apelos a uma restauração imperial, Thiers agrupava em Bordeaux todas as reações da província contra a república e a Defesa.

Desde o começo, a imprensa conservadora difamara a delegação. Após a chegada de Thiers, fez-lhe guerra declarada, fustigando, acusando e caluniando sem cessar. Gambetta é um "louco furioso", eis a expressão de Thiers. Conclusão: a luta é loucura; a desobediência, legítima. No mês de dezembro, essa palavra de ordem, repetida por todos os jornais do partido, propagou-se pelo interior.

Pela primeira vez, os fidalguetes conseguiram a atenção dos camponeses. Após a Guarda Móvel, a guerra drenaria os mobilizados; preparavam-se acampamentos para recebê-los. A Alemanha detinha 260 mil franceses; Paris, o Loire e o Exército do leste, mais de 350 mil. Trinta mil estavam mortos e milhares lotavam os hospitais. Desde o mês de agosto, a França fornecera ao menos 700 mil homens. Aonde isto iria parar? Eis o grito que tomou conta de todos os casebres: "É a república que quer a guerra! Paris está nas mãos dos igualitários!" Mas o que sabia o camponês francês? Quantos deles podiam dizer onde ficava a Alsácia? A burguesia hostil à escolaridade obrigatória visava sobretudo a ele. Durante 80 anos, todos os seus esforços não visavam transformar em cule o neto dos voluntários de 1792?

Um vento de revolta soprou entre os soldados da Guarda Móvel, amiúde comandados por reacionários ferrenhos. No Exército do Loire, alguns diziam: "Não queremos lutar pelo sr. Gambetta". Certos oficiais gabaram-se de jamais ter exposto a vida de seus homens.

No começo de 1871, a província estava totalmente desfeita. Alguns conselhos gerais dissolvidos se reuniam. A Delegação seguia os passos do inimigo interno, amaldiçoava Thiers, mas não o prendia. Os homens de vanguarda que trouxeram informações de como se encaminhava a situação foram convidados a se retirar. Gambetta, exausto, desanimado, olhava tristemente a Defesa se desagregar. A suas advertências de ataque, homens do Hôtel-de-Ville respondiam com engodos declamatórios. Em janeiro, seus despachos passam à invectiva. A capitulação Vinoy, a entrega do Exército do leste e a convocação da Assembleia foram o golpe de misericórdia. Fora de si, Gambetta pensou em recusar as eleições e, diante do inevitável, declarou inelegíveis os altos funcionários e os deputados oficiais do império, e dissolvidos os conselhos gerais; destituiu alguns magistrados das comissões mistas. Bismarck protestou; os homens do Hôtel-de-Ville se apavoraram; Jules Simon correu para Bordeaux. Gambetta recebeu-o com violência e, diante de um grupo de republicanos, cuspiu-lhe seu desprezo pelos homens da Defesa. Sob uma chuva de imprecações, o jesuíta curvou as costas, perdeu a fala e só foi capaz de responder: "Tome minha cabeça!". "O que quer que eu faça com ela", gritou-lhe Gambetta, "berloques?". Expulso dos escritórios do *préfet,* o defensor refugiou-se com Thiers, chamou os jornalistas reacionários e ditou-lhes um protesto coletivo. Por um momento, Gambetta pensou em prendê-lo; porém, antevendo o impasse, retirou-se.

Ao sinal dado pelas eleições, o cenário tão laboriosamente preparado apareceu todo de uma vez, mostrando os conservadores arregimentados, com suas chapas à mão. Como estava distante o mês de outubro, quando em muitos departamentos não haviam sequer ousado apresentar candidatos! O decreto sobre as inelegibilidades atingiu apenas alguns náufragos. A coalizão não necessitava absolutamente dos imprestáveis do império, pois organizara cuidadosamente seu pessoal que, constituído de nobres, canzarrões-de-guarda, lobos-cervais da indústria, estava disposto a agir ao primeiro sinal. Com muita habilidade, o clero reunira, em suas chapas, legitimistas e orleanistas, lançando as bases para uma fusão. A votação transcorreu como um plebiscito. Os republicanos tentaram falar de paz honrosa; os camponeses só deram ouvidos à paz a qualquer preço. As cidades apenas se defenderam, escolheram no máximo liberais. Apenas alguns pontos do país flutuaram no oceano de reação. Dos 750 membros da Assembleia, 450 eram monarquistas de berço. Thiers, chefe aparente da companhia e rei dos liberais, foi indicado em 23 departamentos.

A conciliação podia igualar-se em tudo a Trochu. Este desprestigiou Paris, aquela, a república.

Primeiros ataques da coalizão contra Paris. Os batalhões da Guarda Nacional se confederam e se apossam de seus canhões. Os prussianos entram em Paris

Nem o chefe do poder executivo, nem a Assembleia Nacional, no seu apoio e fortalecimento mútuos, foram os responsáveis pela insurreição parisiense.
Discurso de M. Dufaure contra a anistia (maio de 1876).

Que dor! Após a invasão, a *Chambre introuvable*. Depois de sonhar com uma França regenerada, que, num voo imponente, se lançaria à luz, sentir-se atirado meio século para trás, sob o jugo do jesuíta, do fidalguete brutal, em plena congregação! Houve homens cujo coração não aguentou. Muitos falavam em expatriar-se. Alguns levianos diziam: esta câmara é transitória, seu único mandato será a paz ou a guerra. Aqueles que apoiaram a conspiração, que viram esses devotos de batinas púrpuras, entenderam que homens como eles não abandonariam a França antes de esmagá-la.

Quando os fugitivos de Paris chegaram ao grande teatro de Bordeaux, onde se reunia a Assembleia, ainda trêmulos de patriotismo, com os olhos fundos porém brilhantes de fé republicana, encontraram diante de si 40 anos de ódios ávidos. Celebridades dos burgos, castelões obtusos, mosqueteiros desmiolados, dândis clericais, reduzidos, para exprimir ideias de 1815, aos terceiros papéis de 1849, todo um mundo desconhecido das cidades formado para a batalha contra aquela Paris ateia, revolucionária, que fizera três repúblicas e derrubara tantos deuses. Seu fel transbordou já na primeira sessão. No fundo da sala, um velho sentado sozinho levanta-se e pede a palavra. Sob seu amplo casaco brilha uma camisa vermelha. É Garibaldi. Ao ser chamado, quis responder, dizer com uma só palavra que renunciava ao mandato com que Paris o honrara. Os berros cobrem sua voz. Ele permanece em pé, ergue aquela mão dessecada que tomou uma bandeira dos prussianos, as injúrias recrudescem. O castigo vem das tribunas. "Maioria rural! Vergonha da França!", lança a voz sonora de Gaston Crémieux, de Marselha. Os deputados se voltam, ameaçam. Os aplausos e os desafios continuam. À saída da sessão, a multidão aclama Garibaldi. A Guarda Nacional apresenta-lhe armas contra a vontade de Thiers, que interpela o oficial-comandante. O povo retornou no dia seguinte, enfileirou-se na frente do teatro e obrigou os deputados reacionários a suportar suas aclamações republicanas. Mas estes, conscientes de sua força, atacaram logo na abertura da sessão. Um rural, apontando os representantes de Paris: "Eles estão cobertos do sangue da guerra civil!" Um dos eleitos por Paris grita: "Viva a república!"; os rurais replicam: "Não passais de uma fração do país". No dia seguinte, o teatro foi cercado por tropas que afastaram os manifestantes para longe.

Ao mesmo tempo, os jornais conservadores vaiavam Paris em uníssono, negavam até seus sofrimentos. A Guarda Nacional fugira dos prussianos; seus únicos feitos eram o de 31 de outubro e o de 22 de janeiro; só ela era responsável pela derrota, pois a revolta pusera a perder os magníficos planos de Trochu e Ducrot. Essas calúnias proliferaram em uma província há muito preparada, cuja ignorância sobre o sítio era tão grande que elegera, alguns deles várias vezes, Trochu, Ducrot, Jules Ferry, Pelletan, Garnier-Pagès e Emmanuel Arago, a quem Paris não dera a esmola do voto.

Cabia aos representantes de Paris falar sobre o sítio, sobre as responsabilidades, sobre o significado do voto parisiense, e erguer, contra a coalizão clérico-monarquista, a bandeira da França republicana. No entanto, calaram-se ou quando muito fizeram reuniões pueris, das quais Delescluze saiu tão aflito quanto da reunião dos administradores distritais. Os Epimênides de 1848 responderam banalidades ao tinir das armas do inimigo, e os menos velhos, que era preciso esperar.

Essas eleições, essas ameaças, o insulto a Garibaldi, a seus representantes, todos esses golpes sucessivos se abateram sobre uma Paris febril, mal abastecida, onde a farinha era insuficiente – no dia 13 de fevereiro Belleville só recebera 325 sacos, em lugar de 800. Eis a recompensa por cinco meses de dor e tenacidade. Aquela província que Paris invocou durante todo o sítio, e para a qual estendia os braços, gritava-lhe “Covarde!”, e empurrava-a de Bismarck ao rei. Pois bem, se fosse preciso, Paris defenderia sozinha a república contra aquela Assembleia rural. O perigo iminente, a dura experiência das divisões do sítio unificaram as vontades, devolveram à grande cidade uma alma coletiva. A Guarda Nacional começou a procurar sua identidade.

No final de janeiro, alguns republicanos e alguns intrigantes que corriam atrás da Delegação tentaram agrupar os guardas nacionais em torno de objetivos eleitorais. Uma grande reunião ocorrera no Cirque d’Hiver sob a presidência de um negociante do III Distrito, Courty. Na ocasião, fora elaborada uma lista bastante heterogênea, decidiu-se que uma nova reunião estatuiria normas para o caso de eleições duplas e encarregou-se um comitê de convocar regularmente todas as companhias. Esta segunda reunião foi realizada em 15 de fevereiro, no Salão Wauxhall, rua de la Douane. Mas quem cogitava então eleições? Um único pensamento tomava conta de todos os corações: a união das forças parisienses contra os rurais triunfantes. A Guarda Nacional era o contingente viril de toda Paris. A ideia clara, simples, essencialmente francesa, de federar os batalhões vivia há muito no espírito de todos. Ela brotou na reunião, decidindo-se que os batalhões se agrupariam em torno de um Comitê Central.

Uma comissão foi encarregada de elaborar estatutos. Cada distrito representado na sala – 18 de um total de 20 – nomeou um comissário. Quem são eles? Os agitadores do sítio, os socialistas da

Corderie, os escritores de renome? Não, de forma alguma. Entre os eleitos, nenhum nome tem qualquer notoriedade. Os comissários são pequeno-burgueses, lojistas, funcionários, estranhos a todos os grupos e em sua maioria, até então, inclusive à política; chamavam-se Génotel, Alavoine, Manet, Frontier, Badois, Morterol, Mayer, Arnold, Piconel, Audoynaud, Soncial, Dacosta, Masson, Pé, Weber, Trouillet, Lagarde, Bouit. Seu presidente, Courty, republicano, porém moderado, só é conhecido em virtude da reunião do Cirque. Desde o primeiro dia, a ideia da federação apareceu como era: republicana, não sectária, e por isso mesmo irresistível. Clément Thomas entendeu, disse ao governo que não respondia mais pela Guarda Nacional e se demitiu. Foi provisoriamente substituído pelo signatário da capitulação, Vinoy.

No dia 24, no Wauxhall, perante 2 mil delegados de companhias e guardas nacionais, a comissão leu seu projeto de estatutos e instou os delegados a proceder imediatamente à eleição de um Comitê Central.

Naquele dia a reunião estava agitada, inquieta, sem muitas condições para um escrutínio. Cada um dos últimos oito dias trouxera de Bordeaux ameaças mais duras. O sr. Thiers, coveiro da república de 1848, fora nomeado chefe do poder executivo, tendo como ministros Dufaure, De Larcy e Pouyer-Quertier, a reação burguesa, legitimista e imperialista, e Jules Favre, Jules Simon e Picard, os traidores de Paris; o soldo, ainda indispensável até a abertura das oficinas, fora transformado em esmola* e, sobretudo, a terrível humilhação iminente. A trégua, prolongada por mais oito dias, expirava no dia 26, e os jornais anunciavam para o dia 27 a entrada dos prussianos em Paris. Havia uma semana que esse pesadelo não se afastava da cabeceira dos parisienses. Assim, a reunião foi direto às questões candentes. Um delegado propôs: reconhecer como chefes apenas os eleitos, era a libertação da praça Vendôme. Um outro: a Guarda Nacional protesta contra toda tentativa de desarmamento e declara que lhe resistirá pelas

* Era necessário, para obter o soldo, pedi-lo por escrito e comprovar que não era possível encontrar trabalho (Jules Simon, *Le gouvernement de M. Thiers*).

armas, se necessário. Aprovado por unanimidade. E agora, será que Paris vai suportar a visita do prussiano, vai deixá-lo desfilar em seus bulevares como em 1815? Com relação a isso não há discussão possível. A assembleia, exaltada, dá um grito de guerra. Algumas observações recomendando prudência são abafadas. Sim, a cidade se oporá pelas armas à entrada dos prussianos! Essa proposta será submetida pelos delegados a seus círculos de companhia. E, adiada para 3 de março, a reunião se dirige em massa à Bastilha, arrastando consigo numerosos guardas móveis e soldados.

Paris, ansiosa por sua liberdade, comprimia-se desde cedo em torno da sua coluna revolucionária, como rodeara a estátua de Estrasburgo quando tremia pela pátria. Os batalhões desfilavam, tambores e bandeiras à frente, cobrindo as grades e o pedestal de coroas de perpétuas. Às vezes, um delegado subia na base e se dirigia ao povo, que respondia: "Viva a república!" Uma bandeira vermelha fende a multidão, mergulha no monumento, reaparece na balaustrada. Saúda-a um forte grito, seguido de um longo silêncio; escalando a cúpula, um homem tem a audácia de fixar o mastro na mão do Gênio. E, em meio às aclamações frenéticas do povo, vê-se tremular, pela primeira vez desde 1848, a bandeira da igualdade, sobre esta praça mais vermelha do que ela pelo sangue de mil mártires.

O governo ordenou o toque de reunir nos bairros burgueses; nenhum batalhão respondeu. No dia seguinte, continuaram as peregrinações de guardas nacionais, soldados e guardas móveis. Estes foram os primeiros, conduzidos pelos seus suboficiais; quando surgiram carregando grandes coroas de perpétuas, os clarins, nos quatro ângulos do pedestal, deram o sinal para o ataque. O exército os seguiu; desfilou um regimento de infantaria. Mulheres vestidas de negro ergueram um estandarte tricolor: "Aos mártires, às mulheres republicanas!" Estandartes e bandeiras enrolaram-se ao fuste, envolveram-no, penderam da balaustrada e, à noite, a coluna revolucionária, coberta de perpétuas, flores e auriflamas, mostrou-se triunfal e sombria, luto do passado, esperança do futuro, cepo e primavera.

No dia 26, as manifestações recrudesceram. Um policial, surpreendido por soldados quando anotava o número de seus regimentos, foi pego e atirado ao canal que o levou ao Sena, para onde foi seguido por exaltados. Vinte e cinco batalhões desfilaram naquele dia pesado de angústia. Os jornais anunciavam para o dia seguinte a entrada do exército alemão nos Campos Elísios. O governo fazia suas tropas recuarem para a margem esquerda do Sena e abandonava o Palácio da Indústria, esquecendo-se apenas dos 400 canhões da Guarda Nacional colocados na praça Wagram e em Passy. A negligência dos que capitulavam já entregara – escreveu Vinoy – 12 mil fuzis a mais aos prussianos. Quem sabe não estenderiam também suas garras até aquelas belas peças fundidas com o sangue e a carne dos parisienses, marcadas com o número dos batalhões. Espontaneamente, todos pensaram nisso. Os primeiros a ir foram os batalhões da ordem de Passy e de Auteuil; combinados com a municipalidade, arrastaram até o Parque Monceau as peças de Ranelagh. Os outros batalhões de Paris foram buscar seus canhões no Parque Wagram e os levaram para a cidade, em Montmartre, La Villette, Belleville, praça des Vosges, rua Basfroi, Barrière d'Italie etc.

À noite, Paris recuperara sua fisionomia da época do sítio. O toque de reunir, o rebate e os clarins atraíam milhares de homens para a Bastilha, o Château-d'Eau e a rua de Rivoli. As tropas enviadas por Vinoy para impedir as manifestações da Bastilha confraternizavam com o povo. A prisão de Sainte-Pélagie era forçada; Brunel, libertado. Às 2 horas da madrugada, 40 mil homens subiam os Campos Elísios e a avenida de la Grande-Armée, indo ao encontro dos prussianos. Esperaram-nos até de manhã. Na volta, os batalhões de Montmartre atrelaram-se aos canhões que encontravam no caminho e os arrastaram diante da administração do XVIII Distrito e pelo bulevar Omano.

A esse impulso cavalheiresco, Vinoy respondeu com uma ordem do dia aviltante. O governo que injuriava Paris pedia-lhe que se imolasse mais uma vez pela França. Na noite anterior, Thiers assinara, também com lágrimas nos olhos, os preliminares de paz e, em troca de Belfort, dera a Bismarck entrada livre em Paris. Num cartaz seco como um texto burocrático, Picard anunciou no dia 27 que em 1 de março 30 mil alemães ocupariam os Campos Elísios.

Às 2 horas do dia 28, a comissão encarregada de redigir os estatutos de um Comitê Central reuniu-se na administração do III Distrito. Convocara os chefes-de-batalhões e os delegados de diferentes comitês militares que haviam surgido espontaneamente em Paris, como o de Montmartre, na rua des Rosiers. A sessão presidida por Bergeret, de Montmartre, foi terrível. A maioria só falava de batalha, exibia mandatos imperiosos, lembrava a reunião em Wauxhall. Quase por unanimidade, resolveu-se empunhar as armas contra os prussianos. Bonvalet, o administrador distrital, muito preocupado com seus convidados, mandou cercar o prédio e – meio por bem, meio por mal – conseguiu livrar-se deles.*

Os *faubourgs* passaram o dia se armando, apossando-se de munição. Algumas peças de artilharia voltaram para suas carretas; esquecendo que eram prisioneiros de guerra, os guardas móveis retomaram dos setores as armas que lhes pertenciam. À noite, invadiram o quartel de Pépinière, ocupado pelos marinheiros, levando-os para uma manifestação na Bastilha.

Sem a coragem de alguns homens que ousaram remar contra a corrente, a catástrofe teria sido inevitável. Toda a Corderie – Comitê Central dos Vinte Distritos, Internacional, Federação das Câmaras Sindicais – observava com reserva ciumenta aquele embrião de comitê composto de desconhecidos, que nunca haviam sido vistos em qualquer movimento revolucionário. À saída da administração do III Distrito, alguns dos delegados de batalhões, que também pertenciam aos grupos da Corderie, foram relatar a sessão e a resolução desespe-

---

* Vidieu, padre, autor de uma *Histoire de la Commune*, pretendeu ter encontrado a chave desse movimento: 'Evidentemente, havia uma palavra de ordem. Ao primeiro tiro, o inimigo acorreria em peso, o Mont-Valerien incendiaria os mais belos bairros de Paris; todos os outros fortes queimariam a cidade e, enquanto isso, pescar-se-ia livremente em águas turvas'.

rada. Houve um esforço em dissuadi-los e oradores foram enviados a Wauxhall, onde estava se realizando uma grande reunião. Conseguiram fazer-se ouvir. Muitos cidadãos também fizeram grandes esforços para despertar a razão. Na manhã do dia 28, os três grupos da Corderie publicaram um manifesto intimando os trabalhadores a não atacar. "Qualquer ataque", diziam eles, "servirá para transformar o povo em alvo dos golpes dos inimigos da revolução, que afogariam as reivindicações sociais em um rio de sangue. Nós nos lembramos das lúgubres jornadas de junho".

Era apenas uma voz, de pequeno alcance. Desde as eleições gerais, o Comitê dos Vinte Distritos reduzira-se a uma dúzia de membros; a Internacional e as câmaras sindicais não contavam. Os eleitos do Wauxhall, ao contrário, representavam a massa armada. Bastava um obus partir de Montmartre para iniciar-se o terrível combate. Eles souberam compreender e, no dia 28, afixaram uma proclamação emoldurada de negro, imperiosa:

> Cidadãos, toda agressão poderá significar a derrubada da república [...]. Ao redor dos bairros que o inimigo deve ocupar, serão construídas barricadas destinadas a isolar completamente aquela parte da cidade. A Guarda Nacional, em acordo com o exército, cuidará para que o inimigo não possa comunicar-se com as partes entrincheiradas de Paris.

Seguiam-se 29 nomes.* Esses 29 nomes capazes de tranqullizar a Guarda Nacional foram aplaudidos até pela burguesia, que não pareceu surpresa com seu poder.

---

* Alavoine, Bouit, Frontier, Boursier, David-Boisson, Barroud, Gritz, Tessier, Ramel, Badois, Arnold, Piconel, Audoynaud, Masson, Weber, Lagarde, Laroque, Bergeret, Pouchain, Lavalette, Fleury, Maljoumal, Chouteau, Cadaze, Castioni, Dutil, Matté e Ostyn. Apenas dez da comissão do dia 15 figuram no cartaz; alguns, como Dacosta, se tinham retirado, achando que a situação estava indo longe demais; outros, por não ter comparecido à sessão na qual o cartaz foi assinado. Delegações e adjunções revolucionárias haviam contribuído com 19 desconhecidos, tão obscuros quanto os outros. Vários nomes estavam desfigurados: Haroud em lugar de Barroud, Gastaud em lugar de Castioni, Mutin em lugar de Ostyn.

Os prussianos puderam entrar em 1 de março. Aquela Paris que o povo retomara não era mais a Paris da nobreza e da alta burguesia de 30 de março de 1815. A bandeira negra que pendia das casas, as ruas desertas, as lojas fechadas, as bicas secas, as estátuas da Concorde cobertas com véu, o gás que se recusava a acender à noite, indicavam que a cidade não havia sido domada. Moscou deve ter se apresentado assim ao Grande Exército. Encurralados entre o Sena, o Louvre com suas saídas fechadas e um cordão de barricadas ao redor do *faubourg* Saint-Honoré, os alemães pareciam presos em uma armadllha. Prostitutas que ousaram ultrapassar o limite foram chicoteadas. Um bar dos Campos Elísios, que fora aberto para eles, foi depredado. Só no *faubourg* Saint-Germain um grande senhor ofereceu sua casa aos prussianos.

Paris ainda estava pálida pela afronta, quando uma avalanche de novas injúrias chegou-lhe de Bordeaux. Não apenas a Assembleia não proferira palavra para apoiá-la naquela crise dolorosa, como todos os seus jornais, encabeçados por l'*Officiel* indignavam-se de que a cidade tivesse pensado em se levantar contra os prussianos. Nas repartições estava sendo assinada uma proposta visando a fixação da sede da Assembleia fora de Paris. O projeto de lei sobre os prazos de vencimento de dívidas e aluguéis atrasados anunciava muitas falências. A paz acabava de ser aprovada, votada às pressas. A Alsácia, a maior parte da Lorena, 1.620 franceses arrancados da pátria, 5 bilhões, as fortificações do leste de Paris ocupadas até o pagamento dos primeiros 500 milhões, e os departamentos do leste, até o pagamento final: eis o preço pelo qual Bismarck nos cedia a Chambre Introuvable.

Para consolar Paris de tantas vergonhas, Thiers nomeava general da Guarda Nacional o homem que desocupara Orléans, o brutal comandante do exército do Loire destituído por Gambetta, aquele que, em carta ao imperador, publicada bem recentemente, lamentava-se por não ter podido ir a Paris em 2 de dezembro de 1851 para massacrar os parisienses: D'Aurelles de Paladine. Dois senadores bonapartistas, dois fuziladores à frente da Paris republicana; Paris sentiu um golpe de Estado no ar.

No dia 3 de março, 200 batalhões enviaram delegados ao Wauxhall. O projeto de estatutos redigido pelo Comitê Central provisório começava afirmando a república como "único governo de direito e de justiça, superior ao sufrágio universal, obra sua". "Os delegados", dizia o artigo 6, "deverão prevenir qualquer tentativa cuja finalidade seja a derrubada da república". O Comitê Central devia ser constituído por três delegados por distrito, eleitos pelas companhias e legiões, sem distinção de posto, e pelo chefe de legião. Os estatutos foram aprovados. A reunião nomeou uma comissão executiva cujo mandato se estendia até a realização das eleições regulares. Dela fizeram parte Varlin, Pindy e Jacques Durand, delegados por seus batalhões. Aprovou-se por unanimidade a reeleição de todos os postos. Foi feita esta moção: "Que o departamento do Sena se constitua em república independente, caso a Assembleia tire de Paris a função de capital". Moção mal concebida, mal-apresentada, que parecia isolar Paris do resto da França; ideia antirrevolucionária, antiparisiense, que se voltou cruelmente contra a Comuna. E quem te alimentará, Paris, senão a província? E quem te salvará, irmão do campo, senão Paris? Mas Paris vivia sozinha há seis meses; sozinha quisera lutar até o fim; sozinha protestara contra a Assembleia monarquista. E o abandono, os votos da província e a maioria rural fizeram crer a homens dispostos a morrer pela república universal que podiam confinar a república a Paris.

Os monarquistas abrem fogo contra Paris. O Comitê Central se constitui. Thiers ordena o assalto

Estávamos cheios de respeito por aquela grande cidade, a honra da França acabava de suportar cinco meses de cerco.
Discurso de M. Dufaure contra a anistia (maio de 1876).

Ao plebiscito rural, a Guarda Nacional parisiense respondera com a Federação; à ameaça dos monarquistas, com as manifestações da Bastilha; ao projeto que tiraria de Paris a função de capital e à afronta de D'Aurelles, com as resoluções de 3 de março. O que os perigos do sítio não haviam conseguido a Assembleia alcançara: unir a pequena burguesia ao proletariado. A média burguesia sublevou-se; o afastamento da Assembleia feria-lhe o orgulho, alarmava-a quanto a seus negócios. A imensa maioria de Paris viu sem pesar a organização de uma defesa parisiense. Em 3 de março, embora o ministro do Interior, Picard, tenha denunciado "o Comitê Central anônimo" e conclamado "todos os bons cidadãos a sufocar suas culpáveis manifestações", ninguém se comoveu. De resto, a acusação era ridícula. O Comitê se expunha à luz do dia, enviava notícias sobre seus trabalhos aos jornais e só se manifestara para salvar Paris de uma catástrofe. Respondeu no dia seguinte:

> O Comitê não é anônimo; ele é a reunião dos mandatários de homens livres que querem a solidariedade entre todos os membros

da Guarda Nacional. Suas atas sempre foram assinadas. O Comitê rejeita com desprezo as calúnias que o acusam de instigação à pilhagem e à guerra civil.

Assinado, os eleitos na véspera em Wauxhall.*

No mesmo dia, D'Aurelles chegava a Paris e convocava os chefes de batalhões. Dos 260 existentes, uns 30 responderam. D'Aurelles disse-lhes que vinha purgar a Guarda Nacional de seus maus elementos e afixou uma ordem do dia policialesca. A única resposta do Comitê foi conclamar, por meio de cartazes, todos os cidadãos a organizar os círculos de batalhão, os conselhos de legião, e a nomear seus delegados ao Comitê definitivo.

Os chefes da coalizão monarquista perceberam claramente para onde as coisas se encaminhavam, ainda mais conhecendo o quadro assustador que a comissão que acompanhou Thiers a Versalhes em suas negociações de paz lhe trouxera de Paris. A cidade da república ampliava dia a dia seu arsenal de fuzis e canhões. Um pouco mais e o armamento estaria completo, caso não se desferisse logo um golpe.

Avaliaram mal o tamanho do inimigo. Acreditaram nas histórias de suas gazetas, na covardia da Guarda Nacional, nas bazófias de Ducrot que, nos gabinetes da Assembleia, jurava ódio eterno aos demagogos sem os quais, segundo dizia, teria vencido. Os capitães da reação chegaram a acreditar que engoliriam Paris.

A operação foi conduzida com habilidade, coerência e disciplina clericais. Legitimistas, orleanistas e bonapartistas, divididos a respeito do nome do monarca, aceitaram um compromisso imaginado por Thiers – partes iguais no poder – chamado de Pacto de Bordeaux. Aliás, contra Paris não podia haver divisão.

Já nos primeiros dias de março, seus jornais de província anunciaram incêndios e pilhagens em Paris. Em 4 de março, um único assunto

---

* Arnold, J. Bergeret, Bouit, Castioni, Chauvière, Chouteau, Courty, Dutilh, Fleury, Frontier, H. Fortune, Lacord, Lagarde, Lavalette, Maljournal, Matté, Ostyn, Piconel, Pindy, Prudhomme, Varlin, H. Verlet e Viard. Apenas cinco dos eleitos em 15 de fevereiro

circula nos gabinetes da Assembleia: acaba de estourar uma insurreição; as comunicações telegráficas estão interrompidas; o general Vinoy recuou para a margem esquerda. Thiers, que permitia a propagação desses rumores, enviou a Paris quatro deputados-administradores distritais: Arnaud de l'Ariège, Clemenceau, Tirard e Henri Martin. Segundo disseram ao ministro do Interior, encontraram Paris "absolutamente calma". Picard respondeu: "A tranquilidade é só aparente; é preciso agir". E Vautrain, administrador do IV Distrito, afirmou: "É preciso agarrar o touro pelos chifres, prender o Comitê Central".

A coalizão não deixou passar um dia sem picar o touro. Risos, provocações e injúrias se abateram sobre Paris e seus representantes. Como alguns deles – Malon, Ranc, Rochefort e Tridon – se retiraram diante do voto mutilador da pátria, a exemplo de Gambetta e dos homens da Alsácia e da Lorena, gritaram-lhes: "Boa viagem!" No dia 8, Victor Hugo é maltratado ao defender Garibaldi; demite-se. Delescluze é vaiado, pois pede que os defensores sejam processados. No dia 10, 427 rurais recusam-se a comparecer às reuniões em Paris. Querem mais, querem que a cidade perca definitivamente suas funções de capital, que seriam transferidas para Bourges ou Fontainebleau. Thiers os lisonjeia: "Nunca a Assembleia recebera poderes tão amplos – não tinha sequer arquivos – se quisésseis, poderíeis até fazer uma constituição"; consegue a duras penas a transferência para Versalhes, mais fácil de defender. Era pedir a Comuna, uma vez que Paris não podia viver sem governo nem municipalidade.

Encontrado assim o campo de batalha, organizaram um exército do desespero. Os títulos comerciais que venciam entre 13 de agosto e 13 de novembro de 1870 tornaram-se executáveis sete meses depois, dia a dia, com juros; assim, dali a três dias – 13 de março –, deviam-se pagar as letras vencidas em 13 de agosto de 1870. Decreto inviável, já que os negócios estavam suspensos há sete meses, o crédito era impossível; os bancos não haviam reaberto suas sucursais. Alguns deputados de Paris foram falar com Dufaure, que vivera as agruras do sítio, mas ele foi intratável, o verdadeiro Dufaure de 1848. Restava a questão dos aluguéis atrasados, temível para toda Paris. Millière adjura a Assembleia a resolvê-la com justiça. Nenhuma resposta. Trezentos mil operários, lojistas, autônomos, pequenos fabricantes e comerciantes que gastaram seu pecúlio durante o sítio e ainda não estavam ganhando nada foram deixados à mercê dos proprietários e da falência. De 13 a 17 de março houve 150 mil protestos. As grandes cidades industriais reclamaram. Nada.

Com tantas preocupações, a Assembleia adiou suas sessões para 20 de março, depois de obrigar Thiers a afirmar que poderia deliberar em Versalhes "sem temer as pedradas da rebelião". O homenzinho também tinha prazos de vencimento.

Paris não recuava diante de todas essas ameaças. Picard, tentando intimidar, chamou Courty e disse-lhe que "os membros do Comitê Central estavam arriscando a cabeça". Courty fez uma quase promessa de entregar os canhões. O Comitê o desautorizou.

Desde o dia 6, o Comitê se reunia na Corderie, totalmente independente dos três grupos fantasmas. Demonstrou habilidade política, desarmou as intrigas de um certo Raoul du Bisson, ex-oficial de exércitos exóticos, encarregado de aventuras duvidosas, que presidira a reunião do dia 24 em Wauxhall e trabalhava com o objetivo de constituir um Comitê Central de cima para baixo com os chefes de batalhões. O Comitê destacou três delegados a esse grupo, que opôs vivíssima resistência. Um chefe-de-batalhão, Barberet, mostrava-se particularmente intratável; outro, Faltot, encaminhou a reunião: "Por minha parte, vou ao povo!" A fusão estava concluída no dia 10, dia da assembleia geral dos delegados. O Comitê apresentou seu relatório contando a história da semana, a nomeação de D'Aurelles, o incidente com Courty: "O que somos é obra dos acontecimentos; os reiterados ataques de uma imprensa hostil à democracia nos ensinaram; as ameaças do governo o confirmaram: somos a barreira inexorável erguida contra qualquer tentativa de derrubada da república". Os delegados foram instados a apressar as eleições para o Comitê Central. A seguir redigiu-se um apelo ao exército.

Há vários dias, o governo mandava de volta à província os 200 mil homens, em sua maioria guardas móveis ou reservistas, desarmados pela capitulação, e os substituía por soldados dos exércitos do Loire e do norte. Paris preocupava-se com essas tropas, que os jornais reacionários instigavam contra a cidade. A convocação da reunião dizia: "Soldados, filhos do povo, unamo-nos para salvar a república. Os reis e os imperadores já nos fizeram mal o suficiente". No dia seguinte, os soldados defendiam este cartaz da polícia.

O dia 11 foi muito ruim para Paris: ficava sabendo ao mesmo tempo que não era mais capital e que estava arruinada; Vinoy fecha seis jornais republicanos, sendo quatro – *Cri du Peuple*, *Mot d'Ordre*, *Père Duchêne* e *Vengeur* – com tiragens de 200 mil exemplares; o Conselho de Guerra, que julgava os réus de 31 de outubro, condenava vários deles à morte, entre os quais Flourens e Blanqui. Tripla explosão que chocava todo mundo: burgueses, republicanos e revolucionários. Essa Assembleia de Bordeaux, tão perigosa para Paris, de coração, espírito e língua tão contrários, pareceu um governo de estrangeiros. Desapareceram as últimas hesitações. O deputado-administrador do XVIII Distrito, Clemenceau, trabalhava há vários dias para que fossem entregues os canhões de Montmartre, e encontrara oficiais bastante dispostos; o comitê da rua des Rosiers se opôs; era o mais importante, por sua situação e pelo número de canhões, tratava em pé de igualdade o Comitê Central, ao qual só enviou delegados muito mais tarde. Quando D'Aurelles mandou carros e cavalos a Montmartre, os guardas nacionais recusaram as peças e as transportaram às elevações, onde o comandante Poulizac, que morreria nas fileiras do exército versalhês, construiu uma espécie de parapeito. O comitê da rua des Rosiers forneceu as sentinelas; as peças afluíram, chegaram a ser 170.

Não tendo mais jornais, a revolução se comunicava através de cartazes de todas as cores, de todas as ideias. Flourens e Blanqui, condenados à revelia, colavam protestos nos muros. Grupos moderados protestavam, do mesmo modo, contra os decretos sobre os prazos de vencimento. Organizavam-se comitês nos distritos populares. O chefe do comitê do XVII Distrito era o fundidor Duval, de uma energia fria e dominadora. Todos esses comitês anulavam as ordens de D'Aurelles; na verdade, dispunham da Guarda Nacional.

Vinoy dizia, como Vautrain: "Prendamos o Comitê Central", e nada parecia mais fácil, pois todos os membros do comitê escreviam o próprio endereço nos cartazes; Picard respondia: "Não tenho polícia; prendei vós mesmo". Vinoy retorquia: "Não compete a mim". Destacaram como seu adjunto o general Valentin, homem de pulso. O Comitê Central compareceu tranquilamente à III Assembleia Geral do Wauxhall, no dia 15. Duzentos e quinze batalhões estavam representados. Garibaldi foi aclamado general-em-chefe da Guarda Nacional. Um orador empolgou a assembleia: Lullier, ex-oficial da marinha, aparentando ter instrução militar, que, quando não estava consumido pelo álcool, tinha momentos de uma lucidez enganadora. Conseguiu ser nomeado comandante da artilharia. A seguir foram proclamados os nomes dos eleitos para o Comitê Central – cerca de 30; vários distritos ainda não haviam votado. Trata-se do Comitê Central regular que entrará no Hôtel de Ville. Muitos dos eleitos pertenciam à comissão anterior. Outros, igualmente desconhecidos, provinham de todas as camadas do povo, conhecidos apenas pelos conselhos de família ou por seus batalhões. Os homens em evidência não haviam lutado pelo voto. A Corderie, bem como os blanquistas, não queriam admitir que essa Federação, esse comitê, esses desconhecidos fossem uma força.

Não aceitarão, é bem verdade, qualquer programa. O Comitê Central não representa a estrutura de um partido, assim como não defende nenhum ideal. Só uma ideia muito simples – defender-se da monarquia – conseguiu agrupar tantos batalhões. A Guarda Nacional constitui-se em companhia de seguros contra um golpe de Estado; o Comitê Central é a sentinela, nada mais.

O clima está pesado; ninguém sabe para onde se vai. O pequeno grupo da Internacional convoca ingenuamente os deputados socialistas para que lhe expliquem a situação. Ninguém pensa no ataque. Aliás, o Comitê Central declarou que o primeiro tiro jamais será disparado pelo povo, que apenas se defenderá em caso de agressão.

O agressor chegou dia 15: o sr. Thiers. Este esperava retomar imperceptivelmente a cidade com soldados bem selecionados mantidos afastados dos parisienses; mas faltava tempo, a data fatídica – dia 20 – estava próxima. Mal chegou, foi atacado, instado a agir. Os especuladores da Bolsa se intrometiam. Os mesmos que haviam precipitado a guerra, para revigorar suas manobras, lhe diziam:* "Nunca fareis operações financeiras se não acabardes com esses facínoras". Acabar com eles! Sinistra frase de junho de 1848; monstruosa em março de 1871.

O quê!, diante dos olhos dos prussianos, quando a França mal consegue palpitar, quando apenas o trabalho a pode refazer, vós, governo da França, quereis correr o risco da guerra civil, ameaçando tantas vidas de trabalhadores! Ao menos tendes certeza de que chegareis ao fim? Durante três dias, quase sem armas, os rebeldes de junho de 1848 resistiram aos melhores generais da África; em 1871, contra esse punhado de batalhões munidos de bons fuzis, de canhões que garantem as elevações, só tendes um Vinoy, a divisão permitida pelos prussianos, 3 mil policiais e soldados da força pública, 15 mil homens bastante exauridos. Os 7 ou 8 mil trazidos do Loire e do norte quase se amotinam à primeira revista. Mal alimentados, mal alojados, vagueiam pelos bulevares externos; os parisienses levam sopas e cobertores às barracas onde congelam.

Como desarmar 100 mil homens com esse bando? Sim, porque, para tomar os canhões, era preciso desarmar a Guarda Nacional. Os coligados zombavam do entrincheiramento de Montmartre, dos 25 homens da rua des Rosiers, declaravam que a retomada dos canhões era algo elementar. Estes, de fato, estavam muito mal guardados; 50

---

* "Acreditando que bastava uma campanha de seis semanas para reativar as especulações de que viviam, alguns especuladores da Bolsa diziam: 'Este é um mau momento pelo qual é preciso passar, são cerca de 50 mil homens que devem ser sacrificados; e, depois disso, o horizonte ficará claro, os negócios recomeçarão'" (*Enquête sur le 4 Septembre*, M. Thiers).

paralelepípedos que fossem atirados bastariam para acabar de imediato com qualquer tentativa de retomá-los. Bastaria tocá-los e Paris acorreria. Mal chegou, Thiers aprendeu a lição. Vautrain prometera os canhões da praça des Vosges; os guardas nacionais tiraram as chavetas das peças e os pequeno-burgueses da rua des Tournelles começaram a arrancar as pedras que pavimentavam as ruas.

Era insensato atacar. Thiers não viu nada: nem o descontentamento de todas as classes, nem a irritação dos *faubourgs*. Temporizar, desarmar Paris através de concessões; neutralizar os rurais através da cidade grande era feito que estava muito acima de sua política. Seu desprezo pelo povo fez o resto. Pressionado pela aproximação do dia 20, lançou-se à aventura, reuniu o Conselho no dia 1 7 e, sem consultar os administradores municipais, como Picard prometera, sem dar ouvidos aos chefes dos batalhões burgueses, que na mesma noite afirmaram não poder contar com seus homens, aquele governo, incapaz de prender os 25 membros do Comitê Central, ordenou que fossem roubados os 250 canhões vigiados por toda Paris.

O dia 18 de março

Fizemos, portanto, o que tínhamos que fazer;
nada provocou a insurreição de Paris.
Dufaure (maio de 1876).

A execução da ideia foi tão louca quanto ela. No dia 18 de março, às três horas da madrugada, aquelas tropas de choque, sem víveres, sem mochila, espalharam-se por todas as direções, nas colinas de Chaumont, em Belleville, no *faubourg* du Temple, na Bastilha, no Hôtel-de-Ville, na Praça Saint-Michel, no Luxemburgo, no XIII Distrito, nos Invalides. O general Susbielle, que marcha sobre Montmartre, comanda duas brigadas, cerca de seis mil homens. O bairro dorme. A Brigada Paturel ocupa sem um disparo o Moulin de La Galette. A Brigada Lecomte ganha a Torre de Solférino e só encontra uma sentinela: Turpin, que saca a baioneta e é abatido pelos soldados da força pública; estes correm ao posto da Rua des Rosiers, tomam-no e prendem os guardas nos porões da Torre. Nas colinas de Chaumont e em Belleville os canhões são igualmente pegos de surpresa. O governo triunfa em toda a linha e D'Aurelles envia aos jornais uma proclamação de vencedor, que foi publicada em alguns impressos vespertinos.

Faltavam apenas cavalos e tempo para perder essa vitória. De certo modo, Vinoy os esquecera. Somente às oito horas começaram a atrelar algumas peças; muitas estavam danificadas, não tinham o jogo dianteiro.

Enquanto isso, os *faubourgs* despertam. As primeiras lojas matinais abrem suas portas. Ao redor das leiterias, à porta dos mercadores de vinho, fala-se em voz baixa; olham-se os soldados, as metralhadoras apontadas contra as vias populosas e, nos muros, um cartaz ainda úmido assinado por Thiers e seus ministros. Estes falam do comércio parado, das encomendas canceladas, dos capitais amedrontados. "Habitantes de Paris, o governo está decidido a agir em vosso interesse. Que os bons cidadãos se separem dos maus; que ajudem a força pública. Estarão prestando serviço à própria república", dizem os senhores Pouyer-Quertier, De Larcy, Dufaure e outros republicanos. O final é uma frase de dezembro de 1851: "Os culpados serão entregues à justiça". É preciso que, a qualquer preço, a ordem renasça inteira, imediata, inalterável [...]". Falara-se de ordem, o sangue jorraria.

As mulheres partiram primeiro, como nos dias de revolução. As de 18 de março, curtidas pelo sítio – haviam recebido dupla ração de miséria –, não esperaram seus homens. Rodearam as metralhadoras, interpelando os chefes: "É indigno o que estás fazendo aí". Os soldados se calam. De vez em quando, um suboficial exclama: "Vamos, minhas senhoras, afastai-vos!". A voz não é rude; elas permanecem. De repente, ouve-se o toque de reunir. Os guardas nacionais descobriram dois tambores no posto da Rua Doudeauville e estão percorrendo o XVIII Distrito.

Às oito horas, 300 oficiais e guardas sobem o Bulevar Ornano. Um posto de soldados do 88º sai; gritam-lhe: "Viva a república!". Eles acompanham. O posto da Rua Dejean une-se a eles e com a coronha para cima, soldados e guardas, juntos, sobem a Rua Muller, que leva às colinas controladas deste lado pelos soldados do 88º. Estes, ao ver seus companheiros misturados aos guardas, fazem sinal para que se aproximem, pois abrirão passagem. O general Lecomte, percebendo seu movimento, os substitui por policiais e os prende na Torre de

Solférino, acrescentando: "Tereis o que mereceis!" Os substitutos mal têm tempo de fazer alguns disparos. Guardas e infantes ultrapassam o parapeito; grande número de outros guardas com a coronha voltada para cima, mulheres e crianças desembocam no flanco oposto vindos da Rua des Rosiers. Lecomte, cercado, três vezes dá ordem de abrir fogo. Seus homens permanecem com a arma no chão. A multidão se reúne, confraterniza, rende Lecomte e seus oficiais. Os soldados que ele acabara de trancafiar na Torre querem fuzilá-lo. Os guardas nacionais conseguem desvencilhá-lo e, com grande dificuldade – a multidão o toma por Vinoy –, conduzem-no com seus oficiais ao Château-Rouge, quartel-general dos batalhões de Montmartre. Lá chegando, pedem-lhe que mande desocupar as colinas. Ele assina a ordem sem hesitar, como fez em 1848 o general Bréa.* A ordem é levada aos oficiais e soldados que ainda ocupam a Rua des Rosiers. Os soldados da força pública entregam as espingardas Chassepot e gritam: "Viva a república!". Três tiros de canhão com pólvora seca anunciam a retomada das colinas a Paris.

À esquerda de Lecomte, o general Paturel tentou em vão descer com alguns dos canhões do Moulin de la Galette pela Rua Lepic. A multidão deteve os cavalos, cortou as rédeas, convenceu os soldados e levou com a força dos braços os canhões de volta, colina acima; os soldados que guardam a parte baixa da rua, a Praça Blanche, levantam as coronhas. Na Praça Pigalle, o general Susbielle ordena o ataque contra a multidão que se comprime na Rua Houdon. Intimidados pelos apelos das mulheres, os soldados empurram seus cavalos em marcha à ré, provocando risos. Um capitão ataca, brandindo o sabre, fere um guarda e cai crivado de balas. Os soldados da força pública, que abrem fogo por trás do casario do bulevar, são expulsos. O general Susbielle desaparece. Vinoy, postado na Praça Clichy dá meia-volta. Cerca de

---

* Essa ordem, instando a tropa a desfilar no meio dos guardas nacionais, foi redigida a lápis por um capitão. Lecomte transcreveu-a a pena sem modificar-lhe uma única palavra. O Conselho de Guerra negou o fato, para dar uma boa imagem desse general que morreu mediocremente.

60 soldados da força pública, aprisionados, são levados à administração do distrito de Montmartre.*

Nas colinas de Chaumont, em Belleville e no Luxemburgo, o povo também fizera prisioneiros, retomara suas peças de artilharia. Na Bastilha, onde o general Le Flô escapa por pouco, a Guarda Nacional confraterniza com os soldados. Na praça, um momento de grande silêncio. Atrás de um caixão que vem da estação ferroviária de Orléans, um velho de cabeça descoberta é acompanhado por um longo cortejo: Victor Hugo leva ao cemitério Père-Lachaise o corpo de seu filho Charles. Os confederados apresentam armas e entreabrem as barricadas para deixar passar a glória e a morte.

Às 11 horas, o povo já venceu o ataque em todos os pontos, conservando quase todos os seus canhões – as carretas só levaram dez – e ganhando milhares de fuzis. Os batalhões confederados permanecem em pé; nos *faubourgs*, as ruas estão sem calçamento.

Desde as seis horas da manhã, D'Aurelles de Paladine mandava soar o toque de reunir nos bairros do centro; em vão. Batalhões outrora partidários ferrenhos de Trochu não enviaram nem sequer 20 homens. Ao ler os cartazes, toda Paris dissera: "É o golpe de Estado". Ao meio-dia, D'Aurelles e Picard fazem soar a velha tecla. "O governo vos conclama a defender vossos lares, famílias e propriedades. Alguns homens equivocados, que obedecem apenas a chefes desconhecidos, dirigem contra Paris os canhões que haviam sido tomados dos prussianos". Essa acusação indelicada em relação aos prussianos não sensibiliza ninguém, o ministério inteiro vai em seu socorro: "Espalha-se o rumor absurdo de que o governo está preparando um golpe de Estado [...]. Ele quis e quer dar cabo de um comitê insurrecional, cujos membros não representam senão as doutrinas comunistas e atiram Paris à pilhagem e a França ao túmulo". Essas evocações de junho deram pena. Os batalhões da ordem poderiam ter alinhado um contingente sério; compareceram entre 500 e 600 homens.

Thiers e seu governo estavam refugiados no Ministério das Relações Exteriores. Quando ficou sabendo da debandada das tropas,

---

* Então localizada na Praça des Abbesses.

ordenou que recuassem para o Campo de Marte. Abandonado pelos batalhões burgueses, falou em deixar Paris, em ir refazer o Exército em Versalhes. Velha ideia girondina proposta a Carlos X por Marmont, a Luis Filipe, à Assembleia de 1848, e que fora aceita pelo general austríaco Windischgroetz. Vários ministros protestaram, queriam que alguns postos fossem mantidos – o Hôtel-de-Ville, seus quartéis ocupados pela Brigada Derroja, a Escola Militar – e que se tomasse posição no Trocadero. O homenzinho só deu ouvidos a uma posição extrema; decidiu que toda a cidade seria evacuada, até as fortificações do sul, restituídas pelos prussianos 15 dias antes. Por volta das três horas, os batalhões populares de Gros-Caillou desfilaram diante do Hôtel-de-Ville, com tambores e clarins à frente. Os ministros acharam que estavam perdidos.* Thiers escapou por uma escada secreta, dirigindo-se a Versalhes tão atarantadamente que, na Ponte de Sèvres, deu ordem escrita para a desocupação do Mont-Valérien.

No momento de sua fuga, os batalhões confederados nada tentaram. O ataque da manhã pegou de surpresa o Comitê Central e toda Paris.** Na noite anterior, se despedira como de costume, marcando encontro para as 11 da noite do dia 18, atrás da Bastilha, na escola da Rua Bastrol, pois a Praça de La Corderie, muito vigiada pela Polícia, não mais oferecia segurança suficiente. Desde 15 de março, novas eleições garantiram alguns colegas ao Comitê Central, que nomeara um Comitê de Defesa. Quando houve o novo ataque, alguns correram para a Rua Bastrol, outros trataram de levantar os batalhões de seus bairros. Às dez horas, uns 12 membros estavam reunidos, assoberbados de pedidos e reclamações, atravancados de prisioneiros que eram trazidos de toda parte. Informações precisas só chegaram às duas horas. Varlin ocupava-se de Batignolles; Bergeret, de Montmartre; e Duval, do Panthéon; Pindy, no III Distrito; Faltot, na Rua de Sèvres.

---

* Na *Enquête*, Thiers afirma primeiro: "Foram autorizados a desfilar"; 20 linhas abaixo: "Foram repelidos". O general Le Flô não escondeu o medo do Conselho. "O momento me pareceu crítico e disse: Acho que estamos em apuros, seremos presos [...]. E, de fato, bastava que os batalhões entrassem no palácio e seríamos todos pegos. Mas os três batalhões passaram sem dizer nada".

** Apêndice II.

Ranvier e Brunel, sem pertencer ao comitê, agitavam Belleville e o X Distrito. Pôde-se então elaborar uma espécie de plano para fazer com que os batalhões convergissem para o Hôtel-de-Ville, e os membros do Comitê Central se dispersaram em todas as direções.

Os batalhões estavam, sem dúvida, em pé, mas não se mexiam, ignorando a extensão da vitória, os bairros revolucionários temiam um retorno da ofensiva, construíam barricadas e lá permaneciam. Ninguém saía de Montmartre, imenso formigueiro de guardas que iam em busca de notícias e de soldados dispersos, para os quais eram feitas coletas, pois não tinham comido nada desde manhã. Por volta das 3h30, foram dizer ao Comitê de Vigilância, sediado na Rua Clignancourt, que o general Lecomte corria grande perigo. Uma multidão de soldados rodeava o Château-Rouge, exigindo a execução imediata do general. Os membros desse comitê – Ferré, Bergeret, Jaclard – enviaram imediatamente ao comandante do Château-Rouge a ordem de zelar pelo prisioneiro. Quando esta chegou, Lecomte acabara de partir.

Ele pedia insistentemente para ser levado ao Comitê Central. Muito perturbados pelos gritos, querendo eximir-se da responsabilidade e só conhecendo o comitê da Rua des Rosiers, os chefes de posto decidiram levar para lá o general e seus oficiais. Chegaram por volta das 4 horas, atravessando uma multidão terrivelmente irritada. Contudo, ninguém os maltratou. O general é mantido sob vigilância em um pequeno quarto do térreo; mandam para o primeiro andar os oficiais, que encontram vários companheiros, também presos. Então recomeçam as cenas do Château-Rouge. Os soldados exasperados continuam a gritar: “Morte!”. Os oficiais da Guarda Nacional fazem tudo para contê-los, trancam a porta e pedem: “Aguardem o comitê!”.

Qual deles? O Comitê Central está no outro extremo de Paris; o comitê da Rua des Rosiers está disperso por toda parte, alguns no Comitê de Vigilância da Avenida Clignancourt, outros na prefeitura, onde o comandante Dardelles, Raoul Rigault e Paschal Grousset discutem com o administrador distrital Clemenceau, muito descontente com tudo o que está acontecendo, mas a palavra comitê é mágica; consegue-se colocar sentinelas e controlar um pouco a raiva.

Perto das 4h30, um rumor invade a rua e, lançado por um furacão, um homem de barba branca é atirado contra a casa. É um dos homens de junho de 1848, Clément Thomas, que insultara os batalhões populares e contribuíra mais do que Ducrot para a desonra da Guarda Nacional. Identificado, preso na Rua des Martyrs, onde inspecionava a barricada, subiu a colina em meio a vaias por sangue. Irônico destino das revoluções, que deixa escapar o tubarão e se vinga na sardinha.

Sua chegada decide tudo. O grito é unânime: "Morte!". Oficiais da Guarda Nacional querem lutar; Herpin-Lacroix, um capitão garibaldino, um Hércules, agarra-se às paredes do corredor, machucam-no, forçam a entrada; Clément Thomas é atirado ao quintal da casa; as balas o seguem, ele cai com o rosto no chão. Ainda nem morreu e os soldados do 88º quebram as vidraças do quarto do general Lecomte e o arrastam ao quintal, onde é morto a tiros. Imediatamente, a fúria acalma-se. Ainda restam dez oficiais; ninguém os ameaça. São levados de volta ao Château-Rouge e, à noite, Jaclard os liberta.

Na mesma hora, na estação ferroviária de Orléans, a multidão prendia um oficial-general com fardamento de gala pensando que fosse D'Aurelles; era Chanzy. O mal-entendido poderia ser fatal; interpõem--se oficiais federados e um adjunto do XIV Distrito, Léo Meillet, que o protegem e colocam em segurança na prisão do setor, onde Chanzy encontra-se com o general Langourian, igualmente detido. Não era possível libertar os generais sem risco, mas o deputado Turquet, que acompanhava Chanzy, foi solto.

Pouco a pouco, os batalhões confederados passavam à ofensiva. Brunel cerca a caserna de Prince-Eugéne, ocupada pelo 120º Batalhão de Linha, disposto a confraternizar. As portas deixaram-se forçar. Quando o comandante, rodeado de oficiais, ofereceu certa resistência, Brunel mandou prender todos; dali desceu pela Rua du Temple até o Hôtel-de-Ville, para onde Pindy também se dirigia pelas ruas Vieille--du-Temple e Ranvier, pelos cais.

A Imprensa Nacional é ocupada às 5 horas. Às 6, atiram contra as portas do Quartel Napoleão. Uma descarga do Quartel derruba três pessoas; os soldados da Infantaria gritam pelas janelas: "Viva a república! Foram os soldados da força pública que atiraram!" Depois abrem as portas e entregam os fuzis.*

Às 7h30, o Hôtel-de-Ville é cercado. Os soldados da força pública que o ocupam fogem pelo subterrâneo do Quartel Lobau. Por volta das 8h30, Jules Ferry e Fabre, totalmente abandonados por seus homens e pelo governo, também vão embora. Pouco depois, a Coluna Brunel desemboca na praça e toma posse da Casa Comum, deserta e às escuras. Brunel manda acender o gás e içar a bandeira vermelha na torre.

Os batalhões afluem sem cessar. Brunel começou a erguer barricadas na Rua de Rivoli, nos cais, guarneceu as redondezas, distribuiu os postos e estabeleceu fortes patrulhas. Uma delas, que cercou a administração distrital do Louvre, quase pega Jules Ferry, que saltou pela janela.

Os administradores distritais e muitos assessores já se haviam reunido naquele dia na administração do distrito da Bolsa; aturdidos com o ataque repentino, aguardam informações e instruções. Por volta das 4 horas, enviam uma delegação para contatar o governo. Thiers desaparecera; Picard os repeliu; D'Aurelles lavou as mãos, dizendo que os advogados tinham querido assim. À noite, foi preciso encontrar alguma solução. Os batalhões confederados cercavam o Hôtel-de-Ville e ocupavam a Praça Vendôme, para a qual Varlin, Arnold e Bergeret haviam conduzido os batalhões de Batignolles e Montmartre. Vacherot, Vautrain e alguns reacionários furiosos falavam em resistir até o fim, como se dispusessem de um Exército. Outros, mais sensatos, procuravam uma saída. Acreditaram poder encerrar a questão nomeando, como chefe de Polícia, Edmond Adam, que se notabilizara lutando contra os rebeldes de junho, e, como general da Guarda Nacional, o outrora internacionalista coronel Langlois – ele, que, na manhã de 31 de outubro, estava com o movimento e, à noite, contra –, deputado em

---

* Vinoy, muito mentiroso, disse em *L'armistice et la Commune:* "O general reuniu seus homens e, espada na mão, colocou-se bravamente à frente de seus soldados".

virtude de uma contusão sofrida em Buzenval, burguês empedernido com aparência de exaltado. Ao redor das sete horas, Tirard, Méline, Tolain, Hérisson, Vacherot, Peyrat e Millière foram levar soluções a Jules Favre. Este os fez esperar, sentiu um sobressalto ao ver Millière, interrompeu-os na primeira frase: "É mesmo verdade que fuzilaram os generais?" Mal ouviu o "sim", exclamou: "Não negociamos com assassinos!" Vacherot e Vautrain ficaram encantados com sua firmeza, e o disseram. Chega um estafeta; o Hôtel-de-Ville foi desocupado. Jules Favre despediu-se dos administradores distritais, que se dirigiram à administração do distrito do Louvre, onde o secretário geral do Hôtel-de-Ville pediu-lhes que fossem reocupá-lo. Chegou a patrulha de federados. Os administradores distritais só puderam recuar para os locais da administração do distrito da Bolsa, que se tornou seu quartel-general. O que restava do governo – Dufaure, Jules Simon, Pothuau, Picard e Le Flô – reunira-se secretamente na Rua Abbatucci, onde Jules Favre comunicou a iniciativa dos administradores distritais. Depuseram D'Aurelles e convocaram Langlois, cuja gesticulação os tranquilizava, e o nomearam general-em-chefe da Guarda Nacional. Langlois aceitou e, à meia-noite, foi levar a boa notícia à administração distrital da Bolsa; prometeu que o governo colocaria Dorian no Hôtel-de-Ville, apresentaria à Assembleia uma lei municipal e, ladeado pelos deputados Lockroy e Cournet, o novo Lafayette rumou para o Hôtel-de-Ville dizendo: "Dirijo-me ao martírio!"

A praça fervia como em pleno dia. Pelas vidraças do Hôtel-de-Ville, via-se circular a vida, mas nada semelhante aos tumultos passados. As sentinelas só deixavam entrar funcionários ou membros do Comitê Central. Estes haviam chegado um por um a partir das 11 horas, cerca de 20 estavam reunidos no mesmo salão onde conferenciara Trochu, muito ansiosos e hesitantes. Nenhum deles sonhara com aquele poder que lhes caía com tanto peso sobre os ombros. Muitos não queriam reunir-se no Hôtel-de-Ville, repetindo o tempo todo: "Não temos mandato de governo". A discussão ressurgia a cada recém-chegado. Um homem jovem, Edouard Moreau, pôs ordem nas ideias. Acertaram que não se podia abandonar o posto conquistado, mas que só ficariam apenas o tempo de providenciar eleições, dois ou três dias no máximo. A situação pedia que se prevenissem os possíveis ataques. Lullier estava lá, em um de seus momentos graves, respondendo por tudo, invocando também o voto do Wauxhall. Cometeu-se a imprudência de nomeá-lo comandante da Guarda Nacional, ao passo que Brunel, que tanto fizera, estava instalado no Hôtel-de-Ville.

Langlois faz-se anunciar às duas da madrugada, havia enviado sua proclamação ao *L'Officiel*. "Quem é o senhor?", perguntam as sentinelas. "General da Guarda Nacional", responde o bravo coronel. O Comitê Central dispõe-se a recebê-lo. "Quem vos nomeou?" "A Assembleia! Meu nome – acrescenta – é um penhor de concórdia". Mas Edouard Moreau retruca: "A Guarda Nacional pretende nomear seu próprio chefe; vossa investidura por uma Assembleia que acaba de atacar Paris não é de modo algum um penhor de concórdia". Langlois jura que só aceitou o cargo para pôr fim a um mal-entendido. "Muito bem", disse o Comitê, "mas nós pretendemos nomear nossos chefes, fazer eleições municipais, criar garantias contra os monarquistas; se estais conosco, submetei-vos à eleição popular". Langlois e Lockroy afirmam que só havia um poder legítimo, a Assembleia, que nada concederão a um comitê saído de uma insurreição. Tal defesa dos rurais cansa as paciências. "Reconheceis o Comitê Central ou não?" "Não", replicou Langlois. Retirou-se apressadamente, correu atrás de sua proclamação.

A noite foi calma, de uma calma mortal para a liberdade. Pelas portas do sul, Vinoy levava para Versalhes regimentos, artilharia e bagagens. Os soldados se arrastavam, insultavam os guardas da força pública. O Estado-Maior, conforme suas tradições, perdera a cabeça, esquecia em Paris três regimentos, seis baterias e todas as canhoneiras que bastaria ter abandonado ao sabor da corrente das águas. A menor demonstração dos confederados teria interrompido esse êxodo. Em vez de fechar as portas, Lullier, novo comandante da Guarda Nacional, deixou todas as saídas abertas para o Exército – do que se gabou perante o Conselho de Guerra.

O Comitê Central convoca os eleitores. Os administradores distritais de Paris e os deputados do departamento do Sena rebelam-se contra ele

Nossos corações partidos fazem apelo aos vossos.
Os administradores distritais, os adjuntos de Paris
e os deputados do Sena à Guarda Nacional
e a todos os cidadãos.

Paris soube de sua vitória na manhã do dia 19. Que mudança de cenário, mesmo após o sem número de cenários daqueles sete meses de drama! A bandeira vermelha tremula no Hôtel-de-Ville. O Exército, o governo e a administração se evaporaram com as brumas matinais. Das profundezas do *faubourg* Saint-Antoine, da obscura Rua Basfroi, o Comitê Central é projetado à cabeça de Paris, em pleno sol do mundo. Foi assim que, em 4 de setembro, o império desapareceu e os deputados da esquerda recolheram um poder abandonado. A honra e salvação do Comitê residiu em ter apenas um pensamento: devolver o poder à Paris. Se tivesse sido sectário, produtor de decretos, o movimento teria retrocedido a 31 de outubro. Felizmente, compunha-se de novatos sem passado, sem pretensões políticas, muito pouco preocupados com sistemas, pensando apenas em salvar a república. Naquela altura, só puderam se apoiar em uma ideia, porém lógica, parisiense por excelência: assegurar a Paris sua municipalidade.

No império, era o tema favorito da esquerda; por seu intermédio, Jules Ferry e Picard haviam conquistado a burguesia parisiense, muito humilhada por seus 80 anos de minoria, escandalizada com as negociatas de Haussmann. Para o povo, o Conselho Municipal era a Comuna, a mãe de outrora, a ajuda aos oprimidos, a garantia contra a miséria.

Às 8h30, o Comitê Central está em sessão. Preside Edouard Moreau, um completo desconhecido, pequeno comissário de mercadorias que muitas vezes foi o pensamento e o verbo eloquente do Comitê. "Não me parecia", disse ele, "que devêssemos nos instalar no Hôtel-de-Ville, mas, já que lá estamos, é preciso regularizar a situação com a máxima presteza, dizer a Paris o que queremos: fazer as eleições o mais depressa possível, garantir os serviços públicos, preservar a cidade de uma surpresa".

Outros: "É preciso marchar sobre Versalhes, dispersar a Assembleia e conclamar a França a pronunciar-se". "Não", disse o autor da proposta do Wauxhall, "só temos mandato para assegurar os direitos de Paris. Se a província pensa como nós, que nos imite".

Alguns querem liquidar a Revolução antes de recorrer aos eleitores. Outros combatem essa fórmula tão vaga. O Comitê decide proceder às eleições de imediato e encarrega Moreau de redigir um manifesto. No momento de sua assinatura, chega Duval: "Cidadãos, acabam de dizer-nos que a maioria dos membros do governo ainda está em Paris; a resistência se organiza no I e II Distritos; os soldados vão para Versalhes. É preciso tomar medidas rápidas, capturar os ministros, dispersar os batalhões hostis, impedir o inimigo de sair".

De fato, Jules Favre e Picard mal acabavam de deixar Paris; Jules Simon, Jules Ferry, Dufaure, Le Flô e Pothuau tinham fugido durante a noite. Os ministérios mudavam-se abertamente; longos cordões de militares ainda passavam pelas portas da margem esquerda. O Comitê continuava a assinar; negligenciou a precaução clássica de fechar as portas, restringindo-se às eleições. Não viu – pouquíssimos viram – a morte entre Paris e Versalhes.

Dividindo as tarefas, o Comitê enviou delegados para se apossarem dos ministérios e dos diferentes serviços. Vários destes foram recrutados fora do Comitê, entre os homens de ação conhecidos: Varlin e Jourde ficaram nas Finanças; Eudes, na Guerra; Duval e Raoul Rigault, na Chefatura de Polícia; Bergeret, na Praça; Edouard Moreau ficou com a fiscalização de *L'Officiel* e da imprensa; Assi, com a administração do Hôtel-de-Ville. Houve protestos quando alguém do Comitê falou em suplemento de soldo. "Quando se está sem controle e sem freio", disse Moreau, "é imoral atribuir-se qualquer remuneração. Até hoje vivemos com nossos 30 soldos; continuarão sendo suficientes". Foi constituída uma comissão permanente e adiou-se a sessão para uma hora.

Lá fora zumbia uma alegre agitação. Um sol de primavera sorria aos parisienses. Era o primeiro dia de esperança em oito meses. Fervilhavam os curiosos diante das barricadas do Hôtel-de-Ville, da colina de Montmartre, de todos os bulevares. Quem falava em guerra civil? Só *L'Officiel,* que relatava a seu modo os acontecimentos: "O governo esgotara todas as vias de conciliação", e, lançando um apelo desesperado à Guarda Nacional: "Um Comitê, que se autodenominou de Comitê Central, assassinou a sangue-frio os generais Clément Thomas e Lecomte. Quem são os membros desse Comitê? Comunistas, bonapartistas ou prussianos? Quereis assumir a responsabilidade por seus assassinatos?". Essas lamentações de fujões mobilizaram apenas algumas companhias do centro. Entretanto, grave sintoma, os jovens burgueses da Escola Politécnica aderiram à administração do II Distrito e viu-se os estudantes das escolas, até então vanguarda das revoluções, se pronunciar contra o Comitê Central.

Mas esta é feita por proletários. Quem são eles? Que querem? Às duas horas, os cartazes do Comitê, recém-saídos da Imprensa Nacional, são cercados pelos parisienses:

> Cidadãos, o povo de Paris, calmo, impassível em sua força, esperou sem temor e sem provocação os loucos desavergonhados que queriam tocar na república [...]. Que Paris e a França juntas

> lancem as bases de uma república aclamada com todas as suas consequências, o único governo que encerrará para sempre a era das invasões e das guerras civis. O povo de Paris fica convocado, nas suas seções, para realizar as eleições comunais.

E à Guarda Nacional: "Vós nos encarregastes de organizar a defesa de Paris e de vossos direitos. Neste momento, nosso mandato expira e vô-lo devolvemos [...]. Portanto, preparai e realizai imediatamente vossas eleições comunais [...]. Entrementes mantemos, em nome do povo, o Hôtel-de-Ville". Depois vinham 20 nomes* que, com exceção de três ou quatro – Assi, Varlin, Lullier etc. –, só eram conhecidos por figurar nos cartazes dos últimos dias. Desde a manhã de 10 de agosto de 1792 que Paris não vira a ascensão de tantos desconhecidos.

No entanto, seus cartazes são respeitados, seus batalhões circulam livremente, ocupam sem resistência todos os postos: à uma hora, o ministério das Finanças e do Interior; às 2, o da Marinha e da Guerra, os Telégrafos, *L'Officiel,* a Chefatura de Polícia, isso porque a primeira medida é justa. O que dizer contra esse poder que, mal nasce, fala em desaparecer?

À sua volta se adensam os ninhos de baionetas. Vinte mil homens acampam na Praça do Hôtel-de-Ville, com um pão na ponta do fuzil. Cinquenta bocas-de-fogo, canhões e metralhadoras, distribuídas ao longo da fachada, servem de frisa à Casa Comum. Os pátios e as escadas estão cheios de guardas fazendo suas refeições. O Salão do Trono transborda de oficiais, guardas e civis. Na sala da esquerda, onde está o Estado-Maior, o barulho cessa. O cômodo que dá para o Sena é a antecâmara do Comitê. Sobre uma longa mesa, cerca de 50 homens escrevem. Há disciplina, silêncio. De vez em quando, a porta,

---

* Assi, Billioray, Babick, Ferrat, Edouard Moreau, C. Dupont, Varlin, Boursier, Mortier, Gouhier, Lavalette, F. Jourde, Rousseau, C. Lullier, Blanchet, J. Grollard, Barroud, H. Geresme, Fabre e Fougeret são os membros presentes à sessão da manhã e que haviam assinado o cartaz. O Comitê decidiu mais adiante que suas publicações levariam o nome de todos os seus membros, presentes ou não.

guardada por duas sentinelas, deixa passar um membro do Comitê que leva uma ordem ou faz um pedido.

A sessão recomeça. Babick pede que o Comitê proteste contra as execuções de Clément Thomas e Lecomte, com as quais não teve envolvimento algum. "É importante", diz ele, "que o Comitê se exima da responsabilidade". Respondem-lhe: "Tende cuidado ao condenar o povo, ou temei que ele vos condene". Rousseau: "O jornal *L'Officiel* declara que as execuções foram feitas diante de nossos olhos. Precisamos pôr um ponto final a essas calúnias. O povo e a burguesia deram-se as mãos nesta Revolução. É preciso que esta união se mantenha. É necessário que todo mundo participe do escrutínio". "Então, abandonai o povo para conservar a burguesia; o povo se retirará e vereis se é com burgueses que se fazem revoluções".*

O Comitê decide que a publicação de uma nota em *L'Officiel* restabelecerá a verdade. Moreau propõe e lê um projeto de manifesto, que é aprovado.

O Comitê discute a data e a forma das eleições quando lhe anunciam uma grande reunião de chefes de batalhão, administradores distritais e deputados do departamento do Sena na administração do III Distrito, garantindo a disposição de convocar os eleitores.

"Se é assim", diz Moreau, "temos de nos entender com eles para regularizar a situação". Outros, recordando o sítio, querem simplesmente que um batalhão cerque a prefeitura e os prenda. Grêlier busca entendimento. Babick: "Se quisermos atrair a França, não devemos assustá-la. É preciso avaliar as consequências da prisão dos deputados

---

* Nunca foram redigidas atas do Comitê, mas um de seus membros mais assíduos reconstituiu as principais sessões. É de suas notas, conferidas por vários de seus colegas, que tiramos esses detalhes. As notícias de *Paris-Journal* que alimentaram os historiadores reacionários são incompletas, inexatas, redigidas a partir de indiscrições ininteligíveis, muitas vezes fantasiosas. O *Paris-Journal* afirma que todas as sessões foram presididas por Assi e lhe atribui um papel capital porque, sob o império, este parecera dirigir a greve de Creusot. Ora, havia um presidente diferente em cada sessão e Assi jamais teve influência sobre o Comitê, nem sobre a Comuna, que o mandou prender.

e administradores distritais, assim como as de sua adesão". Arnold: "O que interessa é reunir um enorme número de sufrágios. Toda Paris comparecerá às urnas se os representantes e os administradores distritais se unirem a nós". "Dizei, antes", brada um exaltado, "que não fostes feitos para vosso papel, que vossa única preocupação é livrar-vos dele". Em suma, Arnold é enviado à prefeitura como delegado. Pela manhã, Thiers transferira aos administradores distritais a administração provisória da cidade de Paris, e vários deputados parisienses haviam se unido a eles. Langlois, furioso com seu generalato frustrado, berrava contra os "assassinos"; Schoelcher excomungava o Hôtel-de-Ville; Henri Brisson declarava que a Assembleia saberia manter a ordem. O cinzelador Tolain dava de ombros quando se falava desse comitê de operários. Alguns menos ressentidos temiam a intervenção dos prussianos e, em sua esteira, o império; socialistas dedicados como Millière, Malon e outros, que participaram da Comuna, temiam que os proletários fossem esmagados.

Arnold foi bastante mal recebido na administração do III Distrito, para onde haviam convergido numerosos chefes de batalhão abandonados por seus homens e muito hostis ao Comitê Central; os exaltados nem queriam ouvir falar do Comitê. Por fim, chegou-se a um acordo no sentido de enviar delegados ao Hôtel-de-Ville, pois, quer quisessem ou não, a força estava lá.

Entretanto, o Comitê Central fixara as eleições para a quarta-feira, 23 de março, decretara a suspensão do estado de sítio, a abolição dos Conselhos de Guerra e a anistia para todos os crimes e delitos políticos. Realizou uma terceira sessão às oito horas da noite para receber os delegados da reunião do III Distrito: os deputados Millière, Clemenceau, Tolain, Cournet e Lockroy, os administradores distritais Bonvalet e Mottu e os adjuntos Malon, Murat, Jaclard e Léo Meillet.

Clemenceau foi o primeiro a falar. O jovem administrador do distrito de Montmartre entendia os sentimentos complexos de seus colegas e resumiu-os vivamente. O Comitê Central está em uma posição muito falsa; a insurreição baseou-se num motivo ilegítimo; os canhões pertenciam ao Estado. Recorda suas numerosas gestões junto ao comitê da Rua des Rosiers, lamenta que seus conselhos não tenham sido seguidos, afirma que a opinião pública está revoltada com o fuzilamento dos generais. E, indo a fundo, afirma que o Comitê Central não controla de modo algum Paris, haja vista os batalhões agrupados em torno dos administradores distritais e dos deputados; em breve, segundo ele, o Comitê se tornará ridículo e seus decretos serão desprezados. Admite a legitimidade das reivindicações da capital, lamenta que o governo tenha suscitado a cólera, mas nega a Paris o direito de se rebelar contra a França: Paris é obrigada a reconhecer os direitos da Assembleia. O Comitê só tem um meio de sair do impasse: ceder lugar à reunião dos deputados e administradores distritais, que estão dispostos a obter da Assembleia as exigências reclamadas por Paris.

Vozes do Comitê o interromperam diversas vezes. O quê? Ousam falar de insurreição! Quem desencadeara a guerra civil, quem atacara? O que fizera a Guarda Nacional, a não ser responder a uma agressão noturna e retomar os canhões pagos por ela? Que fizera o Comitê Central, salvo acompanhar o povo, ocupar um Hôtel-de-Ville abandonado?

Um membro do Comitê:

> O Comitê Central recebeu um mandato regular, imperativo. Este mandato o impede de deixar que governo ou Assembleia interfiram nas liberdades, na república. Ora, nem um só dia a Assembleia deixou de questionar a república. Colocou à nossa frente um general desonrado, tirou de Paris as funções de capital, tentou arruinar seu comércio. Zombou de nossas dores; negou a dedicação, a coragem e a abnegação que Paris demonstrou durante o sítio, vaiou nossos mais caros delegados: Garibaldi, Hugo. O complô contra a república é evidente. Começaram o atentado amordaçando a imprensa; esperavam terminá-lo desarmando nossos batalhões. Sim, nosso caso era de legítima defesa. Se tivéssemos abaixado a cabeça diante dessa nova afronta, teria sido o fim da república. Vindes falar-nos da Assembleia, da França. O mandato da Assembleia chegou ao fim. Quanto à França, não pretendemos ditar-lhe leis, já sofremos demais sob as suas, mas não queremos mais nos submeter a seus plebiscitos rurais. Assim, não se trata mais de saber qual de nossos mandatos é o mais regular. Nós vos

> dizemos: a Revolução está feita, mas não somos usurpadores. Queremos conclamar Paris a indicar sua representação. Quereis nos ajudar, providenciar as eleições? Aceitamos prontamente vossa colaboração.

Como fala de Comuna autônoma, de federação das comunas, Millière intervém. Esse perseguido do império e da defesa, frio, comedido, sectário, de rosto triste no qual às vezes se acende um brilho de entusiasmo, faz divagações socialistas. "Cuidado", diz ele,

> se desfraldardes essa bandeira, o governo lançará a França inteira contra Paris e vislumbro no futuro outras jornadas de junho fatais. A hora da revolução social ainda não chegou. É preciso renunciar ou morrer arrastando em vossa queda todos os proletários. O progresso é resultado de uma marcha mais lenta. Descei das alturas onde vos encontrais. Vitoriosa hoje, vossa insurreição pode ser derrotada amanhã. Tirai o melhor proveito possível e não hesitai sem contentar-vos com pouco: uma concessão é uma arma que gera outra. Eu vos adjuro a abrir espaço para a reunião dos deputados e administradores distritais: vossa confiança não será traída.

Boursier: "Já que acabamos de falar, pela primeira vez, de revolução social, declaro que nosso mandato não chega até lá". O Comitê: (Sim! Sim! Não! Não!)

> Falou-se de federação, de Paris como cidade livre. Nossa missão é mais simples: limita-se a realizar as eleições. Na sequência, o povo decidirá o caminho a seguir. Quanto a ceder o lugar aos deputados e administradores distritais, é impossível. Eles são impopulares e não têm autoridade alguma na Assembleia. As eleições acontecerão com ou sem sua colaboração. Querem nos ajudar? Estendemos-lhes as mãos. Caso contrário, iremos adiante e, se tentarem nos impedir, saberemos reduzi-los à impotência.

Os delegados esperneiam. A discussão se transforma em briga. "Mas afinal", diz Clemenceau, "quais são exatamente vossas pretensões? Limitais nosso mandato a pedir à Assembleia um conselho municipal?". Muitos do Comitê: "Não! Não!" "Queremos", diz Varlin,

> não apenas o Conselho Municipal eleito, mas liberdades municipais sérias, a eliminação da Chefatura de Polícia, o direito, para a Guarda Nacional, de nomear seus chefes e se reorganizar,

> proclamação da república como governo legal, a quitação pura e simples dos aluguéis em suspenso, uma lei equitativa sobre os prazos de vencimento de dívidas, a proibição da entrada do Exército em território parisiense.

Malon tenta um último esforço:

> Partilho, não duvide, de todas as vossas aspirações, mas a situação é muito perigosa. Está claro que a Assembleia não vai querer ouvir nada enquanto o Comitê Central dominar Paris, ao passo que, se Paris se remeter novamente a seus representantes legais, poderão ser conseguidos tanto a eleição do Conselho Municipal como a da Guarda Nacional, e mesmo a retirada da lei sobre os prazos de vencimento de dívidas. Quanto ao Exército, por exemplo, não se deve esperar que sejamos atendidos.

"É isso mesmo! Para criar outro 31 de outubro!" A discussão prolongou-se até às 10h30; o Comitê defendendo seu direito de realizar as eleições, os delegados, sua pretensão de o substituir. Por fim, o Comitê aceitou enviar quatro de seus membros à administração do II Distrito: Varlin, Moreau, Jourde e Arnold.

Estes encontraram reunido todo o Estado-Maior do liberalismo e do radicalismo, deputados, administradores distritais e adjuntos, Louis Blanc, Schoelcher, Carnot, Floquet, Tirard, Desmarest, Vautrain, Dubali, cerca de 60 pessoas. A causa do povo contava aí com alguns partidários sinceros, mas profundamente assustados com o desconhecido. Quem presidia era Tirard, liberal altivo e administrador do II Distrito, um dos que imobilizara Paris nas mãos de Trochu. Diante da comissão rural, ele mutilou e desfigurou essa sessão em que a burguesia expusera suas entranhas vergonhosas. Eis a verdade nua e crua.

Os delegados: "O Comitê Central não pede nada além de um entendimento com as municipalidades, caso estas queiram realizar as eleições".

Schoelcher, Tirard, Peyrat, Louis Blanc, todos os radicais e liberais em coro: "As municipalidades não negociarão com o Comitê Central. Só há um poder regular: a reunião dos administradores distritais investida da delegação do governo".

Os delegados: "Não discutamos sobre isso. O Comitê Central existe. Fomos nomeados pela Guarda Nacional. Controlamos o Hôtel--de-Ville; quereis realizar as eleições?"

"Mas qual é o vosso programa?"

Varlin o expõe. É alvejado por todos os lados. Os quatro têm de enfrentar 20 atacantes. O grande argumento dos ex-revoltosos de 1830, 1848 e 1870 é que Paris não pode convocar-se a si mesma, devendo esperar a boa vontade da Assembleia.

Os delegados: "O povo tem o direito de se convocar. É um direito inalienável do qual se valeu várias vezes em nossa história, nos dias de grande perigo. Estamos em um desses momentos, pois a Assembleia de Versalhes tende para a monarquia".

Chovem recriminações: "Estais diante de uma força", dizem os delegados. Cuidado para não desencadear a guerra civil com vossa resistência. "Sois vós que quereis a guerra civil!", respondem os liberais. À meia-noite, Moreau e Arnold, enojados, se retiram. Seus colegas estão prestes a segui-los, quando alguns adjuntos lhes suplicam que permaneçam, na tentativa de esgotar todos os meios de conciliação.

"Prometemos", dizem alguns administradores distritais e deputados, "fazer todos os esforços no sentido de obter do governo eleições municipais para breve". "Muito bem", respondem os delegados. "Mas mantemos nossas posições, precisamos de garantias". Deputados e administradores distritais mantêm-se irredutíveis, pretendem que Paris se entregue totalmente a eles. Jourde vai se retirar, alguns adjuntos o detêm mais uma vez. Por um instante parece que se chegou a um entendimento: o Comitê entregará os serviços administrativos aos administradores distritais, que ocuparão uma parte do Hôtel-de-Ville, onde o comitê continuará sediado, conservando a direção exclusiva da Guarda Nacional e zelando pela segurança da cidade. Só resta assegurar o acordo através de um cartaz comum, mas a discussão recrudesce, mais violenta, quando se trata da forma. Os delegados querem: "Os deputados, administradores distritais e auxiliares, em concordância com o Comitê Central". Esses senhores, ao contrário, pretendem permanecer atrás de uma máscara. Tirard e Schoelcher discursam contra os delegados. Houve um intervalo cômico. De repente, como um cuco que salta do relógio, Louis Blanc, até então concentrado, ergue-se em seus calcanharezinhos, bate os braços, de novo com seus ares de 16 de março de 1848, e esbraveja: "Sois rebeldes contra a Assembleia mais livremente eleita"; a frase era de Thiers, "Nós, mandatários regulares, não podemos legitimar uma transação com rebeldes! Estamos dispostos a prevenir a guerra civil, mas não a aparecer perante a França como vossos auxiliares". Jourde respondeu ao homúnculo que, para ser aceita pelo povo de Paris, aquela transação devia ser abertamente aceita e, perdendo a esperança diante do resultado, saiu da reunião.

Nessa elite da burguesia liberal – ex-proscritos, advogados, escritores de anais revolucionários –, nenhuma voz indignada se manifestou:

> Paremos com estas disputas cruéis. Vós, Comitê Central, que falais a Paris, e nós, a quem a França republicana escuta, vamos juntos estabelecer, delimitar o terreno preciso de nossas reivindicações. Vós trareis a força e a plataforma; nós vos daremos a experiência das realidades inexoráveis. Apresentaremos à Assembleia esta carta prática, igualmente respeitosa com os direitos da nação e com os direitos da cidade. E, quando a França vir Paris em pé, bem equilibrada em pensamento e força, reunindo os vigorosos nomes novos e velhos que o país procura, escudo seguro contra monarquistas e clericais, sua voz saberá chegar até Versalhes e seu alento fará com que se submeta.

Mas o que se pode esperar daqueles castrados, que sequer conseguiram reunir coragem suficiente para disputar Paris a Trochu? Varlin, sozinho, recebeu o impacto do esforço de toda a tropa. Esgotado, extenuado – a luta durou cinco horas –, acabou cedendo com todas as reservas. Ao ar livre, recuperou a inteligente serenidade e, de volta ao Hôtel-de-Ville, disse a seus colegas que agora via a armadilha e aconselhava-os a rejeitar a proposta dos administradores distritais e dos deputados.

O Comitê Central se proclama, reorganiza os serviços públicos e controla Paris

Eu acreditava que os rebeldes de Paris
não poderiam tocar seu barco.
Inquérito sobre o 18 de Março, Jean Favre.

Não havia, pois, acordo. Dos quatro delegados, só um cedera um instante, por cansaço. Assim, na manhã do dia 20, quando o administrador distrital Bonvalet e dois adjuntos foram tomar posse do Hôtel-de-Ville, os membros do Comitê exclamaram unanimemente: "Não pactuamos". Bonvalet respondeu: "Os deputados vão pedir hoje as franquias municipais; os administradores distritais os apoiam. Suas negociações só podem chegar a bom termo caso a administração de Paris seja entregue aos administradores distritais. Deveis honrar os compromissos assumidos por vossos delegados, sob pena de anular esforços que podem vos salvar".

O Comitê: "Nossos delegados não receberam mandato para nos comprometer. Não pedimos que nos salvem".

Alguém que entra: "Venho da Corderie. O Comitê dos Vinte Distritos e a Internacional adjuram o Comitê Central a permanecer no cargo até as eleições".

Outro: "Se o Comitê ceder, a Revolução será desarmada. Permaneceremos, mas protesto contra a intervenção da Corderie. Só temos de receber ordens da Guarda Nacional. Se a Internacional hoje está conosco, nem sempre foi assim".

Os discursos vão recomeçar. Bonvalet declara que veio para tomar posse do Hôtel-de-Ville, não para discutir, e se retira.

Tal inflexibilidade confirma as desconfianças. Por trás dos administradores distritais, o Comitê viu a reação implacável. Essas pessoas querem nos entregar, pensaram os mesmos que teriam transigido na véspera. Em todo caso, pedir ao Comitê que entregasse o Hôtel-de-Ville era pedir-lhe a vida. Finalmente, todas as saídas haviam sido fechadas.

L'Officiel – pela primeira vez nas mãos do povo – e os comunicados anunciavam: "As eleições para o Conselho Municipal serão realizadas quarta-feira próxima, 22 de março", propunha o Comitê Central. E o manifesto:

> Filho da república que escreve em sua divisa a grande palavra Fraternidade, perdoa seus detratores, mas quer convencer as pessoas honestas que aceitaram a calúnia por ignorância [...]. Ele não se escondeu: seus membros assinaram em todos os comunicados [...]. Ele não foi desconhecido, pois era a livre expressão dos sufrágios de 215 batalhões [...]. Ele não foi causador de desordens, pois a Guarda Nacional não cometeu excessos [...]. E, no entanto, não faltaram provocações [...]. O governo caluniou Paris e incitou contra ela a província [...], quis nos impor um general [...], tentou nos desarmar [...], disse a Paris: Acabas de mostrar-te heroica; temos medo de ti e, portanto, te arrancaremos a coroa de capital [...]. Que fez o Comitê Central para responder a tais ataques? Fundou a Federação, pregou a moderação, a generosidade [...]. Um dos principais motivos de raiva contra nós é a obscuridade de nossos nomes. Pobres de nós! tantos nomes conhecidos, tão conhecidos, e quanto essa notoriedade nos foi fatal [...]. A notoriedade é barata: bastam algumas frases ocas ou um pouco de covardia, como provou um passado recentíssimo [...]. Uma vez atingido o objetivo, dizemos ao povo que nos considerou o suficiente para escutar nossas opiniões, que muitas vezes irritaram sua impaciência: eis o mandato que nos confiaste; nosso dever termina onde nosso interesse pessoal começa; faz tua vontade. Meu senhor, te fizeste livre. Obscuros há alguns dias, vamos voltar obscuros a tuas fileiras e mostrar aos governantes que se pode descer de cabeça erguida os degraus de teu Hôtel-de-Ville, com a certeza de encontrar ao pé da escada o aperto de tua leal e robusta mão.

Ao lado dessa mensagem de vibração tão nova, os representantes e administradores distritais afirmaram algumas linhas secas e pálidas, com as quais se comprometiam a pedir à Assembleia a eleição de todos os chefes da Guarda Nacional e a criação de um Conselho Municipal.

Em Versalhes, encontraram uma cidade de atarantados. Aterrorizados, os funcionários vindos de Paris espalhavam o terror. Anunciavam-se cinco ou seis insurreições na província. A coalizão estava consternada. Paris vencedora, o governo em fuga, não era isso o que se havia prometido. E esses conspiradores, arremessados pela mina que tinham preparado e acendido, denunciavam a conspiração, falavam de refugiar-se em Bourges. Picard telegrafara à província: "O Exército, um total de 40 mil homens, concentrou-se em Versalhes". Mas em lugar de Exército só se viam hordas – expressão de Jules Simon – que "não mais batiam continência para os oficiais, mas os encaravam com olhar ameaçador; soldados declaravam em plena rua que não lutariam contra seus irmãos de Paris".* Com grande dificuldade, Vinoy conseguira colocar alguns postos nas estradas de Châtillon e de Sèvres.

A sessão foi aberta na Sala do Teatro, pois essa assembleia feita de truques sempre operou no palco. O presidente Grévy, muito estimado pelos reacionários – na noite de 4 de setembro, tentara reconstituir a Assembleia legislativa contra o Hôtel-de-Ville e, durante toda a guerra, combatera a Delegação –, começou ofendendo aquela insurreição criminosa, "que nenhum pretexto poderia atenuar". Em lugar de um manifesto coletivo, os deputados de Paris apresentaram uma série de propostas fragmentadas, sem relação entre si, sem visão geral, sem preâmbulo que as explicasse, um projeto de lei convocando para breve os eleitores de Paris e outro que autorizava a Guarda Nacional a eleger seus chefes. Só Millière preocupou-se com os prazos de vencimento dos títulos e propôs que fossem adiados por seis meses.

Salvo exclamações e injúrias proferidas entre dentes, não houve requisitório formal contra Paris. Na sessão da noite, Trochu entrou. Oh cena shakespeariana! Ouviu-se o homem negro que entregara

* *Enquête Parlementaire*. Jules Favre.

lentamente a grande cidade às mãos de Guilherme atribuir sua traição aos revolucionários, acusá-los de quase ter, por dez vezes, levado os prussianos a Paris. Um ex-procurador imperial, Turquet, detido na véspera por uma hora, contou a prisão dos generais Chanzy e Langourian. "Espero", disse o hipócrita, "que não sejam assassinados".*

Abandonando, por um momento, seu sonho nessa hora crítica, os conservadores trataram do mais urgente: salvar-se da Revolução; refizeram, em torno de Thiers, a coalizão de 1848/1849, tão bem definida por Berryer: "Somos monarquistas que aguardam a sua hora, mas o que importa é que nos unamos primeiro para constituir um Exército vigoroso que resista ao socialismo". Assim, mal saíram do castigo, Thiers e seus ministros passaram à jactância. Aliás, será que a província não ia se sublevar, como em junho de 1849? Será que aqueles proletários sem educação política, sem direção e sem dinheiro poderiam "tocar o barco"?

Em 1831, os proletários, dominando Lyon durante dez dias, não souberam governar. Quão maior era a dificuldade em Paris! Todos os poderes novos receberam a enorme máquina administrativa intacta, pronta para funcionar em benefício do vencedor. O Comitê Central encontrava apenas engrenagens desconjuntadas. A um sinal de Versalhes, a maioria dos funcionários tinha abandonado o posto. Alfândega Municipal, vias públicas, iluminação, mercados, assistência pública, telégrafos: todos os aparelhos digestivos e respiratórios desta cidade de 1,6 milhão de seres precisavam ser reorganizados. Alguns administradores distritais haviam tirado carimbos, registros e caixas de suas administrações. A intendência militar abandonava sem um tostão seis mil doentes nos hospitais e ambulâncias. Nem o serviço dos cemitérios escapou à sanha demolidora de Thiers.

Pobre homem que jamais entendeu nada de Paris, seu coração inesgotável, sua maravilhosa energia. De todos os lados afluíram recursos ao Comitê Central. Os comitês distritais forneceram o pessoal

---

* Os dois generais depuseram no inquérito parlamentar sobre o extremo cuidado com que foram tratados. O Comitê Central desobrigou-os da promessa escrita feita por Chanzy de que não serviriam contra Paris.

às administrações; a pequena burguesia emprestou sua experiência. Os principais serviços foram ajustados num piscar de olhos por homens de bom-senso e dedicação. Demonstrou-se que isso substituía a rotina. Os funcionários que tinham permanecido nos cargos para transferir verbas a Versalhes foram logo descobertos.

O Comitê Central superou uma dificuldade muito mais perigosa. Trezentas mil pessoas sem trabalho, sem quaisquer recursos, esperavam os 30 *sous* cotidianos dos quais viviam há sete meses. No dia 19, os delegados Varlin e Jourde tinham ido ao ministério das Finanças. Segundo a informação que lhes foi passada, os cofres continham 4,6 milhões de francos, mas as chaves estavam em Versalhes. Em virtude das conversações iniciadas com os administradores distritais, os delegados não quiseram forçar as fechaduras e pediram a Rotschild a abertura de um crédito bancário, obtendo como resposta que lhes seriam adiantados 500 mil francos. Enfrentando a questão mais diretamente, o Comitê Central enviou três delegados ao Banco. Responderam-lhes que havia um milhão à disposição de Varlin e de Jourde. Às seis horas da tarde, os dois delegados foram recebidos pelo governador. "Eu esperava vossa visita", disse Rouland. "Após toda mudança de poder, o Banco sempre teve de ajudar o novo. Não me cabe julgar os acontecimentos. O Banco da França não faz política. Sois um governo de fato. O Banco vos dá, hoje, um milhão de francos. Peço-vos apenas que mencioneis em vosso recibo que essa soma foi requisitada em nome da cidade". Os delegados levaram um milhão em notas. Ainda era preciso transformá-las em moedas, e os funcionários do ministério das Finanças tinham desaparecido: graças a alguns homens incansáveis, conseguiu-se repartir bem rapidamente a soma entre oficiais-pagadores. Às dez horas, Varlin e Jourde anunciavam ao Comitê Central que o soldo era distribuído em todos os distritos.*

---

* A esquerda viu nisso uma manobra bonapartista e disse na tribuna: "O diretor bonapartista do Banco da França salvou o Comitê Central; sem o milhão da segunda-feira, o Comitê teria capitulado". Dois fatos devem ser considerados. No dia 19, o Comitê podia retirar no ministério das Finanças →

O Banco foi prudente; o Comitê controlava firmemente Paris. Os administradores distritais e os deputados não tinham conseguido reunir mais de 300 ou 400 homens. A certeza do Comitê na própria força era suficiente para mandar demolir as barricadas. Todos vinham em seu apoio: a guarnição de Vincennes se oferecia espontaneamente com a praça. Sua própria vitória se tornava perigosa, pois o obrigava a espalhar suas tropas para tomar posse dos fortes do sul, abandonados. Lullier, encarregado dessa missão, mandou ocupar os fortes de Ivry, Bicêtre, Montrouge, Vanves e Issy nos dias 19 e 20. O último para onde enviou a Guarda Nacional foi a chave de Paris e, à época, de Versalhes: o Mont-Valérien.

A inexpugnável fortaleza permanecera 36 horas vazia. Na noite do dia 18, após a ordem de desocupação dada por Thiers, só restavam 20 fuzis e alguns soldados de Vincennes presos por terem se manifestado na Bastilha. Na mesma noite, arrombaram as fechaduras das poternas e voltaram a Paris.

Deputados e generais suplicavam a Thiers que ordenasse a reocupação do Mont-Valérien, mas ele se recusava obstinadamente, afirmando que o forte não tinha valor estratégico algum. A negativa persistiu durante todo o dia 19. Por fim, pressionado pelos deputados, Vinoy conseguiu arrancar-lhe uma ordem à uma hora da madrugada do dia 20. Foi enviada uma coluna e, ao meio-dia do dia 21, mil soldados ocupavam o forte comandado pelo general Noel que, sem dúvida, prometera mudar seu método de tiro.* Os batalhões de Ternes só se apresentaram às oito da noite. O governo parlamentou, disse que não havia qualquer ordem de ataque, e dispensou os oficiais. Ao prestar contas de sua missão ao Comitê Central, Lullier designou os batalhões que, a seu ver, deviam tomar o Mont-Valérien.

→ 4,6 milhões de francos e a Caixa Municipal continha 1,2 milhão de francos; no dia 21, a Alfândega Municipal rendera 500 mil.

* Apêndice I.

Os administradores distritais, deputados, jornalistas e a Assembleia investem contra Paris. A reação marcha sobre a Praça Vendôme e é reprimida

A ideia de assistir a um massacre me enchia de dor.
Inquérito sobre o 4 de setembro, Jules Favre.

No dia 21, a situação delineou-se com toda nitidez.

Em Paris, o Comitê Central. Com ele, todos os operários, todos os homens generosos e clarividentes da pequena burguesia. Ele diz: "Só tenho um objetivo: as eleições. Aceito todas as colaborações, mas não sairei do Hôtel-de-Ville antes de sua realização".

Em Versalhes, a Assembleia. Todos os monarquistas, toda a alta burguesia, todos os escravocratas. Gritam: "Paris não passa de um rebelde, o Comitê Central, de uma corja de bandidos".

Entre Paris e Versalhes, alguns deputados, administradores distritais, adjuntos. Agrupam os burgueses, os liberais, o bando de sobressaltados que faz todas as revoluções e permite que todos os impérios sejam feitos. Desdenhados pela Assembleia, suspeitos aos olhos do povo, gritam ao Comitê Central: "Usurpadores!", e à Assembleia: "Destruireis tudo!".

O dia 21 é memorável. Nele, ouviram-se todas essas vozes.

O Comitê Central: "Paris não tem a menor intenção de separar-se da França; ao contrário. Pela nação suportou o império, o Governo de Defesa Nacional, todas as suas traições e todas as suas covardias. Com toda certeza, não para abandoná-la hoje, mas apenas para lhe dizer na qualidade de irmã mais velha: Sustenta-te a ti mesma como eu me sustentei; opõe-te à opressão como eu me opus".

E *L'Officiel*, no primeiro dos seus belos artigos em que Moreau, Rogeard e Longuet comentaram a nova Revolução:

> Em meio às fraquezas e traições das classes governantes, os proletários da capital compreenderam que chegara sua hora de salvar a situação, tomando nas mãos a direção das questões públicas [...]. Mal chegaram ao poder, apressaram-se em convocar o povo de Paris a seus comícios [...]. Não há na história exemplo de um governo provisório que tenha se empenhado mais em entregar seu mandato [...]. Diante de comportamento tão desinteressado, cabe perguntar como pode haver uma imprensa tão injusta a ponto de caluniar, injuriar e ultrajar esses cidadãos. Será que os trabalhadores, os que tudo produzem e nada usufruem, deverão ser sempre alvo do ultraje? Nunca lhes será permitido trabalhar por sua emancipação sem erguer contra si um coro de maldições? [...]. Será que a burguesia, mais velha que eles, que realizou sua emancipação há mais de três quartos de século, não entende que hoje chegou a vez da emancipação do proletariado [...]. Por que então persiste em recusar ao proletariado o que legitimamente lhe cabe?

Tratava-se da primeira nota socialista dessa Revolução, profundamente justa, comovente e política. O movimento inicial, de pura defesa republicana, logo assumia um tom social, pelo simples fato de ser conduzido por trabalhadores.

No mesmo dia, o Comitê suspendia a venda dos objetos penhorados, prorrogava por um mês os prazos de vencimento dos títulos, proibia aos proprietários despejar os inquilinos até segunda ordem. Em três linhas, fazia justiça, vencia Versalhes, ganhava Paris.

Diante desse povo que avança e se define, os representantes e administradores distritais afirmam: nada de eleição, tudo anda às mil maravilhas. "Queremos", afirmam numa proclamação,

> a manutenção da Guarda Nacional; conseguiremos. Queremos que Paris recupere sua liberdade municipal; conseguiremos. Vossos anseios foram encaminhados à Assembleia, a Assembleia os realizou por uma unanimidade que garantiu as eleições municipais [...]. Enquanto não se realizam essas eleições – as únicas legais –, declaramos que permaneceremos alheios às eleições anunciadas para amanhã e protestamos contra sua ilegalidade.

Mensagem três vezes falaciosa. A Assembleia não dissera uma palavra sobre a Guarda Nacional; não prometera liberdade municipal alguma; várias assinaturas eram falsas.

A imprensa burguesa os seguiu. Desde o dia 19, os jornais da linha do *Le Figaro*, as gazetas liberais através das quais Trochu arrastara Paris à capitulação, os escribas de todos os regimes coligados contra os trabalhadores como em junho de 1843, vituperavam contra a Guarda Nacional. Sobre a execução dos generais, construíram a lenda selvagem de uma multidão despojando e pisoteando os cadáveres. Diziam que as Caixas Populares e as propriedades privadas estavam sendo pilhadas, que o ouro prussiano corria nos *faubourgs*, que os membros do Comitê Central destruíam suas fichas policiais. Certos jornais republicanos também se indignavam com a morte dos generais, esquecendo que, em 14 de julho, o administrador da Bastilha e o preboste dos comerciantes haviam sido mortos por burgueses em condições idênticas. Eles também descobriam ouro no movimento, mas ouro bonapartista, e os melhores dentre eles, convencidos de que a república pertencia a seus patrões, diziam: "Essa gentinha nos desonra!" O Comitê Central deixava os difamadores falarem e até os protegia. Depois da invasão, no dia 19, das instalações de *Le Gaulois* e *Le Figaro* por uma multidão indignada, o Comitê declarou no *L'Officiel* que faria com que a liberdade de imprensa fosse respeitada, "esperando que os jornais assumissem seu dever de respeitar a república, a verdade e a justiça". Confiando nessa tolerância, exaltados pela resistência dos administradores distritais e dos deputados, os reacionários combinaram a revolta e, no dia 21, através de uma declaração coletiva redigida em casa de um amigo do príncipe Napoleão, exortaram os eleitores a considerar nula a convocação ilegal do Hôtel-de-Ville.

Ilegalidade! Assim colocavam a questão os legitimistas que duas vezes haviam tomado o poder por meio das baionetas, os orleanistas saídos dos subterrâneos, os bandidos de dezembro, os proscritos trazidos de volta pela insurreição. Pois bem! Se os grandes que fazem todas as leis sempre procedem ilegalmente, como deve proceder o trabalhador, contra quem são feitas todas as leis?

Esses dois ataques – dos administradores distritais, deputados e jornais – deram nova força aos fanfarrões da reação. Há dois dias, a turba de aproveitadores, que durante o cerco empestara os cafés de Bruxelas e as calçadas de Haymarket, gesticulava nos bulevares elegantes, pedindo ordem e trabalho. No dia 21, por volta da uma hora, na Praça da Bolsa, uns 100 desses trabalhadores, bandeira à frente, deram a volta ao redor da arca sagrada, desembocando no bulevar aos gritos de "Viva a Assembleia!", e chegaram à Praça Vendôme, gritando diante do Estado-Maior: "Abaixo o Comitê!". O comandante da praça, Bergeret, tentou lhes dizer: "Enviai-nos delegados". "Não, não! Nada de delegados! Vós os assassinaríeis!". Perdendo a paciência, os federados mandaram desocupar a praça. Os manifestantes marcaram encontro para o dia seguinte, em frente à nova Ópera.

A Assembleia versalhesa fazia sua manifestação à mesma hora. Seu *L'Officiel* afirmava "que fora encontrada prova segura da ligação dos facciosos com os mais detestáveis agentes do império e com as intrigas inimigas". Picard leu uma mensagem ao povo e ao Exército, cheia de falsidade e injúrias contra Paris; Millière toma a liberdade de dizer que ela contém palavras infelizes; é vaiado. Langlois e seus amigos a aceitariam caso quisessem assinar apenas com um "Viva a república!"; a imensa maioria recusou. Clemenceau, Brisson e o próprio Louis Blanc instaram a Assembleia a examinar imediatamente seu projeto de lei municipal, a votar contra as eleições que o Comitê anunciava para o dia seguinte. "Dai-nos tempo para estudar a questão", responde azedamente Thiers. "Paris não pode ser governada como uma cidade de três mil almas". "Tempo!", exclama Clemenceau, "é o que nos falta a todos!". "Então", continua Thiers, "para quê serviriam concessões? Aliás, que autoridade tinham em Paris? Quem os escutava no Hôtel-de-Ville? Será que acreditavam que a aprovação de um projeto de lei desarmaria o partido da bandidagem, o partido dos assassinos?". Com grande habilidade, encarregou depois, para a província, Jules Favre da execução solene. Durante uma hora e meia, o amargo aluno de Guadet, enroscando em Paris suas frases eruditas, seduziu-a com sua lábia. Sem dúvida, viu-se novamente em 31 de outubro, recordação torturante para sua alma orgulhosa, cheia de rancores inextinguíveis. Começou lendo a declaração da imprensa, "corajosamente traçada sob o punhal dos assassinos". Mostrou Paris nas mãos de um "punhado de facínoras que colocam um ideal qualquer, sanguinário e rapace, acima dos direitos da Assembleia". Atacou, ao mesmo tempo, monarquistas, católicos e republicanos: "O que se quer, o que se realizou, foi um ensaio dessa doutrina funesta que, em filosofia, pode chamar-se individualismo e materialismo e que em política chama-se a república colocada acima do sufrágio universal". A Assembleia murmurou de alegria, diante desse palavreado idiota. "Esses novos doutores", retomou ele, "pretendem a separação de Paris da França. Mas, que os revoltosos fiquem sabendo: se deixamos Paris, é com o espírito de retornar para combatê-los resolutamente". (Bravo! Bravo!) Atiçando o pânico desses rurais que a todo momento acreditavam ver chegar os batalhões federados: "Se alguns de vós caíssem nas mãos daqueles homens que só usurparam o poder para cometer violência, assassinato e roubo, vossa sorte seria a das infelizes vítimas de sua ferocidade". Por fim, truncando e explorando com habilidade uma nota muito inábil de *L'Officiel* sobre a execução dos generais, conclui: "Basta de temporização! Combati durante três dias a exigência do vencedor, que queria desarmar a Guarda Nacional. Peço perdão a Deus e aos homens!". Cada nova injúria, cada farpa cravada na carne de Paris arrancava da Assembleia gritos de guerra. O almirante Saisset pulava ao ouvir certas frases. Sob o calor dos aplausos, Jules Favre inflamava-se cada vez mais na invectiva. Desde a Gironda, desde Isnard, Paris não recebera tamanho insulto. O próprio Langlois, não se contendo, exclamou: "Oh! é horrível, é atroz dizer isso!". Jules Favre terminou, implacável, impassível, só com um pouco de espuma na comissura dos lábios, dizendo: "A França não cairá ao nível sanguinário dos miseráveis que oprimem a capital". A Assembleia, em delírio, ergueu-se: "Façamos um apelo à província!". E Saisset: "Sim, chamemos a província e marchemos sobre Paris!". Um dos deputados-administradores distritais suplicou em vão à Assembleia que não os deixasse entrar em Paris de mãos vazias. Aquela alta burguesia que acabara de entregar ao prussiano o pudor, a fortuna e a terra da França, tremia de fúria só de pensar em ceder alguma coisa a Paris.

No dia seguinte a essa horrível sessão, os representantes radicais puderam publicar apenas um boletim choroso, exortando Paris a ter paciência. Tornavam-se inviáveis as eleições anunciadas para aquele dia pelo Comitê Central, que as adiou para o dia seguinte, 23 de maio, mas preveniu os jornais que as provocações à revolta seriam severamente reprimidas.

Exaltados pelo discurso de Jules Favre, os matadores reacionários riram do aviso. Ao meio-dia, pululavam na Praça da Ópera. À uma hora, cerca de mil homens elegantes, acionistas da Bolsa, jornalistas, antigos íntimos do império descem a Rua de La Paix aos gritos de "Viva a ordem!" Seu plano é tomar a Praça Vendôme, através de uma aparente manifestação pacífica, e expulsar os federados. Dali, dominando a administração do Louvre, dividir Paris em duas e intimidar o Hôtel-de-Ville. O almirante Saisset os segue.

Na frente da Rua Neuve-Saint-Augustin, os pacíficos manifestantes desarmam e maltratam dois guardas nacionais destacados como sentinelas. Os federados da Praça Vendôme tomam-lhes os fuzis e correm em linha à altura da Rua Neuve des Petits-Champs. Toda a guarnição da praça soma apenas 200 homens. Apesar do aviso da véspera, Bergeret não tomou precaução alguma; os dois canhões apontados para a Rua de La Paix não têm cartucho.

Os reacionários esbarram na primeira linha, gritam na cara dos guardas: "Abaixo o Comitê! Abaixo os assassinos!", agitam uma bandeira, lenços e alguns aproximam a mão dos fuzis dos federados. Bergeret e Maljournal, do Comitê, acorrem até a primeira fila e instam os manifestantes a se retirarem. Clamores furiosos abafam suas vozes – "Covardes! bandidos!" – e bainhas de espada se erguem. Bergeret faz sinal aos tambores. Dez vezes repete as ordens. Durante cinco minutos, só se ouvem os tambores e, no intervalo, vaias. A segunda fila da manifestação empurra a primeira, tentando fazer recuar os federados e, desistindo de os instigar, sacam seus revólveres.* Dois guardas são mortos, sete, feridos.

Os fuzis dos federados disparam espontaneamente. Um disparo, gritos, silêncio. A Rua de La Paix se esvazia em cinco segundos. Uma dezena de corpos, alguns revólveres, bainhas de espada e chapéus mancham a rua deserta sob um sol ofuscante. Se os federados tivessem mirado, ou apenas atirado à altura de um homem, teriam feito 200 vítimas entre aquela massa compacta, onde qualquer disparo acertaria um alvo. A rebelião matara um dos seus, o visconde de Molinet, caído na linha de frente com o nariz virado para a praça e uma bala no occipital; em seu corpo, foi encontrado um punhal preso ao cinto por uma correntinha. Uma bala espirituosa atingiu no ânus o redator chefe do *Paris-journal*, o bonapartista de Pène, um dos mais sujos difamadores do movimento.

Os fugitivos gritam: "Peguem o assassino!". As lojas do bulevar fecham; na Praça da Bolsa, há grupos furiosos. Às quatro horas, aparecem companhias da ordem, resolutas, de fuzil no ombro, e ocupam todas as redondezas da Bolsa.

Quando a notícia chegou a Versalhes, a Assembleia acabava de rejeitar o Projeto Louis Blanc, e Picard lia outro recusando toda jus-

---

* A agressão foi tão evidente que nenhum dos 26 Conselhos de Guerra que investigaram os mínimos detalhes da revolução de 18 de março ousou evocar a questão da Praça Vendôme.

tiça a Paris. A sessão foi encerrada às pressas; os ministros estavam consternados.

Seus assovios da véspera só queriam assustar Paris, galvanizar os homens da ordem, provocar um ataque surpresa. Ocorrera o incidente; o Comitê Central triunfava. Pela primeira vez, Thiers começou a acreditar que aqueles revoltosos, que sabiam reprimir uma revolta, poderiam muito bem ser um governo.

As notícias da noite foram mais amenas. Os homens da ordem acorriam à Praça da Bolsa. De volta da Alemanha, grande número de oficiais se oferecia para os comandar. As companhias reacionárias estabeleciam-se solidamente na administração do IX Distrito, reocupavam a do VI, desalojavam os federados da estação Saint-Lazare, guardavam todas as redondezas dos bairros ocupados, paravam transeuntes à força. Havia uma cidade na cidade. Os administradores distritais davam plantão na administração do II Distrito. Sua resistência contava com um Exército.

O Comitê Central vence todos os obstáculos e obriga os administradores distritais a capitular

O Comitê Central mostrou-se capaz. Suas proclamações, os artigos socialistas de *L'Officiel* e a obstinação dos administradores distritais e deputados valeram-lhe a adesão dos grupos revolucionários até então distantes. Tinham granjeado também o apoio de alguns homens como Ranvier e Eudes, mais conhecidos da massa. Por ordem do Comitê, a Praça Vendôme armou-se em barricadas; os batalhões do Hôtel-de-Ville foram duplicados; fortes patrulhas subiram os bulevares Montmartre e Des Italiens, ocupando os postos reacionários das ruas Vivienne e Drouot. Graças a tais precauções, a noite foi tranquila.

Mais uma vez se tornava impossível fazer as eleições no dia seguinte, 23, que era o indicado. O Comitê decretou que seriam realizadas no domingo, 26, e anunciou assim o fato a Paris:

> A reação suscitada por vossos administradores distritais e deputados declara-nos guerra. Devemos aceitar a luta e vencer a resistência [...]. Cidadãos, Paris não quer reinar, mas ser livre; não ambiciona outra ditadura, salvo a do exemplo; não pretende nem

> impor, nem abdicar de sua vontade; não está nem preocupada em baixar decretos, nem em se submeter a plebiscitos; demonstra o movimento caminhando por si mesma e prepara a liberdade dos outros construindo a sua. Não impele ninguém com violência ao caminho da república; contenta-se em ser a primeira a abraçá-la.

Seguem-se as assinaturas.*

Ao mesmo tempo, o Comitê declarava que processaria os injuriadores do povo; enviava um batalhão de Belleville para retomar a administração do VI Distrito; sem consultar ninguém, seus delegados substituíam os administradores e adjuntos dos III, X, XII e XVIII Distritos; mandava controlar as vias da estrada de ferro em Batignolles, anulando assim a ocupação da estação Saint-Lazare; agia energicamente contra o Banco da França.

A reação contava com a fome para fazer o Hôtel-de-Ville capitular. O milhão da segunda-feira fora engolido. No dia 22, o Banco prometia mais um milhão e pagava 300 mil de sinal. Varlin e Jourde foram buscar o soldo à noite; fizeram-nos ir de cá para lá. Eles escreveram: "Senhor governador, deixar a população parisiense com fome: eis a arma de um partido que se diz honesto. A fome não desarmará ninguém, só empurrará as massas à devastação. Recolhemos a luva que nos foi atirada". E, sem dignar-se a ver os tumultos da Bolsa, o Comitê enviou dois batalhões à porta do Banco, que teve de pagar.

O Comitê não negligenciava nada para tranquilizar Paris. Numerosos prisioneiros reincidentes haviam sido soltos na cidade. O

---

* Relacionaremos a seguir os nomes dos que assinaram as mensagens, convocações e pareceres do Comitê Central. Reconstituímos da melhor maneira possível a ortografia verdadeira da Comuna, muitas vezes alterada, mesmo em *L'Officiel*, a ponto de gerar nomes fictícios. Apesar da decisão do Comitê, nem sempre os nomes de todos os seus membros figuram em todas as publicações oficiais. Ei-los: Audoynaud, A. Arnaud, G. Arnold, Andignoux, Assi, Avoine fils, Babick, Barroud, Bergeret, Billioray, Bouit, Boursier, Blanchet, Castioni, Chouteau, C. Dupont, Duval, Eudes, Fabre, Ferrat, Fleury, H. Fortuné, Fougeret, Gaudier, Geresme, Gouhier, Grêlier, J. Grollard, Josselin, Jourde, Lavalette, Lisbonne, Lullier, Maljournal, Ed. Moreau, Mortier, Pindy, Prudhomme, Ranvier, Rousseau, Varlin, Viard. Apenas dois ou três pertenciam à Internacional.

Comitê denunciou-os à vigilância dos guardas nacionais, escreveu nas portas do Hôtel-de-Ville: "Todo indivíduo pego em flagrante delito de roubo será fuzilado". A Polícia de Picard não pudera dar conta dos jogos que, desde o fim do cerco, atravancavam a via pública. Duval o conseguiu com um simples decreto. Os soldados que continuavam em Paris foram assimilados pela Guarda Nacional. O grande espantalho dos reacionários era o prussiano, cuja próxima intervenção Jules Favre anunciava. O comandante de Compiègne escrevera ao Comitê: "As tropas alemãs permanecerão passivas enquanto Paris não tomar uma atitude hostil". O Comitê respondera: "A Revolução realizada em Paris é de caráter essencialmente municipal. Não estamos qualificados para discutir as preliminares de paz"; e publicou os despachos.* Paris não tinha com que se preocupar a esse respeito.

A única agitação provinha dos administradores distritais. Autorizados por Thiers no dia 23, nomeavam como comandante da Guarda Nacional o enfurecido da sessão do dia 21, o almirante Saisset, assessorado por Langlois e Schoelcher; esforçavam-se em atrair gente para a Praça da Bolsa, onde, diziam eles, estava localizado o único estabelecimento legal. Compareceram algumas centenas de homens, em muita ordem, para receber, não para lutar. Os próprios chefes começavam a se dividir. Alguns exaltados continuavam falando em arrasar tudo – Vautrain, Dubail, Denormandie, Degouve-Denuncques, Héligon, ex-integrante da Internacional, admitido nas intrigas burguesas desde 4 de setembro e obstinado como os renegados –; a maioria queria uma conciliação, sobretudo depois de vários deputados e adjuntos, como Millière, Malon, Dereure, Jaclard etc., terem mostrado sua face reacionária ao se separarem da reunião. Alguns administradores distritais resolveram esclarecer os rurais por meio de uma cena enternecedora.

Foram a Versalhes no dia 23, no momento em que, recuperando a coragem, a Assembleia conclamava a província a marchar sobre Paris. Muito solenes, surgiram na tribuna do presidente envergando

* É o que os bons autores chamaram de entendimento com os prussianos, de complacência com os prussianos. Jules Claretie ficou indignado pelo fato de o Comitê Central não ter lançado Paris contra os alemães.

suas faixas. A esquerda aplaude, grita: "Viva a república!". Os administradores distritais fazem eco. A direita e o centro bradam: "Viva a França! Pela ordem!" e, com o punho cerrado, ameaçam os deputados da esquerda, que respondem: "Insultais Paris!". Os rurais: "Insultais a França!". Seu amigo Grévy se oculta; a sessão está encerrada. À noite, um deputado-administrador distrital. Arnaud de l'Ariège, leu da tribuna a declaração que seus colegas haviam levado e completou: "Estamos às vésperas de uma terrível guerra civil. Só há um meio de evitá-la: marcar a eleição do general-em-chefe da Guarda Nacional para o dia 28, a do Conselho Municipal para 3 de abril". Este anseio ficou enterrado nas gavetas.

Os administradores distritais voltaram a Paris impressionadíssi-mos. Paris estava muito irritada com um despacho em que Thiers anunciava à província que os ex-ministros bonapartistas Rouher, Chevreau e Boitelle, presos pelo povo de Boulogne, tinham sido protegidos, e que o marechal Canrobert, cúmplice de Bazaine, recém chegara a Versalhes para oferecer seus serviços ao governo. Os jornais dos burgueses republicanos deram uma virada repentina. Os ataques contra o Comitê Central diminuíram. Os moderados começaram a temer tudo de Versalhes.

O Comitê Central soube aproveitar essa maré. Acabara de tomar conhecimento da proclamação da Comuna em Lyon e, no dia 24, anunciou-a sem rodeios:

> Alguns batalhões desencaminhados por chefes reacionários sentiram-se no dever de entravar nosso movimento [...]. Administradores distritais, deputados, esquecendo seu mandato, incentivaram essa resistência [...]. Contamos com vossa coragem para ir até o fim [...]. Objetam-nos que a Assembleia nos promete, para dentro de um prazo indeterminado, a eleição comunal e a de nossos chefes e que, assim sendo, nossa resistência não tem mais por que se prolongar [...]. Fomos enganados muitas vezes, por que não o seríamos agora? A mão esquerda tiraria o que a direita tivesse dado [...]. Vejam o que o governo já faz: acaba de lançar à câmara, pela voz de Jules Favre, o mais espantoso apelo à guerra civil, à destruição de Paris pela província, e lança sobre nós as mais odiosas calúnias.

Depois de se manifestar, o Comitê agiu, nomeando três generais: Brunel, Duval e Eudes. Prendera Lullier, completamente bêbado, que, assistido por um Estado-Maior de intrigantes – Du Bisson, Ganier d'Abin –, deixara sair de Paris, com armas e bagagens, todo um regimento acampado em Luxemburgo ainda na véspera. Por um breve momento, o general Cremer, brilhante oficial do Exército de Vosges, que se dirigira ao Hôtel-de-Ville para reclamar a libertação do general Chanzy e fora aclamado pela multidão, quase se pôs a serviço do Comitê Central.* Os generais proclamaram com firmeza: "Não é mais tempo de parlamentar [...]. É preciso agir [...]. Paris quer ser livre [...]. Todo aquele que não está conosco está contra nós. A grande cidade não permite que se perturbe impunemente a ordem pública".

Advertência direta ao acampamento da Bolsa, que se desguarnecia singularmente. Cada sessão de Versalhes informava novas deserções. As mulheres vinham buscar seus maridos, dizendo: "Não te metas mais". Os oficiais bonapartistas, passando das medidas, incomodavam. O programa dos administradores distritais – submissão completa a Versalhes – desencorajava a média burguesia. O Estado-Maior desse Exército em debandada fora muito ingenuamente sediado no Grand-Hôtel, onde se reunia o trio de loucos – Saisset, Langlois e Schoelcher –, que tinha passado da extrema confiança ao desalento. O mais atingido, Saisset, pensou em divulgar que a Assembleia concedera o reconhecimento completo das franquias municipais, a eleição de todos os oficiais da Guarda Nacional, inclusive o general-em-chefe, modificações na lei sobre os prazos de vencimento de títulos, um projeto de lei sobre os aluguéis favorável aos inquilinos. Só Versalhes podia acreditar nesse engodo.

Era preciso obter resultados. O Comitê Central encarregou Brunel de tomar as administrações do I e do II Distritos. Este, com 600 homens de Belleville, duas peças de artilharia e acompanhado

---

* Cremer exigia o comando da Guarda Nacional, que lhe foi recusado. Vingou-se injuriando o Comitê Central diante do Comitê de Inquérito, depois se desentendeu com Versalhes e morreu abandonado.

de dois delegados do Comitê, Lisbonne e Protot, apresenta-se às três horas à administração do distrito do Louvre. As companhias da ordem assumem ares de resistência; Brunel manda avançar seus canhões; deixam-no passar. Ele declara aos adjuntos Méline e Edmond Adam que o Comitê quer as eleições para breve. Intimidados, os adjuntos mandam pedir autorização para negociar à administração do II Distrito. Dubail responde que se pode prometer as eleições para 3 de abril. Brunel exige dia 30; os assessores cedem. Os guardas nacionais dos dois lados saúdam o acordo com entusiasmo e, misturando as fileiras, dirigem-se à administração do II Distrito. No caminho, as janelas lotadas, os acompanham com aplausos. Na Rua Montmartre, algumas companhias de homens da Bolsa querem barrar a passagem. Grita-se: "A paz está feita!". Na administração do II Distrito, Dubail, Vautrain e Schoelcher recusam-se a ratificar o acordo. Mas os membros da reunião aceitam; um imenso grito de alegria anuncia a notícia. Os batalhões populares, saudados pelos batalhões burgueses, desfilam na Rua Vivienne e nos bulevares, arrastando canhões encimados por crianças com ramos verdes nas mãos.

O Comitê Central não podia dormir sobre os louros. Tinha adiado duas vezes as eleições, e os batalhões federados, de pé desde o dia 18, estavam realmente extenuados. À noite, Ranvier e Arnold foram à administração do II Distrito para confirmar a data do dia 26. Alguns administradores distritais e adjuntos, cujo único objetivo – confessaram-no mais tarde – era dar a Versalhes tempo para se armar, acusaram-nos de má-fé. "O cidadão Brunel", respondeu-lhes Ranvier, "não recebeu nenhum outro mandato além daquele que o autoriza a ocupar as administrações distritais". A discussão foi muito exaltada. Arnold e Ranvier se retiraram às duas da madrugada, deixando aos mais intransigentes calcular as chances de uma resistência. O irreprimível Dubail redigiu um apelo às armas, mandou imprimi-lo e, junto com o fiel Héligon, passou a noite transmitindo ordens aos chefes-de-batalhão e mandou entrar metralhadoras no pátio da administração distrital.

Enquanto seus amigos se empenhavam na resistência, os rurais acreditavam-se traídos. Estavam cada vez mais nervosos, privados de conforto, acampados nos corredores do castelo, expostos aos ventos e ao pânico. As idas e vindas dos administradores distritais irritavam-nos, a proclamação de Saisset os exasperou. Acreditaram que Thiers flertava com a rebelião, que o pequeno-burguês, como ele hipocritamente se autodenominou, queria iludir os monarquistas, usando Paris como alavanca para os derrubar; falavam em nomear general-em-chefe alguém da família de Orléans, Joinville ou D'Aumale. O complô podia eclodir na sessão da noite, à qual devia chegar a proposta dos administradores distritais. Thiers preveniu-os, suplicou-lhes que adiassem toda discussão, disse que uma palavra infeliz faria correr rios de sangue. Grévy escamoteou a sessão em dez minutos; o rumor de complô não pôde ser abafado.

Sábado era o último dia da crise. Ou o Comitê Central, ou os administradores distritais precisavam ser dissuadidos. O Comitê mandou afixar um cartaz logo pela manhã: "Estendemos lealmente aos que nos combatiam uma mão fraterna, mas a transferência de metralhadoras à administração do II Distrito nos obriga a manter nossa resolução. A votação ocorrerá no domingo, 26 de março". Paris, que acreditava que a paz estivesse definitivamente concluída e, pela primeira vez em cinco dias, dormia tranquila, ficou muito descontente ao ver que os administradores distritais voltavam à carga. A ideia das eleições ganhara partidários em todos os círculos; muitos jornais aderiram a ela, inclusive alguns dos que haviam assinado o protesto do dia 21. Ninguém entendia que se batalhasse por uma data. Uma irresistível corrente de fraternidade tomou conta da cidade. Os 200 ou 300 homens da Bolsa, que haviam continuado fiéis a Dubail, desapareciam minuto a minuto, deixando o almirante Saisset sozinho, pregando no deserto do Grand-Hôtel. Os administradores distritais já não tinham Exército quando Ranvier e Arnold retornaram às dez horas da manhã para ouvir sua última palavra. Schoelcher, sempre áspero, mantinha-se firme. Chegam deputados trazendo de Versalhes o rumor de que o duque D'Aumale fora nomeado tenente-geral. A maioria não mais resistiu e aceitou convocar os eleitores para o domingo, 26. Foi redigido um cartaz que devia ser assinado pelos administradores distritais e deputados, por um lado, e pelo Comitê Central, na pessoa de seus delegados Ranvier e Arnold, por outro. O Comitê Central quis assinar em massa e, modificando ligeiramente o preâmbulo, afixou: "O Comitê Central, ao qual aderiram os deputados de Paris, os administradores distritais e os adjuntos, convoca...". Com isso, alguns administradores distritais, à procura de um pretexto, se retiraram: "Não é esse nosso acordo; havíamos dito: Os deputados, administradores distritais, adjuntos e membros do Comitê". E, correndo o risco de reacender as cinzas, protestaram por meio de um cartaz. O Comitê, no entanto, podia afirmar "ao qual aderiram", pois não cedera absolutamente nada. Esses focos de discórdia foram abafados pela solidariedade dos parisienses. O almirante Saisset demitiu os quatro homens que lhe restavam. Tirard conclamou os eleitores a votar; na mesma manhã, Thiers combinara com ele: "Não prolongue uma resistência inútil; estou reorganizando o Exército. Espero que em menos de 15 dias ou três semanas tenhamos força suficiente para libertar Paris".

Apenas cinco deputados assinaram o cartaz: Lockroy, Floquet, Clemenceau, Tolain e Greppo. O grupo de Louis Blanc não saía mais de Versalhes. Esses covardes que sempre haviam exaltado a Revolução fugiram, apavorados, quando a viram erguer-se, como o pescador árabe diante da aparição do Gênio.

Ao lado desses mandarins da tribuna, da história e do jornalismo, incapazes de uma palavra, de um gesto de vida, eis os filhos da massa, sem nome, transbordando de vontade, seiva, eloquência. Sua mensagem de despedida foi digna de sua chegada:

> Não esqueçais que os homens que melhor vos servirão serão os que escolherdes entre vós, que vivam vossa própria vida, sofram dos mesmos males. Desconfiai tanto dos preguiçosos como dos filhos da fortuna [...]. Desconfiai igualmente dos faladores [...]. Evitai os favorecidos pela sorte, pois é raríssimo que os possuidores de fortuna se disponham a olhar o trabalhador como irmão [...].

> Preferi os que não disputarem vossos sufrágios. O verdadeiro mérito é modesto, e são os trabalhadores que devem identificar seus homens, e não estes que se devem apresentar.

Podiam "descer as escadas do Hôtel-de-Ville de cabeça erguida" esses sem-nome que acabavam de levar a bom termo a Revolução de 18 de março. Nomeados unicamente para defender a república, atirados à frente de uma Revolução sem precedentes, tinham sabido resistir aos impacientes, conter os reacionários, recuperar os serviços públicos, alimentar Paris, evitar as ciladas, tirar proveito dos erros de Versalhes e dos administradores distritais e, pressionados por todo lado, aproximando-se da guerra civil a cada minuto, haviam negociado e agido no momento e lugar exatos. Tinham sabido dar a luz à ideia do dia, limitar seu programa às reivindicações municipais, levar toda a população às urnas. Haviam inaugurado uma linguagem vigorosa, fraterna, desconhecida dos poderes burgueses.

E eram desconhecidos, quase todos com instrução incompleta, alguns, exaltados. Mas o povo pensou com eles, enviou-lhes aquelas ondas de inspiração que tornaram grande a Comuna de 1792/1793. Paris foi o braseiro: o Hôtel-de-Ville, a chama. Naquele Hôtel-de-Ville, onde burgueses ilustres haviam acumulado traições e derrotas, os recém-chegados encontraram a vitória por terem escutado Paris.

Que seus serviços os absolvam por terem deixado o Exército e os funcionários saírem para reocupar o Mont-Valérien. Diz-se que deveriam ter marchado sobre Versalhes no dia 19 ou 20. Ao primeiro alerta, a Assembleia teria ganhado Fontainebleau com o Exército, a administração, a esquerda, todo o necessário para governar e enganar a província. A ocupação de Versalhes apenas teria deslocado o inimigo, não teria sido longa: os batalhões populares estavam demasiadamente despreparados para dominar ao mesmo tempo essa cidade aberta e Paris.

De qualquer maneira, o Comitê Central deixava uma sucessão livre, com meios mil vezes superiores para desarmar o inimigo.

A proclamação da Comuna

Uma parte considerável da população e da Guarda Nacional de Paris solicita o apoio dos departamentos para restabelecer a ordem.
Circular de Thiers aos *préfets* (27 de março de 1871).

Terminava com o triunfo de Paris aquela semana inaugurada por um golpe de força contra a grande cidade. Cada dia contribuíra para fazê-la acreditar na possibilidade de sua ideia. Paris-Comuna reassumia seu papel de capital, voltava a ser a iniciadora nacional. Pela décima vez desde 1789, os trabalhadores faziam a França retornar ao bom caminho.

A baioneta prussiana acabava de pôr às claras nosso país tal como o haviam feito 80 anos de dominação burguesa, um Guliver à mercê dos anões. Paris chegava, cortava os milhares de fios que a prendiam ao chão, devolvia a seus membros atrofiados a circulação, dizia: Que cada fragmento da nação possua em germe a vida da nação inteira.

A unidade da colmeia, não do quartel. A célula orgânica da república francesa é o município, a Comuna.

O Lázaro do império, do sítio, ressuscitava. Tendo arrancado a venda dos olhos, repelido as amarras, ia começar uma existência nova, viver de sua cabeça, de seus pulmões, estender uma mão fraterna a todas as comunas francesas regeneradas. Os desesperados do mês passado exultavam de entusiasmo. As pessoas falavam umas com as outras sem se conhecerem, irmanadas pela mesma vontade, pela mesma fé, pelo mesmo amor.

O domingo, 26 de março, é uma renovação. Paris respira, como se tivesse saído das trevas ou de um grande perigo. Em Versalhes, as ruas estão sombrias, os soldados da força pública controlam a estação, exigem brutalmente documentos, confiscam os jornais parisienses, prendem à menor palavra de simpatia pela cidade. Em Paris, entra-se livremente. As ruas estão vivas; os cafés, ruidosos. O mesmo garoto grita "*Paris-journal*" e "*Commune*"; os ataques contra o Hôtel-de-Ville e os protestos de alguns exacerbados são expostos ao lado dos cartazes do Comitê Central. O povo não tem mais raiva, pois já não teme. O boletim substituiu a espingarda Chassepot.

O projeto Picard só atribuía a Paris 60 vereadores, três por distrito, independentemente de sua população; o XI Distrito, com 154 mil habitantes, não tinha maior representação numérica que o XVI, com 45 mil. O Comitê Central decretara que haveria um conselheiro para cada 20 mil habitantes e fração de dez mil, num total de 90. As eleições deviam ser feitas com os mapas eleitorais de fevereiro de 1871 e segundo o método habitual; apenas o Comitê externara a aspiração de que, no futuro, o voto nominal fosse considerado o mais digno dos princípios democráticos. Os *faubourgs* o ouviram, votaram com cédula aberta. Com a cédula no chapéu, os eleitores de Saint Antoine desfilaram em coluna na Praça da Bastilha e, na mesma ordem, se dirigiram às seções.

A adesão e a convocação dos administradores distritais fizeram com que os bairros burgueses votassem. As eleições tornavam-se legais, pois aqueles que o governo investira de poder haviam consentido sua realização. Votaram 287 mil pessoas, relativamente muito mais que nas eleições de fevereiro. Thiers telegrafa: "Os cidadãos amigos da ordem desertaram das eleições".

Escrutínio sincero, de um povo livre. Nem Polícia, nem intrigas nas proximidades dos locais de votação. "As eleições serão realizadas hoje sem liberdade", telegrafa mais uma vez Thiers. A liberdade foi tão absoluta que muitos adversários do Comitê Central foram eleitos; outros obtiveram minorias bastante expressivas, como Louis Blanc – 5.680 votos – e Vautrain – 5.133 –, e não houve um só protesto.

Os jornais moderados até teciam elogios ao artigo de *L'Officiel*, que expunha o papel da futura Assembleia Comunal: "Antes de mais nada, terá de definir seu mandato, delimitar suas atribuições [...]. Sua primeira obra deverá ser a discussão e a redação da carta [...]. Feito isto, terá de pensar nos meios para que o poder central reconheça e garanta esse estatuto da autonomia municipal". Essa clareza, essa sabedoria, a moderação que marcava os atos oficiais acabavam ganhando os refratários. As imprecações de Versalhes não cessavam. No dia 27, Thiers dizia à tribuna: "Não, a França não deixará que triunfem em seu seio os miseráveis que a querem cobrir de sangue".

No dia seguinte, 200 mil "miseráveis" foram ao Hôtel-de-Ville dar posse a seus eleitos. Os batalhões, ao som dos tambores, com a bandeira coroada do boné frígio e a franja vermelha no fuzil, aos quais se somavam os infantes, artilheiros e marinheiros fiéis a Paris, desceram por todas as ruas até a Praça de Grève como afluentes de um rio gigantesco. No centro do Hôtel-de-Ville, contra a porta principal, ergue-se um grande palanque. O busto da república, com o lenço vermelho a tiracolo, brilhando em meio a feixes rubros, domina e protege; imensas bandeiras tremulam no frontão, na torre, enviando sua saudação à França. Cem batalhões enfileiram diante do Hôtel-de-Ville suas baionetas que faíscam ao sol. Os que não puderam entrar estendem-se pelos cais, na Rua de Rivoli, no bulevar de Sébastopol. As bandeiras agrupadas diante do palanque, em sua maioria vermelhas, algumas tricolores, todas com um laço vermelho, simbolizam o advento do povo. Enquanto os batalhões entram em formação, eclodem os cânticos, ouvem-se a *Marselhesa* e o *Chant du Départ*, os clarins dão o toque de atacar, o canhão da Comuna de 1792 troveja no cais.

Faz-se silêncio, as pessoas escutam. Os membros do Comitê Central e da Comuna, com o lenço vermelho a tiracolo, acabam de subir ao palanque. Ranvier: "O Comitê Central entrega seus poderes à Comuna. Cidadãos, meu coração está tão transbordante de alegria, que não posso pronunciar um discurso. Permiti-me apenas glorificar o povo de Paris pelo grande exemplo que acaba de dar ao mundo". Um membro do Comitê Central, Boursier, irmão do menino morto na Rua Tiquetonne, em 1852 – "A criança fora atingida por duas balas na cabeça" –, proclama os eleitos. Os tambores rufam. Os músicos, 200 mil vozes, recomeçam a entoar a *Marselhesa*, não querem mais discursos. Em uma oportunidade, Ranvier mal consegue bradar: "Em nome do povo, é proclamada a Comuna!".

Um só grito, produzido pela força de 200 mil peitos, responde "Viva a Comuna!". Os quepes dançam na ponta das baionetas, as bandeiras fustigam o ar. Nas janelas, nos telhados, milhares de mãos agitam lenços. Os tiros de canhão, as músicas, os clarins, os tambores fundem-se em uma formidável comunhão. Os corações saltam, os olhos brilham, marejados de lágrimas. Jamais, desde a Federação de 1790, as entranhas de Paris tinham sido tão fortemente sacudidas; os piores literatos que descreveram a cena tiveram um instante de fé.

O desfile foi conduzido, e com muita habilidade, por Brunel, que soube fazer entrar os batalhões de fora, loucos para aclamar a Comuna. Diante do busto da república, as bandeiras se inclinavam, os oficiais saudavam com o sabre, os homens erguiam os fuzis. As últimas fileiras acabaram de passar só às sete horas.

Os agentes de Thiers voltaram consternados: "Era mesmo toda Paris!". O Comitê Central pôde exclamar em um agradecimento entusiasmado:

> Hoje, Paris abria, em uma página em branco, o livro da história e escrevia seu poderoso nome [...]. Que os espiões de Versalhes, que nos espreitam, digam a seus amos quais as vibrações que saem do peito de toda uma população. Que os espiões lhes transmitam a imagem deste espetáculo grandioso de um povo recobrando sua soberania.

Aquele clarão teria iluminado cegos. Duzentos e vinte e sete mil votantes, 200 mil homens num grito unânime, não é um comitê oculto, um punhado de facciosos e bandidos como há dez dias se dizia. Há ali uma força imensa a serviço de uma ideia definida: a independência comunal. Força inapreciável nessa hora de debilidade geral, achado tão precioso quanto a bússola que escapa do naufrágio e salva os sobreviventes.

Momento único nessa história. A união de nossa aurora renasce. A mesma chama aquece as almas, reúne a pequena burguesia e o proletariado, sensibiliza a média burguesia. Em momentos assim, é possível reunificar um povo.

Liberais, se de boa-fé reclamastes a descentralização; republicanos, se entendestes porque junho fez dezembro, se quereis o povo dono de si mesmo, ouvi a nova voz, orientai a vela para esse vento de renascimento.

O prussiano nos ameaça? Pouco importa! Não é mais valoroso forjar a arma diante dos olhos do inimigo? Burguês, não foi diante do estrangeiro que vosso ancestral, Étienne Marcel, quis refazer a França? E a Convenção não manobrou sob os ventos da tempestade?

Que respondem eles? À morte!

O rubro sol das discórdias civis derruba os disfarces e máscaras. Estão lá, sempre lado a lado, como em 1791, 1794, 1848, monarquistas, clericais, liberais, todos de punho cerrado contra o povo, o mesmo Exército com diferentes fardas. Sua descentralização é a feudalidade rural e capitalista; seu *self-government*, a exploração do orçamento por eles próprios, assim como toda ciência política de seu estadista não passa do massacre e do estado de sítio.

Que poder no mundo, após tantos desastres, não teria protegido, cuidado zelosamente desse reservatório de forças inesperadas? Eles, vendo aquela Paris sendo capaz de construir um mundo novo, com o coração cheio do mais belo sangue da França, só tiveram um pensamento: sacrificá-la.

A Comuna em Lyon, Saint-Étienne e Creusot

Todas as partes da França estão unidas e coesas em torno da Assembleia e do governo.
Circular de Thiers à província, na noite de 23 de março de 1871.

Que fazia a província?

Primeiro, privada dos jornais parisienses, viveu dos boletins mentirosos redigidos pelo próprio Thiers;* depois, correu às assinaturas do Comitê e, não vendo nem a esquerda, nem os modelos democráticos, perguntou-se também: "Quem são esses desconhecidos?". Assim como seus pais diziam "Pitt e Cobourg", quando não entendiam os movimentos populares, os republicanos burgueses, ignorando a cilada

* Dia 19: "o Exército, com 40 mil homens, concentrou-se disciplinadamente em Versalhes". Eram 22 mil homens (cifra fornecida por Thiers no inquérito), totalmente dispersos. Dia 20: "Mesmo provocado, o governo não quis empreender uma ação sangrenta". Dia 22: "De todas as partes, batalhões da Guarda Móvel se oferecem ao governo para apoiá-lo contra a anarquia". Dia 27, enquanto eram contados os votos: "Um contingente considerável da população e da Guarda Nacional de Paris solicita o apoio dos departamentos para o restabelecimento da ordem". Jules Simon escreveu que todos esses boletins oficiais foram "redigidos, a cada noite, pelo próprio Thiers, de 19 de março até a retomada de Paris".

e habilmente incentivados pela imprensa conservadora, proferiam gravemente: "Esses desconhecidos só podem ser bonapartistas". Só o povo teve faro.

A primeira repercussão, necessária, foi em Lyon. Os trabalhadores sentiam-se vigiados desde o advento da Assembleia Rural. Os conselheiros municipais, fracos e tímidos, alguns prestes a se tornarem reacionários, tinham retirado a bandeira vermelha, sob o pretexto de que "a orgulhosa bandeira da resistência não deveria sobreviver à humilhação da França". Essa grosseira maldade não enganara o povo, que, em Guillotière, montava guarda ao redor de sua bandeira. O novo *préfet* Valentin, ex-oficial brutal e vulgar, uma espécie de Clément Thomas, indicava claramente aos trabalhadores qual era a república que lhes reservavam.

Às primeiras notícias, em 19 de março, os republicanos lioneses ficam de sobreaviso e não escondem suas simpatias por Paris. No dia seguinte, Valentin faz uma proclamação provocadora, apreende os jornais parisienses, recusa-se a comunicar os despachos. No dia 21, no Conselho Municipal, vários conselheiros indignam-se e um deles diz: "Tenhamos a coragem de ser Comuna de Lyon". No dia 22, ao meio-dia, 800 delegados da Guarda Nacional se reúnem no Palais Saint-Pierre. Um cidadão chega de Paris e explica o movimento. Muitos querem que a declaração contra Versalhes seja feita imediatamente. A reunião acaba enviando à prefeitura, para reivindicar a extensão das liberdades municipais, o administrador distrital, chefe da Guarda Nacional, que desempenhava a função de *préfet*.

No Conselho Municipal, o administrador distrital Hénon, um dos cinco da época do império, combatia qualquer resistência contra Versalhes. O administrador do distrito de La Gulliotière, Crestin, pedia que ao menos houvesse protestos. Hénon ameaçava pedir demissão caso fossem mais longe e propunha que fossem até o *préfet*, que naquele momento convocava os batalhões reacionários. Nesse ínterim, chegam os delegados do Palais Saint-Pierre. Hénon os recebe mal. As delegações se sucedem, as recusas também. Enquanto isso, os batalhões de Brotteaux e La Gulliotière se preparam; às oito horas, uma multidão compacta lota a Praça des Terreaux, gritando: "Viva a Comuna! Abaixo Versalhes!". Os batalhões reacionários não respondem ao apelo do *préfet*.

Uma parte do Conselho Municipal tem nova sessão às nove horas; outra parte enfrenta os delegados com Hénon. Depois da resposta do prefeito, que não dá qualquer esperança, os delegados invadem a Sala do Conselho. Avisado, o povo precipita-se à prefeitura. Os delegados instalam-se à mesa do conselho e nomeiam Crestin prefeito de Lyon. Ele recusa, observando que a direção do movimento cabe aos que tomaram a iniciativa. Após longo tumulto, proclama-se uma Comissão Comunal, à frente da qual estão cinco conselheiros: Crestin, Durand, Bouvatier, Perret e Velay. Os delegados chamam Valentin, perguntam-lhe se está a favor de Versalhes. Ele responde que sua declaração não deixa dúvida alguma; é preso. A partir daí, vêm a Comuna, a dissolução do Conselho Municipal, a destituição do *préfet*, do general da Guarda Nacional – substituído por Ricciotti Garibaldi, indicado por seu nome e pelos serviços prestados ao Exército de Vosges. Anunciadas à multidão, essas resoluções são aclamadas; a bandeira vermelha volta à sacada principal.

No dia 23, bem cedo, os cinco conselheiros nomeados na véspera voltam atrás e os rebeldes têm de comparecer sozinhos a Lyon e às cidades vizinhas. "A Comuna", dizem eles, "deve garantir o direito de Lyon criar e arrecadar seus impostos, constituir sua Polícia e dispor de sua Guarda Nacional, controlando todos os postos e fortificações". Esse programa foi ligeiramente desenvolvido pelos Comitês da Guarda Nacional e da Aliança Republicana. "Com a Comuna, os impostos serão amenizados, o dinheiro público não será mais desperdiçado, as instituições sociais esperadas pelos trabalhadores serão fundadas. Enquanto não desaparecer a hedionda chaga social do pauperismo, muitas misérias e muitos sofrimentos serão aliviados". Proclamações insuficientes, inconcludentes, mudas diante do perigo da república e da conspiração clerical, únicas alavancas capazes de mover a pequena burguesia.

A comissão viu-se imediatamente isolada. Pudera tomar o Forte des Charpennes, acumular munições, dispor canhões e metralhadoras ao redor da prefeitura; os batalhões populares, com exceção de dois ou três, haviam-se retirado sem deixar nenhum destacamento, e a resistência se organizava. O general Crouzat recrutava, na estação, marinheiros e soldados móveis dispersos por Lyon; Hénon nomeava como general da Guarda Nacional Bouras, ex-oficial do Exército de Vosges; os oficiais dos batalhões da ordem protestavam contra a Comuna e colocavam-se às ordens do Conselho Municipal, reunido no gabinete do administrador distrital, a dois passos da comissão.

Muito constrangida, ela convidou o Conselho a voltar à sua sala de sessões, o que foi feito às quatro horas. A comissão cedeu-lhe o local; os guardas nacionais ocuparam a parte reservada ao público. Se essa média burguesia tivesse alguma força, alguma visão da violência conservadora, os conselheiros republicanos teriam capitalizado esse ímpeto popular. Mas pertenciam ou àquela aristocracia mercantil que despreza os pobres, ou àquelas orgulhosas que pretendem administrar os trabalhadores, não emancipá-los. Como deliberavam e não sabiam resolver nada, os guardas nacionais lançaram-lhes várias censuras. Sua arrogância se ofendeu. Encerraram subitamente a sessão para preparar a minuta de uma mensagem com Hénon.

À noite, Amouroux e dois delegados do Comitê Central de Paris chegaram ao clube da Rua Duguesclin. Foram levados à prefeitura, onde, da sacada principal, discursaram para a multidão, que respondeu: "Viva Paris! Viva a Comuna!". O nome de Ricciotti foi novamente aclamado.

Os delegados, jovens sem experiência alguma em política e na província, não podiam infundir vida àquele movimento. No dia 24, só restavam na Praça des Terreaux alguns grupos de curiosos. Os quatro grandes jornais de Lyon "repudiavam energicamente toda conivência com as insurreições parisienses, lionesas ou outras". O general Crouzat difundiu o rumor de que os prussianos, acampados em Dijon, ameaçavam ocupar Lyon em 24 horas se a ordem não fosse restabelecida. A comissão, cada vez mais abandonada, voltou-se para o Conselho Municipal, reunido na Bolsa, e ofereceu-lhe a administração. "Não", disse o prefeito, "Jamais aceitaremos a Comuna!". E, como eram esperados soldados da Guarda Móvel de Belfort, o conselho decidiu recebê-los solenemente.

As conversações estenderam-se por toda a tarde, avançando até tarde da noite. Pouco a pouco, a prefeitura se esvaziou. Às quatro horas da madrugada, restavam apenas dois membros da comissão; retiraram-se dispensando as sentinelas que guardavam o *préfet*. De manhã, Lyon encontrou sua Comuna sem sentidos.

Na mesma noite em que se apaga em Lyon, o movimento eclode em Saint-Étienne. Desde 31 de outubro, quando a Comuna quase foi oficialmente proclamada, os socialistas a exigiam sem cessar, apesar da resistência e das ameaças do Conselho Municipal.

Havia dois núcleos republicanos: o Comitê da Guarda Nacional, encabeçado pelo Clube Revolucionário da Rua de La Vièrge, e a Aliança Republicana, que agrupava os republicanos avançados. Salvo duas ou três exceções, o Conselho Municipal era composto por aqueles republicanos que só sabem resistir ao povo para serem destroçados pela reação. O comitê e a aliança concordavam em pedir sua renovação.

O 18 de março entusiasmou os operários. O órgão radical *L'Eclaireur* afirmava sem concluir: "Se a Assembleia dominar, a república está acabada; se, por outro lado, os deputados de Paris se separarem do Comitê Central, é porque têm boas razões para isso". O povo foi em frente. No dia 23, o clube da Rua de La Vièrge enviou seus delegados à prefeitura, exigindo a Comuna. O prefeito prometeu submeter a questão à apreciação de seus colegas. A Aliança pediu a anexação ao Conselho de um determinado número de delegados.

As delegações voltaram dia 24. O Conselho anunciou que se demitiria e daria prosseguimento a suas atividades até ser substituído pelos eleitores, que seriam convocados em breve. No mesmo dia, o *préfet* suplente, Morellet, instava a população a não proclamar a Comuna, a respeitar a autoridade da Assembleia. Às sete horas da noite, uma companhia de guardas nacionais rendia a guarda aos gritos de "Viva a Comuna!". O Comitê Central pediu à Aliança que se unisse na ocupação da prefeitura. A Aliança recusou, dizendo que a promessa do Conselho era suficiente, que os acontecimentos de Paris e de Lyon não estavam claros, que era preciso assegurar a ordem e a tranquilidade públicas.

Durante essas conversações, o clube da Rua de la Vièrge acusava a fragilidade de seus primeiros delegados, decidia enviar outros e acompanhava-os para que não pudessem ceder. Às dez horas, duas colunas de 400 homens apresentam-se diante dos portões da prefeitura, fechados por ordem do novo *préfet*, sr. De l'Espée, autocrata industrial, com grande disposição para reprimir os agitadores. A multidão sacode as grades até que seus delegados conseguem entrar, exigindo a Comuna e, enquanto esta não se concretizar, a nomeação de uma comissão popular. O prefeito não aceita; Morellet empenha-se em demonstrar que a Comuna é uma invenção prussiana. Desistindo de demover os delegados, vai avisar De l'Espée – o gabinete do *préfet* está ligado à prefeitura – e ambos, esquivando-se pelo jardim, conseguem chegar ao general Lavoye, comandante da divisão.

Como não haviam conseguido nada, os delegados decidiram, à meia-noite, que ninguém sairia da prefeitura e pediram aos manifestantes que ficassem atentos. Uns foram correndo buscar armas, outros entraram na sala dos conselheiros, onde fizeram uma reunião. Os delegados, que acabavam de tomar conhecimento do fracasso de Lyon, hesitavam. O povo queria que fosse dado o toque de reunir. O prefeito recusou. Às sete horas, encontrou uma saída, prometeu propor um plebiscito sobre a implantação da Comuna. Um delegado leu tal declaração ao povo, que abandonou imediatamente a prefeitura.

No mesmo momento, De l'Espée tinha a feliz ideia de dar o toque de reunir que o povo exigia desde a meia-noite. Juntou alguns guardas nacionais da ordem, entrou na prefeitura completamente vazia e declarou-se vitorioso numa proclamação. O Conselho Municipal veio comunicar-lhe o acordo feito pela manhã; De l'Espée recusou--se a fixar uma data para as eleições; o general lhe prometera o apoio da guarnição.

Às 11 horas da manhã, o toque de reunir do *préfet* atraiu os batalhões populares. Grupos gritam diante da prefeitura: "Viva a Comuna!' De l'Espée manda chamar sua tropa – 250 infantes e dois esquadrões de hussardos que chegam se arrastando. A multidão os cerca; o Conselho Municipal protesta; o *préfet* tem de mandar os soldados entrarem. Agora, só uma fila de bombeiros se interpõe contra a multidão e, na prefeitura, duas companhias, das quais só uma é da ordem.

Perto do meio-dia, uma delegação pressiona o Conselho Municipal a cumprir sua promessa. Os conselheiros presentes – em número bem reduzido – aceitariam a anexação de dois delegados por companhia; De l'Espée nega qualquer concessão. Às quatro horas, apresenta-se uma delegação do Comitê da Guarda Nacional, muito numerosa. O *préfet* se recusa a recebê-la, fala em entrincheirar-se, em proteger os portões. Os bombeiros levantam a coronha dos fuzis, abrem passagem e De l'Espée é forçado a receber alguns delegados.

Do lado de fora, a multidão se irrita com tais negociações. Às 4h30, chegam os operários da manufatura de armas. Um disparo de uma das casas da praça mata um operário têxtil, Lyonnet. Cem tiros respondem; o tambor bate, o clarim ecoa; os batalhões correm para a prefeitura, enquanto é revistada a casa de onde se acredita ter partido a agressão.

Ao ouvir os disparos, o *préfet* interrompe a discussão, reiniciando sua fuga da noite anterior. Enganando-se de corredor, é reconhecido e capturado, assim como o substituto do procurador da república; trazidos de volta ao salão, são mostrados à varanda. A multidão vaia, convencida de que ele mandou atirar contra o povo. Ao tentar sair da prefeitura, De Ventavon, guarda nacional da ordem, confundido com o assassino de Lyonnet, é carregado na maca que levou o cadáver para o hospital.

O *préfet* e o substituto permanecem no salão, quente como um forno. De l'Espée é acusado de ter mandado atirar nos mineiros de Aubin no ano anterior. Ele protesta, pois não dirigiu aquelas minas, e sim as de Archambault. Pressionam-no para que proclame a Comuna ou se demita. Ele resiste, discute. Pouco a pouco, a multidão, cansada, se retira. Às oito horas, permanecem na sala apenas uns dez guardas, os prisioneiros comem alguma coisa. Ao ver tudo tranquilo, o presidente da comissão que está sendo organizada em um gabinete vizinho se retira. Às nove horas, a multidão retorna. Renasce a fúria. Gritam ao *préfet*: "A Comuna, a Comuna! Assinai!". De l'Espée concorda em assinar, desde que possa acrescentar que foi obrigado. Como o substituto estava à mercê de dois exaltados, Victoire e Fillon, este último, ex-proscrito, cérebro transtornado, voltava-se ora contra a multidão, ora contra os prisioneiros. Às dez horas ocorre um ataque. Fillon volta-se, dá dois tiros de revólver ao acaso, matando seu amigo Victoire e ferindo um tocador de tambor. Na mesma hora, os fuzis disparam: Fillon e De l'Espée caem mortos. O substituto, coberto pelo corpo de Fillon, escapa da descarga, sendo libertado no dia seguinte, assim como De Ventavon.

Durante a noite, constituiu-se uma comissão composta por oficiais da Guarda Nacional e pelos oradores habituais do clube de La Vièrge. Esta mandou ocupar a estação, apossou-se do telégrafo e dos cartuchos do depósito de pólvora, e convocou os eleitores para eleições no dia 29. "A Comuna", declarou: "não é nem incêndio, nem roubo, nem pilhagem, como gostam de repetir, mas a conquista das franquias e da independência que nos haviam sido tiradas pelas legislações imperiais e monárquicas; ela é a verdadeira base da república". Nesse reduto operário, ao lado dos mineiros de Ricamarie e Firminy, nem uma palavra sobre a questão social. A comissão só soube dar o toque de reunir, sem resultado.

No dia seguinte, domingo, a cidade, calma, lia os cartazes da Comuna afixados ao lado dos apelos do general e do procurador. O general instava o Conselho Municipal a voltar atrás em sua demissão; foi dizer aos conselheiros refugiados em seu quartel: "Meus soldados não querem lutar, mas tenho mil espingardas Chassepot; se quiserdes usá-las, adiante!". O Conselho não se sentiu com aptidões militares e, ao mesmo tempo, como em Lyon, recusou-se a ir à prefeitura, "haja vista que só tratamos com homens de bem".

No dia 27, a Aliança e *L'Éclaireur* afastaram-se completamente. A comissão se desfez. À noite, os poucos leais que restavam receberam dois jovens enviados de Lyon por Amouroux. Falaram a favor da resistência e a prefeitura ia se esvaziando de seus defensores. Às seis da manhã do dia 28, não havia mais de uma centena de homens quando o general Lavoye apresentou-se com os franco-atiradores de Vosges e algumas tropas vindas de Montbrison. Um parlamentar foi enviado até os guardas nacionais, exortou-os a depor as armas no intuito de evitar um derramamento de sangue. Eles concordaram em deixar a prefeitura.

Seguiram-se numerosas prisões. Os conservadores contaram que haviam sido vistos canibais entre os assassinos do *préfet*. Seu sucessor, Ducros, autor das pontes demasiado curtas sobre o Marne e mais tarde famoso *préfet* da ordem moral, depôs assim perante a comissão versalhesa: "Seu cadáver não foi respeitado; estouraram-lhe a cabeça. De noite, coisa espantosa, um dos homens que participara do assassinato e comparecera perante a justiça, foi a um café oferecer aos clientes pedaços do crânio de De l'Espée, enquanto mastigava alguns". O mesmo Ducros precisava: "O homem fora preso, julgado e absolvido". Horrível imaginação, reprovada até pelos radicais pouquíssimos simpáticos à Comuna, na qual *L'Éclaireur* via um movimento bonapartista. Por sua vez, os trabalhadores sentiram que eram os vencidos e, no enterro solene de De l'Espée, ouviram-se surdos protestos.

Em Creusot, mesma derrota dos proletários. Entretanto, os socialistas administravam a cidade desde 4 de setembro. O prefeito era

Dumay, ex-operário fabril. Ao tomar conhecimento das notícias sobre Lyon, em 25 de março, falou-se em proclamar a Comuna. No dia 26, os guardas nacionais gritaram "Viva a Comuna!" durante a revista e a multidão acompanhou-os à praça da prefeitura, ocupada pelo coronel de cavalaria Gerhardt. Este comanda o abrir fogo que os soldados da infantaria não obedecem. Ordena o ataque à cavalaria; os guardam cruzam as baionetas e invadem a prefeitura. Dumay noticia a queda dos versalheses, proclama a Comuna. Depois, assim como em toda parte, todos permaneceram imóveis. O comandante de Creusot voltou no dia seguinte com reforços, dispersou a multidão curiosa e passiva parada na praça, e apossou-se da prefeitura.

Em quatro dias, todos os focos revolucionários do leste, de Lyon, Saint-Étienne e Creusot, escapam à Comuna. Vamos descer o Ródano e correr para o sul.

A Comuna em Marselha, Toulon e Narbonne

Desde as eleições de 8 de fevereiro, Marselha voltara a ouvir o estrondo da guerra. A vitória dos reacionários, a nomeação de Thiers, a paz apressada, malfeita e vergonhosa, a monarquia pressentida, os desafios e as derrotas: a cidade valente sentiria tudo tão intensamente quanto Paris. A notícia dos acontecimentos de 18 de março caiu num barril de pólvora. Contudo, aguardavam-se informações quando, no dia 22, chegou o despacho Rouher-Canrobert.

Os clubes, verdadeiros núcleos da ardente vida marselhesa, logo ficaram lotados. Os radicais, prudentes e metódicos, tinham o clube da Guarda Nacional. As correntes populares manifestavam-se livremente no Eldorado, onde aplaudiam Gaston Crémieux, verbo elegante e feminino, eivado de achados, como mostrara em Bordeaux. Gambetta devia-lhe a eleição em Marselha em 1869. Acorreu ao clube da Guarda Nacional, denunciou Versalhes, disse que não se podia deixar a república perecer, que era preciso agir. O clube, embora muito indignado com o despacho, não quis precipitar nada. As proclamações do Comitê Central, segundo ele, não anunciavam uma política claramente definida. Assinadas por desconhecidos, talvez fossem uma iniciativa bonapartista.

O argumento tornava-se ridículo em Marselha, onde era o despacho de Thiers que suscitava a agitação. Quem cheirava a bonapartismo, aqueles desconhecidos rebelados contra Versalhes ou Thiers, que protegia Rouher e seus ministros e vangloriava-se do oferecimento de Canrobert?

Após um discurso do substituto do procurador da república, Bouchet, Gaston Crémieux voltou atrás em sua primeira posição e, acompanhado de delegados do clube, foi ao Eldorado, leu e comentou *L'Officiel* de Paris e, levado por seu discurso, acabou dizendo: "O governo de Versalhes ergueu sua bengala contra o que chama de insurreição de Paris, mas ela se partiu em suas mãos e a Comuna surgiu [...]. Juremos nossa união na defesa do governo de Paris, o único que reconhecemos".

A população ainda se continha quando o *préfet* afrontou-a com uma estúpida provocação. Estranho àquele meio ao qual recém-chegava, o almirante Cosnier, oficial distinto, uma perfeita nulidade política, foi o instrumento da reação. Desde 4 de setembro, por várias vezes esta já se chocara com os guardas nacionais – os cívicos –, que haviam proclamado a república e expulsado os jesuítas. Embora ausente, o padre Tissier continuava a dirigi-la. A moderação dos clubes lhe pareceu covardia; ela acreditou estar forte o bastante para um golpe brilhante.

À noite, o almirante se reuniu em conselho com o prefeito Bories, que levara para as coalizões clérico-liberais o procurador da república, Guibert, tímido e titubeante, e o general Espivent de la Villeboisnet, uma dessas caricaturas sangrentas que as guerras civis ao sul do Equador engendram. Legitimista obtuso, devoto parvo, sílabo articulado, general de antecâmara, ex-membro das comissões mistas, expulso de Lille durante a guerra pelo povo, indignado com sua inépcia e seus antecedentes, levou à *préfecture* a palavra de ordem dos padres e dos bichos-papões reacionários: uma manifestação da Guarda Nacional a favor de Versalhes. Sem dúvida teria pedido mais se toda sua guarnição não se resumisse a alguns destroços do Exército do leste e a artilheiros dispersos. O almirante-*préfet*, totalmente iludido, aprovou a manifestação, dando ao prefeito e ao coronel da Guarda Nacional ordem de se prepararem para o evento.

Às sete horas da manhã de 23 de março, o tambor rufa e os batalhões populares respondem. Às dez, estão na Avenida du Chapitre, e a artilharia da Guarda Nacional se alinha na Avenida Saint-Louis. Ao meio-dia, franco-atiradores, guardas nacionais e soldados de todas as armas se mesclam e se agrupam na Avenida Belzunce. Os batalhões de Belle-de-Mai e de Endoume chegam completos, gritando: "Viva Paris!". Os batalhões da ordem faltam ao encontro.

O Conselho Municipal se apavora, desaprova a manifestação, divulga uma mensagem republicana. O clube da Guarda Nacional adere ao conselho e pede a volta da Assembleia a Paris e a destituição de todos os cúmplices do império de suas funções públicas.

Os batalhões marcam passo, gritam: "Viva Paris!". Oradores populares tomam a frente, discursam. O clube, que vê a iminência da explosão, envia Crémieux, Bouchet e Frayssinet para pedir ao *préfet* que disperse as tropas e comunique os despachos de Paris. Os delegados discutem com Cosnier, quando um clamor imenso parte da praça. A *préfecture* está cercada.

Cansados de seis horas parados, os batalhões, tambor à frente, se puseram em movimento. Milhares de homens desembocavam em Canebière e, pela Rua Saint-Ferréol, apresentavam-se diante da *préfecture*. Os delegados do clube parlamentam; ouve-se um disparo. A multidão se precipita, prende o *préfet*, seus dois secretários e o general Ollivier. Gaston Crémieux aparece na varanda, fala dos direitos de Paris, recomenda que a ordem seja mantida. A multidão o aplaude e continua a invasão, procura, quer armas. Crémieux organiza duas colunas, manda-as para as forjas e oficinas de Menpenti, que entregaram seus fuzis.

No tumulto, é formada uma comissão de seis membros: Crémieux, Job, Étienne (carregador), Maviel (sapateiro), Guillard (ajustador) e Allerini. Delibera em meio à multidão. Crémieux propõe a libertação do almirante e dos outros. O povo quer que permaneçam como garantia. O almirante é levado a um cômodo vizinho, vigiado de perto. Pedem-lhe que se demita, estranha mania de todos esses movimentos populares. Cosnier, desorientado por completo, assina como homem de bem que quer evitar derramamento de sangue. Alguns meses depois, injuriado pelos reacionários e temendo que essa demissão fosse interpretada como covardia, ele se matou com um tiro na cabeça.

A comissão divulgou que concentrava em suas mãos todos os poderes e, percebendo bem que devia ampliar sua base, convidou o Conselho Municipal e o clube da Guarda Nacional a lhe enviar, cada um, três delegados. O Conselho designou Davild Bosc, Desservy e Sidore; o clube, Bouchet, Cartoux e Fulgéras. No dia seguinte, fizeram uma proclamação moderada:

> Marselha quis prevenir a guerra civil provocada pelas circulares de Versalhes. Marselha apoiará o governo republicano, regularmente constituído, que ficará sediado na capital. A Comissão Departamental, formada com o apoio de todos os grupos republicanos, zelará pela república até que uma nova autoridade emanada de um governo regular, sediado em Paris, venha substituí-la.

Os nomes do Conselho Municipal e do clube tranquilizaram a média burguesia. Os reacionários continuavam quietos. O Exército abandonara a cidade durante a noite. Invadida a *préfecture*, o covarde Espivent, abandonando o *préfet* à escória à qual o jogara, fora esconder-se em casa da amante de um comandante da Guarda Nacional, que mais tarde mandou condecorar por este serviço de ordem moral. À meia-noite, esquivou-se, juntando-se às tropas, que, sem serem incomodadas, chegaram à aldeia de Aubagne, a 17 km de Marselha.

A cidade permanecia totalmente do povo. Essa vitória plena virou a cabeça dos mais ardorosos. Não há nuances nessa cidade do Sol. O céu, o campo e as personalidades têm cores cruas, de batalha. No dia 24, os cívicos hastearam a bandeira vermelha. A Comissão, que se reunia sob sua tutela, lhes pareceu frágil. Sidore, Desservy e Fulgéras evitavam ir à *préfecture*. Cartoux fora a Paris obter informações. Todo o peso da situação recaía sobre Bosc e Bouchet que, com Gaston Crémieux, esforçavam-se em regularizar o movimento, consideravam a bandeira vermelha perigosa, a detenção dos reféns, inútil. Tornaram-se logo suspeitos e foram ameaçados. Na noite do dia 24, Bouchet, desalentado, se demitiu. Gaston Crémieux foi queixar-se ao clube da Guarda Nacional e Bouchet concordou em voltar ao cargo. Rumores sobre essas tensões percorriam a cidade. No dia 25, a Comissão anunciou que "a mais íntima concordância a unia ao Conselho Municipal"; no mesmo dia, o Conselho declarava-se o único poder existente e conclamava os guardas nacionais a saírem de sua apatia. Ele dava início a um jogo lastimável entre a reação e o povo, copiado dos deputados da esquerda, cujo aval Dufaure invocava em seus despachos.

Espivent, por sua vez, imitava a tática de Thiers. Despojara Marselha de todas as suas repartições. As Caixas Públicas e os serviços da cidade tinham passado para Aubagne. Mil e quinhentos garibaldianos do Exército de Vosges, que esperavam repatriação, soldados que voltavam a suas guarnições na África, sem pão, sem soldo, sem mapa de viagem, teriam ficado desamparados se Crémieux e Bouchet não tivessem feito o Conselho nomear um intendente provisório. Graças à Comissão, os que haviam derramado seu sangue pela França receberam pão e teto. Crémieux lhes disse numa mensagem: "Lembrareis, quando for preciso, da mão fraterna que vos estendemos". Doce entusiasta, que via a Revolução bucolicamente.

No dia 26, o isolamento aumentou. Ninguém se armava contra a Comissão, nem aderia a ela. Quase todos os prefeitos do departamento se recusavam a afixar suas proclamações. Em Arles, fracassara uma manifestação a favor da bandeira vermelha. Os ocupantes da *préfecture* nada faziam para justificar sua bandeira que, nesta calma sem vida, perante uma Marselha curiosa, pendia do campanário, imóvel e muda, como um enigma.

A capital do sudoeste assistia à morte de seu movimento. Toulouse estremecera com o golpe de 18 de março. Ali, no *faubourg* Saint-Cyprien, vibra uma população operária inteligente e destemida, que constituía o cerne da Guarda Nacional e, desde o dia 19, recrutava sentinelas gritando “Viva Paris!”. Foram pedir ao *préfet* Duportal, ex-proscrito de 1851, que se pronunciasse a favor ou contra Paris. O jornal *L'Emancipation*, inspirado por ele, fazia campanha contra os rurais, e Duportal acentuara seu tom republicano em reunião pública. Os clubes o pressionaram, obrigando os oficiais da Guarda Nacional a jurar que defenderiam a república, pedindo cartuchos. Vendo que Duportal seguiria fatalmente a corrente, Thiers nomeou em seu lugar Kératry, ex-chefe de Polícia do movimento de 4 de setembro. Este chegou na noite de 21 para 22, tomou conhecimento de que a guarnição era de 600 homens dispersos, que toda a Guarda Nacional se declarava favorável a Duportal e bateu em retirada para Agen.

No dia 22, a Guarda Nacional preparava uma manifestação para apossar-se do arsenal. Duportal e o prefeito correram ao Capitole, edifício-sede da prefeitura de Toulouse. O prefeito declarou que não haveria revista; Duportal, por sua vez, preferiria se demitir a se pronunciar. Os generais, assustados com a força do *faubourg*, refugiaram-se no arsenal. O prefeito e a comissão municipal se esquivaram, e Duportal, em sua *préfecture*, pareceu ainda mais destinado a ser alvo das simpatias da Guarda Nacional. Esforçou-se em tranquilizar os generais, falou-lhes de sua firme resolução de manter a ordem em nome do governo de Versalhes, único cuja legitimidade reconhecia; soube convencê-las o suficiente para que escrevessem a Thiers pedindo que o mantivessem no cargo. Armando-se de suas declarações, Kératry pediu-lhe seu apoio para tomar posse da *préfecture*. Duportal marcou encontro com ele perante os oficiais da Guarda Móvel e da Guarda Nacional, convocados para o dia seguinte, 24. O outro entendeu e ficou em Agen.

Nessa reunião, seria feito o alistamento para Versalhes. Dos 60 oficiais da Guarda Móvel, quatro se ofereceram como voluntários; os da Guarda Nacional presenciavam, na mesma hora, uma manifestação bem diferente, organizada contra Kératry. À uma hora, dois mil homens saem da Praça du Capitole e vão à *préfecture*. Duportal recebe os oficiais. Em vez de apoiar a Assembleia, estão dispostos, dizem eles, a marchar contra ela; se Thiers não quiser fazer a paz com Paris, eles proclamarão a Comuna. Ouvem-se gritos vindos de todos os lados: "Viva a Comuna! Viva Paris!". Exaltando-se, os oficiais decretam a prisão de Kératry, proclamam a Comuna, obrigam Duportal a tomar a frente. Este se recusa, oferecendo apenas assessoria. Os oficiais acusam-no de fragilidade, persuadindo-o a ir à praça da *préfecture*, onde os guardas nacionais o aclamam. A manifestação retorna ao Capitole.

Assim que chegam ao salão, os líderes parecem bastante desconcertados. Oferecem a presidência ao prefeito, a outras autoridades municipais que se esquivam, a Duportal que se exime, redigindo um manifesto. Este é lido na varanda principal; a Comuna de Toulouse declara querer a república una e indivisa, insta os deputados de Paris a serem intermediários entre o governo e a grande cidade, apressa Thiers a dissolver a Assembleia. A multidão aclamou essa Comuna que acreditava nos deputados da esquerda e pensava que o sr. Thiers era um oprimido.

À noite, oficiais da Guarda Nacional nomearam uma comissão executiva em que não figuravam os principais líderes do movimento e que se contentou em afixar o manifesto; negligenciando precauções mínimas, sequer ocuparam a estação. Entretanto, os generais não ousavam deixar o arsenal.

No dia 26, o primeiro presidente e o procurador-geral reuniram-se a eles e divulgaram uma mensagem para agrupar ao seu redor a população. A Guarda Nacional queria responder tomando o arsenal e o *faubourg* Saint-Cyprien veio à Praça du Capitole. A Comissão Executiva preferiu negociar, mandou dizer ao arsenal que se dissolveria se o governo nomeasse um *préfet* republicano em lugar de Kératry e desprezou completamente Duportal que, de resto, nada fizera para tomar a frente. As conversações duraram a noite toda. Os guardas nacionais foram embora, acreditando estar tudo resolvido.

Informado dessas fragilidades, Kératry chega, no dia 27, com três esquadrões de cavalaria, dirige-se ao arsenal, põe fim às negociações e dá ordem de marchar. À uma hora, o Exército da ordem vai à guerra com seus 200 cavaleiros e 600 soldados diversos. Um destacamento ocupa a Praça Saint-Cyprien para isolar a cidade do *faubourg*; outro vai à *préfecture*; o terceiro, com o general Nansouty, Kératry e os magistrados, marcha sobre o Capitole. Trezentos homens guarnecem os pátios, janelas e o terraço. Kératry desdobra suas tropas e aponta seis canhões a 60 metros do edifício, ao alcance dos fuzis rebeldes. O primeiro presidente e o procurador-geral adiantam-se para parlamentar; Kératry faz intimações; são cobertos de gritos. Um único disparo seco teria dispersado os atacantes se os líderes não tivessem fugido do Capitole. A coragem de alguns homens daria início à luta, quando a Associação Republicana interveio e convenceu os guardas nacionais a se retirarem. A tomada da *préfecture* foi ainda mais fácil e, à noite, Kératry deitou-se na cama de Duportal. No dia seguinte, os membros da comissão executiva publicaram um manifesto que lhes valeu a impunidade; um deles conseguiu que Kératry o nomeasse prefeito.

A generosa população operária de Toulouse, sublevada pelos gritos de "Viva Paris!" foi, assim, abandonada pelos que a haviam instigado. Fracasso desastroso para Paris, pois o sudeste teria seguido Toulouse.

O homem de ideias e de ação que faltou aos movimentos do sul esteve presente na insurreição de Narbonne. A velha cidade, com ímpeto gaulês e tenacidade romana, é o verdadeiro núcleo da democracia no departamento de Aude. Durante a guerra, em nenhum outro lugar houve protestos tão vigorosos contra as fragilidades da delegação. Por outro lado, também a Guarda Nacional de Narbonne não tinha fuzis, enquanto a de Carcassone estava armada há muito tempo. Ao receber a notícia sobre os acontecimentos de 13 de março, Narbonne não hesitou, ficou com Paris. Para proclamar a Comuna, logo se pensou em Digeon, proscrito do império, homem de convicções fortes e caráter firme. Este, tão modesto quanto resoluto, ofereceu a direção do movimento a seu companheiro de exílio. Marcou, chefe reconhecido da democracia em Aude, um dos mais inflamados contra Gambetta durante a guerra. Marcou, advogado astuto, com medo de se comprometer e temendo a força de Digeon na capital do departamento, empurrou-o para Narbonne, onde chegou no dia 23. Primeiro, pensou em converter o Conselho Municipal à ideia da Comuna. Como o prefeito, Raynal, recusou-se a reunir o Conselho, o povo invadiu a prefeitura na noite de 24, armou-se com os fuzis que a municipalidade tinha, empossou Digeon e seus amigos. Este foi à varanda, proclamou a Comuna de Narbonne unida à de Paris, tomando imediatamente medidas de defesa.

No dia seguinte, o prefeito tentou obter a adesão da guarnição e companhias foram se postar diante da prefeitura. O povo – sobretudo as mulheres, entusiastas da Comuna, dignas de suas irmãs parisienses – desarmou os soldados. Um capitão e um tenente foram mantidos como reféns. O resto da guarnição trancou-se no Quartel Saint-Bernard. Como Raynal continuava insuflando a resistência, a multidão o prendeu no dia 26. Digeon colocou os três reféns à frente de um destacamento de guardas nacionais, apossou-se da *préfecture,* colocando alguns destacamentos também na estação e no telégrafo. Para se armar, forçou o arsenal, onde, apesar de seu tenente mandar abrir fogo, os soldados entregaram os fuzis. Os delegados das Comunas vizinhas chegaram naquele dia e Digeon providenciou a generalização do movimento.

Ele entendera muito bem que as insurreições por departamento logo ruiriam se não estivessem fortemente unidas umas às outras, e queria estender as mãos às rebeliões de Toulouse e Marselha. A pedido de Béziers, Perpignan e Cette, ele já prometera o apoio a essas cidades. Estava de partida para Béziers, quando, no dia 23, chegaram duas companhias de atiradores argelinos do Exército francês na África, logo seguidos de outras tropas enviadas de Montpellier, Toulouse e

Perpignan. Digeon teve de fechar-se na defensiva, mandou erguer barricadas, reforçou os postos, recomendou aos sublevados que sempre esperassem o ataque e visassem apenas os oficiais...

Voltaremos ao assunto. Paris nos chama. As outras agitações da província foram somente sobressaltos. No dia 28, no momento em que Paris mergulha na própria alegria, só restam em toda a França duas Comunas em pé: Marselha e Narbonne.

Primeiras sessões da Comuna. Deserção dos administradores distritais e dos adjuntos

A Revolução está no povo
e não na celebridade de alguns personagens.
Saint-Just à Convenção, 31 de maio de 1794.

A praça vibrava ainda quando cerca de 60 eleitos de Paris se encontraram no Hôtel-de-Ville. Muitos nunca se haviam visto; a maioria se conhecia, amigos ou adversários; liberais humilhados pela última derrota, revolucionários exuberantes pela vitória. Tinham saído das urnas dezesseis administradores distritais ou adjuntos liberais, alguns irreconciliáveis, e 72 revolucionários de todos os matizes.*

* Ad. Adam, Méline, Rochard, Barré (Louvre); Brelay, Loiseau-Pinsot, Tirard, Chéron (Bolsa); Charles Murat (Temple); Albert le Roy, Robinet (Luxemburgo); Desmarest, E. Ferry, Nast (Opéra); Marmottan, De Bouteiller (Passy); Goupil (Luxemburgo); E. Lefèvre (Palais-Bourbon); A. Ranc, Ulysse Parent (Opéra); Demay, Antoine Arnaud, Pindy, Dupont (Temple); Arthur Arnould, Lefrançais, Clémence, E. Gérardin Amouroux (Hôtel-de-Ville); Regère, Jourde, Tridon, Blanchet, Ledroy (Panthéon); Beslay, Varlin (Luxemburgo); Parizel, Urbain, Brunel (Palais-Bourbon); Raoul Rigault, Vaillant, Arthur Arnould, Jules Alix (Campos Elíseos); Gambon, Félix Pyat, Fortuné Henry, Champy, Babick, Rastoul (Enclos-Saint-Laurent); Mortier, Delescluze, Assi, Protot, Eudes, Avrial, Verdure (Popincourt); Varlin, Geresme, Theisz, Fruneau (Reully); Léo Meillet, →

Escutavam-se ainda as derradeiras vibrações do cerco e das últimas semanas. Embora o Comitê Central tivesse dito no dia 19: "Preparai vossas eleições comunais", e *L'Officiel* tivesse traçado uma espécie de programa, nenhum distrito, salvo dois ou três, redigira os cadernos eleitorais. Naturalmente, os bairros ricos elegeram muitos administradores distritais e adjuntos; os bairros populares, vários veteranos da república – Delescluze, Gambon, Blanqui (preso na província no dia 17), Félix Pyat, Jules Miot, Ch. Beslay – ou militantes do império e do sítio – Flourens, Tridon, Vermorel, Valeès, Lefrançais, Vaillant, Raoul Rigault, Ferré, Cournet, Paschal Grousset etc. –, misturados a celebridades de manifestações públicas. O Comitê Central não se candidatara às eleições; contudo, alguns de seus membros foram eleitos: Jourde, Mortier, Assi, Billioray e outros.

Vinte e cinco operários, dos quais apenas 13 da Internacional, representavam o pensamento, o esforço e a honra do proletariado parisiense: Malon, Varlin, Duval, Theisz, Avrial, Ranvier, Pindy, Langevin, Amouroux, Frankel, Champy etc. Portanto, a grande maioria revolucionária era composta de pequenos burgueses, empregados, contadores, médicos, professores primários, advogados, jornalistas (estes chegaram a ser 12). Da inocência política do Comitê Central, Paris, por uma consequência inevitável, passava às mãos dos socialistas e dos políticos há muito conhecidos em seus círculos. A maioria dos eleitos era muito jovem; alguns tinham no máximo 25 anos.

O encontro ocorreu às nove horas na sala da antiga Comissão Municipal do Império, que dá para a famosa escada dupla do Pátio Luís XVI. Tratou-se de um encontro meramente formal; o Comitê Central não deixara nenhuma ordem de recepção.

→ Duval, Chardon, Léo Frankel (Gobelins); Billioray, Martelet, Decamp (Observatoire); V. Clément, Jules Vallès, Langevin (Vaugirard); Varlin, E. Clément, Ch. Gérardin, Chalain, Malon (Batignolles); Blanqui, Theisz, Dereure, J.-B. Clément, Ferré, Vermorel, Paschal Grousset (Montmartre); Oudet, Puget, Delescluze, Jules Miot, Ostyn, Flourens (Buttes-Chaumont); Bergeret, Ranvier, Flourens, Blanqui (Ménilmontant).

A presidência cabia a Beslay. Setenta e dois anos, magro, alto, de ossatura bretã, filho de deputado liberal, eleito em 1830 e 1848, em marcha ascendente foi passando do liberalismo à república e, dono de indústrias prósperas, ao socialismo. Como um dos fundadores da Internacional, recusara-se a participar de seus conselhos alegando aos operários: "Resolvei entre vós mesmos, não acolhei nem capitalistas, nem patrões". Depois da invasão, aos 71 anos, vai a Metz, encontra um cavaleiro mercenário prussiano perto de Saint-Privat, e o derruba com sua bengala nodosa. De volta a Paris, incentiva a Defesa, assina as proclamações da Corderie, fustiga seu conterrâneo Trochu e corre o risco de ser preso. Eis um raro sobrevivente de uma vigorosa burguesia, e um exemplo mais raro ainda da gratidão do povo, que o levou ao Hôtel-de-Ville.

O que preside não é uma sessão, mas um choque confuso de moções, às vezes interrompido pelo rumor dos guardas nacionais acampados no pátio. Paschal Grousset e Mortier exigem Blanqui como presidente de honra e o ponto teria sido discutido se Lefrançais não tivesse apresentado a seguinte moção prévia: "A Guarda Nacional e o Comitê Central prestaram relevantes serviços à Paris e à república", votada por aclamação. Lefrançais, Ranc e Vallès são encarregados de redigir uma proclamação em concordância – pede J.-B. Clément – com o Comitê Central, cujos delegados esperam em uma sala vizinha. Lefrançais é encarregado de juntar-se a eles. Discute-se a apuração das eleições segundo esta ou aquela lei. Os mais entusiastas não precisam de lei, propõem a pauta, declaram essa assembleia revolucionária e o que menos querem são sessões públicas. Na abertura da Convenção, Danton fizera justiça a uma moção idêntica, mas esta agora chocava a Comuna. Arthur Arnould: "Não somos o conselho de uma comuna pequena". "Somos um Conselho de Guerra", replica Paschal Grousset, "não temos de dar a conhecer nossas decisões aos inimigos". Vários – Jourde, Theisz – respondem: "É preciso ser sempre responsável". Ranc transfere a questão para o dia seguinte. Loiseau-Pinsot pede a abolição da pena de morte para todos os crimes. Torna-se a falar das eleições; os mandatos de deputado e de membro da Comuna devem ser incompatíveis, dizem Vallès, Jourde e Theisz. Nesse momento, Tirard, que mal se continha diante do tumulto das propostas, pede a palavra: "Meu mandato", diz ele, "é puramente municipal; como se falou em revogação de leis e em uma Comuna-Conselho de Guerra, não tenho o direito de permanecer aqui; quanto ao mandato duplo, a anulação devia ter sido imposta antes"; e envolve sua demissão em uma ironia: "Deixo-vos meus sinceros votos de que consigais êxito em vossa tarefa". A zombaria e a má-fé evidente causam irritação. Lefrançais recusa a demissão, quer a cassação do mandato; os que não podem se conter falam em prisão. No fim, deixam Tirard em liberdade em nome do que dissera na tribuna versalhesa: "Quando se entra no Hôtel-de-Ville, não se está seguro de sair dele".

Ao contrário de Tirard, Cournet renuncia ao mandato de deputado e Delescluze explica por que não renunciou em Bordeaux, dispondo-se a fazê-lo hoje. Novas moções. É dada a ordem de confiar as portas de Passy e de Auteuil aos guardas nacionais leais. Lefrançais volta para dizer que os delegados do Comitê Central mandam perguntar a que horas, no dia seguinte, este poderá vir entregar seus poderes. Por fim, consegue-se definir a pauta da próxima sessão.

Na velha torre, soa a meia-noite. A Assembleia se levanta gritando: "Viva a república! Viva a Comuna!". Ferré, secretário com Raoul Rigault, recolhe as anotações-informes que constituirão a ata da reunião. À passagem dos eleitos, os guardas do Pátio de Honra gritam: "Viva a Comuna!". Paris adormeceu ao calar das fanfarras; pela primeira vez desde 18 de março, apagaram-se as luzes do Hôtel-de-Ville e as sentinelas não precisaram pedir a senha a ninguém.

No dia seguinte, Delescluze renunciou a seu cargo de deputado, declarando que optara pelo novo mandato que Paris lhe dera; em compensação, Rochard seguiu o exemplo de Tirard e se retirou. Retomando a moção da véspera, Raoul Rigault pediu a presidência de honra para Blanqui. Delescluze se opôs e Cournet declarou: "Com relação a Blanqui temos de fazer algo mais eficaz". Decidiu-se que a mesa seria composta por um presidente, dois assessores e dois secretários e que seria renovada semanalmente. Lefrançais foi eleito presidente. Antes de ceder-lhe o lugar, Beslay saudou a Comuna com voz forte e definiu com muita felicidade a jovem Revolução:

> A libertação da Comuna de Paris é a libertação de todas as comunas da república [...]. Mais valentes que vossos antecessores, marchastes e podemos estar certos de que a república marchará convosco. Nossos adversários disseram que golpeamos a república [...]. Se a golpeamos, foi como a estaca que se crava mais profundamente na terra [...]. A república de 1793 era um soldado que precisava centralizar todas as forças da pátria; a república de 1871 é um trabalhador que precisa sobretudo de liberdade para fecundar a paz. Paz e trabalho. Eis nosso futuro! Eis a certeza de nossa recompensa e de nossa regeneração social. A Comuna se ocupará do que é local; o governo, do que é nacional [...]. Não ultrapassemos esse limite, e assim o país e o governo ficarão felizes e orgulhosos em aplaudir esta Revolução tão grande, tão simples [...].

Ingênua ilusão de um velho que, no entanto, tinha a experiência de uma longa vida política.

A Assembleia dividiu-se em comissões encarregadas dos diferentes serviços: comissões Militar, das Finanças; da Justiça; da Segurança Geral; do Trabalho e do Comércio; da Subsistência, das Relações Exteriores; dos Serviços Públicos; da Educação. Foi nomeada por um mês uma Comissão Executiva permanente composta por Lefrançais, Duval, Félix Pyat, Bergeret, Tridon, Eudes e Vaillant. Três destes – Duval, Bergeret e Eudes – também pertenciam à Comissão Militar.

Por fim, a delegação do Comitê Central é recebida: "Cidadãos", diz Boursier, "o Comitê Central vem entregar em vossas mãos seus poderes revolucionários. Reassumimos as atribuições definidas por nossos estatutos. O Comitê Central não pode imiscuir-se nos atos da Comuna, único poder regular; fará com que estes sejam respeitados e se restringirá a reorganizar a Guarda Nacional". Tais explicações são acolhidas favoravelmente, diz a ata, e o Comitê se retira aos gritos de: "Viva a república! Viva a Comuna!".

Os funcionários da Alfândega Municipal compareceram à sessão da noite para comunicar sua adesão à Comuna. Em nome da comissão nomeada na véspera, Lefrançais leu uma proclamação considerada por uns longa e, por outros, incompleta. Outra comissão foi encarregada de redigir um novo projeto. Enquanto esta trabalhava, Félix Pyat, para matar o tempo, propôs a abolição do serviço militar obrigatório.

No dia 3 de março, Pyat escapou da Assembleia Nacional sem se demitir, assim como, em 31 de outubro, abandonara o Hôtel-de-Ville e, alguns dias depois, a prisão. No dia 18 de março, ficara mudo como em 31 de outubro. Delescluze aderiu já nos primeiros dias. Félix Pyat esperou o triunfo e, na véspera das eleições, tocou címbalos diante do Comitê, "que torna todo nome modesto e todo gênio menor". Eleito por 12 mil votos no X Distrito, acorreu arrogantemente ao Hôtel-de-Ville.

Entre a multidão de dramaturgos, taumaturgos, românticos e visionários que desde 1830 prestavam desserviço à revolução social, cabia-lhe o papel de fazer apelos ao regicídio, à *chouannerie* revolucionária, elaborar cartas, alegorias, brindes, invocações e peças de retórica sobre os acontecimentos do dia, toda a quinquilharia da Montanha, rejuvenescida por uma camada de verniz humanitário. Durante o império, seus truculentos manifestos do exílio foram a alegria da Polícia e dos jornais bonapartistas; carne ressecada, boa para atirar ao povo, que dela não podia extrair nem uma gota de vida. Esse delírio de pária era quase todo fingido. Quando o alucinado, o louco dos palcos passava para os bastidores, voltava a ser ardiloso, astucioso, prudentíssimo. No fundo, não passava de um cético cheio de fel, sincero apenas na idolatria de si mesmo. Chegava à Comuna com os bolsos atulhados de decretos.

Quando leu sua proposta, os românticos a aplaudiram e ela foi aprovada voando. No entanto, de manhã, fora aplaudido Beslay, que reivindicava que se reservassem ao Estado os serviços nacionais, ainda que o projeto de proclamação que a comissão trouxera não erigisse de forma alguma a Comuna em Constituinte. Contudo, foi votado e assinado: *A Comuna de Paris*. Em 1789, Loustalot queixava-se de que a municipalidade de Paris usurpara o nome de Comuna, que, segundo ele, significava a universalidade dos cidadãos. O caso era diferente em 1871, quando Comuna se tornara um nome de partido; os eleitos de 18 de março assumiram o nome, dado pelo povo, de membros da Comuna, nome que é preciso manter para a compreensão da história.

Na manhã de 30 de março, Paris ficou conhecendo sua Comuna: "Hoje", dizia a primeira proclamação, "a esperada decisão sobre os aluguéis, amanhã sobre os prazos de vencimento dos títulos, todos os serviços públicos restabelecidos e simplificados, a Guarda Nacional reorganizada imediatamente: eis quais serão nossos primeiros atos". Um decreto estabelecia o cancelamento geral das dívidas que venciam entre outubro de 1870 e julho de 1871 referentes a aluguéis de imóveis mobiliados. Versalhes oferecia apenas prazos, era injusto; a Comuna cancelava, dizendo, com razão, que a propriedade devia contribuir com sua cota de sacrifício, mas esquecia de isentar uma legião de industriais que haviam lucrado escandalosamente durante o sítio; recuava-se diante de uma investigação.

Em uma proclamação, o Comitê Central se dispôs a aderir aos decretos da Comuna. Esta manifestou seu desagrado na sessão do dia 30, e Duval pediu que se negasse ao Comitê qualquer poder político. Chega, de repente, uma delegação do Comitê. Era o momento da Comuna se afirmar. Única representante da população, única responsável, incorporava naquele momento todos os poderes e não podia tolerar a seu lado um Comitê nostálgico de seu antigo papel. A Comuna fizera justiça ao Comitê Central, reconhecendo com seu voto que ele prestara relevantes serviços a Paris e à república e acolhendo-o calorosamente na véspera; mas hoje devia declarar concluída sua missão. Em vez de falar francamente, houve apenas uma série de recriminações.

Um dos membros da Comuna recordou a promessa do Comitê de se autodissolver após as eleições. A menos que visasse conservar algum poder, não se entendia para quê era necessária sua organização.

Os delegados, conduzidos por Arnold, que a seguir integrou-se à Comuna, mostraram-se hábeis.

"Foi a Federação", disseram,

> que salvou a república. Nem tudo foi dito ainda. Dissolver essa organização é desagregar vossa força. O Comitê Central não pretende reter parte alguma do governo, ele continua sendo o traço de união entre vós e os guardas nacionais, o braço da revolução. Tornamos a ser o que éramos: o grande conselho de família da Guarda Nacional.

A imagem fez efeito; os delegados ansiavam pela definição dos poderes do Comitê, diziam. Acreditaram neles. Mas eis que, no dia seguinte, chegou esta nota oficial à Comuna: "O Comitê Central delega ao general Cluseret o departamento da Guerra, no qual reorganizará a Guarda Nacional sob a direção do Comitê". A Assembleia se revolta. Mortier e Paschal Grousset querem a abolição do Comitê. Perguntam a Duval se garante a segurança da Assembleia. Duval apressa-se em mudar o administrador do Hôtel-de-Ville e nomeia Pindy para o lugar de Assi. Arthur Arnould quer que o Comitê Central seja intimado a comparecer. Os membros da Comuna que pertenceram ao Comitê Central são encarregados de exigir explicações, as quais são apresentadas na sessão da noite. O Comitê nega a redação da nota e Cluseret, sua nomeação. A Comuna declara-se satisfeita; não decide nada.

No dia seguinte, o Comitê volta à carga. Seus delegados pedem a intendência, o direito de reorganizar a Guarda Nacional, de nomear o chefe de Estado-Maior e querem também uma remuneração pessoal. A Comuna os remete às comissões Executiva e Militar e não resolve nada. Nesse dia, por fim, pensa-se na província, para a qual serão enviados delegados.

Os decretos, as usurpações de poder e a frouxidão das deliberações serviram de pretexto para a fração radical-liberal da Assembleia. Não havia sessão que não registrasse três ou quatro demissões. Se seu acordo do dia 25 tivesse sido sincero, se estivessem preocupados com os destinos de Paris, os administradores distritais e os adjuntos eleitos teriam abraçado corajosamente seus mandatos e talvez arrastado maiorias. Como os da província, desertaram, embora tivessem aceitado as candidaturas. Muitos jamais haviam ido ao Hôtel-de-Ville. Outros erguiam os braços e exclamavam, lamentando-se: "Aonde vamos?". Este estava moribundo: "Vede, falta-me alento". A partir daí, aqueles mais injuriosos procuravam humildes desculpas, com "votos muito sinceros", como Méline.* Suas demissões, somadas às eleições duplas, deixavam 22 assentos vagos quando a Comuna validou os poderes. Esta, fiel às melhores tradições da república francesa, admitiu o húngaro Léo Frankel, um dos homens mais inteligentes da Internacional, nomeado pelo XIII Distrito. Seis candidatos não reuniam um oitavo dos sufrágios, proporção exigida pela lei de 1849; não o consideraram, pois, seus distritos, compostos de bairros reacionários, esvaziavam-se dia após dia.

Os ricos, os homens da ordem, duas vezes derrotados – na Praça Vendôme e no escrutínio –, continuavam a fugir para Versalhes, que alimentavam com novos ódios. A cidade reacionária adquirira uma fisionomia de batalha. Tudo anunciava a próxima luta. Thiers já riscara Paris da França. Em 31 de março, às vésperas do vencimento dos títulos e das dívidas de abril, o diretor dos Correios, Rampont, faltando com a palavra dada ao delegado da Comuna, Theisz, fugia depois de desmantelar os serviços; Versalhes suspendia as chegadas de vagões-postais e retinha a correspondência destinada a Paris.

Em 10 de abril. Thiers anunciou oficialmente a guerra: "A Assembleia está reunida em Versalhes, onde acaba de ser organizado um dos mais belos Exércitos que a França jamais teve. Portanto, os bons cidadãos podem ficar tranquilos e esperar o fim de uma luta que será dolorosa, porém curta". Cínica arrogância daquele velho que entravara a organização dos Exércitos contra os prussianos. Esse tal de "mais belo Exército" não passava do desordenado tropel de 18 de março, reforçado por cinco ou seis regimentos, cerca de 35 mil homens, com

* Apêndice III.

3 mil cavalos e 5 mil gendarmes ou policiais, a única corporação com alguma consistência.

Paris não queria sequer acreditar nesse Exército. Os jornais populares pediam o ataque, falavam da viagem a Versalhes como um passeio. O mais exaltado era *Le Vengeur*, onde Félix Pyat, agitando seus chocalhos, exortava a Comuna a "pressionar Versalhes [...]. Pobre Versalhes! Não lembra mais dos acontecimentos de 5 e 6 de outubro; as mulheres da Comuna sozinhas conseguiram prender seu rei". No dia 2 de abril, esse membro da Comissão Executiva, a par da verdade em decorrência de sua posição, anunciava a Paris esta extraordinária notícia: "Ontem houve uma votação por sim ou não para ver se os soldados queriam atacar Paris. Eles responderam: '*Não*!'".

Ataque de 3 de abril. Os parisienses são repelidos por toda parte. Flourens e Duval são assassinados. O versalheses massacram prisioneiros

No mesmo dia, domingo, à uma hora, sem aviso, sem notificação, os versalheses abrem fogo, atiram obuses sobre Paris. Há alguns dias, sua cavalaria trocava tiros com os postos avançados parisienses de Châtillon e de Puteaux. Os federados ocupavam Courbevoie, que controla o acesso a Versalhes, deixando muito preocupada a Assembleia. Às 11 da manhã de 2 de abril, três brigadas versalhesas, divididas em duas colunas que vinham uma por Rueil, outra por Montretout, reuniram-se no centro de Bergères. Entre 600 e 700 cavaleiros da Brigada Galliffet apoiavam o movimento. Os federados tinham apenas entre 500 e 600 homens em Courbevoie, protegidos por um embrião de barricada na estrada para Saint-Germain. Montavam uma boa guarda; naquela mesma manhã, seus cavaleiros feriram mortalmente o médico-chefe do Exército versalhês, Pasquier, que fora fazer um reconhecimento a cavalo – incidente que Thiers chamou de assassinato de um parlamentar.

Ao meio-dia, depois de bombardear o Quartel de Courbevoie e a barricada, os versalheses tentaram o assalto. Fugiram aos primeiros disparos dos federados, abandonando na estrada canhões e oficiais. O general Vinoy foi obrigado a reagrupar, ele próprio, os fugitivos. Enquanto isso, o 113º de linha contornava Courbevoie pela direita, e os fuzileiros navais tomavam Puteaux pela esquerda. Em ampla inferioridade numérica e temendo ser isolados de Paris, os federados abandonaram Courbevoie e, perseguidos pelos obuses, recuaram para a Avenida de Neuilly, deixando doze mortos e alguns prisioneiros. Os soldados da força pública prenderam e fuzilaram cinco deles no sopé do Mont-Valérien. Terminada a expedição, o Exército retornou a seus acantonamentos.

Ao ruído do canhão, Paris parou. Ninguém acreditava em um ataque, pois desde 28 de março vivia-se numa atmosfera de grande confiança. Era uma salva de aniversário, sem dúvida, ou no máximo um mal-entendido. Quando as notícias e as ambulâncias chegaram, quando se espalhou o rumor de que "O sítio está recomeçando!", uma mesma explosão veio de todos os bairros. As barricadas se reerguem. Arrastam-se canhões para as muralhas das portas Maillot e de Ternes. Às três horas, 50 mil homens gritam: "A Versalhes!". As mulheres querem marchar na frente.

A Comissão Executiva se reúne, afixa uma proclamação: "Os conspiradores monarquistas atacaram! Apesar da moderação de nossa atitude, eles atacaram. Nosso dever é defender a grande cidade contra essas culpáveis agressões". Duval, que detém o Comando Militar da Chefatura de Polícia, Bergeret, que detém o da Praça e Eudes, do departamento da Guerra, pronunciam-se energicamente a favor do ataque. O impulso, dizem eles, é irresistível, único. Que pode Versalhes contra 100 mil homens? É preciso atacar. Tridon, Vaillant, Lefrançais e Félix Pyat resistem, sobretudo este último, confrontado com sua arrogância daquela manhã. Não se pode atacar de modo aventureiro, disse ele, sem canhões, sem quadros, sem chefes, quer saber qual é a situação. Duval, que desde 19 de março estava louco para atacar, censura-o violentamente: "Então por que há três dias gritasteis 'A Versalhes!'?". O mais enérgico contra o ataque é Lefrançais. Por fim, os quatro membros civis, isto é, a maioria, decidem que os generais apresentarão um inventário detalhado de suas forças em homens, artilharia, munição e transportes. Às sete horas, a Comissão destacou Cluseret como adjunto de Eudes, pensando estar colocando junto ao departamento da Guerra um militar sério.

Apesar da maioria da Comissão, os generais atacaram. Não haviam sido formalmente proibidos de fazê-lo. Félix Pyat até acabara dizendo: "Afinal de contas, se acreditais estar preparados...". Viram Flourens sempre pronto para os ataques fulminantes, outros colegas igualmente aventureiros e, na certeza de serem seguidos pela Guarda Nacional, despacharam aos chefes-de-legião, por iniciativa própria, a ordem de formar colunas. Os batalhões da margem direita do Sena deviam concentrar-se na Praça Vendôme e na Praça Wagram; os da margem esquerda, na Praça d'Italie e no Campo de Marte.

Sem oficiais do Estado-Maior para os guiar, os movimentos foram pessimamente executados. Conduzidos de praça em praça durante horas, muitos homens se cansaram. À meia-noite, ainda restavam 20 mil homens na margem direita e cerca de 17 mil na margem esquerda.

A Comuna permaneceu em sessão de dez da noite à meia-noite e meia. Primeiro decidiu-se adiar a publicação das atas, pedida com insistência desde 18 de março e por fim votada na véspera. Félix Pyat anunciou que todas as desavenças com o Comitê Central estavam resolvidas, relatou a nomeação de Cluseret ao departamento da Guerra e a emboscada de Neuilly, apresentou um decreto cujo intuito era processar Thiers, Favre etc., cujos bens seriam sequestrados e, sempre tão oportuno, pediu a abolição do orçamento dos cultos. O mesmo teria lhe custado apresentar um decreto eliminando o Exército versalhês. Alguns homens sensatos pediram adiamento. Pyat reclamou urgência, obteve-a, conseguiu a aprovação do decreto. Pediu-se que, pelo menos, só fosse publicado no *L'Officiel* mais tarde. Diante da insistência de Pyat, foi ordenada a publicação imediata. Léo Meillet foi nomeado *questeur*, cuja função era impedir o acesso à sala, atulhada de repórteres e espiões; Protot conseguiu a aprovação da medida, garantindo que a Comuna adotaria as famílias dos cidadãos que sucumbiram ou viessem a sucumbir contra Versalhes. Quanto ao ataque, aos preparativos militares que atordoavam Paris, ninguém se referiu a eles, ninguém disputou posições com os generais.

Seu plano, que comunicaram a Cluseret, era o de fazer uma intensa demonstração em Rueil, enquanto duas colunas se esquivariam por Meudon e pelo planalto de Châtillon para atacar Versalhes. Bergeret, ajudado por Flourens, manobraria pela direita; Eudes e Duval comandariam as colunas do centro e da esquerda, ideia simples e de fácil execução com oficiais experientes e sólidas cabeças de coluna. Mas muitos batalhões estavam sem chefes desde 18 de março; os guardas nacionais, sem quadros; os generais improvisados, que assumiam a responsabilidade de liderar 40 mil homens, não tinham qualquer conhecimento militar, nem jamais haviam conduzido um batalhão ao combate. Não tomaram as providências mais elementares, não reuniram nem artilharia, nem carregamento de munição, nem ambulâncias, esqueceram de fazer uma ordem do dia, deixaram os homens sem víveres por várias horas, numa bruma que lhes penetrava os ossos. Cada federado seguiu o chefe que quis. Muitos não tinham cartuchos, pois acreditavam, como diziam os jornais, que se tratava de um simples passeio militar. Às seis horas, a Comissão Executiva afixara o seguinte despacho da praça: "O próprio Bergeret está em Neuilly. Todos os soldados de linha chegam e declaram que, salvo os oficiais superiores, ninguém quer lutar".

Às três da madrugada de 3 de abril, a coluna Bergeret, com cerca de seis mil homens e apenas oito bocas de fogo, está concentrada na Ponte de Neuilly. Os homens, que nada haviam comido desde a véspera, precisavam de tempo para se recuperar. De manhãzinha, Bergeret chega de carruagem, o que provoca murmúrios; as tropas tomam o caminho para Rueil. Os batalhões marcham por seções em linha, no meio da estrada, sem batedores, e estão subindo alegremente o planalto de Bergères quando um obus primeiro, e depois outro, caem sobre as fileiras. Os tiros vieram do Mont-Valérien.

Um pânico terrível dispersa os batalhões; milhares gritam traição. Toda a Guarda Nacional acreditava que a Comuna ocupava o Mont-Valérien. Alguns homens do Hôtel-de-Ville, do Comitê Central e da praça sabiam da verdade, e a ocultavam totalmente, na esperança de que a fortaleza não atiraria. Esta, por certo, contava apenas com duas ou três peças mal montadas, das quais era possível escapar com um movimento rápido. Mas os guardas, surpreendidos em sua confiança, creem-se traídos, fogem para todos os lados. Um obus parte ao meio Prodhomme, irmão do chefe do Estado-Maior, tenente do Exército regular que aderiu à Comuna. A maioria dos federados dispersa-se pelo campo e retorna a Paris. Apenas o 91º e alguns destroços, 1.200 homens, vão até Rueil em pequenos grupos. Pouco depois, Flourens chega pela estrada de Asnières: sua tropa mal chegava a mil homens. Os demais foram ficando por Paris ou na estrada. Mesmo assim, Flourens continua até Rueil.

Os versalheses, surpresos com os ataques, só entram em linha bem tarde, por volta das dez horas. Dez mil homens foram enviados na direção de Bougival. Baterias colocadas na encosta de Jonchère bombardearam Rueil. Duas brigadas da cavalaria, à direita, e a de Galliffet, à esquerda, operavam nos flancos. A vanguarda parisiense – um punhado de homens – resistiu para dar aos companheiros de Rueil tempo de bater em retirada. Esta começou perto da uma hora, em direção a Neuilly, cuja cabeça de ponte foi fortificada. Alguns bravos que haviam persistido em Rueil tiveram muita dificuldade em chegar à Praça d'Asnières, perseguidos pela cavalaria, que fez alguns prisioneiros entre eles.

Flourens foi surpreendido em Rueil. Desde 13 de março, aquele homem exuberante tornara-se taciturno, como se sentisse a sombra que se aproximava. Após a debandada, recusou-se a voltar, apeou-se do cavalo e seguiu tristemente pela margem do Sena, sem responder a Cipriani, velho companheiro de Creta, jovem e valente italiano disposto a lutar por todas as causas nobres, que lhe suplicava para não se expor. Cansado e abatido, Flourens deitou na beira do rio e adormeceu. Cipriani avistou uma casinha perto da Praça de Chatou, combinou o preço de um quarto, para onde Flourens o seguiu e, desvencilhando-se do sabre, do revólver, do quepe, deitou-se extenuado. Um indivíduo, enviado para fazer reconhecimento do terreno, os denunciou e cerca de 40 soldados da força pública cercaram a casa. Cipriani, o primeiro a ser pego, quis se defender, é espancado; Flourens, identificado por um despacho que levava consigo, é levado para a margem do Sena, onde se mantém em pé, com a cabeça descoberta e os braços cruzados. Um capitão da força pública chega a cavalo e grita: "Fostes vós, Flourens, que atirastes em meus soldados!"; erguendo-se nos estribos, parte-lhe o crânio com um golpe de sabre tão furioso que as duas metades se transformaram em dragonas, relatou um jovial soldado da força pública. Cipriani, ainda vivo, foi atirado com o morto em uma carrocinha de esterco e levado a Versalhes, onde as amigas dos oficiais foram farejar o cadáver. Assim terminou a carreira desse bom cavaleiro errante que a revolução amou.

Na extrema-esquerda, Duval passara a noite do dia 2 com 6 ou 7 mil homens no planalto de Châtillon. Por volta das sete horas da manhã do dia 3, forma uma coluna de elite, avança até Petit-Bicêtre, dispersa os postos avançados do general Du Barail e manda um oficial fazer o reconhecimento de Villecoublay, que controla a estrada. O oficial anuncia que o caminho está livre, e os federados avançam sem temor, quando, perto da aldeia, começa o tiroteio. Os homens se desdobram em franco-atiradores. Duval, no meio da estrada, a descoberto, dá o exemplo. Trocam-se tiros durante várias horas. Alguns obuses teriam bastado para desalojar o inimigo. Duval não tem artilharia; faltam cartuchos; manda buscá-los em Châtillon.

No meio da desordem inextricável, os federados que ocupam o pequeno forte pensam que já estão cercados. Os emissários de Duval suplicam, ameaçam, mas não conseguem obter nem reforços, nem munições. Um oficial ordena a retirada. Duval, abandonado, é atacado pela Brigada Derroja e toda a Divisão Pellé, 8 mil homens, retira-se com os bravos para o planalto de Châtillon.

O esforço no centro não se saía melhor. Dez mil homens haviam deixado o Campo de Marte às três da madrugada com Ranvier e Avrial. A única ordem de batalha dada pelo general Eudes foi a de ir em frente. Às seis horas, o 61° ataca Moulineaux, defendido por soldados da força pública. São levados a se retirarem para Meudon, fortemente ocupada por uma brigada versalhesa entrincheirada nas mansões com suas metralhadoras. Os federados têm apenas oito peças, e cada uma delas somente dá oito tiros, ao passo que Paris possui centenas. Às nove horas, desanimados de atirar contra paredes, recuam para Moulineaux. Ranvier vai às pressas buscar canhões e instala-os no Forte de Issy. Com isso, impediram os versalheses de tomar a ofensiva.

A derrota era geral, em todos os pontos, e os despachos cantavam vitória. Rindo dos Estados-Maiores, que não sabiam nem o nome dos generais, a Comissão Executiva anunciava a união de Flourens e Duval em Courbevoie. Félix Pyat, de novo belicoso, gritava no *Le Vengeur*: "A Versalhes! Se não quisermos ficar sem teto! A Versalhes! Se não quisermos pagar o pato! A Versalhes! Se não quisermos comer pão preto! A Versalhes! Se... etc". Apesar dos fugitivos daquela manhã, o ímpeto popular não diminuía. Um batalhão de 300 mulheres, com a bandeira vermelha à frente, subia a Avenida dos Campos Elíseos, pedindo para atacar o inimigo. Os jornais comunais da tarde anunciavam a chegada de Flourens a Versalhes. Ele de fato lá estava, pobre coitado!

A Comuna, que se reúne às dez da noite, não tem maiores informações. Félix Pyat pede que Eudes, Duval e Bergeret, retidos fora de Paris, sejam substituídos na Comissão Executiva; também será preciso substituir Lefrançais, que se demite, indignado com o despropositado ataque. Pedem-lhe que fique, ele se recusa, queixa-se de ter sido enganado, exige a publicação da demissão no *L'Officiel*. Viard chega de Châtillon, onde, segundo ele, a situação é razoável. Não é a opinião de Arthur Arnould, que traz do departamento da Guerra notícias bem diferentes; Paschal, Grousset e Dumay concordam com

Arnould. Outros, enviados a Issy, Meudon e Neuilly, fazem relatórios tranquilizadores. Muda-se de assunto e Paschal Grousset pede que se comunique aos soberanos o advento da Comuna, contra o parecer de J.-B. Clément, que nega que a Comuna precise afirmar-se diante da realeza. À uma hora da madrugada, a Assembleia se despede sem mais resoluções, ao passo que Duval esgota-se em esforços desesperados para manter junto de si alguns homens.

Como Flourens, não aceita retornar a Paris, mas, ao contrário dele, o taciturno Duval tornara-se eloquente, quase loquaz, desde 18 de março. Cercado apenas de um punhado de homens, passou a noite toda repetindo: "Não recuarei".

Às cinco da manhã do dia 4, o planalto e as aldeias vizinhas são cercados pela Brigada Derroja e a Divisão Pellé: os federados se rendem. Os versalheses capturam imediatamente os soldados que combatiam nas fileiras federadas e os fuzilam. Os outros prisioneiros, cercados por duas barreiras de caçadores, são encaminhados a Versalhes. Seus oficiais, de cabeça descoberta e galões arrancados, marcham à frente do comboio.

Em Petit-Bicêtre, a coluna encontra-se com Vinoy, que ordena o fuzilamento dos oficiais. O chefe da escolta lembra a promessa do general Pellé. Então Vinoy pergunta: "Há um chefe?" "Eu", diz Duval, saindo das fileiras. Outro dá um passo à frente: "Sou o chefe de Estado-Maior de Duval". O comandante dos voluntários de Montrouge vai se colocar ao lado deles. "Sois uns canalhas horrendos!", diz Vinoy, e, voltando-se para seus oficiais: "Que sejam fuzilados!". Duval e seus companheiros não se dignam a responder e, atravessando um fosso, encostam-se a um muro, apertam-se as mãos e gritam: "Viva a Comuna!". Morrem por ela. Um cavaleiro arranca as botas de Duval e circula com elas como um troféu; um redator de *Le Figaro* se apossa do colarinho ensanguentado.*

---

* Vinoy escreveu: "Os rebeldes entregam as armas e se rendem à discrição; o que atende pelo nome de Duval é *morto na operação*".

O Exército da ordem, retomando a horrível tradição de junho de 1848, massacrava os prisioneiros. Começara no dia 2. No dia 3, em Chatou, o general Galliffet mandara fuzilar três federados, surpreendidos no albergue onde faziam uma refeição, e publicar este feroz comunicado: "A guerra foi declarada pelos bandidos de Paris [...]. Assassinaram meus soldados [...]. Declaro a esses assassinos uma guerra sem quartel [...]. Tive de dar um exemplo".

O general que chamava de bandidos os combatentes parisienses e de exemplo três assassinatos não era outro senão o patife da guerra do México, que se tornara general-de-brigada em decorrência de uma carga em Sedan, não conduzida por ele. Nada mais edificante nessa guerra civil que os porta-bandeiras dos homens de bem.

Todo o bando acorreu à Avenida de Paris para receber os prisioneiros de Châtillon. Os emigrados parisienses – altos funcionários, elegantes, moças da sociedade e da vida, chacais e hienas – foram bater nos cativos com socos, bengalas e guarda-chuvas, arrancando quepes e capas, gritando: "Assassino! À guilhotina!". Entre os assassinos, estava Elisée Reclus, capturado com Duval. Para dar à fúria tempo de se consumir, a escolta fez várias paradas antes de conduzir os prisioneiros ao quartel da força pública. A seguir, foram atirados nos hangares de Satory e de lá encaminhados a Brest em vagões de gado.

Picard quis associar todos os homens de bem da França a essa sanha: "Jamais a baixa demagogia oferecera ao olhar aflito dos homens de bem rostos mais ignóbeis" – telegrafou aquele Falstaff sarnento.

Já na véspera, após os assassinatos de Mont-Valérien e de Chatou, Thiers escrevera a seus *préfets*: "O efeito moral é excelente". Quando o russo dizia que "A ordem reina em Varsóvia", Failly proclamava que "a espingarda Chassepot fez maravilhas"; os primeiros, pelo menos, falavam de estrangeiros, e não de compatriotas. Todos o sabiam, e não foi a burguesia francesa, mas uma filha do povo que disse esta bela frase: "Nunca vi jorrar sangue francês sem ficar arrepiada de horror".

A Comuna vencida em Marselha e Narbonne

O mesmo sol que vê Paris tropeçar ilumina a derrota do povo em Marselha.

A Comissão paralítica continuava a cochilar. No dia 26, Espivent deu o toque de despertar, pôs o departamento em estado de sítio, fez uma proclamação à maneira de Thiers. O Conselho Municipal começou a tremer e retirou seus delegados da *préfecture*. Gaston Crémieux foi dizer à administração distrital que a comissão estava disposta a desaparecer diante do Conselho. Este pediu tempo para pensar.

Transcorria a noite. A Comissão sentia que estava caindo no vazio. Bouchet propôs que ela telegrafasse a Versalhes dizendo que entregava seus poderes nas mãos de um *préfet* republicano. Pobre saída de um grande movimento. Sabia-se quem eram os *préfet*s republicanos de Thiers. A Comissão, desalentada, ia consentir na redação do telegrama, quando entraram Landeck, Amouroux e May, enviados, disseram eles, por Paris.

Os mais ardorosos da Comissão exaltaram-se ao ouvir o nome de Paris vitoriosa. O Conselho Municipal, ao contrário, decidiu manter sua decisão, comunicando-a à meia-noite ao clube da Guarda Nacional, que o imitou. À 1h30 da madrugada, os delegados do clube informaram à Comissão de que seus poderes não mais existiam. A burguesia liberal fraquejava, os radicais se esquivavam, o povo ficava sozinho para fazer frente à reação.

É a segunda fase do movimento. O mais febril dos três delegados, Landeck, tornou-se a autoridade da Comissão. Os republicanos, que conheciam suas mesmices no processo da Internacional, desconfiavam de que se tratava de um bonapartista por trás do fanfarrão. Na verdade, não passava de um cabotino de circo, que de nada duvidava porque tudo ignorava. Com esse saltimbanco à frente, a situação ficava trágica. Sem achar outra saída, Gaston Crémieux defendia a solução da véspera. No dia 23, escreveu ao Conselho que a Comissão estava disposta a se retirar, deixando-lhe a responsabilidade pelos acontecimentos, e pressionou seus colegas a libertar os reféns. Só conseguiu tornar-se suspeito de moderantismo e, cansado das disputas, deixou a *préfecture* à noite. Sua partida deixava a Comissão completamente a descoberto. Esta conseguiu encontrar seu esconderijo, apelou para sua dedicação, levou-o de volta à *préfecture,* para reassumir seu singular papel de chefe cativo e responsável.

O Conselho Municipal não respondeu à carta de Crémieux. No dia 29, a Comissão renovou a proposta. Mais uma vez o Conselho calou. À noite, 400 delegados da Guarda Nacional, reunidos no Museu, decidiram confederar os batalhões, e nomearam uma comissão encarregada da negociação entre a prefeitura e a *préfecture*. Tais delegados só representavam o elemento revolucionário dos batalhões e a prefeitura mergulhava cada vez mais no medo.

Começou uma guerra de proclamações entre os dois poderes. No dia 30, o Conselho respondeu à deliberação do Museu por meio de uma proclamação dos chefes-de-batalhão reacionários. A comissão retrucou com um manifesto, no qual pedia a autonomia da Comuna e a extinção das *préfectures*; com isso, o Conselho declarou o secretário-geral do *préfet* representante legal do governo e o convidou a reassumir o cargo. O secretário fez que não entendeu e refugiou-se na fragata La Couronne, atracada no porto recém-inaugurado. Muitos conselheiros também levaram seus gorros de dormir para bordo, precaução inútil, pois os reacionários mais notórios iam e vinham sem ser molestados. A energia da Comissão externava-se em gestos. Só prendeu dois ou três altos funcionários: o procurador, o substituto, por um momento o diretor da Alfândega e o filho do prefeito. O general Olivier foi solto apenas soube-se que se recusara a fazer parte das comissões mistas de 1851. Cometeu-se até o disparate de deixar um posto de caçadores, esquecido por Espivent, a dois passos da *préfecture*. A fuga do Conselho pareceu ainda mais vergonhosa. A cidade continuou calma e zombeteira. Quando o navio Le Renard foi mostrar seus canhões a Canebière, a multidão o vaiou tanto que ele levantou âncora e foi para junto da fragata.

A Comissão concluiu que não ousariam atacá-la e não tomou medida de defesa alguma. Podia armar Notre-Dame-de-la-Garde, que domina a cidade, e alistar grande número de garibaldinos. Alguns oficiais se ofereciam para organizar tudo. A Comissão agradeceu, disse que as tropas não chegariam e que, em todo caso, confraternizariam. Contentou-se em arvorar a bandeira negra, dirigir uma proclamação aos soldados e acumular na *préfecture* armas e canhões sem projéteis de calibre. Landeck, contudo, quis se destacar. Demitiu Espivent e nomeou em seu lugar um ex-cabo da cavalaria, Pélissier. "Até que ele assuma as funções", dizia a portaria, "as tropas ainda ficarão sob as ordens do general Espivent". Essa bela farsa data de 1 de abril. Perante o Conselho de Guerra, Pélissier proferiu uma frase que foi um achado. Quando lhe perguntaram "De que Exércitos, de quê éreis general?", respondeu: "Era general da situação". Nunca mais teve tropa. No dia 24, os operários tinham voltado ao trabalho, pois a Guarda Nacional não era remunerada – salvo os que defendiam a *préfecture*. Era difícil encontrar pessoal suficiente para cobrir os postos. À meia-noite, a *préfecture* não chegava a ter 100 defensores.

Um ataque surpresa era fácil. Alguns burgueses ricos quiseram tentá-lo. Homens para isso foram encontrados e as manobras, combinadas.

À meia-noite, devia-se sequestrar a comissão e ocupar a *préfecture*, enquanto Espivent marcharia sobre a cidade de modo a lá chegar ao raiar do dia. Um oficial foi mandado a Aubagne. O general recusou-se a participar, alegando prudência; seu *entourage* revelou o verdadeiro motivo da recusa: "Saímos de Marselha como covardes, queremos voltar de modo esplendoroso".

O esplendor parecia difícil com o Exército de Aubagne, 6 a 7 mil homens sem quadros e sem disciplina. Um único regimento, o VI de Caçadores, tinha alguma compostura; mas Espivent contava com os marinheiros de La Couronne, com os guardas nacionais da ordem, sempre em contato com ele, e, sobretudo, com a incúria da Comissão.

Esta tentou reforçar-se com a agregação de alguns delegados da Guarda Nacional. Votaram a dissolução do Conselho Municipal e a Comissão convocou os eleitores para 3 de abril. Tal medida, tomada no dia 24, talvez tivesse pacificado tudo. No dia 2, entretanto, chegava às vésperas da derrocada. Ao tomar conhecimento das notícias de Versalhes, no dia 3, Espivent mandou avisar aos chefes de batalhão reacionários que deviam ficar preparados. Às 11 horas da noite, oficiais garibaldinos foram dizer à *préfecture* que as tropas de Aubagne estavam em marcha. A Comissão voltou com o refrão: "Que venham; estamos prontos para recebê-las". À 1h30, decidiram dar o toque de reunir. Perto das quatro horas, cerca de 400 homens chegaram à *préfecture*. Uma centena de franco-atiradores instalou-se na estação, onde a Comissão não soubera colocar um canhão.

Às cinco da manhã do dia 4, algumas companhias reacionárias apareciam na Praça do Palácio da Justiça e na Avenida Bonaparte; os marinheiros de La Couronne alinham-se diante da Bolsa; os primeiros disparos vêm da estação.

Espivent está presente em três pontos: na estação, na Praça Castellane e na Plaine. Apesar de uma boa defesa, os franco-atiradores são obrigados a bater em retirada. Os versalheses fuzilam o comissário da estação diante de seu filho, criança de 16 anos, que se atira aos pés do oficial, oferecendo sua vida pela do pai. O segundo comissário, Funel, consegue escapar com o braço quebrado. As colunas de La Plaine e La Esplanade levam seus postos avançados até uma distância de 300 metros da *préfecture*.

A Comissão, sempre sonhando, envia uma embaixada a Espivent. Gaston Crémieux e Pélissier se vão, seguidos por uma multidão de homens e crianças que grita: "Viva Paris!" Nos postos avançados da Praça Castellane, onde está o Estado-Maior, Villeneuve, chefe do VI de Caçadores, dirige-se aos delegados: "Quais são vossas intenções?", pergunta Crémieux. "Viemos restabelecer a ordem." "Quê? Não ousaríeis atirar no povo!", exclama Crémieux, e inicia uma discussão; o versalhês ameaça mandar seus caçadores marcharem. Os delegados são levados até Espivent e este fala em prendê-los e lhes dá cinco minutos para deixar a *préfecture*. Ao retornar, Gaston Crémieux encontra os caçadores às voltas com a multidão, que procura desarmá-los. O povo chega em uma nova onda, precedida por uma bandeira negra, e investe contra os soldados. Um oficial alemão, que se pôs a serviço de Espivent como voluntário, prende Pélissier; os comandantes versalheses, vendo seus homens muito abalados, ordenam a retirada.

A multidão aplaude, acreditando em uma reviravolta. Dois corpos da infantaria já se haviam recusado a marchar. Por volta das dez horas, os caçadores chegam pelas ruas de Rome e de L'Armény. As pessoas gritam, cercam-nos. Muitos deles viram a coronha para cima. Contudo, um oficial consegue mobilizar sua companhia, que cruza a baioneta; ele cai com a cabeça atravessada por uma bala. Seus homens, irritados com sua morte, investem contra os guardas nacionais até a *préfecture*, para onde os perseguem e os fazem prisioneiros; as janelas da *préfecture* se enchem de fuzis. Os caçadores e os guardas nacionais da ordem atiram da Avenida Bonaparte e das casas vizinhas. Da janela dos Irmãos Ignorantinhos, um tiroteio contínuo.

A fuzilaria já durava duas horas e não chegava reforço algum para os federados. Inexpugnáveis na *préfecture*, sólido edifício quadrado, nem por isso estavam menos vencidos, pois não tinham víveres, nem muita munição. Para derrotá-los, bastava esperar, com a arma descansando, que tivessem esgotado seus cartuchos, mas o general do Sacré-Coeur não queria um triunfo pela metade. Era sua primeira campanha, precisava de sangue e, sobretudo, de barulho. Às 11 horas, mandou bombardear a *préfecture* do alto de Notre-Dame-de-La-Garde, a uma distância de 500 metros. O Forte Saint-Nicolas também abriu fogo; menos atinados que os de Sainte-Vierge, seus obuses derrubaram as casas aristocráticas da Avenida Bonaparte e mataram um dos guardas da ordem que atiravam por trás dos soldados. Às três horas, a *préfecture* içava a bandeira da negociação, Espivent continuava a atirar. Foi enviado um negociador. Espivent pretendia que se rendessem incondicionalmente. Às cinco horas, 300 obuses haviam atingido o edifício e ferido muitos federados. Os defensores, sem socorro, abandonaram pouco a pouco a praça. Há muito a *préfecture* já não atirava, mas Espivent ainda a bombardeava. Às 7h30, os marinheiros de La Couronne e de La Magnanime adentraram corajosamente a *préfecture* vazia. "Foi tomada de assalto", disse Thiers aos tolos da Assembleia, "e sabeis como? Com machados de abordagem!" (*Mouvement*).

Encontraram os reféns sãos e salvos, bem como os caçadores capturados pela manhã. A repressão jesuítica foi atroz. Os homens da ordem prendiam ao acaso e levavam suas vítimas ao almoxarifado da estação; lá, um oficial olhava bem os prisioneiros, fazia a este ou àquele sinal de que avançasse e lhe estourava os miolos. Nos dias subsequentes, ouviu-se falar de execuções sumárias nos quartéis, nos fortes e nas prisões. O número exato de mortos do lado do povo é desconhecido, porém superior a 150; muitos feridos se esconderam. Os versalheses tiveram 30 mortos e 50 feridos. Mais de 900 pessoas foram atiradas nas casamatas do Castelo de If e do Forte Saint-Nicolas.

Gaston Crémieux foi preso na casa do zelador do cemitério israelita. Entregou-se voluntariamente aos que o procuravam, confiando em sua boa fé e acreditando nos juízes. O bravo Étienne foi pego, Landeck escondera-se.

No dia 5, Espivent fez uma entrada triunfal, aclamado pelos reacionários, ébrios de felicidade. Da segunda fila da multidão subiram gritos e vaias contra os carniceiros. Na Praça Saint-Ferréol, alguém atirou em um capitão e a multidão apedrejou as janelas de uma casa na qual os marinheiros haviam sido aplaudidos.

Dois dias após a luta, o Conselho Municipal, de volta de La Couronne, recuperou a voz para golpear os vencidos.

A Guarda Nacional foi desarmada. Espivent peregrinou aos gritos de "Viva Jesus! Viva o Sagrado-Coração!". O clube da Guarda Nacional foi fechado e os radicais, injuriados, perseguidos, souberam uma vez mais como sai caro abandonar o povo.

Narbonne já estava subjugada. No dia 30 de março, o *préfet* e o procurador haviam publicado uma proclamação na qual falavam sobre um punhado de facciosos, diziam que eles próprios eram a verdadeira república, e telegrafavam a todos contando do insucesso dos movimentos da província. Digeon mandara afixar o seguinte: "Será esta uma razão para arriar diante da força a bandeira vermelha manchada com o sangue de nossos mártires? [...] Que outros consintam em viver eternamente oprimidos...". E ergueu barricadas nas ruas que conduzem à prefeitura. As mulheres, mais uma vez as primeiras, arrancaram paralelepípedos, amontoaram móveis. As autoridades, temendo uma resistência séria, enviaram Marcou como emissário a seu amigo Digeon. O Brutus de Carcassonne foi à prefeitura, acompanhado por dois republicanos de Limoux e, em nome do procurador geral, ofereceu anistia ampla e irrestrita a todos os que evacuassem o edifício e, a Digeon, 24 horas para chegar à fronteira. Este, entretanto, reuniu seu conselho; todos se recusaram a fugir. Marcou avisou a autoridade militar. O general Zentz foi enviado a Narbonne.

Às três horas da madrugada, um destacamento argelino do Exército francês na África sonda a barricada da Rua du Pont. Os federados, querendo confraternizar, deixam livre o acesso. Uma descarga os acolhe, matando dois homens e ferindo três. Às sete horas do dia 31, Zentz anuncia que o bombardeio vai começar. Digeon escreveu-lhe: "Tenho o direito de reagir a uma ameaça selvagem de maneira análoga. Aviso-vos que, se bombardeardes a cidade, mandarei fuzilar as três pessoas que tenho em meu poder". Zentz prende o portador da carta e manda distribuir aguardente aos soldados argelinos. Estes árabes chegavam a Narbonne como para uma razia e já haviam saqueado três cafés. O procurador geral envia mais dois negociadores. Mantém a anistia oferecida na véspera para todos os que deixassem a prefeitura antes do início do tiroteio; a execução dos reféns será punida com o massacre de todos os ocupantes. Digeon escreve essas condições, ditadas por um negociador, as lê aos federados e dá a todos a liberdade de se retirarem ou não. Nesse momento, o procurador geral aparece com os argelinos, na frente do jardim. Digeon corre para lá. O procurador fala em indulgência à multidão. Digeon protesta: acabam de prometer a anistia. O procurador interrompe a discussão com um rufar de tambores; vai repetir as intimações legais diante da fachada da prefeitura e reclama os reféns, que os soldados desertores lhe entregam.

Essas conversações haviam debilitado profundamente a defesa. A prefeitura não podia suportar um bombardeio, o que devastaria a cidade. Digeon manda esvaziar o prédio e se tranca sozinho no gabinete do prefeito, decidido a cobrar caro por sua vida. A multidão acorre e, apesar de sua resistência, o carrega. A prefeitura já havia sido desocupada quando os argelinos chegaram. Eles saquearam tudo; seus oficiais foram vistos ostentando objetos roubados.

Apesar da promessa expressa, foram emitidas várias ordens de prisão. Digeon recusou-se a fugir, escreveu ao procurador-geral dizendo que podiam mandar prendê-lo.

A nefasta jornada de 4 de abril viu um lampejo de esperança em Limoges. A capital revolucionária do centro não podia assistir de braços cruzados aos esforços de Paris. No dia 23 de março, a Sociedade Popular, que centralizava as atividades democráticas, agradeceu ao Exército de Paris por sua conduta em 18 de março. Quando Versalhes pediu voluntários, a Sociedade exigiu do Conselho Municipal que evitasse essa incitação à guerra civil. Pouco depois da proclamação da Comuna em Paris, as sociedades operárias enviaram à grande cidade um delegado, que foi se informar sobre os princípios da Comuna, relatar seu programa e pedir-lhe um comissário. A Comissão Executiva respondeu que no momento era impossível, que mais tarde isso talvez fosse viável. A Sociedade Popular, sozinha, instou o Conselho Municipal a passar em revista a Guarda Nacional, certa de que dali sairia uma manifestação contra Versalhes. O Conselho que, com raras exceções, era composto de homens tímidos, adiava, deixava o tempo passar, quando um despacho triunfal de Versalhes anunciou a derrota de 3 de abril. No dia 4, os operários da cidade se rebelam. Um destacamento de 500 soldados ia partir para Versalhes; eles os seguem, falam com os soldados, instam-nos a se unirem ao povo. Os soldados, rodeados, confraternizam e entregam as armas, muitas das quais são escondidas na Sociedade Popular.

O coronel da cavalaria Billet, que está percorrendo a cidade acompanhado por ordenanças, é cercado e obrigado a gritar: "Viva a república!". Às cinco horas, a Guarda Nacional está formada e armada na praça da administração municipal. Seus oficiais estão reunidos na prefeitura; um conselheiro propõe que se proclame a Comuna. O prefeito resiste; o grito eclode por toda parte e o capitão Coissac encarrega-se de ir à estação no intuito de parar os trens que transportam tropas. Os outros oficiais consultam as companhias. O grito destas é unânime: "Viva Paris! Abaixo Versalhes!" Os batalhões se põem em marcha, desfilam diante da prefeitura; precedidos por dois conselheiros municipais, vão pedir ao general a libertação dos militares presos naquele dia. O general dá ordem para soltá-los e manda dizer dissimuladamente ao coronel Billet que se prepare para lutar contra a insurreição. Da Praça Tourny, os guardas nacionais vão até a *préfecture*, ocupam-na, apesar da resistência dos conservadores, e começam a erguer algumas barricadas. Com a chegada de soldados pela Rua des Prisons, vários cidadãos adjuram os oficiais a não iniciar a guerra civil. Estes hesitam e se retiram; o coronel Billet desemboca na praça da Igreja Saint-Michel à frente de 50 cavaleiros e ordena a seus homens que empunhem o sabre. Estes atiram com revólveres; os guardas nacionais respondem; o coronel é mortalmente ferido. Seu cavalo dá meia-volta e, seguido pelos outros, leva o cavaleiro até a Praça Saint-Pierre. Os guardas nacionais continuam controlando o campo de batalha. Porém, sem organização, debandam durante a noite e saem da *préfecture*. Abandonada, a companhia que ocupava a estação se retira no dia seguinte. Começaram as prisões. Muitos tiveram de se esconder.

As revoltas das cidades extinguiam-se assim uma a uma, como as crateras laterais de um vulcão extinto. Os revolucionários da província mostraram-se completamente desorganizados, incapazes de lidar com o poder. Vencedores por toda parte ao primeiro embate, os trabalhadores só haviam sabido gritar: "Viva Paris!". Ao menos provaram que tinham vida, coração e altivez, e que 80 anos de dominação burguesa não haviam podido transformá-los em um povo de mendigos.

Os grandes recursos da Comuna. As fraquezas de seu Conselho. O Comitê Central. Decreto sobre os reféns. O banco

Após 70 dias de armistício, Paris retoma sozinha a luta pela França. Já não disputa apenas o território, mas os próprios alicerces da nação. Vencedora, sua vitória não será inútil como a dos campos de batalha; raças renovadas darão continuidade à construção do edifício social iniciada por ela. Vencida, as liberdades se extinguirão; a burguesia arma com ferro seus látegos, uma geração descerá ao túmulo.

Paris, tão boa, tão fraterna, não estremece diante dessa luta entre franceses. A ideia abre suas amplas asas sobre os batalhões. Marcham de cabeça erguida, olhos brilhantes e ar altaneiro. Se o burguês se nega a lutar, alegando: "Tenho família", o trabalhador responde: "Pois eu, luto por meus filhos".

Pela terceira vez desde 18 de março, a cidade tem apenas um alento. Os despachos oficiais, os jornalistas de aluguel sentados à mesa em Versalhes, pintavam Paris como o pandemônio de todos os bandoleiros da Europa. As mulheres sérias não ousavam mais se aventurar pelas ruas; 1,5 milhão de pessoas oprimidas por 20 mil facínoras faziam votos ardentes pela vitória de Versalhes. O viajante que se aventurava a ir a Paris encontrava as ruas e os bulevares tranquilos, vivendo sua vida costumeira. Aqueles saqueadores pilharam apenas a guilhotina, solenemente queimada na frente da administração do XI Distrito. De todos os bairros, partia o mesmo murmúrio execrando o assassinato dos prisioneiros e as cenas ignóbeis de Versalhes. E, ao ver em Paris aquela calma, aquela união dos corações, aqueles feridos gritando "Viva a Comuna!", aqueles batalhões entusiastas e os homens vivendo como irmãos – ao passo que do outro lado o Mont-Valérien cuspia a morte –, aquela que fora a Paris indignada contra a grande cidade sentia os olhos úmidos, um arrepio na pele, e em poucas horas contraía a doença parisiense.

Era uma febre de fé, de dedicação e sobretudo de esperança. Que rebelião teve tais armas? Já não se trata, como em junho de 1848, de desesperados escondidos atrás de paralelepípedos, reduzidos a carregar seus fuzis com lingotes ou pedras. A Comuna de 1871, muito diferente da de 1793, possui mais de 60 mil soldados treinados, centenas de milhares de fuzis, 1.200 canhões, cinco fortes, uma muralha coberta por Montmartre, Belleville e pelo Panthéon, munição para vários anos e, se quiser, milhões em dinheiro. De que precisa para vencer? Um pouco de instinto revolucionário. Todos no Hôtel-de-Ville vangloriam-se de tê-lo.

Na sessão noturna do dia 4, o Comitê Central, animado pela derrota, torna a pedir à intendência o direito de reorganizar a Guarda Nacional. A Comuna lamenta sua obstinação em permanecer no poder e, alguns instantes depois, aceita que ele seja encarregado da intendência. E mais: pedem a Bergeret, que está chegando, detalhes sobre a situação militar. Ele faz friamente seu próprio elogio, atribui a derrota a "atrasos lastimáveis" e "retira-se saudado pelos aplausos unânimes da Assembleia", segundo a ata do dia, até hoje inédita, como as das primeiras 16 sessões.*

---

* As atas oficiais da Comuna foram salvas do Hôtel-de-Ville na terça-feira, 23 de maio, por um amigo do secretário Amouroux, preso na véspera. →

Não apenas a Comuna não censura os autores do ataque, como "deixa-lhes total liberdade para a condução das operações militares, tão longe de ofendê-los como de enfraquecer-lhes a autoridade". Entretanto, sua negligência e sua incapacidade haviam sido fatais. A Comuna sem dúvida entendeu que era responsável e que, para ser justa, teria que ter também acusado a si mesma.

Acreditou que tudo estaria resolvido com a ratificação da escolha de Cluseret como delegado ao departamento da Guerra. Desde 19 de março que ele cercava o Comitê Central em busca de um generalato, oferecendo planos de batalha contra os administradores distritais. Rechaçado, voltara-se para a Comissão Executiva, que, apesar de Lefrançais, associara-o aos generais da noite de 2 de abril. Ouvia-se o clarim chamando para o funesto ataque. Cluseret encontrou-se com os generais, deixou que se comprometessem e, no dia seguinte, denunciou sua "gaiatice". Era nas mãos desse militar panfletário, sem outra recomendação além da condecoração conquistada contra as barricadas de junho, que os socialistas de 1871 entregavam a defesa da revolução. Como Trochu, tinha seu plano e, como aquele prometera aos lioneses, prometia à Comuna organizar, em 20 ou 25 dias, um Exército capaz de passar à ofensiva.

Essa escolha até que agradou bastante ao Comitê Central. Este, instalado na Rua de l'Entrepôt, atrás da Alfândega, perto de onde nasceu, respondeu ao ataque versalhês no dia 3 com uma proclamação:

> Trabalhadores, não vos iludais, é a grande luta. É um confronto entre o parasitismo e o trabalho, a exploração e a produção. Se estais cansados de vegetar na ignorância e de apodrecer na miséria; se quereis que vossos filhos sejam homens que se beneficiem de seu trabalho, e não uma espécie de animais adestrados para a oficina e o combate; se não quereis mais que vossas filhas, que não podeis criar e vigiar à vontade, sejam instrumentos de prazer nos braços da aristocracia do dinheiro; se quereis por fim o reino da justiça, trabalhadores, sede inteligentes, em pé!.

O Comitê Central declarava também, em outro cartaz, que não queria poder político algum; o poder, em tempo de revolução, vai

→ O autor encontrou-as recentemente no Museu Carnavalet. Com esses documentos, é possível precisar os acontecimentos e preencher certas lacunas.

sozinho para as mãos de quem a decide. O Hôtel-de-Ville não soubera ainda explicar a Comuna, e sua bagagem política consistia em dois decretos inúteis. O Comitê Central, ao contrário, indicava sem cessar, com muita nitidez, o caráter daquela luta que se tornara social e, indo além do cenário político, mostrava, por trás do conflito pelas liberdades municipais, a questão do proletariado.

A Comuna podia aproveitar essa nova lição, atacar o manifesto, se necessário, e depois, armando-se com os protestos do Comitê, obrigá-lo a se dissolver e distribuir seus membros pelos diferentes serviços. A Comuna contentou-se em praguejar contra o Comitê.

No entanto, se alguma vez ela se sentiu poderosa, foi naquele dia. A brutalidade versalhesa, o assassinato dos prisioneiros, de Flourens e de Duval haviam exasperado até os mais calmos. Ali estavam, três dias antes, cheios de vida, aqueles bravos companheiros que também eram amigos, irmãos. Seu lugar vazio parecia gritar por vingança. Pois bem, já que Versalhes fazia a guerra selvagem, a resposta seria olho por olho, dente por dente. Aliás, se a Comuna não agisse, a vingança do povo, dizia-se, seria mais terrível. No dia 4, Vaillant pedira que, para responder aos assassinatos de Versalhes, a Comuna lembrasse que tinha reféns e devolvesse cada um dos golpes. No dia 5, Delescluze apresentou um projeto e foi decretado por unanimidade que todo acusado de cumplicidade com Versalhes seria julgado em 24 horas e, caso fosse declarado culpado, seria mantido como refém. A execução por Versalhes dos defensores da Comuna seria seguida da dos reféns, em número três vezes maior – estatuía o decreto –, ou em número igual ou duas vezes maior – como dizia a proclamação.

Tais variantes mostravam como os espíritos estavam transtornados. Os jornais burgueses gritaram contra semelhante atrocidade, e Thiers, que fuzilava sem decreto, denunciou a ferocidade da Comuna; no fundo, todos eles riam por baixo do pano. Os reacionários de maior peso haviam fugido há muito tempo. Só restavam em Paris os peixes miúdos e alguns retardatários que Versalhes saberia sacrificar se fosse necessário. "Os reféns! Os reféns! Azar o deles!", dizia o doce Barthélémy Saint-Hilaire a todo aquele que lhe falava de uma possível jornada nas prisões. Em sua indignação cega, a Comuna não enxergava os verdadeiros reféns, que saltavam aos olhos: o Banco, o Registro de Propriedades e o Tesouro, a Caixa de Depósito e Penhores etc. Com isso, tinham em seu poder os genitais de Versalhes; podia-se rir de sua experiência, de seus canhões. Sem expor um só homem, bastava à Comuna dizer: "Transige ou morre".

Mas os eleitos em 26 de março não eram capazes de tal ousadia. O Comitê Central incorrera em um grande erro deixando escapar o Exército versalhês; a Comuna cometera outro 100 vezes pior. Todas as insurreições sérias começaram apropriando-se do nervo do inimigo: o cofre. A Comuna foi a única a não fazê-lo. Aboliu as verbas do clero, administradas em Versalhes, e caiu em êxtase diante do cofre da alta burguesia, que tinha ao alcance das mãos.

Cena engraçadíssima, se é que se podia rir de uma negligência que fez jorrar tanto sangue. Desde 19 de março, os diretores do Banco esperavam todos os dias o confisco de seu cofre. Impossível pensar em mudá-lo para Versalhes, a não ser com a ajuda de 100 vagões e um corpo de Exército. No dia 23, o diretor geral, Rouland, não aguentou mais e desapareceu. O vice-diretor, De Ploeuc, o substituiu. Já na primeira entrevista com os delegados do Hôtel-de-Ville, percebeu sua timidez, batalhou, pareceu ceder, repassou o dinheiro, escudo por escudo. O lado burlesco da situação é que ele negaceava a Paris o próprio dinheiro de Paris, um saldo credor de 9,4 milhões de francos, depositado no Banco. Manobrou dessa maneira até 23 de março. Havia no Banco: 77 milhões em moedas metálicas, 166 milhões em papel moeda,* 899 milhões em papéis, 120 em valores em caução, 11 milhões em lingotes, 7 milhões em joias, 900 milhões em títulos, totalizando dois bilhões e 180 milhões de francos. Oitocentos milhões em papel-moeda só esperavam a chancela do caixa, chancela fácil de ser feita. Portanto, a Comuna tinha quase três bilhões à mão, dos quais um bilhão líquido, suficiente para comprar

---

* Em seu livro *Mes Souvenirs*, publicado em 1873, Besiay diz: "O caixa era de 40 e poucos milhões". Sem dúvida só quis se referir ao dinheiro em moedas metálicas que lhe mostravam. De Ploeuc disse em seu depoimento "203 milhões". *Enquête sur le 18 Mars*, errata.

mil vezes todos os Galliffet e altos funcionários de Versalhes; como reféns, os 90 mil depósitos de títulos e os dois bilhões em circulação, cujo penhor encontrava-se na Rua de La Vrillière.

No dia 30 de março, Beslay, delegado pela Comuna, apresentou-se diante do tabernáculo. Quisera retirar-se após seu discurso de abertura, sentindo-se velho demais para servir a tal luta; instado por todos os colegas, ficara. Para recebê-lo, De Ploeuc destacara seus 430 funcionários armados de fuzis sem cartuchos. Beslay, que o conhecia bem, pediu-lhe que satisfizesse as necessidades da folha de pagamento. De Ploeuc falou em defender-se. "Mas, e se, para evitar o derramamento de sangue, a Comuna nomeasse um diretor?", disse Beslay. "Um diretor, jamais!", retrucou De Ploeuc, "mas um delegado; e se este delegado fôsseis vós, poderíamos nos entender". E, passando ao tom patético: "Vamos, senhor Beslay, ajudai-me a salvar isto: é a fortuna de vosso país, é a fortuna da França".

Beslay, muito sensibilizado, foi à Comuna à noite repetir o argumento, ainda mais porque acreditava nele, pretendia-se conhecedor de finanças: "O Banco da França é a fortuna do país; sem ele, não há mais indústria, não há mais comércio; se o violardes, todos os seus títulos irão à falência". Tais tolices circularam pelo Hôtel-de-Ville. Esquecendo que seu mestre colocara a eliminação do Banco à testa de seu programa revolucionário, os proudhonianos do Conselho reforçavam as palavras de Beslay. A fortaleza capitalista não tinha em Versalhes defensores mais ardorosos. Se pelo menos tivessem dito: "Ao menos ocupemos o Banco". A Comuna não teve sequer esse poder, contentando-se em comissionar Beslay. De Ploeuc recebeu-o de braços abertos. Instalou-o no gabinete mais próximo ao seu, levou-o até a dormir no Banco, e então respirou.

Desde a primeira semana, a Comuna mostrara-se frágil diante dos autores do ataque, do Comitê Central e do Banco; leviana em seus decretos e na escolha de seu delegado para o departamento da Guerra; sem plano militar, discutindo a mais não poder. Os irreconciliáveis que permaneceram após a fuga dos liberais entenderam para onde rumavam os fatos. Sem nenhuma vocação para mártires, demitiram-se.

Os primeiros combates de Neuilly e Asnières. Organização e derrota dos conciliadores

O insucesso do dia 3 abateu os tímidos e exaltou os fervorosos. Batalhões até então inertes se ergueram. O armamento dos fortes não foi descuidado. Salvo Issy e Vanves, muito danificados, os outros estavam intactos. Paris ouviu as belas peças de artilharia de sete – tão desdenhadas por Trochu, que só quisera receber 40 delas – atirarem com toda a alma, com tanta pontaria que, na noite do dia 4, os versalheses deixaram o planalto de Châtillon. As trincheiras que protegiam os fortes se guarneceram. Moulineaux, Clamart e Val-Fleury se acenderam. À direita, os federados reocuparam Courbevoie, e a Ponte de Neuilly foi protegida com barricadas.

Dali ameaçavam Versalhes. Vinoy recebeu ordem de tomar Neuilly. Na manhã do dia 6, o Mont-Valérien, recentemente armado com peças de 24, abriu fogo contra Courbevoie. Após seis horas de bombardeio, os federados desocuparam a rotunda e tomaram posição atrás da grande barricada da Ponte de Neuilly. Os versalheses a bombardearam; ela resistiu, protegida pelo canhão da Porta Maillot.

Esta, que se tornou lendária, só dispunha de algumas peças atirando a descoberto, sob o fogo cerrado que vinha do Mont-Valérien. Durante 43 dias, a Comuna encontrou homens que resistiram onde parecia impossível. Os curiosos iam olhá-los, protegidos pelas pilastras do Arco do Triunfo; os meninos divertiam-se na Avenida de la Grande-Armée e mal esperavam a explosão para correr atrás dos fragmentos de obuses.

A intrepidez parisiense mostrou-se logo às primeiras escaramuças. Os próprios jornais burgueses lamentavam que tanta coragem não tivesse sido atirada contra os prussianos. Em meio ao pânico do dia 3, houvera atos heroicos. Para dar a seus defensores funerais dignos deles, a Comuna chamou o povo. Às duas horas do dia 6, uma multidão acorreu ao hospício Beaujon, onde os mortos estavam expostos de rosto descoberto. Mães, esposas, curvadas sobre os cadáveres, gritaram de ódio e juraram vingança. Três catafalcos, cada um com 35 caixões envoltos em véus negros e ostentando bandeiras vermelhas, foram lentamente puxados por oito cavalos em direção aos grandes bulevares, anunciados pelos clarins e pelos *Vengeurs de Paris*. Delescluze e cinco membros da Comuna, de lenço vermelho atado ao pescoço e cabeça descoberta, presidiam o cortejo fúnebre. Atrás deles iam os parentes das vítimas, as viúvas de hoje apoiadas pelas de amanhã. Milhares e milhares, com perpétuas na lapela, silenciosos, marchavam ao ritmo dos tambores abafados. Uma música surda subia de quando em quando como explosão involuntária de uma dor por demais contida. Nos grandes bulevares, eram 200 mil na rua, e mais 100 mil faces pálidas olhavam das janelas. Mulheres soluçavam; muitas desmaiaram. Essa via-sacra da Revolução, leito de tantas dores e de tantas festas, raramente viu tanto ardor nos corações. Delescluze exclamou: "Que povo admirável! Será que eles ainda dirão que somos um punhado de facciosos?". No cemitério Père-Lachaise, Delescluze avançou até a vala comum. As cruéis provações da prisão de Vincennes haviam abalado seu exterior tão frágil. Enrugado, encurvado, afônico, sustentado apenas por sua fé indomável, o moribundo saudou os mortos:

> Não vos farei longos discursos, estes já nos custaram caro demais [...]. Justiça para as famílias das vítimas [...]. Justiça para a grande cidade, que, após cinco meses de sítio, traída por seu governo, ainda tem nas mãos o futuro da humanidade [...]. Não choremos por nossos irmãos tombados heroicamente, mas juremos continuar sua obra e salvar a liberdade, a Comuna, a República.

Na manhã seguinte, os versalheses canhonearam a barricada da Avenida de Neuilly. Os moradores, aos quais não tiveram a humanidade de avisar, foram obrigados a se refugiar nos porões. Por volta das 4h30, o ataque dos versalheses cessou e os federados descansavam um pouco, quando os soldados se lançaram em massa sobre a ponte. Os federados tentaram detê-los, mataram dois generais, sendo um deles Besson, culpado da surpresa de Beaumont-l'Argonne durante a marcha sobre Sedan, e feriram um terceiro. Os soldados, muito mais numerosos, conseguiram avançar até o antigo parque de Neuilly.

A perda dessa posição era ainda mais lastimável pelo fato de Bergeret, em uma carta a *L'Officiel*, ter-se responsabilizado por Neuilly. A Comissão Executiva o substitui por Dombrowski, um polonês que Garibaldi solicitara para seu Exército do Vosges. O Estado-Maior engalonado de Bergeret protestou, e a gritaria fez com que fosse preso seu chefe, muito ridicularizado pelo despacho do dia 3. A Guarda Nacional mostrou desconfiança em relação a Dombrowski e enviou uma delegação à Comuna. Vaillant e Delescluze defenderam Dombrowski, o qual a Comissão Executiva teve de apresentar a Paris. Dispondo de informações imprecisas, criou uma lenda em torno dele, que o próprio Dombrowski não tardou em superar.

No dia 7, os federados de Neuilly viram um homem jovem, de baixa estatura e farda modesta, inspecionar lentamente os postos avançados sob o tiroteio. Em lugar do ímpeto francês, cheio de ardor e de brilho, a bravura fria e como que inconsciente do eslavo. Em algumas horas, o novo chefe havia conquistado seu mundo. O oficial logo se revelou. Na noite do dia 9, com dois batalhões de Montmartre e acompanhado de Vermorel, Dombrowski surpreendeu os versalheses em Asnières, expulsou-os de lá, apossou-se de suas peças e, situando-se na ferrovia, com os vagões blindados, canhoneou o flanco de Courbevoie e a ponte de Neuilly. Seu irmão tomou o castelo de Bécon, que domina a estrada de Asnières a Courbevoie. Quando Vinoy quis retomar essa posição na noite do dia 12, seus homens, rechaçados, fugiram até Courbevoie.

O serviço geral do Estado-Maior era tão rudimentar que Paris ignorou esse sucesso. O brilhante ataque era obra de um homem, assim como a defesa dos fortes nascia espontaneamente da Guarda Nacional. Ainda não havia direção alguma. Quem queria desviar-se momentaneamente da linha de operações o fazia; quem queria canhões, reforços, ia pedi-los a quem podia: à Praça, ao Hôtel-de-Ville, ao Comitê Central, ao generalíssimo Cluseret.

Este começara com um equívoco: chamara apenas os solteiros de 17 a 35 anos, privando assim a Comuna dos mais enérgicos, os homens de cabelos grisalhos, primeiros e últimos a empunhar as armas em todas as insurreições. Três dias depois, foi preciso revogar a portaria. No dia 5, esse estrategista anunciava em seu relatório à Comuna que o ataque de Versalhes encobria um movimento para ocupar os fortes da margem direita, naquele momento em mãos prussianas. Lamentava, como Trochu, os canhoneios dos últimos dias, que desperdiçavam munição; dizia, quando Paris transbordava de pólvora e obuses, quando havia tropas jovens que a artilharia sustentava e divertia, quando os versalheses de Châtillon, incessantemente perseguidos por nosso togo, eram obrigados a mudar-se todas as noites, quando só o canhoneio contínuo podia preservar Neuilly.

Quanto à defesa, a Comuna não se saía melhor. Decretava o serviço militar obrigatório e o desarmamento dos rebeldes: ora, as buscas feitas às cegas, sem Polícia, não podiam render nem um homem, nem 100 fuzis a mais. Aprovava em votação pensões vitalícias de 600 francos para as viúvas, casadas ou não, dos guardas nacionais: para os ascendentes, pensões proporcionais de 100 a 800 francos; para os filhos, uma renda de 365 francos até os 18 anos, e adotava os órfãos; excelentes medidas, que davam tranquilidade ao espírito dos combatentes, mas que supunham Paris vitoriosa. Não seria melhor dar de imediato uma indenização aos que tivessem direito, como foi feito no caso das viúvas de Duval e Dombrowski? Na verdade, os beneficiários das rendas aprovadas só receberam alguns míseros adiantamentos.

Essas decisões incompletas ou irrefletidas revelavam falta de estudos. Os que frequentavam o Hôtel-de-Ville tinham uma visão mais ampla. Como eram raros os eleitos que pareciam compreender a enorme responsabilidade! Quantos se ausentavam das sessões! Nos dias 30 de março, 4 e 5 de abril, após algumas horas de sessão não há mais quórum; no dia 9, faz-se necessário votar que os ausentes não serão remunerados. A maioria chega sem preparo, disposta a votar pela primeira impressão. O Hôtel-de-Ville parece uma Corderie parlamentar: as decisões da véspera são esquecidas. Embora contrariando a decisão de 29 de março, no dia 5 de abril vota-se que o presidente será nomeado em cada sessão; no dia 11, apesar da decisão do dia 2, aprova-se que as atas serão publicadas no *L'Officiel*. As questões são resolvidas pela metade. A Comuna cria Conselhos de Guerra e uma corte marcial, e deixa o Comitê Central regulamentar o procedimento e as penas. Organiza uma parte do serviço médico, e Cluseret, a outra. Suprime a patente de general e o delegado a concede aos comandantes superiores. No dia 14, na sessão diurna, julga aquele Bergeret, saudado em 14 de abril "com aplausos unânimes", agora acusado de ter "conduzido os federados para o fogo do Mont-Valérien, tornado as operações militares ridículas, ostentado um fausto perigoso e incitado as tropas à insubordinação". Na sessão noturna, discute o projeto de demolição da Coluna Vendôme, apresentado por Félix Pyat e votado contra o parecer de Avrial, Malon, Theisz, Langevin e J.-B. Clément, que querem eliminar os considerandos, não dando ouvidos aos apelos desesperados de Dombrowski.

Este mal dispõe de 2.500 homens para garantir Neuilly, Asnières e a península de Gennevilliers, enquanto os versalheses acumulam contra ele suas melhores tropas. De 14 a 17, canhoneiam o Castelo de

Bécon e, na manhã de 17, atacam-no com uma brigada. Os 250 federados que o ocupavam resistiram seis horas, e os sobreviventes recuaram para Asnières, levando o pânico. Dombrowski, Okolowitz e alguns homens firmes acorreram, conseguiram restabelecer um pouco de ordem e fortificaram a cabeça-de-ponte. Dombrowski pediu reforços, o departamento da Guerra enviou-lhe apenas algumas companhias. No dia seguinte, os postos avançados eram surpreendidos por fortes destacamentos e o canhão de Courbevoie fustigava Asnières. Perto da uma hora, após luta renhida e muito sofrimento, vários batalhões abandonaram o lado sul da aldeia. No lado norte, o combate continuava acirrado. Embora enviasse um despacho atrás do outro, Dombrowski só recebeu 300 homens. Às cinco da tarde, os versalheses fizeram um grande esforço; os federados, esgotados e temendo que sua retirada fosse impedida, lançaram-se à ponte, que atravessaram de barco na maior desordem.

Os jornais reacionários fizeram grande alarde em torno dessa retirada; Paris se sensibilizou. A dureza do combate abriu os olhos dos mais otimistas. Até então, muitos acreditavam tratar-se de um espantoso mal-entendido e tinham formado grupos de conciliação. No dia 4 de abril, industriais e comerciantes fundaram a União Nacional das Câmaras Sindicais [*Union Nationale des Chambres Syndicales*], com o seguinte programa: "Manutenção e libertação da república e reconhecimento das franquias municipais de Paris". No Quartier des Écoles, professores universitários, médicos, advogados, engenheiros e estudantes pediram, em um manifesto, a república democrática e leiga, a Comuna autônoma e a federação das comunas. Um grupo semelhante afixou uma carta dirigida a Thiers: "Acreditais tratar-se de uma rebelião, mas estais diante de convicções precisas e generalizadas. A imensa maioria de Paris quer a república como um direito superior, fora de discussão. Paris viu em toda a conduta da Assembleia a intenção premeditada de restabelecer a monarquia". Alguns dignitários franco-maçons enviaram um mesmo apelo a Versalhes e à Comuna: "Cessai o derramamento desse sangue precioso".

Por fim, um certo número de ex-administradores distritais e adjuntos que só haviam capitulado diante do Comitê Central na última hora montaram a Liga da União Republicana dos Direitos de Paris [*Ligue d'Union Republicaine des Droits de Paris*]. Pediam o reconhecimento da república, do direito de Paris se autogovernar, que a vigilância da cidade fosse confiada exclusivamente à Guarda Nacional, tudo o que a Comuna pedia, tudo o que eles haviam combatido de 19 a 25 de março. Alguns deputados de Paris que haviam tido a consciência de pedir demissão – Clemenceau, Lockroy, Floquet – aderiram.

Outros grupos se formaram, todos concordando em dois pontos: consolidação da república e reconhecimento dos direitos de Paris. Quase todos os jornais partidários da Comuna reproduziam esse programa; os radicais o aceitavam. Os deputados de Paris, regidos decididamente por Versalhes, foram os últimos a falar, no sentido de derrotar Paris. No tom choroso e jesuítico com o qual falsificou a história, nas tortuosas frases sentimentais com que mascarava a secura de seu coração, Louis Blanc escreveu no dia 8, em nome de seus colegas: "Até agora, nenhum membro da maioria questionou os princípios republicanos [...]. Quanto aos que estão na insurreição, dizemo-lhes que deveriam ter estremecido só de pensar em agravar, prolongar o flagelo da ocupação estrangeira, acrescentando-lhe o flagelo das discórdias civis".

O que Thiers repetiu palavra por palavra aos primeiros conciliadores que o procuraram, os delegados da União Sindical: "Que a insurreição se desarme primeiro, a Assembleia não pode se desarmar". "Mas Paris quer a república". "A república existe; dou-lhes minha palavra de honra: comigo no poder, ela não sucumbirá". "Paris quer franquias municipais". "A câmara está preparando uma lei concedendo-as a todas as comunas. Paris não terá mais, nem menos". Os delegados leram um projeto de acordo que falava em anistia geral, em cessar-fogo. Thiers deixou que o lessem, não contestou formalmente artigo algum, e os delegados retornaram a Paris, convencidos de que haviam descoberto a base para um acordo.

Mal saíram, Thiers correu à Assembleia. Esta acabava de reconhecer o direito de todas as comunas elegerem seu administrador. Thiers subiu à tribuna, pediu que o direito fosse restrito às cidades com menos de 20 mil habitantes. Gritaram-lhe: "Está aprovado". Ele persistiu, afirmando que, "em uma república, é ainda mais necessário armar o poder pelo fato de ser mais difícil manter a ordem"; ameaçou demitir-se, forçou a Assembleia a anular sua votação.

No dia 10, a Liga dos Direitos de Paris declarou: "Que o governo desista de perseguir os fatos consumados em 18 de março [...]. Que se proceda à reeleição geral da Comuna. Se o governo de Versalhes ficar surdo a essas reivindicações legítimas, que saiba: Paris inteira se erguerá para defendê-las". No dia seguinte, seus delegados foram a Versalhes. Thiers retomou seu refrão "Que Paris se desarme" e não quis ouvir falar nem de armistício, nem de anistia. "Os que se desarmarem", disse ele, "serão indultados, salvo os assassinos de Clément Thomas e de Lecomte". O que equivalia a escolher vítimas a dedo, voltar ao 18 de março, agora com a vitória. No mesmo dia, disse aos delegados das lojas maçônicas: "Ide falar com a Comuna; o que é preciso é a submissão dos rebeldes, e não a demissão do poder legal". Para facilitar a submissão, o *Journal Officiel* de Versalhes comparava Paris à planície de Marathon, recentemente infestada por um bando de "bandidos e assassinos". No dia 13, quando um deputado, Brunet, perguntou ao governo se este queria ou não promover a paz com Paris, a Assembleia adiou a discussão para dali a um mês.

A liga, assim surrada, foi ao Hôtel-de-Ville no dia 14. Alheia a todas essas negociações, a Comuna deixava-os inteiramente livres e só proibia uma reunião marcada para a Bolsa por partidários mal disfarçados de Tirard. Contentou-se em opor à Liga sua declaração do dia 10: "Dissésseis que, se Versalhes permanecesse surda, Paris inteira se ergueria. Versalhes permaneceu surda: erguei-vos". Para ter Paris como juiz, a Comuna publicou lealmente, em *L'Officiel,* o relatório dos conciliadores.

O manifesto da Comuna. As eleições complementares de 13 de abril dão origem a uma minoria. Primeiras disputas. Germes da derrota

Pela primeira vez, a linha estava traçada com toda nitidez. Se o Hôtel-de-Ville quase não definira a Comuna, a batalha, o bombardeio, a fúria versalhesa e o fracasso dos conciliadores mostravam-na nitidamente aos olhos de toda Paris: um acampamento de revoltados. As eleições complementares de 16 de abril – a morte, as eleições duplas e as demissões haviam deixado 31 assentos vagos – revelaram o efetivo insurrecional. As ilusões de 26 de março tinham desaparecido; agora se votava debaixo de obuses. Por mais que os jornais da Comuna e os delegados das câmaras sindicais tivessem chamado os eleitores às urnas, só 61 mil compareceram. Os distritos dos demissionários deram 16 mil votantes, em vez de 51 mil.

Mais do que nunca era hora de falar à França. Em mensagem à província, datada de 6 de março, a Comissão Executiva protestara contra as calúnias versalhesas, dizendo que Paris combatia por toda França; mas, não formulara nenhum programa. Os protestos republicanos de Thiers, a hostilidade da esquerda e dos decretos do Conselho, inúteis, abalaram totalmente a província. Era preciso consolidá-la com a máxima urgência. No dia 19, Jules Vallès apresentou um trabalho, ou antes o trabalho de outro, em nome da comissão encarregada de redigir um programa. Triste e característico sintoma dos cinco membros da Comissão; apenas Delescluze forneceu algumas passagens – e olhe lá; a parte técnica foi obra de um jornalista, Pierre Denis, proudhoniano, chicaneiro capaz de humilhar os heróis de Pascal.

Denis recuperara e formulara como lei em *Le Cri du Peuple* aquela *boutade* que eclodira nas primeiras revoltas do Wauxhall: "Paris, cidade livre". Paris tornava-se cidade hanseática, coroava-se com todas as liberdades e, do alto de suas fortalezas, dizia às comunas da França, acorrentadas: "imitai-me se podeis, não farei nada por vós além de dar o exemplo". Esse belo projeto enlouqueceu vários membros da Comuna, o que deixou marcas na declaração.

"Que pede Paris?", ela indagava.

> O reconhecimento e a consolidação da república. Que a autonomia absoluta da Comuna seja estendida a todas as localidades da França. Os direitos inerentes à Comuna são: votar o orçamento comunal; fixar e distribuir o imposto; dirigir os serviços locais; organizar sua magistratura, sua Polícia local e a educação; administrar os bens comunais; escolher os magistrados e altos funcionários comunais e ter controle permanente sobre eles; dispor da garantia absoluta da liberdade individual, da liberdade de consciência e da liberdade de trabalho; organizar a defesa urbana e a Guarda Nacional; ser a única encarregada de fiscalizar e garantir o livre e justo exercício do direito de reunião e de publicidade [...]. Paris não quer mais nada [...], desde que encontre na grande administração central, delegação das comunas federadas, a realização e a prática dos mesmos princípios.

Quais seriam os poderes dessa delegação central, quais as obrigações recíprocas das comunas? A declaração não dizia. Segundo o texto, cada localidade devia ter direito a sua autonomia. Ora, o que esperar da autonomia na Baixa-Bretanha, em nove décimos das comunas francesas – mais da metade não chega a 600 habitantes –, quando a declaração parisiense violava os direitos mais elementares, encarregava a Comuna de fiscalizar o justo exercício do direito de reunião e de publicidade e se esquecia de mencionar o direito de associação?

Fraco, desorganizado, atado por mil laços, o povo do campo só podia ser libertado pelas cidades, e as cidades não dispensavam Paris, como bem atestava o aborto de todas as insurreições da província. Quando a declaração dizia que "A unidade, da maneira como até hoje nos foi imposta pelo império, pela monarquia e pelo parlamentarismo, não passa de centralização despótica, ininteligente etc.", estava descobrindo o cancro que devora a França; mas quando acrescentava que "A unidade política, assim como a quer Paris, é a associação voluntária de todas as iniciativas locais", mostrava não conhecer o bê-á-bá da província. "É a elegia do jacobinismo pronunciada por um de seus chefes!", exclamou Rastoul. Era mais: era a elegia dos fracos.

A declaração continuava, em forma de proclamação, muito corretamente, ao dizer: "Paris trabalha e sofre pela França toda, cuja regeneração intelectual, moral, administrativa, econômica [...] prepara com seus combates e sacrifícios a Revolução comunal, iniciada pela iniciativa popular de 18 de março, inaugura uma era nova"; mas não expunha nada de concreto. Por que não retomar a fórmula de 29 de março – "À Comuna o que é comunal, à nação o que é nacional" –, definir a Comuna futura, suficientemente ampla para que a vida política seja possível, limitada o bastante para que os cidadãos possam combinar facilmente sua ação social, a Comuna de 15 ou 20 mil almas, a Comuna-cantão, por que não expor claramente seus direitos e os da coletividade? Tal como estava aquele programa, obscuro, incompleto e perigoso em vários pontos, não podia, apesar dos pensamentos fraternos, esclarecer suficientemente a província.

Ao resto do mundo não dizia nada. Essa Revolução feita sob a bandeira da república universal parecia ignorar a imensa família operária que a observava ansiosamente. O Hôtel-de-Ville de 1871 ficava atrás da Comuna de 1793.

Tratava-se apenas de um projeto, que, sem dúvida, seria aprofundado. Essa Assembleia, que dedicou quatro dias à questão dos prazos de vencimento de títulos comerciais, intermináveis horas à da Casa Municipal de Penhor, não foi capaz de promover uma discussão solene sobre essa declaração, seu programa, caso fosse vitoriosa, seu testamento, caso sucumbisse.

Em compensação, surgiram os casuístas. A Comuna validara as eleições em seis distritos que haviam contado com a participação da maioria absoluta de eleitores em 26 de março. O relator do escrutínio de 16 de abril propunha que fossem validados todos os que tivessem conseguido maioria absoluta. Esses 159 escrupulosos se indignaram: "Seria", disseram, "a maior rasteira que um governo jamais passaria no sufrágio universal". Contudo, não se podia convocar a toda hora os eleitores. Três distritos dos mais dedicados, em especial o III, cujos melhores estavam na frente de batalha, não haviam fornecido qualquer resultado. Um novo escrutínio só tornaria ainda mais visível o isolamento da Comuna.

A discussão foi muito acalorada; havia fanáticos pela legalidade naquele Hôtel-de-Ville ilegal. Paris devia estrangular-se com seus princípios salvadores. Em nome da sagrada autonomia que proíbe qualquer intervenção na autonomia do vizinho, a Comissão Executiva já se recusara a armar as comunas dependentes de Paris que queriam marchar contra Versalhes. Thiers não faria melhor para isolar Paris.

Vinte e seis votos contra 13 aprovaram as conclusões do relatório. Só foram validados 20 eleitos,* o que era ilógico. Deviam-se validar todos ou nenhum, pois, se um foi admitido com menos de 1.100 votos, outro ficou de fora com 2.500. Quatro eram jornalistas; seis, operários. Onze, enviados pelas reuniões públicas, foram reforçar os românticos. Dois dos validados recusaram-se a tomar posse, porque não haviam obtido um oitavo dos votos: Briosne e o autor dos admiráveis *Propos*

---

* Vésinier, Cluseret, Pillot, Andrieu (*Louvre*); Pothier, Serraillier, J. Durand, Johannard (*Bourse*); Courbet, Rogeard (*Luxemburgo*); Sicard (*Palais-Bourbon*); Briosne (*Opéra*); Philippe, Loncias (*Reuilly*); Longuet (Passy); Dupont (*Batignolles*); Cluseret, Arnold (*Montmartre*); Menotti, Garibaldi (*Buttes-Chaumont*); Viard, Trinquet (*Ménilmontant*).

de Labienus, Rogeard, que se deixou enganar por um falso escrúpulo de legalidade. Única fraqueza desse coração generoso, que dedicava à Comuna uma eloquência brilhante e pura. Sua demissão privou o Conselho de um homem de bom-senso e desmascarou mais uma vez o apocalíptico Félix Pyat.

Em 1 de abril, sentindo a aproximação da tempestade e professando pelos golpes o mesmo horror que Panurge, Félix Pyat enviara sua demissão do cargo de membro da Comissão Executiva e declarara indispensável sua presença em Marselha. Como os caçadores de Galliffet tornavam a saída perigosa, resignara-se a ficar, mas usando duas máscaras, uma para o Hôtel-de-Ville, outra para o público. Na Comuna, a portas fechadas, pressionava a favor das medidas violentas; em seu jornal, pontificava, sacudia os cabelos grisalhos, dizia: "Às urnas e não à Versalhes!" E aqui também tinha duas caras: quando pedia o fechamento dos jornais, assinava "*Le Vengeur*"; para murmurar, assinava "Félix Pyat". Veio a derrota de Asnière. O medo tornou a dominá-lo, e ele procurou novamente uma saída. A demissão de Rogeard abriu-lhe o caminho. Modelou, então, sua demissão sob a proteção deste nome sem mácula: "A Comuna violou a lei", escreveu ele, "não quero ser cúmplice [...]". Para impedir o próprio retorno, empenhou a dignidade da Comuna. "Se ela persistir", disse, "serei forçado, muito a contragosto, a demitir-me '*antes da vitória*'".

Essa astúcia causou nojo. *Le Vengeur* acabara precisamente de censurar o fechamento de três jornais reacionários, pedido repetidas vezes por Félix Pyat nas sessões secretas. Vermorel denunciou a duplicidade. Um dos membros da Comissão declarou: "Disseram aqui que as demissões seriam consideradas traição". Outro membro: "Não se deve deixar o posto quando é um posto de perigo e honra". Um terceiro pede formalmente a prisão de Félix Pyat. "Lamento", afirmou outro, "que não se tenha entendido que é aos que nos elegeram que se deve pedir demissão". E Delescluze concluiu: "Ninguém deve se retirar por um rancor pessoal ou porque o ideal perseguido não está de acordo com o projeto. Será que credes que todo mundo aprova o que se faz aqui? Pois bem, há alguns que permaneceram e permanecerão até o fim, apesar das injúrias que nos prodigalizam. Quanto a mim, estou decidido a ficar no posto e, se não virmos a vitória, não seremos os últimos a ser golpeados nas muralhas ou nos degraus do Hôtel-de-Ville".

A vigorosa intervenção foi acolhida com gritos de bravo. Nenhuma dedicação era mais meritória. Educado nas ideias de centralização, Delescluze sofria muito ao vê-las atacadas. Nada era mais nobre do que aquele velho sedento de justiça, estudando no fim da vida as questões sociais, dedicado ao povo, sem palavrório, apesar de tudo. Em dado momento, enfraquecido pela doença, entristecido pelas sessões, falou em se retirar. Bastou dizer-lhe que seu afastamento causaria grande prejuízo à causa do povo, que ele resolveu esperar, não a vitória – tão bem quanto Pyat, ele a sabia impossível –, mas a morte que semeia o futuro.

Félix Pyat, não ousando criticar Delescluze, voltou-se contra Vermorel, tratou-o de informante e, como Vermorel era membro da Comissão de Segurança, acusou-o no *Le Vengeur* de limpar seu prontuário na chefatura de Polícia. Esse leporídeo chamou Vermorel de verme. Sob o refinado literato escondia-se o ordinário. Em 1848, na Constituinte, chamou Proudhon de porco e, na Comuna, chamou Tridon de imundo. Foi o único membro daquela Assembleia, em que havia operários de profissões rudes, que usou tais imundícies na discussão.

Vermorel respondeu às acusações em *Le Cri du Peuple*; não teve grandes dificuldades em derrotá-lo. Seus eleitores enviaram-lhe três intimações para que continuasse no cargo: "Sois soldado e deveis permanecer à frente do combate. Só nós temos o direito de vos destituir". Encurralado por seus mandantes, ameaçado de prisão pelo Conselho, o fogo-greguês voltou sorrateiro para o Hôtel-de-Ville.

Versalhes triunfava com tais revelações lastimáveis. Pela primeira vez, o povo conheceu a Comuna por dentro, seus conluios feitos de amizades e antipatias puramente pessoais. Os que pertenciam a um grupo eram sempre apoiados, apesar dos erros. Para ser admitido nos trabalhos da Comuna, era preciso pertencer a esta ou àquela confraria. Muitos ofereceram sua dedicação sincera, democratas reconhecidos, funcionários e até oficiais republicanos desertores de Versalhes. Todos eles foram olhados de cima para baixo por alguns incapazes nascidos na véspera, cuja dedicação não sobreviveria à entrada das tropas. Entretanto, a insuficiência de pessoal e de orientação tornava-se cada dia mais evidente. "Há um mês que estamos adormecidos", disse Vermorel na sessão do dia 20, "não temos organização". "Só nomeamos Cluseret", afirmou Delescluze, "porque não encontramos outro soldado". A Comissão Executiva não sabia comandar; o Comitê Central não queria se subordinar. O governo, a administração e a Defesa rumavam para aventuras como o ataque de 3 de abril.

As parisienses. Trégua para a desocupação de Neuilly. O Exército de Versalhes e o de Paris

A grande chama de Paris ainda encobria aquelas fraquezas. Quem não foi atingido por ela não saberá descrevê-la. Apesar de seu romantismo, os jornais partidários da Comuna empalideciam comparados com ela, assim como a *mise en scène*. Nas ruas, nos bulevares silenciosos, um batalhão de 100 homens que vai para a frente de batalha ou dela volta, alguma mulher que os acompanha, um transeunte que aplaude, eis o drama dessa Revolução, simples e gigantesca como um drama de Ésquilo.

O comandante, de japona, empoeirado, com galões ruços. Os homens, cabelos grisalhos ou cabeças louras, os velhos de junho e os pupilos da ideia. Muitas vezes o filho marcha ao lado do pai.*

Aquela mulher que os saúda ou os segue é a valente e verdadeira parisiense. A imunda andrógina nascida do lodo imperial seguiu sua clientela a Versalhes, onde explora a mina prussiana de Saint-Denis. A

---

* Apêndice IV.

que agora ocupa as ruas é a mulher forte, devotada, trágica, que sabe morrer da mesma forma como ama, vinda do puro e generoso filão que, desde 1789, corre vivaz nas profundezas populares. A companheira de trabalho quer também associar-se à morte. "Se a nação francesa só fosse composta por mulheres, que nação terrível seria!", escrevia o correspondente do *Times*. No dia 24 de março, um federado disse aos batalhões burgueses da administração do I Distrito a seguinte frase que os desarmou: "Acreditai-me, não podereis aguentar; vossas mulheres estão em lágrimas; as nossas, não choram".

Ela não detém seu homem;* ao contrário, incentiva-o à batalha, levando-lhe às trincheiras a roupa e a sopa, como as levava à oficina. Muitas não querem mais retornar, empunham o fuzil. No dia 4 de abril, participam do tiroteio no planalto de Châtillon. As cantineiras vestidas com toda simplicidade, como trabalhadoras. No dia 3 de abril, em Meudon, a do 66º Distrito, cidadã Lachaise, ficou o dia todo no campo de batalha, cuidando dos feridos praticamente sozinha, sem médico.

Ao voltar, convocam as abnegadas, centralizam-nas num comitê na administração do X Distrito, afixam proclamações comoventes: "É vencer ou morrer. Vós que dizeis 'que importa o triunfo de nossa causa, se tenho de perder aqueles que amo', sabei que o único meio de salvar os que vos são caros é engajar-vos na luta". Apresentam-se à Comuna como voluntárias, pedem armas, postos de combate, indignam-se contra os covardes. "Meu coração sangra", escreve uma delas, "ao ver que só combatem os que querem, e mais ninguém. Não se trata, cidadão delegado, de uma denúncia que venho fazer; longe

---

* Eram de uma fé sublime em sua ingenuidade. Ouvimos em um transporte público a conversa entre duas mulheres que retornavam de uma visita a seus maridos nas trincheiras. Uma chorava; a outra lhe dizia: "Não fiques desolada; nossos homens voltarão. Além disso, a Comuna prometeu cuidar de nós e de nossos filhos. Qual o que! É impossível que eles sejam mortos defendendo uma causa tão boa. E, por fim, sabes de uma coisa? Prefiro ver o meu morto do que nas mãos daqueles versalheses".

de mim tal ideia; mas meu coração de cidadã teme que a fraqueza dos membros da Comuna faça abortar nossos projetos para o futuro".

André Léo, com sua pena eloquente, explicava a Comuna, intimava o delegado do departamento da Guerra a utilizar "a sagrada febre que incendeia o coração das mulheres". Uma jovem russa bem-nascida, instruída, bela, rica, que atendia pelo nome de Dimitrieff, foi a Théroigne* dessa Revolução. Toda povo, no gesto e no coração, foi Louise Michel, professora primária do XVII Distrito. Doce e paciente com as crianças, que a adoravam, a mãe se tornava leoa pela causa do povo. Organizou um grupo para trabalhar nas ambulâncias que cuidavam dos feridos durante o tiroteio. Também iam aos hospitais disputar seus caros companheiros com as severas religiosas e, ao murmúrio daquelas vozes suaves que falavam de república e de esperança, os olhos dos moribundos se reanimavam.

Nessa luta para ver quem era mais dedicado, as crianças desafiavam homens e mulheres. Vencedores, os versalheses capturaram 660 delas, e muitas pereceram na luta de rua. Seguiam os batalhões às trincheiras, aos fortes, agarravam-se aos canhões. Alguns dos artilheiros encarregados de abastecer as peças de artilharia da Porta Maillot eram adolescentes de 13 a 14 anos. Em campo aberto, faziam loucuras de bravura.**

Essa chama parisiense irradiava-se até para fora das muralhas. As municipalidades de Sceaux e de Saint-Denis reuniam-se em Vincènnes para protestar contra o bombardeio, reivindicar as franquias municipais e a implantação da república. Seu calor chegava à província.

Esta começava a acreditar ser impossível tomar Paris, apesar dos despachos de Thiers que diziam, em 3 de abril: "Este dia é decisivo para a sorte da insurreição"; no dia 4: "Os revoltosos sofreram hoje uma derrota decisiva"; no dia 7: "Este dia é decisivo"; no dia 11: "Es-

* Heroína que se destacou pela sua bravura nas jornadas francesas de 1792 (N. T.).

** Apêndice V.

tão sendo preparados meios irresistíveis contra os revoltosos"; no dia 12: "Os revoltosos fogem à toda; espera-se o momento decisivo"; no dia 15: "Tentaremos pôr termo a esta guerra civil através de uma prova decisiva"; no dia 17: "Persistimos em evitar pequenas ações até o momento da ação decisiva". Apesar de tantos sucessos decisivos e meios irresistíveis, o Exército versalhês sempre se frustrava nos postos avançados parisienses. Suas únicas vitórias decisivas eram contra as casas dos arredores e do subúrbio.

As proximidades da Porta Maillot, a Avenida da Grande-Armée e Ternes iluminavam-se pelos contínuos incêndios. Asnières e Levallois enchiam-se de ruínas. Os habitantes de Neuilly vegetavam, famintos, em seus porões. Os versalheses lançavam 1.500 obuses por dia só sobre esses pontos, e Thiers escrevia a seus *préfets:* "Se ouvirdes alguns tiros de canhão, sabei que não é responsabilidade do governo, mas de alguns revoltosos que querem que se pense que estão lutando quando mal ousam mostrar-se".

A Comuna dava assistência às vítimas dos bombardeios de Paris; nada podia fazer pelas de Neuilly, presas entre dois fogos. Um apelo à piedade partiu de toda a imprensa, pedindo um armistício para possibilitar a desocupação de Neuilly. Os franco-maçons e a Liga dos Direitos de Paris intervieram. Com muita dificuldade – os generais não queriam armistício – os delegados da Liga obtiveram uma trégua de oito horas. A Comuna encarregou cinco de seus membros de receber as vítimas dos bombardeios, e as municipalidades lhes prepararam um abrigo. Comitês de mulheres foram socorrê-los.

Às nove da manhã do dia 25, o canhão se calou da Porta Maillot até Asnières. Uma imensa multidão de parisienses foi visitar as ruínas da avenida, a Porta Maillot – monte de terra, granito, estilhaços de obuses –, e parou diante dos artilheiros que repousavam com os cotovelos em suas armas, já lendárias. Muitos se espalharam por Neuilly. A cidadezinha, outrora tão graciosa, agora só oferecia aos belos raios de sol suas casas despedaçadas. No limite combinado, postavam-se duas fileiras, uma de soldados de infantaria de linha, outra de federados, separadas por 20 metros. Os versalheses, escolhidos entre os mais confiáveis, eram guardados por oficiais com cara de facínoras. Quando os parisienses, pessoas boas, aproximavam-se dos soldados, os oficiais faziam cara feia. Quando um soldado respondeu educadamente a duas senhoras, um oficial arrancou-lhe o fuzil das mãos e, cruzando a baioneta contra as parisienses, vociferou: “Eis como se fala!”. Algumas pessoas que ultrapassaram, tanto de um lado quanto do outro, as linhas, foram presas. Foi possível suportar cinco horas sem batalha. Cada parisiense, ao voltar, levou um saco de terra às fortificações da Porta Maillot. Dombrowski mandou fuzilar um dos miseráveis que aproveitara as mudanças para pilhar.

À noite, os versalheses tornaram a abrir fogo; este não cessara contra os fortes do sul, onde o inimigo mostrou novas baterias – primeira parte do plano de Thiers.

No dia 6, entregara o comando de uma tropa do Exército francês àquele Mac-Mahon que jamais prestou contas do Exército por ele destruído em Sedan. As tropas versalhesas, recrutadas por toda parte, contavam no início com 46 mil homens, em sua maioria escória de prisões, incapazes de uma ação séria. O apelo aos voluntários de Paris e da província só rendera dois grupos: os voluntários do Seine, com 350 homens, os de Seine-et-Oise, com cerca de 200; uma espécie de guerrilhas de ex-oficiais e suboficiais, de franco-atiradores e soldados da guarda-móvel, cuja farda lembrava muito a da Guarda Nacional. Para se fortalecer, Thiers enviou outra vez Jules Favre para implorar a Bismarck. O prussiano entregou 60 mil prisioneiros e autorizou seu confrade a aumentar para 130 mil o número de soldados sob o comando de Paris que, segundo as negociações de paz, não devia ser superior a 40 mil. No dia 25 de abril, o Exército versalhês englobava cinco destacamentos, dois dos quais, Douai e Clinchant, formados por ex-prisioneiros da Alemanha e uma reserva comandada por Vinoy, totalizando 110 mil combatentes, que passaram a ser 130 mil, para os quais era distribuído um total de 170 mil rações. Thiers demonstrou real habilidade ao erguer um Exército assim contra Paris. Os soldados foram bem alimentados, bem vestidos, rigorosamente impedidos de manter qualquer contato com o exterior; a disciplina se restabeleceu. Contudo, não era um Exército de ataque e os homens debandavam diante de uma resistência mais eficaz. Apesar da arrogância oficial, os generais só contavam realmente com a artilharia, à qual deviam os sucessos de Courbevoie e Asnières. Apenas o canhão podia vencer Paris.

Ela estava literalmente cercada de baionetas, como no tempo do primeiro sítio. O Exército alemão dispunha-se em semicírculo do Marne até Saint-Denis, ocupando os fortes do leste, salvo o de Vincennes – desarmado – e do norte; o Exército versalhês fechava o círculo de Saint-Denis até Villeneuve-Saint-Georges, dominando apenas o Mont-Valérien. Os federados tinham cinco fortes – Ivry, Bicêtre, Montrouge, Vanves e Issy –, as trincheiras, os postos avançados que as interligavam e as aldeias de Neuilly, Asnières e Saint-Ouen.

O ponto vulnerável da muralha, a sudoeste, era a saliência de Point-du-Jour. O Forte de Issy a cobria. Suficientemente defendido à direita pelo parque, pelo castelo de Issy e por uma trincheira que o ligava ao Sena, varrido pelas canhoneiras federadas, aquele forte era dominado de frente e à esquerda pelas elevações de Bellevue, Meudon e Châtillon. Thiers armou-as com grandes peças vindas de Toulon, Cherbourg, Douai, Lyon e Besançon – 293 bocas de sítio –, e seu efeito foi tal que o Forte de Issy cedeu logo nos primeiros dias. O general Cissey, encarregado da direção das operações, iniciou de imediato o desdobramento do ataque.

Liquidar o Forte de Issy e o de Vanves, que o apoiava, e a seguir forçar o Point-du-Jour, de onde um Exército pode dispersar-se em Paris, eis o plano de Thiers.

As operações, de Saint-Ouen a Neuilly, só tinham como objetivo fechar a saída dos parisienses para Courbevoie.

Que forças e que plano a Comuna lhes opunha?

Os efetivos eram cerca de 96 mil soldados e 4 mil oficiais na Guarda Nacional ativa; na retaguarda, 100 mil soldados e 3.500 oficiais. Cifras muito aproximadas, pois os registros eram incorretos, quando não fictícios, sobretudo a partir da administração do chefe de Estado-Maior, Mayer. Trinta e seis destacamentos de voluntários pretendiam perfazer 3.450 homens. Descontando-se tudo, era possível chegar a 60 mil combatentes, sabendo-se avaliar. Mas a fragilidade do departamento da Guerra deixava fora de controle os menos bravos ou os que podiam dispensar o soldo. Na verdade, só souberam opor ao Exército de Versalhes uma defesa de 15 a 16 mil federados de Saint-Ouen a Ivry.

A cavalaria só figurava nos registros: no máximo 500 cavalos para arrastar a artilharia e os furgões, servir de montaria aos oficiais e estafetas. O serviço de engenharia foi rudimentar, apesar dos mais belos decretos. O departamento da Guerra só utilizou 200 das 1.200 bocas-de-fogo que Paris possuía. Só havia 500 artilheiros, quando os registros acusavam 2.500.

Dombrowski ocupava a Ponte de Asnières e Levallois, Neuilly, com no máximo 4 ou 5 mil homens.* Para cobrir-se, ele contava, em Clichy e Asnières, com cerca de 30 bocas-de-fogo e dois vagões blindados, que, de 15 de abril a 22 de maio, mesmo após a entrada das

* Essas cifras foram cuidadosamente verificadas, primeiro pessoalmente, durante a luta, segundo junto aos comandantes de Exército, oficiais superiores e altos funcionários da Comuna. O general Appert elaborou relatórios puramente fantasiosos. Criou brigadas imaginárias, construiu efetivos de Exército com situações de tomadas de armas, como se todos os batalhões designados tivessem realmente atacado, continuamente conta duas vezes o mesmo. Assim chega a dar mais de 20 mil homens a Dombrowski e até 50 mil aos três comandantes de Exército. Seu relatório está repleto de erros de nomes e atribuições, chegando até a ignorar os nomes de certos oficiais-generais.

tropas, percorreram ininterruptamente a estrada; em Levallois, uma dezena de peças. As fortificações do norte o ajudavam e a valorosa Porta Maillot o cobria em Neuilly.

Na margem esquerda, de Issy a Ivry, havia de 10 a 11 mil federados nos fortes, aldeias e trincheiras. O Forte de Issy abrigava uma média de 600 homens e 50 peças de 7 e de 12, dois terços das quais inativas. Os bastiões 72 e 73 o aliviavam um pouco, ajudados por quatro locomotivas blindadas, em pane no viaduto do Point-du-Jour. Abaixo, as canhoneiras rearmadas atiravam contra Breteuil, Sèvres e Brimborion, ousavam inclusive aventurar-se até Châtillon e canhonear Meudon a descoberto. Algumas centenas de atiradores ocupavam o parque e o castelo de Issy, Les Moulineaux, Val e as trincheiras que interligavam o Forte de Issy ao de Vanves. Este último, dominado como Issy, sustentava valentemente o esforço com uma guarnição de 500 homens e cerca de 20 canhões. Os bastiões da muralha o secundavam muito mal.

O Forte de Montrouge, com 350 homens e dez ou 15 bocas-de-fogo, não tinha outra função senão a de apoiar Vanves. O de Bicêtre, com 500 homens e 20 bocas-de-fogo, atirava com pontaria aproximada. Três fortins consideráveis ficavam a sua frente: Hautes-Bruyères, com 500 homens e 20 peças, Moulin Saquet, com 700 homens e cerca de 14 peças e Villejuif, com 300 homens e alguns obuseiros. À extrema-esquerda, o Forte de Ivry e suas dependências contavam com 500 homens e ao redor de 40 peças. As aldeias intermediárias – Gentilly, Cachan e Arcueil – estavam ocupadas por 2 mil ou 2.500 federados.

O comando nominal dos fortes do sul, primeiro confiado a Eudes, assistido por La Cécilia, ex-coronel de engenharia no Exército do Loire, passou no dia 20 de abril para o alsaciano Wetzel, oficial do mesmo Exército. De seu quartel-general de Issy, devia vigiar as trincheiras de Issy e de Vanves, bem como a defesa dos fortes. Na verdade, os comandantes dos fortes, que mudaram com frequência, sempre agiram conforme sua própria vontade.

Em meados de abril o comando de Ivry, em Arcueil, foi entregue a Wroblewski, um dos melhores oficiais da insurreição polonesa de

1863, jovem, com bons estudos militares, corajoso, metódico, desembaraçado, que lançava mão de tudo e de todos, excelente chefe para tropas jovens.

A única ordem que todos esses oficiais-generais receberam foi: "Defendei-vos". Não houve plano geral. Jamais existiu conselho-geral de defesa. Muitas vezes os homens foram abandonados à própria sorte, sem cuidados, nem fiscalização. Pouco ou nenhum revezamento. Todo o esforço sempre recaía sobre os mesmos. Alguns batalhões ficavam 20, 30 dias nas trincheiras, carentes do necessário; outros permaneciam continuamente na retaguarda. Se alguns intrépidos se endureciam na batalha ao ponto de não mais querer voltar, outros desanimavam, vinham mostrar suas roupas piolhentas, pediam descanso; os chefes eram forçados a mantê-los, pois não tinham ninguém para os substituir.

Essa negligência acabou rapidamente com a disciplina. Os bravos passaram a só querer depender de si mesmos; os outros, esquivaram-se do serviço. Os oficiais os imitaram, uns deixando o posto para ir ao do vizinho; outros, abandonando-o. A Corte Marcial, presidida por Rossel, quis impor punições. Foram dar queixa à Comuna de sua severidade. Longuet disse que ele não tinha "espírito político". A Comuna cassou suas sentenças, comutou a três meses de cárcere uma condenação à morte. Rossel retirou-se e foi substituído por Gois.

Uma vez que se recuava diante da disciplina da guerra, era preciso mudar de tática. Limitaram-se a incriminar Cluseret. Na sessão do dia 23, Avrial o põe na berlinda, pressiona-o com perguntas sobre o número de homens e de canhões de que dispõe a Comuna. Cluseret vangloria-se: "Os ares de ditador não lhe caem nada bem", disse-lhe brutalmente Delescluze, que o censurava por abandonar Dombrowski em Asnières com 1.200 homens, deixando escapar a palavra traição. "Sou um homem desonrado!", exclama Cluseret, querendo deixar a sala. Impedem-no. Demoradamente tenta se desculpar sem convencer ninguém; dois dias depois, um membro da Comuna pede que ele seja preso por ter favorecido os subcomitês.

Esses subcomitês são frutos do Comitê Central, que surgiram por toda parte. Em 1 de abril, a Comuna pergunta o que significa o comitê da Rua d'Aligre dar ordens; no dia 6, decide que os subcomitês serão dissolvidos; dia 9, Theisz denuncia que eles subsistem, que o do XVIII Distrito acaba de ser empossado pelo Comitê Central. No dia 26, a intromissão dos subcomitês é tanta que a Comuna vota mais uma vez sua dissolução, e Vermorel, querendo sua extinção, declara: "É preciso saber quem tem o poder, a Comuna ou o Comitê Central". Mas não conseguem acabar com eles. No dia 26, a Comissão Militar, reconhecendo que decretos e ordens permanecem letra morta, encarrega as municipalidades, o Comitê Central e os chefes-de-legião de reorganizarem a Guarda Nacional; nenhum desses mecanismos funciona seriamente, levando os membros da Comuna e os oficiais-generais a começar a sonhar com uma ditadura militar.

Antes do final de abril, os especialistas já viam que a ofensiva prometida por Cluseret era impossível. Na cidade, homens ativos e dedicados esgotam-se em lutas enervantes contra repartições, comitês, subcomitês e mil engrenagens pretensiosas de administrações rivais, perdendo um dia inteiro para conseguir que lhe entreguem um canhão. Nas fortificações, alguns artilheiros crivam de balas as linhas de Versalhes e, sem pedir nada além de pão e munição, só deixam suas armas quando arrancadas pelos obuses. Os fortes, com casamatas destruídas e ameias pulverizadas, respondem à tempestade. Os bravos atiradores, a descoberto, vão surpreender os soldados de infantaria de linha em suas trincheiras. Tanta dedicação e tanto heroísmo se extinguirão no vazio, como uma caldeira com o vapor escapando por 100 furos.

Os serviços públicos: Finanças, Guerra, Polícia, Relações Exteriores, Justiça, Educação, Trabalho e Comércio

No dia 20 de abril, a Comuna decidira substituir a Comissão Executiva pelos delegados das nove comissões que dividiam os serviços públicos. Essas comissões foram renovadas no mesmo dia. Haviam sido bastante negligenciadas; não era possível dar conta das sessões diárias do Hôtel-de-Ville, da Comissão da Administração Distrital – uma vez que a Comuna sobrecarregara seus membros com essa última. Assim, todas as funções recaíam sobre os delegados. A maioria dos eleitos no dia 20 presidia, desde o início, as mesmas comissões. Continuaram, como no passado, a agir quase sozinhos. Vejamos seus trabalhos antes de tornar a mergulhar na batalha.

Entre as delegações, duas exigiam apenas boa vontade: a de Subsistência e a de Serviços Públicos ou Municipais. O abastecimento era feito pela zona neutra, onde Thiers, que se esforçava em levar a fome a Paris,* não podia impedir a passagem dos gêneros alimentícios; como a

* Apêndice VI.

maioria das equipes se manteve nos seus postos, os serviços municipais não sofreram demasiadamente. Quatro delegações – Finanças, Guerra, Segurança Geral e Relações Exteriores – exigiam aptidões especiais. Outras três deviam divulgar a filosofia dessa Revolução: Educação, Justiça, Trabalho e Comércio. Todos os delegados, salvo um único, Léo Frankel, operário joalheiro, eram letrados da pequena burguesia.

A Comissão das Finanças era Jourde, jovem contador que revelara rara destreza em 18 de março. Muito arguto e entusiasta, com extrema facilidade de oratória, conquistara a amizade do colega Varlin. O primeiro problema de todas as manhãs era alimentar 300 ou 350 mil pessoas. Dos 600 mil operários de Paris em 1870-71, trabalhando para um patrão ou por conta própria, apenas 114 mil, dos quais 62.500 mulheres, estavam trabalhando.* A seguir, era preciso alimentar os diferentes serviços. Como já vimos, Versalhes só deixara em caixa 4,658 milhões de francos, e Jourde queria manter intactos os 214 milhões em títulos encontrados no Ministério das Finanças. Havia, por certo, o rico Banco da França; mas não tocar nele era um princípio para os homens da Comuna. Para sustentar e defender Paris, a delegação estava reduzida à receita das repartições e empresas públicas: Telégrafos, Correios, Alfândega Municipal, impostos diretos, alfândegas, mercados, tabaco, taxas e selos, Caixa Municipal, estrada de ferro. O Banco da França despejou pouco a pouco os 9,4 milhões de francos pertencentes a Paris e adiantou, com autorização de Thiers,** 7,29 milhões de francos. De 20 de março a 30 de abril, a Comuna coletou, assim, 26 milhões. No mesmo período, a Comissão de Guerra ficou com mais de 20 milhões. A Intendência recebeu 1,813 milhões de francos; o conjunto das municipalidades, 1,446 milhão; o Interior, 103 mil; a Marinha, 29 mil; a Justiça, 5,5 mil; o Comércio, 50 mil; a Educação, um mil;

---

* Audiganne, *Revue des Deux-Mondes*, 15 de maio de 1871.

** O Banco, mais tarde, reclamou seus milhões ao sr. Thiers, que transferiu a reclamação ao Conselho de Estado. Este estimou que o Banco devia ficar contente com o fato de tudo lhe ter saído barato, e declarou o Estado irresponsável, como foi constatado na Comissão de Orçamento.

as Relações Exteriores, 112 mil; os bombeiros, 100 mil; a Biblioteca Nacional, 80 mil; a Comissão das Barricadas, 44,5 mil; a Imprensa Nacional, 100 mil; a Associação dos Alfaiates e Sapateiros, 24,662 mil. Essas proporções permaneceram mais ou menos as mesmas entre 1 de maio e a queda da Comuna. As despesas deste segundo período elevaram-se a cerca de 20 milhões. O total das despesas do Comitê Central e da Comuna, em nove semanas, é de pouco mais de 46,300 milhões de francos, dos quais 16,696 milhões fornecidos pelo Banco e o resto pelos serviços, sendo a contribuição da Alfândega Municipal em torno de 12 milhões. Jules Simon escreveu: "Jamais, sob regime algum, houve tanto desperdício de dinheiro".* Enquanto a Comuna obtinha apenas o suficiente para não morrer, o Banco da França aceitava 257,63 milhões de francos em letras de câmbio emitidas contra ele por Versalhes para combater Paris.

O funcionamento dos serviços era garantido por operários ou pelo proletariado dos funcionários. Em todos eles, bastou um quarto dos empregados habituais. O diretor dos Correios, Theisz, cinzelador, encontrou o serviço desorganizado, os escritórios das divisões fechados, os selos escondidos ou roubados, o material – carimbos, viaturas etc. – desviado, o caixa a zero. Cartazes afixados nas salas e nos pátios ordenavam que os empregados fossem para Versalhes sob pena de demissão. Theisz agiu rápida e energicamente. Quando os funcionários subalternos chegaram, como de costume, para pegar a correspondência, conversou, discutiu, mandou fechar as portas. Pouco a pouco, foram aderindo. Alguns empregados socialistas ajudaram. Aos primeiros escriturários, foi confiada a direção dos serviços. Foram abertos os escritórios das divisões e, em 48 horas, o recolhimento e a distribuição das cartas estavam reorganizados em Paris. Funcionários ágeis foram deixar nas agências de Saint-Denis e na região próxima a ela as cartas para a província. Para a distribuição das cartas em Paris, deixou-se toda liberdade à iniciativa privada, que organizou escritórios.

---

* Jules Simon, *Le Gouvernement de M. Thiers.*

Um conselho superior foi instituído; este aumentou os salários dos carteiros, guardas de escritórios, carregadores, reduziu os extranumerários, decidiu que a capacidade dos trabalhadores passaria a ser avaliada dali por diante por meio de provas e exames.*

Sob a direção de Camélinat, montador de bronze, a Casa da Moeda fabricou selos. Como nos Correios, os diretores e os principais funcionários da Moeda desapareceram depois das conversas iniciais. Camélinat, auxiliado por amigos, mandou prosseguir os trabalhos e, graças à contribuição da experiência profissional de cada um, foram introduzidas melhorias no material e métodos novos. Foi transformada em moeda a prataria enviada do Hôtel-de-Ville,** da Legião de Honra, de diferentes repartições, bem como alguns objetos religiosos. O Banco, que escondera seus lingotes, teve de fornecer um total de 1,1 milhão de francos imediatamente transformados em moedas de cinco francos. Fabricou-se também um novo cunho, que começaria a entrar em vigor quando os versalheses entraram em Paris.

A Assistência Pública também dependia das Finanças. Treilhard, homem de grande mérito e ex-proscrito de 1851, reorganizou essa repartição barbaramente despedaçada. Médicos e agentes do serviço haviam abandonado os hospitais. O diretor e o ecônomo do Petits-Ménages de Issy haviam fugido, reduzindo os pensionistas à mendicância. Empregados faziam nossos feridos esperarem à porta dos hospitais; médicos e irmãs de caridade pretendiam fazê-los sentir vergonha de seus gloriosos ferimentos. Treilhard pôs ordem na casa. Pela segunda vez desde 1792, os doentes e os inválidos tiveram os administradores como amigos e bendisseram a Comuna, que os tratava como uma mãe. Esse homem forte e de bom coração, assassinado pelos versalheses em 24 de maio no pátio da Escola Politécnica, deixou um relatório

---

* Apêndice VII.

** "Os federados que ocupavam o Hôtel-de-Ville fizeram uso de colheres e garfos de ferro e não de prata. A prataria, entregue à Comuna, foi toda fundida na Casa da Moeda; nenhuma peça foi desviada." (Relatório apresentado em 9 de março de 1880 ao Conselho Municipal).

muito bem preparado sobre a eliminação dos postos beneficentes que tornam o pobre dependente do governo e do clero. Propunha que fossem substituídos por um posto de assistência em cada distrito, sob a direção de um comitê comunal.*

Os telégrafos e a Divisão de Registro e Patrimônio eram habilmente dirigidos pelo honesto Fontaine; os serviços da receita foram inteiramente recuperados por Faillet e Combault; a imprensa nacional foi reorganizada e administrada com destreza por Debock e Alavoine;** e os outros serviços vinculados às Finanças, de costume reservados à alta burguesia, também foram conduzidos com habilidade e economia – o salário máximo, seis mil francos, jamais foi atingido – por homens que não eram do ramo, e, para a burguesia versalhesa, este não foi um de seus menores crimes.

Comparado com o das Finanças, o serviço da Guerra era uma câmara escura onde todos viviam aos encontrões. Os oficiais e guardas lotavam as repartições do Ministério reclamando munição, víveres, queixando-se por não serem rendidos. Enviavam-nos à praça, primeiro comandada pelo coronel Henry Prodhomme e depois por Dombrowski. No andar inferior, o Comitê Central, instalado por Cluseret, agitava-se em sessões difusas, censurava o delegado, divertia-se criando uma insígnia, recebia os descontentes, pedia ao Estado-Maior-Geral relatórios sobre a situação, pretendia emitir seu parecer sobre as operações militares. Por sua vez, o Comitê da Artilharia, nascido dos acontecimentos de 18 de março, disputava canhões com o ministério da Guerra. Este dispunha dos do Campo de Marte e o comitê dos de Montmartre. Jamais foi possível criar um parque central, nem sequer saber o número exato de bocas-de-fogo, que se aproximava de um total de 1.100, somados canhões, obuseiros, morteiros e metralhadoras. Até o último momento, havia peças de longo alcance encostadas nas muralhas, enquanto, para responder aos canhões-monstro da Marinha, os fortes

* Apêndice VIII.

** Apêndice IX.

só dispunham de peças de 7 e 12; muitas vezes, a munição enviada era de calibre errado.

O serviço do Armamento não pôde fornecer espingardas Chassepot a todos os homens em campanha e, após a vitória, os versalheses encontraram 285 mil delas, mais 190 mil mosquetes e 14 mil carabinas Enfield. Acrescente-se a isto a desorganização. Avrial afirmou, em 6 de maio:

> Vi contas espantosas na Divisão de Material da Artilharia; a partir de 18 de março, foram entregues aos oficiais milhares de revólveres por 50 francos, armas, espadas por um preço excessivo. Eu nomeara um de meus homens no serviço; o Comitê Central enviou um delegado com um lenço no pescoço que pôs meu homem na rua.

A Comuna decreta, logo a seguir, que os funcionários civis e militares culpados de extorsão seriam imediatamente levados perante o Conselho de Guerra.

Ainda no dia 8, Johannard ataca com violência os oficiais do Estado-Maior nomeados pelo Comitê Central: "Jovenzinhos, homens de todo tipo vêm sem a menor cerimônia escolher em nossos arsenais as armas que mais lhes agradam!".

A Comuna queixara-se da Intendência desde o início. "É um verdadeiro caos", diz-se ainda em 24 de abril; Delescluze enfatiza o mau equipamento dos homens: sem calças, sem sapatos, sem cobertores; no dia 28, as queixas se multiplicam; os irmãos May, intendentes, são exonerados e a Comuna os denigre em nota publicada no *L'Officiel*; em 8 de maio, Varlin diz que, por falta de controle, vários batalhões receberam roupas várias vezes, ao passo que outros, nenhuma.

Igualmente grande era a desordem na direção das barricadas responsáveis pela construção de um segundo e um terceiro redutos. Sua direção estava abandonada nas mãos de um fantasista que semeava obras sem método e contra os planos de seus superiores.

Os outros serviços estavam na mesma situação, sem princípios definidos, sem limites claramente delineados, com as engrenagens girando em falso. Nesse concerto sem maestro, cada instrumentista tocava o que lhe agradava, mesclando sua partitura com a do vizinho. Uma mão firme logo teria encontrado a harmonia. Era fácil reduzir o Comitê Central, apesar de sua pretensão de reger a Comuna, sobre a qual dizia: "É nossa filha, temos de impedir que vá para o mau caminho". Boa parte do comitê fora renovada por eleições muito disputadas; apenas 12 membros do antigo comitê figuravam no segundo, para o qual Ed. Moreau não fora reeleito; foi preciso incorporá-lo de outro modo. Só o ciúme da Comuna outorgava importância ao Comitê atual. O Comitê da Artilharia, dominado por gente que fazia muito barulho, teria cedido ao primeiro sopro; a Intendência e os outros serviços dependiam da energia do delegado.

O general-fantasma, recostado em seu canapé, ditava ordens, circulares, ora melancólicas, ora doutorais, e em seguida virava para o outro lado. Contou às revistas inglesas que, graças a seus cuidados, havia em 30 de abril, 41.500 recrutados, fardados e armados, e que dali a 15 dias haveria 103 mil; tudo isso desaparecera após sua prisão, pois os guardas nacionais não tinham confiança em ninguém além dele. Esse charlatanismo revela o homem tal como era. A verdade era que não saía do lugar. Se alguém o sacudisse perguntando: "Que estais fazendo? Há perigo em tal lugar?", ele respondia: "Todas as providências já foram tomadas; só é preciso aguardar os seus resultados". Um dia, mandou prender um membro do Comitê Central; ofendido, este se transladara à Rua de l'Entrepôt; oito dias depois, ele corria atrás do comitê, transferindo-o novamente para o ministério. Vaidoso a ponto de dizer que o inimigo o avaliava em um milhão, mostrava pretensas cartas de Totleben oferecendo-lhe planos de defesa. Fez mais: em 15 de abril, pediu uma entrevista ao Estado-Maior alemão, obteve-a e, segundo ele, foi coberto de elogios pelo conde de Hastfeld, secretário do conde de Bismarck.

Não eram poucas as esperanças que recaíam sobre seu chefe do Estado-Maior, Rossel, jovem radical de 28 anos, taciturno, puritano, que estava passando pelo seu batismo de fogo. Capitão da artilharia no Exército de Bazaine, tentara resistir, escapando dos prussianos.

Gambetta o nomeara coronel-de-engenharia no acampamento de Nevers, onde estava mofando quando sobrevieram os acontecimentos de 18 de março. Ficou fascinado, viu em Paris o futuro da França, e dele próprio, demitiu-se no ato, dirigindo-se a Paris. Alguns amigos colocaram-no na 17ª Legião; mostrou-se inflexível e rapidamente impopular; foi preso em 3 de abril.

Dois membros da Comuna, Malon e Ch. Gérardin, mandaram soltá-lo e o apresentaram a Cluseret, que o aceitou como chefe do Estado-Maior. Rossel acreditou que o Comitê Central fosse uma força, pediu-lhe opiniões, procurou os homens que pensava serem populares. Sua frieza, seu vocabulário técnico, a precisão de seu discurso e sua máscara de grande homem entusiasmaram as repartições; os que o perscrutaram perceberam seu olhar esquivo, sinal irrecusável de uma alma inquieta. Pouco a pouco, o jovem oficial revolucionário entrou na moda, e sua atitude consular não desagradou ao público, desalentado com o relaxamento de Cluseret.

Contudo, nada justificava essa preferência. Chefe do Estado-Maior-Geral desde 5 de abril, Rossel deixava os serviços correrem soltos. O único mais ou menos organizado, o Controle de Informações Gerais, dependia de Moreau, que todas as manhãs fornecia à Guerra e à Comuna relatórios detalhados, muitas vezes bastante pitorescos, sobre as operações militares e o estado de ânimo de Paris.

Tal era, mais ou menos, toda a Polícia da Comuna. A Segurança-Geral, que deveria ter iluminado os mais ínfimos recantos, só emitia uma luzinha difusa. O Comitê Central nomeara como adjunto de Duval, na Chefatura de Polícia, na qualidade de delegado civil, o jovem Raoul Rigault, a quem atribuíam muito erroneamente uma astúcia finíssima. Rigault, sob forte controle, podia ser um bom subordinado e não falhou enquanto Duval viveu. A Comuna cometeu o erro de deixá-lo à testa de um serviço em que a menor manobra em falso era tão perigosa como nos postos avançados. Seus amigos, tão estouvados quanto ele – com raras exceções, como Ferré, Regnard, Levraud etc. –, desempenharam com infantilidade as mais delicadas funções.

A Comissão de Segurança, que deveria ter fiscalizado Rigault, não fez mais do que acompanhá-lo. Também aqui se vivia entre amigos, desculpando-se mutuamente todas as leviandades.

Já em 1 de abril, Ranc e Vermorel interpelam Rigault, que inclui no *L'Officiel* decretos de sua lavra. No dia 4, Lefrançais censura-o por não ter notificado à Comuna a prisão de um de seus membros, Assi; no dia 5, Delescluze assinala que a Segurança-Geral está exorbitando de suas atribuições e Lefrançais pede a substituição de Rigault. Mas, no Hôtel-de-Ville, eram poucos os inflexíveis. Muitos haviam combatido, conspirado juntos sob o império, viam a Revolução em seus amigos. Rigault contentou-se em dar de ombros, com seu gesto de garoto.

Em breve, viam-se ratos dançar ao redor da Chefatura de Polícia. Os jornais, fechados pela manhã, eram apregoados à tarde nas ruas; os conspiradores estavam em todos os serviços sem despertar a atenção de Rigault ou de seus homens. Nunca descobriram nada; alguém sempre teve de descobrir por eles. Dirigiam as detenções como se fossem paradas militares de dia, com grande aparato de guardas nacionais. Após o decreto sobre os reféns, só encontraram alguns eclesiásticos: o arcebispo galicano Darboy, muito bonapartista; seu grande vigário, Lagarde; o pároco da Madeleine, Deguerry, uma espécie de Morny de batina; o abade Allard; o bispo de Surat; um pequeno número de jesuítas e párocos, entre os quais o de Saint-Eustache, que Beslay mandou soltar. Nem todo mundo da Comuna aprovava esses ataques contra os religiosos. Vermorel e Arthur Arnould não consideram seriamente como reféns os padres que não participaram da política. "Os parentes e auxiliares dos membros da Assembleia Nacional: eis os verdadeiros reféns", disse Vermorel. "Nosso objetivo não é derramar o sangue dos versalheses e dos reféns, mas impedir que derramem o nosso." Raoul Rigault responde com esta frase, mais ponderada do que de costume: "Os padres são os mais poderosos agentes de propaganda". Foram de fato os mais poderosos instigadores contra a Comuna, os mais implacáveis na repressão.

A leviandade das prisões inquietava muitos dos membros da Comuna. Ostyn, Clément e Theisz não querem que esta enverede pelo sistema de prisões ao acaso. "É uma pouca-vergonha a Polícia que temos", escreveu Malon; melhor teria sido dizer uma fantasmagoria. Os verdadeiros criminosos se aproveitaram. Os guardas nacionais tinham violado os mistérios do Convento de Picpus, descobrindo três infelizes trancadas em jaulas gradeadas, instrumentos estranhos, corseletes de ferro, cintos, cavaletes, capacetes com cheiro de Inquisição, um tratado sobre o aborto, dois crânios ainda cobertos de cabelos. Uma das prisioneiras, a única que ainda conservava a razão, contou que vivia há dez anos naquela jaula. A irmã que desempenhava as funções de superiora, uma virago alta e ousada, respondeu a Rigault, em tom de bom menino: "Por que encerrastes essas mulheres?" "Para fazer um favor a suas famílias; eram loucas. Vós, senhores, que sois filhos de família, compreendereis que às vezes é muito cômodo poder ocultar a loucura dos pais." "Mas então não conheceis a lei?" "Não, senhor comissário, obedecemos a nossos superiores." "De quem são estes livros?" "Não sei." Assim, fazendo-se de simplórias, enganaram os parvos. Moradores do X Distrito haviam descoberto esqueletos femininos nos porões da igreja de Saint-Laurent. A Chefatura de Polícia fez um arremedo de inquérito, sem chegar a nenhuma conclusão.

Essa Revolução popular era tão fundamentalmente sadia que a ideia de humanidade pairava acima de todos esses erros. Não se pronunciam na Segurança da Comuna essas palavras de sangue, tão conhecidas sob a convenção, na boca dos membros do Comitê de Segurança Geral. David: "Vamos ao banho de sangue"; Vadier: "Cortemos cabeças, esses confiscos são indispensáveis". O chefe de Segurança da Comuna de 1871 usa palavras como as de Châlier e de Chaumette: "A Comuna ofereceu pão a 92 mulheres daqueles que nos matam. Não há bandeira para as viúvas. A república tem pão para todas as miseráveis e beijos para todos os órfãos". Sobrecarregada de denúncias, a Segurança declara que não considerará as que forem anônimas. "O homem que não tem a coragem de assinar uma denúncia", dizia *L'Officiel*, "está a serviço de um rancor pessoal e não do interesse público". O respeito aos prisioneiros foi absoluto. Em 9 de abril, a Comuna repeliu sem discussão a proposta de Blanchet no sentido de dar aos reféns os mesmos maus-tratos infligidos por Versalhes aos prisioneiros federados.

Os reféns mais preciosos tiveram toda liberdade de mandar vir de fora alimentação, roupa, livros, jornais, de receber as visitas de amigos e até de repórteres de jornais estrangeiros. Ofereceu-se até mesmo a Thiers trocar o arcebispo, Deguerry, Bonjean e Lagarde por Blanqui. Eis o fato:

Um dos principais homens da Chefatura de Polícia, Levraud, pedira ao arcebispo que interviesse junto a Thiers para suspender as execuções dos prisioneiros. Darboy redigiu uma carta patética e aproveitou a ocasião para falar dos reféns. Thiers não respondeu. Flotte, velho amigo de Blanqui, propôs ao presidente uma troca, disse que o arcebispo podia correr perigo. Thiers fez um gesto muito significativo. Flotte retomou a negociação por intermédio de Darboy, que designou Deguerry para ir a Versalhes. Como a Chefatura não queria abrir mão de um refém daquela importância, o vigário-geral Lagarde substituiu Deguerry. O arcebispo deu-lhe instruções e, em 12 de abril, Flotte levou Lagarde à estação, fazendo-o jurar que voltaria caso a missão fracassasse. Lagarde jurou: "Voltarei mesmo se for para ser fuzilado. Acaso podeis pensar que possa passar pela minha cabeça apenas por um instante deixar monsenhor sozinho, aqui?". No momento em que o trem ia partir, Flotte tornou a insistir: "Não vades se não tendes a intenção de voltar"; o outro jurou uma vez mais. Foi-se e entregou a Thiers a carta em que o arcebispo solicitava a troca. Thiers, fingindo ignorá-la, respondeu à primeira, que um jornal da Comuna acabava de publicar. Sua resposta foi uma de suas obras-primas de hipocrisia e mentira:

> Os fatos para os quais chamais minha atenção são absolutamente falsos, e estou deveras surpreso de que um prelado esclarecido como vós, monsenhor [...]. Jamais nossos soldados fuzilaram os prisioneiros, nem procuraram vibrar o golpe final aos feridos. Que,

> no calor da refrega, tenham usado as armas contra os homens que assassinam seus generais, é possível, mas, terminado o combate, recuperam a generosidade do caráter nacional. Portanto, monsenhor, rejeito a calúnia que vos relataram. Afirmo que jamais os soldados fuzilaram os prisioneiros.

No dia 17, Flotte recebeu uma carta em que Lagarde anunciava que sua presença ainda era indispensável em Versalhes. Flotte foi queixar-se ao arcebispo, que não quis acreditar no abandono: "É impossível", disse ele, "que Lagarde fique em Versalhes; voltará, jurou a mim mesmo". E entregou a Flotte um bilhete para o vigário-geral. Lagarde respondeu que Thiers o retinha. No dia 23, Darboy escreveu mais uma vez a seu vigário-geral: "Ao receber esta carta, o sr. Lagarde fará o favor de rumar imediatamente para Paris e voltar a Mazas. O atraso nos compromete de forma grave e pode ter os mais desastrosos resultados". Lagarde não respondeu. Thiers recusara a troca, protegendo-se atrás da Comissão dos Quinze. Seu pretexto foi dizer que Blanqui viria a ser a cabeça da insurreição; seu objetivo, conseguir a execução dos reféns: a morte do galicano Darboy era duplamente proveitosa, pois abria uma sucessão cobiçada pelos ultramontanos e fazia um mártir.

O vigário-geral Lagarde, considerando inútil imitar Régulus,* permanece modestamente em Versalhes. A Comuna não puniu o arcebispo por essa falta de fé e, alguns dias depois, mandou libertar sua irmã. Jamais, nem nos dias de desespero, foram esquecidos os privilégios às mulheres. As culpáveis Irmãs de Picpus e as outras religiosas, levadas para Saint-Lazare, foram presas em um alojamento à parte.

A Chefatura de Polícia e a delegação da Justiça afirmaram ainda sua humanidade melhorando o regime das prisões, cujo pessoal fora mantido, com exceção apenas dos diretores. A Comuna, por sua vez, esforçando-se em garantir a liberdade individual, decretou em 14 de

* Marcus Atilius Régulus, general romano, cônsul em 256 a.C. Preso pelos cartagineses durante a Primeira Guerra Púnica, foi enviado a Roma sob juramento para propor uma troca de prisioneiros. Dissuadiu o Senado de aceitar a proposta de Cartago e, ao voltar, foi morto sob tortura. (N. T.).

abril que toda detenção seria notificada imediatamente ao delegado da Justiça, e nenhuma perquisição seria feita sem mandado regular. Uma vez que os guardas nacionais, mal informados, tinham detido indivíduos com reputação de suspeitos, a Comuna declarou no *L'Officiel* que todo ato arbitrário seria seguido de destituição e de processo imediato. Um batalhão que procurava armas da Companhia de Gás acreditou estar autorizado a apoderar-se do caixa. A Comuna mandou devolver imediatamente a soma e retirar os lacres. O comissário de Polícia que prendeu Gustave Chaudey, acusado de ter mandado abrir fogo em 22 de janeiro – detenção inábil, pois o detido defendia a causa parisiense no Siècle – apossara-se do dinheiro do prisioneiro; a Comuna destituiu o comissário e publicou sua exoneração no *L'Officiel*. Para divulgar os abusos de poder, ordenou no dia 23 que fosse aberto um inquérito sobre o estado dos detentos e os motivos da detenção, e deu a todos os seus membros o direito de visitar os prisioneiros.

Frente a tudo isso, Rigault pediu sua demissão, que foi aceita: Delescluze tivera de repreendê-lo repetidas vezes. Suas extravagâncias eram um prato cheio para os jornais de Versalhes. Estes acusavam sua Polícia infantil de aterrorizar Paris, pintavam como assassinos os membros da Comuna que se recusavam a tomar conhecimento das condenações da Corte Marcial e diziam que os presos comuns haviam sido postos em liberdade* quando, na verdade, o falsário bonapartista Taillefer fora preso e depois solto em 4 de setembro. Essa burguesia que baixou a cabeça diante das 30 mil prisões e *lettres de cachet*** do império, que aplaudiu as 50 mil prisões de maio e as milhares de perquisições que se seguiram, urrou durante anos contra as 1.500 ou 1.400 detenções efetuadas durante a Comuna. Não ultrapassaram esse número, em dois meses de luta; e dois terços dos detentos, refratários ou provoca-

---

* Só foram postos em liberdade condenados militares, um indivíduo condenado por roubo de lenha e, durante o sítio, alguns acusados de delitos vários; 20 pessoas no total.

** Carta com o sinete do rei, contendo uma ordem de prisão ou de exílio sem julgamento (N. T.).

dores de rua, só ficaram presos alguns dias, ou mesmo algumas horas. A província, alimentada apenas pela imprensa versalhesa, acreditava nessas invenções ainda mais ampliadas pelas circulares de Thiers, que telegrafava aos *préfets*: "Os rebeldes esvaziam as principais casas para pôr o mobiliário à venda". Esclarecer a província, provocar sua intervenção: eis o papel da delegação de Relações Exteriores, que, com seu nome pretensioso, só ficava atrás da Comissão da Guerra. Desde o início da Comuna, a província pedira-lhe que enviasse delegados. Em 6 de abril, Mégy, Amouroux e Caulet de Tauyac foram mandados de volta a Marselha. No dia 7, Gambon, detido por um instante na Córsega, estabeleceu uma sombria relação. Esse velho republicano, que sob o império tivera a coragem de recusar o pagamento de imposto, era ouvido pela Comuna: "A França está adormecida; a implantação da Comuna estaria garantida em Lyon, Marselha e em outros lugares se tivéssemos sabido agir revolucionariamente". Pediu que fossem enviados delegados a toda parte. Desde 4 de abril – como veremos mais adiante – os departamentos agitavam-se novamente. Salvo em Marselha, a Guarda Nacional empunhava seus fuzis. No centro, no leste, no oeste e no sul, podiam-se fazer grandes manobras para iludir o inimigo, perturbar certas estações ferroviárias, parar os reforços e a artilharia a caminho de Versalhes.

A delegação contentou-se em enviar alguns raros emissários sem conhecimento dos locais e sem autoridade. Foi, inclusive, enganada por traidores que embolsaram o dinheiro e entregaram suas instruções a Versalhes. Republicanos conhecidos, a par dos costumes da província, ofereceram-se, inutilmente. Nesse caso, como em outros, era preciso antes de mais nada agradar. Por fim, para sublevar toda a França, foi gasto um total de 100 mil francos.

A delegação só despachou um número bastante reduzido de documentos; um resumo eloquente e verdadeiro da Revolução parisiense; dois manifestos aos camponeses, sendo um da sra. André Léo, simples, caloroso, muito ao alcance do homem do campo: "Irmão, estás sendo enganado. Nossos interesses são os mesmos. O que peço, tu também queres; a libertação que reclamo é a tua [...]. Afinal, o que Paris quer é a terra para o camponês, a ferramenta para o operário". Essas boas sementes eram carregadas por balões que deixavam cair de tanto em tanto os impressos. Quantas se perderam, quantas caíram fora do sulco...

Essa delegação, criada unicamente para o exterior, quase esqueceu o resto do mundo. Na Europa inteira, a classe operária sorvia com avidez as notícias de Paris, combatia de coração ao lado da grande cidade que se tornara sua capital, multiplicava os comícios, as manifestações, as mensagens. Seus jornais, em sua maioria, pobres, lutavam corajosamente contra as calúnias da imprensa burguesa. Era dever da delegação alimentar esses preciosos auxiliares. Não fez quase nada. Alguns jornais estrangeiros endividaram-se até quase naufragar para apoiar aquela Comuna de Paris que deixava seus defensores caírem por falta de pão.

A delegação cometeu outro erro. Nos termos do acordo militar, o Exército alemão devia abandonar os fortes a leste de Paris após o pagamento, pelo Estado, de 500 milhões. Era importante para a Comuna saber se o pagamento fora feito, pois nesse caso Paris estaria completamente cercada por Versalhes. O delegado – autorizado, é verdade, pela Comuna – cometeu o erro de escrever ao general Fabrice, comandante das forças alemãs, que se apressou em comunicar a carta a Jules Favre, que a leu à Assembleia versalhesa, com os comentários *ad hoc*. A delegação iludia-se com a ideia de que a Comuna poderia pagar os 500 milhões, tornando-se, assim, senhora dos fortes do leste. Os alemães riam dessa pretensão de substituir o Estado e não poupavam favores a Versalhes. Quando os federados rearmaram o Forte de Vincennes, cercado de perto pelos prussianos, os alemães solicitaram à Comuna o desarmamento imediato. A delegação ficou ofendida por não ter recebido o pedido; houve um incidente lamentável e um parlamentar alemão pôde visitar o forte. Rossel queixou-se na sessão de 5 de maio. Essas conversações e esses movimentos inúteis deram margem a que os caluniadores dissessem que a Comuna estava negociando com o estrangeiro.

Uma delegação assim conduzida não podia mesmo ter peso contra a astuciosa habilidade de Thiers. Quando, em 15 de maio, ela conclamou a província às armas e ofereceu-lhe o Palácio de Luxemburgo para deliberar, esta última há muito estava cercada. Ela mostrou, é verdade, muito zelo na proteção dos nacionais estrangeiros e enviou à Casa da Moeda a prataria do Ministério, "da qual esses senhores se apropriaram", como não deixou de dizer Jules Favre. Mas, trabalho de fato reduziu-se a pouquíssimo.

Eis as delegações vitais. Uma vez que a Comuna se tornou, pela força dos fatos, a grande revolucionária, uma vez que se arroga direitos nacionais, que proclame os direitos do século e, se morrer, que deixe uma bandeira sobre o túmulo! Basta-lhe formular com clareza reivindicações acumuladas desde a interrupção da Revolução Francesa.

O delegado da Justiça só precisava resumir as reformas exigidas há muito por todos os democratas. Cabia a uma revolução proletária mostrar o espírito aristocrático de nosso sistema judiciário; as doutrinas despóticas e atrasadas do Código Napoleônico; o povo soberano, jamais julgando a si mesmo, julgado por uma casta oriunda de uma autoridade diferente da sua; a superposição absurda dos juízes e dos tribunais; o tabelionato, o corpo de procuradores, 40 mil escrivães, *avoués*, porteiros dos tribunais, escreventes, *agrées, comissaires-priseurs** e advogados que sugavam centenas de milhões de francos por ano do Tesouro Público. Cabia-lhe também traçar as diretrizes gerais de um tribunal em que o povo, reintegrado em seus direitos, julgaria em júri todas as causas, tanto cíveis, comerciais, correcionais, como criminais; tribunal único, que não admitisse apelação, a não ser em

* *Avoué* – oficial ministerial encarregado de representar as partes perante um tribunal, de fazer os autos de procedimento e de concluir em nome de seus clientes; *Agrée* – mandatário que representa as partes em tribunal de comércio; *Comissaire-priseur* – oficial ministerial encarregado de fazer a avaliação dos objetos mobiliários e de proceder à sua venda em hasta pública. (N. T.).

caso de erro de procedimento. O delegado limitou-se a nomear escrivães, porteiros de tribunal e *comissaires-priseurs* com remuneração fixa, nomeações bem inúteis naquele tempo de batalha e que incorriam no erro de consagrar o princípio desses cargos. Poucas intenções se concretizaram. O juramento profissional foi abolido; foi decretado que os registros de prisão enunciariam os motivos e as testemunhas a serem ouvidas; papéis, valores e pertences dos detentos passaram a ter de ser depositados na Caixa de Depósitos e Consignações. Um decreto ordenou aos diretores dos manicômios que enviassem, em prazo de quatro dias, um inventário de seus doentes com um relatório de cada caso. Se a Comuna tivesse intervindo nesses antros, a humanidade já estaria em débito para com ela.

Na falta do saber revolucionário, a delegação podia dar mostras de algum instinto, tornar públicas as jaulas de Picpus, os esqueletos de Saint-Laurent. Ela não pareceu se ocupar do problema, e a reação se aproveitou dessas pretensas descobertas. A delegação deixou, inclusive, escapar a oportunidade de conquistar, ao menos por um dia, a adesão de toda a França republicana à Comuna. O autor da expedição ao México, Jecker, praticamente pedira para ser preso ao comparecer à Chefatura de Polícia a fim de solicitar, ingenuamente, um passaporte. Bravo, muito audacioso, vivera contando com a impunidade, pois não há castigo para esses crimes na legalidade burguesa. Nada mais simples do que instruir seu processo. Jecker, que se dizia iludido pelo império, pedia para fazer revelações. Em audiência pública, perante 12 jurados escolhidos ao acaso, diante do mundo, podia-se reconstituir através de suas palavras a expedição ao México, pôr a nu as intrigas do clero, abrir os bolsos dos ladrões, mostrar como a imperatriz, Miramon Almonte e Morny tinham organizado o golpe, por que causa e por quais homens a França perdera 30 mil soldados e mais de um milhão de francos. A expedição podia ser realizada em pleno sol, na Praça da Concórdia, ao lado das Tulherias, que foram cúmplices. Os poetas, raramente fuzilados, talvez tivessem gemido; a inumerável vítima teria batido palmas, dizendo: "Só a revolução faz justiça". Mas não interrogaram Jecker.

A delegação da Educação tinha por obrigação escrever uma das mais belas páginas da Comuna. Após tantos anos de estudo e experiência, essa questão devia surgir inteiramente elaborada de um cérebro realmente revolucionário. A delegação nada deixou como testemunho para o futuro. No entanto, o delegado era um homem dos mais instruídos. Contentou-se em eliminar os crucifixos das salas de aula e em fazer um apelo a todos os que haviam estudado as questões de educação. Uma comissão foi encarregada de organizar o ensino primário e a formação profissional; todo seu trabalho foi anunciar, em 6 de maio, a inauguração de uma escola. Outra comissão, esta para a educação das mulheres, foi nomeada no dia da entrada dos versalheses.

O papel administrativo dessa delegação restringiu-se a decretos pouco viáveis e a algumas nomeações. Dois homens dedicados e talentosos, Elisée Reclus e Benjamin Gastineau, foram encarregados de reorganizar a Biblioteca Nacional. Proibiram o empréstimo de livros, pondo fim ao escândalo de privilegiados que constituíam bibliotecas às custas das coleções públicas. A Federação dos Artistas, cujo presidente era Courbet, nomeado membro da Comuna em 16 de abril – e que contava entre seus integrantes com o escultor Dalou –, ocupou-se da reabertura e da fiscalização dos museus.

Nada se saberia dessa revolução em matéria de educação sem as circulares das municipalidades. Várias haviam reaberto as escolas abandonadas pelas congregações e pelos professores primários da cidade, ou tinham expulsado os padres que lá restavam. A do XX Distrito vestiu e alimentou as crianças, lançando assim as primeiras bases das Caixas Escolares, tão prósperas a partir de então. A delegação do IV Distrito dizia: "Ensinar a criança a amar e a respeitar seu semelhante, inspirar-lhe o amor à justiça, ensinar-lhe que deve se instruir tendo em vista o interesse de todos: eis os princípios morais em que doravante repousará a educação comunal". "Os professores das escolas primárias e das creches", prescrevia a delegação do XVII Distrito, "empregarão exclusivamente o método experimental e científico, que parte sempre da exposição dos fatos físicos, morais e intelectuais". Ainda se estava longe de um programa completo.

Então, quem falará em nome do povo? A delegação do Trabalho e do Comércio. Composta estritamente por socialistas revolucionários, estabelecera por objetivo

> o estudo de todas as reformas a serem introduzidas, seja nos serviços públicos da Comuna, seja nas relações dos trabalhadores – homens e mulheres – com seus patrões; a revisão do código de comércio, das tarifas aduaneiras; a modificação de todos os impostos diretos e indiretos; a elaboração de uma estatística do trabalho.

Pedia aos cidadãos os elementos para elaborar todos os decretos que apresentaria à Comuna.

O delegado, Léo Frankel, fez-se auxiliar por uma comissão, constituída por trabalhadores, encarregada de tomar iniciativas. Foram abertos, nos distritos, registros para informar sobre ofertas e pedidos de empregos. A pedido de muitos operários padeiros, a delegação suspendeu o trabalho noturno, medida de higiene e de moral. Preparou um projeto de liquidação da Casa Municipal de Penhor, um decreto referente aos descontos sobre os salários e apoiou um outro relativo às oficinas fechadas por seus proprietários.

O projeto propunha a devolução gratuita às vítimas da guerra e aos necessitados dos objetos deixados como garantia de penhor. Os que se recusassem a invocar a condição de necessitados deviam receber os objetos em troca de uma promessa de pagamento em cinco anos. O relatório dizia ao terminar: "Fica bem claro que, à liquidação da Casa Municipal de Penhor, deve suceder uma organização social que dê, aos trabalhadores, garantias reais de socorro e apoio em caso de desemprego. A implantação da Comuna prescreve novas instituições reparadoras que protejam o trabalhador da exploração do capital".

O decreto que abolia os descontos sobre vencimentos e salários punha fim a uma das mais escandalosas iniquidades do regime capitalista, pois se tratava de multas infligidas, muitas vezes com o pretexto mais fútil, pelo próprio patrão, que era assim juiz e parte.

O decreto relativo às oficinas abandonadas restituía à massa despossuída a propriedade de seu trabalho. Uma comissão de inquérito, nomeada pelas câmaras sindicais, devia elaborar o levantamento e o inventário das oficinas abandonadas que retornariam para os trabalhadores. Assim, "os expropriadores eram, por sua vez, expropriados". O século XX verá esta revolução. Cada progresso do maquinismo acentua sua aproximação. Quanto mais a exploração se concentra em algumas mãos, mais o exército do trabalho se torna compacto e disciplinado; em breve, a classe dos produtores, consciente e unida, só encontrará diante de si um punhado de privilegiados, como a jovem França de 1789. O mais inflamado revolucionário socialista é o monopolizador.

Sem dúvida, esse decreto continha lacunas e exigia sérias explicações, principalmente sobre o artigo referente às associações cooperativas, às quais deviam se dirigir as oficinas. Não era tampouco, como o outro, aplicável neste momento de luta, além de que necessitava de uma multiplicidade de decretos complementares; mas pelo menos dava alguma ideia das reivindicações operárias e, se a Revolução de 18 de março não tivesse feito nada além da criação da Comissão do Trabalho e Comércio, já teria feito mais pelo trabalhador do que todas as Assembleias burguesas da França, desde 5 de maio de 1789 até aquela data.

A delegação do Trabalho quis examinar o que ocorria nas transações da Intendência. Verificou que os descontos oneravam a mão de obra, e não os lucros dos empresários, que vendem a qualquer preço certos de que sempre se recuperarão às custas do trabalhador. "E a Comuna é cega o bastante para se prestar a tais manobras", dizia o relatório. "Neste momento, o trabalhador enfrenta a morte para não sofrer mais essa exploração!". O delegado pediu que os cadernos de encargos indicassem o preço da mão de obra; que as transações fossem confiadas, de preferência, às corporações operárias; que os preços fossem fixados por arbitragem da Intendência com a câmara sindical da corporação e o delegado do Trabalho.

Para fiscalizar a gestão financeira de todas as delegações, a Comuna instituiu no mês de maio uma Comissão Superior de Contabilidade, encarregada de verificar suas contas. Decretou também, como já vimos, que os altos funcionários ou fornecedores culpados de fraude, depredação ou roubo seriam passíveis de ser submetidos ao Conselho de Guerra.

Em resumo: salvo a delegação do Trabalho, onde tentou-se fazer alguma coisa, as outras delegações fundamentais foram insuficientes. Todas cometeram o mesmo erro. Durante dois meses, tiveram nas mãos os arquivos da burguesia desde 1789. O Tribunal de Contas revelava os mistérios das negociatas oficiais; o Conselho de Estado, as deliberações secretas do despotismo; o ministério da Justiça, o servilismo e os crimes dos magistrados; o Hôtel-de-Ville, os dossiês da Revolução Francesa, os de 1815, 1830, 1848 e 1851, ainda desconhecidos; a Chefatura de Polícia, os segredos mais vergonhosos de todos os poderes sociais; todas as diplomacias temiam a abertura das pastas dos arquivos do ministério das Relações Exteriores. Podia-se expor aos olhos do povo a história íntima da Revolução, do Diretório, do Primeiro Império, da Monarquia de Julho, de 1848, de Napoleão III. Bastava lançar ao vento todas as peças deixando o futuro fazer a triagem. Só foram publicados dois ou três fascículos. Os delegados dormiram ao lado desses tesouros sem suspeitarem de sua existência.

Louis Blanc e seus companheiros, ao ver aqueles advogados, doutores e jornalistas que deixavam Jecker mudo, o Tribunal de Contas fechado, os papéis do império intactos, não quiseram acreditar que se tratava de ignorância e denunciaram o bonapartismo. Acusação tola, desmentida por inúmeras provas. Em defesa da honra dos delegados, é preciso dizer toda a verdade: nenhum conhecia o mecanismo político e administrativo daquela burguesia da qual quase todos provinham.

Os franco-maçons aderem à Comuna. O Forte de Issy é desocupado pela primeira vez. Criação do Comitê de Salvação Pública

Thiers conhecia profundamente tais fraquezas. De início muito preocupado, tranquilizou-se rapidamente no final de março quanto àquela insurreição que temia o Banco, ignorava os próprios recursos e cujo conselho perdia-se em palavras. Entretanto, ele sabia da debilidade de suas tropas, das reviravoltas fulminantes da grande cidade, e temia atropelar a sorte. Aliás, era com vaidade que Thiers brincava de soldado diante dos prussianos, instalava baterias, dirigia as trincheiras, dizia a MacMahon, que resmungava por ter de obedecer ao paisano: "Conheço essas fortificações, fui eu quem as fiz". Para aplacar os intransigentes da Assembleia, que o instigavam a passar ao assalto, recebeu de forma altaneira os conciliadores que multiplicavam suas gestões e suas combinações trôpegas.

Todo mundo se metia, do bom e visionário Considérant ao acrobata Girardin, até o ajudante de campo de Saisset, Schoelcher, que substituíra seu plano de batalha de 24 de março por um de conciliação. Tais encontros eram motivo de muitas chacotas. Desde a trégua de

Neuilly e do "Paris inteira se erguerá", a Liga dos Direitos de Paris não obtivera nenhum ganho. A corajosa conduta dos franco-maçons atirou os membros da Liga para um remoto segundo plano.

No dia 21 de abril, ao pedir o armistício, os franco-maçons tinham-se queixado da lei municipal recentemente votada pela Assembleia. "Mas como", respondera-lhes Thiers, "é a mais liberal que temos em 80 anos!" "Perdão, e nossas instituições comunais de 1791?" "Ah! quereis voltar às loucuras de nossos pais?" "Mas será que estais decidido a sacrificar Paris?" "Algumas casas serão esburacadas, algumas pessoas, mortas, mas a lei manterá sua força". Os franco-maçons divulgaram por Paris essa horrível resposta.

A ferocidade bárbara dos soldados não era mais cruel. Esses infelizes acreditavam firmemente que os federados eram ladrões soltos pela Comuna, ou prussianos, que torturavam seus prisioneiros. Houve alguns que recusaram qualquer alimento por certo tempo, temendo ser envenenados. Os oficiais, em sua maioria bonapartistas, difundiam tais histórias; alguns até acreditavam nelas.* Chegavam da Alemanha em um estado de sobre-excitação extrema contra Paris;** diziam publicamente: "Nossa guerra contra essa canalha será sem quartel". Davam como exemplo as execuções sumárias. No dia 25 de abril, em Belle-Épine, perto de Villejuif, quatro guardas nacionais, surpreendidos por caçadores a cavalo e intimados a se render, depuseram as armas. Os soldados as levaram; chegou um oficial e, sem dizer palavra, descarregou o revólver. Dois foram assassinados; os outros, dados como mortos, arrastaram-se até a trincheira vizinha, onde um deles faleceu; o quarto foi transportado à ambulância.

---

* Em 12 de maio, o capitão Rozhem, oficial-de-engenharia da Divisão Lacretelle, 2º Corpo, caiu prisioneiro na barricada de Petit-Vanves. Levado ao comandante-de-trincheira, disse: "Sei o que me espera. Fuzilai-me!". O comandante ignorou suas palavras e levou o prisioneiro a Delescluze. "Capitão", disse o delegado, "prometei-me não combater a Comuna e estais livre". O oficial prometeu e, profundamente comovido, pediu a Delescluze permissão para apertar-lhe a mão. Do início das hostilidades até 23 de maio, os federados não fuzilaram um só prisioneiro, oficial ou soldado. Os rigores da guerra só foram aplicados a três espiões, e após julgamento.

** Apêndice X.

No dia 26, Léo Meillet relata o assassinato à Comuna. A vingança balança até os mais moderados. "É preciso vingar e fuzilar os prisioneiros que temos nas mãos!". Vários: "O arcebispo de Paris!". Tridon: "Quando se apresenta uma questão viril, todos querem ser os mais valentes [...], mas passais horas discutindo pequenas questões filosóficas; hoje não podeis mais pensar em represálias". Blanchet quer que os soldados da força pública e alcaguetes presos sejam fuzilados ao amanhecer. Antoine Arnaud: "Que sejam executados publicamente 12 soldados da força pública". Tridon: "Por que 12 homens por quatro? Não tendes esse direito". Ostyn se opõe às execuções: "A Comuna deve viver por seus atos". Vaillant: "É a propriedade que é preciso atacar". Avrial e Jourde: "Que se proceda legalmente". Arthur Arnould: "Ataquemos Thiers demolindo sua casa". Mais perspicaz, o generoso Cambon se levantou: "Se as pessoas de Versalhes fuzilam nossos prisioneiros, que a Comuna declare perante a França, perante o mundo, que respeitará todos os prisioneiros que fizer, que os próprios oficiais que forçam os homens a marchar serão respeitados até certo ponto". Concluiu, pedindo uma comissão de inquérito. Ela constatou a realidade do crime. A discussão passa para questões pessoais, e é tão acirrada que a Assembleia decide não publicar a ata. O anúncio de uma delegação de franco-maçons instaura um pouco a calma.

Ranvier os liderava. Os franco-maçons tinham-se reunido à tarde no teatro do Châtelet. Quando um deles apresentou a moção de hastear os pavilhões maçônicos nas muralhas, mil aplausos responderam. Alguns oponentes não puderam combater aquele entusiasmo e decidiu-se ir imediatamente, pavilhão à frente, comunicar ao Hôtel-de-Ville a grande resolução. A Comuna recebeu os delegados no Pátio de Honra. "Se, no início", disse o orador Thirifocq,

> os franco-maçons não quiseram agir, era porque faziam questão de ler a prova de que Versalhes não queria saber de conciliação alguma. Hoje estão prontos para hastear seus pavilhões nas muralhas. Se uma única bala atingir suas bandeiras, os franco-maçons marcharão como um só homem contra o inimigo comum.

Essa declaração foi saudada com aplausos e abraços. Em nome da Comuna, Jules Vallès amarra seu lenço vermelho no pavilhão; uma delegação da Comuna acompanha os irmãos até o templo da Rua Cadet.

Três dias depois, foram cumprir sua palavra. A intervenção daquela potência misteriosa dera grande esperança a Paris. Na manhã do dia 29, uma multidão imensa lotava os arredores do Carrousel, ponto de encontro de todas as lojas. Apesar de alguns franco-maçons que haviam protestado através de cartazes, 6 mil irmãos, representando 55 lojas, estavam enfileirados no Carrousel às dez horas. Seis membros da Comuna os conduziram ao Hôtel-de-Ville em meio à multidão e a batalhões que formavam cordões. Uma música grave e de caráter ritual precedia o cortejo; seguiam-se oficiais superiores, os grão-mestres, os membros da Comuna e os irmãos com a larga fita azul, verde, branca, vermelha ou preta, conforme o posto, agrupados ao redor de 65 pavilhões que pela primeira vez se mostravam à luz do dia. O que figurava à frente, o pavilhão branco de Vincennes, ostentava em letras vermelhas a divisa fraterna e revolucionária: *Amemo-nos uns aos outros*. A mais aclamada foi uma Loja de mulheres.

Os pavilhões e uma numerosa delegação penetraram no Hôtel-de-Ville. Os membros da Comuna, agrupados no patamar da escada do Pátio de Honra, os esperavam. Os pavilhões se escalonaram nos degraus. Aqueles estandartes de paz abraçando a bandeira vermelha, aquela pequena burguesia unindo as mãos com o proletariado sob a imagem da república e aqueles brados de fraternidade reanimaram os mais desalentados. Félix Pyat fez um breve discurso retórico, eivado de contradições. Beslay foi bem mais eloquente em suas poucas palavras entrecortadas de lágrimas autênticas. Um irmão reivindicou a honra de ser o primeiro a plantar nas muralhas o pavilhão de sua Loja, a Perseverança, fundada em 1790, à época das grandes federações. Um membro da Comuna deu-lhe a bandeira vermelha: "Que ela acompanhe vossos pavilhões. Que doravante mão alguma possa lançar-nos uns contra os outros, a não ser para nos abraçarmos". E o orador Thirifocq, mostrando o pavilhão de Vincennes: "Será o primeiro que vamos apresentar diante das fileiras inimigas. Dir-lhes-emos: soldados da mãe-pátria, confraternizai conosco, vinde abraçar-nos [...]. Se fracassarmos, nos uniremos às companhias de guerra".

À saída do Hôtel-de-Ville, um balão marcado com os três pontos simbólicos foi semear no ar o manifesto da Franco-Maçonaria. Depois de mostrar na Bastilha e nos bulevares suas bandeiras, freneticamente aplaudido, o imenso cortejo chegou à Praça dos Campos Elíseos por volta das duas horas. Os obuses do Mont-Valérien obrigaram-no a tomar as vias laterais para chegar ao Arco do Triunfo. Uma delegação de todos os veneráveis plantou os pavilhões da Porta Maillot até a Porta Bineau. O pavilhão branco foi erguido no ponto mais perigoso, na Porta Maillot: os versalheses cessaram o fogo.

Os delegados e alguns membros da Comuna, designados por sorteio, avançam, pavilhão à frente, pela Avenida de Neuilly. Na Praça de Courbevoie, diante da barricada versalhesa, um oficial os recebe e os leva ao general Montaudon, também franco-maçom. Conversam, pedem uma trégua. O general permite a ida de três delegados a Versalhes. Naquela noite, fez-se silêncio de Saint-Ouen a Neuilly.

No dia seguinte, os delegados retornaram. Thiers mal os recebera. Impaciente, decidido a nada conceder, não queria mais aceitar deputações. Ao mesmo tempo, as balas versalhesas perfuraram os pavilhões. Os franco-maçons reuniram-se imediatamente na Sala Dourlan e decidiram ir para a frente de batalha com suas insígnias. Dois dias depois, a Liga dos Direitos de Paris decidia opor ao canhão de Versalhes "uma enorme quantidade de assinaturas".

À tarde, a Aliança Republicana dos Departamentos aderiu à Comuna. Millière liderava esse Exército de vários milhares. Totalmente ligado à Comuna, conseguira agrupar os oriundos da província. É sabido quanto sangue e força esta fornecera à cidade grande. Dos 35 mil prisioneiros franceses reconhecidos pelos versalheses, só 9 mil eram nascidos em Paris. Millière organizara a Aliança por grupos de departamento, e cada um deles esforçava-se em esclarecer sua região a respeito dos acontecimentos de Paris, enviava circulares, prospectos, delegados. Reunidos no Pátio do Louvre em 30 de abril, todos os grupos aprovaram uma mensagem aos departamentos e voltaram ao Hôtel-de-Ville para "renovar sua adesão à obra patriótica da Comuna de Paris". Membros da Comuna desceram para confraternizar.

Ainda ocorria a manifestação quando um rumor eclodiu na praça: o Forte de Issy fora desocupado!

Acobertados por suas baterias, os versalheses haviam levado adiante seus planos e, na noite de 26 para 27, tinham surpreendido Moulineaux, de onde se podia ganhar o parque de Issy. Nos dias que se seguiram, 60 peças de grossos calibres concentraram seus obuses sobre o forte, enquanto outras ocupavam Vanves, Montrouge, as canhoneiras e a muralha. Issy respondia o melhor que podia, mas as trincheiras que Wetzel não sabia comandar eram mal defendidas. No dia 29, o bombardeio aumentou e os projéteis tomaram o parque. À meia-noite, os versalheses cessavam o fogo e surpreendiam os federados nas trincheiras. No dia 30, o Forte, que não recebera aviso algum sobre a desocupação, acordou acossado por um semicírculo de versalheses. O comandante Mégy ficou transtornado, mandou pedir reforços; não recebeu nenhum. A guarnição perturbou-se e os federados, que suportavam tão bem a chuva de obuses, assustaram-se com alguns atiradores. Mégy deliberou e decidiu-se pela retirada. Os canhões foram encravados precipitadamente e tão mal que na mesma noite puderam ser desencravados. A maioria da guarnição deixou o Forte. Alguns homens, entretanto, entenderam de outra maneira seu dever e quiseram ficar para salvar a honra. Durante o dia, um oficial versalhês deu-lhes 15 minutos para que se rendessem, sob pena de serem fuzilados. Não responderam. Os versalheses não ousaram se aventurar.

Às cinco horas, Cluseret e La Cécilia chegaram a Issy com algumas companhias reunidas às pressas. Desdobraram-se em atiradores; às oito horas, os federados entraram no Forte. Sob a porta da entrada, uma criança, Dufour, junto de um carrinho de mão cheio de cartuchos de fuzil e de canhão, estava disposta a explodir com a pólvora, pois pensava que o teto também explodiria. Durante a noite, Vermorel e Trinquet levaram outros reforços e os federados reocuparam todas as posições.

Aos primeiros rumores de desocupação, alguns guardas nacionais tinham ido ao Hôtel-de-Ville para interpelar a Comissão Executiva, que afirmou não haver dado ordem de abandonar o Forte e prometeu punir os traidores, caso existissem. À noite, a Comissão Executiva mandou prender Cluseret quando este chegou do Forte de Issy. Deixou o ministério numa situação militar muito pior do que no momento de sua chegada; o Exército de operação que ele prometera não estava reunido; nem o armamento, nem o equipamento haviam progredido; o contingente de homens armados era menor e Issy estava comprometido. Toda sua defesa interna resumira-se em enterrar no Trocadero canhões que, dizia ele, abriam brechas no Mont-Valérien. Mais tarde, atribuiria sua incompetência a seus colegas, tratando-os de imbecis, vaidosos, acusando Delescluze de velhacaria, dizendo que sua prisão pusera tudo a perder, chamando-se modestamente de "encarnação do povo".*

O pânico de Issy gerou o Comitê de Salvação Pública. Em 28 de abril, no fim da sessão, Jules Miot, um dos maiores figurões de 1848, levantara-se para pedir, "sem palavrório", a criação de um Comitê de Salvação Pública com autoridade sobre todas as comissões e capaz de "fazer rolar a cabeça dos traidores". Como o pressionavam para que revelasse suas razões, respondeu solenemente que "acreditava ser necessário esse comitê". Todo mundo concordava em reforçar o controle e a ação, pois a segunda Comissão Executiva mostrara-se tão impotente quanto a primeira; mas o quê significava esse Comitê de Salvação Pública, paródia do passado, espantalho para ingênuos? Destoava dessa Revolução proletária, desse Hôtel-de-Ville de onde o Comitê de Salvação Pública mandara arrancar Jacques Roux, Chaumette e os melhores amigos do povo. Infelizmente, a maioria dos integrantes do Conselho lera a história da Revolução muito por alto. O título grandiloquente os conquistou. Teriam aprovado na mesma hora

---

* Apêndice XI.

se não fosse a firmeza de alguns colegas que exigiram uma discussão. "Sim", diziam estes últimos, "queremos uma comissão vigorosa, mas que não se torne plágio revolucionário. Que a Comuna se reforme; que deixe de ser um parlamentozinho tagarela que destrói em um dia, ao sabor de sua fantasia, o que criou na véspera". E propunham um Comitê Executivo. Os votos se equilibraram.

A questão de Issy desempatou a Assembleia. Em 1 de maio, 34 votos contra 28 retiraram o nome. Para o conjunto do projeto, 45 votaram a favor e 23, contra. Vários haviam votado favoravelmente, apesar do nome, com o único objetivo de criar um poder forte. Muitos justificaram o voto. Outros pretenderam obedecer ao mandato imperioso de seus eleitores; queriam fazer "tremer covardes e traidores". Outros, como Miot, declaravam simplesmente que era "uma medida indispensável". Félix Pyat, que incentivara Miot e apoiara vigorosamente a proposta para conservar a estima daqueles que gritavam, apresentou este contundente argumento: "A favor, visto que a expressão 'salvação pública' pertence à mesma época das expressões 'república francesa' e 'Comuna de Paris'". Mas Tridon retrucou: "Contra, porque não gosto dos despojos inúteis e ridículos". Vermorel: "Contra. Não passa de uma expressão, e o povo se contentou muito tempo com palavras". Longuet: "Como não acredito mais nas palavras salvadoras do que nos talismãs e amuletos, voto contra". Vallès: "Em nome da salvação pública, abstenho-me e protesto". Dezessete declararam coletivamente votar contra a constituição de um comitê que criaria uma ditadura, e vários outros invocaram o mesmo motivo pueril. A Comuna permanecia tão soberana que, oito dias depois, derrubava o comitê.

Os opositores se recusaram a votar uma chapa. "Não vejo que homens indicar para esse comitê", disse Tridon. "Não podemos", diziam todos, "nomear ninguém para uma instituição por nós considerada inútil e fatal [...]. Consideramos a abstenção a única atitude digna, lógica e política". Sem dúvida, era lógica, mas tratando-se da Revolução significava favorecer o adversário. O escrutínio, assim esvaziado de antemão, resultou em um poder sem autoridade. Os votantes foram apenas 37. Ranvier, Antoine Arnaud, Léo Meillet, Ch. Gérardin e Félix Pyat foram indicados. Os alarmistas podiam ficar tranquilos. O único com verdadeira energia, Ranvier, alma reta e coração quente, estava à mercê de uma bondade prejudicada pela fraqueza.

A ata dessa sessão foi publicada em versão muito resumida no *L'Officiel*, que, no entanto, inseriu no texto os votos justificados. Os amigos da Comuna, os bravos das trincheiras, os fortes da batalha ficaram então sabendo que havia uma minoria no Hôtel-de-Ville. Ela se afirmava no exato momento em que Versalhes descobria suas baterias do sul. Essa minoria que englobava, com dez exceções, os mais inteligentes, os esclarecidos da Comuna, nunca pôde enquadrar-se na situação. A ilusão geral era que durariam tanto que se prorrogou para dali a três anos a quitação das dívidas anteriores à Comuna; a minoria, exagerando mais uma vez, jamais quis compreender que a Comuna era uma barricada.* Alguns usavam seus princípios como um escudo, como a Medusa usava sua cabeça poderosa, e não teriam feito concessões nem para obter a vitória; diziam: "Éramos a favor da liberdade sob o império; no poder, não nos renegaremos". Até no exílio, alguns pretenderam que a Comuna perecera por suas tendências autoritárias. Em vez de aplicar sua inteligência para conquistar a maioria, de transigir com as circunstâncias e as fraquezas dos colegas, aquartelaram-se em sua autonomia, esperando que todos fossem a eles, como o fizera Tridon.

O sítio o havia apresentado à massa. O lúcido vigor de seus artigos na *Patrie en Danger* se iguala ao de Blanqui; nas reuniões públicas, sua clara e mordente palavra valera-lhe 65 mil votos em fevereiro. Eleito pelo departamento de Côte-d'Or, onde tinha muitas terras, deixou a Assembleia de Bordeaux após o voto mutilador. No Hôtel-de-Ville,

---

* A minoria contava com, ao menos, 22 membros: Andrieu, Arnold, Arthur Arnould, Avrial, Beslay, Clémence, V. Clément, Courbet, Frankel, E. Gérardin, Jourde, Lefrançais, Longuet, Malon, Ostyn, Serraillier, Theisz, Tridon Vallès, Varlin, Vermorel.

falava raramente e por rompantes; homem tão sensato quanto revolucionário, inimigo dos charlatães, quando viu o vazio dos românticos e a insuficiência de seus ex-amigos blanquistas, rompeu com eles e não levou ninguém consigo. Seu caráter exaltado, desafiador, ainda mais irritadiço por causa de uma doença que o fazia urinar sangue e da qual morreu pouco depois da Comuna, legando sua fortuna à causa, tornavam-no incapaz de serenar os ânimos.

Tal era o papel que tentava Vermorel. Preso depois de 31 de outubro, desafiara os homens de 1848 a fundamentarem, uma vez que controlavam os documentos do império, as calúnias com que o perseguiam. Após o sítio, tomado por grande tristeza como tantos outros, retirou-se para a casa da mãe, na província, aonde os eleitores de Montmartre o foram buscar. O ar da batalha social o reanimou; entregou-se de corpo e alma. Mais ativo e laborioso do que ninguém, só saía do Conselho para ir aos postos avançados. Várias vezes correu o rumor de sua morte. Apesar da feliz combinação de retidão e bravura, não conseguia ganhar autoridade. Sua aparência não ajudava. Alto demais, desastrado, tímido, com rosto e cabelos de seminarista, um discurso acelerado que parecia lutar com seu pensamento, não contava com nenhum atrativo.

A maioria contava com um número maior de homens sérios, que uma posição clara teria aglutinado; essa minoria, fanfarrona demais, os desagradava. A habilidade de Pyat fazia o resto. A doença de Delescluze, muitas vezes acamado, deixava terreno livre para seus artifícios. Delescluze só falava pela união; Pyat teria preferido ver a Comuna morta do que salva por aqueles que odiava. E odiava qualquer um que sorrisse de seus desatinos. Pouco lhe importava desconsiderar a Assembleia, desde que vingasse seu orgulho. Era capaz de mentir descaradamente, tramar alguma calúnia infame e, de repente, enternecido, abrir os braços e dizer: “Abracemo-nos!”. Em seu jornal, insinuava que Jourde não prestava contas e, apostrofado por este, dava sua palavra de honra de que não quisera atacá-lo. Agora acusava Vermorel de ter vendido o *Courrier Français* ao império, depois de tê-lo oferecido à família D'Orléans. Jamais foi visto nos postos avançados, mas, com seu passo de velho amante platônico, deslizava pelos corredores, percorria as comissões, ora lisonjeador, ora bajulador, ora patriarcal, um verdadeiro Barère dos bastidores. "A Comuna é minha filha! Cuidei dela durante 20 anos; alimentei-a, embalei-a." Quem ouvia podia pensar que lhe devíamos os acontecimentos de 18 de março. "Não tenho", dizia ele, "a energia de Marat, mas tenho sua vigilância, sou o amigo do povo", ignorando – seu saber limitava-se a alguns adjetivos – que os títulos de Marat são o bom-senso revolucionário e a lucidez, que foi um guia seguro e que não fugia da morte. Os blanquistas pilheriavam sobre Pyat pelas costas, mas usavam-no para manter a seu lado os românticos e conter os socialistas por demais argumentadores.

A partir de então, as divergências tornaram-se hostilidades. A sala das sessões era pequena, mal arejada, além de perturbada pelo barulho de fora, embora Pindy tenha expulsado do Hôtel-de-Ville os parasitas que o atulhavam no começo; a atmosfera, rapidamente aquecida, era febril. A discórdia, mãe da derrota, surgiu. Contudo, cessou quando pensaram no povo – que este saiba disto tanto quanto de seus erros –, quando sua alma elevou-se acima das miseráveis querelas pessoais. Acompanharam o enterro do filósofo Pierre Leroux, que defendera os rebeldes de junho, ordenaram a demolição da igreja Bréa, erigida em memória de um traidor punido justamente, monumento expiatório que insulta a Revolução, e enobreceram a Praça de Italie com o nome de Duval. Todos os decretos socialistas foram aprovados por unanimidade, pois, embora tenham querido diferenciar-se, foram todos socialistas. Só uma voz no Conselho quis expulsar dois de seus membros culpados de deslealdades anteriores.* E ninguém, nem sequer no auge do perigo, ousou falar em capitulação.

---

* Blanchet, ex-capuchinho, falido, e Émile Clément, que, sob o império, oferecera seus serviços à Polícia. (Raoul Rigault devassara cuidadosamente os dossiês da Chefatura de Polícia).

Rossel substitui Cluseret. Explodem as rivalidades. Querelas na Comuna. Rossel dá prosseguimento à obra de Cluseret. A defesa do Forte de Issy

O último ato da segunda Comissão Executiva foi nomear Rossel delegado para a Guerra. Mandou buscá-lo na noite do dia 30. Ele acorreu, contou a história dos famosos sítios, prometeu fazer de Paris uma cidade inexpugnável, encantou-os quando pensavam enredá-lo. Ninguém lhe pediu um plano definido e assinaram de imediato sua nomeação. Escreveu à Comuna: "Aceito estas difíceis funções, mas preciso de vosso mais total apoio para não sucumbir sob o peso das circunstâncias".

Rossel conhecia profundamente essas circunstâncias. Há 25 dias chefe do Estado-Maior-Geral, ele devia ser o homem mais a par de todos os recursos militares de Paris. Vira de perto os membros da Comuna, do Comitê Central, os principais oficiais, os efetivos, a índole das tropas que aceitava conduzir.

Começou destoando, ao responder ao oficial versalhês que o intimara a comparecer ao Forte de Issy: "Caro companheiro, a primeira vez que vos permitirdes enviar-nos uma intimação tão insolente, mandarei fuzilar vosso emissário [...]. Vosso devotado companheiro". Essa desenvoltura era própria de um *condottiere*. Não entendia nada sobre a alma de Paris, nem sobre aquela guerra civil, um homem que ameaçava fuzilar um inocente, que tratava de *caro*, de *devotado companheiro* o colaborador de Galliffet.

Ninguém compreendeu menos a cidade, a Guarda Nacional. Ele imaginava que o Père Duchêne era a voz do trabalhador e trancava-se com seu diretor, Vermesch, cético e vaidoso. Mal chegou ao ministério, falou em aquartelar os guardas nacionais, em canhonear os fugitivos. Queria desmembrar as legiões, transformá-las em regimentos cujos coronéis nomearia. O Comitê Central protestou e os batalhões se queixaram à Comuna, que convocou Rossel.

Ele se apresentou em 2 de maio e passou por uma espécie de exame. O antediluviano Miot perguntou-lhe quais eram seus antecedentes democráticos. "Não posso dizer", respondeu Rossel, "que tenha estudado a fundo as reformas sociais, mas tenho horror a essa sociedade que acaba de entregar tão covardemente a França. Ignoro o que possa ser a ordem nova socialista, mas tenho confiança nela, sempre será melhor do que a antiga". A seguir, abordou o assunto, deu explicações sobre o Forte de Issy, expôs seu projeto de formação de regimentos como homem que conhece o ofício, com palavras sóbrias, às vezes tão felizes que seduziram a Assembleia. "Vossas explicações francas satisfizeram a Comuna", disse-lhe o presidente, "podeis ter certeza de seu apoio sem reservas".

O Comitê Central não se deu por vencido; no dia seguinte, de acordo com os chefes-de-legião, enviou-os ao Hôtel-de-Ville. Rossel ficou sabendo do projeto e mandou prender um deles. Os outros chegaram ao Comitê de Salvação Pública, sabre à cinta, e, não encontrando ninguém, deixaram o seguinte bilhetinho: "O Comitê de Salvação Pública receberá o Comitê Central às cinco horas". Félix Pyat, que, ao voltar, encontra a intimação, chega sobressaltado à Comuna para perguntar o que fazer. A Comuna fica indignada com a insolência do

Comitê Central, diz que o Comitê de Salvação Pública está armado de poderes para responder.

Porém, este não faz a mínima questão de assumir responsabilidades. No dia seguinte, torna a pedir conselho a respeito de um certo projeto de conciliação apresentado à Comuna e à Versalhes por aquela boa Liga dos Direitos de Paris. "Surpreende-me", diz Paschal Grousset, "que o Comitê de Salvação Pública venha nos ler tão insolente ultimato; a única resposta que este merece é a prisão e a punição de seus autores"; conclui com uma censura ao comitê. "Que seja cassado!", diz outro. "Doravante", diz Ranvier, "tomaremos nossas decisões sem vos consultar". Em suma, a Comuna se refere mais uma vez ao decreto que outorga plenos poderes ao comitê. Félix Pyat pede demissão imediatamente. Tridon o apostrofa. "O cidadão Pyat", diz Johannard, "foi um dos promotores desse comitê; peço um voto de repúdio contra o cidadão Pyat, que se demite todos os dias para retornar sempre". Pyat: "Vejo aqui à minha frente uma oposição de caráter pessoal". Vallès: "Se eu fosse Pyat, não me demitiria". Pyat: "Pois bem! peço para falar honestamente. Que os que me atacaram, os cidadãos Tridon, Johannard e Vermorel, retirem suas injúrias, e não guardarei lembrança alguma deste triste incidente em meu coração (interrupções); peço que se esqueça tudo, que o passado seja passado". Vermorel:

> É preciso que haja reciprocidade. Manifestei minha simpatia pelo cidadão Pyat em 31 de outubro. Quando ele se demitiu pela primeira vez, não vi motivo algum para que o fizesse; foi o que eu disse então. Quando do fechamento do *Bien Public*, o cidadão Pyat aqui apoiou a medida, e em seu jornal protestou, constatei a contradição; em resposta, o cidadão Pyat acusou-me de ter me relacionado com Rouher. Meus eleitores de Montmartre pediram-me explicações; não me elegeram outra vez sem saber que eu era completamente confiável. É preciso que a Assembleia, definitivamente, saiba: existe um relatório de Mercadier... (interrupções). Quero me explicar [...]. Entre os papéis de 4 de setembro, foi encontrada uma correspondência de Rouher queixando-se de que eu só fora condenado a 500 francos de multa por um artigo de jornal; isso lhe parecera um escândalo. O cidadão Pyat encontrou um relatório do tal Mercadier no qual este diz que sou, 'como se

> sabe', agente de Rouher. Tudo segundo relatórios de um tal de Lucien Morel, molequinho sobre o qual eu já chamara a atenção dos meus amigos. Se Pyat me tivesse pedido explicações, eu as teria fornecido.

Malon: "Eu fazia parte do júri entre Rochefort e Vermorel: faço questão de declarar que nunca soube que se pudesse dizer que Vermorel era agente de Rouher". Numerosas vozes: "Basta! basta!". Tridon diz que foi enfático, e Johannard, que não insultou Pyat. Este responde que há pouco fora acusado de covardia, que tinham identificado sua demissão à palavra "deserção", que Vermorel mandara inserir no jornal de Rochefort uma calúnia – trata-se do caso de um navio de carvão – e termina: "Intimo a Comuna a declarar que sou um homem honrado". Vermorel: "Solicito a Pyat que declare que jamais transigiu com os princípios da honra". De todos os lados ouve-se: "Essas discussões são deploráveis". Pyat se levanta. Gritam: "A pauta!". O incidente Pyat-Vermorel não figurará no *L'Officiel*. Desde que este começara a publicar as sessões, a maioria delas era resumida, expurgada e o material divulgado não fornecia mais do que um pálido reflexo das discussões.

Ainda estão discutindo quando Mortier chega e conta a surpresa do Moulin-Saquet. Cansados, quase sem comando, os federados se protegiam mal contra as surpresas. A mais terrível acabara de ocorrer na noite de 3 para 4 no fortim de Moulin-Saquet, agora ocupado por 500 homens. Eles dormiam em barracas quando, depois de capturar as sentinelas, os versalheses entraram no fortim e degolaram cerca de 50 federados. Os soldados haviam despedaçado os cadáveres, levado cinco peças de canhão e 200 prisioneiros. O comandante do 55º era acusado de ter entregado a senha.

A Assembleia se constitui em comitê secreto e manda chamar Rossel. Ele chega, traça a situação de Issy, diz que a surpresa de Moulin-Saquet se deve ao Comitê de Salvação Pública, que deu ordem a Wroblewski e a Dombrowski de se apresentarem no Forte de Issy; lê um despacho de Wroblewski. De resto, não é o único erro do comitê. Sem que Rossel tenha sido avisado, Dombrowski recebeu a direção-geral das operações militares, e teve de entregar Neuilly nas mãos de um homem corajoso, porém incompetente, que se deixava atropelar pelos acontecimentos. "Nessas condições", termina Rossel, "não me podem responsabilizar e peço que as sessões sejam divulgadas". Félix Pyat: "Minha resposta é bem simples; nem o Comitê de Salvação Pública nem eu mesmo assinamos ordem alguma intimando o cidadão Wroblewski a se apresentar no Forte de Issy; a única medida revolucionária que tomamos foi eliminar a Praça de Paris". Rossel: "Pois é uma medida que causa transtorno; o cidadão Pyat não disse se tinha outorgado plenos poderes a Dombrowski para a execução das operações militares". Pyat: "Para a execução, sim; mas a direção continuava confiada ao cidadão Rossel".

Na sessão noturna, Tridon acha muito graves os fatos revelados por Rossel; Vermorel diz que o Comitê de Salvação Pública é um obstáculo; Félix Pyat dá a Rossel, ausente, um desmentido formal. Arthur Arnould: "Se o comitê não deu as ordens, e Rossel nega que as tenha dado, como Dombrowski e Wroblewski não são presos?". Uma vez que Pyat continua a negar, Vaillant demonstra que o comitê foi além de suas atribuições. A discussão, muito viva, só termina à meia-noite e meia.

Recomeça no dia seguinte. Arnould lê cópia da ordem enviada a Wroblewski, que foi assinada por Léo Meillet, A. Arnaud e Félix Pyat. O primeiro se defende: não foi a transferência de Wroblewski que motivou a surpresa, mas a traição. Avrial: "Há uma mentira que é preciso esclarecer". Félix Pyat é convocado. Nesse ínterim, Parisel convoca o comitê secreto e diz: "Posso, neste momento...", e a ata termina aqui. Em 23 de abril, esse extravagante Parisel pedira que, utilizando todos os recursos da ciência para combater os versalheses, a Comuna formasse um novo ministério, com homens competentes, que Allix, radiante, denominou "Ministério do Progresso", o que foi motivo de muito riso. Parisel reclama um homem enérgico para fazer os requerimentos. Chega Félix Pyat. Falam-lhe sobre o despacho enviado a Dombrowski: "Confesso", disse ele, "que me sinto confuso, que não tenho a menor lembrança desse documento". Colocam-no diante de seus olhos: "É a vossa assinatura, não?". Pyat: "Quando assinei as duas linhas de baixo, não pensei estar dando uma ordem ao general Wroblewski". Arthur Arnould leu várias ordens militares enviadas pelo Comitê de Salvação Pública. Langevin disse: "Que a Assembleia decida até que ponto deve-se ter confiança em um comitê que negou taxativamente ter dado ordens que hoje não mais podem ser negadas". J.-B. Clément: "Não nos falta memória, cidadão Félix Pyat; na minha opinião, deveis pedir demissão". Pyat: "Já pedi [...] e suplico a esta Assembleia que a aceite [...]; de resto, como hoje já não podeis acreditar em mim, sou obrigado a renunciar às funções que me confiastes". Ferré solicita que sejam chamados todos os membros do Comitê de Salvação Pública. A discussão se desvia. Onde está Cluseret? Pyat: "Não sei, ele é uma bolinha que desapareceu debaixo dos copos dos prestidigitadores da Comissão Executiva". Andrieu, um dos membros da comissão: "Cabia ao Comitê de Salvação Pública pedir-nos contas". Pyat: "Tereis mesmo que prestar contas". (Rumores prolongados.)

Enquanto discutiam no Hôtel-de-Ville, Versalhes triunfava com o massacre de Moulin-Saquet, o sr. Thiers anunciava esse "elegante ataque fulminante" – escreveu um de seus oficiais – em despacho farsesco no qual dizia que "200 homens haviam sido mortos, pois os outros tinham fugido à velocidade máxima que suas pernas podiam carregá-los, tal era a 'vitória' que a Comuna poderia anunciar em seus boletins". Os prisioneiros levados a Versalhes foram agredidos por aquela turba que acorria à chegada de todos os cortejos, para cobrir de socos e cusparadas os defensores de Paris. Massa cuja bravura mal bastava para escutar os canhões que bombardeavam Issy.

Os versalheses tinham retomado a batalha com fúria. Os obuses perfuravam as casamatas, pulverizavam os revestimentos, os ninhos de metralhadoras cobriam de ferro as trincheiras. Uma parte da aldeia de Issy era dos soldados. Na noite de 1 para 2, agindo sempre com emboscadas noturnas, atacaram a Estação de Clamart, que foi tomada quase sem luta, e o Castelo de Issy, que tiveram de conquistar centímetro por centímetro. Na manhã do dia 2, o Forte encontrava-se tão comprometido como na antevéspera. Durante o dia, o batalhão de franco-atiradores de Paris desalojou os soldados com as baionetas. Eudes foi declarar no departamento da Guerra que não permaneceria se Wetzel não fosse rendido. Wetzel foi substituído por La Cécilia; Eudes deixou o comando com seu chefe de Estado-Maior e não retornou mais. Apesar deste abandono, Rossel nomeou-o comandante da 2ª Reserva Ativa.

Logo ficou evidente que, apesar das *boutades* de Rossel, sob sua direção tudo continuaria como com Cluseret. Rossel de fato pedia que as municipalidades fossem encarregadas de providenciar as armas, fazer o inventário do estado dos cavalos, perseguir os refratários, mas não indicava nenhum meio de realização. Ordenava a construção de uma segunda muralha de barricadas, de três cidadelas – em Montmartre, no Trocadéro e no Panthéon – que poderiam tornar Paris inacessível ou insustentável para o inimigo, porém não punha mãos à obra. Estendia o comando de Wroblewski a todas as tropas e aos fortes da margem esquerda, reduzindo-o parcialmente três dias depois. Aos generais não dava instrução alguma de ataque, nem de defesa. Como seu predecessor, também não enviava relatórios à Comuna. E não foi capaz de sugerir, àquela luta sem precedentes, uma tática nova, nem encontrar um campo de batalha para aqueles soldados improvisados. A possante inteligência que se lhe supunha não passava da de um escolar, que sonhava com uma batalha bem-comportada, soldado de manual, original apenas em matéria de atitude e estilo. Queixava-se sempre da indisciplina, da falta de contingentes e deixava que fosse derramado o melhor sangue de Paris em lutas estéreis fora das muralhas, em desafios heroicos como em Neuilly, Vanves, Issy.

Sobretudo Issy. Não era mais uma fortaleza, mal chegava a ser uma posição forte; era um pandemônio de terra e pedras fustigado pelos obuses. Através das casamatas perfuradas via-se o campo; os depósitos de pólvora estavam descobertos; a metade do 3º Bastião se encontrava no fosso; era possível subir à brecha em uma viatura. No máximo uma dezena de peças de artilharia respondia à tempestade das 60 bocas-de-fogo versalhesas; o tiroteio das trincheiras inimigas, visando as ameias, matava quase todos os artilheiros. No dia 3, os versalheses repetiram a intimação, receberam o recado de Cambronne. O chefe de Estado-Maior, deixado por Eudes, fugira. O Forte ficou nas bravas mãos de dois homens de valor, o engenheiro Rist e Julien, comandante do 141º Batalhão – XI Distrito. A eles e aos federados que souberam reter cabe a honra dessa defesa extraordinária. Eis algumas notas de seu diário:

> Dia 4 – recebemos balas explosivas que estouram com um barulho de cápsula. Os furgões não chegam; os víveres são raros e os obuses de calibre sete, nossas melhores peças, vão faltar. Os reforços prometidos todos os dias não aparecem. Dois chefes-de-batalhão foram falar com Rossel. Este os recebeu muito mal e disse-lhes que teria direito de fuzilá-los por abandono de posto. Eles expuseram nossa situação. Rossel respondeu que se defende um forte com baionetas; citou o livro de Carnot. Contudo, prometeu reforços. Os franco-maçons vêm fincar um pavilhão em nossas muralhas. Os versalheses o derrubam. Nossas ambulâncias estão lotadas; a prisão e o corredor que a ela conduz estão atulhados de cadáveres; há mais de 300. Uma ambulância móvel chega à noite. Empilhamos nela o maior número possível de nossos feridos. No trajeto do Forte à aldeia de Issy, os versalheses os crivam de balas.
>
> Dia 5 – O ataque inimigo não cessa um minuto. Nossas ameias não existem mais; as peças da frente continuam respondendo. Às duas horas, recebemos dez furgões de obuses de sete. Rossel veio, olhou longamente as obras versalhesas. Há muitas baixas entre os *Enfants Perdus** que servem as peças do Bastião Cinco; entretanto permanecem firmes no posto. Nas masmorras há agora cadáveres empilhados a até dois metros de altura. Todas as nossas trincheiras, crivadas de balas pela artilharia, foram abandonadas. A trincheira dos versalheses está a 60 metros da contraescarpa. Eles avançam cada vez mais. Foram tomadas as precauções necessárias para o caso de haver um ataque esta noite. Todas as peças

---

* Entre os séculos XVII e XIX, o termo *enfants perdus* designava a tropa de infantaria leve numa operação militar, assumindo posição de vanguarda e risco muito elevado de baixas. (N. E.)

> dos flancos estão carregadas com balas de ferro fundido. Temos duas metralhadoras acima dos terraplenos para varrer ao mesmo tempo o fosso e o talude.
>
> Dia 6 – A bateria de Fleury atira regularmente contra nós seis vezes a cada cinco minutos. Acabam de levar para a ambulância uma cantineira que foi atingida por uma bala na virilha esquerda. Há quatro dias que três mulheres vão aonde a batalha é mais feroz para recolher os feridos. Uma morre e nos recomenda seus dois filhos pequenos. Acabaram os víveres. Só comemos carne de cavalo. À noite é impossível defender a muralha.

No mesmo dia, Ranvier anuncia à Comuna uma debandada em Vanves e chegam informações muito ruins sobre o Forte de Issy; há queixas de que as peças de artilharia da muralha de Vaugirard e de Montrouge não aliviam o ataque ao Forte. Parisel pede o envio de seis peças de calibre sete e ordena que sejam colocadas em bateria as peças de marinha do bastião. Objeta-se que o Comitê de Salvação Pública é o único qualificado para dar ordens militares.

No dia seguinte, o diário do Forte relatava:

> Dia 7 caem sobre nós até dez obuses por minuto. As muralhas estão totalmente a descoberto. Todas as peças, salvo duas ou três, estão desmontadas. As obras versalhesas estão quase chegando aonde estamos. Há mais 30 cadáveres. Acabam de nos comunicar a morte de Wetzel; uns dizem que levou um tiro nas costas. Estamos prestes a ser atingidos...

Paris é bombardeada. O Forte de Issy sucumbe. A Comuna renova o Comitê de Salvação Pública. Rossel foge

A maior infâmia de que a história moderna tenha guardado lembrança está sendo perpetrada nesta hora. Paris é bombardeada.
Trochu, Jules Favre, E. Picard, Jules Simon, Jules Ferry, E. Arago, Garnier-Pagès, Pelletan.

É uma calúnia contra um governo, seja ele qual for, supor que um dia possa procurar se manter bombardeando a capital.
Thiers, Projeto de Lei sobre as Fortificações de Paris, dezembro de 1840.

Esmagamos todo um bairro de Paris.
Thiers à Assembleia Nacional, 5 de agosto de 1871.

Dessa atmosfera heroica é preciso retornar às brigas da Comuna e do Comitê Central. Pena que não se reúnam em La Muette! Os obuses de Montretout, que acaba de descobrir sua poderosa bateria, sem dúvida os fariam voltar ao inimigo comum. Começou o ataque à brecha.

Na manhã de 8 de maio, 70 peças de marinha começam a golpear a muralha, do Bastião 60 até o Point-du-Jour. Os obuses de Clamart já chegavam ao cais de Javel e a bateria de Breteuil cobria de projéteis o bairro de Grenelle. Em algumas horas, a metade de Passy tornou-se inabitável.

O sr. Thiers mandava seus obuses acompanhados de uma proclamação: "Parisienses, o governo não bombardeará Paris, ao contrário do que os homens da Comuna vos dirão. Calará o canhão [...]. Ele sabe, teria entendido mesmo se não lhe tivésseis mandado dizer por todos os meios, que, assim que os soldados ultrapassarem a muralha, vos congregareis ao redor da bandeira nacional". E exortava os parisienses a lhe abrir as portas. Que vai fazer a Comuna diante de tal apelo à traição?

No dia 7, não há quórum; os que permanecem a postos dispensam estenógrafos, secretários e assinam uma ata de impedimento. No dia 9, discutem com o secretário, Amouroux, a respeito dos resumos das atas da Comuna que ele publica no *L'Officiel*. Não é a primeira vez; em 1 de maio, ele respondera abertamente: "Se suprimo uma parte das atas, é no interesse da Comuna, para eliminar os absurdos". Hoje, é menos contundente: "Cada membro poderia reler suas intervenções, frequentemente somos obrigados a resumi-las". Por que não suspender a divulgação das sessões?, propõe alguém da maioria, esquecendo-se que cinco dias antes fora aprovada a entrada do público às sessões e nomeada uma comissão encarregada de encontrar um local adequado. Continuam as reclamações contra o Comitê Central, que invade todos os serviços, apesar da Comissão de Guerra. "Digo-vos, Comitê de Salvação Pública", exclama Jourde, "introduzistes o lobo no aprisco". Félix Pyat acusa Rossel. Desde a sessão do dia 4 não cessava de minar-lhe o terreno com sua incomparável hipocrisia. "Vede este homem", dizia aos românticos. "Pois bem, é um traidor, um cesarista! Após o plano Trochu, o plano Rossel!". Ao ataque do dia, responde: "Não é culpa do Comitê de Salvação Pública se Rossel não tem nem força nem inteligência para conter o Comitê Central nos limites de suas atribuições". Régère: "O Comitê Central é um mal necessário". Jourde não pode tolerar que o Comitê se intrometa em suas atividades. Demissionário das Finanças quando da constituição do Comitê de Salvação Pública, afirmara: "Deixo a meu sucessor mais dinheiro do que jamais tive; encontrará uma situação perfeitamente transparente". Jourde fora obrigado a reassumir o cargo por uma votação muito lisonjeira.

A Comuna tinha motivos para se preocupar com o Comitê Central; ocorriam nesse momento estranhas cenas na Comissão de Guerra. Naquele dia, os chefes-de-legião, que cada vez mais se agitavam contra Rossel, tinham decidido pedir-lhe o relatório sobre todas as decisões referentes à Guarda Nacional que ele estava preparando. Rossel ficou sabendo da intenção e, ao chegar ao ministério, encontraram no pátio um pelotão armado. De sua janela, o delegado, vendo-os chegar, disse: "Sois audazes ou não sabeis que este pelotão está aqui para vos fuzilar?". Sem se abalarem muito, responderam: "Não é preciso audácia; viemos simplesmente vos falar sobre a organização da Guarda Nacional". Rossel se acalma e diz: "Que volte a seu posto o pelotão!". Tal demonstração burlesca surtiu efeito. Os chefes-de-legião combateram o projeto sobre os regimentos, demonstrando a impossibilidade de sua realização. Rossel, cansado de lutar, declara: "Bem sei que não tenho força, mas sei que vós tampouco a tendes [...]. Dizeis que sim? [...] Pois bem, provai-o. Amanhã, às 11 horas, levai para a Praça da Concórdia 12 mil homens, eu tentarei algo". Ele queria fazer um ataque pela Estação de Clamart. Os chefes-de-legião se esforçaram a noite toda para reunir os batalhões.

Entrementes, o Forte de Issy era esvaziado; agonizava desde a manhã. Todo homem que aparecia junto das peças era morto. No começo da noite, os oficiais se reuniram e reconheceram que não era possível resistir; seus homens, expulsos por todos os lados pelos obuses, apinhavam-se sob a abóboda da entrada; um obus do Moulin-de-Pierre caiu no meio deles, matando dezesseis. Rist, Julien e outros que, apesar de tudo, obstinavam-se em permanecer naqueles destroços, foram forçados a ceder. O local começou a ser abandonado em torno das sete horas. O comandante Lisbonne, de grande bravura, protegeu a retirada, feita em meio às balas.

Algumas horas depois, os versalheses, atravessando o Sena, estabeleciam-se à frente de Boulogne, diante dos bastiões de Point-du-Jour, e abriam uma trincheira a 300 metros da muralha. Durante toda aquela noite e a manhã do dia 9, o Ministério da Guerra e o Comitê de Salvação Pública ignoraram a desocupação do Forte.

Às 12 horas do dia 9, os batalhões pedidos por Rossel alinhavam-se na Praça da Concórdia. Rossel chegou a cavalo, percorreu rapidamente a dianteira das fileiras e disse aos chefes-de-legião: "Não é o bastante para mim", e deu meia-volta. Na Comissão de Guerra, anunciaram-lhe a desocupação do Forte de Issy. Sem dar ouvidos, pegou a pena e escreveu: "A bandeira tricolor tremula no Forte de Issy, abandonado ontem pela guarnição" e, sem alertar a Comuna ou o Comitê de Salvação Pública, deu ordem de afixar dez mil exemplares dessas duas linhas, quando a tiragem habitual era de 6 mil.

A seguir, escreveu sua carta de demissão:

> Cidadãos, membros da Comuna, sinto-me incapaz de carregar por mais tempo a responsabilidade de um comando no qual todo mundo delibera e ninguém obedece. Quando foi preciso organizar a artilharia, o Comitê Central de Artilharia deliberou e não prescreveu nada [...]. A Comuna deliberou e nada resolveu! [...] O Comitê Central deliberou, mas ainda não soube agir [...]. Enquanto isso, o inimigo envolvia o Forte de Issy em ataques imprudentes pelos quais eu o puniria se dispusesse de uma força militar mínima.

Contava, a seu modo e muito inexatamente, a desocupação do Forte e a revista das tropas na Concórdia, onde em lugar dos 12 mil homens, segundo ele, só havia 7 mil,* e concluía:

> Assim, a incapacidade do Comitê de Artilharia impede-me a organização da artilharia; as incertezas do Comitê Central travam a administração; as preocupações mesquinhas dos chefes-de-legião paralisam a mobilização das tropas [...]. Meu predecessor cometeu o erro de debater-se em meio a essa situação absurda [...]. Retiro-me e tenho a honra de vos pedir uma cela em Mazas.

Acreditava, assim, se eximir da responsabilidade militar, mas não evitava ser questionado por todos os lados: Por que aceitastes essa situação "absurda", que conhecíeis profundamente? Por que não impusestes condição alguma à Comissão Executiva em 30 de abril e à Comuna entre os dias 2 e 5 de maio? Por que esta manhã desmobilizastes "7 mil homens", quando pretendeis não "dispor de uma força militar mínima"? Por que ignorastes durante 15 horas a desmobilização de um forte cujas dificuldades deveríeis ter acom-

* Os chefes-de-legião disseram 10 mil; na verdade, eram em torno de 8 mil.

panhado de hora em hora? Onde estava vosso segundo cerco? Por que não fizestes nenhum trabalho em Montmartre, no Panthéon?

A rigor, Rossel podia censurar a Comuna; ele cometera um erro imperdoável enviando sua carta aos jornais. Em menos de duas horas, afastava milhares de combatentes, semeava o pânico, ofendia os bravos de Issy, denunciava ao inimigo as fraquezas da defesa.

Do outro lado, todos estavam festejando. Thiers e Mac-Mahon discursavam para os soldados que levavam, contando, as poucas peças encontradas no Forte. A Assembleia suspendia suas sessões e saía ao pátio de mármore para aplaudir aqueles filhos do povo que acreditavam ser vencedores. Um mês mais tarde, Thiers dizia à tribuna: "Quando vejo morrer por nós aqueles filhos de nossos campos, muitas vezes alheios a essa instrução que eleva, fico profundamente comovido". Comovedora emoção do caçador diante de sua matilha. Lembrai-vos da confissão e de por quem morreis nas guerras civis, filhos dos campos!

E continuam as discussões no Hôtel-de-Ville! Raoul Rigault recrimina Vermorel, que quer pôr a limpo a situação do Serviço de Segurança. Contra a opinião de Gambon, a maioria nomeara Rigault procurador da Comuna.

A discussão se acirrou com a súbita entrada de Delescluze, que toma a palavra:

> Ficais discutindo quando acabam de afixar a notícia de que a bandeira tricolor tremula no Forte de Issy! A traição nos envolve por todos os lados. Há 80 canhões em Montretout nos ameaçando e vós aqui discutindo! [...] Foram esses debates deploráveis da semana passada, aos quais tive a sorte de não ter assistido, que provocavam a desordem [...]. E, em um momento como este, perdeis vosso tempo com questões de amor-próprio! [...] Eu esperava que a França fosse salva por Paris, e a Europa, pela França [...]. Pois bem, hoje a Guarda Nacional não quer mais lutar e vós deliberais sobre questões de ata! [...] Eu gostaria que Mégy, ex-comandante do Forte de Issy, fosse julgado por um Conselho de Guerra; que o cidadão Eudes tivesse de prestar contas de sua conduta; cabia-lhe inspecionar os fortes do Sul, e o Sul foi totalmente abandonado [...]. E a bandeira tricolor tremula no Forte de Issy! [...] O Comitê Central vai expulsar a Comuna, o que significa um golpe no

> coração da Revolução. Apesar da insuficiência dos membros que compõem a Assembleia, desprende-se da Comuna um poderoso sentimento revolucionário capaz de salvar a pátria. Nós a salvaremos, mas talvez atrás das barricadas [...]. Abandonai hoje todos vossos ódios [...]. Vi Rossel esta manhã na revista da Praça da Concórdia; estava mais desolado do que nunca [...]. O parisiense não é covarde; tem de ser mal comandado ou sentir-se traído para se recusar a lutar. É preciso tomar providências imediatas ou mergulhar em nossa impotência, como homens indignos de ter sido encarregados de defender o país. A França nos estende os braços [...]. O Comitê de Salvação Pública não correspondeu ao que se esperava dele. Deve ser aposentado. O que ele faz? Nomeações particulares. Um decreto, assinado por Léo Meillet, nomeia esse cidadão comandante do Porto de Bicêtre; estava aí um soldado considerado por demais severo [...]. Vosso Comitê de Salvação Pública está aniquilado, esmagado sob o peso das recordações que lhe são atribuídas. Para a população parisiense, faz enormes demonstrações de poder. Podem ser feitas grandes coisas empregando palavras simples. Não sou partidário dos Comitês de Salvação Pública; tudo isso não é mais do que palavras.

Eletrizada, a Assembleia aplaudia e interrompia, dominada por aquele homem severo, que era o dever em pessoa. Constituindo-se em comitê secreto, a Assembleia discute a fundo o Comitê de Salvação Pública. Que fez ele em oito dias? Implantou o Comitê Central na Comissão de Guerra, aumentou a desordem, sofreu dois desastres. Seus membros se perdem nos detalhes ou fazem serviço de amadores; um membro do comitê quer defendê-lo, invoca a pouca clareza de suas atribuições. Se lhe opõe o artigo 3º do decreto que o criou, no qual são dados plenos poderes ao comitê. Após várias horas, decide-se renovar o comitê, nomear um delegado civil para a Comissão de Guerra, redigir uma proclamação, não se reunir mais do que três vezes por semana – salvo em caso de emergência –, colocar o novo comitê permanentemente no Hôtel-de-Ville, e os membros da Comuna, também de modo permanente, em seus distritos.

À noite, mais uma reunião. A maioria conduziu à presidência da mesa Félix Pyat, furioso com os ataques da tarde. Abriu a sessão pedindo a prisão de Rossel. Reunindo com habilidade aparências que, para os desconfiados, pareceram provas, fez de Rossel o bode expiatório dos erros do comitê e voltou contra o delegado a indignação do conselho. "Eu bem que vos dissera, cidadãos, que ele era um traidor, mas não quisestes acreditar em mim. Sois jovens, não soubestes, como nossos mestres da Convenção, desconfiar do poder militar." Tal referência encantou os românticos, os quais só tinham um sonho: parecer convencionais, tanto esta revolução de jovens estava corroída por imitações.

Não era necessária a fúria de Pyat para convencer a Assembleia. O ato de Rossel era culpável até para os menos avisados. Sua prisão foi decretada por unanimidade menos dois votos, e a Comissão de Guerra recebeu ordem de efetuá-la levando em conta as circunstâncias.

A seguir, passou-se à nomeação do comitê. A minoria, um pouco tranquilizada pela presença de Jourde nas Finanças e pela atitude de Delescluze, dessa vez resolveu votar, e pediu um lugar na chapa. Excelente ocasião para apagar as dissidências, consolidar o poder contra os versalheses. Mas as perfídias de Félix Pyat tinham levado os românticos a considerar seus colegas da minoria como verdadeiros reacionários. A sessão havia sido suspensa após seu discurso. Pouco a pouco, os membros da minoria foram ficando sozinhos no salão. Descobriram seus colegas em um cômodo vizinho, articulando uma chapa. Após violenta altercação, conduziram-nos de volta à Assembleia.

Um membro da minoria pediu que se acabasse com essas divisões indignas. Um romântico respondeu pedindo a prisão da "minoria facciosa", e o presidente Pyat já estava entreabrindo sua bolsa de fel quando Malon exclamou: "Calai-vos! Sois o gênio maligno desta Revolução. Não continueis a espalhar vossas desconfianças venenosas, a atiçar a discórdia. É vossa influência que põe a Comuna a perder!". E Arnold, um dos fundadores do Comitê Central: "Serão, mais uma vez, essas pessoas de 1848 as que causarão a derrota da Revolução!".

No entanto, era tarde demais para iniciar a luta e a minoria ia expiar seu doutrinarismo e sua inabilidade. Toda a chapa da maioria saiu vencedora: Ranvier, Arnaud, Gambon, Delescluze e Eudes.

A Assembleia suspendeu seus trabalhos à uma da manhã. "Será que os enrolamos o suficiente, e que dizeis da maneira como conduzi a questão?", perguntava a seus amigos Félix Pyat. O honesto presidente, muito preocupado em "enrolar" seus colegas, esquecera a tomada do Forte de Issy. E, naquela mesma noite, 26 horas após a desocupação, o Hôtel-de-Ville mandava afixar à porta das administrações distritais a seguinte nota: "É falso que a bandeira tricolor tremula no Forte de Issy. Os versalheses não o estão ocupando e não o ocuparão". O desmentido de Pyat valia tanto quanto o de Trochu a respeito de Bazaine.

Durante as tempestades do Hôtel-de-Ville, o Comitê Central mandara chamar Rossel, censurando-o pelo cartaz da tarde e pelo número inusitado de exemplares. Ele defendeu-se asperamente: "Era meu dever. Quanto maior for o perigo, mais o povo deve ser informado". Entretanto, nada fizera neste sentido no caso da surpresa de Moulin-Saquet. Depois que foi embora, o comitê deliberou. Alguém disse: "Estamos perdidos se não houver ditadura". Há alguns dias que essa ideia vinha sendo trabalhada por alguns membros do comitê. Votou-se que haveria um ditador, que esse ditador seria Rossel e uma delegação de cinco membros foi buscá-lo. Ele desceu, refletiu e acabou dizendo: "É tarde demais. Não sou mais delegado. Enviei minha carta de demissão". Alguns se exaltaram; ele respondeu à altura e saiu. Os membros da Comissão de Guerra – Delescluze, Tridon, Avrial, Johannard, Varlin e Arnold – esperavam-no em seu gabinete.

Delescluze expôs a missão que lhes incumbia. Rossel disse que a ordem de prisão era injusta, mas que mesmo assim se submetia. Descreveu a situação militar, as competições de toda ordem que continuamente a haviam entravado, a fraqueza da Comuna. "Ela não soube", disse,

> servir-se do Comitê Central, nem dominá-lo no momento oportuno. Nossos recursos são muito suficientes e, quanto a mim, estou disposto a assumir todas as responsabilidades, mas desde que apoiado por um poder forte, homogêneo. Poderei assumir perante a história a responsabilidade por certas repressões necessárias, com o assentimento e com o apoio da Comuna.

Falou por muito tempo, com aquela palavra nervosa com que duas vezes conquistara no Conselho seus adversários mais decididos. A comissão, muito impressionada com suas razões, retirou-se para uma sala vizinha. Delescluze declarou que não podia mandar prender Rossel antes da Comuna tê-lo ouvido. Seus colegas foram da mesma opinião e deixaram o ex-delegado sob a guarda de Avrial e Johannard.

No dia seguinte, ele chega ao Hôtel-de-Ville durante a sessão da Comuna, que nomeou Delescluze delegado à Comissão de Guerra por 42 votos de um total de 46, e discute o relatório de Courbet, encarregado de encontrar uma sala de reuniões. O grande pintor prefere a Sala dos Marechais, nas Tulherias; outros propõem a dos Estados, o Luxemburgo, a Sala Saint-Jean, o que faz com que a Comuna permaneça no Hôtel-de-Ville. Entra Johannard: "Rossel está na administração". A Comissão de Guerra pede que Rossel seja trazido ao recinto. "Temos de julgá-lo sem ouvi-lo", disse Paschal Grousset. Arnold: "Se faltou com o que devia à Comuna, não cometeu ato de traição". Félix Pyat: "Se a Comuna não reprimir a insolência dessa carta, estará se suicidando". Dupont: "Cluseret não foi ouvido; por que Rossel seria?". Vinte e seis contra 16 recusaram-se a ouvir Rossel. Quem o julgará? A Corte Marcial, decide a Assembleia, por 34 votos contra 2 e 7 abstenções. Para onde será enviado? Para onde ele pediu, para Mazas!

A Assembleia escutava distraidamente um de seus membros, Allix, preso por suas extravagâncias, quando Avrial acorreu para dizer que Rossel e Gérardin tinham desaparecido. Ch. Gérardin, amigo de Rossel, vendo os rumos que o debate tomava, deixara a Assembleia e chegara à administração. "Que decidiu a Comuna?", perguntou-lhe Avrial. "Nada ainda", respondeu Ch. Gérardin, e percebendo em cima de uma mesa o revólver de Avrial, disse a Rossel: "Vosso guarda cumpre conscienciosamente seu dever!". "Suponho", retrucou vivamente Rossel, "que tal precaução não me diga respeito. De resto, cidadão Avrial, dou-vos minha palavra de honra de soldado que não procurarei fugir".

Avrial, muito cansado por ter ficado de sentinela tanto tempo, pedira para ser substituído. Acreditou que devia aproveitar a presença de Ch. Gérardin e, deixando o prisioneiro sob sua custódia, foi à Assembleia. Quando voltou, Rossel e seu vigia tinham desaparecido. Apesar de ter dado sua palavra, o jovem ambicioso esquivara-se daquela Revolução na qual levianamente se embrenhara.

Não é preciso dizer que Pyat crivou o fugitivo de impropérios. O novo comitê redigiu uma proclamação desesperada; acabavam justamente de lhe revelar duas novas conspirações:

> A traição infiltrou-se em nossas fileiras. O abandono do Forte de Issy, anunciado em um cartaz ímpio pelo miserável que o entregou, era só o primeiro ato do drama. Seria seguido por uma insurreição monarquista dentro da cidade, coincidindo com a entrega de uma de nossas portas [...]. Todos os fios da trama tenebrosa [...] estão neste momento em nossas mãos. A maioria dos culpados está presa [...]. Que todos os olhos estejam abertos, que todos os braços estejam prontos para abater os traidores!

Apenas melodrama, quando era preciso total sangue-frio. E o Comitê de Salvação Pública gabava-se, estranhamente, ao pretender ter prendido “a maioria dos culpados” e ter nas mãos “todos os fios da trama tenebrosa”.

As conspirações contra a Comuna

A Comuna suscitara toda uma indústria de fiadores de tramas tenebrosas, entregadores de portas, corretores de conspirações. Vulgares escroques, Cadoudals de meia-tigela que a sombra, apenas, de um policial teria desarmado, que não possuíam outra força além da fraqueza da Chefatura de Polícia e da negligência das delegações. Publicaram muito, declararam muito uns contra os outros, e, graças a informações particulares – graças também ao exílio, fonte de grandes revelações –, podemos penetrar em sua licenciosidade.

Desde 1 de abril, exploraram todos os ministérios de Versalhes, oferecendo-se para entregar portas ou sequestrar membros da Comuna. Pouco a pouco, foram encaixados. O coronel do Estado-Maior, Corbin, foi encarregado de organizar os guardas nacionais da ordem que haviam ficado em Paris. O comandante de um batalhão reacionário, Charpentier, ex-oficial-instrutor de Saint-Cyr, ofereceu-se, foi aceito e apresentou alguns compadres – Durouchoux, negociante de vinhos; Demay, Gallimard – que foram instruídos a recrutar batalhões clandestinos que ocupariam os pontos estratégicos da cidade no dia em que o ataque geral atraísse todos os federados para as muralhas. Um capitão-tenente da Marinha, Domalain, coronel da legião bretã, oferecia-se naquele momento para tomar de surpresa Montmartre, o Hôtel-de-Ville, a Praça Vendôme, e a intendência, com alguns milhares de voluntários com os quais pretendia contar; uniu forças com Charpentier.

Esses guerreiros tenebrosos agitaram-se muito, agruparam uma quantidade surpreendente de pessoas ao redor das cervejas oficiais e logo anunciaram 6 mil homens e 150 artilheiros munidos de dispositivos para encravar canhões. Todos esses bravos só aguardavam um sinal; mas era preciso dinheiro para saciar seu zelo, e Charpentier--Domalain, por intermédio de Durouchoux, retiraram do Tesouro centenas de milhares de francos.

No fim de abril, passaram a ter um temível concorrente, Le Mère de Beaufond, ex-oficial da Marinha e substituto do governador de Caiena. Em vez de recrutar burgueses, ideia que considerava ridícula, Beaufond propunha paralisar a resistência por meio de agentes hábeis que provocariam defecções e desorganizariam os serviços. Seu plano, totalmente compatível com as ideias de Thiers, foi bem acolhido, e ele recebeu ordens para realizá-lo. Tomou como assessores dois homens decididos, Laroque, funcionário do Banco, e Lasnier, ex-oficial da Legião Schoelcher.

O governo tinha ainda outros cães de guarda: Aronshonn, coronel de um Exército autônomo durante a guerra, destituído por seus homens, que negociara com o Comitê Central a libertação de Chanzy; Franzini, mais tarde extraditado da Inglaterra como escroque; Barral de Montaud, que se apresentou diretamente à Comissão de Guerra e, pelo atrevimento, foi nomeado chefe da 7ª Legião; o padre Cellini, capelão de não se sabe qual frota, assistido por vários padres e apadrinhado por Jules Simon. Por fim, os conspiradores por motivos pessoais, os grandes generais desdenhados pela Revolução – Lullier, Du Bisson,

Ganier d'Abin. Estes republicanos honestos não podiam tolerar que a Comuna pusesse a perder a república. Se aceitavam o dinheiro de Versalhes, era unicamente para salvar Paris e o Partido Republicano dos homens do Hôtel-de-Ville. De fato, queriam derrubar a Comuna, mas trair, oh, não!

Um tal de Brière de Saint-Lagier redigia relatórios gerais, e o secretário de Thiers, Troncin-Dumersan, condenado três anos depois como escroque, ia e vinha de Paris a Versalhes, levava o pagamento, vigiava os fios dessas conspirações, muitas vezes desconhecidos uns dos outros. Daí os contínuos choques. Os conspiradores denunciavam-se mutuamente. Brière de Saint-Lagier escrevia: "Solicito à Sua Excelência, o ministro do Interior, que mande vigiar o sr. Le Mère de Beaufond. Suspeito fortemente que seja um bonapartista. O dinheiro que recebeu serviu em grande parte para pagar suas próprias dívidas". Em compensação, outro relatório dizia: "Os senhores Domalain, Charpentier e Brière de Saint-Lagier me são suspeitos. São vistos amiúde em casa de Peters e, em vez de trabalhar para a grande causa da libertação, imitam Pantagruel. Passam por orleanistas".

O mais ativo de todos, Beaufond, conseguiu travar relações no Estado-Maior do coronel Henry Prodhomme, na Escola Militar comandada por Vinot e na Comissão de Guerra, onde o chefe-de-artilharia, Guyet, criava caso com a munição. Seus agentes Lasnier e Laroque manipulavam um certo Muley, que, tendo obtido o apoio do Comitê Central, conseguira ser nomeado chefe da 17ª Legião, a qual, em parte, imobilizava. O capitão Piguier, oficial-de-artilharia colocado à sua disposição pelo ministério, fazia o levantamento da planta das barricadas, e um de seus homens, Basset, escrevia em 8 de maio: "Não há torpedos instalados; o Exército poderá entrar ao som da fanfarra. Há uma espantosa desordem nos diferentes serviços". Ora faziam os ex-oficiais da Guarda Nacional acreditarem que o Comitê Central ou a Comuna os haviam condenado à morte, e os recrutavam, ora extraíam destramente informações. Vários tinham cargos oficiais.

Ulysse Parent, ex-membro da Comuna, presenciou esta cena diante do Tribunal Prebostal, ao qual foi levado:

> Dois ou três réus sobre os quais pesavam acusações nada leves – um fora comissário de Polícia, o outro, diretor de um depósito de munição no bairro de Reuilly –, após escutar tranquilamente o relatório feito contra eles, tiraram um papel do bolso com não menos tranquilidade e o entregaram aos oficiais, sussurrando-lhes algumas palavras ao ouvido; a seguir, se retiraram, livres, após uma troca de continências.

A imprudência de determinados funcionários da Comuna favorecia o trabalho dos espiões. Oficiais do Estado-Maior, chefes de serviço, para dar-se importância, conversam em voz alta nos cafés dos bulevares, cheios de espiões e espiãs.* Cournet, que, com mais compostura, substituíra Rigault na Chefatura, não era melhor no que tange à segurança geral. Lullier, preso duas vezes, sempre fugindo, falava a todo mundo de destruir a Comuna. Troncin-Dumersan, conhecido há 20 anos como instrumento do Ministério do Interior na Polícia, passava seu pessoal em revista nos bulevares. Todos os dias os empresários encarregados de fortificar Montmartre encontravam novos pretextos para retardar o início das obras. A igreja de Bréa permanecia intacta. O empreiteiro da demolição do monumento expiatório soube prolongar o assunto até a entrada das tropas. Só o acaso revelou o complô das braçadeiras, e foi a lealdade de Dombrowski que descobriu as manobras de Vaysset.

Este agente de negócios fora a Versalhes propor ao ministro uma operação de abastecimento. Rejeitada, tirou outra proposta do bolso do colete, sugerindo ao almirante Saisset, louco como sempre, subornar Dombrowski, que nunca vira. Montou sua empresa como uma sociedade comercial, reuniu sócios, 20 mil francos para as falsas despesas, e entrou em contato com Hutzinger, um ajudante-de-campo de Dombrowski. Vaysset disse-lhe que Versalhes daria um milhão de francos a Dombrowski se o general se dispusesse a entregar as portas

---

* Apêndice XII.

que comandava. Dombrowski alertou imediatamente o Comitê de Salvação Pública e propôs-lhe que deixasse entrar um ou dois corpos de Exército versalheses, que seriam esmagados por batalhões que estariam a postos. O Comitê não se dispôs a essa aventura, mas ordenou a Dombrowski que desse prosseguimento à negociação.* Hutzinger acompanhou Vaysset a Versalhes, viu Saisset oferecer-se como refém em garantia à execução das promessas feitas a Dombrowski. Certa noite, o almirante devia ir secretamente até a Praça Vendôme, e o Comitê de Salvação Pública, avisado, se prepararia para prendê-lo, porém Barthélémy Saint-Hilaire fê-lo desistir desse novo engano. A Chefatura de Polícia, que não estava a par da diplomacia do Comitê, observou Vaysset de perto, quase o pegou e, no dia 10, prendeu sua mulher e seu sócio, Guttin. Vaysset, que estava em Saint-Denis, continuou suas negociações com Hutzinger.**

O fracasso dessa conspiração fez renascer em Thiers a esperança de um ataque-surpresa, sua ideia fixa dos primeiros dias de maio. Apesar da repugnância de Mac-Mahon e dos oficiais que queriam o assalto, Thiers imaginara uma expedição baseado na palavra de um porteiro de tribunal que se comprometia a mandar seu amigo Laporte, chefe da 16ª Legião, abrir a Porta Dauphine. “Era melhor apossar-se à força da cidade”, dizia o apostólico De Mun, capitão-de-cavalaria, amigo dos bons trabalhadores; “o direito se manifesta de maneira indiscutível”.

---

* Apêndice XIII.

** Após a morte de seu chefe, a Sociedade Vaysset reclamou de Barthélémy Saint-Hilaire cerca de 39 mil francos. O almirante Saisset, que tanto acreditava em Hutzinger, apoiou a reclamação e entregou-lhe a soma de 15 mil francos. A sociedade insistiu em que lhe pagassem o resto com as verbas apreendidas com os federados; tentou até chantagear o almirante, que acabou por desprezá-la. Tendo perdido toda a esperança, a Sociedade publicou, em 1873, em nome da viúva Vaysset, uma brochura cheia das falsidades necessárias para justificar sua reclamação, brochura esta adotada pelos homens do *Le Figaro* contra todos os fatos e documentos. Hutzinger protestou, começou até a redigir uma refutação, depois se tornou alcaguete dos proscritos e, desprestigiado, deixou Londres e Bruxelas.

O direito ao massacre, ele o provou. Por ordem do general Thiers, o Exército, o ativo e uma parte da reserva, foi preparado para entrar em ação na noite de 3 de maio, e o presidente foi dormir em Sèvres. À meia-noite, as tropas estavam concentradas no Bois de Boulogne, antes do lago inferior, atentas às portas, que deveriam ser abertas por uma companhia reacionária que se formara em Passy, sob as ordens de Wéry – lugar-tenente da 38ª Companhia –, procurador de seu ex--comandante, Lavigne. Mas os conspiradores haviam-se esquecido de avisar este último. Como a companhia não recebera ordens de seu chefe superior, temeu que fosse uma cilada e recusou-se a agir. O posto federado não foi tomado. Depois de ter esperado por várias horas, as tropas retornaram a seus acantonamentos ao amanhecer. Dois dias depois, Laporte foi preso. Entretanto, conseguiu, não se sabe como, ser solto.

Beaufond se encarregou de levar à frente o planejado, garantindo também que entregaria as portas de Auteuil e Dauphine, na noite de 12 para 13 de maio. Thiers deixou-se iludir mais uma vez e enviou todo um material para a escalada. Vários destacamentos foram enviados ao Point-du-Jour e o Exército ficou em prontidão para os seguir. No último minuto, os profundos acordos dos conspiradores fracassaram e, como no dia 3, o Exército retornou sem louros. Tal tentativa chegou aos ouvidos do Comitê de Salvação Pública, que não tomara conhecimento da primeira tentativa de invasão.

Lasnier foi preso no dia seguinte. O comitê acabara de confiscar as braçadeiras tricolores que os guardas nacionais da ordem deviam ostentar quando da entrada do Exército. A senhora Legros, que as fabricava, não pagava suas operárias. Uma delas, acreditando trabalhar por encomenda da Comuna, foi reclamar seu salário no Hôtel-de--Ville. As investigações realizadas na casa de Legros levaram à pista de Beaufond e de seus cúmplices. Beaufond e Laroque se esconderam, Troncin-Dumersan voltou para Versalhes e Charpentier apossou-se da situação, sozinho. Corbin pressionava-o para que organizasse seus homens em grupos de dez, de cem, traçando um plano para tomar o

Hôtel-de-Ville assim que as tropas entrassem. Charpentier, imperturbável, falava-lhe todos os dias de novas conquistas, de 20 mil recrutas, pedia dinamite para explodir as casas e absorvia pantagruelicamente as somas consideráveis que Durouchoux lhe transferia.

Afora esses grandes conluios oficiais, houve um sem-número de pequenos traidores. Perante os Conselhos de Guerra, uma multidão de indivíduos, oficiais superiores e chefes de serviços particulares gabaram-se de só ter servido à Comuna para melhor a trair; para eles, os serviços prestados eram apenas um meio de defesa.

Em suma, todos os conspiradores juntos não conseguiram sequer tomar uma porta, mas ajudaram a desorganizar os serviços. Um deles, o comandante Jerriait, pareceu até reivindicar a explosão da Avenida Rapp. Contudo, seus relatórios devem ser lidos com precaução, já que muitas vezes são recheados por sucessos imaginários, a fim de justificar o gasto de centenas de milhares de francos e as condecorações que lhe deram sem motivo algum.

A política de Thiers para as províncias. A esquerda entrega Paris. A traição da esquerda

Foi com o canhão e com a política
que tomamos Paris.
Thiers, inquérito sobre o 18 de março.

Um grande discurso do presidente do Conselho
foi aplaudido pela extrema-esquerda.
Dufaure ao procurador-geral, em Aix.

Quem é o grande conspirador contra Paris? A esquerda versalhesa. No dia 19 de março, o que resta a Thiers para governar a França? Ele não tem Exército, canhões, nem as grandes cidades. Estas têm fuzis e seus operários se agitam. Se a pequena burguesia parisiense fizer com que a província aceite as revoluções da capital, siga o movimento, imite sua irmã de Paris, Thiers não poderá lhe opor um verdadeiro regimento. Bem que Bismarck havia se oferecido para o substituir; teria sido o fim de tudo. Quais os recursos de que dispõe o chefe da burguesia para subsistir, conter a província, impedi-la de deter os canhões que devem reduzir Paris? Uma palavra e um punhado de homens. A palavra: república; os homens, os chefes tradicionais do Partido Republicano.

Ao contrário dos toscos rurais que uivam à simples menção da república e se recusam a inseri-la em suas proclamações, o sr. Thiers, muitíssimo mais astuto, enche a boca e, falseando os votos da Assembleia, usa-a como palavra de ordem.* Diante das primeiras sublevações, todos os seus funcionários da província recebem a mesma fórmula: "Defendemos a república contra os facciosos".

Já era alguma coisa. Mas os votos rurais e o passado de Thiers não combinavam com esses protestos republicanos, assim como os antigos heróis da Defesa já não ofereciam garantia suficiente. Thiers o sentiu e invocou os puros dos puros, os fardados e condecorados que o exílio afastara. Seu prestígio ainda estava intacto entre os democratas da província. Thiers pegou-os nos corredores, disse-lhes que a sorte da república estava em suas mãos, lisonjeou sua vaidade senil, conquistou-os tão bem que fez deles um escudo, pôde telegrafar dizendo que haviam aplaudido os horríveis discursos de 21 de março. Quando os republicanos da pequena burguesia provinciana viram o famoso Louis Blanc, o intrépido Schoelcher e os mais célebres lamurientos radicais insultarem o Comitê Central, e como eles mesmos não recebiam de Paris nem programa, nem emissários capazes de articular uma argumentação, afastaram-se, já o vimos, deixando apagar-se a tocha acesa pelos operários.

O canhão de 3 de abril os fez acordar um pouco. No dia 5, o Conselho Municipal de Lille, composto de notáveis republicanos, falou em conciliação, pediu a Thiers que afirmasse a república. Assim também o de Lyon. Saint-Ouen enviou delegados a Versalhes. Troyes declarou que estava "de espírito e de coração com os heroicos cidadãos que combatiam por suas convicções republicanas". Mâcon intimou o governo e a Assembleia a acabarem com a luta em reconhecimento às instituições republicanas. Os departamentos de Drôme, Var, Vaucluse, Ardèche, Loire, Sabóia, Hérault, Gers, Pirineus Orientais, 20 ao todo, enviaram mensagens semelhantes. Os trabalhadores de Rouen declararam que aderiam à Comuna; os operários do Havre, rejeitados

---

* No dia 23, Picard telegrafa ao procurador-geral de Aix: "A república foi novamente afirmada anteontem, em uma proclamação da Assembleia" – a proclamação que a Assembleia se recusara a terminar, com o brado de: "Viva a república!".

pelos republicanos burgueses, constituíram um grupo simpático a Paris. No dia 16, em Grenoble, 600 pessoas, entre homens, mulheres e crianças, foram à estação para impedir a partida das tropas e da munição para Versalhes. No dia 18, em Nîmes, uma manifestação, com a bandeira vermelha à frente, percorreu a cidade gritando "Viva a Comuna! Viva Paris! Abaixo Versalhes!". Nos dias 16, 17 e 18, em Bordeaux, policiais foram presos; oficiais, espancados; o Quartel da Infantaria, alvejado por pedras; e o povo gritou: "Viva Paris! Morte aos traidores!". O movimento ganhou as classes agrícolas. Em Saincoin, no departamento de Cher, na Charité-sur-Loire e em Poully, no departamento de Nièvre, guardas nacionais armados desfilaram com a bandeira vermelha. Cosne seguiu no dia 18; Fleury-sur-Loire, no dia 19. A bandeira vermelha tremulou permanentemente em Ariège; em Foix, os canhões foram barrados; em Varilhes, tentaram fazer descarrilar os vagões de munições; em Périgueux, os operários da estação apreenderam as metralhadoras.

No dia 15, cinco delegados do Conselho Municipal de Lyon apresentaram-se a Thiers. Ele confirmou sua dedicação à república, jurando que a Assembleia não se tornaria Constituinte. Se recrutava seus altos funcionários entre os não republicanos, era para levar em conta todos os partidos, no próprio interesse da república. Ele a defendia contra os homens do Hôtel-de-Ville, "os seus piores inimigos", dizia. Os delegados podiam certificar-se disso em Paris, ele estava disposto a emitir-lhes um salvo-conduto. De resto, se Lyon resolvesse se mexer, lá havia 30 mil homens prontos para reduzir a cidade a nada – grande mentira, como confessou quatro anos mais tarde em Bordeaux. As outras deputações ouviram o mesmo discurso, feito com um ar de bonomia, com tal familiaridade que conquistava os provincianos.

Da presidência eles passavam aos luminares da extrema-esquerda, Louis Blanc, Schoelcher, Edmond Adam e outros democratas célebres que chancelavam a palavra de Thiers. Esses doutores de fato admitiam que a causa de Paris era em princípio justa, mas consideravam-na mal encaminhada, comprometida com um combate criminoso. Sem coragem suficiente para dizer, como o Proudhon de 1848, que "é preciso matar a criança para salvar a mãe", eles desonravam a criança. Louis Blanc, que a vida inteira ganira – muito inocentemente, aliás – contra a sociedade, encontrava-se agora com os dentes contra a dos homens da Comuna, que, garantia ele, haviam-no condenado à morte. Perguntava aos delegados: "Com quem tratar em Paris? As pessoas que lá brigam pelo poder são fanáticas, imbecis ou patifes, sem falar das intrigas bonapartistas e prussianas!".* E toda sua tropa, pavoneando-se, perguntava: "Será que não estaríamos em Paris se esta estivesse com a razão?". Ao ouvir jovens que pontificavam, a maioria dos delegados de província, advogados, doutores, negociantes, educada no respeito pelas glórias, voltava para casa e, do mesmo modo que a esquerda havia propalado, pregava que era preciso segui-la para salvar a república! Um reduzido número ia até Paris. Testemunhas das divisões do Hôtel--de-Ville, recebidas por homens que não conseguiam formular suas ideias – ameaçados por Féliz Pyat no *Vangeur,* outros na Comuna –, voltavam convencidas de que daquela desordem nada sairia. Quando tornavam a passar por Versalhes, os deputados da esquerda afirmavam, triunfantes: "Pois bem, que dizíamos?". Até Martin-Bernard, antigo mártir e fervoroso adepto de Barbés, deu um "coice" em seus eleitores.

Em Paris, muitos, não acreditando em uma traição tão completa da esquerda, continuavam exortando-a. Dizia uma mensagem de fim de abril:

> Que fazeis em Versalhes, quando Versalhes manda bombardear Paris? Que papel podeis desempenhar em meio a esses colegas que assassinam vossos eleitores? Se persistis em permanecer entre os inimigos de Paris, ao menos não vos torneis seus cúmplices por vosso silêncio [...]. Como! deixais que Thiers escreva aos departamentos: os insurretos esvaziam as principais casas de Paris para pôr à venda o mobiliário, e não subis à tribuna para protestar! [...] Como! toda a imprensa bonapartista e rural pode inundar os departamentos de artigos infames nos quais afirmam que em Paris se mata, se viola e rouba, e vós ficais calados! [...].

* Apêndice XIV.

> Como! Thiers pode declarar que os soldados de sua força pública não assassinam os prisioneiros: não podeis ignorar essas atrozes execuções, e vos calais! Subi à tribuna, dizei aos departamentos a verdade que os inimigos da Comuna lhes escondem com tanto cuidado [...]. Nossos inimigos são os vossos!

Apelo inútil que a covardia da esquerda versalhesa soube usar para seus próprios objetivos. Hipócrita como Tartufo, Louis Blanc exclamou: "Oh, guerra civil! Horrenda luta! O canhão troa! Mata-se, morre-se, e aqueles que na Assembleia dariam de bom grado a vida para ver resolvido de maneira pacífica esse problema sangrento são condenados ao suplício de não poder tomar uma providência, dar um grito, dizer uma palavra!". Desde o nascimento das Assembleias francesas que não se vira bancada de esquerda tão ignominiosa. Os golpes e os insultos com que eram cobertos os prisioneiros não arrancaram um só protesto desses deputados parisienses. Só um deles, Tolain, pediu explicações sobre o assassinato de Belle-Épine.

Suas calúnias puderam sufocar por certo a ação da província, mas não suas angústias. Em seus corações, em suas vontades, os operários da França estavam com Paris. Os empregados das estações conclamavam os soldados de passagem, conjuravam-nos a não utilizar suas armas; os cartazes oficiais eram arrancados. Os centros enviavam suas mensagens às centenas. Todos os jornais republicanos pregavam a conciliação. A agitação tornava-se crônica. Thiers lançou Dufaure, o Chapelier da burguesia moderna, um dos mais odiosos executores de tarefas sujas. No dia 23 de abril, ele incumbiu seus procuradores de perseguir os escritores que apoiassem a Comuna, "essa ditadura usurpada por estrangeiros e foragidos da justiça, que assinala seu reino com o roubo e a infração, à noite e à mão armada, em casa de particulares", e não considerar "os conciliadores que suplicam que a Assembleia estenda sua nobre mão à mão manchada de sangue de seus inimigos". Versalhes esperava assim semear o terror no momento das eleições municipais que se realizariam em 30 de abril, em virtude da nova lei. As eleições foram republicanas. Aquela província, que se rebelara contra Paris em junho de 1848 e nas eleições de 1849, só queria combater a Assembleia de 1871. Em Rochefort, estava escrito em um grande número de votos: "Viva a Comuna!". Em Thiers, cidade do departamento de Puy-de-Dôme, o povo ocupou a prefeitura, hasteou a bandeira vermelha, apossou-se dos telégrafos. Houve tumultos em Souppes, Nemours e Château-Landon, no distrito de Fontainebleau. Em Villeneuve-sur-Yonne, do departamento de Dordivers, os partidários da Comuna plantaram diante da prefeitura uma árvore da liberdade com a bandeira vermelha. Em Montargis, afixaram cartazes com o apelo da Comuna ao povo do campo e forçaram um advogado que quisera destruir um cartaz a pedir perdão de joelhos. Em Coulommiers, houve manifestações aos gritos de: "Viva a república! Viva a Comuna!". Lyon rebelou-se. A bandeira tricolor dominava a cidade desde 24 de março, salvo em La Guillotière, onde o povo conservava a sua. De volta de Paris, o Conselho Municipal pedira o reconhecimento dos direitos de Paris, a eleição de uma Constituinte e a nomeação do oficial de franco-atiradores, Bourras, como comandante da Guarda Nacional. Enquanto o conselho multiplicava as mensagens e as gestões junto a Thiers, a Guarda Nacional lionesa mobilizava-se outra vez. Apresentou um programa ao Conselho Municipal, que se recusou a aceitar oficialmente. O fracasso dos delegados enviados a Versalhes aumentou a irritação geral. Ao serem anunciadas as eleições comunais, o grupo revolucionário afirmou que a lei municipal era nula, pois a Assembleia não tinha os direitos de uma Constituinte. Dois delegados de Paris intimaram Hénon a adiar as eleições. Gaspard Blanc, um dos atores da escaramuça de 28 de setembro, voltou à cena. A esquerda, na sua procura do bonapartismo, triunfou com a presença desse personagem; por ora, ele ainda não passava de um desmiolado, e só vestiu a camisa do império no exílio. No dia 27, em uma grande reunião pública em Brotteaux, os participantes decidiram se abster, e, no dia 29, em La Guillotière, se opor à votação. Às seis da manhã do dia 30, ouve-se o toque de reunir em La Guillotière. Os guardas nacionais sequestram a urna e colocam sentinelas à entrada da sala. Nas paredes, esta proclamação: "A cidade lionesa não pode mais deixar que sua irmã, a heroica cidade de Paris, seja degolada [...]. Os revolucionários lioneses, em comum acordo, nomearam uma comissão provisória [...]. Seus membros estão decididos a, antes de lhe arrebatarem a vitória, transformar em um monte de ruínas uma cidade covarde o suficiente para deixar que Paris e a república sejam assassinadas". A Praça da Prefeitura encheu-se de uma multidão comovida, que não dá ouvidos ao prefeito Crestin e a seu adjunto, que quer intervir; uma comissão revolucionária instala-se na prefeitura.

Bourras dá ordem aos comandantes de Guillotière de reunir seus batalhões. Por volta das duas horas, estes se enfileiram na Avenida Brosses. Um grande número de guardas desaprova o movimento; nenhum quer ser soldado de Versalhes. A multidão os cerca e eles acabam saindo de formação. Uns 100 deles, conduzidos pelo capitão, vão à prefeitura hastear seu estandarte vermelho. Vão buscar o prefeito, que a comissão quer unir ao movimento. Ele se recusa, como se recusara em 22 de março. De repente, o canhão troa.

Hénon e o Conselho Municipal teriam gostado de temporizar, como no mês passado. O *préfet*, Valentin, e Crouzat sonhavam com Espivent. Às cinco horas, o 38º de Linha chega pela Ponte de Guillotière. A multidão se mistura entre as fileiras de soldados, rogando-lhes que não atirem. Os oficiais são obrigados a levar seus homens de volta aos quartéis.

Entrementes, La Guillotière se fortifica. Uma grande barricada, que vai dos armazéns do Nouveau-Monde à esquina da prefeitura, fecha a Grande-Rue; outra se ergue à entrada da Rua des Trois-Rois; uma terceira, perto da Rua de Chabrol. Às 6h30, o 38º sai do quartel, dessa vez bem enquadrado por um batalhão de caçadores. À frente, marcham Valentin, Crouzat e o procurador da república, Andrieux, preso durante o império por seus discursos desvairados, libertado pelo povo em 4 de setembro e que, graças a Gambetta, incorporara-se à magistratura. Intima seus ex-companheiros a se renderem; a resposta é uma série de disparos: o *préfet* é ferido. A cavalaria varre a Avenida des Brosses e a Praça da Prefeitura; duas peças de canhão abrem fogo contra o edifício. As portas logo voam pelos ares, os ocupantes abandonam o edifício. A tropa entra, depois de matar a sentinela que quis montar guarda até o último minuto. Diz-se que rebeldes, surpreendidos do lado de dentro, foram mortos a tiros de revólver por um oficial versalhês.

A luta continua durante uma parte da noite, nas ruas vizinhas. Os soldados, enganados pela escuridão, mataram vários de seus próprios homens. As perdas do lado da Comuna foram muito poucas. Às três horas da madrugada, tudo cessou.

No bairro de Croix-Rousse, alguns cidadãos haviam invadido a administração distrital e quebrado as urnas; o fracasso de La Guillotière pôs um ponto final em sua resistência.

Os versalheses aproveitaram a vitória para desarmar os batalhões de La Guillotière; mas a população não quis aderir aos vencedores. Alguns monarquistas tinham sido eleitos durante o dia. Foram obrigados a submeter-se a um segundo escrutínio, pois todo mundo considerava nulas as eleições do dia 30. Nenhum deles tornou a se eleger. A agitação a favor de Paris continuou. Esses Conselhos Republicanos, recentemente eleitos, podiam fazer frente a Versalhes. A imprensa progressista os incentivava. *La Tribune de Bordeaux* propôs que fosse realizado um congresso de todas as cidades da França para pôr termo à guerra civil, garantir as franquias municipais e consolidar a república. O Conselho Municipal de Lyon, com programa idêntico, convidou todas as municipalidades a enviar delegados a Lyon. No dia 4 de maio, os delegados dos conselhos das principais cidades do departamento de Hérault se reuniram em Montpellier. Em caloroso apelo reproduzido por 50 jornais, o *La Liberté de l'Hérault* convocou a imprensa do departamento para um congresso. Uma ação comum substituiria a agitação incoerente das últimas semanas. Se a província compreendesse sua força, o momento e suas necessidades, se conseguisse encontrar um grupo de homens à altura da situação, Versalhes, presa entre Paris e os departamentos, capitularia diante da França republicana. Thiers sentiu o perigo e, não dispondo de outro recurso, usou a audácia, proibiu energicamente os congressos. "O governo trairia a Assembleia, a França, a civilização", disse *L'Officiel* de 8 de maio, "se deixasse que, ao lado do poder constituído oriundo do sufrágio universal, fossem lançadas as bases do comunismo e da rebelião". Falando dos instigadores do Congresso, Picard proclamou à tribuna: "Jamais tentativa alguma foi mais criminosa do que a deles. Fora da Assembleia, não há direito". Os procuradores-gerais e os *préfets* receberam ordem de impedir todas as reuniões e prender os conselheiros municipais que se dirigissem a Bordeaux. Vários membros da Liga dos Direitos de Paris foram presos em Tours, em Biarritz. Nada mais foi preciso para assustar os radicais.

Os organizadores do Congresso de Bordeaux recuaram. Os de Lyon escreveram a Versalhes dizendo que só pretendiam convocar uma espécie de Assembleia de notáveis. Como Thiers tinha atingido seu objetivo, não se preocupou em persegui-los, deixou que os delegados de 16 departamentos externassem suas queixas e declarassem seriamente que responsabilizariam "um dos dois combatentes que recusasse suas condições".

Assim, a pequena burguesia da província perdeu uma ocasião bastante rara de reassumir seu grande papel de 1792. De 19 de março a 5 de abril, desamparara os trabalhadores em vez de secundar seus esforços, salvar e continuar com eles a Revolução. Quando quis falar, estava sozinha, joguete e alvo do escárnio de seus inimigos.

No dia 10 de maio, Thiers dominava inteiramente a situação. Lançando mão de tudo – corrupção, patriotismo, mentindo em seus telegramas, fazendo os jornais mentirem, afável ou altaneiro, segundo as deputações, usando ora os soldados da força pública, ora seus deputados de esquerda –, conseguira descartar qualquer tentativa de conciliação. O tratado de paz acabara de ser assinado em Frankfurt e, livre disso, desvencilhado da província, permanecia a sós com Paris.

Já não era sem tempo. Cinco semanas de sítio tinham esgotado a paciência dos rurais. As desconfianças dos primeiros dias renasciam, acusavam o pequeno-burguês de ganhar tempo para poupar Paris.

A União dos Sindicatos acabara justamente de publicar o resumo de uma nova entrevista em que Thiers teria dado sinais de fraqueza. Um deputado da direita corre à tribuna e acusa Thiers de adiar a entrada. Ele responde, mal-humorado: "Quando nosso Exército abre uma trincheira a 600 metros de Paris, isso não significa que não queremos entrar na cidade". No dia seguinte, a direita volta à carga. Será verdade que Thiers disse ao prefeito de Bordeaux que, "se os rebeldes quisessem suspender as hostilidades, deixar-se-iam as portas abertas durante uma semana para todos, exceto para os assassinos dos generais"? Será que o governo pretenderia livrar alguns parisienses das presas da Assembleia? Thiers choraminga: "Escolheis o dia em que estou proscrito e em que demoliram a minha casa. É uma indignidade [...]. Sou obrigado a ordenar atos terríveis, ordeno-os [...]. Preciso de um voto de confiança [...]". Acossado, opõe aos grunhidos da direita a sua testa franzida: "Afirmo que há entre vós imprudentes por demais apressados. Precisamos mais oito dias. Ao cabo deles não haverá mais perigo, e então a tarefa será proporcional à sua coragem e à sua capacidade".

Impotência do segundo Comitê de Salvação Pública. O Forte de Vanves e a aldeia de Issy são desocupados. O manifesto da minoria. A explosão da Avenida Rapp. A queda da Coluna Vendôme

No dia 10, quando o novo Comitê de Salvação Pública tomou posse, a situação militar da Comuna não mudara, de Saint-Ouen a Neuilly, onde homens eram fuzilados no local; tornava-se grave a partir de La Muette. As baterias de Montretout, Meudon e do Mont-Valérien cobriam Passy de obuses e danificavam profundamente a muralha. As trincheiras dos versalheses corriam de Boulogne ao Sena. Os atiradores apertavam o cerco em torno da aldeia de Issy e ocupavam as trincheiras entre seu forte e o de Vanves, que procuravam isolar de Montrouge. A incúria da defesa permanecia a mesma. As muralhas, de La Muette até a Porta de Vanves, mal possuíam armamentos; as canhoneiras sustentavam quase sozinhas o fogo de Meudon, Clamart e Val Fleury.

O primeiro ato do novo comitê foi ordenar a demolição da casa de Thiers, sugerida por Arthur Arnould. Tal atitude despropositada valeu, ao homem que bombardeava Paris, um palacete que a Assembleia rural aprovou no dia seguinte. A seguir o comitê lançou sua proclamação: "A traição infiltrou-se [...]".

Delescluze também fez uma declaração. Arrastava-se, ofegava, podia dizer:

> Se consultasse apenas minhas próprias forças, teria declinado dessa função. A situação é grave [...], mas quando considero o sublime porvir que se abrirá para nossos filhos, mesmo se não nos for dado colher o que semeamos, ainda saudaria com entusiasmo a Revolução de 18 de março.

Ao entrar para o ministério, encontrou o Comitê Central também elaborando uma proclamação: "O Comitê Central declara que tem o dever de não deixar sucumbir esta Revolução de 18 de março, que ele fez tão bela [...]. Submeterá impiedosamente todas as resistências [...]. Pretende pôr fim às tensões, vencer a má vontade, pôr termo às rivalidades, à ignorância e à incompetência". Isto significava falar mais alto que a Comuna e gabar-se além da conta.

Na primeira noite, foi preciso corrigir um desastre. O Forte de Vanves, para o qual convergia todo o fogo antes dirigido ao de Issy, tornara-se quase indefensável e seu comandante mandara que fosse desocupado. Wroblewski recebeu o comando das mãos de La Cécilia, doente, e, na noite de 10 para 11, acorreu à frente dos 187º e 105º Batalhões daquela 11ª Região, que contribuiu indefinidamente para a defesa até o último dia. Às quatro horas da madrugada, Wroblewski surgiu diante do talude onde estavam os versalheses, ordenou uma carga de baionetas contra eles, os pôs em fuga, fez prisioneiros e devolveu o Forte às nossas mãos. Uma vez mais, os bravos federados mostraram do que eram capazes quando tinham direção.

Durante o dia, os versalheses fizeram chover obuses e granadas de picrato de potássio no Convento des Oiseaux e na aldeia de Issy, cuja rua principal transformou-se em um monte de escombros. Durante a noite de 12 para 13, surpreenderam o liceu de Vanves; no dia 15, atacaram o seminário de Issy. Há cinco dias, Brunel esforçava-se em organizar um pouco a defesa da aldeia. Rossel mandara buscar esse bravo membro da Comuna, que o ciúme dos grupelhos mantinha afastado, e lhe dissera: "A situação de Issy está praticamente perdida. Quereis assumi-la?". Brunel se dedicou, ergueu barricadas, pediu artilharia (só havia quatro peças) e novos batalhões para substituir os 2 mil homens que resistiam há 41 dias. Só lhe enviaram 200 ou 300 homens (é a isto que o general Appert chama de brigada Brunel, 7.882 homens). Brunel fortificou o seminário, onde os federados, esmagados por obuses, não conseguiram permanecer, organizou uma segunda linha nas últimas casas da aldeia e, à noite, foi à Comissão de Guerra, para a qual Delescluze o convocara para um Conselho de Guerra.

Era o primeiro desde 3 de abril. Dombrowski, Wroblewski e La Cécilia lá estavam. Dombrowski, ainda entusiasta, falava em convocar 100 mil homens. Wroblewski, mais prático, propunha transferir para a luta contra as trincheiras do sul o esforço inutilmente gasto em Neuilly. Falou-se muito, sem concluir nada. A sessão já estava suspensa quando Brunel chegou; foi falar com Delescluze no Hôtel-de-Ville e retomou o caminho de Issy. Na Porta de Versalhes, percebeu, depois das muralhas, seus batalhões que, sem escutar seus chefes, haviam deixado a aldeia e pretendiam tornar a entrar na cidade. Brunel, não querendo lhes abrir passagem, tentou surpreendê-los pela Porta de Vanves, por onde não o deixaram sair. Voltou à Comissão de Guerra, expôs a situação, também esteve com o Comitê Central, pediu combatentes, vagou a noite toda para os conseguir e, às quatro horas da madrugada, partiu com 150 federados. A aldeia estava nas mãos dos versalheses. Os oficiais de Issy foram julgados por Corte Marcial. Brunel depôs e queixou-se vivamente da negligência que tinha paralisado a defesa. Como única resposta, prenderam-no.

O que ele dizia era a pura verdade. A desordem da Comissão de Guerra tornava a resistência quimérica. Delescluze só contribuíra com seu devotamento. Apesar de uma aparente rigidez, tinha personalidade débil e estava à mercê do Estado-Maior, agora dirigido por Henry Prodhomme, que sobrevivera a todos os chefes que tivera. Baseando--se nas divisões da Comuna, o Comitê Central impunha-se por toda parte, publicava decretos, autorizava pagamentos sem o controle da Comissão Militar. Os membros da comissão, homens inteligentes, porém da minoria, queixaram-se ao Comitê de Salvação Pública, que os substituiu por românticos. A disputa continuou mesmo assim, e tão violenta que o rumor de um rompimento entre o Hôtel-de-Ville e o Comitê Central espalhou-se pelas legiões.

Os versalheses continuavam avançando. Na noite de 13 para 14, o Forte de Vanves, que só disparava uma descarga de vez em quando, apagou-se outra vez e não pôde ser reacendido. A guarnição, isolada por todos os lados, retirou-se pelas pedreiras de Montrouge. Os versalheses ocuparam o que restava do Forte. Mais uma ovação em Versalhes.

No dia 16, Paris não contava mais com um único defensor da margem esquerda até Petit-Vanves, onde cerca de 2 mil federados estavam acampados sob o comando de La Cécilia e Lisbonne. Estes tentaram fazer um retorno pela aldeia de Issy, mas foram repelidos. O inimigo pôde continuar seu trabalho de aproximação e armar os dois bastiões do Forte de Issy que ficavam de frente para a cidade. Seu fogo, dificultado por um momento pelas muralhas, conquistou uma superioridade acentuada e somou-se às baterias que esmagavam o XVI Distrito. Este infeliz distrito era atacado de frente, de flanco e em sua extensão por quase 100 bocas-de-fogo. Diante disso, resolveram pensar um pouco na defesa interna. Delescluze ampliou os poderes dos três generais aos bairros da cidade que confinavam com seus comandos, licenciou o batalhão das barricadas, que não estava tendo utilidade alguma, confiando suas obras à engenharia militar. A maioria de seus decretos foi letra morta ou se perdeu no meio de outros. Quando o delegado oferecia 3,5 francos aos empreiteiros que faziam terraplenos, o Comitê de Salvação Pública oferecia 3,75 francos, na mesma coluna de *L'Officiel*.

O Comitê de Salvação Pública colaborava com a Defesa por meio de um decreto obrigando os parisienses a munirem-se de uma carteira cívica que todo guarda nacional podia exigir a qualquer momento, decreto tão inexequível e não executado quanto o relativo aos refratários.

O Hôtel-de-Ville não inspirava terror a ninguém. Por trás daquelas grossas vozes, percebia-se a impotência. Quando alguns batalhões cercaram o Banco para fazer uma investigação, Beslay tentou impedi-los, e os terríveis ditadores do comitê não respaldaram seu agente. O público sorria. Mais um golpe e seria o fim da autoridade da Comuna; foi desferido pela minoria.

Sem dúvida ela era muito maltratada. Quando da substituição de Delescluze, a maioria preferira um homem totalmente indigno, Billioray, a Varlin; desde então ela eliminara este último da intendência, Vermorel da Segurança e Longuet de *L'Officiel*. Irritada e também muito inquieta com a desordem crescente, quis se eximir de responsabilidades, o que fez em um manifesto levado à sessão do dia 15. Avisada, a maioria não compareceu, com exceção de quatro ou cinco de seus membros. A minoria mandou registrar a ausência e, em vez de esperar a próxima reunião, enviou sua declaração aos jornais:

> A Comuna abdicou de seu poder entregando-o nas mãos de uma ditadura à qual deu o nome de Comitê de Salvação Pública [...]. Com tal voto, a maioria declarou-se irresponsável. A minoria afirma, ao contrário, que a Comuna tem para com o movimento revolucionário o dever de aceitar todas as responsabilidades [...]. Quanto a nós, reivindicamos o direito de responder sozinhos por nossos atos sem proteger-nos atrás de uma suprema ditadura. Nós nos retiramos para nossos distritos.

Grande erro, injustificável. A minoria não tinha o direito de denunciar a ditadura depois de ter votado a favor do segundo Comitê de Salvação Pública. A publicação da votação dava-lhe suficiente cobertura diante de seus eleitores. Teria sido mais digno censurar abertamente os atos do comitê e propor outros melhores; já que, dizia ela, "a questão da guerra primava sobre todas as outras", teria sido lógico não aniquilar moralmente a defesa, desertando do Hôtel-de-Ville. Não fora para que seus mandatários voltassem a contragosto para os distritos que estes os haviam enviado para o Hôtel-de-Ville.

Seus eleitores, que vários deles reuniram, convidaram-nos a reassumir o cargo; mas o golpe já fora desferido; os jornais versalheses deram gritos de alegria. A minoria entendeu o erro e 15 de seus integrantes compareceram à sessão do dia 17. A chamada nominal somou 70 membros, fato inédito. Primeiro, foi apresentada uma proposta sugerida por um traidor. Barral de Montaut, chefe do Estado-Maior da 7ª Região, acabara de mandar publicar a notícia de que os versalheses de Vanves haviam fuzilado uma mulher que prestava serviços em uma ambulância da Comuna. Um membro da maioria, instigado por Montaut, pediu que, em represália, cinco reféns fossem fuzilados dentro de Paris e cinco nos postos avançados. Diante disso, a Comuna referiu-se a seu decreto de 7 de abril. Ainda há comoção quando Paschal Grousset interpela os membros da minoria, demonstra a futilidade das razões invocadas em seu manifesto e acaba chamando-os de girondinos. "Girondinos!", replica Frankel, "sois vós que adormeceis e despertais com o *Moniteur* de 1793! Se não fosse por ele, não saberíeis a diferença entre socialistas e girondinos". A discussão se acirra. Vallès, que assinara o manifesto, toma a palavra: "Declarei que é preciso chegar a um acordo com a maioria, mas também é preciso respeitar a minoria, que é uma força"; e pede que todas essas forças se voltem contra o inimigo. Jules Miot responde severamente. Um membro da maioria fala de conciliação; Félix Pyat, para atiçar as fúrias, pede a leitura do manifesto. Em vão Vaillant diz, com bom-senso e justiça: "Quando nossos colegas voltam a nós, renegam seu programa, este não deve ser colocado diante de seus olhos para incentivá-los a perseverar no erro". Uma ordem do dia conciliadora é vencida pela proposta de Miot, redigida em termos ofensivos à minoria.

Uma explosão interrompe a querela. Billioray precipita-se na sala e anuncia que a fábrica de cartuchos da Avenida Rapp acaba de explodir.

Todo o bairro de Grenelle está em polvorosa. Uma girândola de chamas, chumbo derretido, restos humanos e vigas em fogo brotam do Campo de Marte e semeiam projéteis nos arredores. Quatro casas desabam, mais de 40 pessoas ficam mutiladas. A catástrofe seria ainda mais terrível se os bombeiros da Comuna não acorressem para arrancar do meio das chamas furgões cheios de cartuchos e barris de pólvora.

Uma multidão ensandecida chega e acredita tratar-se de um crime. Alguns indivíduos são presos, um artilheiro é levado à Escola Militar.

Onde está o culpado? Ninguém disse. Nem a Comuna, nem seu procurador desvendam o caso; como o de Moulin-Saquet, permaneceu sem solução. No entanto o Comitê de Salvação Pública anunciou, em proclamação, que tinha nas mãos quatro culpados, e Delescluze afirmou que a Corte Marcial havia sido encarregada do caso. Um inquérito sério provavelmente teria revelado um crime. As operárias, que costumavam sair às sete da noite, naquele dia tinham sido liberadas às 6. Viram que Charpentier pedia dinamite ao coronel Corbin. Podia ser muito útil aos conspiradores semear, ao mesmo tempo, o pânico na Comissão de Guerra, na Escola Militar, no parque da artilharia e nas barracas do Campo de Marte, que ainda abrigavam alguns federados.* Paris acreditou firmemente em um complô. Os reacionários disseram: "É a vingança pela Coluna Vendôme".

A coluna caíra na véspera em grande cerimônia, justificando, 30 anos depois, a profecia de Henri Heine:

> As tempestades já arrancaram uma vez do alto da Coluna Vendôme o homem de ferro pousado em seu fuste e, caso os socialistas chegassem ao governo, o mesmo acidente poderia acontecer-lhe uma segunda vez, ou os arroubos de igualdade radical seriam até mesmo capazes de derrubar toda a coluna para que este símbolo de glória fosse riscado da face da Terra.

O engenheiro encarregado da demolição comprometera-se, "em nome do Clube Positivista de Paris", em contrato longamente justificado, a executar, "no dia 5 de maio, aniversário da morte de Napoleão, o julgamento pronunciado pela história e transformado pela Comuna de Paris em édito contra Napoleão I". Seus operários foram dispensados muitas vezes e a operação atrasou-se até o dia 16. Às duas da tarde deste dia, lotava as ruas vizinhas uma multidão muito preocupada, pois haviam sido preditas catástrofes de todo tipo. Quanto ao engenheiro, declarara no contrato estar "em condições de evitar qualquer perigo".

---

* Apêndice XV.

Serrara a coluna horizontalmente um pouco acima do pedestal. Um entalhe oblíquo devia facilitar a queda da coluna para trás em um vasto leito de lenha, areia e esterco acumulado no centro da Rua de La Paix.

Um cabo atado ao topo da coluna enrola-se no cabrestante fixado na entrada da rua. A praça está cheia de guardas nacionais; as janelas e os tetos, de curiosos. Na ausência de Jules Simon e Ferry, há pouco tempo partidários da demolição, Glais-Bizoin, ex-delegado em Tours, parabeniza o novo delegado à Comissão de Polícia, Ferré, que acaba de substituir Cournet, e confia-lhe que seu ardente desejo há mais de 40 anos é ver demolido o monumento expiatório. Os músicos tocam a *Marselhesa*. O cabrestante gira, a polia se rompe, um homem é ferido. Circulam rumores de traição. Uma nova polia é logo instalada. Às cinco horas, aparece um oficial na balaustrada, agita longamente uma bandeira tricolor e a fixa à grade. Às 5h30, o cabrestante torna a girar. Alguns minutos depois, César oscila e seu braço carregado de vitória fustiga em vão o céu. O fuste se inclina, parte-se no ar em ziguezague de uma só vez e tomba ao chão que geme. A cabeça de Bonaparte rola e o braço homicida jaz separado do tronco. Uma aclamação como a de um povo libertado brota de milhares de peitos. Todos correm para as ruínas e, saudada por clamores entusiastas, a bandeira vermelha é plantada no pedestal.

O povo queria repartir os destroços da coluna. A Casa da Moeda se opõe por ser muito valiosa. Um dos primeiros atos da burguesia vitoriosa foi reerguer esse enorme bastião, símbolo de sua soberania. Para fazer o senhor subir de novo em seu pedestal, foi preciso um andaime de 30 mil cadáveres. Como as mães do Primeiro Império, muitas de nossos dias não podem olhar esse bronze sem chorar.

Paris às vésperas da morte. Versalhes

Paris da Comuna só tem mais três dias de vida. Gravemos na história sua luminosa fisionomia. Aquele que respirou tua vida, que é a febre dos outros, que palpitou em teus bulevares e chorou em teus *faubourgs*, aquele que cantou na aurora de tuas revoluções e, algumas semanas depois, lavou as mãos na pólvora atrás das barricadas, aquele que pôde ouvir sob as pedras do teu chão a voz dos mártires da ideia e saudar tuas ruas com uma data humana, aquele para quem cada uma de tuas artérias é um nervo, ainda não te faz justiça, grande Paris da revolta, se não te vir de fora. Os filisteus estrangeiros, com expressão de desdém, dizem: "Vede esse louco!". Mas espreitam seu proletário que deixou de lado o martelo; olha, eles tremem de medo de que teu gesto lhes ensine como destravar a grande mola de sua soberania. A atração exercida por Paris rebelde foi tão forte que vieram da América para assistir a esse espetáculo desconhecido na história: a maior cidade do continente europeu nas mãos dos proletários. Os pusilânimes foram atraídos.

Nos primeiros dias de maio, chegou-nos um amigo dos tímidos da tímida província. Os seus o haviam acompanhado na partida, com lágrimas nos olhos, como se ele estivesse descendo aos infernos. Perguntou-nos: "O que há de verdade nisso?". "Pois bem!, vinde revistar todos os recantos da caverna!".

Partamos da Bastilha. O ensurdecedor grito dos ambulantes apregoa os jornais *Mot d'Ordre*!, de Rochefort; *Père Duchesne*!, *Cri du Peuple*!, de Jules Vallès; *Vengeur*!, de Félix Pyat; *Commune*!, *Tribun du Peuple*!, *Affranchi*!, *Avant-Garde*!, *Pilori des Mouchards*! *L'Officiel* é pouco pedido, os membros da Comuna sufocam-no com sua concorrência; um deles, Vésinier, chega a publicar em *Paris-Libre* uma sessão secreta. O *Cri du Peuple* tem tiragem de 100 mil exemplares. É o primeiro a se levantar – canta com o galo. Teremos sorte, se encontrarmos algo de Vallès esta manhã, pois, com grande frequência, Vallès passa a palavra a Pierre Denis, autonomista radical. Comprai só uma vez o *Père Duchesne*, embora sua tiragem seja de 60 mil. Não tem nada do jornal de Hébert, que não foi nenhum grande senhor. Pinçai no *Vengeur* o artigo de Félix Pyat como bela amostra de bebedeira literária. *La Commune* é o jornal doutrinário em que Millière às vezes escreve, no qual Georges Duchène sacode os jovens e os velhos do Hôtel-de-Ville com uma severidade que exigiria outro caráter.

Eis as caricaturas nas bancas: Thiers, Picard e Jules Favre representados como as três Graças enlaçando-se, ventripotentes. O peixe de escamas verde azuladas que serve uma cama com a coroa imperial é o marquês de Galliffet. O *Avenir*, diário oficial da Liga, o *Siècle*, muito hostil desde a prisão de Chaudey, e o *Vérité*, do ianque Portalis, empilham-se, melancólicos e intactos. Cerca de 30 jornais versalheses foram suspensos pela Chefatura de Polícia; nem por isso estão mortos, um camelô pouquíssimo misterioso os oferece.

Procurai, achai uma instigação ao assassinato, à pilhagem, uma linha cruel nessa imprensa partidária da Comuna, aquecida pela batalha, e comparai-a, agora, com os jornais versalheses que pedem o fuzilamento em massa assim que as tropas tiverem vencido Paris.

Acompanhemos esses catafalcos que sobem a Rua de la Roquette. Entremos com eles no *Père-Lachaise*. Todos os que morrem por Paris são sepultados com a grande família, e a Comuna reivindica a honra de pagar os funerais. Sua bandeira vermelha flameja nos ângulos do carro funerário seguido pelos companheiros do batalhão aos quais sempre se unem alguns transeuntes. Uma mulher acompanha o corpo do marido. Um membro da Comuna também caminha atrás do caixão. À beira do túmulo, ele fala não de lamentos, mas de esperança, de vingança. A viúva aperta os filhos contra si, diz-lhes: "Lembrai-vos e gritai comigo: Viva a república! Viva a Comuna!". "É a mulher do tenente Châtelet", diz-nos um dos presentes.

Voltando sobre nossos passos, passamos pela administração do XI Distrito, que ostenta um véu negro, luto do plebiscito imperial do qual o povo de Paris é inocente e torna-se vítima. A Praça da Bastilha está alegre, animada pela Feira do Pão de Mel. Paris não quer fazer concessão alguma ao canhão; até prolongou a feira em uma semana. Os balanços voam, os torniquetes rangem, os lojistas gritam anunciando o suvenir a 13 francos, os acrobatas atraem a clientela prometendo a metade da receita aos feridos. Apoiado em seu fuzil, um ou outro guarda, de volta das trincheiras, olha o panorama do sítio, a entrada de Garibaldi em Dijon.

Desçamos os grandes bulevares. No circo Napoleão, 5 mil pessoas se distribuem da arena ao teto. Bandeirolas convidam as regiões a se agruparem por departamento. A reunião foi organizada por alguns negociantes que oferecem aos cidadãos dos departamentos o envio de delegados a seus respectivos deputados; acreditam que poderão convencê-los, conquistar a paz por meio de explicações. Um cidadão pede a palavra, sobe ao estrado. A multidão aplaude Millière:

> A paz! Todos nós a buscamos. Mas quem começou a guerra, quem recusou toda conciliação? Quem atacou Paris em 18 de março? Thiers. Quem a atacou em 2 de abril? Thiers. Quem falou de conciliação, multiplicou as tentativas de paz? Paris. Quem sempre as repeliu? Thiers. '*A conciliação*', disse Dufaure; 'mas a insurreição é menos criminosa [...]'. E o que nem os franco-maçons, nem

> as ligas, nem as mensagens, nem os conselheiros municipais da província conseguiram fazer, esperais de uma deputação formada por parisienses! Pois bem! sem o saber, debilitais a defesa. Não, basta de deputações; a salvação está na correspondência ágil com a província!

"Eis aí, então, o energúmeno do Millière, com o qual nos apavoram na província", exclamava meu amigo. "Sim, e esses milhares de homens de todas as condições que procuram juntos a paz, escutam-se, respondem-se com cortesia, eis o povo demente, o punhado de 'bandidos que controla a capital'".

No quartel do príncipe Eugène, estão entregues à preguiça os 1.500 soldados que ficaram em Paris em 18 de março e que a Comuna alberga sem obter deles serviço algum, pois esses indolentes não querem, segundo dizem, ficar nem com Paris, nem com Versalhes. No Bulevar Magenta estão os numerosos esqueletos da igreja Saint-Laurent, arrumados na mesma ordem em que foram encontrados, sem vestígios de caixão, nem de mortalha. Mas as sepulturas nas igrejas não estão formalmente proibidas? Algumas, contudo, sobretudo Notre-Dame-des-Victoires, estão cheias de esqueletos. A Comuna não tem o dever de trazer para a luz do dia essas ilegalidades que talvez sejam crimes?

Nos bulevares, de Bonne-Nouvelle a Opéra, a mesma Paris passeia pelas lojas, senta-se nos cafés. Raros são os carros, pois o segundo sítio reduziu drasticamente o fornecimento de cavalos. Pela Rua de 4 Septembre, chegamos à Bolsa, coroada com a bandeira vermelha, e à Biblioteca Nacional, à qual não faltam leitores. Atravessando o Palais Royal, chegamos ao Museu do Louvre. As salas, com todas as telas que a administração de 4 de setembro deixou, estão abertas ao público. Mesmo assim, Jules Favre e seus jornais dizem que a Comuna vende para o estrangeiro os acervos nacionais.

Desçamos a Rua de Rivoli. Na Rua Castiglione, uma enorme barricada impede a entrada à Praça Vendôme. A saída da Concórdia está barrada pelo fortim Saint-Florentin, que vai do ministério da Marinha ao Jardim das Tulherias, com oito metros de espessura e três ameias bastante mal dirigidas. Um largo fosso, que descobre o sistema arterial da vida subterrânea, separa a praça do fortim. Operários lhe dão os últimos retoques e cobrem de grama seu recosto de terra. Muitos curiosos olham e mais de um rosto fica sombrio. Um corredor habilmente disposto leva à Praça da Concórdia. O altaneiro porte da estátua de Strasbourg se destaca contra as bandeiras vermelhas. Os homens da Comuna, a quem ousam acusar de ignorar a França, substituíram piedosamente as coroas mortas do primeiro sítio por flores frescas da primavera.

Agora entramos na zona de batalha. A Avenida dos Campos Elíseos desenrola sua longa linha deserta, fendida de sulcos sinistros cavados pelos obuses de Mont-Valérien e de Courbevoie. Estes atingem até o Palácio da Indústria, cujas riquezas os funcionários da Comuna – dirigidos por Cavalier, o famoso *Pipe-en-Bois*, homem talentoso – protegem corajosamente. Ao longe, recorta-se o imponente maciço do Arco do Triunfo. Os amadores dos primeiros dias desapareceram dessa Praça de L'Étoile que se tornou quase tão mortífera quanto a muralha. Os obuses ricocheteiam na fachada, tiram lascas dos baixos-relevos que Jules Simon mandara blindar contra os prussianos. Os ninhos de metralhadoras espalham ao redor seu mortal orvalho. O arco principal está tampado para interromper a trajetória dos projéteis que entravam pela avenida. Por trás dessa barricada, monta-se um aparato para içar canhões até a plataforma que controla as avenidas convergentes.

Pelo *faubourg* Saint-Honoré, percorremos os Campos Elíseos. No retângulo delimitado pelas avenidas De La Grande-Armée, Ternes, Wagram e pelas muralhas, não há uma casa intacta. Estais vendo, o sr. Thiers *não bombardeará Paris, ao contrário do que os homens da Comuna não deixarão de vos dizer.* Um que outro pedaço de cartaz pende de um muro meio desmoronado, o discurso de Thiers contra o rei Bomba, que um grupo de conciliadores reproduziu com tanto senso de oportunidade. "Sabeis, senhores", dizia ele aos burgueses de 1848,

> o que acontece em Palermo. Todos estremecestes de horror ao saber que uma grande cidade fora bombardeada durante 48 horas. Por quem? Acaso foi por um inimigo estrangeiro exercendo os direitos da guerra? Não, senhores, por seu próprio governo. E

> por quê? Porque aquela desafortunada cidade reivindicava seus direitos. Pois bem! Por ter pedido esses direitos, recebeu 48 horas de bombardeio!.

Ditosa Palermo! Paris é bombardeada há 40 dias "por seu próprio governo".

Temos alguma chance de chegar ao Bulevar Pereire, passando rente ao lado esquerdo da Avenida dos Ternes. Dali até a Porta Maillot, todo mundo tem a mesma idade. Aproveitando um minuto de calmaria, chegamos à porta ou, antes, ao monte de escombros que assinala seu lugar. A estação não existe mais; o túnel está obstruído; as muralhas estão desmoronando para dentro dos fossos. Salamandras humanas agitam-se entre os destroços. À frente da porta, quase a descoberto, há três peças comandadas pelo capitão La Marseillaise; à direita, o capitão Rochat, com cinco peças; à esquerda, o capitão Martin, com quatro. Monteret mantém esta avançada sob uma torrente de obuses há cinco semanas. O Mont-Valérien, Courbevoie e Bécon lançaram mais de 8 mil. Dez homens bastam para as 12 peças, nus da cintura para cima, com o tronco e os braços negros de pólvora; Craon, morto no posto, manobrava sozinho duas peças de sete; com um disparador em cada mão, dava dois tiros ao mesmo tempo. O único sobrevivente da primeira equipe, o marujo Bonaventure, viu os companheiros serem despedaçados. Resistiu-se, contudo, e as peças, muitas vezes desmontadas, são renovadas. Com bastante frequência, os versalheses tentaram e podem tentar ataques-surpresa. Monteret vigia dia e noite; pode, sem arrogância, escrever ao Comitê de Salvação Pública dizendo que, enquanto estiver na Porta Maillot, os versalheses não entrarão por lá.

Cada passo rumo a La Muette é um desafio à morte. Na muralha, perto da Porta de la Muette, um oficial agita o quepe na direção do Bois de Boulogne; zunem balas ao seu redor. É Dombrowski, que se diverte desconcertando os versalheses das trincheiras. O general nos leva ao Castelo de la Muette, um de seus quartéis-generais. Todos os quartos estão esburacados por obuses. Entretanto, ele continua ali, faz com que os seus também fiquem. Calculou-se que seus ajudantes-de-

-campo viviam oito dias em média. Nesse momento, acorre o sentinela do belvedere, que foi atravessado por um obus. "Permanecei", diz-lhe Dombrowski. "Se não tiverdes de morrer lá, não tendes nada a temer". Sua bravura é puro fatalismo. Não recebe reforço algum, apesar dos despachos que envia ao Ministério da Guerra; acredita que está tudo perdido, afirmando-o com frequência. Eis a minha única censura; não espereis que justifique a Comuna por ter aceito o apoio dos democratas estrangeiros. Será que esta não é a revolução de todos os proletários? Acaso os franceses não abriram suas fileiras, em todas as guerras, aos grandes valorosos de todas as nações que queriam combater com eles?

Através de Passy, Dombrowski acompanha-nos até o Sena e mostra com gesto triste as muralhas quase abandonadas. Os obuses desmancham ou corroem os arredores da ferrovia. O grande viaduto está desmoronando em vários pontos. As locomotivas blindadas foram descarriladas, viradas. A bateria versalhesa da Ilha Billancourt dispara na linha-d'água de nossas canhoneiras, está afundando uma neste mesmo momento, a Estoc. Uma vedeta recolhe a tripulação e sobe o Sena, debaixo do fogo que a persegue até a ponte do Jena.

Uma atmosfera suave, um sol de vida e um silêncio de paz envolvem esse rio, esse naufrágio, esses obuses que voam na solidão. A morte parece mais cruel quando lançada nesse esplendor da natureza. Vamos saudar os feridos de Passy. Sabeis que Thiers manda atirar nas ambulâncias da Comuna. Aos protestos da Sociedade Internacional de Socorro aos Feridos, respondeu: "Como a Comuna não aderiu à convenção de Genebra, o governo de Versalhes não é obrigado a respeitá-la". A Comuna aderiu à Convenção; fez mais, respeitou as leis da humanidade diante dos atos mais selvagens. Thiers continua mandando matar seus feridos. Vede-os. Um membro da Comuna, Lefrançais, está justamente visitando a ambulância do doutor Demarquay, perguntando-lhe sobre o estado dos feridos: "Não partilho vossas ideias", responde o doutor, "e não posso desejar o triunfo de vossa causa, mas jamais vi feridos conservar tanta calma e sangue-frio durante as cirurgias. Atribuo essa coragem à energia de sua convicção".

A maioria dos doentes pergunta ansiosamente quando poderá voltar ao serviço. Um jovem de 18 anos, com a mão direita amputada, ergue a outra e brada: "Ainda tenho esta à disposição da Comuna!". Dizem a um oficial mortalmente ferido que a Comuna acabara de entregar seu soldo a sua mulher e seus filhos. "Eu não tinha direito", responde. Eis, meu amigo, os brutamontes alcoolizados que, segundo Versalhes, formam o Exército da Comuna.

Voltemos pelo Campo de Marte. Seus vastos conjuntos de barracas carecem do fundamental. Seriam necessários outros quadros, outra disciplina para reter os batalhões ali.

Diante da Escola, 100 bocas-de-fogo permanecem inertes, sujas, a 1.500 metros das muralhas, a dois passos da Comissão de Guerra. Deixemos à direita esse foco de discórdia e entremos na Assembleia Legislativa transformada em oficina. Mil e quinhentas mulheres costuram os sacos de terra que fecharão as brechas. Uma moça alta e bonita, Marthe, distribui o trabalho adornada com o lenço vermelho com franjas de prata que os companheiros lhe deram. As canções alegres aliviam a tarefa. O pagamento é feito todas as noites e as operárias recebem tudo a que têm direito por seu trabalho, 8 centavos por saco; o empreiteiro de outrora mal lhes dava 2.

Subamos pelos cais sonolentos em sua calma inalterável. A Academia de Ciências continua realizando suas reuniões de segunda-feira. Não foram os operários que disseram: "A república não precisa de sábios". Delaunay ocupa a presidência. Elie de Beaumont verifica a correspondência e lê uma nota de seu colega M. J. Bertrand, que fugiu para Saint-Germain; esse matemático estéril, que nunca viu um teorema natural, não é afeito às audácias criativas. Encontraremos a ata da sessão no *L'Officiel* da Comuna.

Não deixemos a margem esquerda sem visitar a prisão militar. Perguntai aos prisioneiros versalheses se ouviram em Paris uma ameaça, uma injúria, se não são tratados como companheiros, submetidos ao mesmo regime de todos, se não lhes devolvem a liberdade quando querem ajudar os irmãos de Paris.

Eis a noite da grande cidade. Os teatros abrem. O Lyrique apresenta um grande espetáculo musical em benefício dos feridos, e a Opéra-Comique está preparando outro. A Opéra que Michot, o grande cantor, não abandonou, anuncia para a segunda-feira, 22, uma solenidade excepcional em que Raoul Pugno apresentará o Hino de Gossec. Abandonados pelo diretor, os próprios artistas do Gaité dirigem o teatro. O Gymnase, o Châtelet, o Théâtre-Français, o Ambigu-Comique e o Délassements têm casa cheia todas as noites. Vamos aos espetáculos que Paris não vê desde 1793.

Dez Igrejas são abertas e a Revolução sobe ao púlpito. No velho Gravilliers, Saint-Nicolas-des-Champs enche-se de um forte murmúrio. Alguns bicos de gás bruxuleiam em meio à multidão e, lá longe, mergulhado na sombra dos arcos, o Cristo está condecorado com o lenço da Comuna. A mesa diante do púlpito, único foco de luz, também ostenta um véu vermelho. O órgão e a multidão entoam a *Marselhesa*. O pensamento do orador, superaquecido pelo ambiente fantástico, escapa em invocações que o eco repete como uma ameaça. Ele trata do acontecimento do dia, dos meios de defesa. Os membros da Comuna são bastante atacados. Os pedidos da reunião serão levados amanhã ao Hôtel-de-Ville. As mulheres às vezes pedem a palavra; têm em Batignolles um clube especial de onde se elevam palavras de guerra e de paz. Poucas ideias precisas saem dessas reuniões febris, mas muitos recuperam suas reservas de ardor e coragem.

Nove horas; podemos chegar ao concerto das Tulherias. À entrada, cidadãs acompanhadas de comissários fazem uma coleta para as viúvas e os órfãos da Comuna. Pela primeira vez, mulheres recatadamente vestidas estão sentadas nos bancos da corte. Três orquestras tocam nas galerias. O coração da festa está na Sala dos Marechais. Naquele lugar onde, dez meses atrás, tronavam Bonaparte e seu bando, a senhorita Agar declama *Châtiments* e *Idole*, apesar dos insultos dos jornais versalheses. Mozart, Meyerbeer, as grandes obras de arte expulsaram as obscenidades musicais do império. Pela grande janela central, a harmonia sai ao jardim. As lanternas e lampiões alegres constelam a grama, dançam nas árvores, colorem os chafarizes. O povo ri entre os arbustos. O Campos Elíseos, em total escuridão, parece protestar contra esses senhores populares que eles jamais reconheceram. Versalhes também protesta por entre as réstias de luz de seus obuses que iluminam com um reflexo baço o Arco do Triunfo, cuja massa escura se arqueia sobre a grande guerra civil. Às 11 horas, ouvimos um barulho do lado da capela: Schoelcher acaba de ser preso. Deixou por um momento Versalhes para ver as festas dessa Paris que ele ajuda a entregar a Versalhes. Levam-no à chefatura, onde Raoul Rigault o solta zombando dele.

Os bulevares ficam abarrotados de gente à saída dos teatros. No Café Peters (o Americano), há afluência escandalosa de mulheres da vida e de oficiais do Estado-Maior com botas moles de canhão vermelho e sabres virgens. Um destacamento de guardas nacionais chega e os prende. Nós os seguimos até o Hôtel-de-Ville, onde Ranvier, que está de plantão, os recebe. O processo não é longo: as mulheres para Saint-Lazare, os oficiais para as trincheiras com pás e picaretas.

Uma hora da manhã. Paris dorme com sua respiração regular. Eis aqui, meu amigo, a Paris dos bandidos. Vós a vistes pensar, chorar, combater, trabalhar; entusiasta, fraterna, severa para com o vício. Suas ruas, livres durante o dia, são menos seguras no silêncio da noite? Os crimes diminuíram desde que Paris começou a ter sua própria Polícia.* Onde vedes a orgia vitoriosa? Os operários que poderiam gastar os bilhões vivem com um pagamento ridículo em comparação com seus salários habituais. As ricas mansões dos que os bombardeiam estão a sua mercê: onde estão os saqueadores?

Acaso reconheceis essa Paris sete vezes metralhada desde 1789, hoje mais sofrida do que a Alsácia e a Lorena que ela defendeu, essa Paris de gente que não capitula, sempre em pé pela salvação da França? Onde está seu programa, perguntastes? Ah! Procurai diante de vossos olhos, não nesse Hôtel-de-Ville que gagueja. Essas muralhas

---

* Claude, chefe da segurança à época do império. *Enquête sur le 18 Mars.*

fumegantes, essas explosões de heroísmo, essas mulheres e esses homens de todas as profissões, mesclados, todos os operários da Terra aplaudem nosso combate; todas as burguesias estão coligadas contra nós: será que não dizem o bastante do pensamento comum e da luta que aqui se trava pela república e por uma sociedade igualitária? Ide rápido contar sobre essa Paris. Dizei à província republicana: "Esses proletários parisienses combatem por vós, que sereis os perseguidos de amanhã. Se sucumbirem, vós sereis sepultados por longos anos sob seus funerais".

A mil léguas, Versalhes, a constante ameaça. Cidade de destinos imutáveis, sempre cheia de ódio por Paris. Anteontem, o rei; ontem, Guillaume; e hoje, Thiers. E, desde 1789, sempre a mesma sentença, a de Breteuil: "Se for preciso queimar Paris, Paris será queimada!". Quem primeiro teve a ideia de incendiar Paris foi a aristocracia francesa.

As avenidas reais estão denteadas de canhões. Sentados no Pátio de Honra, os cães de bronze guardam o palácio, a Assembleia, o antro. Para atravessar, é indispensável ser fardado, deputado ou alcaguete; ninguém desembarca em Versalhes, ninguém pode lá permanecer se não tiver credenciais.

O Estado-Maior rural campeia nos Réservoirs: puro-sangue da direita, soldados da cavalaria que só comparecem às grandes cerimônias, orleanistas, beatos. Lá também pululam os altos funcionários depenados do império, diplomatas como Gramont, *préfets*, camaristas, domésticos, fugitivos de 4 de setembro e da época do sítio. Para tirá-los de lá, "só o rei", dizem uns, "só o imperador", dizem outros. Reunidos pela tempestade nessa arca de Noé, os ex-proscritos e ex-proscritores espreitam-se raivosamente para arrebatar a vitória.

Os bonapartistas têm de seu lado o Exército, mas não o governo, o que é tudo, nesse momento em que os rurais reinam na Assembleia. Essa câmara de assombrações tem uma necrópole como vestíbulo, a galeria dos túmulos, pequena Bolsa de deputados, altos funcionários, oficiais e mercadores, pois é um belo presente alimentar e equipar 130 mil homens, sem contar as grandes obras de recuperação de estradas, pontes e edifícios públicos. Preocupados com seus departamentos, os *préfets* ouvem os grupos, acompanham os misteriosos conspiradores que anunciam com data marcada a entrada em Paris. Os que olham com cara feia os direitistas são os honrados da esquerda, que animam as sessões.

Da tribuna, Tolain pede explicações sobre os assassinatos de Belle-Épine. Ele, ex-pilar da Internacional, ficou em Versalhes para representar o verdadeiro povo, o povo mesmo, pois ele não está contaminado pelos "festins de Luperco celebrados pela populaça" de Paris. "Basta! Basta!", gritam a esse homem demasiado puro. "Todo mundo sabe que nossos bravos oficiais não são assassinos!". O ministro responde em tom parlamentar: "Ilustríssimo Sr. Tolain..."; vaiam ao ouvir o "ilustríssimo" e Grévy encerra a questão: "Não cabe desmentir uma calúnia abominável". Todos tornam a sentar-se, bem como Tolain, indignados, só para constar.*

Quando não berra, a Assembleia se ajoelha; os sermões alternam com os gritos de morte. Gavardie pede os tribunais, já que não há fogueira, para os que negassem a existência de Deus ou a imortalidade da alma. Se a votação demora, o general Du Temple chama a atenção dos colegas: "Estamos fazendo Deus esperar!".

Fora esse teatro e os cortejos de prisioneiros, a partir dos quais surgem não poucas discussões, a vida dos rurais é monótona. Os mais endinheirados têm o recurso dos grandes cabarés de Saint-Germain, cujos jardins em terraço tornaram-se um novo hipódromo de Longchamp, com mulheres da sociedade, artistas, atrizes e também prostitutas e jornalistas que transladaram suas atividades para Seine-et-Oise. Não há um único jornalista que não tenha sido

---

* Ninguém indignou-se mais do que Tolain, em 1867, contra Jules Favre, que lhe declarou só depender da própria consciência. Em abril de 1896, esse ex-trabalhador, agora rechonchudo senador, escrevia a seus eleitores, que o convocavam a prestar contas do mandato, que não tinha "outra regra de conduta além de sua consciência".

condenado à morte, como Louis Blanc, pelo Comitê Central, pela Comuna ou pelos Conselhos de Guerra, que não tenha sido indicado pelo presidente; nenhum que não tenha detalhes autênticos sobre as mais secretas sessões do Hôtel-de-Ville, assassinatos, roubos, pilhagens e fuzilamentos de Paris. Segundo os monarquistas, a Comuna é inspirada por Hugelmann, bonapartista notório; o Comitê Central, presidido pelo general Fleury; e as barricadas, construídas sob a direção de generais prussianos.* É Gambetta, dizem os bonapartistas, que, por intermédio de seu amigo Ranc, inspira esses homens da Comuna, cuja infame obstinação fez subirem a cinco bilhões de francos as exigências de Bismarck e que ousam pedir o julgamento de Bazaine. Os rurais engolem tudo; Schoelcher é um fenômeno por ter conseguido sair desse inferno que descreve no *Journal Officiel*: "Um lugar pestilento, do qual todos procuram fugir. Os infelizes que não conseguem escapar são reduzidos a invocar o apoio das potências neutras [...], como nos países longínquos do Oriente, onde é preciso capitular para preservar os europeus das atrocidades dos nativos". É isto!, guincha um reles poeta pomposo que deixou mãe, irmã e amante por puro medo e agora mistura sua taquara rachada ao concerto rural. O baixo é um ruminante da Escola Normal que cospe catilinárias. O gordo Francisque Sarcey escreve vulgaridades e vê tudo vermelho, fazendo seu papel de Breteuil: "Não há solução de compromisso possível, nem se tivermos de afogar essa insurreição em sangue, sepultá-la sob as ruínas da cidade em chamas.** Se a guilhotina vier a ser suprimida, será preciso mantê-la para os fazedores de barricadas". Os homens da Comuna o reconciliam com os prussianos, "boa gente caluniada", cujo *ja* (sim) é um prazer ouvir depois "desse bando de macacos e tigres!". "Ninguém poderia imaginar", diz o *Drapeau Tricolore*,

> quantas coisas continha esse *ja*. Parecia dizer: sim, pobre francês, estamos aqui, não temas mais nada; não te prenderão mais; terás

---

* *Le Soir.*

** *Le Drapeau Tricolore*, folheto semanal.

> o direito de ir e vir; não ficarás mais reduzido a ler as patranhas de Jules Vallès ou as sangrentas sátiras de Rochefort, autor de *vaudevilles*; estás aqui em território livre, *ja*, em terra amiga, *ja*, sob a proteção de baionetas bávaras, *ja* [...]. Não pude me conter de repetir, também eu, esse *ja*, tentando captar a entonação. Ele tirou o cachimbo da boca: 'Ah, *os frranceses, semprre tão alegrres*', disse ele. *Ja*? *ja*? E começamos a rir um para o outro.

Versalhes considera o tom deste Sarcey perfeito. Versalhes aplaudirá muitos outros. No dia 16 de maio, Dia das Orações, *Le Figaro* publica um programa de massacre:

> Pede-se formalmente que todos os membros da Comuna, do Comitê Central e de outras instituições da mesma natureza; que todos os jornalistas que pactuaram covardemente com a rebelião triunfante; que todos os poloneses suspeitos, todos os falsos Valaques que reinaram dois meses na mais bela e mais nobre cidade do mundo, juntamente com seus ajudantes-de-campo, coronéis e demais gentalha ornada de alamares, sejam levados, após julgamento sumário, da prisão onde tiverem sido trancados para o Campo de Marte, onde serão fuzilados diante do povo.

Paris lê tudo isso e ri. Aqueles versalheses parecem loucos com dança de São Guido.* Paris os satiriza. Nunca acreditará que aqueles passarinhos possam ser horríveis urubus.

---

* Nome popular da doença conhecida como coreia reumática de Sydenhan, um distúrbio neurológico que afeta a coordenação motora. (N. E.)

Os versalheses entram no domingo, 21, às três horas da tarde. A Assembleia da Comuna se dissolve

A Porta de Saint-Cloud acaba de ruir.
O general Douai avançou rapidamente por ela.
Thiers aos *préfets*, 21 de maio de 1871.

O grande ataque se anuncia. No dia 16, a Assembleia recusou-se a reconhecer a república como governo da França. Dia 17, Versalhes descobre as baterias destinadas a abrir uma brecha nas portas de La Muette, Auteuil, Saint-Cloud, Point-du-Jour e Issy. As baterias da retaguarda atacam sem trégua a muralha do Point-du-Jour e devastam Passy. As peças do castelo de Bécon destroem o cemitério Montmartre, atingindo até a Praça Saint-Pierre. Cinco distritos de Paris estão sob uma chuva de obuses.

Na noite de 18, os versalheses surpreendem os federados de Cachan, vindo a eles aos gritos de "Viva a Comuna!". Entretanto, consegue-se prevenir o movimento em Hautes-Bruyères. Os monges dominicanos, que de seu convento de Arcueil avisam o inimigo, são presos e levados para o Forte de Bicêtre. Em Hautes-Bruyères, um espião de 20 anos, que reconhece ter levado aos versalheses o mapa das posições dos federados, é julgado por um Conselho de Guerra, condenado à morte e, como se recusasse a falar, executado; a terceira execução militar da Comuna.*

Dia 19. Apesar da aproximação versalhesa, a defesa não se anima. Os bastiões 72 e 73 lançam alguns raros obuses contra a aldeia e o Forte de Issy. Do Point-du-Jour à Porta Maillot, apenas os canhões da Porta Dauphine podem responder às 100 peças dos versalheses e atrapalhar suas operações do Bois de Boulogne. Algumas barricadas nas portas Bineau, de Asnières, e no Bulevar d'Italie, dois fortins, um na Praça da Concórdia, outro na Rua Castiglione, um fosso na Rua Royale, outro no Trocadéro, eis tudo o que o Hôtel-de-Ville fez em sete semanas para a defesa interna. Nenhuma obra na estação Montparnasse, no Panthéon, nas colinas de Montmartre, de onde duas ou três peças só despertaram no dia 14 para matar federados em Levallois com um tiro mal calculado. No Jardim das Tulherias, uma dúzia de enxadas dedicam-se melancolicamente a cavar um fosso inútil. O Comitê de Salvação Pública não consegue, diz ele, encontrar homens, quando tem nas mãos 100 mil homens inativos e milhões de francos.

Estamos no momento do imenso cansaço. As rivalidades, as disputas consumiram todas as energias. De que se ocupa a Comuna no dia 19? Dos teatros. Vaillant afirma que a intervenção do Estado é legítima, que o pessoal é explorado, que deve ser aplicado aos teatros o regime de associação. Félix Pyat não quer que o Estado intervenha nem no teatro nem na literatura. "Os camponeses de Berry não devem pagar as bailarinas do Opéra"; e lança uma crítica violenta contra as Academias de Música e de Medicina: "O que produzimos de notável desde que temos um Teatro Francês? Se a ciência francesa está atrasada, se seu gênio é inferior ao das outras nações, a causa deve residir sobretudo nessas nocivas proteções". Depois de várias respostas e réplicas, um membro da Comuna exclama: "Não é no momento em que estão atirando em nós que devemos ficar discutindo sobre teatros!". Passa-se então a tratar de um determinado cartaz do Comitê Central que, após um "pacto" com certos membros da Comuna, acaba de absorver a Comissão de Guerra. E é verdade: os membros do Comitê acreditam

---

* Apêndice XVI.

tanto ser os donos da situação que, em decreto no *L'Officiel*, um deles "convida" os habitantes de Paris a voltar para suas residências em 48 horas "sob pena de ter seus títulos de renda e livros-caixa queimados". Essa descabida imbecilidade haverá de permanecer impune.

Pois, então, que fique com a Comissão de Guerra esse ambicioso Comitê Central, se for capaz de reconstituir os batalhões que estão se desagregando. Mal restam dois mil homens de Asnières a Neuilly, 4 mil talvez de La Muette a Petit-Vanves. Os batalhões destacados para os postos de Passy não estão lá, ou permanecem nas casas, longe da muralha: muitos de seus oficiais desapareceram. Do Bastião 36 ao 70, precisamente no ponto de ataque, há menos de 20 artilheiros. As sentinelas estão ausentes.

Será traição? Alguns dias depois, os conspiradores gabaram-se de ter desguarnecido essas muralhas. O espantoso bombardeio bastava para explicar tal abandono. Há, contudo, uma grande negligência culpada. Dombrowski, cansado de lutar contra a inércia do ministério da Guerra, não visita mais com tanta assiduidade os postos, retirando-se com frequência a seu quartel da Praça Vendôme. O Comitê de Salvação Pública, informado do abandono das muralhas, limita-se a prevenir a Comissão de Guerra, em vez de socorrê-la.

À uma hora da tarde do sábado, 20 de maio, as baterias encarregadas de abrir uma brecha na muralha foram descobertas. Trezentas peças de marinha e de sítio, confundindo suas detonações, anunciaram a abertura do drama definitivo.

No mesmo dia, Beaufond, a quem a prisão de Lasnier não desalentara, mandou seu emissário habitual avisar o chefe do Estado-Maior versalhês de que as portas de Montrouge, Vanves, Vaugirard, Point-du-Jour e Dauphine estavam totalmente abandonadas. Deram ordem de concentrar tropas. No dia 21, os versalheses encontravam-se em condições, como nos dias 3 e 12. Dessa vez o sucesso parecia infalível. A Porta de Saint-Cloud estava em pedaços.

Há vários dias, membros da Comuna assinalavam essa brecha ao chefe do Estado-Maior. Ele respondia, à moda de Cluseret, que suas medidas já haviam sido tomadas, que encaminharia, para a defesa da porta, uma barricada móvel e blindada, mas nada chegava até lá. Domingo, ao atravessar o fosso pelos destroços da ponte levadiça, Lefrançais ouviu e viu os versalheses nas trincheiras. Sob o impacto da iminência do perigo, enviou a Delescluze um bilhete que se extraviou.

Às 2h30, havia um concerto gigantesco em benefício das viúvas e dos órfãos da Comuna à sombra do Jardim das Tulherias. As mulheres, em trajes de primavera, coloriam as aleias verdes. A 200 metros dali, na Praça da Concórdia, os obuses versalheses grasnavam, imiscuindo-se na alegria ruidosa dos cobres e na aragem benfazeja de prairial.

No final do concerto, um oficial do Estado-Maior subiu ao estrado do maestro: "Cidadãos, Thiers prometera entrar ontem em Paris; Thiers não entrou; não entrará. Convido-vos a comparecer no próximo domingo, a essa mesma praça, a nosso segundo concerto em benefício das viúvas e dos órfãos".

Na mesma hora, à distância de dois tiros de fuzil, a vanguarda dos versalheses entrava em Paris.

O sinal esperado por fim fora dado na Porta de Saint-Cloud. Um alcaguete amador, Ducatel, não recrutado para as conspirações, atravessava aqueles bairros quando viu tudo deserto, tanto portas quanto muralhas. Subiu ao Bastião 64, agitou um lenço branco e gritou aos soldados das trincheiras: "Entrai, não há ninguém". Um oficial da Marinha apareceu, interrogou Ducatel, atravessou os destroços da ponte levadiça, assegurou-se de que os bastiões e as casas ao redor estavam abandonadas, voltou à trincheira e telegrafou a surpresa aos generais mais próximos. As baterias que deveriam abrir a brecha suspenderam o fogo; os soldados das trincheiras vizinhas foram entrando na muralha em pequenos pelotões. Thiers, Mac-Mahon e o almirante Pothuan, que naquele momento estavam no Mont-Valérien, telegrafaram a Versalhes para pôr todas as divisões em movimento.

Dombrowski, há várias horas ausente de seu quartel-general de La Muette, chega às quatro horas. Um comandante anuncia-lhe a entrada dos versalheses; Dombrowski deixa o oficial terminar o relato e depois, voltando-se para um dos seus com a tranquilidade que costumava exagerar nas circunstâncias críticas, ordena: "Mandai buscar uma bateria de sete no ministério da Marinha; alertai tais e tais batalhões, eu mesmo os comandarei". Dirige um despacho ao Comitê de Salvação Pública e à Comissão de Guerra e ordena que o batalhão dos voluntários ocupe a Porta d'Auteuil. Às cinco horas, guardas nacionais sem quepe e sem fuzil dão o grito de alarme nas ruas de Passy. Oficiais, de arma na mão, esforçam-se em prendê-los. Os federados saem das casas; uns carregam seus fuzis, outros afirmam que é alarme falso. O comandante dos voluntários recolhe e arrasta todos os que pode encontrar.

Esses voluntários eram uma tropa temperada no calor da refrega. Perto da estrada de ferro, vêm os calças-vermelhas e os recebem com fogo cerrado. Um oficial versalhês tenta retirar seus homens e as balas o derrubam. Seus soldados recuam. Os federados se instalam no viaduto e na saída do Bulevar Murat. Ao mesmo tempo, fazem uma barricada no cais, na altura da ponte de Jena.

O despacho de Dombrowski chegara às sete horas ao Comitê de Salvação Pública. Billioray, único membro do comitê que está de plantão, vai imediatamente ao Conselho. A Assembleia estava julgando Cluseret, e Vermorel fazia uso da palavra. O ex-delegado, sentado em uma cadeira, escutava o orador com a impudência indolente que os ingênuos confundiam com talento. Billioray entra, pálido, e senta-se por um instante. Como Vermorel continua, ele grita: "Concluí, concluí! tenho uma comunicação da maior importância a fazer e para a qual peço o comitê secreto".

Vermorel: "Cedo a palavra ao cidadão Billioray".

Billioray lê um papel que lhe treme ligeiramente nas mãos: "Dombrowski à Comissão de Guerra e ao Comitê de Salvação Pública: Os versalheses entraram pela Porta de Saint-Cloud. Estou tomando providências para os repelir. Se puderdes enviar- me reforços, respondo por tudo".*

* O original desse despacho desapareceu; nós o reconstituímos a partir do testemunho do irmão de Dombrowski e de vários membros da Comuna.

A um silêncio de estupor se segue uma chuva de perguntas. "Já foram mandados batalhões", responde Billioray; "o Comitê de Salvação Pública cuida da situação".

A discussão é retomada, mas, naturalmente, de modo resumido. O Conselho absolve Cluseret. O requisitório de Miot resumia-se a um palavreado inútil, ignorando os únicos fatos incrimináveis: a inércia de Cluseret enquanto permaneceu na delegação e suas relações suspeitas. Formam-se grupos. Comenta-se o despacho. A confiança de Dombrowski e a segurança de Billioray bastam aos românticos. Acreditam no general, na firmeza das muralhas, na imortalidade da causa. Não há nada de preciso; o Comitê de Salvação Pública é responsável; que cada um procure informações e, se necessário, vá para seu distrito.

O tempo é gasto em conversas. Não há nem moção, nem debate. Oito horas. O presidente Jules Vallès suspende a sessão. A última sessão do Conselho da Comuna! Ninguém propõe uma Assembleia permanente, ninguém insta os colegas a esperar por informações no local, a convocar o Comitê de Salvação Pública. Ninguém para dizer que, naquele momento de incerteza crítica em que será preciso improvisar na hora um plano de defesa, uma grande resolução em caso de desastre, o lugar dos guardiães de Paris é no centro, na Casa Comum, e não em seus distritos.

Assim saiu, da história e do Hôtel-de-Ville, o Conselho da Comuna de 1871, no momento do perigo supremo, quando os versalheses entravam em Paris.

O mesmo abatimento reina na Comissão de Guerra. O Comitê Central fora falar com Delescluze, que parecera muito calmo e dissera, como acreditavam alguns mais modernos, que a luta das ruas favoreceria a Comuna. O delegado aceitara as afirmações do comandante da seção do Point-du-Jour quando este lhe dissera: "Não ocorre nada". O chefe do Estado-Maior nem considerou oportuno ir pessoalmente fazer um reconhecimento e, por volta das oito horas, mandou afixar o seguinte comunicado:

> O posto de observação do Arco do Triunfo nega a entrada dos versalheses, pelo menos não vê nada parecido. O comandante

> Renaud, da seção, acaba de sair de meu gabinete e afirma que só houve pânico e que a Porta de Auteuil não foi forçada; que, se alguns versalheses apareceram, foram repelidos. Mandei que onze batalhões de reforço fossem trazidos por onze oficiais do Estado-Maior, que só os deixarão depois de tê-los conduzido ao posto que devem ocupar.

Na mesma hora, Thiers telegrafava a seus *préfets*: "A Porta de Saint--Cloud acaba de ser destruída pelo fogo de nossos canhões. O general Douai precipitou-se por ela". Dupla mentira. A Porta de Saint-Cloud estava totalmente aberta há três dias, sem que os versalheses tivessem ousado cruzá-la; o general Douai entrara furtivamente, homem por homem, introduzido por uma traição.

À noite, o ministério parece abrir os olhos. Os oficiais chegam para pedir ordens. O Estado-Maior recusa-se a mandar tocar a rebate ou a ordenar o toque de reunir, com o pretexto de que não se deve alarmar a população. Alguns membros da Comuna, debruçados sobre um mapa de Paris, estudam finalmente os pontos estratégicos que esqueceram durante semanas; o delegado se isola para redigir uma proclamação.

Enquanto, bem no centro de Paris, confiante, alguns homens, sem soldados, sem informações, organizam a primeira resistência, os versalheses continuam a se infiltrar pela fissura das muralhas. Uma onda após outra, seu caudal cresce, silencioso, velado pelo anoitecer. Pouco a pouco, se acumulam entre a estrada de ferro secundária e as fortificações. Às nove horas, são em número suficiente para dividirem-se em duas colunas; uma, dobrando obliquamente para a esquerda, cerca os Bastiões 66 e 67, e a outra, à direita, ruma para a estrada de Versalhes. A primeira aloja-se no coração de Passy, ocupa o Asilo Sainte-Périne, a igreja e a Praça d'Auteuil; à uma da madrugada, depois de demolir a rudimentar barricada construída no cais na altura da Rua Guillon, a segunda entra pela Rua Raynouard e escala o Trocadéro, sem obras de proteção desse lado e sem defensores.

No Hôtel-de-Ville estão, afinal, reunidos os membros do Comitê de Salvação Pública. Apenas Billioray desapareceu e não voltará a aparecer. O número e a posição das tropas são ignorados, mas sabe-se que massas se agitam na escuridão de Passy. Os oficiais do Estado--Maior enviados a La Muette retornam com inúmeras notícias tranquilizadoras. Às 11 horas, Assi entra na Rua Beethoven, cujas luzes estão apagadas. Seu cavalo se recusa a avançar; ele acaba de escorregar em largos charcos de sangue; ao longo das paredes, guardas nacionais parecem dormir. Homens saltam e o capturam. São os versalheses de tocaia. Os que dormem são cadáveres de federados.

Os versalheses degolam em Paris, e Paris os ignora.

A noite está clara, estrelada, tépida, carregada dos perfumes da primavera. Os teatros estão lotados. Os bulevares palpitam de vida. O canhão está calado, silêncio desconhecido há três semanas. Se "o mais belo Exército que a França jamais tivera" avançasse pelos cais e bulevares totalmente virgens de barricadas, estrangularia de um único golpe, sem desferir um tiro, a Comuna de Paris.

Os voluntários resistem até a meia-noite ao longo da ferrovia. Como não recebem reforço algum, recuam para La Muette. O general Clinchant os segue, ocupa a Porta d'Auteull, ultrapassa a de Passy, marcha sobre o quartel-general de Dombrowski. Cinquenta voluntários ainda atiram algum tempo nos castelos; voltados para o leste, prestes a ser cercados pelo Trocadéro, batem em retirada à 1h30 em direção aos Campos Elíseos.

Na margem esquerda, o general Cissey concentrara suas forças a 200 metros da muralha desde o início da noite. À meia-noite, seus sapadores atravessam o fosso, escalam as muralhas sem esbarrar em um quem-vem-lá e abrem as portas de Sèvres e de Versalhes. Às três da manhã, os versalheses invadem Paris pelas cinco feridas abertas nas portas de Passy, Auteuil, Saint-Cloud, Sèvres e Versalhes. A maior parte do XV Distrito é ocupada. La Muette, tomada. Capitulados Passy inteiro e a elevação do Trocadéro, o depósito de pólvora da Rua Beethoven – imensas catacumbas sob o XVI Distrito, atulhadas por três mil barris de pólvora, milhões de cartuchos, milhares de obuses. Às cinco horas, o primeiro obus versalhês cai na Legião de Honra. Como na manhã de 2 de dezembro, Paris dormia.

Segunda-feira, 22.
Os versalheses invadem os bairros do leste. Paris se levanta

Os generais que lideraram
a entrada em Paris são grandes guerreiros.
Thiers à Assembleia Nacional, 22 de maio de 1871.

Perto das duas horas da madrugada, Dombrowski chega ao Hôtel-de-Ville pálido, abatido, com uma contusão no peito causada por uma lasca de pedra. Relata ao Comitê de Salvação Pública a entrada dos versalheses, a debandada de Passy, seus esforços inúteis para reunir os homens. O comitê fica surpreso com a rapidez da invasão – o que demonstra seu pouco conhecimento da situação militar. Dombrowski, que não entende bem o que lhe é dito, exclama: "Quê! O Comitê de Salvação Pública estaria me confundindo com um traidor! Minha vida pertence à Comuna". Seu gesto, sua voz atestam um desespero amargo.

O dia raia quente e brilhante como o da véspera. O toque de reunir e o rebate puseram em movimento 3 ou 4 mil homens que correm para as Tulherias, o Hôtel-de-Ville e a Comissão de Guerra. Centenas abandonam nesse momento seus postos, saem de Passy, desguarnecem o XV Distrito. Os federados do Petit-Vanves, que voltaram para Paris às cinco horas da manhã, recusaram-se a resistir ao ver os versalheses no Trocadéro. Na margem esquerda, oficiais esforçam-se em detê-los na Praça Sainte-Clotilde. Os guardas os repelem. "Agora é a guerra das barricadas", dizem eles, "cada um em seu bairro!". Na Legião de Honra, eles forçam a passagem. A proclamação de Delescluze os liberou.

Assim começa essa proclamação de outra era, afixada em muitos muros:

> Basta de militarismo! Basta de Estados-Maiores com galões e dourados em todas as costuras! Abram alas para o povo, para os combatentes de braços nus! Chegou a hora da guerra revolucionária [...]. O povo não sabe nada sobre manobras rebuscadas. Mas, quando tem um fuzil na mão e paralelepípedos debaixo dos pés, não teme estrategista algum da escola monárquica.

Depois que o ministro da Guerra infringe toda disciplina, quem vai querer obedecer? Quando despreza todo método, quem quer raciocinar? E centenas de homens se recusarão a sair de suas ruas, ignorarão o bairro vizinho que agoniza, esperarão imóveis que o inimigo continue a cercá-los.

Às cinco da manhã começa a retirada oficial. O chefe do Estado-Maior manda desocupar às pressas o recinto da Comissão de Guerra – sem levar, nem destruir os papéis. Estes caíram em poder dos versalheses fornecendo milhares de vítimas aos Conselhos de Guerra.

Ao sair do ministério, Delescluze encontra Brunel. Libertado na véspera, este reuniu sua legião e vem se oferecer para lutar, pois é um desses homens de fé que nem as mais cruéis injustiças podem fazer vacilar. Delescluze ordena-lhe defender a Praça da Concórdia. Brunel dirige-se para lá, distribuindo pelo terraço das Tulherias e à beira do rio 150 atiradores, três peças de quatro, uma de 12, duas de sete. O reduto de Saint-Florentin recebe uma metralhadora e uma peça de quatro; o da Rua Royale, à entrada da Praça da Concórdia, duas peças de 12.

À frente de Brunel, alguns homens da 8º Legião esforçam-se em deter os fugitivos de Passy e de Auteuil na Praça Beauvau. Vencidos, põem o bairro em estado de defesa. Erguem-se barricadas na rua do *faubourg* Saint-Honoré, na altura da embaixada inglesa, na Rua de Suresnes e da Ville-l'Evêque. Acumulam-se obstáculos na Praça Saint-

-Augustin, esquina da Rua Abatucci, na saída do Bulevar Haussmann e à frente do Malesherbes.

Os versalheses aparecem e começam a avançar desde as primeiras horas. Às 5h30, Douai, Clinchant e Ladmirault, acompanhando as muralhas, desembocam na Avenida de la Grande-Armée. Os artilheiros da Porta Maillot voltam-se e veem atrás de si os versalheses, seus vizinhos há quase dez horas. Nenhuma sentinela os denunciou. Monteret manda seus homens escapulirem por Ternes, carrega um dos canhões da Porta Maillot, dá o último tiro no inimigo e escapa rumo a Batignolles.

A coluna Douai torna a subir a avenida até a barricada diante do Arco do Triunfo, que ocupa sem combate. Os federados mal têm tempo de levar os canhões que deviam ficar em cima do Arco do Triunfo. Os soldados voltam a subir o cais e entram confiantes na Praça da Concórdia, silenciosa. De repente, o terraço das Tulherias se ilumina. Os versalheses, recebidos à queima-roupa, perdem muitos homens e fogem até o Palácio da Indústria.

À esquerda, os soldados ocupam o Elíseos abandonado e, passando pelas ruas Morny e Abatucci, saem na Praça Saint-Augustin. Suas barricadas, apenas esboçadas, não podem se sustentar e, por volta das 7h30, os versalheses instalam-se no Quartel de Pépinière. Os federados criam uma segunda linha na retaguarda, fechando o Bulevar Malesherbes na altura da Rua Boissy-d'Anglas.

À esquerda de Douai, Clinchant e Ladmirault continuam o movimento ao longo das muralhas. As obras importantes das portas Bineau, Courcelles, Asnières e Clichy, voltadas contra as fortificações, tornam-se inúteis, e Ternes é ocupado sem um tiro. Ao mesmo tempo, uma das divisões de Clinchant rodeia as muralhas por fora. Os federados de serviço em Neuilly, Levallois-Perret e Saint-Ouen são alvejados por trás. É a primeira notícia que recebem da entrada dos versalheses. Muitos federados são capturados. Outros conseguem entrar pelas portas Bineau, Asnières e Clichy, semeando pânico e rumores de traição no XVII Distrito.

Ouvira-se o toque de reunir a noite toda em Batignolles, chamando à atividade as tropas de retaguarda e as crianças. Um batalhão de engenharia voa ao encontro dos atiradores do Parque Monceau e da Praça de Wagram, contra o qual abrem fogo mortífero os guardas nacionais, enganados pelas calças vermelhas dos soldados. O batalhão recua e deixa o parque sem cobertura. Os versalheses o ocupam e continuam até Batignolles. Lá, as barricadas cortam seu avanço: à esquerda, da Praça Clichy até a Rua Lévis; no centro, nas ruas Lebouteux, La Condamine e Des Dames. À direita, fortifica-se Fourche, posição rival da Praça Clichy. Batignolles logo forma uma avançada em Montmartre.

A principal fortaleza não se manifesta. Há 17 horas que assiste silenciosa à entrada das tropas de Versalhes. Pela manhã, as colunas de Doual e de Ladmirault, sua artilharia e seus furgões se encontraram, se enredaram na Praça do Trocadéro; alguns obuses de Montmartre teriam transformado tal confusão em derrota, e o menor fracasso na entrada das tropas significava para Versalhes um segundo 18 de março; mas os canhões das colinas não entraram em ação.

Oitenta e cinco canhões e cerca de 20 metralhadoras jazem ali, sujos, em desordem. Ninguém, nessas oito semanas, pensou em alinhá-los. Os projéteis de sete são inumeráveis, porém não há cartuchos para eles. No Moulin de la Galette, três peças de 24 são as únicas que dispõem de reparo; não há parapeitos, blindagens, tampouco plataformas. Às nove da manhã, ainda não dispararam. Ao primeiro tiro, o recuo enterrou os reparos e foi preciso muito tempo para os recuperar. As três peças têm pouquíssima munição. Não há fortificações nem obras de terra, em parte alguma. Mal começam a fazer algumas barricadas no sopé dos bulevares exteriores. Às nove horas, La Cécilia, enviado a Montmartre, encontra a defesa em estado vergonhoso. Envia despachos ao Hôtel-de-Ville, convocando os membros da Comuna a se mobilizarem ou, ao menos, a mandar reforços em homens e munição.

O mesmo ocorria na Escola Militar, na margem esquerda. Os versalheses manobram no Trocadéro, na frente do Parque da Artilharia, desde a uma hora da madrugada. Nenhum dos canhões da Comuna os incomodou.

Ao raiar do dia, a Brigada Laugourian avança em direção às barracas do Campo de Marte, praticamente vazias, apesar do que escreveu Vinoy. Mesmo assim, foram incendiadas com obuses do Trocadéro – o primeiro incêndio das jornadas de maio, admitido pelos próprios versalheses. A Escola Militar cai em suas mãos.

O VII Distrito se levanta. São erguidas barricadas no cais, em frente à Legião de Honra, nas ruas de Lille, de l'Université e no Bulevar Saint-Germain, na altura da Rua Solférino. Na Rua du Bac, uma dúzia de homens com braçadeiras desce às pressas; Sicard, membro da Comuna, e alguns federados os param diante do pequeno Saint-Thomas. Uma bala derruba Durouchoux; seus acólitos o levam e aproveitam a oportunidade para desaparecer. As ruas de Beaune, Verneuil e Saint-Pères são postas em estado de defesa; uma barricada é erguida na Rua de Sèvres, em Abbaye-au-Bois.

À direita, os soldados de Cissey descem a Rua de Vaugirard até a avenida du Maine sem encontrar obstáculos; outra coluna se esgueira ao longo da ferrovia e, às 6h30, atinge a estação Montparnasse. Essa posição capital não foi preparada para se defender. Cerca de 20 homens a protegem; com falta de cartuchos, recuam para a Rua de Rennes na qual, sob o fogo das tropas, constroem uma barricada na altura da Rua du Vieux-Colombier. Na extrema-direita, Cissey ocupa a Porta de Vanves e guarnece a linha oeste da estrada de ferro.

Com o barulho do canhão, Paris levanta e vê a proclamação de Delescluze. As lojas tornam a fechar, os bulevares ficam vazios, a velha rebelde assume sua fisionomia de combate. Os estafetas correm à toda. Os fragmentos de batalhões vão para o Hôtel-de-Ville, onde estão concentrados o Comitê Central, o Comitê da Artilharia, todos os serviços militares.

Às nove horas, 20 membros do conselho encontram-se reunidos. Prodígio! Eis Félix Pyat, que acaba de gritar: "Às armas!", no *Vengeur* da manhã. Revestiu seu ar de patriarca. "Pois bem, meus amigos!

chegou nossa última hora. Oh!, para mim, que importa! Meus cabelos estão brancos, minha carreira, terminada. Que fim mais glorioso posso esperar do que a barricada! Mas, quando vejo a meu redor tantas cabeças louras, tremo pelo futuro da Revolução!". Pede que seja feita uma chamada nominal para deixar bem claro quem estava presente cumprindo seu dever, assina-a e, com os olhos úmidos, depois de saudar os colegas, o velho ator corre para se esconder em algum porão, eclipsando com esta covardia derradeira todas as suas vilanias passadas.

Reunião estéril, na qual não se vai além da troca de informações. Ninguém se preocupa em incitar uma reação, um sistema de defesa. Os federados são abandonados a sua inspiração. Durante toda a noite anterior, nem Dombrowski, nem a Comissão de Guerra, nem o Hôtel-de-Ville pensaram nos batalhões de fora. Agora cada corpo de Exército só pode esperar algo de sua própria iniciativa, dos recursos que conseguir criar para si e da inteligência de seus chefes.

O Comitê de Salvação Pública não dá orientação, mas é pródigo em proclamações. Ao meio-dia, divulga:

"Que os bons cidadãos se levantem! Às barricadas! O inimigo está em nossos muros [...]. Nada de hesitação. Avante pela Comuna e pela liberdade. Às armas!"

Uma hora depois:

> *Ao povo de Paris*
>
> [...] O povo que depõe os reis, que destrói as Bastilhas, o povo de 1789 e de 1793, o povo da Revolução não pode perder em um dia o fruto da emancipação de 18 de março [...]. Portanto às armas! Às armas!
>
> Que Paris se cubra de barricadas e que detrás dessas muralhas improvisadas ainda lance contra os inimigos seu grito de guerra, grito de orgulho, grito de desafio, mas também grito de vitória, pois Paris, com suas barricadas, é inexpugnável.
>
> Hôtel-de-Ville, 2 de prairial do ano 1871.

Pomposas palavras, apenas palavras.

Meio-dia. O general Cissey invadiu a Esplanada dos Inválidos e seus soldados se embrenham pela Rua de Grenelle-Saint-Germain; a Escola de Estado-Maior é bombardeada, o que os faz fugir. Dois canhões federados entram na Rua de l'Université. Quatro canhoneiras amarradas sob o Pont-Royal guardam o rio e atiram obuses contra o Trocadéro. No VIII Distrito, no centro, os versalheses atiram. Em Batignolles, não avançam, mas seus projéteis esvaziam a Rua Lévis. Os federados perdem muita gente na Rua Cardinet, onde crianças lutam como que endemoniadas.

Malon e Jaclard, que dirigem a defesa, pedem reforços a Montmartre desde de manhã. Por volta da uma hora, vão buscá-los pessoalmente. Ninguém no Estado-Maior pode lhes fornecer a menor informação. Os federados vagueiam ao acaso pelas ruas ou conversam em pequenos grupos. Malon quer levá-los; eles se recusam pois, segundo dizem, reservam-se para seus próprios bairros. Os canhões das colinas estão mudos por falta de cartuchos. O Hôtel-de-Ville só enviou palavras.

Entretanto, há dois generais nas elevações: Cluseret e La Cécilia. O ex-delegado desfila melancolicamente sua sonolenta incompetência. La Cécilia, desconhecido no bairro, vê-se impotente.

Duas horas. O Hôtel-de-Ville reassumiu sua fisionomia de março. À direita, o Comitê de Salvação Pública e, à esquerda, a Comissão de Guerra são invadidos. O Comitê Central multiplica suas ordens e reclama da incompetência dos membros da Comuna; ele mesmo é incapaz de articular uma ideia precisa. O Comitê da Artilharia continua atrapalhado com seus canhões, não sabe a quem dar razão e muitas vezes recusa peças para as posições mais importantes.

Os delegados do Congresso de Lyon vêm oferecer sua intervenção. Na antevéspera, Thiers não os havia recebido; que podiam eles fazer agora depois da entrada das tropas? Nada. Levando isso em conta o Comitê de Salvação Pública os acolhe com frieza. Aliás, muitos no Hôtel-de-Ville, acreditando na vitória, quase se alegram com a entrada dos versalheses, que assim serão mais facilmente esmagados.

As barricadas começam a surgir. A da Rua de Rivoli, que protegerá o Hôtel-de-Ville, ergue-se na entrada da Praça Saint-Jacques, esquina com a Rua Saint-Denis. Cinquenta operários especializados constroem as barricadas e garotos trazem terra da praça em carrinhos de mão. Essa obra, de vários metros de profundidade, seis de altura, com fossos, ameias, uma avançada, tão sólida quanto o fortim Saint-Florentin, que levara semanas para ser construído, ficou pronta em poucas horas, exemplo do que teria sido capaz, para defender Paris, um esforço inteligente realizado a tempo. No IX Distrito, nas ruas Auber, Chaussée-d'Antin, Châteaudun, nas encruzilhadas do *faubourg* Montmartre, de Notre-Dame-de-Lorette, de Trinité, na Rua des Martyrs, a pavimentação também é rapidamente arrancada. Constroem-se barricadas nas grandes vias de acesso: Chapelle, Buttes-Chaumont, Belleville, Ménilmontant, Rua de La Roquette, Bastilha, bulevares Voltaire e Richard-Lenoir, Praça du Château-d'Eau, grandes bulevares, sobretudo a partir da Porta Saint-Denis; na margem esquerda, Bulevar Saint-Michel, em toda sua extensão, Panthéon, Rua Saint-Jacques, Gobelins e principais avenidas do XIII Distrito. Muitas dessas defesas não serão concluídas.

Quando Paris se prepara para a última luta, Versalhes está louco de alegria. A Assembleia reuniu-se cedo, Thiers não quis transferir a nenhum de seus ministros a glória de anunciar o massacre de Paris. É saudado freneticamente ao subir à tribuna. "A causa da justiça, da ordem, da humanidade e da civilização triunfou!", gritou o homenzinho. "Os generais que lideraram a entrada em Paris são grandes homens de guerra [...]. A expiação será completa. Realizar-se-á em nome das leis, pelas leis, com as leis". A câmara entende a promessa de carnificina e, em votação unânime, direita, esquerda, centro, clericais, republicanos e monarquistas decretam que o Exército versalhês e o chefe do poder executivo prestaram relevantes serviços à pátria.

A sessão é encerrada. Os deputados correm à Lanterne de Diogène, Châtillon, Mont-Valérien, a todas as elevações de onde se pode acompanhar sem perigo, como em um imenso coliseu, o massacre de Paris. A população desocupada os acompanha e, nessa estrada de Versalhes, deputados, cortesãs, mulheres da sociedade, jornalistas, altos funcionários, presos da mesma histeria, oferecem aos prussianos e à França o espetáculo de uma saturnal bizantina.

De manhã, Thiers telegrafara a Jules Favre: "Estou voltando de Paris, onde vi espetáculos terríveis. Vinde, meu amigo, partilhar nossa satisfação". Ele de fato vira algumas execuções sumárias, chamadas pelo vulgo de massacre de prisioneiros. Começaram naquele dia, e foi provavelmente o Quartel de Babylone que inaugurou a semana sangrenta. Dezesseis federados capturados na Rua du Bac foram fuzilados no pátio.

A partir das oito horas, o Exército não consegue avançar mais, salvo no VIII Distrito, onde a barricada da embaixada inglesa é contornada pelos jardins. Canhoneada pelos federados, toda a linha do *faubourg* Saint-Germain, do Sena à estação Montparnasse, resiste bem.

À noite, amortece o tiroteio; a canhonada ainda continua. Clarões vermelhos erguem-se da Rua de Rivoli. O ministério das Finanças consome-se em chamas. Durante o dia inteiro recebeu parte dos obuses versalheses destinados ao terraço das Tulherias; os papéis armazenados em seus últimos andares pegaram fogo. Os bombeiros da Comuna apagaram uma primeira vez esse incêndio que dificulta a defesa do fortim Saint-Florentin, mas ele logo se reacendeu, mais forte, inextinguível.

Então começam aquelas noites trágicas que se repetirão sete vezes. A Paris da revolta está em pé. Batalhões rumam para o Hôtel-de-Ville, com música e bandeira vermelha à frente: são 200 homens corajosos por batalhão. Outros se formam nas vias principais; os oficiais percorrem as frentes, distribuem cartuchos; as pequenas cantineiras se afainam, orgulhosas em correr os mesmos perigos. A primeira impressão fora terrível; acreditara-se que as tropas estavam no coração de Paris. A lentidão de sua marcha devolveu a esperança; todos os combatentes de raça acorreram. Lá estão, fuzil no ombro, muitos dos que apontaram os erros e não foram escutados. Mas agora as recriminações se tornam vãs. Será que, por causa da tolice dos chefes, os soldados devem desertar da bandeira? A Paris de 1871 ergue contra Versalhes a revolução social inteira. Trata-se de ser a favor ou contra, apesar dos erros cometidos; mesmo aqueles que não têm ilusões quanto ao resultado da luta querem servir sua causa imortal, desprezando a morte.

Dez horas. No Hôtel-de-Ville, uma tropa de federados muito irritados acaba de trazer Dombrowski. O general, sem comando desde de manhã, fora com seus oficiais aos postos avançados de Saint-Ouen. Vendo que não lhe restava nada a fazer, queria atravessar as linhas prussianas à noite, a cavalo, e ganhar a fronteira. Um comandante chamado Vaillant, que no dia seguinte foi fuzilado como traidor, amotinara seus homens contra o general. Conduzido ao Comitê de Salvação Pública, Dombrowski bradou como na véspera: "Dizem que traí!". Os membros do comitê acalmaram-no afetuosamente. Dombrowski saiu, foi jantar à mesa dos oficiais e, no final da refeição, sem dizer uma palavra, apertou a mão de todos seus companheiros. Ficou claro que se deixaria matar.

De todos os pontos da luta chegam mensageiros ao Hôtel-de-Ville. Grande número de guardas e oficiais, debruçados sobre longas mesas, enviam as ordens e os despachos. As avenidas se enchem de furgões, de carros de munições; os cavalos, com arreios completos, comem ou dormem nas esquinas. As munições saem e chegam. Não há desalento, nem inquietação, mas uma atividade quase alegre por toda parte.

As ruas e os bulevares receberam sua iluminação regulamentar, com exceção dos bairros invadidos. A luz se apaga de repente na entrada do *faubourg* Montmartre; é como um enorme buraco negro. A escuridão está rodeada de sentinelas federados que, de quando em quando, gritam: "Passai ao largo!". Mais adiante, um silêncio repleto de ameaças. As sombras que se movem na noite assumem formas gigantescas: parece que se está andando num pesadelo; até os mais corajosos sentem o horror.

Quando o fogo e a canhonada envolveram toda Paris, houve noites mais ruidosas, mais sulcadas por clarões, mais impressionantes;

nenhuma penetrou mais lugubremente nas almas. Noite de recolhimento, vigília de armas. As pessoas se procuram nas trevas, falam baixo, recebendo e dando esperanças. Nas encruzilhadas, trocam opiniões para estudar as posições; depois, ao trabalho! Avante com a picareta e os paralelepípedos. Que se amontoe a terra onde cairá o obus. Que os colchões atirados das casas abriguem os combatentes; doravante, não se dormirá mais. Que as pedras, cimentadas com ódio, se comprimam umas nas outras como peitos de homens no campo de batalha. O versalhês surpreendeu a cidade sem defesa, que amanhã encontre Saragoça e Moscou!

Todos os que passam são chamados: "Vamos, cidadão! Dê uma mão à república". Na Bastilha e nos bulevares interiores, veem-se cá e lá formigueiros de trabalhadores; uns cavam a terra, outros carregam os paralelepípedos. Crianças manuseiam pás e picaretas maiores do que elas. As mulheres incitam os homens, imploram-lhes que continuem. A mão delicada das moças ergue o duro enxadão, que, com um ruído seco, cai produzindo faíscas. É preciso pelo menos uma hora para ter uma boa escavação, o trabalho levará a noite toda.

Na Praça Blanche, escrevia Maroteau no *Salut Public* do dia seguinte,

> há uma barricada perfeitamente construída e defendida por um batalhão de mulheres, 120 aproximadamente. No momento em que chego, uma forma negra se destaca do vão de uma porta-cocheira. É uma moça com o boné frígio caído de lado, a espingarda Chassepot na mão e a cartucheira na cintura: 'Alto lá, cidadão, é proibido passar!'.

Na noite de terça-feira, na barricada da Praça Saint-Jacques e na do Bulevar Sébastopol, várias senhoras do bairro de Halle trabalharam muito tempo enchendo de terra sacos de pano e cestas de vime.

Não são mais os redutos tradicionais de dois andares de altura. A barricada improvisada nas jornadas de maio, feita de alguns paralelepípedos, mal chega à altura de um homem. Às vezes, há um canhão ou uma metralhadora. No meio, arrimada em duas pedras, a bandeira vermelha cor de vingança. Por trás desses farrapos de muralhas, 20 pessoas chegaram a deter regimentos.

Se a mínima visão de conjunto dirigisse tal esforço, se Montmartre e o Panthéon cruzassem seus fogos, se houvesse alguma explosão habilmente preparada, o Exército versalhês bem depressa teria dado meia-volta. Mas os federados, sem direção, sem conhecimento de guerra, não enxergaram para além de seus bairros, quando não de suas ruas. Em lugar de duzentas barricadas estratégicas, solidárias, fáceis de defender com 7 ou 8 mil homens, foram semeadas centenas, impossíveis de guarnecer. O erro geral foi acreditar que o ataque viria de frente, ao passo que os versalheses executaram por toda parte movimentos de contorno.

À noite, a linha versalhesa se estende da estação de Batignolles à extremidade da ferrovia do oeste, na margem esquerda, passando pela estação de Saint-Lazare, pelo quartel de Pépinière, pela embaixada inglesa, o Palácio da Indústria, a Assembleia Legislativa, a Rua de Bourgogne, o Bulevar dos Inválidos e a estação de Montparnasse.

Diante do invasor há apenas embriões de barricadas. Se tentasse romper essa linha ainda tão frágil, surpreenderia o centro totalmente desguarnecido. Aqueles 130 mil homens não o ousaram. Soldados e chefes tiveram medo de Paris. Acreditaram que as ruas se entreabririam, que as casas afundariam sobre eles, testemunhas da fábula dos torpedos e minas de esgotos, mais tarde imaginada para justificar sua indecisão.* Segunda-feira à noite, dominando vários distritos, ainda tremiam de medo diante da possibilidade de alguma surpresa terrível. Precisaram de toda a tranquilidade da noite para acreditarem em sua própria conquista e se convencerem de que os Comitês de Defesa nada haviam previsto, nem preparado.

---

* Apêndice XVII.

Terça-feira, 23.
Montmartre é tomado. Os primeiros massacres. Paris arde. A última noite do Hôtel-de-Ville

Os defensores das barricadas dormem em cima das pedras. Os postos avançados inimigos vigiam. Em Batignolles, o reconhecimento versalhês captura uma sentinela. O federado grita "Viva a Comuna!" a plenos pulmões, e seus companheiros, alertados, podem pôr-se em guarda. Ele é fuzilado no ato.

Às duas da manhã, La Cécilia, acompanhado dos membros da Comuna Lefrançais, Vermorel e Johannard e dos jornalistas Alphonse Humbert e Maroteau, leva para Batignolles um reforço de 100 homens. Às censuras que Malon lhe dirige por ter deixado o bairro sem socorro o dia inteiro, o general responde: "Não me obedecem".

Três horas. Em pé, nas barricadas! A Comuna não está morta! O ar fresco da madrugada banha os rostos cansados e aviva a esperança. A canhonada inimiga saúda em toda a linha o começo do dia. Os artilheiros da Comuna respondem de Montparnasse até as colinas Montmartre, que parecem animar- se um pouco.

Ladmirault, quase imóvel na véspera, lança seus homens ao longo das fortificações, surpreendendo por trás as portas entre Neuilly e Saint-Ouen. À sua direita, Clinchant ataca com o mesmo movimento as barricadas de Batignolles. A Rua Cardinet é a primeira a ceder, depois caem as ruas Nollet, Truffaut, La Condamine, a avenida baixa de Clichy. De repente, a Porta Saint-Ouen se abre, despejando versalheses. É a divisão Montaudon que, desde a véspera, opera do lado de fora. Os prussianos lhe emprestaram a zona neutra. Com a ajuda de Bismarck, Clinchant e Ladmirault comprimirão as colinas pelos dois flancos.

Prestes a ser cercado na administração do XVII Distrito, Malon ordena a retirada para Montmartre. Para lá também se dirige um destacamento de 25 mulheres que vêm se apresentar sob a liderança das cidadãs Dimitrieff e Louise Michel. Malon e seus amigos conseguem escapar.

Clinchant prossegue seu caminho, chocando-se com a barricada da Praça Clichy. Para derrubar esses paralelepípedos mal empilhados, atrás dos quais apenas 50 homens combatem, é preciso o esforço combinado dos versalheses da Rua de Saint-Pétersbourg e dos atiradores do Colégio Chaptal. Os federados, não tendo mais obuses, usam como munição pedras e betume; quando acaba sua pólvora, recuam para a Rua des Carrières. Ladmirault, dominando a avenida de Saint-Ouen, contorna a barricada dos federados pelo cemitério de Montmartre. Vinte guardas, aproximadamente, não aceitam se render. Os versalheses os fuzilam.

Mais atrás, o bairro des Epinettes luta ainda por algum tempo; pouco a pouco, cessa toda resistência e, perto das nove horas, Batignolles pertence ao Exército.

Quando Vermorel vai buscar munições para Montmartre, o Hôtel--de-Ville ainda desconhece o avanço das tropas. Ele sai com furgões, mas não consegue chegar às elevações já cercadas pelos versalheses.

Dominando Batignolles, basta-lhes estender a mão para tomar Montmartre. As colinas parecem mortas. O pânico espalhou-se durante a noite. Os batalhões se reduziram, esmoreceram. Millière, chefe da 18ª Legião, homônimo do deputado, é incapaz de uma iniciativa vigorosa. Indivíduos, que algumas horas depois foram vistos nas fileiras do Exército, semearam falsas notícias e prenderam vários chefes, civis e militares, sob o pretexto de que eram traidores. Apenas uma centena de homens guarnecia a vertente norte. Durante a noite, com muito pouco entusiasmo, iniciou-se a construção de algumas barricadas; só as mulheres mostraram ardor.

Cluseret volatilizou-se, como de hábito. Apesar de seus despachos e das promessas do Hôtel-de-Ville, La Cécilia não recebeu nem reforços, nem munição. Às nove horas, não se ouve mais o canhão das colinas. Os canhoneiros foram embora. Os fugitivos de Batignolles, que chegam às dez horas, trazem apenas pânico. Os versalheses podem se apresentar, não há sequer 200 combatentes para os receber.

Entretanto, a posição e a fama de Montmartre são tão temíveis que Mac-Mahon só ousa tentar o assalto com suas melhores tropas. Dois fortes destacamentos o atacam pelas ruas Lepic, Marcadet e pelo passeio de Clignancourt. De vez em quando saem disparos de alguma casa. As colunas param de imediato e começam um sítio organizado. Esses milhares de homens, que cercam completamente Montmartre, ajudados pela artilharia localizada no terrapleno da muralha, levam três horas para tomar posições defendidas sem método por algumas dúzias de atiradores.

Às 11 horas, o cemitério está tomado. Há tiroteios esparsos nos arredores. Os raros obstinados que combatem são mortos ou recuam, desalentados com seu isolamento. Os versalheses sobem nas colinas por todas as ladeiras possíveis; ao meio-dia, se instalam no Moulin de la Galette, descem para administração distrital, na Praça Saint-Pierre, ocupam sem a menor resistência todo o XVIII Distrito.

Assim foi abandonada, sem batalha, sem um protesto desesperado sequer, aquela colina inexpugnável de onde algumas centenas de homens corajosos podiam entravar a ação de todo o Exército versalhês e obrigar a Assembleia a um acordo. Duas vezes neste século, essa defesa iludiu a esperança de Paris.

Assim que se instala em Montmartre, o Estado-Maior versalhês dá início aos holocaustos em memória das almas de Lecomte e Clément Thomas. Quarenta e dois homens, três mulheres e quatro crianças, escolhidos ao acaso, são levados para a Rua des Rosiers, n. 6, obrigados a se ajoelharem, com a cabeça descoberta, diante do muro em frente ao qual os generais foram executados em 18 de março. Em seguida, os matam. Uma mulher com o filho no colo se recusa a ficar de joelhos e grita a seus companheiros: “Mostrai a esses miseráveis que sabeis morrer em pé”.

Esses sacrifícios continuaram, nos dias seguintes. Cada leva de prisioneiros era colocada diante do muro crivado de balas. A seguir, fuzilavam-nos a dois passos dali, na encosta da colina que domina a estrada de Saint-Denis.*

Batignolles e Montmartre assistiram aos primeiros massacres em massa. Junho de 1848 tivera seus fuzilamentos sumários de insurretos capturados nas barricadas. Maio de 1871 conheceu as carnificinas segundo a vontade do soldado. Terça-feira, muito tempo antes dos incêndios, os versalheses fuzilavam todos os que apareciam no Jardim des Batignolles, na praça do Hôtel-de-Ville, na Porta de Clichy. O Parque Monceau é o principal matadouro do XVII Distrito. Em Montmartre, o massacre está centralizado nas colinas, no Elíseos, onde cada degrau é feito de cadáveres, e nos bulevares exteriores.

A dois passos de Montmartre, ignora-se a catástrofe. Na Praça Blanche, a barricada das mulheres resiste por algum tempo contra os soldados de Clinchant. A seguir, recuam para a barricada de Pigalle, que sucumbe por volta das duas da tarde. Seu chefe é levado à presença de um comandante versalhês: “Quem és?”, pergunta-lhe. “Lévèque, operário pedreiro, membro do Comitê Central.” “Ah! agora são os pedreiros que querem comandar!”, responde o versalhês, disparando--lhe o revólver em pleno rosto.

---

* Apêndice XVIII.

Na outra margem do Sena, a resistência tem mais sorte. Varlin detém os versalheses na encruzilhada da Croix-Rouge, que ficará célebre na defesa de Paris. As ruas que lá desembocam foram cortadas por barricadas e aquela praça-de-armas só será abandonada quando o incêndio e os obuses a transformarem em ruínas. À beira do rio, nas ruas de l'Université, Saint-Dominique, de Grenelle, os 67º, 135º, 138º e 147º batalhões, apoiados pelos *Énfants Perdus* e pelos *Tirailleurs*,* resistem obstinadamente. Na Rua de Rennes e nos bulevares vizinhos, os versalheses se exaurem. A Rua Vavin, onde a resistência é maravilhosa, retardará por dois dias a invasão do Luxemburgo.

Estamos menos seguros na extrema-esquerda. Os versalheses cercaram desde cedo o cemitério Montparnasse, defendido por um punhado de homens. Perto do restaurante Richefeu, os federados deixaram o inimigo se aproximar, desmascarando as metralhadoras à queima-roupa. Em vão. Os versalheses, numerosíssimos, prendem os federados. De lá, seguindo pelas muralhas do XIV Distrito, chegam à Praça Saint-Pierre. As fortificações da Avenida d'Italie e da estrada de Châtillon, preparadas com muita antecedência – sempre contra as muralhas –, são tomadas por trás pelo passeio do Maine; a defesa da encruzilhada dos Quatre-Chemins concentra-se ao redor da igreja. Do alto do campanário, uma dúzia de federados de Montrouge apoia a barricada que fecha dois terços do passeio do Maine. Trinta homens resistem durante várias horas. Seus cartuchos acabam e a bandeira tricolor é içada na administração distrital na mesma hora em que domina as colinas de Montmartre. O caminho está então aberto até a Praça d'Enfer. Os versalheses chegam depois de ter suportado o fogo do Observatoire, onde se concentravam alguns federados.

Por trás dessas linhas conquistadas, são erguidas outras defesas graças a Wroblewski. Na véspera, ele respondera à ordem de abandonar os fortes: "Será traição ou mal-entendido? Jamais mandarei desocupá-los". Uma vez tomado Montmartre, o general apressara Delescluze a

---

* Tipo de infantaria leve. (N. E.)

transferir a luta para a margem esquerda. A seu ver, o Sena, os fortes, o Panthéon e a Bièvre formam um reduto seguro, com os campos livres para a retirada; concepção correta em se tratando de tropas regulares, mas não se desloca militarmente o coração de uma insurreição, e os federados obstinavam-se cada vez mais em defender seus bairros.

Wroblewski voltou ao seu quartel-general, reuniu os comandantes dos fortes, ordenou as providências que deviam ser tomadas para a defesa e reassumiu o comando da margem esquerda, que os decretos anteriores lhe atribuíam. Quando enviou ordens ao Panthéon, responderam-lhe que o comandante lá era Lisbonne. Sem desanimar, Wroblewski pôs em estado de defesa o pouco que lhe restava. Instalou na Butte-aux-Cailles – elevação com posição dominante entre o Panthéon e os fortes – uma bateria de oito peças e duas de quatro, fortificou os bulevares D'Italie, de L'Hôpital, de La Gare, estabeleceu seu quartel-general na administração do distrito de Gobelins, suas reservas na Praça Italie, na Praça Jeanne d'Arc e em Bercy.

No outro extremo de Paris, os XIX e XX Distritos preparam sua defesa. O bravo Passedouet substituiu Bisson, que ainda ousava apresentar-se como chefe da Legião de la Villette. Erguem uma barricada na Rua de la Chapelle, atrás da ferrovia de Estrasburgo, nas ruas de Aubervilliers, de Flandre e no canal, de modo a formar cinco linhas de defesa protegidas nos flancos pelos bulevares e fortificações; colocam-se canhões na Rua Riquet, no gasômetro. Arrastam-se peças de muralha com a força dos braços até as elevações de Chaumont; outras, até a Rua Puebla. Uma bateria de seis sobe ao Père-Lachaise, cobrindo Paris com seu estrondo.

Uma Paris deserta e muda. Como na véspera, as lojas ficam fechadas. As ruas, alvacentas de sol, permanecem vazias e ameaçadoras. Só cortam a solidão os estafetas correndo à toda, os galopes da artilharia sendo deslocada e os combatentes em marcha. Gritos rompem esse silêncio: "Abri os contraventos! Levantai as persianas!". Após verificação, faz-se uma marca acima das janelas falsas. Dois jornais, o *Tribune du Peuple* e o *Salut Public*, saíram apesar dos obuses versalheses que caem na gráfica da Rua d'Aboukir.

No Hôtel-de-Ville, alguns homens fazem o possível para atender às necessidades. Em primeiro lugar, é preciso alimentar os combatentes. O Comitê manda buscar 500 mil francos no Banco, que se apressa a dá-los; teria dado milhões. Um decreto autoriza os chefes-de-barricada a requisitar os víveres e ferramentas necessários. Outro condena ao incêndio qualquer casa de onde se atire nos federados. O Comitê de Salvação Pública afixa, à tarde, um apelo aos "soldados do Exército de Versalhes":

> O povo de Paris não acreditará jamais que possais dirigir contra ele vossas armas; quando seu peito tocar o vosso, vossas mãos recuarão diante de um ato que seria um verdadeiro fratricídio.
>
> Como nós, sois proletários [...]. O que fizestes em 18 de março, tornareis a fazê-lo [...]. Vinde a nós. Irmãos, vinde a nós; nossos braços estão abertos para vós.

O Comitê Central, por sua vez, declarava:

> Somos pais de família [...]. Sereis um dia pais de família. Se hoje atirardes contra o povo, vossos filhos vos amaldiçoarão, como nós amaldiçoamos os soldados que rasgaram as entranhas do povo em junho de 1848 e em dezembro de 1851. Há dois meses, vossos irmãos confraternizaram com o povo: imitai-os.

Ilusão pueril, mas bem generosa. Nesse ponto, o povo de Paris pensava como seus mandatários. Apesar da fúria da Assembleia, dos fuzilamentos dos feridos, dos tratamentos infligidos aos prisioneiros nas últimas seis semanas, os trabalhadores não queriam admitir que filhos do povo pudessem "rasgar as entranhas" dessa Paris que combatia para libertá-los.

Às três horas, Bonvalet e outros integrantes da Liga dos Direitos de Paris apresentam-se ao Hôtel-de-Ville, onde são recebidos por alguns membros da Comuna e do Comitê de Salvação Pública. Queixam-se desta luta, oferecem-se para intervir, como o fizeram tão afortunadamente durante o sítio, e levar a Thiers a expressão de sua dor. De resto, colocam-se à disposição do Hôtel-de-Ville. "Pois bem!", dizem-lhes, "tomai um fuzil e ide para as barricadas!". Diante deste argumento direto, a Liga recorre ao Comitê Central, que comete a ingenuidade de escutá-la.

O que querem mesmo é negociar em plena batalha! Dando prosseguimento a seu sucesso de Montmartre, no momento os versalheses investem em direção ao Bulevar Ornano e à Estação do Norte. Às duas horas, as barricadas da Avenida Clignancourt são abandonadas. Dombrowski cai morto na Rua Myrha, ao lado de Vermorel. De manhã, Delescluze disse-lhe que fizesse o máximo em Montmartre. Sem esperanças, sem soldados, e suspeito desde a entrada dos versalheses, a Dombrowski só resta morrer. Falece, duas horas mais tarde, no hospital Lariboisière. Seu corpo é levado ao Hôtel-de-Ville: as barricadas por onde passa apresentam armas.

Clinchant, livre pela esquerda, surge no IX Distrito. Uma coluna desce as ruas Fontaine, Saint-Georges e Notre-Dame-de-Lorette, e faz uma parada forçada na encruzilhada. Antes de entrar na Rua Trudaine, onde será retida até a noite, outra canhoneia o Colégio Rollin.

Mais para o centro, no Bulevar Haussmann, Douai está fechando o cerco em torno da barricada das lojas Printemps. Expulsa com tiros de canhão os federados da igreja da Trinité, instala sob o pórtico cinco peças contra a importante barricada que fecha a Avenida d'Antin, na entrada do bulevar. Um destacamento entra pelas ruas de Châteaudun e Lafayette. Na encruzilhada do *faubourg* Montmartre, uma barricada de um metro de altura, defendida por dez homens, o detém até o anoitecer.

O lado direito de Douai continua impotente contra a Rua Royale. Há dois dias, Brunel sustenta ali uma luta comparável apenas às da Butte-aux-Cailles, da Bastilha e do Château-d'Eau. O Bulevar Malesherbes está sulcado por obuses. A principal barricada, que corta a rua obliquamente, é dominada pelas casas da esquerda, de onde os versalheses dizimam os federados. Brunel, consciente da importância do posto que lhe confiaram, manda incendiar as casas assassinas. Um federado que obedece às ordens é atingido por uma bala no olho e, indo morrer junto ao chefe, diz: "Pago com a vida a ordem que me destes. Viva a Comuna!". As casas localizadas entre o n. 13 e a rua do *faubourg* Saint-Honoré são tomadas pelas chamas. Ali, os versalheses se detiveram.

À esquerda de Brunel, o terraço das Tulherias, valentemente ocupado desde a véspera, reforça sua resistência. Os disparos de 60 peças de artilharia no cais de Orsay, em Passy, no Campo de Marte, na barreira da Étoille, convergem para esse terraço e para a barricada de Saint-Florentin. Uma dúzia de peças federadas enfrenta a tempestade. A Praça da Concórdia, presa entre o fogo cruzado, se enche de destroços de repuxos, candelabros, estátuas. A escultura que representa a cidade de Lille é decapitada; a de Estrasburgo recebe uma saraivada de projéteis.

Na margem esquerda, os versalheses avançam de casa em casa. Os moradores do bairro os apoiam e, por trás das venezianas, atiram nos federados. Estes arrombam e incendeiam as casas traidoras. Os obuses versalheses iniciaram o incêndio; em breve o resto do bairro estará em chamas. As tropas continuam a ganhar terreno, ocupam o Ministério da Guerra, a direção do Telégrafo, chegam ao Quartel de Bellechasse e à Rua de l'Université. Seus obuses destroem as barricadas do cais e da Rua du Bac. O batalhão federado que há dois dias domina a Legião de Honra só dispõe do cais para uma retirada: às cinco horas, abandona a capela, após incendiá-la.

Às seis horas, a barricada da Avenida d'Antin sucumbe. O inimigo, avançando pelas ruas laterais, ocupou a nova Ópera inteiramente desguarnecida. Do alto dos telhados, os fuzileiros navais dominaram a barricada. Em vez de os imitar e ocupar as casas, os federados, ali como por toda parte, obstinaram-se atrás dos paralelepípedos.

Às oito horas, a barricada da Rua Neuve-des-Capucines, no entroncamento com o bulevar, cede sob o fogo das peças de quatro instaladas na Rua Caumartin; os versalheses estão chegando à Praça Vendôme, ainda dominada pelo coronel Spinoy.

Em todos os pontos, o Exército fez progressos decisivos. A linha versalhesa, partindo da Estação do Norte, percorre as ruas Rochechouart, Cadet, Drouot, cuja administração distrital é tomada, o Bulevar des Italiens, irrompe na Praça Vendôme e na Praça da Concórdia, contorna a Rua du Bac em direção à Abbaye-au-Bois, Bulevar d'Enfer, desembocando no Bastião 81. A Praça da Concórdia e a Rua Royale, cercadas pelos flancos, projetam-se como uma península em um mar cheio de recifes. Ladmirault está de frente para La Villette; à sua direita, Clinchant toma o IX Distrito; Douai aparece na Praça Vendôme; Vinoy dá a mão a Cissey, que opera na margem esquerda. Nesse momento, os federados mal ocupam a metade de Paris.

De resto, reina o massacre. Ainda se luta na extremidade de uma rua, quando a parte conquistada já está sendo saqueada. Coitado de quem possui uma arma, uma farda ou uma dessas botinas que tantos parisienses calçam desde a época do sítio; coitado daquele que se perturba; coitado de quem é denunciado por um inimigo, político ou particular. Levam-no. Cada corpo de Exército tem seu carrasco-chefe, o preboste instalado em seu quartel-general; para apressar a tarefa, há prebostados adicionais nas ruas. A vítima é levada até eles, fuzilada. A fúria do soldado, conduzido pelos homens da ordem, que assim que o bairro é ocupado põem a cabeça de fora, é colocada a serviço dos ódios, acerta as contas. O roubo segue o massacre. As lojas dos comerciantes que serviram a Comuna ou que são acusados por concorrentes são pilhadas. Os soldados quebram os móveis, roubam objetos preciosos. Joias, vinhos, licores, comestíveis, vestuário e perfumaria desaparecem dentro de suas mochilas.

Ao tomar conhecimento da queda de Montmartre, Thiers acredita no fim da batalha e telegrafa aos *préfets*. Há seis semanas que não parava de dizer que, uma vez ultrapassadas as muralhas, os rebeldes fugiriam; mas Paris, contra todos os hábitos dos homens de Sedan, de Metz e da Defesa, defendia-se rua por rua e preferia incendiar a se render.

Um clarão ofuscante surge com a noite. As Tulherias estão em chamas, bem como a Legião de Honra, o Conselho de Estado, o Tribunal de Contas. Estrondos formidáveis partem do Palácio dos Reis, cujas paredes ruem e as vastas cúpulas desmoronam. As chamas, ora preguiçosas, ora vivas como dardos, saem por 100 janelas. As ondas vermelhas do Sena refletem os monumentos e duplicam o incêndio. Fustigadas pelo vento leste, as labaredas se erguem irritadas contra Versalhes e dizem ao vencedor de Paris que não encontrará mais seu lugar e que esses monumentos monárquicos não abrigarão mais nenhuma monarquia. As ruas du Bac, de Lille, a Croix-Rouge lançam aos ares colunas luminosas. Da Rua Royale até Saint-Sulpice, é um só paredão de fogo que o Sena corta. Turbilhões de fumaça velam todo o oeste de Paris e as espirais inflamadas que se arremessam das fornalhas tornam a cair sob forma de chuva de fagulhas nos bairros vizinhos.

Onze horas. Hôtel-de-Ville. As sentinelas, em postos avançados, previnem qualquer surpresa. De vez em quando, um clarão perfura a escuridão. Em várias barricadas há tochas e fogueiras de acampamento. A do passeio Saint-Jacques, diante do bulevar de Sébastopol, reforçada com árvores abatidas cujos galhos o vento agita, fala e se move na sombra temível.

A fachada da Casa Comum é esbranquiçada pelas chamas distantes. As estátuas, movimentadas pelos reflexos, estão alvoroçadas. Os pátios internos enchem-se de tumultos ensurdecedores; são levadas para a administração do XI Distrito as charretes e viaturas carregadas de munições. Rodam ruidosamente sob as abóbodas estreitas. Trazem os feridos. A vida e a morte, o estertor e a alegria da luta se acotovelam nas escadas.

Os corredores inferiores estão atulhados de guardas nacionais enrolados em seus cobertores. Feridos gemem e choram por um pouco de água; das macas enfileiradas ao longo das paredes caem filetes de sangue. Trazem um comandante cujo rosto deixou de ser humano; uma bala lhe perfurou a face, tirou-lhe os lábios, arrancou-lhe os dentes. Incapaz de articular um som sequer, esse bravo agita uma bandeira vermelha para instar aqueles que repousam a substituí-lo no combate.

No quarto de Valentine Haussmann, Dombrowski está deitado no leito forrado de cetim azul. Uma vela derrama sua meia-luz sobre o heroico soldado. O rosto branco como a neve está calmo; o nariz fino, a boca delicada; a barbicha loura faz uma ponta para cima. Dois ajudantes-de-campo, sentados nos cantos escuros, velam, silenciosos. Outro compõe às pressas as feições derradeiras de seu general.

A escada dupla de mármore que leva aos aposentos oficiais é um vaivém de guardas nacionais. As sentinelas mal conseguem preservar o gabinete do delegado. Pálido, mudo como um espectro, Delescluze assina ordens. As angústias dos últimos dias sugaram o que lhe restava de vida. Sua voz está reduzida a um sussurro. Só o olhar e o coração ainda vivem.

Dois ou três oficiais de sangue-frio dão as ordens, carimbam, enviam despachos. Muitos oficiais e guardas rodeiam a mesa. Nenhum discurso; algumas conversas em grupos. Se a esperança empalideceu, a determinação não diminuiu.

Quem são esses oficiais que despiram a farda, esses membros da Comuna, esses funcionários que rasparam a barba? O que eles vêm fazer aqui entre os bravos? Ranvier, que encontra assim disfarçados dois de seus colegas, dos mais cheios de empáfia durante o sítio, ameaça mandar fuzilá-los se não voltarem imediatamente para seus distritos.

Não seria inútil um grande exemplo. De hora em hora, a disciplina se esvai. O Comitê Central, que se crê investido do poder pela abdicação do Conselho, lança um manifesto impondo condições: a Assembleia e a Comuna serão dissolvidas; o Exército sairá de Paris; o governo será provisoriamente confiado aos delegados das grandes cidades, que convocarão eleições para uma Constituinte; será concedida anistia recíproca. Um ultimato de vencedor. Tal sonho foi afixado em alguns muros provocando uma nova confusão na resistência.

De vez em quando, ergue-se algum clamor da praça; um espião é fuzilado contra a barricada da Avenida Victoria. Armados só de audácia, alguns conseguem penetrar nos conselhos mais secretos.* Aquela noite, no Hôtel-de-Ville, que enviara a Bergeret autorização

* Apêndice XIX.

verbal para incendiar as Tulherias, se apresenta um indivíduo exigindo a ordem por escrito. Ainda está falando, quando o próprio Bergeret entra: "Quem vos enviou?", pergunta à figura. "Bergeret." "Onde o vistes?" "Aqui ao lado, há um instante."

Nessa noite, perto das duas horas, sem consultar nenhum colega, Raoul Rigault, que não aceitava ordens de ninguém, dirigiu-se à prisão de Sainte-Pélagie, dirigida pelo irmão de Ranvier, homem de uma exaltação febril, que se enforcou dois dias depois. Raoul Rigault, afirmando ter recebido ordens, mandou trazer Chaudey, comunicando-lhe que iria morrer. Chaudey não podia acreditar, lembrou seu passado republicano, socialista. Rigault acusou-o do tiroteio de 22 de janeiro. Chaudey jurou que era inocente, mas naquele momento ele era a única autoridade do Hôtel-de-Ville. Seus protestos de nada valeram contra a decisão há muito tomada por Rigault, que lembrava do amigo Sapia, morto a seu lado. Levado para o caminho de ronda, Chaudey foi fuzilado com três soldados da Força Pública capturados em 18 de março. Depois do 31 de outubro, ele dissera a Ferré e aos partidários da Comuna que exigiam a liberdade de Louise Michel e de seus amigos: "Os mais fortes fuzilarão os outros". Talvez tenha morrido por proferir tal frase.

Quarta-feira, 24.
Os membros da Comuna abandonam o Hôtel-de-Ville. O Panthéon é tomado. Os versalheses fuzilam os parisienses em massa. Os federados fuzilam seis reféns. A noite do canhão

Nossos valentes soldados se comportam
de modo a inspirar a mais alta estima,
a mais elevada consideração ao estrangeiro.
Thiers à Assembleia Nacional, 24 de maio de 1871.

A dificuldade social está resolvida
ou em vias de resolução.
Le Siècle, 21 de maio de 1871.

Os defensores das barricadas, já sem reforços e sem munição, ficam também sem víveres, abandonados apenas aos recursos do bairro. Muitos, extenuados, vão à procura de algum alimento. Seus companheiros, não os vendo retornar, se desesperam; os chefes das barricadas se esforçam em contê-los. Às nove da noite, Brunel recebeu ordens para abandonar a Rua Royale. Insiste, porém, em manter a resistência. À meia-noite, o Comitê de Salvação Pública reitera a ordem de recuar. Forçado a abandonar o posto que tão bem defendeu durante dois dias, Brunel faz com que saiam primeiro os feridos e depois os canhões pela Rua Saint-Florentin. Os federados os seguem; na altura da Rua Castiglione, são atacados a tiros.

Os versalheses, dominando a Rua de la Paix e a Rua Neuve-des--Capucines, tinham invadido a Praça Vendôme, totalmente deserta, e, pelo Hotel du Rhin, haviam contornado a barricada da Rua Castiglione. Os federados de Brunel abandonam a Rua de Rivoli, forçam as grades do Jardim das Tulherias, seguem em frente pelos cais, até o

Hôtel-de-Ville. O inimigo não ousou persegui-los e só ao raiar do dia ocupou o Ministério da Marinha, há muito abandonado.

O resto da noite, o canhão permaneceu calado. O Hôtel-de-Ville perdeu a animação. Os federados dormem na praça; nos escritórios, os membros dos comitês e os oficiais têm alguns momentos de descanso. Às três horas, um oficial do Estado-Maior chega de Notre-Dame, ocupada por um destacamento de federados que fez uma fogueira com cadeiras e bancos. Ele vem informar ao Comitê de Salvação Pública que o Hôtel-Dieu abriga 800 doentes que serão certamente atingidos por um incêndio; o comitê dá ordem de desocupar a catedral para proteger os infelizes; durante os dias seguintes, nenhum obus federado a atingiu.

O sol vem apagar o clarão dos incêndios. O dia radioso desponta sem um lampejo de esperança para a Comuna. Paris não domina mais a ala direita. Seu centro está partido. A ofensiva é impossível. A cidade não luta mais; apenas se debate.

Desde cedo, os versalheses pressionam em todos os pontos: Louvre, Palais-Royal, Banco, Agência Nacional de Descontos, Praça Montholon, Bulevar Ornano e Linha Norte da ferrovia. Às quatro horas, canhoneiam o Palais-Royal, cercado por federados armados. Por volta das sete horas, estão no Banco e na Praça da Bolsa, descendo para a ponta de Saint-Eustache, onde a resistência é intensa. Ali as crianças também lutam, ao lado dos homens. Quando os federados foram cercados e massacrados no local, essas crianças tiveram a honra de não serem excetuadas.

Na margem esquerda, as tropas sobem penosamente os cais e toda a parte do VI Distrito que margeia o Sena. No centro, a barricada da Croix-Rouge foi desocupada durante a noite, bem como a da Rua de Rennes, que 30 homens sustentaram durante dois dias. Os versalheses podem entrar pelas ruas Assas e Notre-Dame-des-Champs. Na extrema-direita, ganham o Val-de-Grâce e avançam contra o Panthéon.

Às oito horas, cerca de quinze membros da Comuna reunidos no Hôtel-de-Ville decidem desocupá-lo. Apenas dois protestam. O III

Distrito, cortado por ruas estreitas, com boas barricadas, cobre com segurança o flanco do Hôtel-de-Ville, a salvo de qualquer ataque frontal e do lado dos cais. Em tais condições de defesa, recuar é fugir, é despojar o Comitê de Salvação Pública da pouca autoridade que lhe resta. Mas, como na antevéspera, ninguém sabe pôr em ordem suas ideias. Teme-se tudo porque não se sabe ver nada. O comando do Palais-Royal já recebeu ordens de esvaziar o edifício depois de incendiá-lo. Protestou, declarou que ainda podia resistir, a ordem é reiterada. Tal é o medo que um membro do comitê propõe a retirada para Belleville. Seria o mesmo que abandonar de imediato o Château-d'Eau e a Bastilha. Como de costume, o tempo passa. Pindy, administrador do Hôtel-de-Ville, anda de lá para cá, impaciente com essas conversas.

Por volta das dez horas, as chamas irrompem da torre. Uma hora depois, o Hôtel-de-Ville é uma fogueira. A velha casa, testemunha de tantos perjúrios, onde tantas vezes o povo instalou os poderes que o metralharam, parte-se e cai com seu verdadeiro dono. Ao estrondo dos pavilhões que ruem, das abóbadas e das chaminés que desabam, das surdas detonações e das explosões fulgurantes, mescla-se a seca voz dos canhões da barricada de Saint-Jacques, que domina a Rua de Rivoli.

A Comissão de Guerra e seus serviços encaminham-se, pelos cais, para a administração do XI Distrito. Delescluze protestou contra o abandono do Hôtel-de-Ville e previu que essa retirada desencorajaria muitos combatentes.

No dia seguinte, a Imprensa Nacional, onde o *Journal Officiel* da Comuna foi publicado pela última vez no dia 24, é desocupada. Como todo diário oficial que se preze, está atrasado um dia. Contém as proclamações da antevéspera e alguns detalhes sobre a batalha, que não vão além da manhã de terça-feira.

O abandono do Hôtel-de-Ville divide a defesa, aumenta as dificuldades de comunicação. Os oficiais do Estado-Maior que não desapareceram chegam com grande dificuldade ao novo quartel-general. Detidos nas barricadas, são obrigados a carregar paralelepípedos. Se mostram seus despachos, invocando urgência, respondem-lhes: "Hoje não há mais galões!". A raiva que inspiram há muito tempo eclode nessa mesma manhã. Na Rua Sedaine, perto da Praça Voltaire, o conde de Beaufort, jovem oficial do Estado-Maior, é reconhecido por guardas do 166º Batalhão, que ele ameaçara alguns dias antes no Ministério da Guerra. Preso por não cumprimento de ordens, Beaufort anuncia que faria um expurgo no batalhão e, na véspera, perdera 60 homens perto da igreja da Madeleine. Detido e levado perante um Conselho de Guerra instalado perto da administração distrital, em uma loja do Bulevar Voltaire, Beaufort apresentou um inventário de serviços prestados em Neuilly, Issy e tantas provas que a acusação foi retirada. Contudo, os juízes decidem que ele servirá como simples guarda no batalhão. Alguns dos presentes vão mais longe, nomeando-o capitão. Ele sai triunfante. A multidão, que não está a par de suas explicações, protesta ao vê-lo livre; um guarda o agride. Beaufort comete a imprudência de puxar o revólver. É imediatamente agarrado e jogado de volta à loja. O chefe do Estado-Maior não ousa socorrer seu oficial. Delescluze acorre, pede um *sursis*, diz que Beaufort será julgado. Ninguém está interessado em ouvir nada. É preciso ceder para evitar um terrível tumulto. Levado para um terreno baldio atrás da administração, Beaufort é fuzilado. Muito provavelmente estava envolvido – como veremos – nas conspirações.

A dois passos dali, no Père-Lachaise, o corpo de Dombrowski recebe as últimas homenagens. Fora trasladado à noite e durante o trajeto ocorrera, na Bastilha, uma cena comovente. Os federados dessas barricadas pararam o cortejo e colocaram o cadáver ao pé da Coluna de Julho. Alguns homens, com tochas na mão, formaram ao seu redor uma capela ardente, e os federados fizeram fila para beijar a testa do general. Durante a cerimônia, ouviam-se os tambores batendo nos campos. O corpo, envolvido em uma bandeira vermelha, é agora colocado no caixão. Vermorel, o irmão do general, seus oficiais e cerca de 200 guardas estão em pé, com a cabeça descoberta. "Ei-lo!", exclama Vermorel, "eis aquele que era acusado de traição! Foi um dos primeiros a dar a vida pela Comuna. E nós, o que fazemos em lugar de imitá-lo?" Prossegue, atacando a covardia e o medo. Sua palavra, em geral confusa, flui, aquecida pela paixão, como uma torrente de metal fundido: "Juremos só sair daqui para morrer!". Essas foram suas últimas palavras; ele as cumpriria. Os canhões, a dois passos, de vez em quando encobriam sua voz. Pouquíssimos daqueles homens não choraram.

Felizes aqueles que terão funerais assim. Felizes os que serão sepultados na batalha, saudados por seus canhões, chorados pelos amigos.

Naquele mesmo momento, Vaysset, o agente versalhês que se vangloriara de corromper Dombrowski, era fuzilado. Atacando com vigor pela margem esquerda, por volta do meio-dia os versalheses já haviam tomado a Escola de Belas-Artes, o Instituto e a Casa da Moeda. Prestes a ser cercado na Ilha de Notre-Dame, Ferré dera ordem de abandonar a chefatura de Polícia e destruí-la. Antes, foram postos em liberdade os 450 detentos, presos por delitos pouco graves. Apenas um prisioneiro foi retido, Vaysset, que Hutzinger, seu sócio, decidira entregar na antevéspera. Fuzilaram-no no Pont-Neuf, diante da estátua de Henrique IV. No momento de morrer, disse estas estranhas palavras: "Prestareis contas de minha morte ao conde de Fabrice".

Deixando de lado a Chefatura de Polícia, os versalheses entraram pela Rua Taranne e pelas ruas vizinhas. Durante duas horas são retidos pela barricada da Praça d'Abbaye, que os reacionários do bairro ajudam a contornar. Dezoito federados são fuzilados. Mais à direita, as tropas entram na Praça Saint-Sulpice, onde ocupam a administração do VI Distrito. Dali se dirigem, de um lado, para a Rua Saint-Sulpice e, de outro, para a Rua de Vaugirard no jardim do Luxemburgo. Após dois dias de luta, os federados da Rua Vavin recuam, explodindo, em sua retirada, o depósito de pólvora do jardim do Luxemburgo. A explosão interrompe por um momento o combate. O palácio não é defendido. Alguns soldados atravessam o jardim, quebram as grades do lado da Rua Soufflot, atravessam o bulevar e surpreendem a primeira barricada dessa rua.

Três barricadas se escalonam diante do Panthéon. A primeira, na entrada da Rua Soufflot, que acaba de ser tomada; a segunda, no meio; a terceira vai da administração do V Distrito à Escola de Direito. Varlin e Lisbonne, assim que escaparam da Croix-Rouge e da Rua Vavin, voltam novamente ao encontro do inimigo. Infelizmente, os federados não querem chefe algum, imobilizam-se na defensiva e, em vez de atacar o punhado de soldados que se aventura pela entrada da Rua Soufflot, dão à tropa tempo de chegar.

A maioria dos versalheses chega ao Bulevar Saint-Michel pelas ruas Racine e da Escola de Medicina, que as mulheres defenderam. Como a Ponte Saint-Michel tinha cessado o fogo por falta de munições, os soldados podem atravessar em massa o bulevar e chegar perto da Praça Maubert. À direita, subiram a Rua Mouffetard. Às quatro horas, a montanha Sainte-Geneviève, quase abandonada, é invadida por todos os lados. Seus raros defensores se dispersam. Assim, como Montmartre, capitulou o Panthéon, quase sem luta. Também como em Montmartre, os massacres começaram imediatamente. Quarenta prisioneiros foram fuzilados um após outro na Rua Saint-Jacques, sob os olhos e por ordem de um coronel.

Raoul Rigault foi morto em um abrigo. Longe de eclipsar-se quando da entrada das tropas, como alguns de seus colegas, ele trocara as roupas civis habituais por uma farda de comandante. Como seu bairro fora tomado e cercado, só lhe restava procurar abrigo. Os soldados, vendo um oficial federado bater à porta de uma casa da Rua Gay-Lussac, atiraram contra ele, sem o atingir. A porta se abriu, Rigault entrou. Os soldados, conduzidos por um sargento, precipitaram-se dentro da casa, capturaram o proprietário, que provou sua identidade e foi correndo avisar Rigault. Este desceu, postou-se diante dos soldados e perguntou: "Que querem comigo? Viva a Comuna!". O sargento ordenou que encostasse na parede e fosse fuzilado. O corpo foi coberto com um casacão. Chegou o subtenente Ney, que reconheceu Rigault, ex-colega de colégio, e censurou o sargento por tê-lo fuzilado sem uma ordem.

Na administração do XI Distrito, a queda do Panthéon, tão vigorosamente disputado em junho de 1848, foi chamada de traição. O que tinham feito a Comissão de Guerra e o Comitê de Salvação Pública para defender esse posto capital? Nada. Como no Hôtel-de-Ville, na administração Voltaire apenas deliberavam.

O XI Distrito começava a se tornar o refúgio dos remanescentes dos batalhões dos outros distritos. Sentados ou deitados à sombra das barricadas, sob um calor sufocante, os homens narram uns aos outros as lutas e os terrores que haviam presenciado; não chegava ordem alguma. Às duas horas, contudo, alguns membros da Comuna e do Comitê Central, oficiais superiores e chefes-de-serviço reuniram-se na Sala da Biblioteca. Fez-se profundo silêncio para ouvir Delescluze, pois o mínimo sussurro ter-lhe-ia encoberto a voz quase extinta. Ele disse que nem tudo estava perdido, que era preciso tentar um grande esforço, que a resistência continuaria até o último suspiro. Os aplausos o interromperam. "Proponho", disse ele, "que os membros da Comuna, ostentando seus lenços vermelhos, passem em revista todos os batalhões que possam ser reunidos no Bulevar Voltaire. A seguir, nos dirigiremos, à frente deles, aos pontos a reconquistar".

A ideia empolgou os presentes. Desde a sessão em que dissera que certos eleitos do povo saberiam morrer nos postos, Delescluze jamais tocara tão profundamente as almas. Os tiros de fuzil, o canhão do Père-Lachaise e o confuso murmúrio dos batalhões entravam em rajadas na sala. Olhai aquele velho, em pé diante da derrota, com os olhos iluminados, a mão direita erguida desafiando o desespero, aqueles homens armados, suarentos da batalha, prendendo a respiração para ouvir aquela invocação que sai do túmulo; não houve cena mais trágica entre as mil tragédias daquele dia.

As propostas se amontoam. Sobre a mesa está aberta uma grande caixa de dinamite. Uma imprudência qualquer faria o local ir pelos ares. Fala-se em destruir as pontes, abrir os esgotos. De que valem esses estilhaços de palavras? Quando a munição necessária é muito diferente! Onde está o diretor da engenharia que, com um gesto, segundo disse, poderia cavar abismos? Desapareceu. Desapareceu também o chefe do Estado-Maior da Comissão de Guerra. Desde a execução de Beaufort, sentira que os ventos não lhe eram muito favoráveis. Continua-se a apresentar mais e mais moções. O Comitê Central declara que se submeterá ao Comitê de Salvação Pública. Por fim, parece acertado que o chefe da 11ª Legião agrupará todos os federados refugiados no XI Distrito. Talvez consiga formar as colunas de que falou Delescluze.

O delegado da Comissão de Guerra vai visitar as defesas. Na Bastilha, fazem-se preparativos consistentes. Na Rua Saint-Antoine, na entrada da praça, está sendo concluída uma barricada munida de três peças de artilharia. Outra, na entrada do *faubourg*, cobre as ruas Charenton e de la Roquette. Os flancos, também aqui, não são protegidos. Os cartuchos de canhão e os obuses estão empilhados contra as casas, à mercê dos projéteis inimigos. Armam-se, às pressas, os arredores do XI Distrito. No cruzamento dos bulevares Voltaire e Richard-Lenoir, é feita uma barricada de tonéis, paralelepípedos e grandes fardos de papel. Tal obra, inacessível de frente, será também contornada. Mais adiante, na Praça du Château-d'Eau, na entrada do Bulevar Voltaire, há um muro de paralelepípedos de um metro e meio de altura. Por trás dessa muralha mortal, com a ajuda de apenas duas peças de canhão, os federados conseguirão deter durante 24 horas as colunas versalhesas que desembocam na Praça du Château-d'Eau. À direita, na parte baixa das ruas Oberkampf, de Angoulême e do *faubourg* du Temple, a Rua Fontaine-au-Roi e a Avenida des Amandiers estão em boas condições de defesa. Acima, no X Distrito, Brunel, que chegou pela manhã da Rua Royale, está, como Varlin, impaciente por novos perigos. Uma grande barricada fecha o cruzamento dos bulevares Magenta e de Strasbourg; a Rua du Château-d'Eau está obstruída; as obras das portas Saint-Denis e Saint-Martin, nas quais se trabalhou noite e dia, estão guarnecidas de fuzis.

Por volta da uma hora, os versalheses já conseguiram se apoderar da Estação do Norte, contornando a Rua Stephenson e as barricadas da Rua de Dunkerque; a ferrovia de Estrasburgo, segunda linha de defesa da Villette, resiste ao choque com os versalheses, a quem a artilharia federada atrapalha muito. Nas colinas Chaumont, Ranvier, que fiscaliza a defesa desses bairros, instalou três obuseiros de 12 e duas peças de sete perto do Temple de la Sybille, bem como duas peças de sete na elevação inferior. Cinco canhões cobrem a extensão da Rua Puebla e protegem a Rotonde. Na altura das pedreiras d'Amérique, há duas baterias de três peças. As do Père-Lachaise atiram em todos os bairros invadidos, secundadas por peças de grosso calibre instaladas no Bastião 24.

No IX Distrito, há tiroteio por toda parte. Os federados perdem muito terreno no *faubourg* Poissonière. Em compensação, apesar do sucesso obtido nos Halles, os versalheses não conseguem entrar no III Distrito, protegido pelo Bulevar Sébastopol e pela Rua Turbigo. O II Distrito, do qual três quartos estão ocupados, ainda luta nas margens do Sena a partir do Pont-Neuf. As barricadas da Avenida Victoria e do cais de Gèvres resistirão até a noite. As canhoneiras foram abandonadas. O inimigo se apossa delas e as rearma.

O único sucesso da defesa é na Butte-aux-Cailles, onde, pela bravura de Wroblewski, a resistência se transforma em ofensiva. Durante a noite, os versalheses tatearam as posições; desde as primeiras horas se lançam ao ataque. Os federados não os esperam e correm ao seu encontro. Quatro vezes os versalheses são repelidos; quatro vezes retornam; quatro vezes recuam; os soldados, desalentados, não dão mais ouvidos a seus oficiais.

Se, por um lado, La Villette e Butte-aux-Cailles, as duas extremidades, não cedem, por outro, quantos furos ao longo de toda a linha! De toda sua Paris do domingo, os federados agora só possuem os XI, XII, XIX e XX distritos e parte dos III, V e XIII.

Naquele dia, o massacre tomou esse ímpeto furioso que superou, em algumas horas, a Noite de São Bartolomeu. Até então, haviam sido mortos federados e pessoas delatadas; agora, o simples olhar de um soldado é uma condenação à morte; agora, de uma revista a uma casa, pode-se esperar tudo. "Não são mais soldados cumprindo um dever", escrevia, apavorado, o jornal conservador *La France*, "são seres que regrediram à natureza das feras". É impossível ir às compras sem correr o risco de ser massacrado. Destroem a coronhadas o crânio dos feridos,* revistam os cadáveres,** a isto os jornais estrangeiros chamam de "a última perquisição"; nesse mesmo dia, Thiers diz à Assembleia: "Nossos valentes soldados se comportam de modo a inspirar a mais alta estima, a mais elevada consideração ao estrangeiro".

Então foi inventada a lenda das petroleiras que, difundida pela imprensa, custou a vida a centenas de infelizes. Correu o rumor de que megeras atiravam petróleo em chamas nos porões. Toda mulher mal vestida, ou carregando uma lata de leite, um frasco, uma garrafa vazia, pode ser acusada de petroleira. Arrastada, em farrapos, até o muro mais próximo, é morta a tiros de revólver.

Os refugiados dos bairros invadidos contam esses massacres na administração do XI Distrito, onde reina a mesma confusão que no Hôtel-de-Ville, só que mais comprimida e ameaçadora. Os pátios estreitos estão lotados. Em cada degrau da escadaria, mulheres costuram sacos para as barricadas. Na Sala dos Casamentos, onde está sediada a Segurança-Geral, Ferré, assistido por dois secretários, dá vistos em autorizações, interroga acusados de espionagem, decide com voz tranquila.

Às sete horas, ouve-se um estrondo na frente da prisão de la Roquette, para onde foram transferidos na véspera os 300 prisioneiros detidos em Mazas. Alguns deles, os soldados da Força Pública e policiais capturados em 18 de março, tinham comparecido na semana anterior perante o júri de acusação instituído pelo decreto de 5 de abril. Sua única defesa fora dizer que cumpriam ordens. Os outros prisioneiros eram padres, pessoas suspeitas, ex-alcaguetes. Em meio a uma multidão de guardas nacionais exasperados com os massacres, surge um delegado da Segurança-Geral, Genton. Revolucionário de longa data, foi salvo de ser fuzilado, em junho de 1848, na Chefatura de Polícia, por puro acaso. Militante blanquista, destacou-se nas lutas contra o império. Lutou bravamente durante a guerra, durante

* Paul Bourget, *Le Figaro*, de 12 de dezembro de 1895.

** Apêndice XX.

a Comuna; diz: "Já que os versalheses fuzilam os nossos, seis reféns vão ser executados. Quem quer formar o pelotão?".

"Eu! Eu!", gritam de vários lados. Um se adianta e diz: "Vingo meu pai". Outro: "Vingo meu irmão". "Eles fuzilaram minha mulher", diz um guarda. Cada um apresenta seus direitos à vingança. Genton aceita 30 homens e entra na prisão.

Manda buscar o registro de presos, assinala os seguintes nomes: arcebispo Darboy, presidente Bonjean, Jecker, os jesuítas Allard, Clerc, Ducoudray; no último momento, Jecker é substituído pelo padre Deguerry.

Mandam que saiam das celas; o arcebispo em primeiro lugar. Não é mais o padre orgulhoso, que glorifica os acontecimentos de 2 de dezembro; balbucia: "Não sou inimigo da Comuna, fiz o que pude; escrevi duas vezes a Versalhes". Recupera-se um pouco quando a morte lhe parece inevitável. Bonjean não se aguenta em pé. Deixou de ser o fervoroso inimigo dos rebeldes de junho. "Quem nos condena?", pergunta ele. "A justiça do povo." "Oh!, não é essa que vale." Palavras de magistrado. Os reféns são levados ao caminho de ronda. Alguns homens do pelotão não conseguem se conter; Genton ordena que façam silêncio. Um dos padres se atira no canto de uma guarita; fazem-no voltar. Dobrando uma esquina, os reféns são alinhados contra o muro de execução. Sicard comanda, dizendo: "Não somos nós que devemos ser acusados de vossa morte, mas Versalhes, que fuzila os nossos". Dá o sinal e os fuzis disparam. Cinco reféns caem em uma mesma linha, a igual distância. Darboy fica em pé, atingido na cabeça. Uma segunda descarga o derruba. Os corpos foram sepultados à noite. Genton voltou às barricadas, onde foi gravemente ferido no dia seguinte.

Às oito horas, os versalheses fecham o cerco em torno da barricada da Porta Saint-Martin. Seus obuses há muito incendiaram o teatro; os federados, pressionados por essa fogueira, são obrigados a recuar.

Nessa noite, as tropas versalhesas acampam diante da ferrovia de Estrasburgo, na Rua Saint-Denis, no Hôtel-de-Ville ocupado perto das nove horas pelas tropas de Vinoy, na Escola Politécnica, em Madelonnettes e no Parque Montsouris. Descrevem uma espécie de leque, cujo ponto fixo seria em Pont au Change, seu lado direito, o XIII Distrito, o esquerdo, as ruas *Faubourg*-Saint-Martin e de Flandre e o arco de círculo, as fortificações. O leque vai se fechar sobre Belleville, que ocupa o centro.

Paris continua a arder. A Porta Saint-Martin, a igreja Saint-Eustache, a Rua Royale, a Rua de Rivoli, as Tulherias, o Palais-Royal, o Hôtel-de-Ville, o Teatro Lírico e a margem esquerda, da Legião de Honra até o Palácio da Justiça e a Chefatura de Polícia destacam-se, muito vermelhos, na noite escuríssima. Os caprichos do incêndio constroem uma flamejante arquitetura de arcos, cúpulas e edifícios quiméricos. Enormes cogumelos brancos, nuvens de fagulhas que jorram até muito alto, atestam as poderosas explosões. A cada minuto despontam e se apagam estrelas no horizonte. São os canhões federados de Bicêtre, do Père-Lachaise e das colinas Chaumont que atiram horizontalmente nos bairros invadidos. As baterias versalhesas respondem do Panthéon, do Trocadéro, de Montmartre. Ora os tiros se sucedem em intervalos regulares, ora ressoam ao longo de toda a linha. O canhão dispara sem trégua, os obuses, impacientes, explodem a meio caminho. A cidade parece contorcer-se em uma imensa espiral de chamas e fumaça.

Que homens esse punhado de bravos que, sem chefes, sem esperança, sem proteção, disputam os últimos paralelepípedos como se estes contivessem a vitória! A reação acusou de criminosos seus incêndios, como se, na guerra, o fogo não fosse uma arma totalmente natural, como se os obuses versalheses não tivessem inflamado tantas casas quanto os dos federados, como se a especulação, a avidez, o crime de certos homens de bem não fossem responsáveis por uma parte das ruínas.* E o mesmo burguês que falava em "queimar tudo" durante o sítio agora chamava de facínora aquele povo que preferia sepultar-se sob os escombros a abandonar sua família, sua consciência, sua razão de viver.

---

* Apêndice XXI.

O que é patriotismo, senão a defesa das suas leis, dos seus costumes, do seu lar, contra outros deuses, outras leis, outros costumes que querem nos curvar sob seu jugo? E a Paris republicana que combatia pela república e pelas reformas sociais, não era tão inimiga da Versalhes feudal como dos prussianos, assim como os espanhóis e os russos o foram dos soldados de Napoleão I?

Às 11 da noite, dois oficiais entram na sala onde trabalha Delescluze e o informam da execução dos reféns. Sem parar de escrever, escuta o relato feito com voz contida e apenas indaga: "Como morreram?" Quando os oficiais se retiram, Delescluze volta-se para o amigo que trabalha com ele e, escondendo o rosto nas mãos, diz: "Que guerra!, que guerra!". Mas conhece bem demais as revoluções para se perder em lamentações inúteis e, dominando seus pensamentos, exclama: "Saberemos morrer!"

Durante toda a noite, os despachos se sucedem sem parar, todos exigindo canhões e homens sob pena de abandonar esta ou aquela posição.

Onde encontrar canhões? Também os homens tornam-se tão raros quanto o bronze.

Quinta-feira, 25. Toda a margem esquerda nas mãos das tropas. Morre Delescluze. Os Brassardiers aceleram o massacre. A administração do XI Distrito é abandonada

Alguns milhares de homens – os federados são agora um contra 12 – não podem defender indefinidamente uma linha de batalha de vários quilômetros. Com a chegada da noite, muitos procuram descansar um pouco. Os versalheses ocupam as barricadas e o dia vê o pavilhão tricolor no local em que, na noite anterior, tremulava a bandeira vermelha.

No escuro, a maior parte do X Distrito é abandonada, e suas peças de artilharia transportadas ao Château-d'Eau. Brunel e os bravos pupilos da Comuna resistem na Rua Magnan e no cais de Jemmapes, a tropa controla a parte alta do Bulevar Magenta.

Na margem esquerda, os versalheses instalam baterias na Praça d'Enfer, no Luxemburgo e no Bastião 81. Cinquenta canhões ou metralhadoras estão apontados para a Butte-aux-Cailles. Perdendo as esperanças de tomá-la de assalto, Cissey quer esmagá-la com sua artilharia. Wroblewski não está parado. Além dos 175º e 176º batalhões, tem em suas linhas o lendário 101º, que esteve para as tropas da

Comuna assim como a 32ª Brigada para o Exército da Itália. O 101º não descansa desde 3 de abril. Dia e noite, com o fuzil sempre quente, vagueiam pelas trincheiras, aldeias e planícies. Os versalheses de Asnières e os de Neuilly fogem dez vezes desse fuzil que lhes tomou três canhões que o acompanham por toda parte como leões fiéis. Todos os filhos do XIII Distrito e do bairro Mouffetard, indisciplinados, indisciplináveis, bravos, rudes, roupas e bandeira rasgadas, só escutam uma ordem, a de ir adiante; durante o descanso, se amotinam, e mal saem da batalha, precisam retornar a ela. Serizier os comanda, ou antes os acompanha, pois só a fúria comanda esses demônios. Enquanto pela frente tentam ataques surpresa, capturam postos avançados e mantêm os soldados em alerta, Wroblewski, com o flanco direito descoberto desde a tomada do Panthéon, assegura suas comunicações com o Sena através de uma barricada na Ponte d'Austerlitz e guarnece com canhões a Praça Jeanne d'Arc, contra as tropas que se aventurem ao longo do molhe.

Naquele dia, Thiers telegrafou à província dizendo que Mac-Mahon ia intimar os federados pela última vez. Era mentira. Ele quis, ao contrário, prolongar o combate. Sabia que seus obuses estavam incendiando Paris, que o massacre dos prisioneiros e dos feridos acarretaria fatalmente o dos reféns. Mas que lhe importava a sorte de alguns padres e soldados da Força Pública? Que importava à burguesia triunfar sobre ruínas se nessas ruínas fosse possível escrever: "O socialismo acabou, e por muito tempo!".

Como o que resta do Hôtel-de-Ville está ocupado, as tropas sobem pelos cais e pela Rua Saint-Antoine para tomar pelo flanco a valorosa Bastilha. O ataque versalhês vai se concentrar nessa praça, no Châteou-d'Eau e Butte-aux-Cailles. Às quatro horas, Clinchant retoma a marcha rumo ao Château-d'Eau. Uma coluna que parte da Rua Paradis vai pelas ruas do Château-d'Eau e de Bondy; outra avança em direção às barricadas dos bulevares Magenta e de Strasbourg, enquanto uma terceira, da Rua des Jeaneurs, força sua dianteira entre os bulevares e a Rua Turbigo. O grupo comandado por Douai apoia o movimento pela direita e esforça-se em subir o III Distrito pelas ruas Charlot e de Saintonge. Vinoy avança em direção à Bastilha pelas ruelas que saem da Rua Saint-Antoine, pelos cais das margens direita e esquerda. Cissey, com uma estratégia mais modesta, continua canhoneando a Butte-aux-Cailles, diante da qual seus homens recuam há tanto tempo.

Nos fortes, ocorrem cenas dolorosas. Para conservá-los, Wroblewski – cuja ala esquerda cobriam – contava com a energia do membro da Comuna para ali delegado. Na noite anterior, o comandante do Montrouge abandonara o forte e recuara para Bicêtre com sua guarnição. O Forte de Bicêtre não resistiria muito mais. Os batalhões declararam que queriam voltar à cidade para defender seus bairros. Léo Meillet não soube conter os líderes e a guarnição voltou para Paris depois de ter inutilizado os canhões. Os versalheses ocuparam os dois fortes abandonados, instalando neles baterias contra o Forte d'Ivry e a Butte-aux-Cailles.

A ofensiva geral à Butte só começa ao meio-dia. Os versalheses margeiam a muralha até a Avenida d'Italie e a estrada de Choisy, tendo como objetivo a Praça d'Italie, que atacam também do lado dos Gobelins. As avenidas d'Italie e de Choisy são defendidas por fortes barricadas que ninguém pensa em forçar, mas a do Bulevar Saint-Marcel, protegida de um lado pelo incêndio dos Gobelins, pode ser contornada pelos numerosos jardins que cortam o bairro. Os versalheses conseguem. Primeiro se apossam da Rua Cordières--Saint-Marcel, onde 20 federados que não se rendem são massacrados; depois se embrenham nos jardins. Durante três horas, o tiroteio longo e acirrado envolve a Butte fulminada pelos canhões versalheses, seis vezes mais numerosos que os de Wroblewski.

A guarnição d'Ivry chega por volta da uma hora. Ao deixar o Forte, acendera uma mina que explodiu dois bastiões. Cavaleiros versalheses entraram no forte abandonado, mas não "com o sabre curvo na mão", como declarou Thiers em um boletim que era uma cópia modificada do "machado de abordagem" de Marselha.

Na margem direita, por volta das dez horas, os versalheses chegam à barricada do *faubourg* Saint-Denis, próximo à prisão Saint-Lazare, que contornam, surpreendendo 17 federados; intimados várias vezes a se renderem, responderam: "Viva a Comuna!". Um deles ainda apertava contra si a bandeira vermelha da barricada. Diante de tal fé, o oficial versalhês sentiu uma ponta de vergonha. Voltou-se para o público que acorrera das casas vizinhas, repetindo mais de uma vez, para se justificar: "Foram eles que pediram! Eles que pediram! Porque não se renderam!". Como se a maioria dos prisioneiros não fosse massacrada sem piedade!

Da prisão, os versalheses vão ocupar a barricada de Saint-Laurent, no cruzamento com o bulevar de Sébastopol; instalam baterias contra o Château-d'Eau e, pela Rua des Récollets, desembocam no cais de Valmy. À direita, sua saída para o Bulevar Saint-Martin é retardada na Rua de Lancry, contra a qual alguns homens atiram do teatro de L'Ambigu-Comique. No III Distrito, são retidos nas ruas Meslay, de Nazareth, Duvert-Bois, Charlot, de Saintonge. O II, invadido por todos os lados, ainda disputa sua Rua Montorgueil. Mais perto do Sena, Vinoy consegue esgueirar-se por atalhos até o Grenier d'Abondance (Armazém Geral). Para desalojá-lo, os federados incendeiam o edifício, cuja ocupação domina a Bastilha.

Três horas. Os versalheses avançam cada vez mais no XIII Distrito. Seus obuses atingem a prisão da Avenida d'Italie. Os federados abrem as portas a todos os prisioneiros, entre os quais se encontram os dominicanos de Arcueil trazidos pela guarnição de Bicêtre. Os monges apressam-se a fugir pela Avenida d'Italie; seus hábitos exasperam os federados que dominam as redondezas e uma dúzia de apóstolos da inquisição é atingida pelas balas.

Wroblewski recebera pela manhã a ordem de recuar para o XI Distrito. Mas, persistindo em manter-se no seu posto, trasladou o centro de sua resistência um pouco para trás, para a Praça Jeanne d'Arc. Dominando a Avenida des Gobelíns, os versalheses unem-se às colunas das avenidas d'Italie e de Choisy na administração do XIII Distrito. Um de seus destacamentos continua a esgueirar-se ao longo da muralha e entra no aterro da ferrovia D'Orléans; os calças vermelhas já aparecem no Bulevar Saint-Marcel. Wroblewski, prestes a ser cercado, é forçado a aceitar a retirada, já que os chefes de segundo escalão tinham recebido ordem para recuar. Protegido pelo fogo da Praça d'Austerlitz, o hábil defensor da Butte-aux-Cailles cruza ordenadamente o Sena com seus canhões e uns mil homens. Alguns federados, que se obstinam em permanecer no XIII Distrito, são feitos prisioneiros.

Os versalheses não ousam atrapalhar a retirada de Wroblewski, embora ocupem uma parte do Bulevar Saint-Marcel, a Estação d'Orléans e suas canhoneiras estejam subindo o Sena. Retidas por um momento na entrada do canal Saint-Martin, as canhoneiras vencem o obstáculo forçando a máquina e, à noite, apoiam o ataque do XI Distrito.

Toda a margem esquerda está nas mãos do inimigo. A Bastilha e o Château-d'Eau tornam-se o centro do combate.

Encontram-se agora no Bulevar Voltaire todos os homens corajosos que não pereceram ou cuja presença não é indispensável em seus bairros. Um dos primeiros é Vermorel, que durante toda essa luta mostrou coragem ardente e sangue frio. A cavalo, ostentando o lenço vermelho, ele percorria as barricadas, incentivando os homens, procurando e levando reforços. Na administração distrital, fora realizada mais uma reunião por volta do meio-dia, com a participação de 22 membros da Comuna e do Comitê Central. Arnold explicou que, na noite anterior, o secretário de Washburne, embaixador dos Estados Unidos, viera oferecer a mediação dos alemães. Bastava a Comuna enviar comissários a Vincennes, dizia ele, para acertar as condições de um armistício. Conduzido à sessão, o secretário repetiu a declaração. Delescluze manifestava grande contrariedade. Que motivo levava o estrangeiro a intervir? Acabar com os incêndios e manter sua garantia, diziam-lhe. Mas sua garantia era o governo versalhês, cujo triunfo não era mais duvidoso àquela altura. Outros afirmavam seriamente que a encarniçada defesa de Paris inspirava admiração aos prussianos. Ninguém questionou se a insensata proposta não ocultava uma cilada, ou se o pretenso secretário não era um espião. Como náufragos, agarraram-se à tábua de salvação. Arnold até expôs as bases de um armistício, semelhantes à do Comitê Central. Foi delegado junto com Vermorel, Vaillant e Delescluze para acompanhar o secretário americano a Vincennes.

Chegaram às três horas à Porta de Vincennes. O comissário de Polícia se recusou a deixá-los passar. Mostraram seus lenços, suas carteiras de identificação. O comissário exigia um salvo-conduto da segurança. Durante essa discussão, os federados acorreram. "Aonde ides?", perguntaram. "A Vincennes." "Para quê?" "Em missão." Travou-se um penoso debate. Os federados pensaram que os membros da Comuna queriam fugir da batalha. Até iam agredi-los quando alguém reconheceu Delescluze. Este nome salvou os outros, mas o comissário de Polícia continuou exigindo o salvo-conduto.

Um dos delegados foi correndo buscá-lo na administração do XI Distrito. Mesmo diante da ordem de Ferré, os guardas se recusaram a abaixar a ponte levadiça. Delescluze os censurou, dizendo que se tratava da salvação de todos. Exigências, ameaças, nada pôde desenraizar a ideia de uma deserção. Delescluze voltou à administração distrital, onde escreveu esta carta, que confiou a um amigo de confiança.

> Minha boa irmã, não quero nem posso servir de vítima e de joguete à reação vitoriosa. Perdoai-me se parto antes de ti, que me sacrificaste a vida. Mas não tenho mais coragem para suportar uma nova derrota, após tantas outras. Beijo-te mil vezes, amo-te tanto! Tua lembrança será a última que visitará meu pensamento antes de descansar. Abençoo-te, minha bem amada irmã, tu que foste minha única família após a morte de nossa pobre mãe. Adeus. Adeus. Beijo-te mais uma vez. Teu irmão que te amará até seu último momento.

Nos arredores da administração distrital, uma multidão gritava atrás de bandeiras coroadas por águias que, diziam, acabavam de ser tomadas dos versalheses, astúcia infantil para incentivar a coragem do povo. Chegavam feridos da Bastilha. A senhora Dimitrieff, mesmo ferida, apoiava Frankel, ferido na barricada do *faubourg* Saint-Antoine.

Wroblewski chegava da Butte-aux-Cailles. Delescluze lhe ofereceu o comando-geral: "Tendes uns mil homens decididos?", perguntou Wroblewski. "No máximo algumas centenas", respondeu o delegado. Wroblewski não podia aceitar qualquer responsabilidade de comando em condições tão desiguais, e continuou a luta como simples soldado. Foi ele, com Dombrowski, o único general da Comuna que demonstrou ter qualidades de um chefe de corpo de Exército. Sempre pedia que lhe enviassem os batalhões que ninguém queria, declarando-se forte o suficiente para os utilizar.

O ataque aproximava-se cada vez mais do Château-d'Eau. Esta praça,* criada pelo império para cortar o caminho dos *faubourgs* e para a qual convergem oito largas avenidas, não foi realmente fortificada. Os versalheses, dominando o Folies-Dramatiques e a Rua do Château-d'Eau, atacam-na contornando o quartel. Casa por casa, arrancam a Rua Magnan das mãos dos pupilos da Comuna. Depois de enfrentar o inimigo durante quatro dias, Brunel cai, ferido na coxa. Seus homens o levam em uma maca, atravessando a Praça do Château-d'Eau.

Da Rua Magnan, os versalheses chegam logo ao quartel. Os federados, em número insuficiente para defender esse grande edifício, têm de desocupá-lo. A queda dessa posição deixa descoberta a Rua Turbigo. Assim, os versalheses podem espalhar-se por todo o alto do III Distrito e cercar o Conservatório de Artes e Ofícios. Após uma luta bastante longa, os federados abandonam a barricada do Conservatório, deixando uma metralhadora carregada. Fica também uma mulher, que a descarrega assim que os soldados chegam ao seu alcance.

As barricadas do Bulevar Voltaire e do Teatro Déjazet suportam desde então o fogo do Quartel Prince Eugène, do Bulevar Magenta, do Bulevar Saint-Martin, da Rua du Temple e da Rua Turbigo. Atrás de seus frágeis abrigos, os federados suportam valentemente a avalanche. Quantos homens a história consagrou como heróis que jamais demonstraram a centésima parte dessa coragem simples, sem

---

* Hoje, Praça da República.

efeito teatral, sem testemunhas, que surgiu em mil lugares durante aqueles dias! Nessa famosa barricada do Château d'Eau, chave do Bulevar Voltaire, um garoto de dezoito anos, que agita um estandarte, cai morto. Outro recolhe o estandarte, sobe nos paralelepípedos, mostra o punho ao inimigo invisível, acusando-o de ter matado seu pai. Vermorel, Theisz, Jaclard e Lisbonne querem que desça; ele se recusa, mantendo-se ali até ser derrubado por uma bala. É como se essa barricada exercesse uma fascinação; uma jovem de 19 anos, Marie M..., vestida de fuzileiro naval, rosada e encantadora, com cabelos negros encaracolados, luta um dia inteiro. Uma bala na testa mata seu sonho. Um tenente é morto na frente da barricada. Uma criança de quinze anos, Dauteuille, passa por cima dos paralelepípedos, pega, debaixo do tiroteio, o quepe do morto, e o traz a seus companheiros.

Nessa batalha de rua, como em campo aberto, as crianças se mostraram grandes como os homens. Em uma barricada no *faubourg* du Temple, o atirador mais enraivecido é um menino. Quando é tomada, todos os seus defensores são encostados à parede. O menino pede três minutos: "Sua mãe mora na frente; que o deixem levar-lhe seu relógio de prata, para que pelo menos ela não perca tudo". O oficial, involuntariamente comovido, deixa-o ir, acreditando que não tornaria a vê-lo. Três minutos depois: "Eis-me aqui!". É o menino que salta na calçada e, agilmente, encosta-se à parede perto dos cadáveres dos companheiros fuzilados. Paris imortal, enquanto lá nascerem homens assim.

A Praça du Château-d'Eau é devastada por um ciclone de obuses e balas. Blocos enormes são projetados; os leões do chafariz, destruídos ou jogados ao chão; o reservatório acima deles é retorcido. Das casas, jorram chamas. As árvores já não têm folhas e seus galhos quebrados pendem como membros decepados presos apenas por um resto de carne. Dos jardins revirados, sobem nuvens de poeira. A mão da morte abate-se sobre cada paralelepípedo.

Às 6h45, avistamos Delescluze, Jourde e uns 50 federados perto da administração distrital, marchando em direção ao Château-d'Eau. Delescluze, como de costume: chapéu, sobrecasaca e calça pretos, lenço vermelho na cintura – pouco aparente – sem armas, apoiando-se em uma bengala, temendo algum pânico no Château-d'Eau; seguimos o delegado, o amigo. Alguns de nós pararam na igreja de Saint-Ambroise para pegar cartuchos. Encontramos um negociante da Alsácia, chegado há cinco dias para atirar contra aquela Assembleia que entregara seu país; voltava com a coxa trespassada. Mais adiante, Lisbonne, ferido, sustentado por Vermorel, Theisz e Jaclard. Por sua vez, Vermorel cai, gravemente ferido; Theisz e Jaclard o levantam e o levam em uma padiola; Delescluze aperta a mão do ferido e diz-lhe algumas palavras de esperança. A 50 metros da barricada, os poucos guardas que acompanharam Delescluze desaparecem, pois os projéteis escurecem a entrada do bulevar.

O sol se punha atrás da praça. Delescluze, sem olhar se era seguido, avançava sempre com passo uniforme, único ser vivo no meio do Bulevar Voltaire. Ao chegar à barricada, vira à esquerda em diagonal e sobe nos paralelepípedos. Pela última vez, vimos aquele rosto austero, emoldurado pela sua curta barba branca, voltado para a morte. Subitamente, Delescluze desapareceu. Acabara de cair, fulminado na Praça du Château d'Eau.

Alguns homens quiseram erguê-lo; três ou quatro tombaram. Tratava-se agora de pensar apenas na barricada, em reunir seus raros defensores. Johannard, levantando o fuzil e chorando de ódio no meio da rua, gritava aos aterrorizados: "Não! não sois dignos de defender a Comuna!". Anoiteceu. Voltamos, deixando o corpo de nosso pobre amigo abandonado aos ultrajes de um adversário sem respeito pela morte.

Ele não avisara ninguém, nem sequer os mais íntimos. Silencioso, tendo como confidente apenas sua consciência severa, Delescluze marchou para a barricada como os antigos *montagnards* subiram ao catafalco. A longa jornada de sua vida esgotara-lhe as forças. Restava-lhe apenas um sopro, que entregou. Só viveu para a justiça. Tal foi seu talento, sua ciência, a estrela guia de sua vida. Ele a conclamou, professou-a durante 30 anos no exílio, nas prisões, sob as injúrias, desdenhando as perseguições que lhe partiam os ossos. Jacobino, tombou com os socialistas para defendê-la. Sua recompensa foi morrer por ela, com as mãos livres, ao sol, em sua hora, sem ser afligido pela visão do carrasco.*

Durante toda a noite, os versalheses atacam furiosamente a entrada do Bulevar Voltaire, protegida pelo incêndio das duas casas da esquina. Do lado da Bastilha, não vão além da Praça Royale; começam a entrar no XII Distrito. Protegidos pela muralha do cais, tinham entrado por baixo da Praça d'Austerlitz durante o dia. À noite, cobertos por suas canhoneiras e suas baterias do Jardin des Plantes, chegam perto de Mazas.

Nossa ala direita resistiu melhor. Os versalheses não conseguiram ultrapassar a linha da ferrovia do leste. Atacam de longe a Rua d'Aubervilliers, ajudados pelos fogos da Rotonde. Do alto das colinas Chaumont, Ranvier canhoneia vigorosamente Montmartre, quando um despacho lhe informa que a bandeira vermelha tremula no Moulin de la Galette. Não conseguindo acreditar, recusa-se a suspender o ataque.

À noite, os versalheses formam diante dos federados uma linha quebrada que, partindo da ferrovia do leste, chega à de Lyon, passando pelo Château-d'Eau, próxima da Bastilha. Só restam à Comuna dois distritos intactos, o XIX e o XX, e cerca da metade do XI e do XII.

A Paris que Versalhes transformou não tem mais aparência civilizada: "É uma loucura furiosa", escreve o *Siècle* da manhã do dia 26. "Não se distingue mais o inocente do culpado. A suspeita está em todos os olhos. As denúncias proliferam. A vida dos cidadãos não vale mais do que um fio de cabelo. Por um sim, ou por um não, se é preso, fuzilado." Os respiradouros dos porões são murados por ordem do Exército, que quer dar crédito à lenda das petroleiras. Os guardas nacionais da ordem saem de suas tocas, orgulhosos da bra-

* Disse-me em Bruxelas, onde o exílio nos reunira, em agosto de 1870: "Sim, creio que a república está próxima, mas cairá nas mãos da esquerda atual, e depois se seguirá uma reação. Eu morrerei em uma barricada, enquanto Jules Simon será ministro".

çadeira, apresentam-se aos oficiais, revistam as casas, reivindicam a honra de presidir os fuzilamentos. No X Distrito, o ex-administrador Dubail, assistido pelo comando do 109º Batalhão, guia os soldados à caça de seus antigos administrados. Graças aos *brassardiers*, o número de prisioneiros aumenta tanto que é preciso centralizar a carnificina para dar conta dela. As vítimas são empurradas para os pátios das administrações distritais, dos quartéis, dos edifícios públicos, onde se encontram os prebostes, e são fuziladas em massa. Se o fuzil não era suficiente, a metralhadora aniquilava. Nem todos morrem na hora e, à noite, brotam daqueles amontoados clamores de agonias desesperadas.

Não basta matar os feridos das batalhas de rua. O versalhês vai procurar os feridos nas ambulâncias fora de Paris. No seminário Saint-Sulpice, há uma delas, dirigida pelo doutor Faneau, muito pouco simpático à Comuna; a bandeira de Genebra a protege. Chega um oficial: "Há federados aqui?". "Sim", diz o doutor, "mas são feridos que estão comigo há muito tempo". "Sois amigo desses patifes", diz o oficial. Faneau é fuzilado; vários federados são degolados na própria ambulância. Mais tarde, o honesto oficial alegou um tiro disparado por aqueles feridos. Os fuzileiros da ordem raramente têm coragem de assumir seus crimes.*

A escuridão trouxe de volta a claridade dos incêndios. Ali, onde os raios do sol faziam nuvens negras, reaparecem fulgurantes fogueiras. O Grenier d'Abondance ilumina o Sena até bem depois das fortificações. A Coluna de Julho, traspassada pelos obuses que inflamaram sua veste de coroas secas e bandeiras, arde em uma tocha fumegante; o Bulevar Voltaire está em chamas do lado do Château d'Eau.

A morte de Delescluze fora tão simples e rápida que foi posta em dúvida até na administração do XI Distrito, para onde fora trasladado Vermorel. Alguns de seus colegas o cercam. Ferré o abraça, e Vermorel lhe diz: "Vede, a minoria sabe fazer-se matar pela causa revolucionária". Por volta da meia-noite, alguns membros da Comuna decidem

---

* Apêndice XXII.

desocupar a administração distrital. Por que sempre fugir diante do chumbo! A Bastilha foi tomada? O Bulevar Voltaire não resiste? Então será que toda estratégia do Comitê de Salvação Pública, todo seu plano de batalha se resume em recuar?! Às duas da madrugada, quando se procura um membro da Comuna para apoiar a barricada do Château d'Eau, só resta Gambon dormindo em um canto. Um oficial o acorda e pede desculpas. O velho republicano responde: "Tanto faz que seja eu ou outro; já vivi bastante": e se dirige até lá. Mas as balas deixaram o Bulevar Voltaire deserto até a igreja de Saint-Ambroise. A barricada de Delescluze está abandonada.

A resistência se concentra em Belleville. Sexta-feira, 26: 48 reféns são fuzilados na Rua Haxo. Sábado, 27: todo o XX Distrito é invadido. Tomada do Père-Lachaise. Domingo, 28: a batalha termina às 11 horas da manhã. Segunda-feira, 29: o Forte de Vincennes se rende

Continuando com seus ataques-surpresa noturnos, os soldados esgueiram-se para as barricadas desertas da Rua d'Aubervilliers e do Bulevar de la Chapelle. Do lado da Bastilha, ocupam a barricada da Rua Saint-Antoine, esquina da Rua Castex, a estação da estrada de ferro de Lyon, a prisão de Mazas; no III Distrito, as defesas abandonadas do mercado e da Praça du Temple, atingem as primeiras casas do Bulevar Voltaire e se instalam nos Magasins-Réunis.

Na escuridão da noite, um comandante versalhês foi surpreendido pelos postos avançados da Bastilha e fuzilado "sem respeito às leis da guerra", disse Thiers no dia seguinte. Como se ele, há quatro dias fuzilando sem piedade milhares de prisioneiros, velhos, mulheres e crianças, seguisse outra lei que não a dos selvagens.

O ataque recomeça ao raiar do dia. Em La Villette, os versalheses atravessam a Rua d'Aubervilliers, contornam e ocupam o gasômetro abandonado; no centro, tomam o Circo Napoleão. À direita, no XII

Distrito, invadem sem luta os bastiões mais próximos ao rio. Um destacamento segue o aterro da ferrovia de Vincennes e ocupa a estação, outro, o Bulevar Mazas (hoje Diderot), e entra em Saint--Antoine. Dessa maneira, a Bastilha é pressionada pelo seu flanco direito, enquanto as tropas da Praça Royale atacam o esquerdo pelo Bulevar Beaumarchais.

Na sexta-feira, o sol não aparece. O canhoneio de cinco dias provocou a chuva que geralmente segue às grandes batalhas. O tiroteio perdeu sua breve voz e ronca surdamente. Os homens, cansados, molhados até os ossos, mal distinguem, por trás da cortina úmida, de onde vem o ataque. Os obuses de uma bateria versalhesa instalada na Estação de Orléans destroem a entrada do *faubourg* Saint-Antoine. Às sete horas, é anunciada a presença de soldados na parte alta do *faubourg*. São trazidos canhões. Sem resistência, a Bastilha será destruída.

O bairro resiste. As ruas d'Aligre e Lacuée rivalizam em dedicação. Entrincheirados nas casas, os federados não cedem, nem recuam. Graças ao seu sacrifício, a Bastilha disputará ao inimigo, durante mais seis horas, seus restos de barricadas e suas casas estraçalhadas. Cada pedra tem sua lenda nesse estuário da Revolução. O olho de bronze engastado na muralha é uma bala atirada em 1889 pela fortaleza. Encostados nos mesmos muros, os filhos dos combatentes de junho disputam o mesmo chão que seus pais. Aqui, os conservadores de 1848 atacaram com a mesma virulência que os de 1871! A casa da esquina dos bulevares Beaumarchais e Richard-Lenoir, a esquina esquerda da Rua de La Roquette, a da Rua de Charenton estão desabando a olhos vistos, como cenário de teatro. Nessas ruínas, sob as vigas em chamas, homens disparam o canhão, reerguem dez vezes a bandeira vermelha, dez vezes abatida pelas balas versalhesas, impotente para triunfar sobre um Exército, a velha praça gloriosa quer ter uma morte digna.

Quantos são, ao meio-dia? Cem, pois à noite há 100 cadáveres na barricada principal. Na Rua Crozatier, estão mortos. Estão mortos na Rua d'Aligre, morreram na luta ou após o combate. E como morrem! Na Rua Crozatier, há um artilheiro do Exército que passou para o lado do povo em 18 de março. Está cercado. "Vamos fuzilar-te!", gritam os soldados. Ele dá de ombros: "Só se morre uma vez!". Mais adiante, é um velho que se debate. O oficial, por um requinte de crueldade, quer fuzilá-lo em cima de um monte de lixo. "Lutei bravamente", diz o velho, "tenho o direito de não morrer na merda".

De resto, morre-se por toda parte. No mesmo dia, Millière, preso na margem esquerda, é levado ao Estado-Maior de Cissey. Este general do império, atolado em dívidas sujas, pelas quais morreu, e que, quando ministro da Guerra, deixou sua amante, uma alemã, surpreender o plano de um dos novos fortes de Paris, fizera do Luxemburgo um dos matadouros da margem esquerda. O papel de Millière, como já vimos, fora o de conciliador, e o tom de sua polêmica nos jornais, muito elevado. Permanecera alheio à batalha, embora alguns fingissem confundi-lo com o chefe da 18ª Legião, mas o ódio dos oficiais bonapartistas, o de Jules Favre, o espreitava. O executor, o capitão de Estado-Maior, Garcin, hoje general, relatou o crime de cabeça erguida. A história deve conceder-lhe a palavra para que se veja a lama humana que as vinganças da ordem fizeram brotar.

> Trouxeram Millière; estávamos almoçando com o general no restaurante de Tournon, ao lado do Luxemburgo. Ouvimos um barulho fortíssimo e saímos. Disseram-me: 'É Millière'. Providenciei para que a multidão não fizesse justiça com suas próprias mãos. Não entrou no Luxemburgo, foi preso na porta. Dirigi-me a ele e perguntei: 'Sois de fato Millière?' 'Sim, mas como sabeis sou deputado'. 'Pode ser, mas receio que tenhais perdido a qualidade de deputado. De resto, há entre nós um deputado, o senhor De Quinsonnaz, que vos identificará'.*
>
> Então eu disse a Millière que as ordens do general eram de que fosse fuzilado. Perguntou-me: 'Por quê?'.
>
> Respondi: 'Só vos conheço de nome, li artigos de vossa autoria que me revoltaram; sois uma víbora que deve ser esmagada. Detestais a sociedade'. Interrompeu-me, dizendo de modo significativo: 'Oh, sim! odeio esta sociedade'. 'Pois bem, ela vai eliminar-vos de seu

* Quinsonnaz foi da "comissão dos assassinos".

> seio, sereis fuzilado', 'isso é justiça sumária, barbárie, crueldade.' 'E todas as crueldades que cometesteis, não significam nada? De qualquer modo, uma vez que dissestes que sois Millière, não há mais nada a fazer.'
>
> O general ordenara que ele fosse fuzilado no Panthéon, de joelhos, para pedir perdão à sociedade pelo mal que lhe fizera. Recusou-se a ser fuzilado de joelhos. Eu lhe disse: 'É a ordem, sereis fuzilado de joelhos e não de outra maneira'. Ele fez um pouco de teatro, abriu o traje, mostrando o peito ao pelotão de fuzilamento. Eu lhe disse: 'Estais fazendo teatro, quereis que digamos como fostes morto; morrei tranquilamente, é melhor'. 'Sou livre para fazer o que quero, no meu interesse e no de minha causa.' 'Está bem, ajoelhai-vos.' Então ele me disse: 'Só me ajoelharei obrigado por dois homens'. Mandei fazer o que dizia e procedeu-se a sua execução. Gritou: 'Viva a Humanidade!' Ia gritar outra coisa quando caiu morto.

Um militar galgou os degraus, aproximou-se do cadáver e descarregou-lhe a espingarda Chassepot na fronte esquerda. A cabeça de Millière saltou e, virada para trás, despedaçada, negra de pólvora, parecia olhar o frontispício do monumento.*

"Viva a Humanidade!" A frase expressa as duas causas: "Faço tanta questão da liberdade para os outros povos quanto para a França", dizia um federado a um reacionário. Em 1871 como em 1793, Paris combate por todos os oprimidos.

A Bastilha sucumbe por volta das duas horas. La Villette ainda está em luta. De manhã, a barricada da esquina do bulevar com a Rua de Flandre foi entregue por seu comandante. Os federados se concentram atrás, na linha do canal, e erguem barricadas na Rua de Crimée. A Rotonde, destinada a suportar o choque principal, é reforçada por uma barricada no cais do Loire. O 269°, que faz frente ao inimigo há dois dias, recomeça a luta atrás das novas posições. Como a linha da La Villette é muito extensa, Ranvier e Passedouet vão buscar reforços no XX Distrito, onde se refugia o que resta de todos os batalhões.

---

* Apêndice XXIII.

Enchem a administração distrital, que distribui alojamentos e bônus de víveres. Perto da igreja, furgões e cavalos se amontoam ruidosamente. O quartel-general e os diferentes serviços estão instalados na Rua Haxo, na Cité Vincennes – conjunto de construções separadas por jardins.

As barricadas, muito numerosas no emaranhado de ruas de Ménilmontant, estão quase todas voltadas para o bulevar. A estrada estratégica que, nesse ponto, domina o Père-Lachaise, as colinas Chaumont e os bulevares exteriores, não está sequer protegida.

Do alto das muralhas, veem-se os prussianos em armas. Nos termos de um acordo anteriormente concluído entre Versalhes e o príncipe da Saxônia, o Exército alemão cercava Paris, ao norte e a leste, desde segunda-feira. As tropas haviam cortado a ferrovia do norte, guarnecido a linha do canal do lado de Saint- Denis, colocado sentinelas de Saint-Denis a Charenton e erguido barricadas armadas em todas as estradas. Às cinco da tarde da quinta-feira, cinco mil bávaros desceram de Fontenay, Nogent, Charenton, e formaram um cordão intransponível do Marne a Montreuil. À noite, outro Exército de 5 mil homens ocupou Vincennes com 80 peças de artilharia. Às nove horas, o prussiano cercava o Forte e desarmava os federados que queriam entrar em Paris. Fez mais: apreendeu a caça para Versalhes. Desde a Comuna, os prussianos haviam prestado cooperação indireta ao Exército versalhês. Seu acordo com os conservadores franceses apareceu sem disfarces durante os oito dias de maio. De todos os crimes de Thiers, um dos mais odiosos será o de ter admitido os vencedores da França em nossas discórdias civis e mendigado sua ajuda para esmagar Paris.

Em torno do meio-dia, um incêndio surge na parte oeste das docas de La Villette, imenso armazém de petróleo, essências e materiais explosivos, provocado pelos obuses de ambas as partes. O fogo aniquila as barricadas das ruas de Flandre e Riquet. Os versalheses tentam atravessar o canal de barco, mas as barricadas da Rua de Crimée e da Rotonde os detêm.

Vinoy continua a subir pelo XII Distrito, tendo deixado na Bastilha os homens necessários para as perquisições e os fuzilamentos. A barricada da Rua de Reuilly, na esquina do *faubourg* Saint-Antoine, resiste algumas horas contra os soldados que a canhoneiam do Bulevar Mazas. Seguindo por este último e pela Rua Picpus, os versalheses dirigem-se à Praça du Trône, que tentam contornar pelas muralhas. A artilharia prepara e cobre seus mínimos movimentos. Geralmente, carregam as peças na esquina das ruas que querem destruir, fazem-nas avançar, atiram e as levam de volta para local protegido. Os federados só poderiam atingir pelo alto esse inimigo invisível; mas é impossível centralizar a artilharia da Comuna em posições elevadas. Cada barricada quer apenas manter sua peça sem se preocupar com o alcance de seu tiro.

Não há mais autoridade de espécie alguma. Na Rua Haxo, grande confusão de oficiais sem ordens; só se conhece a progressão do inimigo pela chegada de novos restos dos batalhões. A confusão é tal que Du Buisson, expulso de La Villette, chega fardado a esse lugar mortal para os traidores. Os raros membros da Comuna que podem ser encontrados vagueiam, sem serem reconhecidos pelo XX Distrito, mas não desistem de deliberar. Na sexta-feira, uma dúzia deles está na Rua Haxo, o Comitê Central chega a reivindicar a ditadura. Esta lhe é concedida, agregando-lhe Varlin. Ninguém mais fala do Comitê de Salvação Pública.

O único de seus membros que mantém uma posição é Ranvier, de uma energia esplêndida nas batalhas. Foi, durante a agonia, a alma de La Villette e de Belleville, incentivando os homens, cuidando de tudo. No dia 26, manda imprimir uma proclamação:

> Cidadãos do XX Distrito, conheceis a sorte que nos é reservada se sucumbirmos [...]. Às armas! [...]. Sede vigilantes, sobretudo à noite [...]. Peço-vos que executeis fielmente as ordens [...]. Prestai vossa ajuda ao XIX Distrito; auxiliai a repelir o inimigo. Nisso reside vossa segurança [...]. Não espereis que a própria Belleville seja atacada [...] e Belleville triunfará uma vez mais [...]. Avante [...]. Viva a república!

É o último cartaz da Comuna.

Mas quantos leem ou ouvem? Os obuses de Montmartre que esmagam Belleville e Ménilmontant desde a véspera, os gritos, o espetáculo dos feridos arrastando-se de casa em casa à procura de socorro, os sinais por demais evidentes do fim próximo precipitam os fenômenos comuns à derrota. Os olhares se tornam selvagens. Qualquer indivíduo sem farda pode ser fuzilado se não invocar um nome bem conhecido. As notícias que chegam de Paris aumentam o ódio. Diz-se que o massacre dos prisioneiros é a norma dos versalheses, que degolam nas ambulâncias; que milhares de homens, mulheres, crianças e velhos são levados para Versalhes de cabeça descoberta, e muitas vezes mortos no caminho; que basta ser parente de um combatente ou dar-lhe asilo para partilhar sua sorte; relatam as execuções das pretensas petroleiras.

Por volta das seis horas, um grupo de soldados da Força Pública, eclesiásticos e civis chega à Rua Haxo, rodeado por um destacamento comandado pelo coronel Gois. Estão vindo de La Roquette e pararam um momento na administração distrital, onde Ranvier se recusou a recebê-los. Num primeiro momento, pensa-se que são prisioneiros recentemente detidos e desfilam em meio ao silêncio geral. Logo circula o rumor de que são reféns e vão morrer. São 34 soldados da Força Pública capturados no dia 18 de março em Belleville e Montmartre, dez jesuítas, religiosos, padres, quatro alcaguetes do império: Ruault, do complô da Opéra-Comique; Largillière, condenado em junho e no processo da Renaissance; Greffe, organizador dos enterros civis que se tornara auxiliar do chefe da Segurança, Lagrange; Dureste, seu chefe de brigada. Seus dossiês foram encontrados e publicados durante o sítio.

A multidão se avoluma, apostrofa os reféns e um deles é agredido. O cortejo entra na *cité* Vincennes, cujas grades tornam a se fechar, e empurra os reféns para uma espécie de trincheira cavada em frente a um muro. Um membro da Comuna, Serrailler, acorre: "Que estais fazendo?! Ali há um depósito de pólvora, vai explodir!". Com essa atitude, esperava retardar a execução. Varlin, Louis Piat e outros lutam, se esfalfam para ganhar tempo. São repelidos, ameaçados. A autoridade de Varlin quase consegue salvá-los da morte.

As espingardas Chassepot disparam sem esperar voz de comando; os reféns caem. Um indivíduo grita: "Viva o imperador!" É fuzilado com os outros. Do lado de fora, aplaudem. E, entretanto, há dois dias, os soldados que haviam sido presos desde a entrada das tropas atravessavam Belleville sem suscitar um murmúrio. Mas esses soldados da Força Pública, esses policiais, esses padres que, ao longo de 20 anos, haviam pisoteado Paris, representavam o império, a alta burguesia, os responsáveis pelos massacres, sob suas formas mais odiadas.

Pela manhã havia sido fuzilado o sócio de Morny, Jecker. A Comuna não soubera julgá-lo, a justiça "imanente" o pegou. Genton, François, Bo... (Boufflers) e Cl... (Clavier), comissário de Polícia, vieram buscá-lo na prisão de La Roquette. Aventureiro que era, resignou-se bem depressa, desprezando a própria vida como a dos outros. Saiu com as mãos livres no meio do grupo que se dirigia ao Père-Lachaise. No caminho, Jecker falou sobre a expedição ao México, que era agora a causa de sua morte. "Ah! não fiz um bom negócio", disse ele, "aquela gente me roubou", o que repetia desde que fora preso. Chegando ao muro em frente à Charonne, disseram-lhe: "É aqui?" "Como quiserdes!" Morreu tranquilamente. Colocaram-lhe no rosto o chapéu e um papel com seu nome.

Não há grande movimentação de tropas durante esse dia. Os corpos de Exército de Douai e Clinchant acompanham o Bulevar Richard Lenoir. A dupla barricada atrás de Bataclan impede a invasão do Bulevar Saint-Sébastien. A Praça du Trône ainda se defende com as barricadas de Philippe-Auguste. A Rotonde e a Villette também resistem. No fim do dia, o incêndio ganha a parte das docas mais próximas da administração distrital.

À noite, o Exército pressiona a resistência entre as fortificações e uma linha que, saindo dos abatedouros de La Villette e passando pelo canal de Saint-Martin, pelo Bulevar Richard Lenoir e por uma rua do *faubourg* Saint-Antoine, desemboca na Porta de Vincennes. Ladmirault e Vinoy nas duas extremidades, Douai e Clinchant no centro.

A noite de sexta-feira é febril em Ménilmontant e Belleville, atormentados pelos obuses. Os serviços que subsistem abandonaram a *cité* Vincennes, ensanguentada, e Jourde pôs em local seguro o pouco dinheiro que resta para pagar o soldo. Há quatro dias que os federados vivem dos 500 mil francos do banco, dos restos do caixa e de alguns funcionários leais, como um da alfândega municipal, que passou por entre as balas para entregar a receita do dia. Na esquina de cada rua, as sentinelas exigem a senha *Bouchotte-Belleville*, que muitas vezes não é suficiente. É preciso justificar uma missão, e cada chefe de barricada se sente no direito de impedir a passagem.

Os restos dos batalhões chegam de forma tumultuada; como, em sua maioria, não encontram mais abrigo, acampam ao ar livre, sob os obuses sempre saudados com: "Viva a Comuna!".

Na rua principal de Belleville, guardas nacionais carregam féretros sobre seus fuzis cruzados. Alguns homens os precedem com tochas. O tambor bate. Esses combatentes, que enterram em silêncio os companheiros, irradiam uma grandeza comovedora, pois eles próprios estão às portas da morte.

Durante a noite, as barricadas da Rua d'Allemagne são abandonadas. No máximo mil homens passaram dois dias combatendo 25 mil soldados de Ladmirault. Quase todos eram da retaguarda.

As primeiras luzes da manhã de sábado revelam uma paisagem lívida. A bruma é penetrante, viscosa; a terra, encharcada. Rolos de fumaça branca elevam-se com dificuldade acima da chuva; é o tiroteio.

Desde a aurora, as barricadas da estrada estratégica e as portas de Montreuil e Bagnolet são ocupadas pelas tropas que, sem resistência, espalham-se em Charonne. Por volta das sete horas, instalam-se na Praça du Trône, cujas defesas foram abandonadas. À entrada do Bulevar Voltaire, os versalheses dispõem seis peças em bateria contra a barricada da administração do XI Distrito, de onde duas peças respondem uma vez ou outra. Certos do sucesso, os oficiais querem triunfar com estrondo. Mais de um obus cai sobre a estátua de Voltaire, cujo riso sardônico parece recordar a seus sobrinhos-netos a bela barulheira que lhes prometera.*

Em La Villette, os soldados forçam todos os pontos da linha, esgueiram-se pelas fortificações, atacam as ruas de Puebla e de Crimée. Sua ala esquerda, ainda empenhada na parte alta do XI Distrito, tenta tomar as demais ruas, que vão dar no Bulevar de La Villette. Suas baterias da Rua de Flandre, das muralhas e da Rotonde juntam seu fogo ao de Montmartre e despejam obuses sobre as colinas Chaumont.

A barricada da Rua Puebla capitula por volta das dez horas. Um marinheiro que ficou sozinho, oculto atrás dos paralelepípedos, espera os versalheses, descarrega seu revólver e, de machado na mão, atira-se sobre eles. O inimigo se espalha pelas ruas adjacentes até a Rua Ménadier, firmemente controlada pelos atiradores federados. Na Praça des Fêtes, duas peças dominam toda a extensão da Rua de Crimée e protegem nosso flanco direito.

Às 11 horas, nove ou dez membros do Conselho encontram-se na Rua Haxo. Jules Allix, mais desvairado do que nunca, chega exultante. A seu ver, tudo corre maravilhosamente; não há tropas nos bairros centrais, basta descer em massa. Outros imaginam que evitarão os massacres rendendo-se aos prussianos, que os entregarão a Versalhes. Um ou dois dizem que tal esperança é absurda, que os federados não deixarão ninguém sair; não os escutam, e Jules Vallès se prepara para lançar um manifesto. Chega Ranvier à procura de homens para a defesa das colinas Chaumont. “Ide lutar”, grita-lhes, “em vez de discutir!”. Essa frase de bom-senso vira a mesa. Cada um atira para seu lado; foi o último encontro desses eternos deliberadores.

Os versalheses ocupam o Bastião 16. Ao meio-dia, espalha-se o rumor de que as tropas chegam pelas ruas de Paris e pelas muralhas. Uma multidão de homens e mulheres, expulsos de casa pelos obuses, precipita-se para o campo pela Porta de Romainville. À uma hora, a ponte levadiça é baixada para seis franco-maçons que foram pedir aos

* Hoje, Praça Monge.

prussianos para que deixassem passar os federados; a multidão se lança em direção às primeiras casas da aldeia de Lilas, tentando atravessar a barricada prussiana, erguida no meio da estrada. O cabo da Força Pública de Romainville grita aos prussianos; "Vamos, vamos, atirai nessa gentalha!". Um soldado prussiano abre fogo e fere uma mulher.

Por volta das quatro horas, um tal coronel Parent, um desses seres que brotam dos detritos das derrotas, impondo-se por sua altura, manda abaixar a ponte levadiça e, sem mandado algum, vai pedir passagem às tropas prussianas. O estrangeiro respondeu que entregaria os federados às autoridades versalhesas.

Nesse momento, Arnold, membro da Comuna, que apesar de tudo acreditava na intervenção americana, foi até os postos avançados alemães levar uma carta para o embaixador Washburne, mais hostil do que nunca à causa da Comuna, pois era amigo de Darboy. Arnold foi recebido muito duramente e saiu de lá com a vaga promessa de que seu recado seria transmitido ao destinatário.

Vários batalhões versalheses, que chegaram à Rua de Crimée pela via estratégica, são detidos na Rua de Bellevue. Da Praça du Marché, três canhões unem seu fogo ao da Praça des Fêtes para proteger as colinas Chaumont. Apenas cinco artilheiros serviram-se dessas peças o dia inteiro, sem necessidade de ordens, nem de chefe. Às quatro horas, os canhões das colinas se calam por falta de munição; os homens que os usavam somam-se aos atiradores das ruas Ménadier, Fessart e des Annelets.

Às cinco horas, Ferré leva para a Rua Haxo os soldados de infantaria de linha do Quartel Prince-Eugène, transferidos desde quarta-feira para a Pequena Roquette, que, assim como a Grande, acaba de capitular. A multidão que os olha não é ameaçadora; o povo não nutre ódio pelo soldado, povo como ele. São aquartelados na igreja de Belleville. Sua chegada gera uma diversão fatal. As pessoas acorrem à sua passagem desguarnecendo a Praça des Fêtes. Os versalheses chegam, ocupam-na e os últimos defensores das colinas recuam para o *faubourg* du Temple e para a Rua de Paris.

Enquanto sua dianteira cede, os federados são atacados pela retaguarda. Desde as quatro da tarde, os versalheses cercam o Père-Lachaise, que mal conta com 200 federados, indisciplinados e imprevidentes como sempre; os oficiais não conseguiram construir ameias nos muros. Os versalheses abordam essa temida muralha por todos os lados ao mesmo tempo e a artilharia do bastião varre seu interior. As peças da Comuna quase não têm mais munição desde a tarde. Apesar da superioridade numérica, os versalheses não ousam tentar escalar a muralha, e às seis horas começam a canhonear a porta do cemitério. Esta logo cede, apesar da barricada que a escora. Protegidos atrás dos túmulos, os federados disputam o refúgio. Nos jazigos, há combates com armas brancas. Os inimigos rolam e morrem nas mesmas fossas. A escuridão não põe fim ao desespero.

Na noite de sábado, só restam aos federados duas partes dos XI e XX distritos. Os versalheses acampam na Praça des Fêtes, na Rua Fessart, na Rua Pradire até a Rua Rebeval, onde são detidos, bem como no bulevar. O quadrilátero compreendido entre a rua do *faubourg* du Temple, Rua Folie Méricourt, Rua de La Roquette e bulevares exteriores está parcialmente ocupado pelos federados. No Bulevar Richard-Lenoir, Douai e Clinchant esperam que Vinoy e Ladmirault tomem as elevações e, com seus fuzis, submetam os últimos revoltosos.

Chove torrencialmente. O incêndio de La Villette empresta às trevas sua ofuscante claridade. Os obuses continuam a atormentar Belleville, atingindo inclusive Bagnolet e ferindo soldados prussianos. Os feridos afluem à administração do XX Distrito, onde não há médicos, medicamentos, colchões nem cobertores; os infelizes agonizam sem socorro. Os *Vingadores de Flourens* chegam, tendo à frente o capitão, homem alto e bonito, que, ferido, oscila no cavalo. A cantineira delira, com um lenço em torno da testa ensanguentada, xinga e chama seus homens com um uivo de loba ferida. Entre os dedos irritados, as armas disparam sozinhas. O estrondo de furgões, ameaças, lamentações, tiroteios e assobio de obuses mescla-se em um sabá capaz de fazer perder a razão. Cada minuto traz um novo desastre. Um guarda acorre: "A barricada de Pradier está abandonada!". Outro: "Precisa-se de homens na Rua Rebeval!". Outro: "Estão fugindo da Rua des Prés!". Apenas seis ou sete membros da Comuna, Trinquet, Ferré, Varlin, Ranvier, Jourde escutaram esses dobres de finados. E, desesperados por sua impotência, quebrados por seis dias sem repouso, os mais fortes desabam na dor.

Ao amanhecer, Vinoy e Ladmirault mandam suas tropas costear as muralhas ao longo da via estratégica que ficou sem defesa, e se encontram na Porta de Romainville. Por volta das cinco horas, as tropas ocupam a barricada da Rua Rebeval e, passando pela Rua Vincent e pela passagem do Renard, atacam pela retaguarda as últimas barricadas da Rua de Paris. A administração do XX Distrito é ocupada somente às oito horas. A barricada da Rua de Paris, na esquina do bulevar, continua sendo defendida pelo comandante do 191º e por cinco ou seis guardas que resistem até se esgotar a munição.

Perto das nove da manhã, uma coluna versalhesa sai do Bulevar Philippe-Auguste, entra em La Roquette e liberta 150 policiais, soldados da Força Pública, padres, refratários, todo tipo de adversários da Comuna, que ninguém incomodou. Dominando o Père-Lachaise desde a noite anterior, Vinoy poderia ter ocupado a prisão muito antes abandonada pelo corpo de federados. Mas professava a teoria de Thiers de que os mártires nunca seriam demais. Vários detentos libertados na véspera, entre os quais o bispo de Surat e dois padres, tinham sido recapturados e fuzilados nas barricadas; podia-se esperar que outros tivessem a mesma sorte, justificando-se as represálias.

Às dez horas, a resistência está reduzida ao pequeno quadrado formado pelas ruas Du Faubourg-du-Temple, Trois-Bornes, Trois--Couronnes e pelo bulevar de Belleville. Em duas ou três ruas do XX Distrito, entre as quais a Rua Ramponneau, ainda há combates. Uma pequena falange, liderada por Varlin, Ferré e Gambon, desce a Rua des Champs e desemboca no XX Distrito, no bulevar. Um garibaldino altíssimo carrega uma imensa bandeira vermelha. A falange entra no XI, Varlin e seus colegas vão defender a barricada da Rua Du Faubourg-du-Temple e a da Rua Fontaine-au-Roi. Inatacável pela frente; os versalheses, dominando o hospital Saint-Louis, conseguem contorná-la pelas ruas Saint-Maur e Bichat.

Às 11 horas, os federados quase não têm mais canhões, estão cercados por dois terços do Exército. Ainda há quem queira lutar nas ruas Du Faubourg-du-Temple, Oberkampf, Saint Maur e Parmentier, onde há barricadas que não podem ser contornadas e casas sem saídas. A artilharia versalhesa as canhoneia até os federados terem consumido suas últimas munições. Queimado o último cartucho, eles se atiram sobre os fuzis que os cercam.

O tiroteio cede; há longos silêncios. Ao meio-dia do domingo, 28 de maio, é disparado o último tiro de canhão federado da Rua de Paris, que os versalheses tomaram. A peça, com carga dupla de pólvora, exala o último suspiro da Comuna de Paris.

A derradeira barricada das jornadas de maio é a da Rua Ramponneau. Durante um quarto de hora, um único federado a defende. Três vezes quebra o mastro da bandeira versalhesa hasteada na barricada da Rua de Paris. Como prêmio por sua coragem, o último soldado da Comuna consegue escapar.

À uma hora, tudo estava acabado. A Praça da Concórdia resistira dois dias; a Butte-aux-Cailles, dois; La Villette, três; o Bulevar Voltaire, três dias e meio. Dos 79 membros da Comuna no cargo em 21 de maio, um morrera nas barricadas, Delescluze; dois – Jacques Durand e Raoul Rigault – haviam sido fuzilados. Dois estavam gravemente feridos: Brunel e Vermorel; três, atingidos: Protot, Oudet e Frankel. Os versalheses perderam pouca gente; os federados, três mil entre mortos ou feridos. As perdas do Exército em junho de 1848 e a resistência dos rebeldes tinham sido relativamente mais sérias. Mas os revoltosos de junho só tiveram de enfrentar 30 mil homens; os de maio lutaram contra 130 mil. O esforço de junho só durou três dias, o dos federados persistiu sete semanas. Às vésperas de junho, o Exército revolucionário estava intacto; em 20 de maio, fora dizimado. Seus mais aguerridos defensores tinham perecido nos postos avançados. O que não teriam feito em Paris – em Montmartre, no Panthéon – os 15 mil bravos de Neuilly, Asnières, Issy, Vanves e Cachan!

O Forte de Vincennes foi ocupado na segunda-feira, 29. Desarmado, não pudera ter participação alguma na luta. Sua guarnição se compunha de 350 homens e 24 oficiais comandados pelo chefe de legião Faltot, veterano das guerras da Polônia, e de Garibaldi, um dos mais ativos em 18 de março. Foi-lhe oferecido um exílio seguro. Ele respondeu que a honra proibia-lhe abandonar os companheiros de armas.

No sábado, um coronel versalhês do Estado-Maior veio negociar uma capitulação. Faltot pedia passaportes em branco, não para ele, mas para alguns de seus oficiais de nacionalidade estrangeira. Diante da recusa dos versalheses, Faltot cometeu o erro de dirigir o mesmo pedido aos alemães. Mac-Mahon, prevendo um sítio, pedira também a assistência do príncipe da Saxônia, e o alemão zelava por seu confrade. Durante essas negociações, o general Vinoy procurará cúmplices no lugar em que alguns desequilibrados se ofereciam para destruir os federados intratáveis. Entre esses últimos estava Merlet, responsável pelo depósito da engenharia e da artilharia, ex-suboficial, muito mais decidido a explodir a praça do que a se render. O depósito de pólvora continha dez toneladas de pólvora e 400 mil cartuchos.

Às oito horas da manhã do domingo ecoou um disparo no quarto de Merlet. Vários homens acorreram; ele jazia no chão, com a cabeça atravessada por uma bala de revólver. A desordem do quarto e a direção da bala eram testemunhos evidentes de luta. Bayard, um capitão ajudante de ordens do 99º, muito exaltado durante a Comuna e libertado pelos versalheses, confessou apenas que tinha espalhado os elementos da pilha preparada por Merlet para explodir o Forte.

Na segunda-feira, o coronel versalhês renovou a proposta. Estava terminada a luta em Paris. Os oficiais deliberaram e combinaram que as portas seriam abertas. Às três horas, os versalheses entraram. A guarnição, sem armas, comprimia-se no fundo do pátio. Nove oficiais foram encarcerados em separado.

À noite, nos fossos, a 100 metros do lugar onde caiu o duque de Enghien, esses nove oficiais se perfilaram diante do pelotão de fuzilamento. Um deles, o coronel Delorme, voltou-se para o versalhês que comandava e disse: "Senti meu pulso, vede se tenho medo".

A fúria versalhesa. Os matadouros. Os tribunais prebostais. Morte de Varlin. A peste. Os enterros

Somos homens de bem: será com base
nas leis ordinárias que a justiça será feita.
Só recorreremos à lei.
Thiers à Assembleia Nacional, 22 de maio de 1871.

Posso afirmar que o número de execuções
foi muito limitado.
Mac-Mahon, inquérito sobre o 18 de março.

A ordem reinava em Paris. Por toda parte, ruínas, mortos, sinistras crepitações. Os oficiais ocupavam as ruas, provocadores, fazendo o sabre zunir; os suboficiais imitavam sua arrogância. Os soldados acampavam em todas as grandes ruas; alguns, embrutecidos pelo cansaço e pela carnificina, dormiam em plena calçada; outros preparavam a sopa, cantando canções de sua região.

A bandeira tricolor pendia covardemente de todas as varandas para afastar as perseguições. Atirados pelas janelas ou levados à noite pelos moradores aterrorizados, fuzis, cartucheiras e fardas amontoavam-se nos riachos dos bairros populares. Às portas, mulheres de operários sentadas com o queixo apoiado nas mãos esperavam com olhar fixo um filho ou um marido que não retornaria.

Os emigrados de Versalhes, os imundos que desfilam as vitórias cesáreas, ensurdecem os bulevares. Desde quarta-feira, essa ralé corria para ver os comboios de prisioneiros, aclamava os generais a cavalo – viram-se damas beijarem suas botas –, aplaudiam os veículos ensanguentados,* assediavam os oficiais que contavam suas façanhas nas mesas dos cafés, rodeados pelas moças. Os paisanos competiam em desenvoltura com os militares. Um que não fora além da Rua Montmartre descrevia a tomada do Château d'Eau, gabava-se de ter fuzilado sua dúzia de federados. Mulheres elegantes iam juntas olhar os cadáveres e, para zombar dos valorosos mortos, levantavam com a ponta da sombrinha suas últimas vestimentas.

"Habitantes de Paris", disse Mac-Mahon no dia 28, "Paris está livre! Hoje a luta terminou; a ordem, o trabalho e a segurança renascerão".

"Paris libertada" foi esquartejada em quatro comandos – Vinoy, Ladmirault, Cissey e Douai – e tornou a ser submetida ao estado de sítio, suspenso pela Comuna. Só houve em Paris um governo: o Exército, que massacrava Paris. Os transeuntes foram obrigados a demolir as barricadas e qualquer sinal de impaciência era punido com detenção; qualquer impropério, com a morte. Anunciou-se que todo detentor de uma arma seria imediatamente levado a um conselho de guerra; que os moradores de toda casa de onde partisse um tiro seriam executados sumariamente. Às 11 horas, os estabelecimentos públicos tiveram de fechar; apenas os oficiais fardados puderam circular livremente pelas ruas; à noite, as patrulhas de cavaleiros percorriam a cidade. Entrar em Paris tornou-se difícil; sair, impossível. Como os verdureiros não podiam ir e vir, quase faltaram víveres.

Terminada a luta, o Exército se transformou em um imenso pelotão de fuzilamento. Em junho de 1848, Cavaignac prometera o perdão, contudo massacrara; Thiers jurara pelas leis, mas deu carta branca ao Exército. Era a favor do "máximo rigor", para assim poder proferir sua célebre frase: "O socialismo está acabado por muito tempo". Mais tarde, afirmou que os soldados não puderam ser contidos; desculpa inadmissível, pois os maiores massacres ocorreram depois da batalha.**

---

* Apêndice XXIV.

** No domingo de manhã, vimos entrar em uma loja de vinhos da Praça Voltaire soldados muito jovens, fuzileiros navais da classe de 1871. "E há mui-

Domingo, dia 28, terminada a luta, milhares de pessoas recolhidas nos arredores do Père-Lachaise foram levadas para a prisão de La Roquette. Um chefe de batalhão, postado à entrada, encarava os prisioneiros e, conforme sua vontade, dizia: À direita! ou: À esquerda! Os da esquerda seriam fuzilados. Depois de terem seus bolsos esvaziados, eram enfileirados diante de um muro e mortos. À sua frente, dois padres resmungavam a prece dos agonizantes.

Somente em La Roquette, foram massacradas 1.900 pessoas,* de domingo à manhã de segunda-feira. O sangue jorrava pelas valetas da prisão. Mesmo massacre em Mazas, na Escola Militar, no parque Monceau. Mais sinistros, se isso for possível, foram os tribunais prebostais, onde se simulavam julgamentos. Eles não foram fruto do acaso, do furor da luta. Bem antes de entrar em Paris, Versalhes determinara seu número, sede, limites, jurisdição.** Um dos mais célebres era o do Châtelet, presidido pelo coronel da Guarda Nacional Louis Vabre, o mesmo de 31 de outubro e 18 de março, brutamontes digno da guarda particular de Napoleão III. A história tem registro dos processos verbais dos massacres de Abbaye, onde os prisioneiros, aliás muito conhecidos, puderam se defender. Os parisienses de 1871 não tiveram a justiça de Maillard; mal restam vestígios de quatro ou cinco diálogos. Os milhares de cativos levados para Châtelet eram primeiro encerrados na sala, sob a mira do fuzil dos soldados; depois, empurrados de corredor em corredor, desembocavam como ovelhas no Salão dos Julgamentos, onde Vabre reinava, rodeado de oficiais do Exército e da Guarda Nacional da ordem, com o sabre entre as pernas

---

tos mortos?", perguntamos. "Ah! temos ordens de não fazer prisioneiros! Foi ordem do general. (Não souberam dizer o nome de seu superior.) Se eles não tivessem ateado fogo, não lhes faríamos isso, mas, como o fizeram, temos de matar." (Textual.) Depois, a seu companheiro: "Hoje de manhã, ali (indicando a barricada da administração municipal), chegou um só de camisa! 'Talvez não me fuzilareis', disse. 'Oh, claro que não.' Mandamos que ficasse na nossa frente e pan... pan..., como ele se sacudia!"

* Apêndice XXV.

** Apêndice XXVI.

e alguns com um charuto entre os dentes. O interrogatório durava um quarto de minuto. "Empunhastes as armas? Servistes a Comuna? Mostrai as mãos." Se a atitude fosse resoluta ou o rosto ingrato, o caso era arquivado sem perguntar nome, nem profissão, sem anotação em registro algum. "E vós?", perguntavam ao vizinho, e assim por diante até o fim da fila. Aqueles que um capricho poupava eram chamados de ordinários e reservados para Versalhes. Ninguém era libertado.

Os arquivados eram entregues no ato aos algozes, que os levavam ao Quartel Lobau.* Lá, a portas fechadas, os soldados da Força Pública atiravam, sem agrupar suas vítimas. Alguns, apenas feridos, corriam ao longo dos muros. Os soldados da Força Pública os caçavam, atirando até matá-los. Edouard Moreau pereceu em uma dessas levas. Surpreendido na Rua de Rivoli, fora levado a Châtelet. Sua mulher acompanhou-o até a porta do Quartel Lobau e ouviu as espingardas Chassepot que o mataram.

No Luxemburgo, as vítimas do tribunal prebostal eram primeiro jogadas em um porão estreito e comprido, onde o ar só penetrava por uma pequena abertura. Os oficiais os julgavam em uma sala do térreo, cheia de *brassardiers*, policiais e burgueses privilegiados em busca de emoções fortes. Como no Châtelet, nenhum interrogatório e defesa inútil. Após o desfile, os prisioneiros retornavam a um porão ou eram levados para o jardim, onde os fuzilavam contra o terraço da direita. Do muro escorriam cérebros e os soldados chapinhavam no sangue.

Os assassinatos prebostais aconteciam da mesma forma na Escola Politécnica, no Quartel Dupleix, nas estações do Norte, do Leste, no Jardin des Plantes, em vários quartéis, que competiam com os matadouros *sans phrase.* As vítimas morriam simplesmente, sem estardalhaço.** Muitos cruzavam os braços, alguns mandavam abrir fogo. Mulheres e crianças, seguindo o marido, o pai, gritavam: "Fuzilai-nos com eles!". Viram-se mulheres, alheias à luta, mas ensandecidas com

* Apêndice XXVII.

** Apêndice XXVIII.

a carnificina, atirar em oficiais e depois encostar-se em um muro, esperando a morte.*

Os republicanos eram as vítimas preferidas dos oficiais, em sua maioria bonapartistas. O general De Lacretelle deu ordem de fuzilar Cernuschi, que contribuíra com 200 mil francos para a campanha contra o plebiscito.** O doutor Tony Moilin, orador das reuniões públicas, foi condenado à morte; não, disseram-lhe, por algum ato que merecesse tal sentença, mas por ser republicano, uma "dessas pessoas de quem é preciso se livrar".*** Nem os republicanos de esquerda, cujo ódio contra a Comuna era comprovado, ousaram ir a Paris com medo de serem incluídos na matança.

Nem todos tinham a sorte de enfrentar o tribunal prebostal ou os acasos do matadouro. Muitos foram mortos no pátio de sua casa, na porta, na mesma hora de sua prisão, como o doutor Napias Piquet, fuzilado na Rua de Rivoli, cujo cadáver ficou o dia inteiro abandonado, não sem que os soldados lhe roubassem as botas. O mesmo ocorreu com um presidente do clube de Saint-Sulpice, levado para a rua de roupão. Como não dispunha de Polícia, nem de informações precisas, o Exército matava a torto e a direito, guiado apenas pela fúria dos *brassardiers* e pelas denúncias de funcionários que tinham, inclusive, muito a esconder.**** Qualquer um que apontasse um transeunte com um nome revolucionário conseguia que este fosse fuzilado. Em Grenelle, executaram um falso Billioray,***** apesar de seus protestos desesperados; na Praça Vendôme, um Brunel nos aposentos da senhora Fould.****** O *Gaulois* publicou o relato de um cirurgião militar que conhecia Vallès e assistira a sua morte.******* Testemunhas oculares afirmaram ter presenciado o fuzilamento de Lefrançais na Rua de La Banque na quinta-feira. O

* Apêndice XXIX.
** Apêndice XXX.
*** Apêndice XXXI.
**** Apêndice XXXII.
***** Apêndice XXXIII.
****** Apêndice XXXIV.
******* Apêndice XXXV.

verdadeiro Billioray foi julgado em agosto; Vallès, Brunel e Lefrançais foram para o exterior. Assim, altos funcionários da Comuna foram fuzilados, e com frequência, mais de uma vez, na pessoa de indivíduos mais ou menos parecidos com eles.

Infelizmente, Varlin não escaparia. No domingo, 28, na Praça Cadet, um padre o reconheceu e foi correndo buscar um oficial. O tenente Sicre deteve Varlin, atou-lhe as mãos às costas, encaminhando-o à Buttes, onde estava o general De Laveaucoupet. Aquele Varlin que arriscara a vida para salvar os reféns da Rua Haxo foi arrastado mais de uma hora pelas ruas escarpadas de Montmartre. Sob uma chuva de golpes, sua jovem cabeça meditativa, que só tivera pensamentos fraternos, converteu-se em um montão de carne informe, com um olho pendendo da órbita. Quando chegou à Rua des Rosiers, ao Estado-Maior, já não caminhava, era carregado. Sentaram-no, para o fuzilamento. Os soldados destroçaram o cadáver a coronhadas. Sicre roubou seu relógio e se enfeitou com ele.*

O Mont des Martyrs não tem mártir mais glorioso. Que também ele seja sepultado no grande coração da classe operária! Toda a vida de Varlin é um exemplo. Ele se fizera sozinho pela força da vontade, dedicando ao estudo, à noite, as magras horas que lhe deixava livre a oficina, aprendendo, não para angariar honrarias como os Corbons, os Tolains, mas para instruir e libertar o povo. Ele foi o nervo das associações operárias do final do império, incansável, modesto, falando muito pouco, sempre na hora certa e, então, esclarecendo com uma palavra a discussão confusa; conservara o senso revolucionário que muitas vezes se embota nos operários instruídos. Um dos primeiros em 18 de março, trabalhou durante toda a Comuna e esteve nas barricadas até o fim. Esse morto pertence totalmente aos operários.

Os jornalistas versalheses cuspiram em seu cadáver, disseram que tinham sido encontrados com ele centenas de milhares de francos, embora constasse do relatório oficial: "Um porta-moedas contendo

---

* Apêndice XXXVI.

284 francos e 15 centavos". Os jornalistas, de volta a Paris na esteira do Exército, o seguiam como chacais, fuçando os mortos. Esquecendo que nas guerras civis apenas os mortos retornam, todos esses Sarceys só tinham um assunto: "Matai!". Publicavam os nomes, os esconderijos dos que deviam ser fuzilados, nunca lhes faltavam invenções para manter a fúria do burguês. Após cada fuzilamento, gritavam: Mais!

> É preciso caçar os homens da Comuna (*Bien Public*).
>
> Esses homens que mataram por matar e para roubar agora estão presos, devemos responder-lhes: 'Clemência!?'. Essas mulheres horrendas que rasgavam a facadas o peito de oficiais agonizantes agora estão presas, devemos responder-lhes: 'Clemência!' (*Patrie*).
>
> O que é um republicano? Um animal feroz [...]. Vamos, homens de bem! dai uma mão para acabar com a gentalha democrática e internacional (*Le Figaro*).
>
> O reino dos facínoras está terminado. Nunca se saberá com que requintes de crueldade e de selvageria encerraram essa orgia do crime e da barbárie [...]. Dois meses de roubo, pilhagem, assassinatos e incêndio (*Opinion Nationale*).
>
> Nem um único dos malfeitores, em cujas mãos Paris esteve durante dois meses, será considerado preso político: serão todos tratados como bandidos que são, como os mais espantosos monstros jamais vistos na história da humanidade. Vários jornais falam de reerguer o catafalco por eles destruído, para não lhes dar nem sequer a honra de serem fuzilados (*Moniteur Universel*).

Em 27 de maio, uma revista médica inglesa pediu a vivissecção dos prisioneiros.

Para incitar os soldados, como se ainda fosse preciso, a imprensa os elevava às nuvens. "Que admirável atitude a de nossos oficiais e soldados", dizia *Le Figaro*. "Só o soldado francês se refaz tão depressa e tão bem". "Que honra!", exclamava o *Journal des Débats*, "nosso Exército vingou seus desastres com uma vitória inestimável".

Assim, o Exército se vingava de seus desastres em Paris. Esta era um inimigo como a Prússia e devia ser tanto menos poupada pelo fato de o Exército ter de recuperar seu prestígio. Para completar a semelhança, após a vitória, houve um desfile triunfal. Os romanos nunca atribuíam tal honra após as lutas civis. Thiers mandou as tropas desfilarem, passou-as em revista em grande estilo, sob o olhar dos prussianos, aos quais atirava os cadáveres dos parisienses como desforra.

Não é de se admirar que, com chefes assim, a fúria do soldado atingisse uma embriaguez tal que nem a morte a saciava. No domingo, 28, no muro da administração do XI Distrito, onde estavam empilhados cadáveres, vimos um fuzileiro naval desenrolar, com sua baioneta, as tripas que saíam do ventre de uma mulher; soldados se divertiam colocando cartazes no peito dos federados: assassino, ladrão, bêbado – e enfiando-lhes na boca gargalos de garrafas.

Como explicar tais requintes de selvageria? O relatório oficial de Mac-Mahon acusa apenas 877 mortos versalheses de 3 de abril a 28 de maio. Portanto a fúria versalhesa não tem a desculpa da represália. Quando, para vingar milhares de seus irmãos, um punhado de exasperados fuzilam 63 reféns* dos quase 300 que têm nas mãos, a reação esconde o rosto e protesta em nome da justiça. Que dirá então essa justiça daqueles que, metodicamente, sem ansiedade quanto ao resultado da luta, e sobretudo depois de terminada a luta, fuzilaram 20 mil pessoas, das quais no mínimo três quartas partes não tinham combatido? Mesmo assim, alguns lampejos de humanidade contagiaram os soldados e alguns foram vistos voltando das execuções de cabeça baixa. A ferocidade dos oficiais bonapartistas não diminuiu. Mesmo depois do domingo, matavam pessoalmente os prisioneiros; chamavam a coragem das vítimas de "insolência, decisão de acabar com a vida em vez de viver trabalhando". Prudhomme é o cruel eternamente insatisfeito.

"O chão está coalhado de seus cadáveres", telegrafou Thiers a seus *préfets*, "este espetáculo horripilante servirá de lição". Apesar de tudo, foi necessário pôr um termo a essa lição de coisas. A peste, não a piedade, chegava. Miríades de moscas varejeiras voejavam sobre cadáveres em

---

* Quatro em Sainte-Pélagie, seis em La Roquette, 48 na Rua Haxo e quatro nos arredores da Pequena Roquette.

decomposição. As ruas se cobriam de pássaros mortos. O *Avenir Libéral,* elogiando as proclamações de Mac-Mahon, aplicara-lhe as palavras de Fléchier: "Ele se esconde, mas sua glória o descobre". A glória do Turenne de 1871 descobria-se até no Sena riscado por um longo veio de sangue que passava sob o segundo arco da Ponte das Tulherias. Os mortos da semana sangrenta se vingavam empestando as praças, os terrenos baldios, as casas em construção que tinham servido de despejo para os matadouros e tribunais prebostais. "Quem, tendo-as visto ainda que por alguns minutos, não se lembra da praça, ou melhor, do ossário da Torre Saint-Jacques", dizia o *Temps*. "Daquelas terras úmidas recentemente reviradas pela enxada, saíam, aqui e ali, cabeças, braços, pés e mãos. Perfis de cadáveres afloravam, era horrendo. Um cheiro repugnante, vomitivo, desprendia-se daquele jardim. Por instantes, em certas praças, tornava-se fétido". No parque Monceau, na frente do Palácio dos Inválidos, os cadáveres, fermentados pela chuva e pelo sol, arrebentavam sua fina mortalha de terra. Um número muito grande continuava ao ar livre, apenas salpicado de cloro; no *faubourg* Saint-Antoine viam-se montes, "como de lixo", dizia um jornal da ordem; na Escola Politécnica, ocupavam 100 metros de comprimento por três de altura; em Passy, que não era um dos grandes centros de execução, havia 1.100 perto do Trocadéro. Trezentos que haviam sido atirados aos lagos das colinas Chaumont tinham voltado à superfície e, inchados, espalhavam seus eflúvios mortais. A glória de Mac-Mahon se descobria demais. Os jornais se assustaram. Disse um deles: "Esses miseráveis que nos fizeram tanto mal em vida não podem continuar a fazê-lo após a morte". Os mesmos que haviam atiçado o massacre gritaram: "Basta!".

"Não matemos mais!", disse o *Paris Journal*, de 2 de junho, "nem os assassinos, nem os incendiários! Não matemos mais! Não é clemência que pedimos, mas um *sursis*".

"Chega de execuções, chega de sangue, chega de vítimas!", dizem o *National* e o *Opinion Nationale*: "Pede-se uma investigação séria dos incriminados. *Gostaríamos que apenas os verdadeiros culpados morressem*".

As execuções diminuem e começa a limpeza. Viaturas de todo tipo – de mudança, carretas com bancos, coletivos – recolhem os cadáveres em todos os bairros. Desde as grandes pestes não se via carregamentos tão grandes de carne humana. Pelas contorções da violenta agonia, foi fácil reconhecer que muitos, enterrados vivos, tinham lutado contra a terra. Havia cadáveres tão putrefatos, que foi preciso levá-los em vagões fechados, a toda velocidade, para as fossas cobertas de cal.

Os cemitérios de Paris ficaram lotados. As inumeráveis vítimas lado a lado, descalças, encheram imensas fossas no Père-Lachaise, em Montmartre, Montparnasse, onde a lembrança do povo vai visitá-las todos os anos. Outros foram levados para Charonne, Bagnolet, Bicêtre, Bercy, onde foram utilizadas as trincheiras cavadas durante o sítio, e até poços.* "Lá não havia o que temer das emanações cadavéricas", dizia a *Liberté* de Girardin, "um sangue impuro embebera e fecundara o sulco do lavrador. O delegado da Comissão de Guerra morto poderá passar seus homens leais em revista à meia-noite; a palavra de ordem será *incêndio* e *assassinato*". Algumas mulheres, em pé, à beira das trincheiras, procuravam identificar alguém entre esses restos. A Polícia esperava que a dor as traísse para prender "essas fêmeas de rebeldes". Por muito tempo, ouviram-se sobre essas fossas os uivos dos cães fiéis, dos animais, dessa vez tão superiores aos homens.

Como o sepultamento desse Exército de mortos ultrapassava todas as forças, tentaram dissolvê-los. As casamatas tinham sido atulhadas de cadáveres; espalharam substâncias incendiárias e improvisaram fornos crematórios; o resultado foi um lamaçal. Nas colinas Chaumont, foi erguida uma fogueira descomunal encharcada de petróleo e, durante dias a fio, uma fumaça espessa e nauseabunda coroou os cimos.

Os massacres em massa duraram até os primeiros dias de junho,** e as execuções sumárias, até meados desse mês. Por muito tempo, dramas misteriosos foram encenados no Bois de Boulogne.*** Jamais

* Apêndice XXXVII.
** Apêndice XXXVIII.
*** Apêndice XXXIX.

se saberá o número exato de vítimas da Semana Sangrenta. O chefe da Justiça Militar confessou 17 mil fuzilados. O Conselho Municipal de Paris pagou o enterro de 17 mil cadáveres; mas numerosas pessoas foram mortas ou cremadas fora de Paris; não é exagero dizer 20 mil, cifra admitida pelos oficiais.

Muitos campos de batalha contaram com um número maior de mortos, mas esses, ao menos, caíram no calor da luta. O século XIX nunca viu tal matança após o combate. Não há nada igual na história de nossas guerras civis. A Noite de São Bartolomeu, junho de 1848, 2 de dezembro, constituiriam no máximo um episódio dos massacres de maio. Só as hecatombes asiáticas podem dar uma ideia daquela chacina de proletários.

Assim foi a repressão "pelas leis, com as leis".

Todas as potências sociais aplaudiram Thiers, que tomou a iniciativa de erguer o mundo contra aquele povo que, após dois meses de reinado soberano e do massacre de milhares dos seus, sacrificara 63 reféns. No dia 28 de maio, os padres, esses grandes consagradores de assassinatos, celebraram um culto solene diante de toda a Assembleia. Cinco dias antes, os bispos, liderados pelo cardeal de Bonnechose, tinham pedido a Thiers que restabelecesse o papa em seus Estados. O *Gesu* avançava, senhor da vitória, e, sobre o altaneiro brasão de Paris, apagando a nave da esperança, aplicava o ensanguentado Sagrado Coração.

Os comboios de prisioneiros. A Orangerie. Satory. As prisões. Os delatores. A imprensa. A extrema esquerda amaldiçoa os vencidos. Manifestações no exterior

A causa da justiça, da ordem,
da humanidade e da civilização triunfou.
Thiers à Assembleia Nacional, 22 de maio de 1871.

São essas jornadas de força e carnificina um dos maiores eclipses de civilização que escureceram a Europa desde os Césares. Assim Vitellius investiu contra Roma; assim, em movimentos giratórios, cercou seus adversários. Mesma ferocidade no massacre dos prisioneiros, das mulheres e das crianças; mesmos *brassardiers* na esteira dos vencedores, mas Vitellius não falava de civilização.

Felizes talvez os mortos, que não tiveram de sofrer o calvário dos prisioneiros.

Se os fuzilamentos eram feitos em massa, pode-se imaginar o que foram as detenções. Razias furibundas de homens, mulheres, crianças, parisienses, provincianos, estrangeiros, indiferentes, mistura de gente de qualquer sexo, idade, partido e condição. Prendiam-se em massa os locatários de um imóvel, por vezes os habitantes de uma cidade. O medo fechava as portas; acabara a hospitalidade da rua. Uma suspeita mais ou menos justificada, uma palavra, uma atitude mal interpretadas bastavam para ser preso pelos soldados. De 21 a 30 de maio, foram apanhadas desta maneira 40 mil pessoas.

Em longas filas, os cativos, soltos ou amarrados por cordas para constituir um só bloco, como em junho de 1848, eram encaminhados a Versalhes. Aquele que se recusasse a andar era espetado com a baioneta e, se resistisse, era fuzilado no ato, ou amarrado ao rabo de um cavalo.* Diante das igrejas dos bairros ricos, forçavam-nos a se ajoelharem, de cabeça descoberta, enquanto a turba de lacaios, elegantes e prostitutas gritava: "Que morram! que morram! Não ides mais longe! Fuzilai--os aqui mesmo!". Em Campos Elíseos, quiseram romper as fileiras, experimentar sangue.

Galliffet os esperava em La Muette. Lá, cobrava seu dízimo, percorria as filas e dizia com sua cara de lobo magro: "Tendes ar inteligente", dizia a um. "Saí da fila." "Tendes um relógio", dizia a outro; "devíeis ser funcionário da Comuna"; e o punha de lado. Uma dessas levas nos foi descrita pelo corresponde do *Daily News*, que foi obrigado, envolvido em uma razia, a acompanhar uma coluna até La Muette.

> Na Avenida Ulrich, a coluna parou e os cativos foram dispostos em quatro ou cinco filas no meio da rua. O general, marquês de Galliffet, que nos precedera com seu Estado-Maior, apeou e começou a inspeção pela esquerda, perto de onde eu me encontrava [...]. Caminhava lentamente, examinando as fileiras como se as passasse em revista; dava um tapa no ombro de um prisioneiro e ordenava-lhe que recuasse. Muitas vezes sem maior interrogatório, o indivíduo assim escolhido era levado até o meio da rua, onde logo se formou mais uma coluna [...]. Aqueles homens sabiam muito bem que sua hora derradeira chegara e era horrivelmente interessante observar suas atitudes. Um, ferido, com a camisa empapada de sangue, sentou-se no chão, berrando de dor [...]; outros, choravam em silêncio. Dois soldados, supostamente desertores, suplicavam aos outros prisioneiros que dissessem se alguma vez os haviam visto em suas fileiras, vários sorriam, provocativos [...]. Que coisa horrível ver um homem assim arrancado de entre seus semelhantes e massacrado sem maiores formalidades legais! [...] A alguns passos de mim, um oficial a cavalo apontou ao marquês

* Apêndice XL.

> de Galliffet um homem e uma mulher culpados de não sei que ultraje. A mulher saiu da fila, caiu de joelhos e, de braços estendidos, implorou piedade, protestando sua inocência nos termos mais patéticos. O general contemplou-a algum tempo e depois, com absoluta impassibilidade, disse: 'Senhora, frequentei todos os teatros de Paris, é inútil essa comédia...' Segui o general, sempre preso, porém escoltado por dois caçadores a cavalo, procurando perceber o que poderia guiar suas escolhas. Percebi que não era bom ser sensivelmente mais alto, mais baixo, mais sujo, mais limpo, mais velho ou mais feio que o vizinho. Um indivíduo deveu sobretudo a seu nariz quebrado o fato de ser libertado dos males deste mundo [...]. O general, depois de ter escolhido assim uma centena de prisioneiros, formou um pelotão de fuzilamento e a coluna reiniciou a marcha. Alguns minutos depois, ouvimos atrás de nós os disparos que duraram um quarto de hora. Era a execução sumária daqueles infelizes.*

No domingo, 28, Galliffet disse: "Que os grisalhos deem um passo à frente". Cento e onze cativos avançaram. "Vistes junho de 1848", continuou Galliffet, "sois mais culpados que os demais": e mandou empurrar seus cadáveres para os fossos das fortificações.

Feita essa depuração, os comboios seguiam na estrada de Versalhes comprimidos entre duas filas de cavaleiros. Parecia a captura de uma cidade por hordas tártaras. Crianças de 12 a 16 anos, homens de barbas brancas, soldados com o capote pelo avesso, homens elegantes, homens só de camisa, todas as condições, as mais delicadas e as mais rudes, arrastadas pela mesma catarata. Muitas mulheres, algumas algemadas: esta com seu bebê, que segurava o pescoço da mãe com suas mãozinhas assustadas; aquela, com o braço quebrado ou a camiseta tingida de sangue; uma, esgotada, agarrava-se ao braço de seu vizinho mais vigoroso; outra, como uma estátua, desafiava a dor e os ultrajes; sempre a mesma mulher do povo que, depois de ter levado o pão às trincheiras e consolação aos moribundos, sem mais esperança, *cansada de dar à luz infelizes*, lançara-se ao encontro da morte libertadora.

* *Daily News*, 8 de junho de 1871. *The Times*, 31 de maio de 1871.

Sua atitude, admirada pelos estrangeiros,* exasperava a ferocidade versalhesa. "Vendo passar os comboios de mulheres rebeldes", dizia *Le Figaro*, "sente-se, a contragosto, uma espécie de piedade. Tranquilizemo-nos pensando que todas as casas de tolerância da capital foram abertas pelos guardas nacionais que as protegiam, e que, em sua maioria, essas damas eram inquilinas de tais estabelecimentos".

Ofegantes, imundos, cabeça descoberta sob um sol ardente, embrutecidos pelo cansaço, fome e sede, os comboios se arrastavam durante longas horas na poeira escaldante da estrada, fustigados pelos gritos e pancadas dos caçadores a cavalo. Nem o prussiano tratou tão cruelmente a estes soldados furiosos quando, eles próprios prisioneiros, alguns meses antes, foram levados de Sedan ou de Metz. Os cativos que caíam eram abatidos a tiros de revólver e raramente atirados nas charretes.

À entrada de Versalhes, a multidão os esperava; sempre a elite da sociedade francesa, deputados, altos funcionários, padres, mulheres de todas as esferas. A fúria de 4 de abril e dos comboios precedentes foi tão superada quanto o mar supera a si mesmo nas marés dos equinócios. As avenidas de Paris e de Saint-Cloud estavam lotadas desses selvagens que cercavam os comboios com sua gritaria e suas pancadas, cobriam-nos de lixo e cacos de garrafas. "Veem-se", dizia *Le Siècle* de 30 de maio, "mulheres, não mulheres da vida, mas mulheres de sociedade, insultar os prisioneiros que passam e mesmo golpeá-los com suas sombrinhas". Algumas, com as mãos enluvadas, pegavam terra para atirar no rosto dos cativos. Coitado de quem deixasse escapar um gesto de piedade. Era jogado no comboio; e devia dar-se por feliz quando só era levado até o corpo da guarda, como Ratisbonne, que acabara de escrever em *Débats*: "Que vitória inestimável!". Espantoso retrocesso

---

* *The Times*, 29 de maio: "Vi uma jovem vestida de Guarda Nacional caminhar de cabeça erguida entre prisioneiros que estavam com os olhos baixos. Aquela mulher, alta, com longos cabelos louros que lhe caíam nas costas, desafiava a todos com o olhar. A multidão a ultrajava, ela não pestanejava e fazia os homens corarem com seu estoicismo".

da natureza humana, tanto mais horrendo por contrastar com a elegância dos trajes. Alguns oficiais prussianos vieram de Saint-Denis para ver mais uma vez as classes governantes que tinham enfrentado.

Os primeiros comboios, oferecidos em espetáculo, foram obrigados a desfilar pelas ruas de Versalhes. Outros se detiveram durante horas na abrasadora Praça d'Armes, a dois passos das grandes árvores cuja sombra lhes era recusada, atormentados por tantas ignomínias que os desgraçados sonhavam com o refúgio do cárcere.

Havia quatro prisões: os porões das Grandes Cavalariças, a Orangerie do castelo, as docas de Satory e os picadeiros da Escola de Saint-Cyr. Nos porões úmidos, nauseabundos, onde a luz e o ar só penetravam por respiradouros exíguos, os cativos foram empilhados no primeiro dia sem sequer um pouco de palha. Quando a receberam, foi logo reduzida a esterco. Nada de água para se lavar; impossível trocar os andrajos; os parentes que traziam roupas eram brutalmente repelidos. Duas vezes por dia, em uma gamela, davam-lhes um líquido amarelado: a ração. Os soldados da Força Pública vendiam tabaco a preços exorbitantes e o confiscavam para tornar a vendê-lo. Nenhum médico. A gangrena corroía os feridos; as oftalmias se manifestaram. O delírio se tornou crônico. À noite, misturavam-se os lamentos, os gemidos agudos, aos berros dos loucos. Do outro lado, os soldados da Força Pública, com os fuzis carregados, mais duros do que nunca, pois jamais tinham visto, diziam, bandidos iguais àqueles parisienses.

Essas trevas encerravam ainda suas trevas: a Cova dos Leões, antro sem ar, negra antecâmara do túmulo sob a escadaria rosa do Terraço. Lá eram atirados todos aqueles considerados perigosos ou, simplesmente, aqueles que tivessem desagradado ao cabo. Ao menor ruído, o capitão comandante mandava espancá-los, quando não os golpeava pessoalmente. Os mais fortes resistiam apenas alguns dias. Ao sair, com a cabeça vazia, cegos pela luz ofuscante, iam aos tropeços. Felizes quando encontravam o olhar de uma esposa. Mulheres se comprimiam contra as grades da Orangerie, tentando encontrar alguém naquele rebanho que vislumbravam vagamente, imploravam aos soldados da Força Pública, que as repeliam, chamando-as de nomes infames.

O inferno ao ar livre era o armazém do platô de Satory, vasto paralelogramo cercado por muros, edificado sobre terreno argiloso que a menor chuva encharcava. Os primeiros a chegar logo lotaram os edifícios, com capacidade para no máximo 1.300 pessoas; os outros foram deixados do lado de fora.

Às oito da noite de quinta-feira, chegou um comboio composto principalmente de mulheres: "Muitas de nós", repetiu-me uma delas – mulher de um chefe de legião –, "tinham ficado no caminho; não havíamos comido nada desde de manhã. Ainda era dia. Vimos uma grande multidão de prisioneiros. As mulheres estavam separadas, em uma barraca junto da entrada. Juntamo-nos a elas".

> Disseram-nos que havia um charco. Mortas de sede, corremos para lá. As primeiras a beber gritaram: 'Oh!, miseráveis! fazem-nos beber o sangue dos nossos!' Desde a véspera, os prisioneiros feridos lavavam ali suas chagas. A sede nos torturava tão cruelmente que algumas enxaguaram a boca com aquela água sanguinolenta.
>
> Como a barraca estava lotada, fizeram-nos dormir no chão, em grupos de cerca de 200. Um oficial se dirigiu a nós: 'Vis criaturas, escutai a ordem que vou dar: Soldados da Força Pública, à primeira que se mexer, atirai nessas putas'.
>
> Às dez horas, detonações próximas nos sobressaltaram. 'Deitai, miseráveis!', gritaram os soldados da Força Pública, apontando as armas para nós. A dois passos, prisioneiros eram fuzilados. Era como se as balas nos atravessassem a cabeça. Os fuziladores vieram render nossos guardiães. Ficamos a noite toda sob a guarda daqueles homens impregnados do calor da chacina. Resmungavam contra as que se retorciam de terror e de frio: 'Não te impacientes, tua vez vai chegar'. Ao amanhecer, vimos os mortos. Os soldados da Força Pública comentavam entre si: 'Espero que a vindima tenha sido boa!'

Uma noite, os prisioneiros ouviram um barulho de enxadas no muro do sul. Os fuzilamentos e as ameaças os haviam ensandecido: esperavam a morte de todos os lados, de todas as formas; pensaram que daquela vez os fariam explodir. Abriram-se buracos e apareceram metralhadoras.*

Na noite de sexta-feira, desencadeou-se sobre o acampamento uma tempestade que durou várias horas. Os prisioneiros foram obrigados a ficar deitados na lama a noite toda, sob pena de serem metralhados. Uns 20 morreram de frio.

O acampamento de Satory tornou-se a excursão favorita da sociedade versalhesa. O capitão Aubry fazia as honras da casa para as senhoras, os deputados e os letrados, como Dumas Filho, que lá ia à procura de estudos sociais, mostrava-lhes seus súditos chafurdando na lama, roendo alguns biscoitos, bebendo avidamente do charco onde os guardas faziam sem cerimônia suas imundícies. Alguns enlouqueciam e quebravam a cabeça contra os muros; outros berravam, arrancavam os cabelos e a barba. Uma nuvem pestilenta subia daquele amontoado vivo de farrapos e horror. "Há ali", dizia o *Indépendance Française*,

> vários milhares envenenados de sujeira e verminose, infectando um quilômetro ao seu redor. Canhões estão apontados para esses miseráveis, trancafiados como feras. Os habitantes de Paris temem a epidemia provocada pelo enterro dos rebeldes mortos na cidade; os que *L'Officiel* de Paris chamava de rurais temem muito mais a epidemia provocada pela presença dos rebeldes vivos no acampamento de Satory.

Eis os homens de bem de Versalhes, que acabavam de fazer triunfar "a causa da justiça, da ordem, da humanidade e da civilização". Apesar do bombardeio e dos sofrimentos do sítio, quanto aqueles bandidos de Paris tinham sido melhores e mais humanos em comparação com aqueles homens de bem! Quem maltratou um único prisioneiro na Paris da Comuna? Que mulher pereceu ou foi insultada? Que recanto das prisões parisienses ocultou uma única das milhares de torturas que em Versalhes se exibiam à luz do dia?

De 24 de maio aos primeiros dias de junho, os comboios não cessaram de afluir àqueles abismos. As prisões continuavam, em massa,

* Apêndice LXI.

dia e noite. Os policiais acompanhavam os militares, e os homens da ordem, pretextando perseguições, forçavam os móveis, furavam a golpes de baioneta os lugares suspeitos, apropriavam-se dos objetos de valor. Os aposentos dos membros ou altos funcionários importantes da Comuna foram saqueados e mais tarde oficiais foram condenados por roubos demasiado evidentes: o tenente-coronel Thierce, administrador provisório do XIII Distrito; Lyoën, preboste do XVII Distrito etc.* Prendiam não apenas as pessoas envolvidas nos últimos acontecimentos, as delatadas pelos documentos imprudentemente deixados nas administrações distritais e nos ministérios, mas qualquer um que fosse conhecido por suas opiniões republicanas. Foram presos também os fornecedores da Comuna e até mesmo os músicos que jamais tinham ultrapassado as muralhas. Os trabalhadores das ambulâncias conheceram a mesma sorte. E, no entanto, durante o sítio, um delegado da Comuna, inspecionando as ambulâncias da imprensa, dissera ao pessoal: "Não ignoro que a maioria de vós é amiga do governo de Versalhes; mas desejo que vivais para reconhecer vosso erro. Não me preocupo em saber se as lancetas a serviço de nossos feridos são monarquistas ou republicanas, vejo que cumpris dignamente vossa tarefa; agradeço-vos: farei um relatório à Comuna sobre vosso trabalho".**

Alguns federados se haviam refugiado nas catacumbas; foram caçados à luz de tochas. Os policiais, com a ajuda de cães, atiravam em qualquer sombra suspeita. Foram organizadas batidas nas florestas vizinhas de Paris. A Polícia controlou todas as estações, todas as saídas da França. Os passaportes tiveram de ser renovados e visados em Versalhes. Os donos de barcos foram vigiados. No dia 26 de maio, Jules Favre pedira a todas as potências estrangeiras a extradição dos fugitivos, a pretexto de que a luta da Comuna não era uma luta política.

A extradição grassava em Paris. Poucos amigos, nenhum companheiro. Negativas impiedosas ou delações. Um médico repetiu as

---

* Julgamentos de 28 de dezembro de 1872 e abril de 1873.

** *The Times*.

infâmias de 1834. No hospital Beaujon, todos queriam salvar um federado ferido. O cirurgião Dolbeau, professor na faculdade, mandou os soldados subirem e levarem o infeliz, que fuzilaram. Afloraram os mais covardes instintos, e Paris descobriu lodaçais de ignomínia, insuspeitados mesmo sob o império. Os homens de bem, senhores da situação, mandavam prender como comunardos seus rivais e credores, formavam comitês de depuração em seus distritos. A Comuna repelira as delações; a Polícia da ordem recebeu-as indiscriminadamente. Elevaram-se à fabulosa cifra de 399.823, contagem oficial, das quais no máximo um vigésimo era assinado.

A maior parte cabe à imprensa, que por várias semanas viveu para fomentar a raiva e o pânico dos burgueses. Thiers, reeditando uma das inépcias de 1848, falara de "líquidos peçonhentos armazenados para envenenar os soldados", e permitiu que se dissesse, na proposta de pensão apresentada à Assembleia em benefício do comandante Ségoyer, morto na Bastilha: "Ele foi untado de petróleo e queimado vivo". Seguindo seu exemplo, todas as invenções da canalha de 1848 foram retomadas pela de 1871, horrivelmente rejuvenescidas. Minas nos esgotos, já com torpedos e fios preparados; 8 mil petroleiras recrutadas por Ferré, divididas em batalhões correspondentes a cada bairro; etiquetas gomadas do tamanho de um selo com as letras "BPB" e uma cabeça de bacante que deviam ser coladas nas casas que incendiariam; realejos, barriletes, bolas de petróleo com cápsulas; mulheres encarregadas de desfigurar com vitríolo "todos os indivíduos que não tinham a infelicidade de ser tão feios como Delescluze ou Vermorel"; bombas de vitríolo; balões com lastro de material inflamável; perucas em forma de coques incendiários, embebidas de material fulminante; esferas cheias de veneno; soldados da Força Pública assados; marinheiros enforcados; mulheres ricas violadas; requisições de raparigas; roubos sem fim, pilhagem do banco, dos arquivos do Palácio da Justiça,* das igrejas, da prataria dos cafés; tudo o que a loucura e o medo tolo podem inventar

---

* Apêndice XXI.

foi contado, e o bom burguês acreditou em tudo. Alguns jornais se especializaram em ordens de incêndio falsas, de autografia cujos originais jamais puderam ser apresentados, mas que foram considerados como dignos de fé pelos Conselhos de Guerra e nas histórias. Quando achou que a fúria burguesa se esmorecia, a imprensa esforçou-se em revigorá-la. "Como sabemos, Paris quer apenas adormecer", dizia o *Bien Public*; "mesmo se tivermos de a incomodar, nós a acordaremos". Em 8 de junho, *Le Figaro*, reeditando seu artigo de Versalhes, traçava um novo plano de chacina:

> A repressão deve igualar o crime [...]. Os membros da Comuna, os chefes da insurreição, os membros dos comitês, cortes marciais e tribunais revolucionários, os generais e oficiais estrangeiros, os desertores, os assassinos de Montmartre, La Roquette e Mazas, os petroleiros e petroleiras, os foragidos da justiça deverão ser mortos [...]. A lei marcial deverá ser aplicada com todo rigor aos jornalistas que puseram a tocha e a espingarda Chassepot nas mãos de fanáticos imbecis [...]. Parte dessas medidas já entrou em vigor. Nossos soldados simplificaram a tarefa das cortes marciais de Versalhes fuzilando sumariamente, mas não se pode ocultar que muitos culpados escaparam do castigo [...].

Esse *Le Figaro* publicou, em forma de folhetim, o histórico dos últimos dias do Hôtel-de-Ville,* e o *Gaulois* reeditou, como sendo de Delescluze, uma história sádica atribuída, em 1848, a Ledru-Rollin...**

As denúncias e as prisões recomeçaram com mais força. Prenderam Jourde, Rossel, Ferré, Paschal Grousset, que a multidão quis linchar, Courbet, cuja captura Dumas Filho celebrou assim:

> De que acasalamento fabuloso de uma lesma com um pavão, de que antíteses genéticas, de que destilação sebácea pode ter sido gerada aquela coisa que se chama Gustave Courbet? Sob que redoma, com a ajuda de que esterco, em decorrência de que mistura de vinho, cerveja, muco corrosivo e edema flatulento pôde crescer aquela abóbora sonora e peluda, aquela barriga estética, encarnação do eu imbecil e impotente?

---

* Apêndice XLII.

** Apêndice XLIII.

O magro lambe-botas dos burgueses teria achado muito natural que se destruísse a obra de Courbet. Partilhando esta opinião, o Conselho Municipal de Orléans, sua cidade natal, pôs abaixo uma das obras do artista que adornava a fonte pública.

A imprensa ilustrada, que fala mais vivamente à imaginação, não deixou de atribuir aos federados e suas mulheres atitudes e fisionomias abjetas.

Houve, para honra da França, alguns traços de coragem e mesmo de heroísmo naquela erupção de covardia. Vermorel foi recolhido pela mulher de um zelador que, por algumas horas, conseguiu fazê-lo passar por seu filho.* A mãe de um soldado versalhês deu asilo a vários membros da Comuna. Grande número de rebeldes famosos foi salvo por desconhecidos. E, no entanto, os que davam abrigo aos vencidos corriam o risco de serem mortos nas primeiras horas, ou, a seguir, de serem deportados.

Em junho e julho, as detenções se mantiveram na média de 100 por dia. Em Belleville, Ménilmontant, no XIII Distrito, só havia mulheres velhas em determinadas ruas. Os versalheses, em seus falsos registros, confessaram 38.568 prisioneiros, entre os quais 1.058 mulheres e 651 crianças, das quais 47 de 13 anos, 21 de 12, quatro de dez e uma de sete,** como se tivessem, através de um meio qualquer, contado a multidão que engrossavam aos montes. O número de presos chegou muito provavelmente à casa dos 50 mil.

Os equívocos foram inumeráveis. Mulheres da sociedade que iam, com as narinas dilatadas, contemplar os cadáveres de federados, foram incorporadas em razias, levadas a Satory, onde, esfarrapadas,

---

* A calúnia versalhesa que o perseguiu até na sua agonia – morreu em Versalhes – conta que ele se confessara com um jesuíta e renegara seus escritos "perante os soldados da Força Pública e as irmãs". A verdade é que sua mãe, muito devota, levou um padre à cabeceira do moribundo, durante um acesso de febre purulenta.

** Relatório do capitão Guichard, *Enquête sur le 18 Mars*, t. 3, p. 313.

roídas pela vérmina, encanavam muito adequadamente as petroleiras imaginadas por seus jornais.*

Milhares de pessoas tiveram de se esconder na França ou no exterior para fugir das perseguições ou denúncias. Calcula-se o total das perdas pelo número de eleitores nas eleições complementares de julho: 100 mil a menos do que nas de fevereiro. O *Journal des Débats* estimava que "as perdas sofridas pelo partido da insurreição, entre mortos e prisioneiros, atingiam a cifra de 100 mil indivíduos".

A indústria parisiense foi aniquilada.** Seus chefes-de-oficina, capatazes, ajustadores, operários, artistas que dão à fabricação seu valor especial, morreram, foram presos ou emigraram. O ramo de calçados perdeu a metade de seus operários, o de marcenaria, mais de um terço; dez mil operários alfaiates, a maioria dos pintores, especialistas em telhados, em zinco e bombeiros hidráulicos desapareceram; os setores de armarinho, luvaria, espartilho e chapelaria sofreram o mesmo desastre; habilidosos joalheiros, cinzeladores e pintores em porcelana fugiram. O mobiliário, que antes ocupava mais de 60 mil operários, recusou encomendas por falta de mão de obra. Um grande número de patrões reclamou a Versalhes o pessoal de suas oficinas, ao que os *Mummius* do estado de sítio responderam que enviariam soldados para substituir os operários.

A selvageria das buscas, o número de detenções, somando-se ao desespero da derrota, arrancaram daquela cidade dessangrada algumas supremas convulsões. Soldados e oficiais caíram golpeados por mãos invisíveis; um general foi alvejado perto do Quartel de La Pépinière. Os jornais versalheses surpreendiam-se, com ingênua imprudência, com o fato de a fúria popular não se acalmar, e não entendiam "quais as razões, mesmo fúteis, de ódio que se podia ter contra tropas que tinham o mais inofensivo ar do mundo".

A esquerda seguiu até o fim a linha que traçara em 18 de março. Os homens de 1848, acusados no passado de roubo, fraude e dilapidação

---

* Apêndice XLIV.

** Apêndice XLV.

durante sua passagem pelo poder, dirigiram contra os federados as mesmas calúnias que os haviam indignado. Étienne Arago chamou-os de "monstros", e Henri Martin, o cantor da Internacional, comparou-os a Nero. Depois de afastar a província e aprovar agradecimentos ao Exército, esses republicanos honestos uniram suas maldições às dos rurais. Logo após junho de 1848, Louis Blanc negara qualquer solidariedade aos revoltosos, mas não os injuriara; em 1871, escreveu para os agredir, inclinar-se perante seus juízes e declarar legítima a indignação pública. Em junho de 1848, a sombria imprecação de Lamennais abateu-se sobre os assassinos, e Pierre Leroux defendeu os vencidos; os grandes pensadores da Assembleia rural foram unânimes contra os federados; aquela esquerda que cinco anos depois se inflamaria pela anistia, recusou-se a ouvir o estertor dos 20 mil fuzilados e, a 100 metros dela, os urros da Orangerie.

Em 1871, via-se o mesmo Calígula de oitocentas cabeças que Herzen estigmatizara em 1848.

> Ergueram-se em toda sua grandeza para dar ao mundo inteiro o espetáculo inaudito de 800 homens agindo como um único monstro de crueldade. O sangue jorrava aos borbotões, e eles não tiveram uma palavra de amor ou de conciliação. E a minoria austera se calou; a Montanha ocultou-se atrás das nuvens, contente por não ter sido fuzilada, nem atirada aos porões para apodrecer; olhava em silêncio o desarmamento dos cidadãos, a decretação das deportações, a prisão de homens por tudo e por nada, de alguns inclusive por não ter querido atirar em seus irmãos.

Até Gambetta, o "louco furioso" denunciado por Thiers, permitiu-se dizer que um governo capaz de vencer tal insurreição demonstrava desse modo sua legitimidade, e pronunciou esta frase funesta: "Os tempos heroicos passaram"; sem perceber, estava glorificando a Comuna.

Só houve corajosos na província e no exterior. *Les Droits de L'Homme*, de Jules Guesde, em Montpellier, *L'Émancipation*, em Toulouse, o *National du Loiret* e vários outros jornais denunciaram os assassinos. A maioria foi retirada de circulação. Ocorreram algumas agitações: um início de tumulto em Pamiers, em Voiron. Em Lyon, o

Exército foi colocado de prontidão e o *préfet* Valentin mandou fechar as portas da cidade para deter os que fugiam de Paris. Houve prisões em Bordeaux.

Em Bruxelas, Victor Hugo protestou, em carta por sinal muito mal documentada, contra a declaração do governo belga concordando em devolver os fugitivos.

A imprensa dos fuziladores declarou que ele enlouquecera. Francisque Sarcey chamou-o de "velho palhaço, herói melancólico, rabo vermelho, velho saltimbanco, pobre coitado inchado de frases, imensamente ridículo".* Outro ilustre personagem, Xavier de Montépin, propôs sua exclusão da Société des Gens de Lettres. Louis Blanc e Schoelcher escreveram-lhe uma carta, criticando-o. A casa do poeta foi apedrejada por um bando de elegantes e a região de Artevelde expulsou Victor Hugo como expulsara Proudhon.

Mazzini difamara aqueles insurretos que não queriam nem Deus, nem patrão; mas Bebel, no parlamento alemão, e Whalley, na Câmara dos Comuns, denunciaram a fúria versalhesa e defenderam a Comuna de Paris; García Lopez disse à Tribuna das Cortes: "Admiramos essa grande Revolução que hoje ninguém pode apreciar sensatamente". O Congresso dos Estados Unidos prestou uma homenagem solene à Internacional.

Os trabalhadores estrangeiros fizeram grandes funerais para seus irmãos de Paris. Em Londres, Bruxelas, Berlim, Genebra, Zurique e Leipzig, reuniões gigantescas se declararam solidárias com a Comuna, execraram os massacres e declararam cúmplices desses crimes os governos que não os haviam condenado. Todos os jornais socialistas glorificaram a luta dos vencidos. A grande voz da Internacional relatou seu esforço em uma mensagem eloquente e confiou sua memória aos trabalhadores do mundo inteiro.

---

* *Le Drapeau Tricolore*, 10 de julho de 1871.

Os pontões. Os fortes. Os primeiros processos

A conciliação é o anjo que depois da tempestade aparece para reparar a desgraça que ela causou.
Dufaure, Sessão de 26 de abril de 1871.

Vós nos acusais de termos usado a força contra os defensores da lei: eu vos acuso de terdes prolongado a luta sem necessidade, de terdes sepultado famílias sob as ruínas de nossas casas: de terdes ficado surdos aos pedidos de trégua e de conciliação que vos chegavam de toda parte, e de não terdes poupado os vencidos [...]. Fizestes requisitórios, pois eis aqui o meu. Veremos qual deles a França lerá com mais indignação.
Jules Favre, Processo dos Rebeldes de Lyon, 1834.

Os lagos humanos de Versalhes e de Satory bem depressa se abarrotaram. Nos primeiros dias de junho, os prisioneiros foram levados para os portos do mar, empilhados em vagões para animais cujas lonas, fortemente estiradas, não deixavam passar o ar. Em um canto, um monte de biscoitos; "atirados sobre esse monte, os próprios prisioneiros logo o reduziram a farelo". Durante 24 horas, às vezes 32, permaneciam sem outros víveres e sem bebida. Nessa balbúrdia, brigava-se por um pouco de ar, um pouco de espaço. Ninguém podia descer; os excrementos dos doentes misturavam-se à lama dos biscoitos. Alguns, "alucinados, tornavam-se feras".* Um dia, em La Ferté-Bernard, escapam gritos de um vagão. O chefe da escolta para

* Detalhes extraídos de numerosas notas fornecidas pelos prisioneiros e por pessoas inteiramente estranhas à Comuna: conselheiros municipais dos portos de mar, jornalistas estrangeiros etc. (Ver a relação de Elisée Reclus, Apêndice XLVI).

o comboio; os policiais descarregam seus revólveres através das lonas; faz-se silêncio... e os caixões ambulantes arrancam a todo vapor.

De junho a setembro, Versalhes atirou 28 mil prisioneiros nas baías, nos fortes e nas ilhas do oceano, de Cherburgo a Gironde. Vinte e cinco pontões receberam quase 20 mil e os fortes e as ilhas, 7.837.

Nos pontões, há torturas regulamentares. As tradições de junho de 1848 e de dezembro de 1851 foram religiosamente mantidas em 1871. Os prisioneiros, trancafiados em jaulas de madeira e barras de ferro, dispostas à direita e à esquerda das baterias, só recebiam uma réstia de luz das portinholas fechadas. Nenhuma ventilação. Desde as primeiras horas, a infecção foi intolerável. As sentinelas passeavam no corredor central, com ordem de atirar ao menor lamento. Nem redes, nem cobertores. Como única alimentação, biscoito, pão e feijão. Nada de vinho, nada de tabaco. Os habitantes de Brest e de Cherburgo, que levaram provisões e alguns doces, foram mandados embora pelos oficiais.

Mais adiante, tal crueldade diminuiu um pouco. Os prisioneiros receberam uma rede para cada dois, algumas camisas, algumas japonas, vinho uma vez ou outra. Puderam lavar-se, subir na ponte, respirar um pouco. Os marinheiros demonstraram alguma humanidade; os fuzileiros navais sempre foram os carniceiros das jornadas de maio, e muitas vezes a tripulação teve de arrancar-lhes das mãos os prisioneiros.

O regime dos pontões variava conforme a humanidade dos oficiais. Em Brest, o imediato do Ville de Lyon proibia que insultassem os detentos, ao passo que o oficial responsável pela disciplina do Breslaw os tratava como forçados. Em Cherburgo, um dos tenentes do Tage, Clémenceau, mostrou-se feroz. O comandante do Bayard fez de sua nave uma pequena Orangerie. Os flancos deste navio foram palco dos atos mais abomináveis que já mancharam a história da marinha francesa. O silêncio absoluto era a regra a bordo. Mal se falasse nas jaulas, a guarda ameaçava; chegou a atirar várias vezes. Uma reclamação, um simples esquecimento do regulamento, eram suficientes para que os prisioneiros fossem amarrados às grades das jaulas pelos tornozelos e pulsos.

As masmorras em terra firme foram tão cruéis quanto os pontões. Em Quélern, perto de Brest, trancafiaram até 40 prisioneiros na mesma casamata. As de baixo causavam a morte. As fossas "exsudavam seu conteúdo e, de manhã, as fezes cobriam o chão até duas polegadas de altura". Ao lado, havia alojamentos salubres e disponíveis; não quiseram transferir para lá os prisioneiros. Jules Simon foi visitá-los, "achou que seus antigos eleitores estavam bem abatidos e supôs que se tivesse recorrido à severidade com eles". Elisée Reclus abrira uma escola que ensinara 151 detentos que não sabiam ler, nem escrever. O ministro da Educação Pública mandou fechar o curso, bem como a pequena biblioteca criada pelos presos.

Os prisioneiros dos fortes, bem como os dos pontões, eram alimentados com biscoito e toucinho. Mais tarde, acrescentou-se sopa e cozido aos domingos. Proibira-se o uso de garfos e facas. Batalhou-se vários dias para obter colheres. Os lucros do cantineiro que, segundo o regulamento, deviam limitar-se a um décimo, atingiram "até 500%".

No Forte Bayard, homens e mulheres eram trancados no mesmo recinto, separados por uma treliça; as mulheres eram obrigadas a lavar-se na frente das sentinelas. Às vezes, os maridos estavam no compartimento vizinho. "Vemos", escrevia um prisioneiro, "uma jovem e bela mulher, de uns 20 anos, que desmaia cada vez que a obrigam a se despir".

Segundo numerosos testemunhos, a prisão mais cruel foi a de Saint-Marcouf. Os prisioneiros lá permaneceram durante mais de seis meses, privados de ar, luz, conversa, tabaco, alimentados apenas por migalhas de biscoito negro e toucinho rançoso. Todos contraíram escorbuto.

As torturas praticadas sob os olhos do governo e da Assembleia, em Versalhes, onde se confessou a existência de 3.472 detentos, nos dão uma ideia das que ocorrem nos pontões e nos fortes, fora do alcance da vigilância da opinião pública. O coronel Gaillard, chefe da Justiça Militar, dissera aos soldados que guardavam a prisão de Chantiers;

"Assim que virdes alguém se agitar, levantar os braços, atirai, sou eu que vos ordeno".

No Grenier d'Abondance da Estação do Oeste, havia oitocentas mulheres. Durante semanas a fio, as infelizes dormiram em cima de palha, sem poder trocar de roupa. Ao menor ruído, os guardas atiravam-se sobre elas e as espancavam, de preferência nos seios. Charles Mercereau, ex-integrante da guarda particular de Napoleão III, dirigia esse porão imundo, mandava amarrar as que lhe desagradavam e as golpeava com a bengala; passeando em seus domínios com as belas damas de Versalhes, que adoravam ver as petroleiras, dizia, diante delas, às suas vítimas: "Vamos, tratantes, abaixai os olhos". Claro, era o mínimo que nossas federadas deviam àquelas pessoas de bem.

As prostitutas capturadas nas razias e cuidadosamente mantidas como espiãs das outras prisioneiras, entregavam-se aos guardas diante de todos. Os protestos das mulheres da Comuna foram punidos com surras de corda. Por um requinte de crueldade, os versalheses rebaixaram essas valentes mulheres ao nível das outras; todas as prisioneiras foram submetidas a tal situação.

A dignidade e a natureza ultrajadas vingaram-se com crises terríveis: "Onde está meu pai? Meu marido? Eu, sozinha, e todos esses covardes contra mim! Eu, mãe, mulher trabalhadora, submetida ao açoite, à injúria, e manchada por essas mãos imundas!". Muitas enlouqueceram. Todas tiveram seus momentos de loucura. As grávidas abortaram ou pariram natimortos.

Não faltaram padres nem nas prisões, nem nos fuzilamentos. O capelão de Richemont dizia às prisioneiras: "Sei muito bem que estou aqui em um covil de lobos, mas meu dever etc." No dia de Santa Madalena, o bispo de Alger, fazendo uma delicada alusão à santa, disse-lhes "que todas elas eram Madalenas, mas não arrependidas, que Madalena não tinha incendiado, nem assassinado", e outras amenidades evangélicas. Em Toulon, um capelão ameaçava os comunardos com o punho cerrado.

As crianças também foram trancadas em um setor da prisão das mulheres, e brutalmente tratadas. O secretário de Mercereau abriu com um pontapé o ventre de um menino. O filho de Ranvier, de 12 anos, foi cruelmente espancado porque se recusou a revelar o esconderijo do pai. Essa ferocidade contínua deu cabo das compleições mais robustas.

Logo chegou aos dois mil o número de doentes nos hospitais e pontões. Os relatórios oficiais confessaram 1.179 mortos dos 33.665 prisioneiros civis. Esta cifra está manifestamente aquém da verdade. Em Versalhes, nos primeiros dias, mataram um certo número de indivíduos e outros morreram sem que ninguém os contasse. Não houve estatísticas antes do traslado aos pontões. Não é exagero dizer que dois mil prisioneiros deixaram a vida nas mãos dos versalheses. Um número maior pereceu em decorrência de anemia ou de doenças contraídas durante o cativeiro.

Os infelizes prisioneiros dos navios, dos fortes e das casas de detenção ficaram macerando vários meses na vérmina antes que se fizesse entre eles uma simples triagem. O Moloch versalhês tinha mais vítimas do que podia digerir. Em junho, desvencilhou-se de 1.090, exigidas pelos reacionários. Mas como instruir o processo de 36 mil prisioneiros? Sim, porque Thiers imaginara substituir a deportação em massa, que dera margem a tantos protestos em 1848, por processos em regra; só que indicava como juízes dos federados os mesmos soldados que os haviam vencido. Em 1832, a Ordem dos Advogados protestara contra a pretensão do governo de que militares julgassem os rebeldes, mas a mesma pareceu muito natural à Ordem dos Advogados de 1871, pois os réus agora eram "monstros".

No final de julho, esse pretenso Ministério Público só interrogara três mil detentos, e a Assembleia se impacientava. Thiers tinha em seu poder vários membros da Comuna; organizou para os rurais uma grande encenação judiciária.

Esse processo deveria ser o processo-modelo, deveria servir de padrão à jurisprudência dos Conselhos de Guerra. O procurador Dufaure e seu presidente aplicaram toda sua astúcia trapaceira em minimizar o debate. Negaram aos réus sua qualidade de políticos e reduziram a insurreição a um imenso crime de direito comum, assegurando-se assim o direito de pôr termo aos discursos retumbantes e de aplicar a pena de morte, que a hipocrisia burguesa pretendia, para assuntos políticos, abolida desde 1848. O terceiro Conselho de Guerra foi cuidadosamente escolhido. Seu comissário foi o comandante Gaveau, energúmeno de olhos desvairados, recém-saído de um hospício, que espancava os prisioneiros nas ruas de Versalhes; seu presidente, o coronel Merlin, um dos oficiais de Bazaine; os restantes, comprovados bonapartistas. Sedan e Metz iam julgar Paris.

A solenidade começou em 7 de agosto, em um vasto salão com dois mil lugares. As personagens de alta patente empertigavam-se em assentos de veludo vermelho; os deputados ocupavam 300 cadeiras; o resto pertencia aos burgueses distintos, às famílias de bem, à aristocracia da prostituição, à imprensa sensacionalista. Aqueles jornalistas tagarelas, as roupas espalhafatosas, os rostos sorridentes, os jogos de leque, os buquês radiosos e os binóculos de teatro apontados em todas as direções lembravam as mais elegantes estreias. Os oficiais do Estado-Maior, de uniforme de gala, conduziam as damas a seus lugares, sem esquecer a reverência de rigor.

Essa escória inflamou-se quando os réus apareceram. Eram 17: Ferré, Assi, Jourde, Paschal Grousset, Régère, Billioray, Courbet, Urbain, Victor Clément, Trinquet, Champy, Rastoul, Verdure, Decamps e Ulysse Parent, membros da Comuna; Ferrat e Lullier, do Comitê Central.

Gaveau leu a acusação, miscelânea das tolices que há três meses eram difundidas nos jornais versalheses. Esta Revolução nascera de dois complôs: o do partido revolucionário e o da Internacional; Paris levantara-se em 18 de março em resposta ao apelo de alguns facínoras; o Comitê Central ordenara a execução de Lecomte e de Clément Thomas; a manifestação da Praça Vendôme não dispusera de armas; o médico-chefe do Exército fora assassinado no momento em que fazia um supremo apelo à conciliação; a Comuna cometera latrocínios de todo tipo; os utensílios das irmãs de Picpus se transformavam em instrumentos de ortopedia; a explosão da fábrica de cartuchos Rapp era obra da Comuna, "desejosa de despertar o ódio violento contra o inimigo no coração dos federados"; Ferré presidira a execução dos reféns de La Roquette e incediara o ministério das Finanças, como provava o *fac-simile* de uma ordem escrita de próprio punho: "incendiai as Finanças!" Cada um dos membros da Comuna tinha de responder pelos fatos relativos a suas funções específicas e, coletivamente, por todos os decretos emitidos. Esse relatório de policial de baixo nível, comunicado de antemão a Thiers, fazia da Comuna um mero caso de banditismo, como o de ladrões que queimavam os pés de suas vítimas para fazê-las falar.

O relatório prendeu a atenção de todo o público. No dia seguinte, Ferré, o primeiro a ser interrogado, recusou-se a responder e colocou suas conclusões na mesa do presidente. "As conclusões do incendiário Ferré não procedem!", disse Gaveau, e chamou as 24 testemunhas de acusação, 14 das quais pertenciam à Polícia; as demais, eram padres ou funcionários públicos. Um especialista em grafologia, célebre no palácio por seus erros, afirmou que a ordem "incendiai as Finanças!" fora mesmo escrita por Ferré. Em vão o réu pediu que aquela assinatura fosse confrontada com as suas, que figuravam em grande número nos registros das prisões, que ao menos fosse apresentado o original e não o *fac-simile*; Gaveau exclamou, indignado: "Mas isso é desconfiança!".

Assim esclarecidos desde o início sobre o complô e sobre o caráter de seus juízes, os réus podiam declinar de tal debate e, como os de maio de 1839, oferecer a cabeça ao carrasco sem uma palavra. No entanto, aceitaram a discussão iniciada por Gaveau. Se pelo menos tivessem reivindicado o reconhecimento de seu caráter político! Alguns o renegaram. Quase todos se limitaram à sua defesa pessoal; em vários casos, a preocupação em se salvar manifestou-se em fraquezas. Lullier gabou-se abertamente de ter traído a Comuna. Mas do próprio banco dos réus elevou-se, vingadora, uma voz do povo. Um operário, daquela raça vigorosa que encara de frente o trabalho e o combate, um membro da Comuna inteligente e convicto, modesto no Hôtel-de-Ville, um dos primeiros na linha de fogo, o sapateiro Trinquet reivindicou a honra de ter cumprido seu mandato até o fim: "Fui enviado à Comuna por meus concidadãos", disse ele, "fiz grandes esforços; estive nas barricadas e lamento não ter sido morto; hoje não estaria assistindo ao triste espetáculo de colegas que, depois de ter participado da ação, não querem participar da responsabilidade. Sou um rebelde, não nego".

Jourde também teve de ser ouvido. Por um prodigioso esforço de memória, o ex-delegado das Finanças explicou, sem dispor de documentos, as receitas e despesas da Comuna com tal abundância de detalhes, moderação de termos e vivacidade, que obrigou o salão a se manter em silêncio por mais de uma hora.

Os interrogatórios se arrastaram por dezessete audiências. Mesmo público de soldados, burgueses e prostitutas vaiando os réus; mesmas testemunhas: padres, policiais, funcionários; mesma ira de Gaveau, mesmo cinismo do tribunal, mesma fúria da imprensa. Os massacres não a saciaram. Uivava contra os réus, exigia sua morte e os arrastava na lama de seus relatos. "É preciso não se iludir", dizia *La Liberté*,

> sobretudo, é preciso não procurar argumentar, o que temos diante dos olhos é mesmo um bando de facínoras, assassinos, ladrões e incendiários. Alegar sua situação de réus para exigir respeito e o benefício da *álea*, que supõe que sejam inocentes, é má-fé! Não, não, mil vezes não! Não são réus comuns; alguns foram pegos em flagrante delito, outros assinaram tão claramente sua culpabilidade em atos autênticos e solenes que basta verificar sua identidade para bradar, com voz plena e sonora, a convicção: 'Sim, sim! são culpados!'

E este era um dos mais serenos. Os correspondentes estrangeiros revoltaram-se. "É impossível imaginar algo mais escandaloso do que o tom da imprensa sensacionalista durante esse processo", dizia o *Standard*, jornal conservador dos mais violentos contra a Comuna. Quando alguns réus reclamaram a proteção do presidente, Merlin tomou a defesa dos jornais.

Chegou a hora do requisitório. Gaveau, para permanecer fiel a suas instruções, afirmou que Paris combatera durante seis semanas apenas para permitir que alguns indivíduos roubassem o que restara dos caixas, que queimassem casas e fuzilassem alguns soldados da Força Pública. O rábula fardado demolia como militar os argumentos que articulava como procurador. "A Comuna", dizia, "agira como governo", e, cinco minutos depois, negava a qualidade de políticos aos membros da Comuna. Sobre os diversos réus, dizia de Ferré: "Não perderei meu tempo nem o vosso discutindo as numerosas acusações que pesam contra ele"; de Jourde, de cujo relato não entendera uma palavra: "Os números que apresentou são totalmente imaginários; não abusarei de vosso tempo para os discutir". Durante a batalha das ruas, Jourde recebera ordem do Comitê de Salvação Pública de entregar mil francos a cada um dos membros da Comuna para suprir não poucas necessidades. Apenas uns 30, ativos na luta, tinham recebido tal soma. Gaveau disse: "Eles repartiram milhões entre si". Provavelmente acreditava nisso. Afinal, que soberano deixou o poder sem levar milhões? Acusava Paschal Grousset de ter roubado papel para imprimir seu jornal; a outro, de ter vivido com uma amante. Velho soldado grosseiro, incapaz de compreender que, quanto mais rebaixava os homens, mais engrandecia essa Revolução tão vigorosa apesar das fraquezas e das incapacidades.

O público acompanhava este requisitório com aplausos frenéticos. No final, alguns foram chamados de volta ao palco, como no teatro. Merlin deu a palavra ao defensor de Ferré. Mas Ferré declara que quer ele mesmo se defender, e começa a ler uma declaração:

> Após a conclusão do tratado de paz, consequência da vergonhosa capitulação de Paris, a república estava em perigo; os sucessores do império que ruíra na lama e no sangue...
>
> *Merlin*: Ruíra na lama e no sangue... Aqui vos interrompo. Será que vosso governo não estava na mesma situação?
>
> *Ferré*: ...agarravam-se ao poder e, embora alvo do desprezo público, preparavam nas sombras um golpe de Estado; persistiam em recusar a Paris a eleição de seu Conselho Municipal...

> *Gaveau*: Não é verdade!
>
> *Merlin*: O que estais dizendo, Ferré, é falso. Continuai, mas na terceira vez vos interromperei.
>
> *Ferré*: [...] Os jornais honestos e sinceros eram proibidos de circular, os melhores patriotas eram condenados à morte...
>
> *Gaveau*: O réu não pode continuar com essa leitura. Vou pedir que a lei seja aplicada.
>
> *Ferré*: [...] Os monarquistas se preparavam para repartir os restos da França; por fim, na noite de 18 de março, acharam que estavam prontos e tentaram desarmar a Guarda Nacional e prender republicanos em massa...
>
> *Merlin*: Vamos, sentai-vos, dou a palavra a vosso defensor.

O advogado, nomeado *ex-officio*, pede que Ferré possa ler as últimas frases de sua declaração. Merlin cede.

> *Ferré*: [...] Membro da Comuna, estou nas mãos dos que a venceram. Querem minha cabeça, que a tomem! Jamais salvarei minha vida por meio da covardia. Livre vivi, assim pretendo morrer.
>
> Só acrescento uma última frase: a sorte é caprichosa; confio ao futuro minha memória e minha vingança.
>
> *Merlin*: A memória de um assassino!
>
> *Gaveau*: É para a cadeia que se deve mandar um tal manifesto!
>
> *Merlin*: Tudo isso não responde aos atos pelos quais estais aqui.
>
> *Ferré*: Isso significa que aceito o destino que me é reservado.

Durante esse duelo entre Merlin e Ferré, a sala ficara ansiosa, em suspenso, rompendo em vaias quando Ferré terminou. O presidente teve de suspender a sessão e os juízes já iam saindo quando um advogado pediu que se fizesse constar em ata que o presidente tratara Ferré de assassino. As vaias do auditório recomeçaram. O defensor voltou-se para o tribunal, os bancos da imprensa e o público. Injúrias que vinham de todos os cantos da sala cobriram sua voz por vários minutos. Merlin, radiante, respondeu cavalheirescamente; "Reconheço que utilizei a expressão de que fala o defensor. O Conselho toma nota de vossas conclusões".

A um advogado que lhe dissera na véspera que "Seremos todos julgados, não pela opinião pública de hoje, mas pela história", Merlin respondera tranquilamente: "A história! Nessa época, não estaremos mais aqui!". A burguesia francesa encontrara o seu Jeffries.

No dia seguinte, bem cedo, a sala já estava cheia. A curiosidade do público e a ansiedade dos juízes eram extremas. Para acusar seus adversários de todos os crimes ao mesmo tempo, Gaveau falara durante dois dias de política, história, socialismo. Bastava responder a cada um de seus argumentos para dar à causa a natureza política que ele lhe negava. Se algum réu finalmente acordasse e, menos preocupado com sua pessoa do que com a Comuna, acompanhasse passo a passo o requisitório, poderia contrapor às grotescas teorias de conspiração a eterna provocação das classes privilegiadas; relatar como Paris se ofereceu ao governo da Defesa, foi traída por ele, atacada por Versalhes e depois abandonada; mostrar como os proletários reorganizaram todos os serviços da imensa cidade e, em estado de guerra, cercados de traições, governaram dois meses sem alcaguetes e sem suplícios, pobres, apesar dos bilhões do Banco, de todas as riquezas públicas ou de seus inimigos que tinham em mãos; poderia contrapor aos 63 reféns executados os 20 mil parisienses fuzilados, entreabrir os pontões, os calabouços repletos de 40 mil infelizes e, invocando o mundo como testemunha, em nome da verdade, da justiça e do futuro, fazer da Comuna acusada a Comuna acusadora.

O presidente poderia interrompê-lo, os gritos do auditório encobrir sua reivindicação, o Conselho declará-lo fora da lei, mas tal homem saberia – como Danton, Barbès, Blanqui, Raspail e Cabet – encontrar um gesto, um grito que perfurasse as muralhas, lançar um anátema sobre a cabeça do tribunal.

A causa vencida não teve essa vingança. Em lugar de apresentar uma defesa coletiva ou manter um silêncio que teria salvo sua dignidade, os réus passaram a palavra aos advogados. Cada um desses senhores preocupou-se apenas em salvar seu cliente, mesmo às custas do de seu colega. O advogado de Courbet era o de *Le Figaro* e confidente da imperatriz; outro – um dos manifestantes da Praça Vendôme – rogava ao tribunal para que não confundisse sua causa com a do facínora ao lado. Houve defesas extremamente vulgares. Esse rebaixamento não desarmava nem o tribunal, nem o público. A cada instante, Gaveau pulava do seu assento: "Sois um insolente", dizia a um advogado, "se há aqui algo de absurdo, sois vós!". O auditório aplaudia, sempre disposto a se contrapor aos réus. Em 31 de agosto, sua fúria chegou a tal ponto que Merlin ameaçou esvaziar a sala.

No dia 2 de setembro, o Conselho fingiu deliberar. Às nove da noite, Merlin leu o resultado do julgamento. Ferré e Lullier eram condenados à morte; Trinquet e Urbain, a trabalhos forçados perpétuos; Assi, Billioray, Champy, Régère, Paschal Grousset, Verdure e Ferrat, à deportação a um local fortificado; Rastoul e Jourde, à deportação simples; Courbet, a seis meses de prisão e Victor Clément, a três. Decamps e Ulysse Parent eram absolvidos. Além disso, Courbet foi condenado a pagar os custos da reconstrução da Coluna Vendôme, por cuja demolição não votara. O auditório se retirou, muito desapontado por só ter conseguido duas condenações à morte, uma das quais, a de Lullier, apenas *pro forma*.

Em suma, esta encenação judiciária não provara coisa alguma. Acaso se podia julgar a Revolução de 18 de março por personalidades secundárias, e Delescluze, Varlin, Vermorel, Malon, Tridon, Moreau e tantos outros, pelo que tinham aparentado ser Lullier, Decamps, Victor Clément ou Billioray? E, ainda que a atitude de Trinquet, Ferré e Jourde não tivesse testemunhado a presença de homens e de inteligências no Conselho da Comuna, as fraquezas não provavam que este movimento era obra de todos, não apenas de alguns gênios, que a Revolução estava na Comuna-povo, e não na Comuna-governo?

A burguesia, ao contrário, ostentara plenamente sua covardia. Algumas testemunhas juraram manifestamente em falso. Durante os debates, nos corredores, nos cafés, os velhacos que tinham tentado ludibriar a Comuna atribuíam-se descaradamente o sucesso do Exército. Com a subscrição que abriu para Ducatel, *Le Figaro* angariou 100 mil francos e uma condecoração. Atraídos por tal sucesso, os mais ínfimos conspiradores reclamaram dinheiro e condecorações. Os partidários de Beaufond-Lasnier, de Charpentier-Domalain arrancaram os cabelos, jurando que tinham trabalhado muito melhor do que seus rivais, publicando seus grandes feitos, citando nomes que esclareciam sua história.

Enquanto a sociedade era vingada em Versalhes, o Tribunal de Paris vingava a honra de Jules Favre. Logo depois da Comuna, o ministro das Relações Exteriores mandara prender seu antigo amigo, Laluyé, que entregara a Millière os documentos publicados por *Le Vengeur*. Já que não conseguira o fuzilamento de Laluyé como comunardo, o honesto ministro o processou por difamação perante o tribunal, onde o ex-membro da Defesa Nacional, o ex-ministro das Relações Exteriores, o ex-deputado por Paris, confessou publicamente ter cometido falsificações. Argumentou que era para garantir o futuro de seus filhos. Diante dessa comovente confissão, os pais de família do júri se enterneceram e Laluyé foi condenado a um ano de prisão, morrendo alguns meses depois em Sainte-Pélagie. Jules Favre tinha uma sorte impressionante. Em menos de seis meses, os fuzis e a masmorra o haviam livrado de dois temíveis inimigos.*

Enquanto o terceiro Conselho de Guerra discutia com os advogados, o quarto cumpria sua tarefa sem palavrório. No dia 16 de agosto, mal iniciados os trabalhos, já pronunciara duas condenações à morte. Se um tinha Jeffries, o outro tinha Trestaillon, o coronel Boisdenemetz, javali vermelho, às vezes espirituoso e correspondente de *Le Figaro*. No dia 4 de setembro, levaram-lhe mulheres acusadas de ter incendiado a Legião de Honra. Foi o processo das petroleiras. As 8 mil fúrias organizadas em brigadas que os jornais da ordem anun-

---

* A família e a moral triunfavam em todo lugar. Logo após a queda da Comuna, Devienne, primeiro-presidente do Supremo Tribunal, intermediário oficial dos amores de Napoleão III com Marguerite Bellanger, retornava solenemente, perante todas as câmaras reunidas, ao posto de onde o pudor das pessoas de 4 de setembro o havia expulsado.

ciaram reduziam-se a cinco. Os debates provaram que as pretensas petroleiras não passavam de enfermeiras de coração generoso. A cidadã Rétiffe disse: "Eu teria recolhido tanto um soldado de Versalhes como um guarda nacional". "Por que ficastes", perguntaram a outra, "quando o batalhão fugia?" "Tínhamos feridos e moribundos", respondeu com simplicidade. As testemunhas de acusação declararam não ter visto nenhuma das rés provocar incêndio algum; mas sua sorte já estava decidida de antemão. Entre duas audiências, Boisdenemetz gritava em um café: "Que morram todas essas vagabundas!".

Três dos cinco advogados tinham abandonado o tribunal. "Onde estão?", perguntou Boisdenemetz. "Pediram para se ausentar para ir ao campo", respondeu o comissário. O Conselho encarregou soldados de defender as rés. O segundo-sargento Bordelais fez essa bela defesa: "Remeto-me à sabedoria do tribunal".

Sua cliente, Suétens, foi condenada à morte, bem como Rétiffe e Marchais, "por terem tentado mudar a forma do governo" – não ousaram falar sobre a questão do petróleo; as outras duas, à deportação e à reclusão. Uma das condenadas gritou ao escrivão que lia a sentença: "E meu filho, quem o alimentará?"

"Teu filho, ei-lo aqui!"

Alguns dias depois, compareciam perante Boisdenemetz 15 crianças de Paris. O mais velho com 16 anos; o mais novo, tão pequeno que mal ultrapassa a balaustrada dos réus, tem 11. Estão vestidos com uma blusa azul e um quepe militar.

"Druet", pergunta o soldado, "que fazia vosso pai?" "Era mecânico."

"Por que não trabalhavas com ele?" "Porque não havia trabalho para mim."

"Bouverat, por que entrastes para os pupilos da Comuna?" "Para ter o que comer." "Fostes preso por vadiagem?" "Sim, duas vezes: a segunda vez, foi por ter roubado meias."

"Cagnoncle, éreis filho da Comuna?" "Sim, senhor." "Por que deixastes vossa família?" "Porque não havia pão." "Destes muitos tiros de fuzil?" "Uns 50."

"Lescot, por que deixastes vossa mãe?" "Porque ela não podia me alimentar." "Quantos filhos eram?" "Três." "Fostes ferido?" "Sim, com uma bala na cabeça."

"Lamarre, vós também deixastes a família?" "Sim, senhor, foi a fome."

"E aonde fostes então?" "Ao quartel, para me alistar."

"Leberg, tivestes um patrão e fostes surpreendido pegando o caixa. Quanto pegastes?" "Cinco centavos." "Esse dinheiro não vos queimava as mãos?"

E vós, homem de mãos vermelhas, essas palavras não vos queimavam os lábios? Sinistros tolos que não entendíeis que, diante daquelas crianças atiradas à rua pela necessidade que lhes fizestes passar, sem instrução, sem esperança, o culpado éreis vós, Ministério Público de uma sociedade na qual seres de 12 anos, capazes, ávidos de trabalho, eram forçados a roubar para ter um par de meias, sem alternativa a não ser a de caírem derrubados pelas balas ou pela fome.

Os Conselhos de Guerra. Os suplícios. Balanço das condenações

Em Versalhes, foram empregados todos os meios para garantir a mais séria, atenta e completa instrução de todos os processos julgados [...]. Afirmo, portanto, que as sentenças pronunciadas não são apenas inatacáveis em matéria de direito, segundo todas as nossas leis, mas também que, para a mais escrupulosa consciência, são sentenças que expressaram a verdade.

(Muito bem! Muito bem!)

Ministro da Justiça Dufaure,
na sessão de 18 de maio de 1876.

Vinte e seis Conselhos de Guerra, 26 metralhadoras judiciárias, funcionaram em Versalhes, Paris, Vincennes, Mont-Valérien, Saint--Cloud, Sèvres, Saint-Germain, Rambouillet e até em Chartres. Todos os regulamentos militares, todas as aparências de justiça foram desprezados na composição desses tribunais. A Assembleia nem se preocupara em definir suas prerrogativas. E esses oficiais, ainda exaltados pela luta e para quem toda resistência, mesmo a mais legítima, era um crime enorme, haviam sido lançados contra seus adversários vencidos, sem outra jurisprudência além da própria fantasia, sem outro freio além de seu humanitarismo, sem outro conhecimento do direito além da própria folha de serviço. Com tais janízaros e um código penal que tudo permite em sua elástica obscuridade, não era preciso leis de exceção para atingir Paris inteira. Logo surgiram e se propagaram nessas cavernas judiciárias as teorias mais extravagantes; assim, a presença no local do crime configurava cumplicidade legal: para aqueles magistrados, isso era um dogma.

Em vez de sediar os Conselhos de Guerra nos portos, os prisioneiros foram obrigados a refazer novamente as dolorosas etapas do mar até Versalhes. Elisée Reclus foi arrastado por 14 prisões. Dos pontões, conduziam-nos à ferrovia, a pé, algemados, mas, quando passavam pelas ruas, mostrando os grilhões, os transeuntes tiravam o chapéu.

Com exceção de alguns réus de destaque, cujos processos relatarei brevemente, a massa dos prisioneiros foi levada à presença dos tribunais após uma instrução que nem sequer lhes assegurava a identidade. Pobres demais para ter um defensor, sem orientação, sem testemunhas de defesa – as que chamavam não tinham coragem de comparecer, temendo ser presas –, esses infelizes limitavam-se a aparecer diante do tribunal e logo desapareciam. A acusação, o interrogatório e a sentença eram concluídos em poucos minutos: "Lutastes em Issy, em Neuilly? Condenado à deportação". "E minha mulher, meus filhos?". A outro: "Servistes nos batalhões da Comuna?" "E quem teria alimentado os meus quando tudo estava fechado, a oficina e a fábrica?" "Deportação. E o senhor? [...] Detenção ilegal! Para a cadeia." No dia 14 de outubro, menos de dois meses, portanto, o primeiro e o segundo conselhos tinham pronunciado mais de 600 condenações.

Não posso fazer o martirológio dos milhares que desfilaram em cerradas filas – guardas, mulheres, crianças, velhos, enfermeiros, médicos, funcionários daquela cidade dizimada. É a vós, anônimos, a quem daria o primeiro lugar, assim como o ocupastes no trabalho, nas barricadas obscuras. O verdadeiro drama dos Conselhos de Guerra não está nessas sessões aparatosas em que réus, tribunal e advogados tomaram atitudes diante do público, mas naquelas salas desertas, as únicas que viram o infeliz perante um tribunal tão inexorável como a espingarda Chassepot. Quantos humildes defensores da Comuna mantiveram a cabeça muitíssimo mais erguida do que os chefes; mas ninguém relatará seu heroísmo. Quando se conhecem as insolências, as injúrias, a argumentação grotesca dos juízes conhecidos, pode-se imaginar a que ignomínias foram submetidos os réus sem renome à sombra dos prebostados supostamente legais. Quem vingará essas hecatombes de desconhecidos, executados no silêncio, como os últimos combatentes do Père-Lachaise na calada da noite?

Os jornais não deixaram vestígios de suas causas: mas, embora ignore o nome das vítimas, a história conhece o de alguns juízes.

Em 1795, após os fuzilamentos de Quiberon, foi preciso ameaçar de morte os oficiais da república para compor os Conselhos de Guerra que deviam julgar os homens da Vendeia. No entanto, sob os canhões, com armas inglesas, esses vendeanos haviam golpeado pelas costas a pátria que os coligados atacavam de frente. Em 1871, os oficiais de Bazaine disputaram a glória de julgar aquela Paris que fora o baluarte da honra nacional. Durante longos meses, 1.509 militares, dos quais 14 generais, 266 coronéis e tenente-coronéis e 284 comandantes, foram improvisados presidentes, juízes e comissários. Como escolher nessa lista de bestialidades? Escolher alguns presidentes ao acaso – Merlin, Boisdenemetz, Jobey, Delaporte, Dulac, Barthel, Donnat, Aubert – seria ser injusto com outros 100.

Já vimos Merlin e Boisdenemetz. O coronel Delaporte, velho leopardo gasto, doente, só revivia após uma condenação à morte. Foi ele quem pronunciou o maior número delas, ajudado pelo escrivão Duplan, que preparava as sentenças de antemão e depois falsificava as atas da maneira mais impudente. Dizia-se que Jobey perdera o filho na luta contra a Comuna. Como se vingava! Seus olhinhos apertados espreitavam a angústia no rosto do infeliz que condenava. Qualquer apelo à justiça ou ao bom-senso era para ele uma injúria. "Teria sido uma ideia feliz", dizia ele, "prender os advogados com os réus".

E, no entanto, como eram raros os advogados que cumpriam com seu dever! A maior parte deles declarava que não podia ajudar decentemente tais réus. Outros queriam ser intimados. Salvo quatro ou cinco exceções – Dupont, De Bussac, Laviolette, Bigot, que morreu no tribunal –, os defensores se banqueteavam com os oficiais. Advogados e comissários informavam uns aos outros seus meios de ataque e de defesa. Os oficiais anunciavam antecipadamente as sentenças. O advogado Riché gabava-se de ter redigido a primeira acusação de Rossel. Os advogados nomeados ex-ofício não respondiam à convocação.

Esses juízes ignorantes, que alardeavam violência e insultavam réus, testemunhas e advogados, eram dignamente secundados pelos comissários. Grimal vendia às revistas femininas os documentos dos acusados célebres, sendo mais tarde condenado a cinco anos de prisão; Douville, célebre por seus requisitórios implacáveis, foi condenado a 20 anos de trabalhos forçados por falsificação, roubo e fraude. Gaveau, tolo e louco furioso, teve de ser encaminhado novamente a um hospício; Bourboulon buscava efeitos oratórios; Barthélemy, bebedor de cerveja louro e bochechudo, fazia trocadilhos ao pedir a cabeça dos réus; Charrière, ainda capitão aos 50 anos, dizia que tinha "feito voto de crueldade a César" ; Jouesne, célebre no Exército por sua tolice, recuperava-se pelo seu encarniçamento. Não era preciso muito com tais conselhos; os mais intratáveis foram o 3º, o 4º, o 6º, e o 13º, de Saint-Cloud, que se gabava publicamente de não absolver ninguém.

Tais foram os juízes e a justiça que a burguesia deu aos proletários que não metralhara. Eu gostaria de acompanhar passo a passo esses atropelos judiciários, pegar um por um os processos, mostrar as leis violadas, as mais elementares regras de procedimento desprezadas, os documentos falsificados, os testemunhos distorcidos, os réus condenados à enxovia e à morte sem sombra de provas que fossem admissíveis por um júri sério, o cinismo dos tribunais prebostais da Restauração e das comissões mistas de dezembro, acrescido da brutalidade do soldado vingando sua casta; tal obra exigiria um longo trabalho técnico. Limitar-me-ei a indicar suas principais linhas. Aliás, esses julgamentos já não foram julgados?

Versalhes pede à Suíça a extradição do diretor da Escola Militar, Razoua, e à Hungria, a do delegado do Comércio, Frankel, ambos condenados à morte por assassinato e incêndio. São presos e processados perante os tribunais de Genebra e Pesth. A Suíça e a Hungria estão dispostas a entregá-los se o governo versalhês der provas legais de que os réus cometeram os assassinatos e os incêndios de que são acusados. Esses dois países não levantam qualquer objeção do ponto de vista político e admitem que ambos foram condenados por crimes de direito comum. No caso de Frankel, Jules Favre limita-se a apresentar a decisão do Conselho de Guerra, não conseguindo acrescentar "qualquer vestígio de fundamento, nenhum depoimento preciso, nenhum testemunho que comprovasse a culpabilidade", segundo as palavras do tribunal de Pesth, que solta Frankel. No caso de Razoua, fala-se de um baú e de um par de botas roubadas da Escola Militar; a Suíça libertou Razoua.

No dia 8 de setembro, Rossel compareceu ao terceiro Conselho. Sua defesa consistiu em dizer que servira a Comuna na esperança de que, com a insurreição, se reiniciaria a guerra contra os prussianos. Merlin tratou-o com toda consideração e o réu, em contrapartida, mostrou o mais profundo respeito pelo Exército. Mas era preciso um exemplo para os soldados românticos, e Rossel foi condenado à morte.

No dia 21, Rochefort foi condenado à deportação para um local fortificado. Ele deixara Paris três dias antes da entrada dos versalheses. Reconhecido em Meaux, foi preso com seu secretário. Valentin despachou um agente com ordem de levar o prisioneiro para Versalhes "vivo ou morto". O oficial alemão que comandava em Meaux exigiu que ele fornecesse a escolta, em virtude, disse ele, de ordens superiores, e a compôs de hussardos bávaros que cercaram o veículo até a ponte do rio Pecq, limite militar em que os prisioneiros foram entregues a Galliffet. Ele os manteve com vida. Em Versalhes, uma multidão enfurecida apedrejou a viatura até a prisão de Chantiers. Os bonapartistas do Conselho de Guerra viram nele o autor de *La Lanterne*. Merlin defendeu o príncipe Pierre Bonaparte. Trochu, que Rochefort chamara como testemunha de defesa, desdenhosamente renegou o antigo colega. Gambetta demonstrou uma grandeza muito superior, defendendo-o com muito mais eloquência.

A seguir foi a vez de Blanqui. O Comitê de Salvação Pública pusera à disposição de seus amigos 50 mil francos para facilitar a fuga do Forte de Taureau. Teria sido preciso mais e, principalmente, agentes hábeis, pois fora dada ordem de matá-lo à menor tentativa de fuga. Parte da verba estava no caixa do comitê no dia da entrada dos versalheses.

O que Blanqui, preso antes de 18 de março, sabia sobre a Comuna? Nada, nem sequer pelos jornais, aos quais não tinha acesso. Foi condenado pelos acontecimentos de 31 de outubro, sobretudo por ser, desde 1830, o insurreto. Esse grande Hamlet revolucionário, lançado apesar dele à crista de movimentos que jamais governou, mal compreendido por seus defensores fanáticos, expiando faltas que não cometera, caminhou toda sua nobre e longa vida sobre os espinhos que o bronze de Dalou imortalizou sob seus pés.

O jornalismo revolucionário teve também suas vítimas. O jovem Maroteau foi condenado à morte por dois artigos no *Salut Public*. A trabalhos forçados, Henri Brissac, secretário do Comitê de Salvação Pública, e Alphonse Humbert, que pedira no *Père Duchesne* a prisão de Chaudey; os publicistas presos depois – Henry Maret, Lepelletier, Peyrouton etc. – foram condenados a alguns anos de prisão; os que conseguiram ir para o exterior, a nove anos de exílio. Que crime haviam cometido? Defender a Comuna. Por ter defendido Versalhes, a Comuna limitara-se a tirar os jornais de circulação. No fundo, os conselhos tinham ordem de exterminar o partido revolucionário.

O medo do futuro os tornou implacáveis. Após os incontáveis fuzilamentos da Rua des Rosiers, quiseram eles também oferecer sacrifícios às almas de Lecomte e Clément Thomas. Era impossível achar os verdadeiros executores. A explosão de fúria que tirou a vida dos dois generais fora espontânea, fulminante. Os atores do drama chamavam-se multidão, e com ela se dissiparam. Os juízes militares recolheram réus ao acaso, do mesmo modo como seus colegas tinham fuzilado os primeiros que apareceram nas colinas de Montmartre.

"Simon Mayer", dizia o relatório, "tentara defender os prisioneiros até o último momento, e o próprio Kazdanski se opôs à execução das ameaças de morte. A multidão o injuriou e arrancou-lhe os galões". Herpin-Lacroix tentara esforços desesperados. Lagrange, que se recusara a formar o pelotão de fuzilamento, sentia-se tão seguro de sua inocência que se apresentara aos juízes. O relatório fazia dele o principal réu, com Simon Mayer, Herpin-Lacroix, Kazdanski e Verdagner, sargento-de-linha que se negara a atirar em 18 de março.

O caso foi conduzido pelo coronel Aubert, trocista, melodramático e devoto. Apesar de seus esforços e dos do comissário, não foi possível encontrar a mínima prova contra os réus, a favor dos quais depuseram até os oficiais do Exército que acompanhavam o general Lecomte. "Simon Mayer fez tudo o que estava a seu alcance para nos salvar", dizia o comandante Poussargue. Este oficial ouvira uma voz gritar: "Não matai sequer os traidores sem julgamento! Formai uma corte marcial!". Palavras textuais de Herpin-Lacroix. De todos os acusados, ele só reconhecia Mayer. Outro oficial fez um depoimento idêntico. Verdagner provou que, no momento da execução, estava no acampamento de Courcelles. A acusação negava, sem apresentar um só testemunho. Ribemont provou que investira contra os atacantes no quarto da Rua des Rosiers. Masselot tinha contra si apenas testemunhos de mulheres inimigas, que pretendiam que ele se gabara de ter atirado nos generais. O ajudante-de-campo do ministro, capitão Beugnot, que estivera presente à execução, afirmava, ao contrário, que os generais foram cercados pelos soldados; o senhor De Douville-Maillefeu dizia que a frente dos pelotões compunha-se de nove soldados, cujos regimentos designava.

Não havia sequer falsos testemunhos oficiais, como no caso dos membros da Comuna; a acusação, no entanto, em vez de desistir, encarniçava-se contra aqueles homens que arriscaram a vida para salvar os generais. O comissário ameaçou prender uma testemunha que depunha calorosamente a favor de um réu. Após várias audiências, perceberam que julgavam um indivíduo no lugar de outro; o presidente ordenou à imprensa que se calasse sobre o incidente. Cada audiência, cada novo testemunho inocentava os acusados, tornando impossível qualquer condenação; em 18 de novembro, Verdagner, Simon Mayer, Herpin-Lacroix, Lagrange, Masselot, Lebrond e Aldenhoff foram condenados à morte; os outros, a trabalhos forçados ou detenção. Um dos condenados à morte, Leblond, tinha apenas quinze anos e meio.

Sete anos depois, o Conselho de Guerra de Paris condenava, pelo mesmo caso, um ancião de 72 anos, Garcin.

Dada essa satisfação ao Exército, os Conselhos de Guerra, como bons cortesãos, vingaram as ofensas contra Thiers. Fontaine, o funcionário encarregado pela Comuna de demolir a mansão daquele que destruíra centenas de casas, compareceu perante o quinto Conselho, que se esforçou em fazer dele um ladrão. Ninguém ignorava que os quadros, os móveis, as porcelanas e a prataria do senhor Thiers haviam sido mandadas para o guarda-móveis, os objetos de arte, para os museus, os livros, para as bibliotecas públicas, a roupa, para as ambulâncias e que, desde a entrada das tropas, o homenzinho recobrara a posse de quase todos os seus bibelôs. Pouquíssimas peças desapareceram no incêndio das Tulherias; o relatório acusou Fontaine de as ter roubado, embora só tivessem sido encontrados em sua casa dois medalhões sem valor. A essa acusação, contra a qual acreditava estar preservado por uma longa vida de probidade, Fontaine só soube responder com lágrimas. A gentalha de *Le Figaro* morreu de rir. Foi condenado a 20 anos de trabalhos forçados.

No dia 28 de novembro, a Assembleia retomou os fuzilamentos. Habilidosamente, Thiers transferira aos deputados o direito de comutar as penas e fez com que a câmara nomeasse uma Comissão dos indultos. Esta se compunha de 15 membros, participantes das comissões mistas de 1851, latifundiários, antigos monarquistas: Martel, Piou, conde Octave de Bastard, Félix Voisin, Batbie, conde de Maillé, conde Duchatel, Peltereau-Villeneuve, François Lacaze, Tailhard, marquês de Quinsonnaz, Bigot, Merveilleux-Duvignau, Paris e Corne, Torquemada de junho de 1848. O presidente Martel traficava indultos com as belas solicitantes.

Os primeiros dossiês dos quais se ocuparam foram os de Ferré e Rossel. A imprensa liberal defendia calorosamente a causa do jovem oficial. Nesse jovem inquieto, sem opiniões políticas dissonantes e que sempre voltara cavalheirescamente as costas à Comuna, a burguesia logo reconheceu um de seus filhos desencaminhados. Aliás, ele fizera uma retratação condigna. Os jornais publicavam suas memórias, nas quais vilipendiava a Comuna e os federados. Relatava-se, dia a dia, sua vida de prisioneiro, suas conversas sublimes com um pastor protestante, suas emocionantes entrevistas com a família. O bonapartista Jules Amigues organizou uma manifestação estudantil para pedir seu indulto. Sobre Ferré, nem uma palavra, a não ser para dizer que era "odioso". Sua mãe morrera louca; seu irmão estava trancafiado em um manicômio de Versalhes; seu pai, prisioneiro na cidadela de Fouras; sua irmã, moça de 19 anos, silenciosa, resignada, consumia seus dias e noites para ganhar 20 francos que toda semana enviava aos prisioneiros. Ela recusara a ajuda dos amigos, não queria dividir com ninguém a honra de cumprir com seu dever. Não se podia imaginar nada de mais "odioso".

Durante 12 semanas, a morte pairou sobre os condenados. No dia 23 de novembro, às seis horas da manhã, disseram-lhes que chegara a hora de morrer. Ferré levantou-se da cama sem manifestar nenhuma emoção, declinou a visita do capelão, escreveu à Justiça Militar pedindo a libertação dos seus, e à irmã, para que enterrasse seu cadáver de forma que os amigos pudessem encontrá-lo. Rossel, primeiro bastante surpreso, conversou com um pastor, escreveu pedindo que sua morte não fosse vingada, precaução inútil, e redigiu um testamento místico. Tinham como companheiro de morte Bourgeois, um sargento do 45º Regimento de Linha – o dos quatro sargentos de La Rochelle – que passara para o lado da Comuna e demonstrava a mesma calma que Ferré. Rossel ficou revoltado quando o algemaram. Ferré e Bourgeois não se dignaram a protestar.

Mal raiava o dia; fazia um frio intenso. Diante da colina de Satory, 5 mil homens armados circundavam três postes brancos, cada um deles guardado por um pelotão de 12 executores. O coronel Merlin comandava, reunindo as três características de vencedor, juiz e carrasco. Alguns curiosos, oficiais e jornalistas formavam o público.

Às sete horas chegaram os furgões com os condenados; os tambores bateram, os clarins soaram. Os condenados desceram escoltados por soldados da Força Pública. Rossel saudou os oficiais. Bourgeois, olhando os preparativos com ar indiferente, encostou-se ao poste do meio. Ferré chegou por último, vestido de negro, de lentes e um cigarro entre os lábios. Com passo firme, dirigiu-se ao terceiro poste.

Rossel, assistido por seu advogado e seu pastor, pediu que lhe deixassem dar ordem de abrir fogo. Merlin recusou. Rossel quis apertar-lhe a mão em homenagem à sentença. Mesma recusa. Durante essas idas e vindas, Ferré e Bourgeois mantinham-se imóveis e silenciosos. Para acabar com as manifestações de Rossel, um oficial disse-lhe que estava prolongando o suplício dos outros dois. Aceitou que lhe vendassem os olhos. Ferré jogou longe a venda, repeliu o padre que se dirigia a ele e, ajustando as lentes, olhou bem de frente os soldados.

Lido o julgamento, os ajudantes abaixaram o sabre. Rossel e Bourgeois caíram para trás. Ferré permaneceu em pé, atingido no lado. Atiraram de novo, ele caiu. Um soldado encostou-lhe a espingarda Chassepot no ouvido e fez saltar seus miolos; mesmo golpe de misericórdia em Bourgeois. Rossel foi poupado.

Ao sinal de Merlin, as fanfarras prorromperam e, seguindo o costume dos selvagens, a tropa desfilou em triunfo diante dos cadáveres. Qual não seria o grito de horror da burguesia se os federados tivessem marchado, com música à frente, diante dos reféns executados.

Os corpos de Rossel e de Ferré foram reclamados pelas famílias; o de Bourgeois desapareceu na vala comum do cemitério de Saint-Louis. A imprensa liberal reservou suas lágrimas para Rossel. Corajosos jornais provincianos prestaram homenagem a todas as vítimas e denunciaram a execração da França à Comissão dos Indultos, “a comissão dos assassinos”, disse na Assembleia um deputado. Processados, esses jornais foram absolvidos.

Dois dias depois da execução de Satory, a Comissão dos Indultos mandou matar Gaston Crémieux. Condenado há seis meses, essa longa espera e sua moderação durante o movimento tornavam praticamente impossível tal execução; a comissão rural queria vingar a famosa apóstrofe de Bordeaux. Às sete da manhã de 30 de novembro, Gaston

Crémieux foi levado ao Pharo de Marselha, vasta planície à beira-mar. Disse a seus guardas: "Mostrarei como um republicano sabe morrer". Encostaram-no ao mesmo poste onde, um mês antes, fora fuzilado o soldado Paquis, que aderira à insurreição. Quis permanecer de olhos abertos e dar a ordem de abrir fogo. Consentiram. Dirigindo-se aos soldados: "Mirem no peito, não atinjam a cabeça. Fogo! Viva a repú...". A última palavra foi cortada pela morte. Como em Satory, houve música e desfile. A morte desse jovem entusiasta causou forte impressão na cidade. Os registros afixados à porta de sua casa encheram-se de milhares de assinaturas em algumas horas.

No mesmo dia, o sexto Conselho vingava a morte de Chaudey. Ela fora ordenada e supervisionada apenas por Raoul Rigault. Os homens do pelotão estavam no exterior. Préau de Vedel, o principal acusado, detido em Sainte-Pélagie por delito de direito comum, apenas segurara a lanterna. Como a jurisprudência dos oficiais atribuía aos simples agentes a mesma responsabilidade que aos chefes, Préau de Vedel foi condenado à morte.

No dia 4 de dezembro, apareceu na sala do terceiro Conselho uma espécie de fantasma com rosto pálido e simpático, Lisbonne, que suportava havia seis meses os ferimentos do Château-d'Eau. Tanto no Conselho como na Comuna e em Buzenval, se orgulhou de ter combatido, negando apenas as acusações de pilhagem. Os versalheses o condenaram à morte.

Alguns dias depois, o mesmo Conselho ouve uma voz de mulher: "Não quero me defender, não quero ser defendida!" , exclama Louise Michel.

> Pertenço por inteiro à revolução social e declaro assumir a responsabilidade por todos os meus atos. Aceito-a sem restrições. Acusais-me de ter participado da execução dos generais? Responderei: Sim, se estivesse em Montmartre quando quiseram mandar atirar no povo, não teria hesitado em atirar naqueles que davam semelhantes ordens. Quanto ao incêndio de Paris, sim, participei dele. Queria opor uma barreira de chamas aos invasores de Versalhes. Não tenho cúmplices, agi por iniciativa própria.

O promotor Dailly pede pena de morte. Ela:

> O que exijo dos senhores, que se dizem Conselho de Guerra, que se apresentam como meus juízes, que não se ocultam como a Comissão dos Indultos, é o campo de Satory, onde já tombaram meus irmãos. É preciso eliminar-me da sociedade; dizem-vos que o façais; pois bem!, o comissário da república tem razão. Como parece que todo coração que bate pela liberdade só tem direito a um pouco de chumbo, exijo minha parte! Se me deixardes viver, não cessarei de gritar vingança e denunciarei à vingança de meus irmãos os assassinos da Comissão dos Indultos.
>
> *O presidente*: Não posso vos conceder a palavra.
>
> *Louise Michel*: Terminei... se não sois covardes, matai-me.

Não tiveram coragem de matá-la de vez. Foi condenada à deportação em um local fortificado. Louise Michel não foi a única com tal coragem. Muitas outras, entre as quais Lemel e Augustine Chiffon, mostraram aos versalheses como são terríveis as parisienses, mesmo vencidas, mesmo acorrentadas.

O caso da execução dos reféns em La Roquette veio à tona no início de 1872. Assim como nos processos de Chaudey e Clément Thomas, não fora detido nenhum dos verdadeiros atores, com exceção de Genton. Quase todas as testemunhas, ex-reféns, depunham com a raiva natural das pessoas que tiveram medo. A acusação construíra um conjunto de argumentos ridículos de corte marcial, discutindo e ordenando a morte dos prisioneiros. Os cadáveres foram disputados, dizia; um padre assim o afirmava. Mandaram chamá-lo. "Não tenho certeza" , disse ele, "mas talvez tenham-me dito e eu o tenha repetido". Prova! A acusação afirmava que um dos réus era o chefe do pelotão de fuzilamento e ia condená-lo, apesar dos protestos reiterados de Genton, quando trouxeram Sicard, que acabara de ser descoberto, moribundo, em uma prisão. Genton foi condenado à morte. Seu advogado acusara-o odiosamente e depois fugira; o Conselho recusara-lhe um novo defensor.

A seguir, o caso mais importante foi o dos dominicanos de Arcueil. Nenhuma execução fora menos premeditada. Esses religiosos morreram ao atravessar a Avenida d'Italie, atingidos por homens do 101º. O relatório acusava Sérizier, que não estava na avenida naquele momento. A única testemunha citada contra ele dissera: "Não afirmo nada, ouvi dizer". Mas são conhecidos os estreitos vínculos que unem o Exército ao clero. Sérizier foi condenado à morte, bem como um de seus tenentes, Bouin, contra quem não foi apresentado testemunho algum. O Conselho aproveitou a oportunidade para condenar à morte Wroblewski, que, naquele momento, estava na Butte-aux-Cailles, e Léo Frankel, que combatia na Bastilha.

No dia 12 de março, o caso da Rua Haxo foi julgado pelo sexto Conselho, sempre presidido por Delaporte. Os executores dos reféns, como os da Rua des Rosiers, não foram encontrados. A acusação recaía sobre o diretor da prisão, François, que se negara a entregar seus detentos, e sobre 22 pessoas denunciadas por mexeriqueiros. Nenhuma das testemunhas de acusação reconheceu os réus. Dois vigários de Belleville e uma costureira contavam histórias terríveis, mas acrescentavam: "Não vi nada, ouvi dizer". Delaporte multiplicou as ameaças com tal cinismo que o comissário Rustaut, cuja conduta já fora comprovada nos processos anteriores, não pôde se conter e disse: "Mas quereis condenar todos!". Foi substituído pelo obtuso Charrière. Diante das negativas das testemunhas, a acusação se esvaecia a cada minuto. Nenhum dos réus escapou. Sete foram condenados à morte; nove, a trabalhos forçados; os outros, à deportação.

A Comissão dos indultos esperava, de espingarda Chassepot na mão, a presa que lhe era entregue pelos Conselhos de Guerra. Em 22 de fevereiro de 72, fuzilou três dos pretensos assassinos de Clément Thomas e Lecomte, exatamente aqueles cuja inocência mais se evidenciara nos debates; Herpin-Lacroix, Lagrange e Verdagner. Em pé ao lado dos postes de Ferré, gritaram "Viva a Comuna!" e morreram com o rosto radiante. No dia 19 de março, Préau de Vedel foi executado. Em 30 de abril, foi a vez de Genton. Os ferimentos que sofrera nas barricadas tinham tornado a se abrir e ele se arrastou de muletas até o alto da colina. Ao chegar ao poste, jogou-as fora e gritou "Viva a

Comuna!" No dia 25 de maio, os três postes ainda assistiram à morte de Sérizier, Bouin e Boudin, condenados por eliminar um versalhês que lutava contra a construção de barricadas na Rua Richelieu. Disseram aos soldados do pelotão: "Somos filhos do povo e vós também. Vamos vos mostrar como sabem morrer os filhos do povo". Também morreram gritando "Viva a Comuna!".

Aqueles homens que se lançavam tão corajosamente ao túmulo, que desafiavam os fuzis com um gesto e que, ao morrer, gritavam que sua causa não morria, aquelas vozes vibrantes, aqueles olhares altaneiros, perturbavam profundamente os soldados. Os fuzis tremiam e, quase à queima-roupa, raramente matavam ao primeiro disparo. Na execução seguinte, em 6 de julho de 1872, o comandante Colin ordenou que se vendassem os olhos dos condenados. Eram dois: Baudouin, acusado por incendiar a Igreja de Saint-Eloi e matar um indivíduo na disputa por uma barricada, e Rouilhac, por fuzilar um burguês que estava atirando nos federados. Ambos repeliram os sargentos que lhes iam vendar os olhos. O comandante Colin deu ordem de atá-los ao poste. Três vezes Baudouin rompeu as cordas; Rouilhac lutou como um desesperado. O padre que ajudava os soldados foi golpeado no peito. Acabaram por dominá-los. "Morremos pela causa justa!", gritaram. Após a parada, um oficial-psicólogo, revirando com o bico da bota os cérebros que escorriam, dizia a um colega: "Era com isto que eles pensavam".

Em junho de 1872, findas todas as causas célebres, o Tribunal Militar vingou a morte de um oficial federado, o capitão De Beaufort. Só há uma explicação para esse fato estranho: é que De Beaufort pertencia aos versalheses, coisa verossímil.* Estavam presentes três dos quatro acusados: Deschamps, Denivelle e Lachaise, a célebre cantineira do 66º. Esta acompanhara De Beaufort perante o conselho reunido no Bulevar Voltaire e, depois de ouvidas suas explicações, fizera o possível para protegê-lo. Nem por isso a acusação deixava de fazer dela a instigadora de sua morte. Baseado no depoimento escrito de uma

---

* Apêndice XLVII.

testemunha que não foi possível localizar e que jamais foi acareada, o promotor acusou Lachaise de profanar o cadáver de De Beaufort. Diante de tal ignomínia, a valente mulher desfez-se em pranto. Foi condenada à morte, bem como Denivelle e Deschamps.

A suja imaginação de alguns soldados de hábitos truculentos fazia de tudo para difamar os réus. Ao julgar um amigo íntimo de Rigault, o coronel Dulac pretendeu que as relações entre eles haviam sido de caráter infame. Apesar dos desmentidos do réu, o miserável oficial persistiu.

Sem trégua, sem cansaço, a imprensa burguesa acompanhava todos os processos com o mesmo coro de imprecações e baixezas. Diante de alguns protestos contra execuções realizadas tanto tempo depois da batalha, um desses Sarceys escreveu: “A faca deveria estar colada na mão do carrasco”.

A alta e baixa escória literária encontrara na Comuna um filão muito lucrativo, que alimentava cuidadosamente. Não havia um aprendiz de escrevinhador que não rascunhasse sua brochura, seu livro, sua história, um prisioneiro qualquer que não escrevesse suas lamentações. Houve pilhas de *Paris incendiada*, *Paris em chamas*, *Livro vermelho, Livro negro*, *Memórias dos reféns*, *Carnaval vermelho*, *História de 18 de março, da Comuna, das oito jornadas*; os romancistas das prisões, como os Pierre Zaccone, os Montépin, produziram *Mistérios da Internacional* em edições ilustradas; os editores só queriam saber da Comuna; a procura foi tanta que os belgas também se interessaram. Tais escritos, com frequência obscenos, excitavam os cérebros burgueses. Para as almas delicadas, o delicado Dumas Filho estudava a “zoologia desses revolucionários”, cujas “fêmeas parecem mulheres quando estão mortas”; poetas – Paul de Saint-Victor, Théophile Gautier, Alphonse Daudet – e escritores mais ou menos ilustres – About, Sardou, Clarette, Mendès, Ernest Daudet etc. – poliam saborosos epítetos para descrever aqueles “bárbaros”, cujos cadáveres fediam tanto. Aos leitores muito austeros da *Revue des Deux-Mondes*, os senhores De Pressensé, Beaussire e Lavallée narravam histórias filosóficas do outro mundo. Desdenhando o povo, ignorando as recentes evoluções, incapazes de perceber suas múltiplas causas, todos reduziam os acontecimentos de 18 de março, o Comitê Central e a Comuna a um denominador comum: a Internacional, com 800 mil membros, segundo Daru, presidente desse inquérito parlamentar organizado pela Assembleia e no qual apenas os versalheses depuseram, não aceitando nem testemunhas, nem debates contraditórios. Os jornais publicavam por partes esses depoimentos podres, mostrando como eram crianças os Quentin-Bauchard de 1848, em matéria de calúnia e tolice, comparados com os rufiões burgueses de 1871.

Fustigados assim pelo ódio, os Conselhos de Guerra e a Comissão dos indultos seguiam em frente. Até então, a Comissão só matara três homens ao mesmo tempo; no dia 24 de julho de 1872, assassinou quatro: François, diretor de *La Roquette*, Aubry, Dalivoust e De Saint-Omer, condenados pelo caso da Rua Haxo. De Saint-Omer era mais do que suspeito, e os companheiros o mantinham à distância na prisão. Diante dos fuzis, gritaram: "Viva a Comuna!" e ele respondeu: "Abaixo!".

No dia 18 de setembro foram executados Lolive, acusado de participar da execução do arcebispo, Denivelle e Deschamps. Estes dois últimos gritaram: "Viva a república universal e social! Abaixo os covardes!". Em 22 de janeiro de 1873, 19 meses depois da batalha das ruas, a Comissão dos indultos amarrou três novas vítimas aos postes: Philippe, membro da Comuna, culpado de ter defendido energicamente Bercy, Benot, que incendiou as Tulherias, e Decamps, condenado pelo incêndio da Rua de Lille, embora não tenham sido apresentados testemunhos contra ele. "Morro inocente!", gritou. "Abaixo Thiers!". Philippe e Benot: "Viva a república social! Viva a Comuna!". Tombaram sem desmentir a coragem dos soldados de 18 de março.

Foi a última execução em Satory. Vinte e cinco vítimas tingiram de vermelho os postes da Comissão dos indultos. Em 1875, mandou fuzilar em Vincennes um jovem soldado acusado da morte do alcaguete Vizentini, atirado ao Sena por centenas de mãos durante as manifestações da Bastilha. Os jornais reacionários diziam que ele fora atado a uma tábua; nada nos debates justificou nem sombra dessa invenção.

Os movimentos da província foram julgados pelos Conselhos de Guerra ou pelos tribunais civis, conforme os departamentos estivessem ou não em estado de sítio. Por toda parte se esperara o desenlace da luta parisiense. Após a vitória de Versalhes, a reação retomou seu curso. O Conselho de Guerra de Espivent iniciou o que seria o desenrolar de todos os processos. Teve seu Gaveau na pessoa do comandante Villeneuve, um dos fuziladores de 4 de abril; seu Merlin e seu Boisdenemetz nas dos coronéis Thomassin e Donnat. Em 12 de junho, compareceram perante os soldados Gaston Crémieux e todos os que puderam ser vinculados ao movimento de 23 de março: Étienne Pélissier, Roux, Bouchet etc. A estupidez pretensiosa de Villeneuve serviu de modelo aos requisitórios militares de que foi inundada a França. Como Crémieux, foram condenados à morte Étienne Pélissier e Roux. Mas, para a reação jesuítico-burguesa, isso não bastava. Espivent fez o Supremo Tribunal declarar que o departamento de Bouches-du-Rhône estava em estado de sítio desde 9 de agosto de 1870, em virtude de um decreto da imperatriz-regente que não fora publicado no *Bulletin des Lois*, não fora sancionado pelo Senado, nem promulgado. Munido dessa arma, perseguiu todos aqueles que o dedo da congregação apontava e que se haviam posicionado contra o império. Acusado de ter roubado o relógio de prata de um policial, o conselheiro municipal David Bosc, ex-delegado da comissão e armador multimilionário, só foi absolvido porque a maioria votou a seu favor. No dia seguinte, o coronel-presidente foi substituído por Donnat, tenente-coronel do 4° Batalhão de Caçadores, que o absinto deixara meio louco. Um operário de 75 anos foi condenado a dez anos de trabalhos forçados e a 20 de suspensão de seus direitos civis e políticos por ter detido por meia hora, em 4 de setembro, o policial que o enviara para Caiena, em 1852. Uma velha louca, fornecedora dos jesuítas, detida por um momento em 4 de setembro, acusou o ex-comandante das milícias cívicas por sua detenção. Ela própria contradizia sua acusação, anulada por álibis e provas inumeráveis. O ex-comandante foi condenado a cinco anos de prisão e a dez de suspensão de direitos. Um dos juízes-soldados dizia, logo depois de cometer seu crime: "É preciso ter convicções políticas muito profundas para condenar em casos assim". Com tais colaboradores, Espivent pôde satisfazer todos os seus ódios. Pediu ao Ministério Público de Versalhes que lhe cedesse Amouroux, membro da Comuna, que fora delegado em Marselha por pouquíssimo tempo: "Processo-o por aliciamento, crime punido com a pena de morte, convencido que estou de que esta lhe será aplicada".

O Conselho de Guerra de Lyon não ficou muito atrás. Processou 44 pessoas pelos acontecimentos de 22 de março e condenou 32 a penas que variavam da deportação à prisão. A insurreição de 30 de abril forneceu 70 réus escolhidos ao acaso em Lyon, como se fazia em Versalhes. Crestin, administrador distrital de La Guillotière, chamado a depor, não reconheceu nenhum dos que vira naquela noite em sua administração. Presidentes dos conselhos: os coronéis Marion e Rebillot.

Em Limoges, Dubois e Roubeyrol, democratas estimados pela cidade toda, foram condenados à morte à revelia, como principais responsáveis pela jornada de 4 de abril; dois homens foram condenados a 20 anos por se vangloriarem de conhecer os que tinham atirado no coronel Billet. E outro pegou dez anos por distribuição de munição.

Os julgamentos dos júris variaram. O do departamento de Basses-Pyrénées absolveu, em 8 de agosto, Duportal e as quatro ou cinco pessoas acusadas do movimento de Toulouse. Absolvição em Rodez, onde Digeon e os réus de Narbonne foram julgados após uma detenção de oito meses. Um público simpático aos réus lotava a sala e os arredores do tribunal e os aclamou ao saírem.

Pelos acontecimentos de Saint-Étienne, o júri de Riom condenou 21 réus, um dos quais a trabalhos forçados: Amouroux, membro da Comuna, que se limitara a enviar de Lyon dois delegados.

O júri de Orléans foi severo com os réus de Montargis, condenando todos à prisão, e cruel com os de Cosne e Neury-sur-Loire, onde não houvera resistência alguma. Eram 23, entre os quais três mulheres. Seu único crime fora desfilar com uma bandeira vermelha, gritando: Viva Paris! Abaixo Versalhes! Malardier, ex-representante do povo, que só chegara na véspera da manifestação e não participara dela, foi condenado a 15 anos de detenção. Nenhum réu foi absolvido. Os proprietários de Loiret vingavam o terror de seus confrades de Nièvre.

As agitações de Coulommiers, Nimes, Dordives e Voiron deram lugar a algumas condenações.

Em junho de 1872 estava terminada a grande obra da repressão. Dos 36.309 prisioneiros, homens, mulheres e crianças, afora os 5 mil militares que os versalheses confessaram, 1.179 tinham morrido em suas mãos, segundo eles; 22.326 foram libertados em 1872, depois de longos meses de inverno nos pontões, fortes e prisões; 10.488, denunciados diante dos Conselhos de Guerra, que condenaram a 8.525. As perseguições não cessaram. Recrudesceram com a chegada de Mac-Mahon, em 24 de maio de 1873. No dia 1 de janeiro de 1875, o relatório geral da justiça versalhesa anunciava 10.137 condenações em julgamentos com a presença do réu e 3.313 à revelia. As penas pronunciadas distribuem-se assim:

Pena de morte ....*270, sendo 8 mulheres*
Trabalhos forçados.............................*410, sendo 29 mulheres.*
Deportação para local fortificado.......*3989, sendo 20 mulheres*
Deportação simples........................*3.507, sendo 16 mulheres e 1 criança*
Detenção...*1.269, sendo 8 mulheres*
Reclusão...*64, sendo 10 mulheres*
Obras públicas...................................*29*
Prisão de até três meses......................*432*
Prisão de três meses a um ano........*1.622, sendo 50 mulheres e 1 criança*
Prisão de mais de um ano.............*1.344, sendo 15 mulheres e 4 crianças*
Banimento..*322*
Sob guarda policial............................*117, sendo 1 mulher*
Multa..*9*
Crianças menores de 16 anos
enviadas a uma casa de correção......... *56*

Total..*13.450, sendo 157 mulheres*

Esse relatório não mencionava nem as condenações pronunciadas pelos Conselhos de Guerra fora da jurisdição de Versalhes, nem pelos tribunais civis. É preciso acrescentar 15 condenações à morte, 22 a trabalhos forçados, 28 à deportação para local fortificado, 29 à deportação simples, 74 à detenção, 13 à reclusão e um certo número à prisão. A cifra total dos condenados em Paris e na província ultrapassava os 13.700, dos quais 170 mulheres e 60 crianças.

Três quartos dos 10 mil condenados – 7.418, dos 10.137 – eram simples guardas ou suboficiais; 1.942, oficiais subalternos. Apenas 225 eram oficiais superiores, 29 membros da Comuna e 49, do Comitê Central. Apesar de sua selvagem jurisprudência, dos inquéritos e dos falsos testemunhos contra nove décimos dos condenados – 9.285 –, os Conselhos de Guerra só conseguiram inventar crimes de porte de arma ou exercício de funções públicas. Dos 766 condenados por delitos de direito comum, 276 o foram por simples detenções; 171, pelas batalhas de rua; 132, por crimes classificados como outros pelo relatório, decorrentes de sequestro de bens e perquisições feitos com mandados irregulares e que os conselhos qualificaram de roubos e pilhagens. Apesar do grande número de reincidentes englobados nos processos, cerca de três quartos dos sentenciados – 7.119 – não tinham antecedentes judiciários; 524 haviam sido condenados por delitos políticos ou como simples caso de Polícia; 2.381, por crimes ou delitos que o relatório não especifica. Essa insurreição, tantas vezes acusada de ter sido provocada e liderada de fora do país, condenou apenas 396 estrangeiros. Essa insurreição, que os burgueses diziam ter nascido e vivido do e para o roubo e a pilhagem, atravessara incólume o crivo dos Conselhos de Guerra. Ninguém, nem as testemunhas mais cheias de ódio, acusava de roubo esses milhares de "bandidos"; ninguém ousara pretender que esses "saqueadores" tivessem explorado os incêndios.

A Nova Caledônia. O exílio

Fui proscrito: Não serei proscritor.
Thiers, Assembleia Nacional, abril de 1871.

Os deportados são mais felizes do que nossos soldados, pois nossos soldados têm de dar serviço, ao passo que o deportado vive em meio às flores de seu jardim.
Almirante Fourichon, Sessão de 17 de maio de 1876.

A um dia de distância da França, há uma colônia ávida de trabalhadores, suficientemente rica para enriquecer centenas de milhares de famílias, a grande reserva da metrópole. A burguesia vitoriosa sempre preferiu lançar os trabalhadores ao outro lado dos oceanos a fecundar com eles a Argélia. A Assembleia de 1848 teve Nouka-Hiva, a Assembleia versalhesa, a Nova Caledônia. É nesse rochedo a 6 mil léguas da pátria que ela decidiu imobilizar milhares de homens. "O governo", dizia o relator da lei, "dá aos deportados uma família e um lar". A metralhadora era mais honesta.

Os condenados à deportação foram apinhados em várias prisões – Forte Boyard, Saint-Martin-de-Ré, Ilha de Oléron, Ilha de Aix, Forte de Quélern etc. –, onde, durante longos meses, se consumiram entre o desespero e a esperança que jamais abandona os vencidos políticos. Um dia, quando se acreditavam esquecidos, soa uma chamada brutal: "À consulta!". Um médico os perscruta, interroga, e sem lhes escutar diz: "Apto para a partida". Se algum tísico em último grau alega seu aspecto cadavérico, o médico responde: "Ora! Os tubarões precisam mesmo comer".* Adeus família, pátria, sociedade, vida humana! Em marcha em direção à sepultura, aos antípodas! Feliz o condenado à deportação, pois ainda pôde apertar uma mão amiga, receber uma lágrima, um último beijo. O condenado às galés da Comuna só verá o local de seus tormentos. Ao sinal do apito, deve despir-se; é revistado, atiram-lhe a túnica de sua vergonha e, sem voltar a cabeça, deve mergulhar na enxovia flutuante.

O Danaé iniciou a marcha em 3 de maio de 1872 com 300 deportados. Seguiram-no o Guerrière, o Goronne, o Var, o Sybille, o Orne, o Calvados e o Virginie. Os habitantes dos portos saudavam, aplaudiam as vítimas; em Toulon, aclamaram com uma ovação os deportados do Var, que puderam agradecer. "O governo de Versalhes quis nos aviltar e vós nos enaltecestes [...]. Vamos encontrar os irmãos que nos precederam e diremos que, na França, zelam pela salvação da república."

O navio de deportados é uma prisão em movimento. À direita e à esquerda das baterias, grandes jaulas, separadas por um corredor, encerram os condenados. As das baterias altas recebem alguma luz pelas portinholas gradeadas; nas baterias baixas é sempre noite. Todas são focos de infecção. De dia, os enjaulados só têm meia hora para tomar um pouco de ar na coberta, entre cordas estendidas, sob o olhar cruel dos passageiros de elite, mulheres de altos funcionários que acorreram aos comboios como suas semelhantes de Versalhes. Diante das jaulas, os guardas resmungam, ameaçam com o calabouço.

Um buraco no fundo do porão, sem outra abertura além da porta parcialmente gradeada. Com os pés acorrentados, vivendo a pão e água, frequentemente queimados pela caldeira, homens corajosos como Cipriani, ainda mais heroicos do que ao lado de Flourens, agonizaram durante cinco meses de travessia por ter respondido a um insulto ou se recusado a sofrer uma afronta. Mandava-se ao calabouço tanto

---

* Apêndice XLVIII.

mulheres como homens; as religiosas que as vigiam são piores que os carcereiros. Como foram raros os comandantes que abreviaram o suplício! No Danaé, Riou de Kerprigent acredita estar transportando uma carga de facínoras; no Loire, Lapierre, a bordo do Sémiramis, mandou amarrar dois homens às caldeiras, que morreram em decorrência dos ferimentos. Disso resultou 34 mortos e 60 doentes, entre 650 deportados.

É preciso aguentar cinco meses ou mais nessa promiscuidade da jaula, no lixo do vizinho, sacudido pelo vaivém lateral, sofrendo com a marola da popa à proa, vivendo de biscoito muitas vezes podre, de toucinho, de água quase salgada; os prisioneiros torram nos trópicos, congelam com o frio do sul ou com a garoa que varre a bateria. Que espectros não chegam! Dos 580 deportados do Orne, 300 estão com escorbuto quando o navio atraca na enseada de Melbourne. Os habitantes da cidade querem socorrê-los, coletam 40 mil francos em algumas horas; o comandante do Orne se recusa a entregar a soma, mesmo transformada em víveres, roupas, utensílios, objetos de primeira necessidade.

O navio é uma prisão segura. No total, houve apenas duas fugas bem-sucedidas. Em 1 de julho de 1895, a Nova Caledônia recebera 3.859 comunardos.

Aquele inferno tinha três círculos; em terra firme, perto de Nouméa, a península Ducos para os condenados à deportação em local fortificado: 811, entre os quais seis mulheres – os blindados; à sudeste da terra firme, a cerca de 25 milhas, a Ilha des Pins para os condenados à deportação simples: 2.808, entre os quais 13 mulheres; e, bem longe, "onde o sol se põe", em frente à península Ducos, a colônia de trabalhos forçados da Ilha Nou, para 240 galerianos.

A península Ducos e a Ilha Nou formam os dois braços da enseada no fundo da qual está assentada Nouméa, amostra barroca da incúria e dos caprichos administrativos; o conjunto é dominado pelos canhões do quartel de artilharia situado na Ponte Charleix. Os avisos que singravam a enseada podiam cobrir de ferro a península e a enxovia.

A península, estreita língua de terra fechada na garganta por soldados, sem água doce, sem vegetação, é ondulada por pequenas colinas áridas entrecortadas por dois vales, Numbo e Tendu, terminando do lado do mar em pântanos, onde crescem esquálidas darwínias e raras murtilhas. Jamais colono algum quis perder uma hora sequer naquela terra morta. Os deportados, embora esperados há meses, só encontraram choças de palha; como mobiliário, algumas latas, gamelas e uma rede.

A Ilha des Pins era um planalto desolado no centro, rodeado de terras férteis, mas há muito dominadas pelos padres maristas, que exploravam o trabalho dos nativos. Também ali nada fora preparado para receber os deportados. Os primeiros que chegaram ficaram vagando pelo mato. Muito tempo depois, deram-lhes barracas que as frequentes tempestades destruíram. Os menos infelizes puderam construir palhoças com seu próprio dinheiro. Os nativos fugiam, instigados pelos missionários, ou vendiam víveres por preços absurdos.

A administração devia fornecer a todos os condenados as roupas indispensáveis; nenhuma norma regulamentar foi observada. Os quepes e calçados se gastaram depressa. A imensa maioria dos deportados, sem recursos, suportou o sol e a estação das chuvas de cabeça descoberta e descalços. Nem tabaco, nem sabão, nem vinho, nem aguardente para disfarçar o gosto da água salobra. Como alimento, legumes muitas vezes recusados pela Comissão Sanitária do presídio, toucinho e biscoito; rarissimamente um pouco de carne e pão. Os deportados recebiam os víveres crus e não lhes destinavam nem combustível, nem gordura; a preparação dos alimentos tornava-se um problema cotidiano.

Os guardiães eram os dos presídios, os *chaousses* – violentos – agressivos, frequentemente bêbados, ameaçavam os deportados com seus revólveres. Feriram vários. Na Ilha des Pins, assim como na península Ducos, as sentinelas da zona militar tinham ordem de abrir fogo se os deportados se aproximassem a 50 passos.

Em sua maioria jovens, ativos e trabalhadores, com a aptidão universal do operário parisiense, os deportados quiseram refazer suas vidas. O relator da lei sobre a deportação enaltecera os mil recursos da Nova Caledônia – pesca, pecuária, mineração – e apresentara essa emigração forçada como a origem de um novo império francês no Pacífico. Os deportados tentaram arrancar uma aparência de pátria àquela terra tão exaltada. Invocaram trabalho, qualquer que fosse ele. Os "blindados" da península, presos em um território morto – carpinteiros, ferreiros, torneiros, alfaiates despacharam à Nouméa seus produtos. Os da Ilha des Pins ofereceram-se para construir um aqueduto, depósitos administrativos, estradas: de 2 mil, apenas 800 foram aceitos, com salários de no máximo 85 centavos por dia. Os menos favorecidos solicitaram algumas concessões: foram-lhes concedidos alguns pedaços de terra – 500 hectares para 900 homens – e, por preços elevadíssimos, venderam-lhes sementes e implementos. Alguns se esfalfaram para fazer o solo produzir legumes miseráveis; outros voltaram-se para os empresários e comerciantes de Nouméa. Porém, sufocada pelo regime militar, acossada pela burocracia e com recursos muito limitados, a colônia só ofereceu trabalho a menos de 400 homens, muitos dos quais, abandonados pelos empregadores, tiveram de retornar à Ilha des Pins e vagar pelo mato. "Enganamo-nos quanto às possibilidades que a Ilha des Pins oferece", disse filosoficamente o ministro da Marinha. "Alertei-vos há três anos", respondeu Georges Périn.

Era a idade de ouro da deportação. Em meados de 1873, chega à Nouméa uma portaria do ministro da Marinha. O governo versalhês suspende todos os créditos administrativos que alimentam as obras do Estado: "Se o direito dos deportados ao trabalho fosse reconhecido", disse ele, "não tardaria a se repetir o escandaloso exemplo das Oficinas Nacionais de 1848". Nada mais lógico. Versalhes não tinha que dar trabalho àqueles que despojara da faculdade de trabalhar. As obras foram suspensas. Os bosques da Ilha des Pins ofereciam preciosos recursos aos marceneiros, e alguns deportados fabricavam móveis muito cobiçados em Nouméa; a administração cassou a autorização para transportá-los à terra firme. E o ministro da Marinha disse da tribuna que a maioria dos deportados se recusava a fazer qualquer tipo de trabalho. Nesse mesmo ano, só a Engenharia Militar pagava 110.525 francos aos deportados da península.

No momento em que abreviava a vida dos deportados, a administração convocava suas mulheres ao Ministério, pintando-lhes um quadro encantador da Caledônia. Lá chegando, encontrariam uma casa, terras, sementes, ferramentas. A grande maioria, farejando uma cilada, se recusou a viajar sem ser chamada pelo marido. Contudo, 69 se deixaram convencer e embarcaram no Fénelon com mulheres da Assistência Pública enviadas para o acasalamento dos colonos. Ao desembarcar, encontraram somente o desespero e a miséria de seus maridos. O governo se recusou a repatriá-las.

Eis aqueles milhares de homens acostumados ao trabalho, à atividade do espírito, vivendo ali trancados, ociosos e miseráveis; uns na estreita península Ducos, sob a chamada constante dos carcereiros; outros na Ilha des Pins, sem qualquer horizonte além do mar deserto, esfarrapados, mal alimentados, ligados ao mundo apenas por alguma rara carta retida durante três semanas em Nouméa. Começaram os devaneios sem fim, depois o desalento e o sombrio desespero. Surgiram os casos de loucura. A morte chegou. O primeiro a ser libertado da península Ducos foi o professor primário Verdure, membro da Comuna. O Conselho de Guerra só encontrara contra ele este crime: "É um filantropo utópico". Queria abrir uma escola na península: recusaram-lhe a autorização. Inútil, longe dos seus, foi definhando e morreu. Em uma manhã de 1873, os carcereiros e os padres viram na vereda sinuosa que leva ao cemitério um caixão coroado de flores, carregado por deportados; atrás, 800 amigos silenciosos. Eis o relato de um deles, Paschal Grousset: "O caixão é colocado na cova, um amigo diz algumas palavras de despedida; um por um, todos jogam uma florzinha vermelha; gritos de: 'Viva a república! Viva a Comuna!', e tudo está dito". Em novembro, extinguiu-se na Ilha des Pins Albert

Grandier, redator do *Rappel*. Seu coração ficara na França com a irmã, que adorava. Todos os dias ia esperá-la na praia: encontrou a loucura. A administração se recusou a encaminhá-lo a um hospício. Escapando dos amigos que o guardavam, uma manhã foi encontrado morto de frio no mato, perto da estrada que conduz ao mar. Os deportados da Ilha des Pins escoltaram seu féretro.

Mais trágica ainda foi a sorte de alguns que permaneceram vivos. Em janeiro de 1874, quatro simples deportados foram condenados à morte por maus tratos infligidos a um de seus delegados, infiel, que se recuperou em alguns dias. Um deles era acusado apenas de ser amigo dos outros três. Quatro postes foram erguidos na planície. As vítimas, calmas, saudando os companheiros, desfilaram diante dos próprios caixões. O mais jovem, vendo que um homem do pelotão tremia, gritou-lhe: "Vamos de uma vez, número um, sangue-frio, não sereis vós o executado!". Não permitiram que os deportados sepultassem os amigos, e os quatro postes, aos quais se acrescentaram mais dois, foram pintados de vermelho e mantidos permanentemente como os patíbulos feudais.

Os homens da península Ducos e da Ilha des Pins tinham ao menos o consolo de morrer entre seus pares, ao contrário dos infelizes trancafiados na cloaca da Ilha Nou! "Só conheço uma prisão de forçados", dissera o ministro republicano Victor Lefranc a uma mãe republicana que lhe pedia algum abrandamento para a pena de seu filho. E, de fato, só havia um presídio, onde bravos como Trinquet, Amouroux, Dacosta, Cipriani, Allemane, Lisbonne, Lucipia etc.; homens temperados pela honra como Fontaine, Roques de Filhol – são tantos os nomes que é injusto citar apenas alguns –; jornalistas, como Maroteau, Brissac, Alphonse Humbert, cujo crime fora executar um mandado de prisão; logo ao chegar foram misturados aos assassinos, envenenadores, obrigados a disputar com eles a ração, sofrer suas injúrias, às vezes suas pancadas, destacados para o mesmo trabalho, dormindo na mesma tarimba. O versalhês queria mais do que o corpo, precisava da alma rebelde, de rodeá-la de uma atmosfera que a fizesse enfraquecer. A degradação dos forçados se fraterniza com a de um criminoso, se enfurece diante do vencido na luta por uma causa; os versalheses atiçavam os facínoras contra os comunardos. Nenhum emprego para estes nos depósitos, nos escritórios; é o *cárcere duro* italiano. A menor infração provocava penalidades terríveis, a cela, a redução da ração de pão, os ferros, a suspensão pelos polegares, o açoite. As cordas moíam os ossos e faziam cair as falanges. Todas as sextas--feiras, o açoite funcionava. Se o médico desse alguma demonstração de humanidade – muitos o fizeram –, a administração penitenciária, dirigida por uma hiena, Charrière, anulava o tratamento prescrito.

Os forçados da Comuna, empregados nas obras em terra firme, foram reservados para os trabalhos mais rudes. Rolavam troncos de árvores em escarpas ou os transportavam através de vastos pântanos; muitas vezes eram acordados no meio da noite para trabalhar. Nativos armados de azagaias e cassetetes perseguiam os que fugiam para o mato. Com um faro incrível, sempre descobriam o fugitivo e o traziam amarrado a uma vara pelos quatro membros, como um porco.*

Foi preciso o acaso para erguer uma ponta do véu. Em 20 de março de 1874, Jourde, Rochefort, Paschal Grousset, Ballière, Olivier Pain e Granthille escaparam da Nova Caledónia. A fuga foi preparada e conduzida com grande habilidade por Jourde e Ballière, empregados havia seis meses em Nouméa. Um intérprete, Wallenstein, pusera-os em contato com o capitão do navio australiano PCE, que aceitava um ou dois deportados pelo preço normal, 250 francos por passageiro. Jourde e Ballière, que possuíam a soma, quiseram associar outros companheiros a essa oportunidade de salvação. Na península Ducos, falaram com Rochefort, Paschal Grousset e Olivier Pain, e propuseram ao capitão que salvasse toda essa gente por 10 mil francos, dos quais 1.500 à vista e o resto ao chegar à Austrália. Jourde acrescentou Granthille, que todos os dias ia de canoa levar à península as provisões

---

* Henri Brissac, *Souvenirs de prison et de bagne*. A. Baillière, *Souvenirs d'un évadé de Nouméa. Voyage de circumnavigation.*

enviadas por um comerciante de Nouméa; conseguiu negociar uma letra de câmbio de 1.200 francos subscrita por Rochefort e, na noite de 19 de março, atravessou a enseada escura com Ballière e Granthille para buscar os outros companheiros perto de uma ilhota onde haviam marcado encontro. Após inúmeras dificuldades, a embarcação abordou o PCE, que zarpou no dia seguinte. Sete dias depois, os fugitivos chegavam a Newcastle, e Rochefort telegrafava a Edmond Adam pedindo 25 mil francos. Por iniciativa de Gambetta, organizou-se uma subscrição entre amigos íntimos, que Georges Périn despachou de Londres telegraficamente. Os fugitivos puderam voltar à Europa.

Suas revelações deram a conhecer à França os horrores da Nova Caledônia. Ficou-se sabendo das torturas adicionais infligidas aos comunardos, da suspensão pelos polegares, dos fuzilamentos, dos insultos premeditados para mandá-los para os trabalhos forçados. Os deportados pagaram por essas revelações. Assim que tomou conhecimento da fuga, o Ministério de Broglie enviou o contra-almirante Ribourt, e o cavalete de tortura trabalhou com mais crueldade. Os que tinham conseguido autorização para residir em Nouméa foram mandados de volta à península Ducos e à Ilha des Pins; a pesca foi proibida; toda carta lacrada, confiscada; o direito de ir à floresta buscar lenha para cozinhar os alimentos, cancelado. A brutalidade dos carcereiros redobrou, atiravam nos condenados que ultrapassavam o limite ou que não voltavam para suas palhoças na hora estabelecida. Alguns negociantes de Nouméa, acusados de ter facilitado a fuga, foram expulsos da Nova Caledônia.

Ribourt levara à destituição do governador, La Richerie, ex-governador de Caiena, que com sua rapina, amealhara na Caledônia uma fortuna escandalosa. O governo provisório foi confiado ao coronel Alleyron, célebre durante os massacres de maio. Alleyron decretou que todo deportado daria ao Estado meio dia de trabalho, sob pena de só receber os víveres estritamente indispensáveis: 700 gramas de pão, um centilitro de óleo e 60 gramas de legumes secos. Diante dos protestos dos deportados, Alleyron experimentou esse regime com 57, entre os quais quatro mulheres.

Elas eram submetidas ao mesmo rigor que os homens, pois tinham reivindicado o mesmo direito. Louise Michel, Lemesle e as condenadas à deportação fortificada declararam que se matariam se quisessem separá-las dos outros deportados. Insultadas pelos soldados da Força Pública, injuriadas nas ordens do dia do comandante da península Ducos, desprovidas de roupas próprias a seu sexo, viram-se às vezes obrigadas a se vestir como homens. Várias eram jovens e agradáveis. "Jamais", disse Henri Bauer, um de seus companheiros, "aquelas mulheres, cativas junto com 800 homens, foram causa de escândalo, de rixa ou disputa; preservaram-se da desordem e da venalidade". O mesmo ocorreu com as deportadas da Ilha des Pins.

A chegada, em 1875, do novo governador, Pritzbuer, encerrou a brilhante carreira de Alleyron. Com suas maneiras afetadas, esse renegado do protestantismo, enviado à Caledônia pelas influências jesuíticas do Sagrado Coração, encontrou meios de agravar a miséria dos comunardos. Foi assistido por D. Anastasiopolis, bispo de Nouméa, e por aquele Charrière que declarava que os criminosos das prisões de forçados eram muito mais honrados que os condenados da Comuna. Pritzbuer manteve o decreto de Alleyron; além disso, aprovou o corte de toda ração daqueles que, no prazo de um ano, não tivessem sabido criar recursos suficientes e, depois de um certo tempo, seu abandono definitivo pela administração. Foi criado um escritório para pôr os deportados em contato com os comerciantes de Nouméa, mas o burocrata não podia aumentar o comércio ou a indústria de um país em que faltam verbas e, apesar de todos os prêmios e medalhas ganhos nas exposições, os comunardos não encontraram compradores; os menos habilidosos estiveram durante longo tempo sujeitos ao decreto de 1874. Na verdade, a partir dessa época, os simples deportados viveram em regime de fome, com direito de se deslocar de um lugar para outro.

Apesar de tantos esforços para sujeitá-los, a honra dos deportados manteve-se firme. Os Conselhos de Guerra tinham misturado de propósito os verdadeiros combatentes com maus elementos, reincidentes, vagabundos que se autodenominavam “a trinca”. Os comunardos trouxeram à razão os piores e o contato com operários de elite melhorou os outros. Dos 4 mil deportados, em 1875, só havia 13 condenados por fatos mais ou menos graves, 83 por indisciplina, bebedeira ou tentativas de fuga.

Tentativas quase sempre condenadas de antemão. Os combatentes de Paris não tinham direito à felicidade de Bazaine, a quem Mac-Mahon ajudou a fugir de sua residência de verão. Ademais, como fugir sem dinheiro, sem contatos? As fugas mal chegaram a 15. Em 1875, Rastoul, membro da Comuna, e 19 companheiros seus da Ilha des Pins aventuraram-se em um barco; o mar devolveu algumas tábuas, ficando com os corpos. Mais tarde, Trinquet e um amigo fugiram da Ilha Nou em uma chalupa a vapor. Perseguidos e alcançados, atiraram-se à água, onde um deles pereceu; Trinquet foi devolvido à vida e ao presídio.

Este triturava sempre os comunardos sem, no entanto, subjugá-los. Só um se mostrou miserável: Lullier, livrado da morte, denunciou uma tentativa de fuga. Maroteau morreu no início de 1875. A Comissão dos indultos havia comutado a execução em Satory pela deportação para a Ilha Nou. Condenado a 25 anos por causa de dois artigos, definhara na enxovia, ao passo que os jornalistas versalheses que tinham pedido e obtido o massacre se regozijavam em Paris. “Morrer não é um grande negócio”, disse aos amigos que assistiram sua agonia, “mas eu teria preferido o poste de Satory a este catre infecto. Meus amigos, pensai em mim; que vai ser de minha mãe!”. Não havia mês que não tivesse seus mortos: ano após ano, os mesmos funerais. Em 1878, Pritzbuer é substituído por Olrym, nada clerical, justo, pelo que se garantia. Os comunardos presos na enxovia continuaram a ser espancados como no tempo de Pritzbuer e La Richerie. Os deportados da terra firme não tiveram melhor sorte. Alguns, indultados, mas obrigados a permanecer na Caledônia, pediram ao comissário de Nouméa um trabalho, que não encontravam: este respondeu: “Roubai, tereis pão por muito tempo”. Um deles se enforcou. O hospício da Ilha des Pins continuou lotado.

Raramente, em vagas, chegavam as lamentações desses sepultados a seus irmãos, os exilados que tinham conseguido atravessar as malhas versalhesas. No início, foi enorme o êxodo de todos os que temiam as perseguições ou denúncias – muitos ficaram meses no exterior. Para cerca de 3.500, os Conselhos de Guerra determinaram a partida definitiva. A Suíça e a Inglaterra receberam a maioria, uma vez que a Bélgica não era segura. Na Inglaterra, a acolhida foi bastante franca; os massacres versalheses eram conhecidos e os ingleses entenderam como eram preciosos os elementos aportados por essas proscrições. Os operários logo conseguiram emprego, já que muitos eram de elite; cinzeladores: Barré, Landrin, Theisz, Mainfroid etc.; pintores de porcelana e leques: Léonce, Mallet, Villers, Ranvier etc.; gravadores de metal, de camafeus: Leblond, Desoize, Kleinmann etc.; escultores de madeira, de marfim: Duclos, Pierlet, Picavet etc.; mecânicos: Langevin, Joffrin, Ferran etc.; estofadores: Lhéman e Privé, que decoraram a esplêndida mansão de Richard Wallace; pintores de vitrais: Lhuillier, Dumousset etc.; marceneiros de luxo: Guillaume, Maujean, Macdonal etc.; desenhistas industriais e de tecido: Le Mossu, Andrés, Pottier, Philippe etc.; produtores de folhagens artificiais: Johannard, Hanser; alfaiates, cozinheiros, merceeiros, sapateiros etc. Muitos desses operários levavam consigo o segredo da fabricação e de certos comércios de Paris. As mulheres – costureiras, floristas, modistas, costureiras de roupa-branca –, impregnadas do gosto parisiense, foram imediatamente incorporadas aos ateliês, criando modelos; várias se estabeleceram por conta própria. O começo foi mais difícil para os proscritos sem ofício manual – professores, médicos, letrados –; mas vieram as aulas, pois os jornais observaram que era uma excelente ocasião para aprender a preços módicos a língua francesa.

Alguns proscritos do império, que tinham ficado em Londres, ajudaram os da Comuna; além do mais estes procuravam trabalho uns para os outros. Pouco a pouco, todos se arrumaram. Vários se destacaram na sua especialidade. O grande talento de Dalou atingiu seu apogeu; Tissot foi adotado pelos ingleses; Montbard foi para as revistas ilustradas. Antigos membros da Comuna – Andrieu, Longuet, Protot, Léo Meillet –, bem como La Cécilia, Dardelles, Roncler, Bocquet, Regnard, tornaram-se professores universitários; Barrère e France, na Academia Militar de Woolwich; Brunel, na Escola Naval de Darmouth, onde teve como alunos os filhos do príncipe de Gales. Martin, que dotara a Comuna de uma metralhadora, dirigiu em Birmingham uma fábrica de porte considerável; dois operários dos Gobelins introduziram em Old Windsor esse tipo de fabricação. Jules Vallès escreveu *Jacques Vintras*, inspirado em Dickens; Paschal Grousset, seus estudos sobre a Irlanda, elogiados por Gladstone; Vermesch, após *Incendiaires* e algumas brochuras amargas, preparava uma história da Comuna, que a mania de grandeza interrompeu. O autor do presente livro tomou a iniciativa de relatar os acontecimentos da Comuna.

Os proscritos de Londres eram os mais espionados; os de Genebra, os mais numerosos. Os da Suíça tiveram de vencer os preconceitos de um meio pretensamente puritano. No entanto, estes desapareceram quando os suíços viram de perto aqueles homens tão caluniados, e reconheceram a superioridade dos operários parisienses em vários ofícios. Alguns ficaram na mesma empresa até o fim do exílio; vários foram dirigentes de indústria: Bonnet e Ostyn, ex-membro da Comuna, fundaram as fábricas Gutenberg; Alavoine, um dos delegados da Imprensa Nacional, publicou edições de luxo e imprimiu as notas para os bancos de Genebra e do Comércio; Clermont e Porret fundaram em Genebra uma fábrica de artigos de perfumaria; Bertrand, de Saint-Étienne, abriu um importante comércio de madeiras e carvão; Villeton, uma grande perfumaria; Perrier abriu uma das mais belas lojas de novidades; Morel-Pineau, uma loja de modas; Welti, de alta costura; Loreau, um grande bazar com artigos parisienses. Berthault, coronel da 9ª Legião, foi encarregado do monumento a Brunswick; Berchtold construiu mais de 150 casas para a Sociedade Cooperativa; Lauzan tornou-se empresário; Decron criou belas obras de arquitetura; o escultor Niquet trabalhou no Teatro de Genebra; Largère, na decoração da cidade de Neuchâtel. Chardon, membro da Comuna, representou a Casa Raoul Pictet e mais tarde se tornou um dos grandes comerciantes do Haiti. Pindy, ex-administrador do Hôtel-de-Ville, foi ensaiador de ouro no grande centro relojoeiro de Locle. Dos outros membros da Comuna, Clémence foi empregado em uma das principais casas bancárias; Lefrançais deu aulas com Joukowski no grande pensionato Tudienne, de Genebra; Martelet ensinou desenho no Colégio Municipal de Chaux-de-Fonds. Kuffner, operário bronzista, fez parte da Escola Profissional criada pelo Estado de Genebra. Legrandais foi secretário-geral da Companhia de Estrada de Ferro da Suíça Ocidental, onde também trabalhava Paul Piat; Maxime Vuillaume, da empresa de perfuração de Saint-Gothard.

Enquanto exercia seu ofício, Malon escrevia *La troisième défaite du prolétariat* e preparava seus estudos de economia social. Arthur Arnould, Lefrançais, Ch. Beslay e Maxime Vuillaume escreveram histórias, recordações e estudos sobre a Comuna. Arrancado das garras dos versalheses por um abaixo-assinado dos principais intelectuais da Europa, Elisée Reclus deu continuidade, em Clarens, à sua magistral *Géographie universelle*; na Torre de Pelz; Courbet refez sua fortuna criando várias obras-primas e dotou a cidade que o acolheu com um magnífico busto da república, que o Conselho Municipal mandou erigir em uma praça. Dos três principais locais de proscrição, a Bélgica não foi o menos marcante, embora muito vigiada. Os refugiados foram bem recebidos pelos militantes belgas – Brismée, De Paepe, Hector Denis, Janson, De Greef etc. – e pelos proscritos do império – dr. Watteau, Boichot, Berru, Laussédat etc. Os grandes arquitetos e empresários da construção civil encontraram entre os exilados preciosos auxiliares no momento em que Bruxelas se transformava. Os contramestres Guillaume, mestre-de-obras do novo Palácio da Justiça; Perret, que construiu as estufas reais; Michevant, que erigiu uma das casas mais originais; escultores de pedra e madeira, como Leroux, Martel, Mairet, mestre-operário em sua arte, contribuíram em grande medida para a originalidade dos bulevares e das magníficas avenidas da Bruxelas moderna. Albert Ricaud e Oscar Français fazem, ainda hoje, grandes trabalhos. Perrachon, um dos fundadores da Internacional, criou uma fábrica de bronzes de arte; Personne introduziu a indústria de camas e cadeiras mecânicas; os irmãos Tantôt, de estufas portáteis de lona. Poteau importou a cromolitografia. Gravadores eméritos, como Gossin, operários joalheiros – Detaille, Deliot, Tiallet –, desenhistas – Aubry, Ducerf, Devienne –, contadores – Faillet, Bouit, Damal, Sorel – foram logo procurados. Havia livreiros e editores, como Debock, Moret, Marcilly; engenheiros, entre os quais Henry Prodhomme e Iribe; numerosos comerciantes, como Bayeux-Dumesnil, ex-administrador do IX Distrito, Béon, um dos organizadores dos pregões do Mercado Central de Bruxelas, Bernard, empresário na construção de estruturas de madeira, e Thirifocq, o orador da manifestação dos franco-maçons. O professor de esgrima e de boxe Charlemont mantinha vivo o ardor militante. Outros encaravam com bravura a luta pela vida e confeccionavam cestos de vime. Como em Londres e em Genebra, as mulheres – costureiras, modistas – levaram o gosto parisiense. O artigo de Paris, tão engenhoso, tão delicado, que fazia da Europa nossa tributária, começava a ser fabricado na Bélgica.

Como nos outros lugares de exílio, também lá havia professores e escritores. Tridon, autor de *Hébertistes* e de *Molochisme* e ex-membro da Comuna, morreu pouco depois de chegar. Aconin lecionou Direito Romano antes de ser diretor de seguros; Leverdays, autor de *Assemblées Parlantes*, espírito enciclopédico, fez desenhos anatômicos e trabalhos micrográficos de alta precisão para a Universidade de Liège. Entre os jornalistas estavam Ranc, Vaughan, Tabaraud, Cheradame, Gally, Fernand Delisle, Drulhon, Jules Meeüs e Georges Cavalié; Jourde foi para Bruxelas depois de ser expulso da Alsácia.

Em Schiltigheim, perto de Estrasburgo, alguns proscritos – Avrial e Langevin, ex-membros da Comuna, Sincholle, um dos melhores alunos de Centrale – tinham fundado em 1874 um importante estabelecimento de construções mecânicas, que contratou Jourde como contador. Era uma indústria próspera, mas o governo de Mac-Mahon pediu sua extradição.* Bismarck deu-lhes um prazo de 15 dias para partir. Em vão tentaram demonstrar que uma liquidação tão rápida significava a ruína; inutilmente um grande número de industriais de Schiltigheim e de Estrasburgo apoiou seu pedido e o jornal conservador de Estrasburgo prestou homenagem a sua dignidade, reconhecendo que haviam mantido "uma atitude muito reservada e tranquila";** tiveram de partir graças a Mac-Mahon que, mais uma vez, recorria ao alemão contra os homens da Comuna.

A Áustria foi mais longe que a Prússia. Convocou um congresso de todas as Polícias para limpar a Europa dos comunardos. Vivia em Viena um pequeníssimo número de proscritos; alguns professores, entre os quais Sachs Rogeard e Barré, chamado de Londres pela maior casa de cinzelagem, autor do escudo que figurou na exposição de 1878. Um decreto imperial os expulsou; Rogeard, que não fora incluído na medida geral, quis, no entanto, juntar-se aos companheiros no novo exílio.

A Holanda só recebeu proscritos de passagem, que foram participar do congresso da Internacional realizado em Haia, em 1872. Depois da guerra e da Comuna, o conselho-geral sediado em Londres não passava de uma sombra; a seção francesa se extinguira; os delegados ingleses, preocupados com seu futuro político, se haviam retirado; Bakunin desenvolvia na Suíça sua organização rival. As sessões do congresso foram tempestuosas e a maioria excomungou Bakunin e seus associados. Os vínculos internacionais estavam rompidos; o congresso sentiu-o com tanta clareza que designou Nova York para o encontro do ano seguinte. A imortal ideia proclamada em 1864 assumiria uma nova forma.

A vida dos proscritos da Comuna não tem história política. Pouco conheceram do ridículo dos exílios anteriores, que se derramavam

* *L'Industriel Alsacien*, 5 de abril de 1876.

** *Le Journal d'Alsace*, 29 de março de 1876.

em manifestos. Se se reuniam, era para conferências instrutivas ou para festejar o 18 de março. Seu único sonho foi ir à França, quando da ameaça do retorno de Chambord, para defender aquela república que os perseguia; os únicos apelos que fizeram foram em nome dos infelizes da Nova Caledônia, abandonados pelos comitês de Paris.

A proscrição de tantos homens de méritos diversos não lançara apenas, como a dos protestantes sob Luís XIV, para além das fronteiras a riqueza nacional e ensinara aos rivais os segredos de nossas oficinas, paralisando por muito tempo a exportação de nossos artigos mais delicados, como também expulsara a honra. Apesar do início difícil, da doença e do desemprego, deficientemente combatidos pelas sociedades de solidariedade, os comunardos jamais se desviaram de seu caminho. Não houve condenações por atos de indelicadeza, nem decadência das mulheres que, contudo, suportavam o fardo mais pesado. Entre aqueles milhares de exilados, foram identificados apenas quatro ou cinco alcaguetes; só Landeck e Vésinier editaram um jornal delator. A justiça foi feita bem depressa, pois nenhuma leva de proscritos mostrou-se mais preocupada com sua própria dignidade, a ponto de um ex-membro da Comuna precisar se defender por ter recebido um auxílio dos deputados da esquerda. Sem dúvida, entre os desterrados de 1871 houve grupos inimigos e amarguras – todo exílio é sulcado de ódio – mas todos estavam juntos atrás do caixão de um companheiro, envolto na bandeira vermelha, e todos acompanhavam com a mesma angústia patriótica as lutas que nos resta contar para explicar seu retorno e, uma vez mais, justificar seu combate.

A Assembleia da desgraça. O governo de Mac-Mahon. Os indultos. O grande retorno

O cadáver está enterrado e a ideia está em pé.
Victor Hugo.

Com Paris esmagada, o Exército sob controle, todas as guardas nacionais dissolvidas, por que aquela Assembleia, apoiada pelo clero, com seus dois terços monarquistas, não realiza seu sonho? Afirmou-se Constituinte – um rural chegou a dizer à esquerda: "Nós constituiremos este país, contra a vossa vontade e a dele, se preciso for"; pôde ver o Conde de Chambord com um manifesto na mão, em 5 de julho; por que, então, essa potência que ganhou a partida não derruba o rei?

É que toda uma época separa Bordeaux e Versalhes; é que a província seguiu adiante depois de suas eleições republicanas de abril de 1871; é que a luta parisiense mostrou-lhe o abismo; é que, nesse mês de julho de 1871, 44 departamentos convocados para preencher as vagas legislativas deram aos republicanos uma maioria esmagadora e, mesmo na Paris aterrorizada, apenas quatro dos 21 novos deputados são monarquistas; é que, dos 100 novos deputados, só um é legitimista; é que, em suma, a grande barricada de Paris, esses milhares de federados, atraindo sobre si todo o esforço do inimigo, salvaram o grosso de seu Exército com sua resistência heroica, morrendo pela França republicana.

Paris, desarmada em 18 de março, significava a monarquia a curto prazo; o país republicano não podia oferecer resistência; três meses depois, Paris esmagada, os monarquistas têm de recuar; a França republicana pôde refazer-se contra eles. Se os republicanos não contrabalançam ainda os rurais, tornam impossível o golpe de Estado após as eleições de julho; a Assembleia não pode mais violar a França; o máximo que os monarquistas podem é fazê-la sofrer.

Dedicaram-se a isso durante quatro anos. Decretaram que Versalhes era a capital definitiva; os deputados da extrema-esquerda, cometendo a impudência de pedir uma anistia, foram abandonados com seus 30 dinheiros, como Judas. Os príncipes de Orléans, depois de terem reembolsado os 40 milhões de francos que o império confiscara com razão, foram ocupar seu assento na centro-direita; em março de 1872, usando como pretexto a Internacional, a espionagem introduziu-se nas oficinas e nos lares, e foi votada a lei sobre a deportação.

Gambetta, assumindo a liderança do Partido Republicano, de volta à Assembleia, nega aos rurais o poder constituinte, presta à Paris uma homenagem tardia, fala em enviar aquela Assembleia ao coveiro. Por duas vezes, a Assembleia obriga Thiers a difamá-lo. Ela quer mais, quer um "governo de combate", elimina a prefeitura de Lyon, obriga o presidente Grévy a se retirar, entroniza Buffet – a reação belicosa. Para vingar Lyon, Paris transforma seu administrador distrital, Barodet, em deputado contra o candidato de Thiers, ainda apavorado com Paris; os rurais punem Thiers por não ter vencido Paris uma segunda vez. Em 24 de maio de 1873, exatamente dois anos depois dos massacres em massa, rejeitam aquele velho como um limão espremido. Ele, que fizera Luís Felipe, ajudara Luís Napoleão, salvara a Assembleia versalhesa, tinha a sina de sempre ser derrubado e escarnecido por suas criaturas. No dia 24, Mac-Mahon jurava-lhe não ser seu concorrente; no dia 25, correu a sentar-se em seu lugar.

O eterno parvo sonhara com um regime neutro que, dispensando o povo e neutralizando os partidos monarquistas, instalasse no poder uma oligarquia burguesa da qual ele seria o protetor – é o que ele chamava de "república sem republicanos" –; a esquerda o seguira nesse caminho que desembocava na república não apenas sem os republicanos, como também contra eles.

De Broglie, primeiro-ministro de Mac-Mahon, o fez dizer: "As instituições e as leis não serão prejudicadas"; o que seria, de fato, desnecessário; as leis haviam permitido a grande sangria, as instituições republicanas não existiam. Apenas a administração subsistia, estruturalmente reacionária, inteiramente nas mãos daquela Assembleia que outro ministro de Mac-Mahon, Beulé, sem querer assinalou com seu verdadeiro nome: "Assembleia do dia da desgraça". O clero foi o primeiro que reivindicou novos direitos, estigmatizou os enterros civis, reinstituiu os capelães militares e, não podendo renovar as missões da Restauração, conseguiu que fosse decretada a edificação de uma nova basílica em Montmartre para dominar Paris. Os príncipes de Orléans, acreditando que sua hora também chegara, foram a Froshdorf reverenciar o conde de Chambord, dizendo: "Sois o único rei". O general Changarnier retomou seu refrão: "Venceremos a Vagabunda!". Os monarquistas já se imaginavam na sagração real. O conde de Chambord foi a Versalhes; uma bela carruagem e cavalos foram comprados e guardanapos, bordados.

Esquecia-se esse bom marechal-presidente. Antes de ser legitimista, fora partidário a vida inteira de Mac-Mahon. Pediu à Assembleia que prorrogasse seus poderes e disse com toda frieza ao mais graduado dos homens da Guarda de Cavalaria do rei: "Que não se arrisque; as espingardas Chassepot atirariam sozinhas". Os monarquistas suplicaram ao príncipe que colorisse sua bandeira. Ele, obeso senhor feudal, pressentindo as batalhas futuras, inclusive com seus barões, riquíssimo e muito venerado pelas velhas, preferiu desempenhar seu papel de retrato bem emoldurado e envolveu-se mais do que nunca no branco estandarte daquele Henrique IV que, para reinar, abandonara mais de uma bandeira. Seu deus tinha inteligência e força. Arrancou-lhes o respeito chamando Mac-Mahon de Bayard dos tempos modernos. Bayard, que o iludira – poucos intelectuais foram tão astuciosos como esse obtuso – obteve, em 19 de novembro de 1873, o poder por sete anos.

Com o mac-mahonado, o terror recrudesceu. De Broglie fez uma degola de altos funcionários; fora restabelecida a fiança para os jornais, mas como as folhas republicanas eram muitas, foram perseguidas. Recomeçaram as perseguições contra os comunardos de Paris e da província. Os Conselhos de Guerra reexaminaram os antigos dossiês, revisaram os delitos anteriormente julgados pelos tribunais ordinários. Ranc, ex-membro da Comuna eleito deputado por Lyon, foi condenado à morte; assim também Melvil Bloncourt, outro deputado, vinculado à delegação da guerra; alguns condenados à deportação, entre os quais Rochefort e Lullier, haviam permanecido na França; foram despachados para a Nova Caledônia.

Logo todos os interesses se alarmaram. A França, em plena reconstrução de seus recursos, precisava de paz interna. Às representações dos tribunais de comércio, o marechal respondeu. "Durante sete anos, farei com que seja respeitada a ordem estabelecida". Tal ordem era representada pelos funcionários do império, que continuavam a se vingar dos republicanos.

Seu imperador morrera em 9 de janeiro de 1873 – quando expirava o prazo firmado por *Le Réveil*, de Delescluze –, em Chislehurst, em uma casa com uma divisa heroica: "*Potius mori quam foedari* [antes morrer que praticar um ato vil]", muito apropriada para o homem que capitulara em Sedan. Ele falecera em consequência de uma operação, que fora feita com o intuito de permitir seu retorno, pois há dois anos subvencionava jornais e comitês dirigidos por Rouher – agora deputado, recebia delegações de falsos operários, liderados por Amigues, e de verdadeiros oficiais. Sua morte rejuvenescia o partido, e a maioridade de seu filho foi solenemente festejada em 15 de março de 1874 por todas as notabilidades do império e por grande número de oficiais que acorreram à Inglaterra, apesar da proibição formal do ministro da Guerra. A divisa do partido era o apelo ao povo, o plebiscito salvador, e explorava-se a presença no poder do duque de Magenta, que anistiara Bazaine, condenado à morte em 10 de dezembro de 1873, após um processo que Thiers não queria. Em meados de 1874, a influência dos bonapartistas aumentara a ponto de conseguirem incluir um dos seus, Fourtou, no ministério que Mac-Mahon teve de reconstituir. Em julho, tinham força suficiente para promover tumultos na estação de Saint-Lazare contra os deputados republicanos, e instigar a Polícia, que dirigiam através de seus antigos protegidos, a espionar Mac-Mahon até em seus aposentos. Tanto fizeram que Fourtou foi exonerado.

O hipócrita do Palácio do Elysée não queria saber nem do imperador, nem do rei. Se os bonapartistas se sobressaíam um pouco, os republicanos ficavam com quase todos os assentos vagos. Instruído por De Broglie, Mac-Mahon pediu à Assembleia que definisse o regime, constituindo os poderes públicos. Gambetta pensou que poderia tirar partido dessa Assembleia desarticulada por quatro anos de intrigas estéreis, invadida pelos republicanos e, dando meia-volta, admitiu que ela se tornasse Constituinte e procurou aliados. Em 30 de janeiro de 1875, com maioria de um voto, aprovou-se que o presidente da república seria eleito por um Senado e uma Câmara de deputados; em 12 de fevereiro, quase tudo foi por água abaixo; no dia 25, com a participação de todos, cada um pensando ludibriar o outro, a república foi aceita como governo legal da França.

Graças à política do sr. Thiers e da esquerda, foi preciso pagar essa república – que em 4 de setembro era aclamada pela França inteira e cujo nome levantara Exércitos – com o esmagamento de Paris, 100 mil vidas, 1,5 bilhão de francos, quatro anos de perseguições, sem contar as que se seguiriam. O maquinador da aventura era Mac-Mahon, que tirava as castanhas do fogo que queimara as mãos do pequeno-burguês. Em virtude de uma constituição, ainda lhe restavam cinco anos na presidência, sem nada dever ao povo.

O primeiro-ministro da república – por fim, reconhecida – foi um ex-ministro do império, o presidente de combate da Assembleia, Buffet, político míope, que desde 1848 transpirava a bílis reacionária, um desses burgueses gordos que vemos com prazer ser surpreendido pelos usurpadores. Deixou que a república fosse vilipendiada por seus jornais oficiais, que seus *préfets* esquecessem a fórmula republicana no cabeçalho dos atos administrativos; aos pedidos de perseguição contra os comitês bonapartistas, respondeu denunciando os republicanos e os refugiados de Londres e de Genebra. Em seu governo, os jornais republicanos continuaram a desmoronar. Em dois anos de mac-mahonado, 28 jornais haviam sido fechados, 20 suspensos e 163 impedidos de circular publicamente; um pouco mais do que a frágil Comuna, com suas 30 proibições de brincadeirinha. O estado de sítio foi mantido em Paris, Versalhes, Lyon, Marselha e em seus departamentos; os Conselhos de Guerra continuaram com sua saraivada de condenações.

No dia 31 de dezembro de 1875, a Assembleia da desgraça se dispersou depois de rejeitar todas as propostas de anistia, transferir alguns deportados da península Ducos para a Ilha des Pins, reduzir algumas penas de prisão e até indultar um grupo de 600 condenados a penas mais leves; o depósito neocaledônio permanecia intacto.*

O povo, porém, não esqueceu seus defensores nas eleições gerais. Nos centros importantes, a anistia figurou nos programas democráticos, as reuniões públicas a impuseram aos candidatos. Os radicais se comprometeram a pedir uma anistia geral; os liberais prometeram "apagar os vestígios de nossas discórdias civis", como diz a alta burguesia quando se dispõe a limpar o chão que manchou de sangue.

As eleições de fevereiro de 1875 foram amplamente republicanas. Apesar do apelo desesperado de Mac-Mahon aos reacionários, 350 dos 530 eleitos eram republicanos. As famosas camadas novas anunciadas por Gambetta em suas incansáveis campanhas emergiam e iam fazer a França reflorescer. Um enxame de advogados, médicos,

* Relatório da Comissão dos indultos, apresentado por Martel e Voisin.

comerciantes e proprietários liberais haviam arrebatado a província falando em liberdades, reformas, pacificação. Buffet foi derrotado nos rincões mais rurais. Os jornais radicais concordaram em declarar a república definitivamente sedimentada; os fervorosos defensores da anistia não duvidaram que a nova câmara fosse dar ao povo esse presente de boas-vindas. Prova é que Paris elegera os antigos deputados demissionários da Assembleia rural – Floquet, Lockroy, Clemenceau e muitos outros, sem contar Louis Blanc, que agora falava do mal-entendido de 18 de março.

Um comboio de deportados ia enfunar as velas. Victor Hugo, que Paris elegera senador, pediu a Mac-Mahon que adiasse a partida até a decisão, certamente favorável, das duas câmaras. Um abaixo-assinado organizado às pressas reuniu 100 mil assinaturas em poucos dias. A questão da anistia tornou-se tão aguda que o novo ministro de Mac-Mahon, o Dufaure de 18 de março, quis esvaziá-la imediatamente.

Foram apresentadas cinco propostas. Apenas Raspail pediu a anistia ampla e irrestrita; os outros excetuavam os crimes qualificados de direito comum pelos Conselhos de Guerra, que incluíam a redação de artigos em jornais; a câmara nomeou 11 comissários. Nove deles foram contra a anistia Raspail. As novas camadas se manifestavam. Era aquela média burguesia do império, medrosa, altiva em relação ao povo, chicaneira e trapaceira. Ela só conhecia a Comuna pelas rapsódias reacionárias e, muito ocupada com a própria ascensão, dizia com todas as letras: "Que esses comunardos nos deixem em paz, mais tarde veremos!". "A insurreição de 18 de março foi um grande crime", afirma o relator, "os principais chefes retornariam à França tal como eram quando partiram. Houve momentos em nossa história em que a anistia foi uma necessidade, mas a insurreição de 18 de março não pode ser comparada a nossas guerras civis sob nenhum ponto de vista. Vejo nela uma insurreição contra toda a sociedade".

Raspail defendeu nobremente seu projeto, apontou os carrascos, pediu que fossem perseguidos os "verdadeiros provocadores, muitos dos quais desfrutavam de impunidade nas Assembleias"; Clemenceau fez uma exposição sobre os acontecimentos de 18 de março, por demais conforme com a ignorância e os medos de seu auditório. Outros, da extrema-esquerda, falaram pelos vencidos, atacando-os: "Enganam-se completamente sobre o caráter desta Revolução", disse muito altivo um deles, "veem nela uma revolução social quando, na verdade, não passa de um ataque de nervos e um acesso de febre". O deputado do distrito apontado, onde morrera Delescluze, chamou o movimento de "detestável". Marcou declarou que a Comuna era um "anacronismo". Preocupados apenas em se eximir diante dos eleitores, nenhum deles falou do sangue, dos pontões que serviram de cárcere, das prisões, dos Conselhos de Guerra.

A esses advogados que viravam as costas, ministros e novas camadas responderam asperamente: "Não, senhores", disse Dufaure, "não era um movimento comunal, era, nas ideias, nos pensamentos e até nas ações, a revolução mais radical jamais empreendida no mundo". Um antigo irreconciliável negou que a república tivesse sido ameaçada pela Assembleia rural: "Ela só se destacara por dois atos: a eleição do Poder Executivo e a aceitação de um gabinete republicano". Dufaure festejou os Conselhos de Guerra, reiterou que "todas as regras haviam sido respeitadas, todos os meios empregados para garantir a mais séria e completa instrução em todos os processos, que os oficiais tinham-se equiparado aos melhores juízes de instrução". O almirante Fourichon, ministro da marinha, negou que os forçados da Comuna tivessem sido misturados aos demais, contou que "o deportado, mais feliz que os soldados, vivia em meio às flores de jardim". Diante da exclamação: "A tortura foi restabelecida!", ouviu-se a deliciosa réplica: "Sois vós que nos levais a ela!". Langlois, tão exaltado como em 19 de março, gritava nos corredores: "Nada de indulto para os assassinos!".

Em 18 de maio, 372 votos contra 50 recusaram a anistia ampla e irrestrita. Gambetta se absteve. A comissão rejeitou as outras propostas, disse que era preciso remeter a decisão à clemência do governo. As contestações foram apenas formais, e um radical acabou dizendo: "Não será por uma questão de generosidade que desconfiaremos do governo". Todas as propostas foram enterradas. No senado, Victor Hugo defendeu a anistia parcial: "O poste de Satory, de Nouméa, 18.924 condenados à deportação simples e confinada, os trabalhos forçados, a enxovia a 5 mil léguas da pátria: eis de que maneira a justiça castigou os acontecimentos de 18 de março – esquecia-se dos 20 mil fuzilados. E, quanto ao crime de 2 de dezembro, o que fez a justiça? A justiça prestou-lhe juramento". Sua proposta sequer foi discutida.

Dois meses depois, Mac-Mahon completava a comédia escrevendo ao ministro da Guerra, Cissey, responsável pelos fuzilamentos do Luxemburgo: "Doravante não deve haver processo algum, a não ser comandado pelo sentimento unânime dos homens de bem". Os honestos Conselhos de Guerra entenderam e continuaram com sua tarefa. Alguns condenados, julgados à revelia, que se aventuraram a voltar à França em virtude da esperança dos primeiros dias foram presos; suas penas, firmadas. Os organizadores de grupos operários foram implacavelmente golpeados quando puderam ser vinculados à Comuna.* Em novembro de 1876, um Conselho de Guerra pronunciou uma condenação à morte por insurreição.

Esta persistente barbárie, que sobrevivia ao passar dos anos, irritava a opinião pública e, numa viagem a Lyon, Mac-Mahon foi recebido aos gritos de "Viva a anistia!". Os radicais tiveram de se mobilizar e exigir ao menos o fim dos processos. Dessa vez, Gambetta os apoiou. Sua política era a de tranquilizar o burguês, tratando a Comuna de "insurreição criminosa", "convulsão da miséria, da fome e do desespero", obtendo assim algumas reduções de tortura. Na câmara, chegou a louvar os Conselhos de Guerra pela "dedicação, sabedoria e espírito

* Em 2 de dezembro de 1876, Baron, ex-delegado dos contadores no Congresso Operário, foi levado perante o terceiro Conselho por ter sido secretário da delegação da Guerra. "Os senhores do Conselho", disse o presidente, "notarão que o réu persiste nos sentimentos que o animavam em 1871, pois vimos que participou do Congresso Operário em 1876". Para o militar, uma reunião de operários equivalia a uma insurreição. Baron foi condenado à deportação.

militar" com que tinham examinado os dossiês. Em 6 de novembro, foi votada uma lei que, em certos casos, podia significar prescrição: o Senado a rejeitou.

Em dezembro de 1876, Jules Simon sobe ao ministério, passando da casaca de Thiers à libré de Mac-Mahon. O untuoso fuzilador trazia uma frase-programa: "a república amável"; a amabilidade se estendia aos comunardos. Seu colega do Ministério da Justiça e ex-presidente da "comissão dos assassinos", o galante Martel, que declarava abomináveis as comissões mistas do império, deu continuidade às perseguições. Um federado, Marin, condenado à morte três vezes, obteve por fim uma definição de seu caso e, seis anos após a luta, foi encaminhado à enxovia.

A clemência do marechal caminhava no mesmo passo. No dia seguinte à rejeição da anistia, Dufaure instituíra uma nova Comissão dos Indultos, composta de amáveis liberais, na qual brilhava Dubail, ex-caçador de federados. Os estabelecimentos penitenciários da França abrigavam, naquele momento, 1.600 condenados da Comuna, e o número de deportados elevava-se a cerca de 4.400. A segunda Comissão dos Indultos foi digna da de Martel. A partir das propostas que a comissão apresentou, Mac-Mahon agraciou condenados a quem restavam cinco ou seis semanas a cumprir e libertou dois ou três mortos. Em maio de 1877, só haviam sido agraciados entre 250 e 300 deportados da Nova Caledônia, cujas penas foram apenas comutadas.

Era demais. Os acontecimentos de 16 de maio corrigiram a situação. A derrota de 1876 não desencorajara os reacionários. Se os republicanos controlavam a Câmara, eles dominavam o Senado e o marechal, que instigavam à desforra. O clero liderava a campanha, militarmente conduzida por Bonnechose, o impetuoso cardeal de 1864 e 1871, que caçoava das iniciativas de Jules Simon, candidato a cardeal. Há um mês que os bispos uniam seus báculos em favor da Santa Sé oprimida, do papa na miséria, reiteravam os abaixo-assinados e cantavam tão alto que o aprendiz de cardeal foi obrigado a censurar na tribuna um dos mitrados mais exaltados. Alguns dias depois, na manhã de 16 de maio, Mac-Mahon exonerou o amável Jules Simon com um bilhetinho. A Câmara resiste; Mac-Mahon lhe envia um Ministério de Combate comandado por De Broglie e, no dia 18, em missiva trocista, ele o convida a refrescar suas ideias nas brisas de maio.

O gabinete de 16 de maio era formado por orleanistas e bonapartistas, que haviam retornado em número razoável, mas o público entendeu e um grito percorreu a França: "É um golpe dos padres; é um ministério de curas!". Preparada há muito tempo com o método e a precisão dos jesuítas, a conjuração entrou em funcionamento imediatamente. No dia seguinte, 62 *préfets* foram destituídos e 127 *sub-préfets*, secretários-gerais, juízes de paz e procuradores, substituídos. Deram ordem de submeter a imprensa. Os jornais foram perseguidos e alguns deles, suspensos; os locais de reunião, fechados; foi preso o presidente do Conselho Municipal de Paris, que comparecera recentemente a um banquete oferecido pelos proscritos de Londres. Em 25 de junho, Mac-Mahon despediu definitivamente a Câmara, auxiliado pelo Senado, aquele "grande conselho das comunas", segundo dissera Gambetta no início e que se transformou na fortaleza legal da reação.

Abusando do texto constitucional, ela gozava ainda de três meses e meio de reinado absoluto. A França viveu alarmada durante três meses e meio; muitos viam surgir a guerra do conflito iniciado; os negócios estavam paralisados; quando Mac-Mahon ensaiou uma viagem pela província, gritaram-lhe: "Viva a república!". Ele se vingava, dizendo aos administradores distritais que lhe pediam o fim da crise: "Votai a favor de meu governo". Suas tolices – era rico em frases ridículas – distendiam um pouco a cólera que tomava conta de tudo, inclusive de Thiers, morto à mesa em 3 de setembro.

Paris proporcionou ao *Foutriquet* funerais dignos de Aquiles. Ah! certamente, é conhecida a Tebas turbulenta das 100 saídas, por onde passam as grandezas e as vilanias sem deixar mais rastro que o vento na copa das árvores ou a tempestade no riacho. Mas essa Paris que ele fuzilara em 1832, entregara à fúria dos burgueses e da Rua de Poitiers em junho de 1848, caluniara durante a guerra, vendera à Assembleia rural, provocara em 18 de março, atacara em 2 de abril, bombardeara durante seis semanas, pilhara, cobrira com 20 mil cadáveres, atirara aos milhares nos Conselhos de Guerra, dispersando seus farrapos pelos dois hemisférios – há menos de sete anos –, essa Paris cometeu, mesmo por uma hora, a fraqueza de considerar esse assassino do povo um protótipo de liberdade? Não! Não! O irônico jogo das circunstâncias dispôs o enorme cortejo do funeral. Assim como Sansão armou-se de restos de animais para golpear o filisteu, a Paris de 1877 empunhou os velhos ossos do rival para esbofetear o adversário vivo.

Em uma proclamação à moda de Carlos X, Mac-Mahon impunha seus candidatos, ameaçava resistir a eleições desfavoráveis a ele. Tudo o que fosse república se indignava. "Depois de a França se pronunciar, será preciso submeter-se ou se demitir!", retrucava Gambetta, aplaudido pela França republicana, e que mais uma vez foi o coração da nação, multiplicando as reuniões, os apelos, desafiando as condenações, as calúnias, a imprensa da linha de *Le Figaro*. Pena não ter mostrado a mesma dignidade pessoal durante a guerra e também durante a Comuna, quando seu prestígio teria influenciado decisivamente a província.

A vitória coube à coragem republicana, que soubera se disciplinar. Apesar dos *préfets*, magistrados e condenações – foram 2.700 –, os republicanos ganharam as eleições de 24 de outubro de 1877 por uma maioria de 117 votos, margem que as anulações dos candidatos oficiais ampliariam muito. De Broglie, que escrevia história sem entender nada, queria que Mac-Mahon resistisse: a nova Câmara fez uma Comissão de Salvação Pública, ordenou uma pesquisa eleitoral, obrigou De Broglie a recuar para os bastidores. Mas ainda assim governava Mac-Mahon o bastante para fazê-lo nomear um ministério de cabos. A Câmara recusou-se a apresentar o orçamento; Mac-Mahon não teve a coragem de se demitir; fez-se de doente, como em Sedan, e delegou Dufaure, que assinou por ele a derrota.

A Câmara vitoriosa começou anistiando todos os seus amigos condenados desde 16 de maio. Nem pensou nos da Comuna. Só o povo lembrou deles. De início, a exposição universal de 1878 monopolizou todas as atividades; em setembro, porém, o Conselho Municipal de

Paris negou-se a enviar uma delegação aos festejos comemorativos do aniversário da morte de Thiers, pomposamente preparados por artigos e ilustrações em que o inimigo de Paris era representado em apoteose, pisoteando uma Comuna com cara de macaco. Em Marselha, o envio de delegados foi combatido "porque Thiers fora o carrasco da Comuna". Dufaure respondeu com 34 condenações, com a prisão de uma legião de condenados à revelia que tinham voltado à França, e com a proibição do Congresso Socialista Internacional, que deveria se realizar em Paris.

Os massacres, as deportações e o exílio não haviam aniquilado o Partido Socialista, como Thiers anunciara à Assembleia rural. Durante sete anos de aparente letargia, a Alemanha parecera hibernar. É da Comuna que data sua era de socialismo militante. A luta de Paris contra Versalhes se popularizara na Alemanha, e esta história servia de tese aos inúmeros oradores do partido. Mais disciplinados que na França, dando ouvidos a guias seguros como Bebel e Liebknecht, possuindo numerosos jornais, os socialistas tinham 12 deputados no Reichstag em 1878, e Bismarck dizia na tribuna que a "Alemanha se transformou no campo cerrado das agitações às quais a França pôs fim". Enganava-se, como Thiers, em relação à França. Após sete anos, o Partido Socialista ressurgia jovem, vigoroso e correto como nos últimos anos do império, com o programa dos 63, com um número de militantes suficiente para realizar um congresso internacional em Paris.

No dia 30 de janeiro de 1879, o fanfarrão Mac-Mahon fugia da presidência usando como pretexto o afastamento de generais; na verdade, escapara para não ver processados seus cúmplices de 16 de maio. Assim como Thiers, o algoz de Paris escapou do castigo; 14 anos depois, aquele político militar, que, para impedir a república, conduzira a França a Sedan; que, para salvar os rurais, massacrara milhares de parisienses e que, para engrandecer os padres, alarmara a França por vários anos, encaminhou-se suavemente para a glória dos Inválidos. Não há justiça para esses grandes criminosos, a não ser as horas de revolução.

Grévy ocupou seu lugar na mesma noite, às oito horas. A massa republicana considerou sua posse uma vitória. Era o primeiro presidente da república republicano que não fuzilara ninguém. O caminho da era republicana estava aberto. Justamente, as eleições senatoriais de janeiro tinham dado ao Senado uma maioria republicana de 50 votos. Dessa vez, a anistia não era apenas possível: impunha-se. Como prova disso, o chefe do Gabinete, Waddington, tinha como secretário um homem condenado à morte pelos Conselhos de Guerra; encontrara-o em Berlim e levara-o de volta a Paris.

Na Nova Caledônia havia ainda 1.100 condenados e, no exílio, de 500 a 600 julgados à revelia; os demais haviam sido anistiados após uma média de sete anos de deportação ou exílio. Sem o marechal, muitos mais teriam sido indultados, segundo disse impudentemente a Comissão dos Indultos – depois do afastamento de Mac-Mahon. O novo ministério modificaria tudo isso. Indultos, anistia; Waddington amalgamava tudo no indulto-anistia. Era muito simples: seriam declarados anistiados todos os que fossem indultados. Mas a quem indultaríeis?, perguntavam. Resposta: "Só deixaremos fora da anistia aqueles contra os quais a consciência pública protestar". Esse Waddington – um inglês – era de um humor gelado, que agradou muito aos oportunistas, pouquíssimo preocupados com a volta deste ou daquele condenado.

O mínimo que a extrema-esquerda podia fazer era exigir a anistia irrestrita. O movimento pela anistia jamais cessara entre o povo. Um jornal de Paris, *La Révolution Française*, publicava, apesar das multas e da prisão, artigos de membros da Comuna no exílio. Foi apresentada uma proposta de anistia. Nove das 11 comissões a rejeitaram. Louis Blanc a defendeu com o mesmo ardor com que defendera os direitos dos fuziladores. O relator era Andrieux, ex-anarquista da época do império, ex-procurador de La Guillotière em 1871, agora deputado. "Jamais", disse ele, "alguma Assembleia francesa aprovará a anistia ampla e irrestrita. Quanto aos condenados que permanecerão na Nova Caledônia, seu número se restringirá a 1.500, uma parte da escória das grandes cidades sempre disposta à pilhagem". O ministro da Justiça dissera 1.200; Andrieux aumentava esse número, de olho na Chefatura de Polícia, que ganhou após essa maldade. O Marcou de 1876 excluía da anistia "os selvagens que teriam desonrado a bandeira tricolor, se isto fosse possível". Não nomeava esses selvagens que, de resto, não haviam combatido sob a bandeira tricolor, mas sua afirmação permitiu que Waddington declarasse: há 1.200 deles. A anistia irrestrita foi rejeitada por 350 votos contra 99, e só foram anistiados os indultados em um prazo de três meses. No senado, Bérenger declarou que "a França não quer saber de insurretos profissionais"; mesmo assim, o Senado aprovou o indulto-anistia dos três meses, contando com o ministério para excluir os "perigosos ou indignos". Seis semanas depois, por 317 votos contra 159, a Câmara se recusava a dar autorização para que fossem processados os envolvidos nos acontecimentos de 16 de maio, que tinham expulsado a Câmara e provocado uma guerra civil de quatro meses; eles agradeceram à Câmara com um manifesto desafiador.

Os excluídos do indulto-anistia protestaram contra os caluniadores: "Vozes oficiais, misturando ultraje e iniquidade, declararam que só restariam no exílio ladrões e assassinos. Os que assim enganam a opinião pública sabem que não há um só proscrito ao qual esses epítetos possam ser aplicados. Os ladrões e os assassinos não pertencem a nossas fileiras". O que ficou muito claro mais adiante, quando a Justiça mandou para o tribunal de polícia correcional ou para o tribunal civil tantos dos que haviam insultado os comunardos.

A discussão daquela lei-peneira fizera surgir a teoria, absolutamente nova, do bom e do mau rebelde. Assim como Louis Blanc estabelecia uma diferença entre a bandeira vermelha de seu tempo, a verdadeira, e a bandeira vermelha da Comuna, a infame, o ministro da Justiça declarava dignos de estima todos os insurretos anteriores e, aos de 18 de março, abomináveis. "Seria", dizia ele, "uma injúria para os outros rebeldes compará-los aos organizadores da insurreição de 18 de março, criminosos a ponto de insurgir-se quando o inimigo ocupava os fortes". Continuava assim a lenda da Paris agressora de

18 de março. Durante oito anos, os republicanos de destaque tinham evitado com todo cuidado contradizer as histórias versalhesas e, como disse Camille Pelletan, até a "exageravam às vezes, temendo comprometer sua causa". Essa nobre política frutificara; o Partido Republicano ignorava por completo a verdadeira história da Comuna; ninguém refutara as inúmeras calúnias e, durante a última discussão, os jornais conservadores haviam publicado, como documento, passagens do livro de um polígrafo sem talento em gênero algum, Maxime du Camp.

Esse começara fuzilando os rebeldes de junho de 1848 e ganhara a Cruz da Legião de Honra naquelas barricadas. Condecorado de novo por Luís Napoleão, se distanciou do império por pouco tempo; a princesa Mathilde o levou de volta ao aprisco. Estava prestes a se tornar senador, quando os acontecimentos de 4 de setembro acabaram com suas pretensões. Com raiva, refugiou-se na Alemanha durante toda a guerra e, de volta à França sob a Comuna, esbarrara no mandato reservado por ela aos bonapartistas militantes. Ao longo de seis anos, reunira minuciosamente as invenções, as calúnias e o lixo produzidos contra a Comuna, acrescentara elementos de sua lavra e dera seu coletor, *Convulsions de Paris*, às mil latrinas reacionárias.

Os apreciadores de obras pornográficas puderam enriquecer suas coleções com uma *Justine* política e de estilo floreado. Não era, segundo Maxime du Camp, um movimento histórico o que ele pretendia descrever, mas "um caso patológico", "todo o bestiário das paixões humanas rompera as grades da sua jaula e durante dois longos meses chafurdara em plena selvageria. Como uma prostituta sem-vergonha, a Comuna mostrou tudo e causou surpresa a quantidade de úlceras que a corroíam". É o começo; seguiam-se quatro volumes dessa convulsão.

Segundo Maxime du Camp, o movimento da Comuna era* "um acesso de epilepsia moral; uma bacanal sangrenta; uma orgia de petróleo e aguardente; um deboche; uma enchente de violência e de bebedeira que fazia da capital da França um pântano dos mais abjetos; um caos

* Não fazemos montagens de palavras, mas citações completas.

análogo ao fogo-selvagem, às epidemias de coreia, às possessões da Idade Média". Eis a composição das pessoas: "No alto, homens que chegavam aos acidentes terciários da inveja purulenta"; embaixo: "bestas obtusas que não entendiam nada, a não ser que tinham um bom salário, muito vinho e aguardente demais".* O Comitê Central era "um amontoado de vadios"; os governantes da Comuna, "piromaníacos; especuladores que operavam com os dinheiros públicos; papagaios domesticados; papas da demagogia; anticristos gatunos; um punhado de escroques que reina pela violência, comanda bêbados, protege assassinos, disciplina incendiários; fantoches epiléticos; careteiros; políticos de confeitaria; Cesarzinhos de botequim". O Hôtel-de-Ville era "um canil de cães raivosos; uma mistura de baiuca e conventilho"; a Chefatura de Polícia era "o acampamento dos festins". Os federados "fediam a vinho e a frios com alho; seu ideal: dois meses de rega-bofe e depois, a enxovia". As mulheres eram "fugitivas de dispensário; professoras leigas que viram copinhos de aguardente e casam no altar da natureza". Os federados eram "moleques que brotam à margem do riacho e crescem no esterco das baixas promiscuidades". O padre Vidieu encontrara expressão melhor: eram todos "filhos do adultério". É verdade que o bom cura não tinha veleidades de ser, como o convulsionário, "sem paixão", "um moderado", "um homem cuja retidão firme inspirava insuperável horror às obras do ódio". Como o acusavam de ter exagerado, Maxime du Camp respondeu: "Sempre falei dos comunardos com extrema moderação [...]. Nós, homens de bem, somos muito calmos [...], a poeira das grandes iras já assentou"; e indignava-se contra as pessoas para quem "a última palavra da política é cuspir nos adversários".

Pelo vocabulário, imagina-se a história. De resto, não havia nenhum daqueles artifícios engenhosos à moda de Jules Simon, que

---

* A embriaguez sempre foi o argumento preferido dos narradores reacionários. O rev. pe. Loriquet atribuía aos vapores do vinho os decretos da noite de 4 de agosto; em 1848, no Luxemburgo, deliberava-se entre garrafas etc.

entrelaçam verdades e mentiras. As invenções e a ignorância desse erótico furioso eram obra de um primitivo. Nunca se preocupou com o caráter dos operários, com os fatos melhor estabelecidos, nem com a verossimilhança. Tudo o que fosse versalhês, fofoca reacionária, era fonte segura; o primeiro pedaço de papel vindo não se sabe de onde, documento; todo funcionário que permanecera em Paris durante a Comuna, autoridade indiscutível, cujas mais risíveis bravatas registrava religiosamente; dos requisitórios dos Conselhos de Guerra, só as testemunhas de acusação mereciam crédito; todos os réus tinham mentido. Imperturbavelmente, acumulava idiotices, fazia de Blanqui o inspirador da Internacional, de Assi, um personagem dominante, de Frankel, um bruto, de Varlin, um covarde, de Dombrowski, um traidor, confundia Cournet com Latappy, Ranvier com o irmão. Seu sistema de argumentação era muito simples. Citava um fato, prisão, perquisição ou até execução de espião, e terminava: "Poderíamos dar milhares de exemplos", ou ainda, "o mesmo acontecia por toda parte". Outras vezes limitava-se a negar e ponto. Delescluze, "aquele Bridoison patibular", não morrera voluntariamente; ele o sabia através de uma testemunha que não queria citar;* não era verdade que tivessem sido fuzilados falsos Vallès, Billloray, Brunel etc.; eles é que tinham enviado aos jornais o relato de sua própria execução, para despistar as buscas. Falsas também eram as numerosas execuções. O general Appert falava em 17 mil; não era verdade; ele, Maxime du Camp, tinha a cifra exata, "no máximo, 6.500", "fatos de guerra", acrescentava, "inerentes ao direito à legítima defesa". Ele conhecia essa cifra "exata" através das administrações dos cemitérios, dos registros de exumação; como se os administradores tivessem contado os corpos enviados aos montes em charretes, como se os comissários tivessem tido tempo de fazer registros e os incineradores pudessem se preocupar com o

---

* O padre Vidieu foi menos discreto; trata-se de Victor Thomas, sobrinho de Clément Thomas, que entrara para o Estado-Maior de Bergeret e depusera como testemunha de acusação perante os Conselhos de Guerra; pobre-diabo, que agiu como espião para salvar a pele.

número de cadáveres empilhados. Maxime du Camp "tinha todos os registros nas mãos" e, se necessário, teria dado o nome das vítimas, pois se gabava de sua exatidão: "Não afirmei nada", dizia, "que não fosse demonstrado por documentos autênticos [...]; falei com restrições todas as vezes que me faltou o documento positivo e preciso". Não apresentou nenhum. Se existem, pode-se imaginar como os utilizou, pela maneira de travestir os fatos mais conhecidos.

Arrumadas à moda de Montépin,* embelezadas com arabescos, enfeitadas com "devem ter dito isto, ou aquilo", com diálogos do tipo "todos aqueles revoltados haviam se tornado ladrões; quando o homem chegava em casa, a mulher perguntava-lhe invariavelmente: 'O que trazes?'", as sujas fantasias daquele pequeno guardião versalhês hidrófobo faziam as delícias da *Revue des Deux Mondes* e dos jornais do estilo de *Le Figaro*. A Academia Francesa quis possuir esse raro historiador e, em 1885, ele teria falado em seu nome no enterro de Victor Hugo se os proscritos, então de volta, não tivessem ameaçado com uma enérgica intervenção. Maxime du Camp foi morrer na Alemanha, sua pátria de coração, mas continuou a reinar na Academia. Em junho de 1895, seu sucessor, Paul Bourget, diplomado em dissecações de almas, afirmou que ele traçara "com terrível força" o requisitório do "vandalismo selvagem", e o interlocutor de Paul Bourget, um elegante esnobe, qualificou a Comuna de "acesso de febre obsidional e alcoólica". Outro acadêmico, versificador para amas-secas, declarou que Maxime du Camp era um personagem "injuriado, porém irrefutável".

Os verdadeiros republicanos revoltavam-se contra essas *Convulsions*, esquecendo que seus chefes também haviam tratado a Comuna como acesso de febre, convulsão de fome e desespero: aliás, nenhum escritor estava preparado para responder. As histórias que os radicais começaram a escrever denunciavam sua pobreza de conhecimento dos

---

* Por exemplo: "No dia 23 de maio, após o doce sono propiciado pela calma de uma consciência tranquila, Boudin acordou de excelente humor e percebeu que estava com sede. Sentiu-se então no dever de arrombar a porta do porão [...]".

homens, dos ambientes e mesmo dos acontecimentos da Comuna. Para eles, o bonapartismo desempenhara um papel importante nas suas origens e no seu desfecho. Fazia-se um meio termo entre uma página de Maxime du Camp e a de um proscrito, acreditando ter encontrado assim a diagonal histórica. O senador Corbon, ex-operário como Tolain, não dizia, em 1880, no *Rappel*, que ele mesmo fora quase condenado à morte pelo Comitê de Salvação Pública!

Entende-se a ideia que podiam ter da Comuna os senhores parlamentares. Embora sem história, o povo sentia instintivamente que aquele movimento lhe pertencia e não cansava de se manifestar pelos vencidos. Na eleição legislativa de 22 de abril de 1873, Bordeaux deu uma maioria de quatro mil votos a Blanqui. A Câmara anulou a eleição e Blanqui só foi indultado após a expiração dos três meses durante os quais poderia ter sido anistiado, isto é, tornar-se elegível. Ao longo desse trimestre, a clemência de Grévy concedera o indulto-anistia a 3.300 condenados. Pelo menos 1.200, excluídos pelo ódio ou pelo medo, permaneciam na Caledônia ou no exílio.

Em setembro de 1879, os primeiros comboios de ex-exilados caledônios chegaram a Port-Vendres, onde foram recebidos com entusiasmo pelos comitês republicanos da região. Louis Blanc, que fazia uma viagem pelo sul do país, abriu-lhes os braços com os quais outrora os ameaçara. "Sede bem-vindos!", exclamou, "se o sentimento da justiça tivesse prevalecido, não teríeis partido!". E como uma loja maçônica oferecera-lhe uma coroa de flores: "Deixai-me partilhar esta homenagem com os que combateram e sofreram mais do que eu" – poderia ter acrescentado "por minha causa".

Em Paris, comitês especiais esperavam os anistiados: Comitê Central, Comitê Socialista. Desde 1871, existia em Paris um comitê de auxílio às famílias dos presos políticos, alimentado por colaborações, donativos, verbas do Conselho Municipal. Para cuidar de sua clientela eleitoral, os deputados da extrema-esquerda se haviam engajado naquele Comitê Central, que, em 1877, recebera 272.163 francos e socorrera quase três mil famílias. Afora esse comitê quase oficial, existia um Comitê Socialista, totalmente independente dos deputados da extrema-esquerda; este também recebia colaborações e pôde auxiliar os caledônios, para os quais o Conselho Municipal aprovara mais uma verba de 100 mil francos.

Os deportados desciam dos vagões, ainda abalados pelos cinco meses de uma travessia submetida à disciplina penitenciária, bronzeados, ostentando estranhos chapéus de abas largas, vestindo camisas, alguns envoltos em um cobertor, com o cantil ou a sacola a tiracolo, hesitantes e lançando ao seu redor olhares inquietos. Emocionados quando um grito os chamava, quando se abriam os braços de uma mulher, de uma criança, de um amigo, lhes escorriam docemente as lágrimas. Mas o pobre esquecido que procura e não vê ninguém se aproximar, nem aquela que não teve coragem de esperá-lo, nem os velhos que estão mortos, deixa a plataforma da estação arrastando os pés, vai aonde pode, até que um companheiro de comboio chama por ele, leva-o ao Comitê de Auxílio, onde faz uma refeição, recebe uma moedinha de ouro e, com o desespero dos eternos vencidos, volta a se perder naquela Paris que não o conhece mais.

Os favorecidos pela anistia, aqueles a quem a vida não recusara o indulto, souberam defender a causa dos excluídos. Diante do túmulo de um dos anistiados, seu companheiro, Alphonse Humbert, glorificou os combatentes da Comuna; Paris fez dele conselheiro municipal; em Lyon, um anistiado foi eleito; em Lille, um candidato socialista que defendia a anistia derrotou um oportunista. Em vez de ser aplacada pela anistia parcial, a opinião pública pronunciava-se com mais veemência desde o retorno dos caledônios. Louis Blanc, para quem a justiça começava, foi citado entre os fuziladores de 1871 em pleno Congresso de Marselha. O Conselho Geral do departamento do Sena aprovou uma resolução favorável à anistia geral; a imprensa, as reuniões públicas criaram tal movimento a favor dos excluídos que o ministro da Justiça ordenou várias perseguições. A centro-esquerda o apoiou; o virtuoso Baihaut, secretário da União Republicana, indignou-se e afirmou que a questão da anistia irrestrita estava julgada, que as câmaras não voltariam atrás. A extrema-esquerda perguntou ao ministro por que excluíra da anistia tantos homens honrados e agraciara os reincidentes englobados pelos Conselhos de Guerra. O justiceiro respondeu que alguns excluídos haviam rejeitado o indulto ou reivindicado a própria responsabilidade. "Por quê", replicou Clemenceau, "quereis que os que foram atingidos esqueçam os horrores da repressão? Dizeis: Nós não esquecemos; se vós não esqueceis nada, vossos adversários também se lembrarão". No dia 18 de dezembro, o gabinete recebeu um voto de confiança, mas a agitação continuou. Completamente reorganizado com o nome de Partido Operário, o Partido Socialista, ao qual se haviam filiado muitos anistiados, multiplicava as reuniões e as conferências, afirmando-se cada vez mais como irreconciliável sobre a questão da anistia.

Freycinet substituiu Waddington no final de dezembro e o novo ministro não falou em anistia. Em 22 de janeiro de 1880, a extrema--esquerda, fustigada pelos jornais de vanguarda e pelas reuniões, apresentou um novo pedido de anistia irrestrita. Oito das 11 comissões a rejeitaram, como no ano anterior. Louis Blanc lamentou novamente, embora tivesse repetido em sua comissão que o Comitê Central o condenara à morte.* Casimir Perier respondeu-lhe duramente e Freycinet declarou: "A anistia não só não faz falta ao país, como o inquieta. Construamos nossas ferrovias, nossos portos, melhoremos nossas tarifas, reduzamos nossos impostos e, então, um dia, talvez, possamos implementar as medidas ousadas que nos aconselhais". A anistia, adiada desse modo por vários lustros, foi enterrada por 316 votos contra 115.

Ei-la que ressuscita dali a três meses. O aniversário do 18 de março fora comemorado em muitos bairros de Paris e na província. No aniversário da Semana Sangrenta, 23 de maio de 1880, uma legião de parisienses vai levar coroas ao Père-Lachaise. Andrieux, chefe de Polícia de Paris, manda atacar e prender os manifestantes. O

---

* Jules Simon dizia o mesmo no *Gaulois*, de 1895.

Conselho Municipal desmoraliza-o com um voto de repúdio, ele ri; a extrema-esquerda interpela; a Câmara dá razão ao governo por 299 votos contra 28. Menos de um mês depois, em 20 de junho, Belleville, na circunscrição de Gambetta e contra a vontade deste, escolhe como conselheiro municipal Trinquet, tão corajoso na Comuna, nos Conselhos de Guerra e na enxovia.

O aviso era claro. Gambetta entendeu que era preciso fechar aquela ferida, que tinha na Câmara tantos médicos entre seus adversários, os radicais. Ele reivindicava a democracia desde 1872 e, desde 1876, tornara-se autoridade da Câmara, da qual foi presidente e chefe absoluto após a queda de Mac-Mahon; impusera ao Senado o retorno do parlamento a Paris; no dia 14 de julho seria inaugurada a grande festa nacional, e os jornais, até os moderados, aceitavam que todos os ex-condenados se associassem a ela. Interpelado diretamente, Gambetta decidiu fazer um último esforço. Reuniu os representantes dos grupos moderados e falou em favor da anistia irrestrita; Freycinet a propôs em 21 de junho.

Casimir Perier, que a combatera em fevereiro ao lado de Freycinet, protestou amargamente. Freycinet respondeu que a contradição era só aparente; sem dúvida, as ferrovias, os portos etc. ainda não haviam sido construídos, nem os impostos reduzidos, mas a ordem estava garantida: era o essencial. A reação teria sido de desgosto caso Gambetta não tivesse saído da mesa da presidência para amolecer aqueles cérebros duros. Descreveu uma França cansada, exasperada com esses contínuos debates sobre a anistia que eram retomados a cada questão, a cada eleição, um país que dizia a seus governantes: "Quando me livrareis desses farrapos de guerra civil?". Conquistou-os pelo interesse, mostrou-lhes as eleições dali a 15 meses e depois os tranquilizou: "Podeis fazer a anistia, ela vos aliviará muito; a eleição de Trinquet é a última manobra de um partido em cuja mão se quebrará sua única arma". Se Gambetta não acreditava nisso, os parlamentares acreditaram e aprovaram a anistia por 312 votos contra 136, o inverso da proporção em que a haviam recusado quatro meses antes.

A comissão do Senado rejeitou o projeto. Jules Simon, torturador dos prisioneiros, lacaio de Thiers e de Mac-Mahon, mais caluniador de Paris que Maxime du Camp e réptil permanentemente contrário a Gambetta encheu suas velhas presas de uma peçonha sempre pronta para atacar a Comuna, querelou contra o ministério, suplicou aos colegas que resistissem. Estes teriam dado ouvidos se não temessem um conflito com a Câmara e uma revolta da opinião pública, inteiramente favorável à posição de Gambetta. Encontrou-se um jeito, mais uma vez o indulto-anistia; mas dessa vez o governo agraciou todos os condenados em 10 de julho. Galliffet não ficou contente e escreveu a Gambetta, a quem bajulava, dizendo que a anistia plena causara uma impressão deplorável no Exército.

Os proscritos não muito distantes puderam vir em 14 de julho mesclar sua alegria à de Paris; mas ainda foi preciso esperar cinco meses pela volta dos macilentos da Caledônia. Em nove anos, os indultos, as leis e a morte haviam libertado todas as vítimas de Versalhes. O império não durara sete anos; não chegara a fazer 20 mil cadáveres. Só um poder anônimo pode massacrar as multidões; cada carrasco pode virar a cabeça, limpar a boca e dizer: "Eu não estava lá!"

Os repatriados refizeram suas vidas nas oficinas, na indústria, no comércio, nas artes e no jornalismo. A administração municipal, nas mãos dos republicanos, contratou alguns deles; outros até conseguiram empregos oficiais. Como os primeiros anistiados, os militantes do socialismo engrossaram as fileiras do Partido Operário, ao qual deram um impulso considerável, entrando em grande número para o Hôtel-de-Ville alguns anos depois. No dia do perigo, em 1889, quando o general Boulange, que fuzilara a torto e a direito na época de Mac-Mahon, quis, a pretexto de regenerar a França, edificar com os monarquistas e clérigos uma ditadura cujo resultado inevitável seria a guerra, a grande maioria dos combatentes da Comuna não hesitou em travar batalha, exigindo apenas a salvação da república. Desprendimento feliz para a república, mas que não lhes valeu sequer o direito de homenagear seus mortos.

No Père-Lachaise, a pouca distância das trincheiras cheias de cadáveres de La Roquette, em um canto está situado o muro histórico onde os federados foram fuzilados no fim da Semana Sangrenta. O Conselho Municipal de Paris dedicou ao repouso de tantos republicanos aquele lugar semeado de valentia, e os sobreviventes quiseram marcá-lo com uma recordação; as pedras e as grades de seu modesto monumento foram retiradas. Mas, nos aniversários, permitia-se que o povo de Paris pendurasse livremente coroas no muro; hoje só é permitido o acesso de um por um, sob a escolta de policiais; toda palavra é proibida, todo grito de recordação é considerado sedicioso. Um deputado foi expulso da Câmara por ter gritado: "Viva a Comuna!". Da mesma maneira, foram necessários 30 anos para obter uma primeira anistia para a Marselhesa, e a história da Revolução Francesa só foi um pouco desvencilhada do lodo reacionário 25 anos após o esmagamento da Revolução.

Vinte mil homens, mulheres e crianças mortos durante a batalha ou após a resistência em Paris e na província; pelo menos 3 mil mortos nos depósitos de presos, pontões, fortes, prisões, na Nova Caledônia, no exílio ou em decorrência de doenças contraídas no cativeiro; 13.700 condenados a penas que, para muitos, duraram nove anos; 70 mil mulheres, crianças e velhos privados de seu apoio natural ou mandados para fora da França; cerca de 107 mil vítimas: eis o balanço da vingança da alta burguesia pela Revolução de dois meses iniciada em 18 de março.

Será que encobri as ações, ocultei os erros do vencido? Será que falseei as ações dos vencedores? Que o contestador se levante, mas com provas.

Os fatos falam por si; basta resumi-los para concluir.

Quem lutou constantemente, muitas vezes sozinho, muitas vezes na rua, contra o império, contra a guerra de 1870, contra a capitulação de 1871, se não o povo?

Quem criou a situação revolucionária de 18 de março, pediu a execução de Paris, precipitou a explosão, se não a Assembleia rural e Thiers?

O que são os acontecimentos de 18 de março, se não a resposta instintiva de um povo agredido? Onde há vestígios de complô, de seita, de instigadores? Que outro pensamento além de: Viva a república? Que outra preocupação além de erguer uma municipalidade republicana contra uma Assembleia monarquista?

Não é verdade que, nos primeiros dias, o reconhecimento da república, a aprovação de uma boa lei municipal, a derrogação dos ruinosos decretos teria pacificado tudo, e que Versalhes tudo recusou?

Não é verdade que Paris designou sua Assembleia comunal em uma das votações mais concorridas e mais livres jamais realizadas?

Não é verdade que Versalhes atacou Paris sem ter sido provocada, sem notificação, e que, desde o primeiro confronto, Versalhes fuzilou prisioneiros?

Não é verdade que as tentativas de conciliação sempre partiram de Paris ou da província, e que Versalhes sempre as rejeitou?

Não é verdade que, durante os dois meses de luta e dominação absoluta, os federados respeitaram a vida de todos os seus prisioneiros de guerra, de todos os seus inimigos políticos?

Não é verdade que, de 18 de março até o último dia de luta, os federados não tocaram nos imensos tesouros que tinham em seu poder e que se contentaram com uma remuneração mínima?

Não é verdade que Versalhes fuzilou pelo menos 17 mil pessoas, em sua maioria estranhas à luta, entre as quais havia mulheres e crianças, prendeu pelo menos 40 mil pessoas para vingar muros incendiados, a morte de 64 reféns e a resistência contra uma Assembleia monarquista?

Não é verdade que milhares de pessoas foram condenadas pelos oficiais vencedores à morte, aos trabalhos forçados, à deportação e ao exílio sem julgamento sério, em sentenças cuja iniquidade foi reconhecida pelos governos mais conservadores da Europa?

Que respondam os homens equânimes. Que digam de que lado está o criminoso, o horrível, se do lado dos massacrados ou dos massacradores, dos bandidos federados ou dos civilizados de Versalhes. Que digam qual é a moralidade, a inteligência política de uma classe governante capaz de provocar e reprimir dessa maneira uma rebelião como a de 18 de março.

E agora, colocando-me diante dos acontecimentos que se seguiram, não terei o direito de perguntar ainda:

Não é verdade que a grande maioria da Assembleia de Bordeaux queria restabelecer a monarquia e que só recuou após a Comuna?

Não é verdade que o esmagamento de Paris permitiu que os reacionários se perpetuassem quatro anos no poder e lutassem mais quatro anos acobertados por Mac-Mahon?

Não é verdade que, escutando a voz de Paris, teriam sido poupados à França oito anos de lutas estéreis, de angústias mortais e a implementação dessa política enervante e oblíqua que é a negação de nosso caráter nacional?

Oh!, sim, tinham razão em querer conservar seus canhões e seus fuzis aqueles parisienses que lembravam de junho e dezembro; sim, tinham razão ao dizer que os espectros dos antigos regimes tramavam uma restauração; sim, tinham razão em combater até a morte o poder dos padres; sim, tinham razão em temer, na república conservadora de que Thiers lhes apresentava uma ponta, uma opressão anônima tão dura quanto o jugo do passado; sim, tinham razão em lutar, apesar de tudo, até o último paralelepípedo; razão como a última barricada de junho, como a de Baudin; razão como os vencidos de antemão de Bazeilles, Bourget, Montretout; razão em lançar ao céu seu último cartucho, assim como os Gracos, o pó do qual deveria nascer o vingador.

Onde estavam seus grandes homens?, perguntaram. Não havia. A força desta Revolução é precisamente o fato de ter sido feita pelos homens comuns, e não por alguns cérebros privilegiados.

O que ela significava?, perguntaram ainda. Um chamamento à ordem, dirigido pelo povo republicano da França aos destroços que ressuscitavam do passado. Deu aos trabalhadores consciência de sua força, traçou a linha bem nítida entre estes e a classe devoradora, esclareceu as relações de classe com um tal brilho que a história da Revolução Francesa iluminou-se e deve ser retomada pela base.

A Revolução de 18 de março também era um chamamento ao dever dirigido à pequena burguesia. Dizia: Desperta, retoma teu papel iniciador; toma o poder com o operário e, juntos, recolocai a França em seu caminho.

Eis o que significavam os acontecimentos de 18 de março. Eis por que esse movimento é uma revolução; eis por que todos os trabalhadores do mundo o reconhecem e aclamam; eis por que todos os aristocratas só pensam nele com fúria.

Foi, sem dúvida, apenas um combate de vanguarda em que o povo, comprimido em uma luta militar estudada, não pôde desenvolver suas ideias, nem suas legiões; ele também não comete a inépcia de restringir a Revolução a esse episódio gigantesco; mas que potente vanguarda que, durante mais de dois meses, manteve na expectativa todas as forças coligadas das classes governantes; que imortais soldados os que, nos mortais postos avançados, respondiam ao versalhês: “Estamos aqui pela humanidade!”.

1896

Passaram-se 25 anos da Comuna. Os Galliffet continuam presentes. Vencido, o povo seria alvo da mesma metralha. A antiga tropa de reacionários não tem um fidalgote, um padre, um escravista a menos do que em 1871; chegou a recrutar, inclusive, alguns míseros burgueses que, por trás da máscara de democratas, facilitam suas investidas.

Em 1848, disseram ao povo: "O sufrágio universal torna toda insurreição criminosa; o voto substituiu o fuzil". E, quando o povo vota contra os seus privilégios, eles se encolerizam; todo governo é faccioso se levar em conta a vontade popular. O que resta ao povo, se não o argumento peremptório, a força? Ele por fim a tem.

Depois de sondar uma massa de doutores, o operário da cidade e do campo acabou dando testemunho de uma ideia, de uma vontade própria – cuidar de si mesmo; após longas hesitações, a pequena burguesia, empurrada para o proletariado pelas potências financeiras, acabou entendendo a identidade dos interesses. Estão quase soldadas essas duas classes que constituem – porque só elas são produtoras – o verdadeiro povo francês.

Após um longo desvio, esse voltou à consciência de sua origem. Durante 100 anos, a França experimentou todas as formas de governo, forneceu a todos os partidos políticos os instrumentos de poder, e todos os serviços do Estado – administrações, ministérios – continuaram a arrastar atrás de si seu mundo de criaturas, seus orçamentos sempre crescentes, seu vasto parasitismo em benefício de uma casta, ruinoso para a nação; durante 100 anos, a França encarregou homens mais ou menos sutis ou ilustres de fabricar-lhe leis, e estas, sempre feitas em benefício apenas de um pequeno número de pessoas, resultaram na redução do poder nacional. A experiência durou demais; acabou. O leão não vai mais puxar o burrico.

Por três vezes, o proletariado francês fez a república para os outros; está maduro para a sua. As luzes que antes lhe faltavam, hoje brotam apenas dele. O conjunto de seus adversários só revira cinzas, destroços de um mundo antimoderno, antieconômico, forte apenas em leis e administrações envelhecidas. Que desapareçam, possibilitando a centuplicação da produção de uma França hoje obrigada a se consumir, inerme. O governo do povo é o acionar de uma reserva de trabalho acumulada, hoje improdutiva.

Jamais a nação esteve tão bem preparada para tomar o poder. Alguns, mescla de anêmicos e janotas fim-de-século, que se dizem aflitos com as incertezas, não são a França, como tampouco o eram os marqueses de antes de 1789. Ah! os trabalhadores do campo e das cidades não vivem na incerteza de sua capacidade. Que geração foi mais instruída, mais cheia de ideais nos últimos 100 anos?

O que é preciso para dispersar os zangões e atravessar vitorioso os rubros horizontes que se levantam? Ousar. Como outrora, "esta palavra contém toda a política deste momento". Ousar e "arar profundamente". A audácia é o esplendor da fé. Foi por ter ousado que o povo de 1789 domina os cimos da história; é por não ter tremido que a história reservará um lugar para esse povo de 1870-1871, que teve tanta fé, que foi capaz de morrer por ela.

Apêndice

I

[...] *Na sua amável intimidade, divertiam-se muito com essa defesa* [...]

O Comitê Central achou nos escritórios do Ministério da Guerra e *L'Officiel* da Comuna publicou em 25 de abril a seguinte carta do comandante superior da artilharia do Exército ao general Suzane:

Paris, 12 de dezembro de 1870.

> Meu caro Suzane,
>
> Não encontrei entre os jovens auxiliares vosso protegido Hetzel, mas apenas um sr. Hessel. É dele que se trata?
>
> Dizei-me francamente o que desejais e o farei. Destacá-lo-ei para meu Estado-Maior, no qual se entediará, pois não terá nada a fazer, ou então o enviarei ao Mont-Valérien, onde correrá menos perigo do que em Paris (isso é para os pais) e *onde parecerá atirar, com o canhão para cima*, segundo o Método Nöel.
>
> Respondei-me sem reservas, é claro.
>
> Cordialmente,
>
> Guiod.

O Nöel em questão comandava à época o Mont-Valérien.

Esse Guiod era do mesmo quilate que Suzane. Sob o império, um certo comandante Lienard, que recebera ordem de entregar por 300 francos um lote de ferro para fundir, escreveu ao ministério da Guerra dizendo que a mercadoria em questão valia 1,5 milhão de francos. O general Suzane respondeu:

> Meu caro comandante,
>
> O ministro me encarrega de recordar-vos que vos é vedado fazer qualquer observação quando ele vos dá ordens e que vosso dever é executá-las.
>
> Suzane.

P.S.: Que tal?

II

[...] *pegou de surpresa o Comitê Central como toda Paris* [...]

> Recordo-vos que os membros do Comitê se haviam despedido por volta das 3h30 da noite de 17 para 18. Antes de encerrar a sessão, fora decidido que a reunião do dia seguinte seria realizada às 11 horas da noite, em uma escola requisitada da Rua Basfroi.
>
> Embora já fosse tarde, nada ainda transpirara dos movimentos que o governo decidira, e o Comitê, que acabara de se constituir pelo exame dos poderes e pela distribuição das comissões, não recebera parecer algum que o levasse a supor a iminência do perigo. Sua Comissão Militar ainda não funcionara, apenas tomara posse de documentos, notas e atas da antiga, nada mais.
>
> Sabeis como Paris despertou na manhã do dia 18. Os membros do Comitê ficaram sabendo dos acontecimentos da noite pelo rumor público e pelos cartazes oficiais. Acordei às oito da manhã e, por minha própria iniciativa, vesti-me às pressas e fui para a Rua Basfroi, atravessando a Praça da Bastilha, ocupada pela Guarda de Paris. Mal entrei na Rua de la Roquette, vi que o povo começava a organizar a defesa. Esboçava-se uma barricada na esquina da Rua Neuve-de-Lappe. Antes de declinar minha qualidade de membro do Comitê, impediram-me de passar um pouco acima. Tive de subir a Rua de Charonne, o *faubourg* e, pela Rua Saint-Bernard,

voltei na direção de onde viera. Nada ainda se anunciava na Rua du-Faubourg Saint-Antoine, na qual a agitação já era grande. Por fim, cheguei à Rua Basfroi perto das 10h30. Em suas duas saídas havia barricadas, deixando-se livre uma passagem para os canhões estacionados em um grande terreno do mesmo local, que eram levados um por um às diversas barricadas em formação.

Não sem dificuldade, consegui penetrar em uma sala de estudo onde alguns de meus colegas estavam reunidos. Lá se encontravam os cidadãos Assi, Prudhomme, Rousseau, Gouhier, Lavalette, Geresme, Bouit e Fougeret. No momento em que eu entrava, traziam um subtenente do Estado-Maior preso na Rua Saint--Maur. Interrogaram-no. A seguir, encaminharam um soldado da Força Pública, mas os únicos papéis que carregava eram cartazes enviados a uma das administrações distritais. Assi ocupava--se dessa tarefa e organizara uma espécie de prisão, no pátio. Também vi desfilarem uns quinze indivíduos, civis e militares, presos pelo povo. Enquanto isso, fiquei sabendo que Bergeret havia sido enviado a Montmartre para assumir o comando do distrito, onde na véspera fora nomeado chefe-de-legião. Varlin, que chegara logo depois de mim, tornara a sair para reorganizar a defesa em Batignolles. Arnold também apareceu rapidamente e voltou a dirigir seu batalhão. O Comitê recrutara os cidadãos Audoyneau, Ferrat, Billioray.

Ao meio-dia, continuava-se à espera dos acontecimentos e nada era decidido. Solicitei a alguns de meus colegas que fôssemos deliberar em outra sala – enquanto Assi se dedicava a seus interrogatórios inúteis –, pois a que ocupávamos pouco a pouco fora invadida por pessoas estranhas ao Comitê. Assim que nos instalamos, pedimos a cidadãos de boa vontade que nos servissem de Estado-Maior e nos informassem sobre a situação nos diferentes bairros. Grande número se apresentou. Nós lhes pedimos que vasculhassem todas as regiões, a fim de dizer a nossos colegas que fizessem o máximo em relação à construção de barricadas, reunissem a Guarda Nacional, assumissem seu comando e nos precisassem os pontos em que poderíamos fazer chegar nossas comunicações.

Voltaram apenas quatro de nossos mensageiros. O que tínhamos enviado ao XX Distrito informou-nos que o ponto de reunião em Belleville ficava na Rua de Paris e, em Ménilmontant, na frente da nova administração distrital. Varlin tivera muitas dificuldades em agrupar os guardas nacionais de Batignolles. Um Estado-Maior reunira forças na Praça du Trône e fora ao quartel de Reuilly; mas a tropa fechara as grades e tomara uma atitude ameaçadora. Brunel, junto com Lisbonne, preparava-se para intimidar o Quartel du Château-d'Eau.

Outras informações nos fizeram saber que as ordens do Comitê eram esperadas. Duval estabelecera-se no Panthéon e aguardava. Faltot nos enviava um bilhete com estas palavras: 'Tenho cinco ou seis batalhões na Rua de Sèvres, o que devo fazer?'. Pindy se apossara da administração do III Distrito e reunia os batalhões leais ao Comitê. Decidimos algumas providências para os ataques assim que dispusemos dos dados, após uma avaliação das distâncias que cada força teria de percorrer, dos locais onde se podiam obter canhões e munição [...].

Enquanto essas resoluções eram discutidas, Lullier viera se colocar à disposição do Comitê. Este não lhe dera ordens precisas, limitando-se a dizer que todas as forças disponíveis estavam sendo reunidas para tomar posse do Hôtel-de-Ville.

Também devo acrescentar que, como as barricadas ganhavam terreno continuamente, os bulevares, nas cercanias da Bastilha, tinham sido esvaziados pelas tropas.

Obstáculos imprevistos de toda índole e a dificuldade de manter a Guarda Nacional sob as armas prejudicaram a execução de nossas ordens. O que deveria ter sido efetuado às cinco horas só o foi em parte e mais tarde. Brunel apenas pôde chegar às 7h30 ao Hôtel-de-Ville, do qual tomou posse sem um disparo. Alcançando a Praça Vendôme, Bergeret se posicionou em uma barricada. Duval só se apossou da Chefatura de Polícia às oito da noite. Eudes não foi além da Imprensa Nacional. Quanto a Faltot, eu nunca soube bem até que ponto executou as ordens; contudo sei que agiu.

Para garantir a transmissão de nossas ordens, cada um dos membros então presentes – outros tinham chegado, mas eu não saberia dizer quais – encarregou-se de ir levá-las a um determinado ponto. De modo que, às 3h30, o Comitê se despediu, deixando Assi e mais dois membros de plantão na Rua Basfroi.

Ao chegar ao posto designado, cada um de nós encontrou os colegas que não tinham ido à Rua Basfroi, mas que, pela atividade desenvolvida em seus distritos, haviam preparado os meios de resistência. Por minha própria iniciativa, encontrei Edouard Moreau e Clémence no IV Distrito e as tropas em armas na Rua de Rivoli".

(Trecho de uma narração endereçada ao autor
por Boursier, membro do Comitê Central.)

III

[...] *A partir daí, aqueles mais injuriosos procuravam humildes desculpas* [...]

Cidade de Paris
(I Distrito – Administração do Louvre.)

Cidadão parisiense,

Após fadigas prolongadas, não mais me sinto com suficiente força física para combater em meio a nossa Assembleia, que está destinada a ventilar tantas e tão graves questões. Assim, rogo-vos que a façais aceitar minha demissão e meus mui sinceros votos de que se consolide a república.

Recebei, cidadão parisiense, meus sentimentos fraternos.

Jules Méline.
30 de março de 1871.

IV

[...] *Muitas vezes o filho marcha ao lado do pai* [...]

Eis uma carta dirigida ao delegado da Comissão de Guerra:

Cidadão,

Peço-vos desculpas por dirigir estas breves linhas, e tende a bondade de levar em conta o pedido que vos faço.

Tenho três filhos nas fileiras da Guarda Nacional; o mais velho no 197º, o segundo no 126º e o terceiro no 97º Batalhão; quanto a mim, faço parte do 177º.

Entretanto, resta-me ainda um filho, o caçula, que dentro em pouco completará 16 anos; ele deseja de todo coração ser incorporado a qualquer batalhão, pois jurou aos irmãos e a mim que empunhará as armas para apoiar nossa jovem república na luta contra os carrascos de Versalhes.

Pusemo-nos de acordo entre todos nós e juramos vingar aquele que for derrubado pelas balas fraticidas de nossos inimigos.

> Aceitai, portanto, o último de meus filhos, que ofereço de todo coração à pátria republicana; fazei dele o que quiserdes; colocai-o em um batalhão à vossa escolha e me fareis mil vezes feliz.
>
> Com minhas saudações fraternas,
>
> Auguste Joulon.
> Guarda do 177º Batalhão, Avenida d'Italie, 18.
> Paris, 12 de maio de 1871.

V

[...] *Em campo aberto, faziam loucuras de bravura* [...]

Seus feitos corajosos abundam nos jornais da época. Uma citação ao acaso do número de 12 de abril de *La Commune* diz:

> Na sexta-feira, dia 6, no momento em que o 26º Batalhão de Saint-Ouen defendia a barricada na praça, V. Thiebaut, uma criança de 14 anos, corria por entre as balas para dar de beber aos defensores. Como os obuses forçaram os federados a recuar, estes iam sacrificar os víveres do batalhão quando o menino atirou-se sobre um barril de vinho e o quebrou exclamando: 'Nem assim beberão o nosso vinho!'. No mesmo instante, pegando a carabina de um federado que acabara de cair, ele a carregou, fez pontaria e matou um oficial da Força Pública. Depois, avistando um furgão atrelado a dois cavalos, cujos cavaleiros acabavam de ser feridos, montou e salvou o carro. Outro caso: embora ferido, Eugène-Léon Vaxivière, de 13 anos e meio, continuou a servir na avançada da Porta Maillot!

VI

[...] *Thiers, que se esforçava em levar a fome a Paris* [...]

O chefe da Polícia, Valentin, enviou a seguinte circular às comunas de diferentes estações:

> Versalhes, 25 de abril de 1871.
> Sua excelência, o chefe do Poder Executivo, acaba de decidir que todos os comboios de víveres, todos os abastecimentos com destino a Paris serão interceptados a partir de hoje.

Rogo-vos que tomeis com urgência todas as medidas cabíveis para a execução dessa decisão. Visitareis com a mais vigilante minúcia todos os trens da ferrovia, todas as viaturas com destino a Paris e fareis voltar ao ponto de expedição os abastecimentos que descobrirdes.

Com tal intuito, entrareis em contato com [...] etc.

General delegado às funções de chefe de Polícia.
Valentin.

VII

Serviço dos Correios.

[...] Acompanhado de Frankel e de um de meus irmãos, fui ao Correio Central, ainda ocupado por guardas nacionais da ordem. Fui imediatamente recebido pelo sr. Rampont, rodeado pelo conselho da Administração. O sr. Rampont primeiro declarou não reconhecer a autoridade do Comitê Central que me nomeara, mas creio que foi uma mera precaução *pro forma*, pois a seguir parlamentou. Eu lhe disse que o governo de 4 de setembro, que o nomeara, também nascera de um movimento revolucionário que ele, no entanto, aceitara. No decorrer da discussão, declarou-nos ser socialista mutualista, partidário das ideias de Proudhon e, por conseguinte, hostil às ideias comunistas que acabavam de triunfar com a Revolução de 18 de março. Respondi-lhe que a Revolução de 18 de março não era o triunfo de uma escola socialista, mas o prelúdio de uma transformação social sem acepção de escola, e que eu mesmo pertencia à corrente mutualista. Após uma longa conversa em que se declarou disposto a reconhecer a autoridade da Comuna, que seria nomeada em dois ou três dias, propôs que fosse submetida à apreciação do Comitê Central a seguinte transação: ele se comprometia a permanecer na direção dos Correios até o dia em que a Comuna tivesse estatuído; aceitaria o controle de dois delegados do Comitê. É preciso observar que o Correio estava ocupado por guardas nacionais burgueses e que não tínhamos tropa a nossa disposição. Transmiti a proposta a Vaillant e a Antoine Arnaud (que me haviam entregue minha nomeação) para que a comunicassem ao Comitê. Esperei em vão uma resposta.

A Comuna se reuniu. No segundo dia, talvez, levantei a questão do Correio. Esta figuraria na pauta, mas sempre daquele modo confuso como é a conduta desses debates, quando, em 30 de março, um operário veio avisar Pindy que a administração dos Correios ia abandonar o local da Rua Jean-Jacques-Rousseau. A Comuna votou imediatamente minha nomeação, com a ordem de mandar ocupar a sede. Chardon saiu à frente de um batalhão, logo seguido por Vermorel e por mim. Eram sete ou oito horas da noite. O trabalho estava terminado e só restava um número limitado de funcionários. Alguns nos acolheram com simpatia; outros pareceram indiferentes. Chardon deixou um guarda e só eu passei a noite na sede.

Às três da manhã, percorri as salas e pátios aonde iam os funcionários para pegar a correspondência antes de sair pela primeira vez. Um cartaz manuscrito afixado em todas as salas e pátios ordenava aos funcionários que abandonassem o serviço e fossem para Versalhes sob pena de demissão. Arranquei os cartazes e exortei os funcionários a permanecerem fiéis em seus postos. Primeiro ficaram indecisos, depois alguns decidiram agrupar-se à minha volta.

Às oito horas, chegaram mais funcionários; às 9, outros mais. Formam grupos no pátio principal, conversam, discutem; alguns vão embora. Esse exemplo pode ser seguido pela maioria; mando fechar e ocupar militarmente as portas e percorro os grupos, discuto, ameaço. Por fim, dei ordem de que todos entrassem nos escritórios. Chegou então um auxiliar precioso, o cidadão Coulon, funcionário dos Correios, socialista, para quem eu tinha uma carta de um amigo. Ele hesitou um momento. Pai de família, com muito prestígio na casa, certo de ser promovido em breve, ele estaria arriscando um emprego vantajoso. Mas sua hesitação não durou mais do que alguns segundos. Prometeu-me seu apoio, que prestou fielmente até o último dia. A exoneração foi o preço que pagou pela dedicação. Fez mais do que me ajudar; colocou-me em contato com o cidadão Massen, ex-funcionário dos Correios, que logo se tornou meu braço direito. Ambos me forneceram informações da maior utilidade sobre aquela repartição da qual eu ignorava as mais simples engrenagens.

Todos os chefes de serviço tinham abandonado o posto, bem como os subchefes, salvo um, que imediatamente avisou estar doente. Coulon e Massen rodearam-se de alguns amigos, funcionários subalternos que há muito tempo faziam todo o trabalho dos chefes de serviço. O cidadão Mauvies, ex-diretor de província, foi colocado à frente do serviço em Paris.

Todas as divisões tinham sido fechadas e abandonadas, com exceção de duas. O material indispensável para as operações elementares fora desviado e o caixa raspado, como constatou um processo administrativo conduzido por um comissário da Comuna, ajudado por vários notáveis do bairro, entre os quais o sr. Brelay, desde então deputado de Paris. Faltavam selos, que haviam sido escondidos ou levados. As viaturas estavam em Versalhes, mais de nove décimos do pessoal desaparecera, salvo os carteiros e estafetas.

Com muitos dias de antecedência, pacotes de serviço contendo papéis administrativos, nos quais estava escrito 'Não abrir até segunda ordem', haviam sido enviados aos principais diretores e recebedores de província. Apreendemos alguns desses pacotes.

Assim, os compromissos formais assumidos pelo sr. Rampont não tinham outra finalidade além de ganhar tempo para impossibilitar a reorganização do serviço.

Com zelo incansável, Massen e Coulon, bem como outros, chamaram chaveiros para abrir as fechaduras das divisões na presença dos comissários de Polícia do bairro, e lá instalaram cidadãos de boa vontade, cuja aprendizagem supervisionavam. Mas houve uma interrupção de dois dias na coleta das cartas, o que suscitou comentários, e tive de explicar os fatos em um cartaz. Ao cabo de 48 horas, Massen e Coulon tinham reorganizado a coleta e a distribuição, apesar das inúmeras dificuldades de detalhe.

Todos os cidadãos cujos serviços haviam sido aceitos a título de auxiliares receberam provisoriamente, até podermos apreciar suas aptidões, um pagamento de cinco francos por dia.

Encontramos por acaso selos de 10 centavos no fundo de uma caixa. Camélinat, agora diretor da Casa da Moeda, requisitou as pranchas e o material e mandou fabricar mais selos, com um novo modelo, ao qual não foi possível dar continuidade.

Durante os primeiros dias, o recebedor de Sceaux, ainda sem instruções precisas, aceitou fardos de cartas de Paris endereçadas à província; depois, o bloqueio foi completo. A partida para a província tornou-se uma luta cotidiana. Despachava-se a Saint-Denis, guardada pelos prussianos, que deixavam os soldados da Força Pública ameaçarem nossos funcionários; enviavam-se agentes secretos que iam jogar as cartas nas caixas das agências situadas em um raio de dez léguas de distância. As cartas de Paris para Paris eram as únicas carimbadas com data. As despachadas à província por nossos contrabandistas só tinham o selo de franquia, para não permitir que fossem diferenciadas das demais. Quando Versalhes percebeu a manobra, imaginou uma modificação nas perfurações dos selos. Paris sentiu-se no direito de remeter as cartas de uma certa importância sem franqueá-las, e mandou buscar selos nas agências de Versalhes e de Saint-Denis, o que diminuía nossa receita, mas garantia o envio.

Se a divisão responsável pela remessa de cartas para fora da cidade ainda podia funcionar, a encarregada de receber as que chegavam estava totalmente ociosa. As cartas vindas da província acumulavam-se em Versalhes. Alguns industriais criaram escritórios onde, mediante um pagamento elevado, era possível receber as cartas que eles iam buscar em Versalhes. Essas pessoas exploravam a população, mas não podíamos dispensá-las. Fomos obrigados a fazer vista grossa. Contentamo-nos em diminuir um pouco seus lucros, cobrando por carta uma tarifa equivalente ao preço da correspondência de Paris para Paris, sem que eles fossem autorizados a aumentar o valor estabelecido em seus anúncios.

As iniciativas de Versalhes no intuito de desorganizar os serviços reconstruídos foram abortadas várias vezes graças à vigilância de nossos dois inspetores. Entretanto não pudemos impedir que dessem certo todas as tentativas de aliciamento de funcionários.

Já nos primeiros dias de abril, instituímos um Conselho Consultivo dos Correios, com a seguinte composição: o delegado, seu secretário, o secretário-geral – Massen –, todos os chefes de serviço, os dois inspetores e dois carteiros-chefes. Os carteiros, os fiscais de agência e os carregadores receberam um aumento salarial mínimo, pois, infelizmente, nossas receitas, muitíssimo reduzidas, não nos permitiam exageros.

Decidiu-se eliminar, ao menos parcialmente, os supranumerários, cujas atividades foram reduzidas ao tempo estritamente necessário. As aptidões dos trabalhadores passaram a ser constatadas por meio de provas e exames, bem como a qualidade e a quantidade do trabalho por eles fornecido.

Embora praticamente não tenhamos tido tempo de selecionar o pessoal que oferecera seu apoio, alegra-me indicar que o número de casos de falta de probidade foi muito limitado.

(Tirado de um relatório dirigido ao autor por Theisz.)

VIII

[...] *sob o direção de um Comitê Comunal* [...]

A carta abaixo foi lida ao Conselho de Guerra que julgou o filho de Meilhard em janeiro de 1878:

> Nós, comandante do 17° Batalhão de Caçadores a Pé, na presença do sr. Galle, tenente-coronel da Guarda Nacional no exercício da função de administrador distrital, declaramos ter recebido da sra. Treilhard a soma de 37.440,80 francos. Esta nos foi entregue voluntariamente pela senhora, por recomendação de seu marido, que veio fazer a declaração em questão ao nosso posto da administração distrital.
>
> Comandante do 17° Batalhão,
> Moyne.
>
> Igualmente recebido da sra. Treilhard um registro da Caixa Geral de Assistência Pública, bem como diversos outros registros e dossiês relativos à mesma repartição.

IX

Impostos Diretos. Imprensa Nacional.

Os limites deste apêndice me obrigam a resumir os relatórios de Faillet e de Louis Debock sobre os Impostos Diretos e a Imprensa Nacional.

Na noite de 24 de março, Faillet e Combault (da Comuna) apresentaram-se à repartição dos Impostos Diretos. Depois de obter uma declaração escrita de que cedia sob ameaça, o diretor do almoxarifado entregou-lhes as chaves. O cidadão Gibert, profundo conhecedor da repartição e do pessoal, colocou-se à disposição de Faillet e Combault com muito zelo.

As matrizes cadastrais, os registros e os elementos da arrecadação haviam desaparecido. Decidiu-se que a arrecadação seria feita a partir das listas de 1869. O pessoal das 40 divisões de arrecadação e taxação, bem como os responsáveis pelas listas, tinham ido para Versalhes. Os recebedores foram substituídos por 40 cidadãos, alguns dos quais operários pertencentes à Comuna, outros, empregados do comércio e funcionários públicos. Alguns procuradores que haviam permanecido foram mantidos, mas observados por homens de confiança. A presença do cidadão Gibert fez com que um grande número de funcionários decidisse trabalhar para a nova diretoria.

A repartição dos Impostos Diretos tinha a seguinte composição: para o serviço interno, um diretor, um administrador-geral, um secretário-geral e dois subsecretários, um chefe de seção de taxas e listas, um chefe de contabilidade e cinco contadores, dois inspetores dos postos de arrecadação; para o serviço externo, 40 recebedores, cada um assistido por dois ou três funcionários, um portador de ordens judiciais, um agente com seus contadores no Armazém dos Vinhos.

Uma ou duas vezes por semana, o diretor comparecia a cada um dos postos de arrecadação, que os inspetores visitavam todos os dias. Cada recebedor levava ao caixa da repartição a receita da véspera. Todas as noites, o caixa apresentava suas contas ao administrador e entregava ao caixa central das finanças tudo o que não fosse necessário às despesas gerais da repartição.

O serviço foi interrompido na noite do sábado, 20 de maio. Cerca de 100 funcionários, os que não se sentiam desobrigados em relação à Comuna, formaram um grupo de batedores, cuja sede foi situada no presbitério do Templo de Billettes.

Às cinco da tarde de 18 de março, Pindy e Louis Debock apresentaram-se com um batalhão diante da Imprensa Nacional e ali se instalaram. Hauréau, o diretor, desceu, tentou parlamentar, tornou a subir a seus aposentos. À noite, Debock pediu-lhe a lista dos operários. Hauréau aproveitou a oportunidade para protestar seu republicanismo, disse que era ex-redator do *National*, amigo de Marrast, Arago etc. e que o movimento de 18 de março não tinha qualquer razão de ser. Deram-lhe alguns dias para se mudar.

Todo o pessoal foi mantido, com exceção do diretor, do subdiretor, de um supervisor e do chefe das oficinas, cordialmente detestado por suas brutalidades e injustiças. Eles espalharam o rumor de que o Comitê Central não tinha dinheiro e os operários não receberiam. Debock respondeu através de uma ordem do dia, afixada nas oficinas, garantindo os salários em nome do Comitê Central.

Por ordem expressa de Versalhes e depois de receberem seus salários, todos os funcionários e chefes de serviço abandonaram a imprensa no fim de março, com exceção de um número reduzidíssimo. O novo diretor aproveitou para implantar a nomeação dos chefes de oficina pelos operários. O cargo de encarregado do prelo passou a ser preenchido por concurso. Como a repartição da Rua Pagevin colocava entraves à difusão dos decretos e proclamações por meio de cartazes, Debock aconselhou os operários que produziam cartazes a se associarem. Foi o que fizeram; receberam um aumento salarial de 25% e a imprensa economizou 200 francos por dia.

Os altos salários foram muito reduzidos; os dos pequenos funcionários e operários, aumentados. No dia 18 de março, deviam-se aos operários e às operárias quinze dias e aos funcionários, oito. A Comuna pagou os atrasados. Versalhes, vitoriosa, recusou-se a pagar os dias de salário devidos aos operários. Contudo a administração versalhesa encontrou o material intacto e na mais perfeita ordem.

Antes de 18 de março, as despesas mensais elevavam-se a 120 mil francos, dos quais 23 mil eram absorvidos pela folha de pagamento. A partir daquela data, as despesas semanais não chegaram mais a 20 mil francos, incluindo os gastos com cartazes.

Após a Comuna, a União Republicana mandou anunciar nos jornais que salvara das chamas os Arquivos e a Imprensa Nacional. Era uma mentira, como se pode ver na ordem enviada aos arquivos no dia 24 de maio:

> Ordem: Proibido queimar os Arquivos.
>
> O coronel comandante do Hôtel-de-Ville.
> Pindy.

Quanto à imprensa Nacional, foi ocupada por Debock até a invasão do bairro.

Na noite de 24, mandou pedir ao Comitê de Salvação Pública os artigos e documentos necessários à composição do jornal. Como não recebera resposta alguma e era pressionado pelos versalheses, foi até Belleville no dia seguinte, onde mandou compor as três proclamações ou cartazes publicados nos dias subsequentes.

X

[...] *Em um estado de sobre-excitação extrema contra Paris* [...]

No processo dos membros da Comuna, o defensor de Assi leu uma carta que os prisioneiros da Alemanha haviam enviado a seu cliente:

> Cidadão Assi,
>
> Então não pensas mais, como o Comitê Central dos crápulas, que estamos cansados de vossas farsas e evoluções sem objetivo e sem limites [...]. Infelizes de vós, esgoto do povo! Todos os reveses possíveis vão se erguer contra vós e vos darão como resultado de vossos atos desprovidos de bom-senso e de competência o ódio de todos os prisioneiros encarcerados na Alemanha e a punição severa que os representantes maravilhados pela França inteira vos aplicarão com todo rigor. Uma vez na fronteira, o último dos prisioneiros irá enterrar no coração dos culpados o punhal que devolverá a segurança ao governo legal [...]. Podeis ter certeza da sentença que todos os prisioneiros encarcerados na Alemanha querem que seja a vossa [...]. Morte aos rebeldes! Morte ao Comitê infernal! Tremei, bandidos!
>
> Visto e aprovado por todos os prisioneiros de Magdeburgo, Erfurt, Coblença, Mogúncia, Berlim etc.
>
> (Seguem-se as assinaturas.)

XI

[...] *chamando-se modestamente de "encarnação do povo"* [...]

Cluseret relatou longamente ao *Fortnightly Review* e ao *Frazers Magazine* a história de seu ministério. Os que quiserem verificar esta História da Comuna deverão ler tais artigos. Só posso citar algumas linhas dos mesmos para dar uma ideia da impertinente falácia desse general Boum:

> A força do princípio da Comuna tem de ter sido muito grande (disse Cluseret, falando de seus colegas) para resistir 60 dias contra tamanhos imbecis. ("Les Coulisses de la Commune", *in Frazer's Magazine*, dezembro de 1872).

> O sucesso era tão fácil e tão simples que só mesmo a dose dupla de ignorância e vaidade de que estavam cheios os pobres cérebros da maioria dos homens da Comuna conseguiria frustrar a vitória do povo. ("La Commune de Paris de 1871", *in Frazer's Magazine*, março de 1873.)

> Ele (Delescluze) só ousou atacar-me frontalmente uma vez; mas saiu tão chamuscado do embate que a partir de então se contentou em fazer intrigas contra mim pelas costas, enquanto me fazia a melhor das caras. ("Les Coulisses de la Commune", *in Frazer's Magazine*, dezembro de 1872.)

> Quando de minha entrevista em Aubervilliers com o conde de H., eu lhe disse: 'Quinze dias após minha prisão Paris estará nas mãos dos versalheses'. 'Só me enganei por cinco dias. A máquina estava mais bem montada (por ele, Cluseret) do que eu supunha'. ("Le Côte Militaire de la Commune", *in Fortnightly Review*, julho de 1873.)

> Eu poderia ter apelado ao povo (quando foi preso pelo Conselho) em Belleville, Montmartre, na Rua d'Arras. Ter-me-ia sido fácil convencê-lo da incompetência e da imbecilidade dos chefes da Comuna [...]. De um só golpe, poderia ter esmagado meus adversários [...]. Que me citem uma única circunstância em que o povo tenha ficado surdo à minha voz. Em Lyon, Marselha, Belleville, nos Mercados Centrais, em Montmartre, na Rua d'Arras, por toda

> parte o povo me recebeu como amigo [...], pois tem em mim mais que um amigo [...], sou sua encarnação.
>
> Mas o que teria resultado disso? Minha ditadura forçada. Ora, eu estava decidido a evitá-la a qualquer preço.
>
> A França está morrendo por causa dos ditadores, grandes e pequenos, Bonaparte e Gambetta. Ela precisa é de homens honestos, Lincoln e Bolívar, simples, justos, dedicados, que se misturem com o povo. Esse homem que meu país não conheceu eu queria fazê-lo conhecer. ("Les Coulisses de la Commune", *in Frazers Magazine*, dezembro de 1872.)

XII

[...] *cheios de espiões e espiãs* [...]

Lê-se no final de um relatório de Laroque ao coronel Beaufond, do qual o autor conseguiu uma cópia:

> Eu vos envio os nomes dos amigos da ordem e dos agentes de melhor conduta.
>
> Jules Massé, P. Verdier, Sigismond, Galle-Tarjest, Honobede, Toussaint, Arthur Sellion, Jullia, Francisque, Balterd, E. Philips, Salowhicht, Mancil, Rollin, Verox, seminaristas, d'Anthome, Sommé, Cremonaty, Tascher de la Pagerie, Joséphine Legros, Júpiter, gerente do Café de Suède, o proprietário do Café de Madrid, Lucia, Hermance, Amélie, a pequena Célestine do Café des Princes, Camille e Laura do Café Peters, sra. Du Valdy (*faubourg* Saint-Germain), Leynhass, cervejeiro.

XIII

[...] *ordenou a Dombrowski que desse prosseguimento à negociação.*

> Creio que o melhor é contar-vos sucintamente o que aconteceu entre o Comitê de Salvação Pública e Dombrowski.
>
> Este último veio falar conosco em uma noite e anunciou-nos que Versalhes, acreditando poder comprá-lo, fazia-lhe propostas e pedia-lhe que marcasse um encontro por intermédio de um de seus oficiais, o famoso Hutzinger. Perguntou-nos se não seria

> possível extrair do incidente algo em benefício da Comuna. Naquele momento, eu ainda não conhecia ninguém entre os conspiradores. Resolvemos deixá-lo tentar a entrevista, desde que nos contasse tudo o que iria acontecer. Na mesma noite, encarreguei alguém de vigiá-lo e, caso necessário, quebrar-lhe a cabeça se o visse fraquejar. A partir daquela época, Dombrowski foi vigiado muito de perto – inclusive tal vigilância evitou que fosse sequestrado pelos versalheses, que usaram uma mulher para o atrair até o Luxemburgo –, e, declaro, não ficamos sabendo de nada que pudesse alterar nossa confiança.
>
> Ele veio no dia seguinte e nos contou que lhe ofereciam um milhão de francos, desde que entregasse uma porta aos versalheses. Deu-nos os nomes da maioria das pessoas que vira, entre as quais um confeiteiro da Praça da Bolsa, o endereço dos aliciadores (rua de la Michodière, n. 8) e informou outro encontro para o dia seguinte [...]. Explicou-nos como atrairia a Paris alguns milhares de versalheses, os quais prenderia. Pyat e eu nos opusemos a essa tentativa. Ele não insistiu. Mas pediu que lhe fornecêssemos 20 mil homens e obuseiros para o dia seguinte. Estava decidido a atrair as tropas versalhesas até um ponto ao alcance das fortificações [...]. Foi possível reunir apenas três ou quatro dos 20 mil homens e, em vez de 500 artilheiros, só compareceram uns 50 [...].

(trecho de um relatório enviado ao autor por Ranvier, membro do Comitê de Salvação Pública.)

Algum tempo após o depoimento do almirante Saisset no inquérito Parlamentar, Ranvier escreveu ao irmão de Dombrowski:

> Londres, 10 de março de 1872.
> St-John st., 160.
>
> Caro cidadão,
>
> É com imenso prazer que me uno a vós para elevar a voz contra o depoimento equivocado do sr. Saisset referente a vosso irmão, morto como combatente da Comuna.
>
> Basta apenas estar a par do que aconteceu em Paris e conhecer, como nós, a maneira como ele faleceu – morto pelas balas dos versalheses na terça-feira, 23 de maio –, para reduzir ao silêncio as alegações do sr. Saisset.

> Portanto, não é verdade que a morte de um traidor, fuzilado na quarta-feira, tenha sido causada por uma ordem de Dombrowski.
>
> De fato, propuseram a vosso irmão que fizesse um acordo com Versalhes; porém, ele veio imediatamente nos avisar e, a partir daquele momento, ocupou-se com a maior seriedade das vantagens militares que daí poderíamos tirar contra nossos inimigos.
>
> Afirmo que a conduta de Dombrowski continuou honrada e que morreu com a coragem que lhe era peculiar.
>
> Possam estes breves linhas apagar o que as acusações do sr. Saisset têm de ofensivo para a memória daquele que se comportou de modo tão valente!
>
> Atenciosamente [...]
>
> G. Ranvier,
> *Ex-Membro do C. de S.P.*

XIV

[...] *"Com quem tratar em Paris?", perguntava Louis Blanc* [...]

Eis um trecho do relatório dirigido ao Conselho Municipal de Toulouse pelos delegados enviados a Versalhes, com o intuito de se informarem, junto a Thiers e aos deputados da extrema-esquerda, sobre a situação:

> Então fomos nos informar junto aos membros da extrema-esquerda: Martin Bernard, companheiro e amigo de Barbès, Louis Blanc, Schoelcher etc.
>
> O sr. Louis Blanc nos deu as mais precisas indicações: 'É inútil', disse-nos, 'tornar a tentar a conciliação; a animosidade de parte a parte é acentuada demais. Aliás, com quem tratar em Paris? Três forças diferentes e hostis disputam o poder.
>
> 'Primeiro está a Comuna, oriunda de uma eleição da qual participou um pequeno número de eleitores, composta de homens em sua maioria desconhecidos, cuja competência e – às vezes, ao menos no caso de alguns – honradez são duvidosas.

'Em segundo lugar, um Comitê de Salvação Pública, nomeado pela Comuna, mas com a qual logo rompeu de forma violenta, porque ela teria querido dirigi-lo ditatorialmente.

'Em terceiro lugar, o Comitê Central, formado durante o sítio e composto sobretudo de agentes da Internacional, que pensam apenas nos interesses cosmopolitas, pouquíssimo preocupados com os interesses parisienses ou franceses*; é esse Comitê Central que dispõe dos canhões, munição, em suma, de quase toda a força material.

'A tudo isso é preciso acrescentar as influências bonapartistas e prussianas, cuja ação mais ou menos aparente é fácil de constatar em cada um dos três poderes mencionados'.**

'A insurreição parisiense', continuou o sr. Louis Blanc, 'é legítima em seus motivos e em seu objetivo primordial: reivindicação das franquias municipais de Paris. Mas a intervenção do Comitê Central e a pretensão manifesta de governar todas as outras comunas da república a desfiguraram por completo.*** Por fim, na presença de um Exército prussiano, pronto para entrar em Paris se a Comuna fosse vitoriosa, essa insurreição é totalmente condenável e deve ser condenada por todo verdadeiro republicano. Eis por que os administradores distritais de Paris, a esquerda da Assembleia e a extrema-esquerda não hesitaram em protestar contra uma insurreição que a proximidade do Exército prussiano e as demais circunstâncias podiam tornar criminosa'.

---

* Vimos como fora criado o Comitê Central: no início, sem nenhum internacionalista; mais tarde, com dois ou três.

** Os próprios Thiers e Jules Favre caluniaram menos Paris do que Louis Blanc. O primeiro disse em *Enquête sur le 18 Mars*. t. 2. p. 15: "Não é verdade, como pretenderam, que eu tenha tido muitas dificuldades com o governo prussiano em relação à Comuna e que o estrangeiro tenha nutrido por ela a menor predileção". Jules Favre afirmou no t. 2. p. 49, do mesmo texto: "Nada vi que me autorize a acusar nem os Bonaparte, nem a Prússia [...]. O general Trochu se enganou [...]. Nada me autoriza a acusar os Bonaparte de ter fomentado os acontecimentos de 18 de março. Após a insurreição de 18 de março, recusei o tempo todo os oferecimentos dos prussianos que queriam atacar a Comuna".

*** O pobre coitado nem havia lido o manifesto autonomista do Hôtel-de-Ville.

O sr. Martin Bernard usara a mesma linguagem e quase nos mesmos termos; 'Barbès teria bradado se ainda fosse vivo, seu coração estaria partido e também ele condenaria essa fatal insurreição'.

Todas as outras pessoas com que pudemos nos encontrar – os srs. Henri Martin, Barthélemy Saint-Hilaire, Humbert, Victor Lefranc etc. – falaram-nos da mesma maneira, e tal unanimidade não deixou de nos impressionar muitíssimo.

XV

[...] *Podia ser muito útil aos conspiradores semear* [...] *o pânico* [...]

Eis a cópia de um relatório enviado ao Estado-Maior versalhês pelo comandante Jarriait:

A senha foi escamoteada nos dias 17, 18 e 19.

Nós tínhamos a de Versalhes (corpo do general Douai).

A fábrica de cartuchos Rapp explodiu, como já vos informei. Há mortos e muitos feridos.

Um comissário de Polícia prendeu umas 40 pessoas. Avalia-se em 125 o número de presos por causa da explosão.

O sargento Toussaint (3ª Bateria, 2º Esquadrão) foi preso pela Comuna. Dizem que esse bravo suboficial foi fuzilado.

A nosso ver, os doentes haviam sido retirados na véspera ou na manhã do dia da catástrofe para o Palácio dos Inválidos. Naquele dia, as operárias, e não os operários, tinham sido dispensadas mais cedo.

O funcionário da administração contábil do Hospital du Gros-Caillou, sr. Bernard, comportou-se bem.

Recomendo à benevolência do sr. ministro os senhores Janvier, Bettalon, Mauduit, Morelli e Sigismond, homens que desfrutam de elevada consideração.

Eles desejam a condecoração da Cruz ou uma quantia importante.

Serviços de destaque nos foram prestados pela sra. Brosset e pela srta. Gigaud. Foi na casa desta última que me escondi durante oito dias, quando os homens de Rigault me perseguiam.

> Trata-se de uma mulher muito dedicada; mora no bairro de Gros-Caillou, na Rua Dominique-Saint-Germain. É filha de um ex-oficial; ficaria feliz em possuir uma tabacaria.

XVI

É a única execução militar sob a Comuna.

O indivíduo executado, cuja morte os Conselhos de Guerra vingavam cinco anos e meio depois por meio de condenações capitais, não era de forma alguma a criança que a reação dissera, mas um jovem de 20 anos. Ele atirara os obuses do inimigo contra as posições federadas. Perante um Conselho de Guerra composto por La Cécilia, comandante de Exército, Johannard, delegado da Comuna, e por todos os chefes-de-batalhão, ele reconheceu ter levado aos versalheses a planta com as posições federadas, recebendo a recompensa de 20 francos. Foi condenado à morte por unanimidade. No momento da execução, Johannard e Grandier, ajudante-de-campo de La Cécilia, comunicaram ao condenado que poderia obter o indulto se revelasse o nome de seu cúmplice, um habitante de Montrouge. Ele respondeu: "Sois bandidos. Quero que vão à m...". Tal fato, odiosamente deturpado, forneceu a Victor Hugo, muito mal informado sobre toda essa guerra civil, um verso em *Année Terrible*, tão injusto para com La Cécilia e Johannard quanto para com um dos fuzilados de Satory, Sérizier.

XVII

[...] *a fábula dos torpedos e das minas de esgoto, mais tarde imaginada para justificar sua indecisão.*

O sr. E. Belgrand, diretor do Serviço de Obras Públicas, depôs categoricamente nesse sentido perante a Comissão de Inquérito sobre os acontecimentos de 18 de março (*Enquête sur le 18 Mars*).

> [...]. Os rebeldes não tomaram iniciativa alguma em relação aos esgotos [...]. Em resumo, posso afirmar que, de 18 de março até

a volta das tropas a Paris, não foi feita qualquer obra nos esgotos, não foram cavados buracos com vistas à colocação de bombas, nenhum material incendiário ou explosivo lá foi colocado, não foi instalado qualquer fio destinado a atear fogo em bombas ou materiais incendiários.

XVIII

[...] *A seguir fuzilavam-nos* [...] *na encosta das colinas* [...]

O número de 23 de junho de 1871 do jornal de Thiers, *Bien Public*, dirigido por Vrignault, publicou o seguinte:

> Toda Paris guardou a lembrança daquela terrível canhonada dirigida de Montmartre durante os últimos três dias da guerra civil contra as colinas Chaumont, Belleville e Père-Lachaise. Eis alguns detalhes muito precisos sobre o que então acontecia no alto da colina, atrás das baterias, no n. 6 da Rua des Rosiers.
>
> Havia sido instalado naquela casa, tão tristemente célebre, o prebostado presidido por um capitão de caçadores. Como os habitantes competiam para ver qual o mais zeloso na denúncia dos rebeldes, as prisões eram numerosas e os prisioneiros, interrogados à medida que iam chegando.
>
> Eram obrigados a se ajoelhar, de cabeça descoberta e em silêncio, diante do muro ao pé do qual os infelizes generais Lecomte e Clément Thomas foram assassinados. Assim permaneciam algumas horas, até que outros os fossem substituir. Para eliminar o que esse castigo honrado pudesse ter de cruel, pouco depois mandaram os prisioneiros se sentarem à sombra, mas sempre de frente para aquele muro cujo aspecto os preparava para morrer, pois os principais culpados entre eles não tardariam em ser fuzilados.
>
> Levavam-nos a alguns passos dali, na encosta da colina, no lugar onde, durante o sítio, encontrava-se uma bateria que dominava a estrada de Saint-Denis. Para o mesmo local também foi conduzido Varlin, o qual apenas com imensas dificuldades foi possível proteger contra as violências da multidão. Varlin confessara seu nome e não fizera esforço algum para escapar da sorte que o esperava; morreu bravamente. - V. B.

XIX

[...]. *Armados só de audácia, alguns conseguem penetrar nos conselhos* [...]

Às sete da manhã da véspera, no momento em que as bagagens da Comissão de Guerra chegavam ao Hôtel-de-Ville, na Avenida Victoria, dois guardas que levavam uma caixa foram agredidos às machadadas por um indivíduo trajando uma camisa e usando um gorro.

Um dos federados caiu morto. O assassino, imediatamente capturado, gritava: "Estais perdidos, estais perdidos! Devolvei-me o machado e recomeçarei". O comissário de Polícia do Hôtel-de-Ville encontrou, com esse ensandecido, documentos e uma caderneta atestando que servira na Polícia.

Na noite da terça-feira, um indivíduo, envergando a farda de oficial de Exército voluntário, foi pedir uma ordem ao Hôtel-de-Ville. Um comandante do mesmo corpo entrou na sala, viu o oficial e, como não o reconheceu, perguntou-lhe seu nome. Este se transtornou: "Não, não sois dos nossos", disse o comandante. Foi presa a personagem, que descobriram ser portadora de instruções e ordens versalhesas.

A traição assumia todas as formas. Naquela mesma manhã, na Praça des Fêtes, em Belleville, Ranvier e Frankel ouviram um cabo ler aos guardas federados a ordem de não deixar o distrito. Ranvier interpelou-o e ficou sabendo que a ordem provinha do general Du Bisson.

XX

[...] *revistam os cadáveres* [...]

Interrogado pela Comissão de inquérito a respeito dos valores encontrados com os rebeldes, o coronel Gaillard, chefe das prisões militares, respondeu:

> Eu não poderia vos informar sobre esse ponto. Dentre tais valores, muitos não foram enviados a Versalhes. Há alguns dias vi o minis-

> tro da Dinamarca; ele acabava de perguntar o que fora feito de uma soma de 100 mil francos apreendida com um de seus compatriotas que fora fuzilado perto do Hôtel-de-Ville. O ministro disse-me não ter conseguido informação alguma. Ocorreram inúmeras coisas em Paris das quais não sabemos nada!
>
> (*Enquête sur le 18 Mars*, Coronel Gaillard, t. 2, p. 246.)

XXI

[...] *como se a especulação, a avidez, o crime de certos "homens de bem" não fossem responsáveis por uma parte das ruínas.*

Nunca saberemos quantos especuladores fraudulentos, comerciantes sem recursos e homens às portas da bancarrota usaram do incêndio para regularizar sua situação, e quantos gritaram: "Que morram as petroleiras!", quando tinham acabado de atear fogo ao petróleo. Em 10 de março de 1877, o Tribunal Civil do Sena condenou a dez anos de trabalhos forçados um bonapartista arruinado, Prieur de la Comble, declarado culpado de haver incendiado a própria casa com o intuito de receber uma elevada indenização da sua companhia de seguros. Ele lambuzara as paredes e embebera as cortinas de petróleo, criara nove focos de incêndio. Seu pai, ex-administrador do Distrito sob o império, fora à falência perdendo 180 mil francos e, em 4 de setembro, era movida uma ação de falência fraudulenta contra ele. Ora, em 24 de maio de 1871, a casa de Prieur de la Comble, situada na Rua du Louvre, a de seu pai, na Rua de Rivoli, e a do síndico da falência, no bulevar de Sébastopol, foram consumidas pelas chamas e, com o triplo incêndio, os livros de contabilidade desapareceram. Tal fato, com o qual os versalheses, Ernest Daudet à frente, tinham triunfado contra os comunardos, foi apenas mencionado perante o tribunal. O presidente disse que era estranho, mas evitou interrogar Prieur a respeito, e ninguém ignora como os presidentes de tribunais esmiúçam os antecedentes dos réus. O motivo dessa reticência extraordinária é que não se devia levantar qualquer acusação contra o Exército e os

Conselhos de Guerra que haviam fuzilado ou condenado petroleiras, talvez pelas mesmas casas incendiadas por Prieur de la Comble.

Eis mais uma peça edificante e oficial:

> Hoje, 29 de novembro de 1871, perante Evariste Port, juiz de instrução do distrito de la Roche-sur-Yon, em virtude da Comissão Rogatória de um dos meritíssimos juízes de instrução do Tribunal do Sena etc., assistido por Reygondeau, nosso escrivão.
>
> Compareceu a testemunha Hertz (Emile), de 37 anos, comandante do Corpo de Engenharia da Circunscrição de la Roche-sur-Yon, que depõe:
>
> Na quinta-feira, 25 de maio, durante a tarde, enquanto procurava debelar o incêndio no Palácio da Justiça e na Chefatura de Polícia, em Paris, fui abordado por um senhor cujo nome ignoro;* tinha estatura acima da média, rosto moreno, com uma leve barba negra; estava acompanhado por um rapaz que aparentava menos idade; o homem dizia trabalhar nos arquivos do Tribunal Correcional de Paris; convidou-me a fazer com ele a vistoria dos arquivos que, segundo ele, continham valores consideráveis. Estava de posse de várias chaves e seu conhecimento dos locais e dos funcionários presentes no Palácio não me fazia duvidar da veracidade de seu posto.
>
> Conduziu-me, sem hesitar, ao último andar do prédio do Tribunal Correcional, cuja porta estava situada ao sul do Pátio de Sainte-Chapelle. Apenas estava preservada a parte oeste do edifício, pegada, creio, à Chefatura de Polícia, destruída de ponta a ponta.
>
> Lá, mostrou-me um cofre-forte arrombado, dizendo-me que o dinheiro em moedas havia sido roubado; havia grande número de joias, algumas espalhadas em desordem, outras arrumadas em prateleiras e, por fim, vários maços de títulos públicos e notas bancárias.**
>
> Esses objetos foram rapidamente reunidos, os títulos, trancados em um armário nos fundos, mais ao oeste. A operação foi feita exclusivamente pelos rapazes que me acompanhavam. Quando

---

* T..., evidentemente, guarda do arquivo público de Versalhes.

** Por ordem de Ferré, o dinheiro em moeda fora retirado e serviu às necessidades da luta; mas todas as joias, pedras preciosas, títulos e papel-moeda continuavam ali.

> chegou a hora de fechar, o sr. X propôs que meu lacre fosse colocado nas portas, pois ele mesmo devia guardar a chave. Com esse fim, entregou-me o carimbo que agora vos mostro, os lacres foram colocados com minha assinatura no armário que acabo de mencionar, na porta do cômodo do fundo e na do cômodo anterior.
>
> Neste último cômodo havia outros armários, cujas chaves o sr. X não possuía; aliás, dizia que os mesmos não guardavam qualquer objeto de valor.
>
> Ao descer de volta ao pátio, dei meu endereço ao sr. X para que pudesse me convocar para a retirada dos lacres. Ele parou para falar com vários funcionários e não tornei a vê-lo.
>
> No decorrer da conversa, não me fora pedida garantia alguma no que se refere às chances de conservação dos locais visitados. Aliás, eu não tinha qualquer preocupação a esse respeito.
>
> Só deixei o local do incêndio à noite, totalmente tranquilo quanto às partes da construção até então preservadas. A Companhia de Engenharia foi retirada na mesma noite com o maior número de bombas; as tropas encarregadas da segurança do bairro receberam ordem expressa de não deixar entrar no pátio de Sainte-Chapelle ninguém além dos bombeiros e dos funcionários.
>
> No dia seguinte, ou no outro, subi aos locais do arquivo acompanhado de um amigo, não lembro mais qual. Meu único objetivo era verificar o estado dos lacres. Fiquei muito surpreso ao só encontrar, em lugar dos escritórios, paredes negras, papéis queimados. Era-me difícil reconhecer os locais que visitara na véspera ou antevéspera.
>
> Sempre nutrindo algumas dúvidas a esse respeito, posso supor que o fogo conseguiu chegar ao depósito do arquivo devido à sua contiguidade com os edifícios da Chefatura de Polícia.

Disto resulta que os objetos preciosos depositados no arquivo do Palácio da Justiça não foram retirados pelos federados, como disseram os jornais versalheses, e que os federados não atearam fogo ao Palácio. O depoimento do comandante Hertz, tão transparente, nos faz entrever quem foram os ladrões e os incendiários.

XXII

[...] *que eles degolam nas ambulâncias* [...]

Lia-se no *Siècle*:

> À lista das vítimas inocentes de nossas discórdias civis temos o pesar de acrescentar o nome de um rapaz de 27 anos, sr. Faneau, doutor em Medicina.
>
> O doutor Faneau se engajara desde o início da guerra nas ambulâncias internacionais. Durante todo o sítio de Paris, cuidou dos feridos com zelo e dedicação.
>
> Após a Revolução de 18 de março, permaneceu em Paris e retomou seu serviço nas ambulâncias.
>
> Em 25 de maio último, estava de plantão no grande Seminário de Saint-Sulpice, onde os federados tinham instalado uma ambulância.
>
> Depois de tomar o cruzamento da Croix-Rouge, o Exército avançou até a praça.
>
> Uma companhia de linha foi até a praça do grande Seminário, onde tremulava a bandeira de Genebra.
>
> O oficial que a comandava pediu para falar com o chefe da ambulância. O doutor Faneau, que exercia essa função, se apresentou. 'Há federados aqui?', perguntou-lhe o oficial. 'Tenho apenas feridos', respondeu o dr. Faneau, são federados, mas estão em minha ambulância já há alguns dias'.
>
> No momento em que concluía essa frase, partiu um tiro de uma das janelas do primeiro andar, atingindo um soldado.
>
> O tiro fora disparado por um dos federados feridos, que se arrastara da cama até a janela.*
>
> O oficial, exasperado, atacou imediatamente o doutor Faneau, gritando: 'Estais mentindo, nos armastes uma cilada; sois amigo desses canalhas, sereis fuzilado'.

---

* À procura de circunstâncias atenuantes, o *Siècle* imaginara esse incidente muito mais do que inverossímil, como se, sem armas, sem esperança de escapar, alguém ferido tivesse podido cometer semelhante loucura.

O doutor Faneau entendeu que seria em vão tentar se justificar; assim, não opôs qualquer resistência ao pelotão de fuzilamento.

Alguns minutos depois, o desditoso jovem caía, atingido por dez balas.

Conhecemos o doutor Faneau e podemos afirmar que, ao contrário de simpatizar com os membros da Comuna, ele lamentava seus funestos desregramentos e esperava com impaciência o restabelecimento da ordem.

XXIII

A cabeça de Millière, [...] negra de pólvora, parecia olhar o frontispício do monumento.

Eis o relato de uma testemunha ocular, o sr. Louis Mie, deputado da Gironda:

> [...] Um piquete de soldados desembocava na Rua de Vaugirard, à nossa esquerda. Marchavam em duas fileiras. Entre elas estava Millière.
>
> Vestia-se exatamente da mesma maneira como eu o vira alguns meses antes em Bordeaux, na tribuna da Assembleia e no Círculo Republicano: calças negras, sobrecasaca azul-escuro, ajustada e abotoada, cartola preta.
>
> O piquete parou diante da Porta do Luxemburgo. Um dos soldados, segurando o fuzil pela extremidade do cano, gritava: 'Fui eu que o peguei, sou eu que tenho de fuzilá-lo'. Havia umas 100 pessoas de ambos os sexos e de todas as idades. Várias gritavam: 'Que morra! que seja fuzilado!'
>
> Um guarda nacional, usando uma braçadeira tricolor, pegou Millière pelo pulso, levou-o até o ângulo interior direito e o encostou ao muro, retirando-se depois [...]. Millière descobriu-se, colocou o chapéu no pedestal da coluna, cruzou os braços no peito e, calmo e frio, olhou a tropa. Estava esperando.
>
> À nossa volta, o público interrogava os soldados: 'Quem é?', perguntavam a um deles, e eu ouvia a resposta: 'É Mayer'.
>
> Um padre saiu do Luxemburgo; envergava uma batina reta e uma cartola. Foi até Millière, disse-lhe algumas palavras e apontou o céu.

Sem ostentação, mas com uma atitude muito calma e muito firme, Millière pareceu agradecer e abanar a cabeça em sinal de recusa. O padre se retirou.

Dois oficiais saíram do palácio e dirigiram-se ao prisioneiro. Um deles, que o primeiro parecia guiar, falou-lhe durante um ou dois minutos. Ouvíamos o som das vozes sem entender as palavras trocadas, e depois ouvi esta ordem: 'Ao Panthéon!'.

O piquete tornou a formar-se ao redor de Millière, que se cobriu, e o cortejo subiu a Rua de Vaugirard em direção ao Panthéon.

Chegamos à grade do Panthéon ao mesmo tempo que o piquete. A porta se abriu e tornou a se fechar às suas costas [...]. Colocando os pés na balaustrada de pedra, eu cruzara os dois braços em volta do alto das grades; minha cabeça ficou acima destas, pois são baixas [...]. A meu lado, um soldado, de sentinela do lado de dentro, respondia a duas moças que lhe faziam perguntas; seu cotovelo, encostado à grade, tocava o meu.

A tropa parara e quase se encostara à porta, de novo fechada. Millière foi posto entre as duas colunas centrais. Chegando ao lugar onde morreria e depois de subir o último degrau da escada, trocou algumas palavras com o oficial. Revistou o bolso de sua sobrecasaca, que acabava de desabotoar, de onde tirou um objeto que me pareceu ser uma carta e o entregou ao oficial, bem como um relógio ou um medalhão. O militar os pegou, depois segurou Millière e o colocou de modo a que fosse fuzilado pelas costas. Este se voltou com um movimento brusco e, de braços cruzados, ficou de frente para os soldados. Foi o único gesto de indignação e raiva que o vi fazer.

Ainda houve uma breve troca de palavras. Millière parecia se recusar a obedecer a uma ordem. O oficial desceu. Logo depois, um guarda pegava pelo ombro o homem que seria fuzilado e o forçava a dobrar o joelho esquerdo, encostando-o no chão.

Só a metade dos fuzis do pelotão abaixou em sua direção; os demais ficaram no braço dos soldados. Nesse ínterim, e acreditando que chegara seu último minuto, Millière gritou três vezes: 'Viva a república!'.

Aproximando-se do piquete, o oficial mandou tornar a erguer os fuzis que tinham sido abaixados depressa demais e depois indicou com a espada como seria dada a ordem de abrir fogo.

'Viva o povo! Viva a humanidade!', gritou Millière.

A sentinela, cujo cotovelo tomava meu braço, respondeu a suas últimas palavras assim: 'Vais engolir essa humanidade!'. Eu mal as ouvira e já Millière caía fulminado.

Um militar, que me pareceu ser suboficial, galgou os degraus, aproximou-se do corpo, abaixou a arma e atirou à queima-roupa perto da têmpora esquerda. A explosão foi tão violenta que a cabeça de Millière saltou e pareceu ficar como que virada para trás. A chuva fustigava-lhe o rosto há três quartos de hora; a nuvem de pólvora grudou em sua pele.

Deitado de lado, com as mãos juntas, as roupas abertas e desarrumadas pela queda, com a cabeça enegrecida, como explodida e parecendo olhar para o frontispício do monumento, seu cadáver tinha algo de terrível.

XXIV

[...] *aplaudiam os veículos ensanguentados.*

Lia-se no *National*, de 29 de maio:

Paris, 28 de maio de 1871.

Senhor,

Sexta-feira última, enquanto recolhíamos cadáveres no Bulevar Saint-Michel, indivíduos entre 19 e 25 anos, vestidos como pessoas abastadas, estavam sentados em companhia de mulheres de costumes libertinos dentro e à porta de certos cafés do mesmo bulevar, entregando-se com elas a risos escandalosos.

Atenciosamente (etc.)

Duhamel, Bulevar d'Enfer, n. 55.

Os fatos que aponto acima se repetem diariamente.

O *Journal de Paris*, folha versalhesa fechada pela Comuna, dizia:

A maneira como a população de Paris manifestou ontem sua satisfação foi mais do que frívola, e tememos que piore com o passar do tempo. Paris agora tem um ar de festa totalmente fora de lugar e, se não quisermos que nos chamem de 'Paris da decadência', é preciso pôr termo a esse estado de coisas.

Depois citava a passagem de Tácito:

'Entretanto, no dia seguinte a essa horrível luta, antes mesmo que estivesse totalmente terminada, Roma, envilecida e corrompida, voltou a chafurdar na lama da volúpia em que destruíra seu corpo e conspurcara sua alma – *alibi proelia et vulnera, alibi balnea popinoeque* – 'aqui os mortos e feridos, lá as raparigas e as tabernas'.

XXV

Assim foram massacradas mais de 1.900 pessoas.

Os jornais versalheses reconheceram que 1.600 prisioneiros haviam sido enterrados no Père-Lachaise. O *Opinion Nationale* dizia, em 10 de junho:

> Não quisemos deixar o Père-Lachaise sem saudar com um olhar de compaixão cristã aquelas trincheiras profundas onde foram sepultados indistintamente os rebeldes pegos de armas na mão e os que não quiseram se render.
>
> Expiaram sua loucura criminosa através de um ato de justiça sumária. Que Deus tenha piedade deles e lhes conceda misericórdia.
>
> Retifiquemos, de passagem, os rumores exagerados que circularam a respeito das execuções feitas no Père-Lachaise ou em seus arredores.
>
> Deduzimos, de informações seguras – quase ousaríamos dizer levantamentos oficiais –, que naquele cemitério foram enterrados apenas – *fuzilados* ou mortos em combate – *um total de 1.600.*

O relato abaixo, sobre o massacre de La Roquette, foi feito ao autor pelo sr. Jacquet, testemunha ocular que escapou por milagre e se refugiou na Alemanha, onde deu aulas em Landudno, em casa do sr. John MacLaughlin:

> Eu voltara para casa no sábado à noite. Ao atravessar o Bulevar du Prince-Eugène na manhã do domingo, fui pego em uma razia. Levaram-nos a La Roquette. Um chefe-de-batalhão estava postado à entrada. Encarava-nos e depois, fazendo um sinal com a cabeça, dizia: 'À direita!' ou 'À esquerda!'. Mandou-me para a esquerda.

'Para vocês, acabou!', disseram-nos os soldados, 'vão ser fuzilados, seus canalhas!' Ordenaram-nos que jogássemos fora nossos fósforos, se os tivéssemos, e depois nos indicaram que caminhássemos.

Eu era o último da fila, estava ao lado do sargento que nos conduzia. Ele me olhou. 'Quem sois?', perguntou. 'Professor. Pegaram-me esta manhã ao sair de casa.' Sem dúvida ficou impressionado com meu sotaque e a limpeza de minhas roupas, pois acrescentou: 'Tendes documentos?' 'Sim.' 'Vinde!', e levou-me até o chefe-de-batalhão. 'Meu comandante', disse ele, 'houve um erro. Este rapaz tem documentos'. 'Pois bem!', concluiu o oficial sem sequer me olhar: 'À direita!'.

O sargento me levou. No caminho, explicou-me que os prisioneiros conduzidos à esquerda eram fuzilados. Já estávamos chegando a uma porta à direita quando um soldado correu atrás de nós: 'Sargento!, o comandante mandou dizer que leveis este homem de volta para o lado esquerdo'.

O cansaço, o desespero da derrota e o enervamento causado por tantas angústias tiravam-me toda a força de disputar minha própria vida. 'Pois bem! fuzilai-me', disse eu ao sargento, 'não passará de mais um crime em vossa lista! Só peço que entregueis estes documentos a minha família'. E me dirigi para o lado esquerdo.

Eu já divisava uma longa fila de homens ao longo de um muro, outros no chão. Diante deles, três padres liam em seus breviários as orações dos agonizantes. Mais dez passos e eu era um homem morto. De repente me pegaram pelo braço. Era o meu sargento. Levou-me à força perante o oficial. 'Meu comandante', disse ele, 'não se pode fuzilar este homem! Ele tem documentos!'. 'Vejamos', disse o oficial. Entreguei-lhe minha carteira, que continha uma identificação de funcionário do Ministério do Comércio durante o primeiro sítio. 'À direita!', ordenou o comandante.

Em breve totalizávamos mais de três mil prisioneiros à direita. Durante todo o domingo e parte da noite, as detonações ecoaram ao nosso lado. Na manhã de segunda-feira, entrou um pelotão: 'Cinquenta homens!', disse o sargento. Pensamos que iam nos fuzilar por grupos e ninguém se mexeu. Os soldados pegaram os primeiros 50, ao acaso. Eu estava entre eles. Levaram-nos para o famoso lado esquerdo.

Os cadáveres que vimos cobriam uma extensão que nos pareceu infinita. 'Recolhei todos esses cafajestes', falou-nos o sargento, 'e colocai-os nas viaturas'. Levantamos aqueles corpos pegajosos de sangue e de lama. Os soldados faziam piadas atrozes: 'Vê só a cara deles!', e esmagavam algum rosto com o calcanhar. Vários ainda nos pareceram estar vivos. Dissemos aos soldados, mas eles responderam: 'Vamos, vamos, continuai!'. Com toda certeza, alguns foram enterrados vivos. Colocamos naquelas viaturas 1.900 corpos.

Dizia o *Liberté*, de 4 de junho:

> O governador de La Roquette, nomeado pela Comuna, e seus acólitos foram fuzilados no mesmo palco de seus feitos.
>
> Para os demais guardas nacionais presos, cujo número se elevava a 4 mil naquelas paragens, foi instalada uma Corte Marcial Provisória na própria La Roquette. Um comissário de Polícia e agentes da segurança pública foram encarregados do primeiro exame. Os designados para serem fuzilados eram dirigidos ao espaço interno; matavam-nos pelas costas, enquanto caminhavam, e jogavam os cadáveres no monte mais próximo. Todos aqueles monstros tinham cara de bandido; lamentam-se as exceções.*

XXVI

[...] *o número, a sede e as atribuições desses tribunais haviam sido fixados* [...]

O sr. Ulysse Parent, ex-membro da Comuna, absolvido pelo terceiro Conselho de Guerra, escrevia em 19 de março de 1877 ao sr. Camille Pelletan, diretor do *Rappel*:

> Vosso artigo publicado ontem no *Rappel* vos leva a falar dos tribunais prebostais que funcionaram em Paris em maio de 1871; nesse sentido, dizeis, com razão, que jamais foi possível obter dos diferentes ministros, que se sucederam no poder desde então, declarações precisas a respeito da existência dos mesmos, que o sr. Clemenceau em vão reclamou à tribuna os documentos e as peças diversas oriundas desses tribunais de exceção; acrescentais, por fim, que esses 'tribunais prebostais' não haviam tido, por vosso conhecimento, existência legal.

---

* Tal relato contém dois erros: François, o diretor, foi fuzilado em Satory; em La Roquette não houve corte marcial organizada.

Deixai-me, assim, vos dar algumas informações a esse respeito que talvez não sejam destituídas de interesse.

Quando do processo dos membros da Comuna perante o terceiro Conselho de Guerra, reunido em Versalhes, um certo sr. Gabriel Ossude depôs como testemunha de acusação contra Jourde, para cuja prisão contribuíra, segundo declarou, na qualidade de preboste do VII Distrito; e como o coronel Merlin, presidente do Conselho, parecia surpreso de que tal função tivesse sido confiada a um civil, o sr. Ossude passou a explicações muito precisas, das quais conservo a mais nítida lembrança.

Declarou que os tribunais prebostais haviam sido instituídos pelo governo de Versalhes no final da Comuna, tendo em vista a próxima entrada das tropas em Paris; que o número e a sede desses tribunais de exceção tinham sido determinados de antemão, bem como os limites topográficos de sua jurisdição; que ele, sr. Gabriel Ossude, recebera a nomeação das mãos de Thiers, embora não ocupasse qualquer posto no Exército, sendo apenas capitão do 17° Batalhão da Guarda Nacional.

Quanto às atribuições exatas referentes à qualidade de membro dos tribunais militares, o sr. Ossude não se explicou, mas deviam necessariamente exigir grande zelo, como vereis. De fato, em 30 de maio, quando se espalhou o rumor de minha detenção, o sr. Ossude acorreu ao Luxemburgo levando uma declaração de um certo Damarey (Arthur-Oscar-Gustave-Joseph), que afirmava ter sido eu mesmo, Ulysse Parent, quem 'dera ordem de incendiar o bairro da Bolsa, bem como de fuzilar os reféns; que, no dia 24 de maio, partiram do Bulevar Voltaire para La Roquette dois cavaleiros portadores dessa última ordem, a qual todos afirmavam ter sido dada por Ulysse Parent'.

Foi o sr. comissário de Polícia Gutzviller que colheu o depoimento mentiroso dessas duas personagens; tenho nas mãos o texto completo e autêntico; acrescento, para terminar, que o zelo demonstrado naquela circunstância pelo sr. preboste Ossude e por seu digno acólito não teve as consequências felizes que esperavam. No exato momento em que me procuravam no Luxemburgo, eu acabara de ser mandado para Versalhes. Sem essa circunstância fortuita, sem dúvida, hoje me encontraria impedido de vos renovar, caro concidadão e amigo Pelletan, meus protestos de estima e consideração.

Ulysse Parent.

XXVII

[...] *do Châtelet eram levados para o pátio do Quartel Lobau* [...]

> Nesse momento, a cena na Escola Militar é muito comovente; levam continuamente prisioneiros para lá e seu processo já está encerrado, só se ouvem detonações. (*Siècle*, 28 de maio.)
>
> Em Paris, as cortes marciais desenvolvem, em vários pontos especiais, uma atividade inaudita. No Quartel Lobau, na Escola Militar, o fuzil não para. É que estão acertando contas com os miseráveis que participaram abertamente da luta. (*Liberté*, 30 de maio.)
>
> Desde de manhã (domingo, 28 de maio), formou-se um grosso cordão diante do teatro (Châtelet), onde está em sessão permanente uma corte marcial. De vez em quando, vê-se sair um bando de 15 a 20 indivíduos: guardas nacionais, civis, mulheres e crianças de 15 ou 16 anos.
>
> Esses indivíduos são condenados à morte. Caminham aos pares, escoltados por um pelotão de caçadores que abre e fecha a marcha. O cortejo segue pelo cais de Gèvres e entra no quartel republicano, na Praça Lobau. Um minuto depois, ecoam em seu interior tiros do pelotão e sucessivas descargas de mosquetões; é a sentença da corte marcial que acaba de ser executada.
>
> O destacamento de caçadores retorna ao Châtelet para buscar outros condenados. A multidão parece muitíssimo impressionada com o barulho dos tiros. (*Journal des Débats*, 30 de maio de 1871.)

XXVIII

As vítimas morriam simplesmente, sem estardalhaço.

Um jornal da burguesia belga, dos mais violentos contra a Comuna, o *Étoile,* deixa escapar a seguinte confissão:

> A maioria avançou para a morte como os árabes após as batalhas, com indiferença, desprezo, sem ódio, sem raiva, sem injúrias para seus executores.
>
> Todos os soldados que tomaram parte nessas execuções, e aos quais fiz perguntas, foram unânimes em seus relatos.

Um deles me dizia: 'Fuzilamos, em Passy, uns 40 desses canalhas. Todos morreram como soldados. Uns cruzavam os braços, permaneciam de cabeça erguida. Outros abriam a túnica e gritavam: Fogo! Não temos medo da morte.

'Nenhum dos que fuzilamos pestanejou. Lembro-me, sobretudo, de um artilheiro que, sozinho, nos fez sofrer mais do que um batalhão. Durante três quartos de hora, metralhou-nos, matando e ferindo grande número de meus companheiros. Finalmente, foi dominado. Descemos do outro lado da barricada. Ainda posso vê-lo. Era um homem forte. Estava empapado de suor por causa do serviço. Agora é vossa vez, disse-nos. Mereci ser fuzilado, mas morrerei como um bravo'.

Outro soldado do Exército do general Clinchant contava-me como sua companhia levara até em cima das muralhas 84 rebeldes pegos de armas na mão:

'Eles todos se puseram em fila', narrava-me ele, 'como se fossem para um treinamento. Nenhum reclamava. Um deles, com um belo rosto, calça de tecido fino metida nas botinas e um cinto de zuavo na cintura, disse-nos tranquilamente: Tratai de atirar no peito, poupem-me a cabeça. Todos nós atiramos, mas a metade da cabeça do infeliz foi arrancada'.

Um funcionário de Versalhes me fez o seguinte relato:

'No domingo fiz uma excursão a Paris. Estava passando perto do teatro du Châtelet em direção ao abismo fumegante das ruínas do Hôtel-de-Ville, quando fui envolvido e arrastado pela torrente de uma multidão que seguia um comboio de prisioneiros.

'Encontrei neles os mesmos homens que vira nos batalhões do sítio de Paris. Quase todos me pareceram ser operários.

'Seus rostos não demonstravam desespero, abatimento ou emoção. Seguiam em frente com andar firme, resoluto, e me pareceram tão indiferentes à própria sorte que pensei nutrirem a esperança de ser soltos. Eu estava redondamente enganado. Aqueles homens haviam sido pegos de manhã em Ménilmontant e sabiam para onde os levavam. Ao chegar ao Quartel Lobau, os cavaleiros que precediam a escolta mandaram que fosse feito um semicírculo para impedir que os curiosos avançassem.

'As portas do quartel se abrem de par em par para que os prisioneiros entrem, fechando-se imediatamente.

> 'Não se passara um minuto e eu não dera quatro passos quando ecoaram em meus ouvidos os terríveis disparos de um pelotão. Os 28 rebeldes eram fuzilados. Surpreso com a espantosa detonação, senti uma comoção que me deixou tonto. Mas o que aumentou meu horror foi o dos sucessivos tiros isolados destinados a acabar de matar as vítimas'.

XXIX

[...] *Viram-se mulheres* [...] *ensandecidas* [...] *atirar em oficiais* [...]

Francisque Sarcey escrevia no *Gaulois*, de 13 de junho:

> Homens de sangue-frio, discernimento e palavra, de quem eu não poderia duvidar, falaram-me com um misto de surpresa e horror sobre cenas que haviam visto com os próprios olhos e que me fizeram pensar muito.
>
> Mulheres jovens, com rosto bonito e vestidos de seda, desciam à rua empunhando um revólver, atiravam na multidão e a seguir diziam, com expressão orgulhosa, voz forte e olhar cheio de ódio: 'Fuzilai-me já!'. Uma delas, que fora capturada em uma casa de onde alguém tinha atirado pela janela, ia ser amarrada e depois levada para Versalhes, onde seria julgada.
>
> Encostando-se a um muro, de braços abertos e peito ao vento, ela parecia solicitar, provocar a morte.
>
> Todas as que foram executadas sumariamente por soldados furiosos morreram com uma injúria na boca, com um riso de desdém, como mártires que, ao se sacrificar, cumprem um grande dever.

XXX

[...] *O general De Lacretelle deu ordem de fuzilar Cernuschi* [...]

Quando de um processo movido em 1876 contra o sr. Raspail Filho por seus escritos em favor da anistia, foi lida em audiência a seguinte carta, dirigida ao réu pelo sr. Hervé de Saisy, senador:

> Por dever de discrição para com diversas pessoas, não posso repetir, na presente, o relato que vos fiz de viva voz na circunstância que me recordais; entretanto faço questão de responder a

vosso mui cortês apelo repetindo aqui as palavras que serviram de considerando à sentença iníqua, em virtude da qual os dias do sr. Cernuschi foram ameaçados na ocasião em que as tropas se apossaram da prisão de Sainte-Pélagie e do Jardin des Plantes.

Eis as palavras pronunciadas pelo general-de-divisão que deu a ordem de execução sumária:

'Ao saber que Cernuschi comparecera à prisão, à porta da qual vi seu veículo, disse a um interlocutor que não posso designar: Ah! é Cernuschi, o homem dos 100 mil francos do plebiscito; retornai à prisão de Sainte-Pélagie e que ele seja fuzilado dentro de cinco minutos.

'Cinco minutos equivaliam à duração do trajeto que o portador da ordem devia percorrer para ir da árvore de cedro de Jussieu, de onde o general observava as fases do combate, à prisão.

'De início não entendi o sentido dessa frase estranha, mas poucos instantes depois lembrei que era a expressão de uma vingança política que ia ser exercida contra o sr. Cernuschi, por este ter doado 100 mil francos à propaganda da oposição no plebiscito final do império'.

Profundamente indignado com o que acabara de ouvir, fui muito feliz em provocar uma circunstância fortuita à qual a vítima, já condenada, deveu sua salvação.

Tais são os detalhes que posso levar ao vosso conhecimento.

Hervé de Saisy.

O sr. Th. Duret, que acompanhava o sr. Cernuschi, fez ao autor a seguinte comunicação:

Eu acompanhava o sr. Cernuschi no dia em questão, e com ele fui levado perante um pelotão de fuzilamento; foi só depois de uma luta corpo a corpo travada por mim com o oficial comandante do destacamento, que nos escoltava, que nos mandaram ir adiante. Encontrados então pelo tenente-coronel Pereira e por sua intervenção, fomos imediatamente devolvidos à liberdade [...]. Não duvido de modo algum que o sr. Hervé de Saisy tenha interferido, como ele disse, em favor do sr. Cernuschi; do que nos aconteceu, porém, ficou-me a impressão de que sua intervenção teria ocorrido tarde demais sem a resistência enérgica de nossa parte.

XXXI

[...] *uma dessas pessoas de quem é preciso se livrar* [...]

Ulysse Parent, ex-membro da Comuna, que os versalheses confundiram um instante com o coronel Parent, foi preso em casa e levado ao Tribunal Prebostal do Luxemburgo. Contou sua prisão e seu interrogatório no jornal *Peuple*, de 1876: "Os oficiais levantaram--se formando um grupo", disse ele,

> e se puseram a deliberar; minha sorte seria decidida naquele minuto. De repente, um gigantesco clamor vindo de fora chamou a atenção de todos; a porta se abriu com estrondo; inúmeros homens irromperam na sala. A massa humana arrastava alguém e, com gritos de triunfo, o jogou ao pé do tribunal. Quando o homem se levantou, pálido, machucado, cambaleante, reconheci o doutor Tony-Moilin. A partir daí, fui esquecido e começou outro interrogatório.
>
> Através dos depoimentos das testemunhas e das próprias declarações de Tony-Moilin, fiquei sabendo que ele era procurado desde o começo da semana; que primeiro encontrara abrigo na casa de um amigo que, preocupado com a responsabilidade assim assumida, logo lhe pedira que procurasse outro refúgio. Desalentado, Tony-Moilin retornara à noite a seu domicílio, na Rua de Seine. Nem preciso acrescentar que a delação que o arrancara do lar fora obra de um vizinho, doutor em medicina, seu colega.
>
> Estabelecidos esses primeiros pontos, o presidente continuou com suas perguntas: 'Conheceis a sorte que espera os que empunharam armas contra o Exército regular, sobretudo quando, como vós, ocuparam um comando superior?' 'Nunca ocupei comando', respondeu o réu em tom lento e calmo que lhe era costumeiro, 'simplesmente fui cirurgião do batalhão de meu bairro, e a excessiva frequência com que tive de utilizar minha lanceta e meus bisturis', acrescentou com um sorriso triste, 'não me permitiu que pensasse em me servir de minha espada ou de um fuzil'. 'Então é isso, cuidáveis dos homens da Comuna e mandáveis fuzilar nossos soldados.' 'Cuidei de todos', replicou Tony-Moilin, 'e jamais mandei fuzilar alguém'. 'Já em 18 de março, invadistes a administração do VI Distrito e vos tornastes um dos mais fervorosos adeptos da Comuna.' 'Após a retirada do governo, fui designado a ocupar as funções de administrador do VI Distrito, funções estas que só

exerci por alguns dias; quanto a minhas ideias sobre a Comuna, não são as que pensais.'

Aqui Tony-Moilin parou de falar. Um devaneio repentino parecia ter tomado conta de seu espírito; seu olhar tornara-se vago, ele parecia ter esquecido tanto onde estava quanto a acusação que pesava contra ele, e foi, sem dúvida, mais falando consigo mesmo do que com o tribunal, que murmurou baixinho, pontuando cada uma de suas frases com uma espécie de soluço nervoso: 'Sim, a Comuna cometeu erros... Perdeu-se no caminho... Não era aquilo que devia ser feito... Eles não souberam resolver o problema...'.

Segurou a cabeça com as duas mãos, como se quisesse comprimir os pensamentos tumultuosos que o assaltavam, e, depois, empertigando-se todo em uma atitude altaneira, com o braço erguido, o rosto iluminado e a voz clara e grave, bradou vigorosamente: 'Eu sou pela república universal e pela igualdade entre os homens!'.

A cena comovera-me profundamente. Eu conheci muito pouco Tony-Moilin, mas muitas vezes o encontrara nas reuniões públicas desde 1868. Sabia que era defensor das ideias de reformas sociais, mas também animado de um espírito paradoxal e algo quimérico; sentimental em excesso, doce e benévolo, sentia-se nele a fé de um apóstolo.

O presidente tornara a tomar a palavra: 'Os princípios que enunciais só fazem confirmar as informações que temos sobre vossa pessoa; de resto, a notoriedade vinculada a vosso nome bastaria para nos convencer. Sois um dos chefes do socialismo e um dos homens mais perigosos; é preciso se livrar dessas pessoas. Tendes alguma coisa a acrescentar em vossa defesa?'

O réu ergueu os olhos surpresos e fez um gesto de negação. Houve uma breve deliberação; o presidente se levantou e, com voz que traía a emoção, disse solenemente: 'Senhor, fostes condenado a ser passado pelas armas; recebereis notificação do julgamento'.

Naquele instante, esquecido de minha própria situação e cheio de piedade e angústia, com o coração quase partido de tão apertado, não conseguia desviar meu olhar daquele homem que iria morrer. Seu rosto estava contraído e o tique nervoso, que já assinalei, reaparecera; no entanto, foi em tom contido que ele voltou a tomar a palavra: 'Senhores, neste momento, deixo uma companheira, minha mulher. Ser-me-á permitido, antes de morrer, regularizar minha situação para com ela e perante a lei?' Fez uma pausa e, com um leve tremor na voz e um visível esforço em ocultar sua emoção, acrescentou: 'Senhores, seria muito importante para mim'.

> 'Se for possível', disse o presidente, 'tende certeza de que será feito: agora retirai-vos'.

Algumas horas depois, Tony-Moilin foi levado ao Jardim de Luxemburgo e fuzilado. Seu corpo, que a viúva reclamara e de início lhe fora prometido, não lhe foi entregue.

XXXII

[...] *As denúncias,* [...] *de funcionários que tinham, inclusive, muito a esconder* [...]

Em janeiro de 1879, na ocasião do processo movido contra o jornal *La Lanterne*, que descobrira os escândalos da Chefatura de Polícia, o sr. Ansart, bonapartista, chefe da Polícia municipal, depôs dizendo que, no momento da volta das tropas, prendera e enviara ao Tribunal Prebostal do Châtelet um homem chamado Villain, porteiro da Chefatura há 14 anos; Villain fora imediatamente fuzilado no Quartel Lobau. Ao ser perguntado por que o prendera, Ansart respondeu: "Por causa do rumor público que o acusava de ter ateado fogo à Chefatura. Ele me pareceu estranho". Ora, no momento em que foi preso, Villain estava trabalhando para apagar o incêndio. O homem ficara na Chefatura durante a Comuna por ordem de seus superiores. O autor dos artigos do *Lanterne*, Charvet, funcionário aposentado da Chefatura, deu depoimento dizendo que Ansart mandara fuzilar Villain porque este sabia demais. De outro modo, como explicar a morte sem interrogatório, sem inquérito, apenas "por causa de um rumor público", de um homem que, durante 14 anos, estivera a serviço da administração do governo?

XXXIII

[...] *executavam um falso Billioray* [...]

Esse assassinato também deve ser creditado ao capitão Garcin. Que tome mais uma vez a palavra:

> Primeiro Billioray procurou negar sua identidade. Quisera agredir um soldado: era um homem de uma força atlética. Ele se defendia, espumava de raiva. Mal houve tempo de interrogá-lo [...]. Ele começou com uma história de dinheiro cujo esconderijo podia indicar. Falava de 150 mil francos, depois interrompeu sua declaração para me dizer: 'Estou vendo que me mandareis fuzilar. É inútil dizer mais'. Eu lhe perguntei: 'Persistis?' 'Sim.' Foi fuzilado.
>
> (*Enquête sur le 18 Mars*, t. 2, p. 234.)

XXXIV

[...] *eles fuzilaram um Brunel, nos aposentos da senhora Fould* [...]

Lia-se em *Les débats*:

> O comandante Brunel foi descoberto na quinta-feira, na casa de n. 24 da Praça Vendôme, onde se refugiara, encolhido dentro de um armário de vestidos. Alguns tiros de pistola mataram-no imediatamente.

Lia-se no *Petit Journal*:

> Brunel estava na casa da amante. Tal mulher também foi passada pelas armas. Após a dupla execução, as portas do apartamento foram lacradas.

O assassinato foi provado perante os tribunais no processo do *Almanach Raspail*.

XXXV

[...] O Gaulois *publicou o relato de um cirurgião que assistira à execução de Vallès* [...]

"O fato", dizia o cirurgião,*

> passou-se às seis horas e alguns minutos da noite da quinta-feira, 25 de maio, na ruela Des Prêtres-Saint-Germain-l'Auxerrois. Vallès estava saindo do teatro do Châtelet, levado pelo pelotão

* Sr. Bastin, médico em Asnières.

de fuzilamento encarregado de executá-lo.* Trajava um fraque negro e calças de tom amarelo claro. Não usava chapéu e sua barba, que há pouco tempo mandara escanhoar, estava bastante curta e já grisalha.

Ao entrar na ruela onde devia ser cumprida a fúnebre sentença, o senso de preservação devolveu-lhe a energia que parecia tê-lo abandonado. Quis fugir, mas, retido pelos soldados, foi preso de uma fúria horrível, gritando 'Assassinos!', contorcendo-se, agarrando seus executores pela garganta, mordendo-os, opondo, em suma, uma resistência desesperada.

Os soldados começavam a sentir embaraço e alguma comoção por aquela luta horrível quando um deles, ficando para trás, deu-lhe uma coronhada tão furiosa nos rins, que o infeliz caiu com um gemido surdo.

Sem dúvida, sua coluna vertebral estava partida. Deram-lhe então alguns tiros no corpo todo e furaram-no repetidamente com as baionetas; como ainda respirava, um dos executores aproximou-se e descarregou-lhe a espingarda Chassepot no ouvido. Uma parte do crânio voou e o corpo foi abandonado na vala, enquanto esperava que o recolhessem.

Foi então que os espectadores da cena se aproximaram e, apesar dos ferimentos que o desfiguravam, puderam constatar sua identidade.

Mesmo assim, fiel a seu sistema de desmentidos, Maxime du Camp negou a execução de Vallès, pretendeu que a vítima fora o autor da invenção. "Disseram, e pode-se acreditar, que o próprio refratário redigiu o relato detalhado de sua execução, mandou colocá-lo na caixa do jornal, que o publicou sem verificá-lo."

'Pois bem, senhor Du Camp, não se pode acreditar em nada disso', respondeu Camille Pelletan,** 'e eis por quê: é que o nome da vítima é conhecido. Era o sr. Martin, que foi identificado como estudante de medicina. De fato, talvez estivesse matriculado em algumas matérias. Tinha alguns bens e vivia confortavelmente. Ao sair depois do almoço da pensão Laveur, onde às vezes comiam Courbet e o próprio sr. Vallès, ele fora denunciado na Rua Saint-André-des-Arts como sendo este último; na ocasião, ficou

* Os massacres ainda não estavam centralizados no Quartel Lobau.

** *Le Rappel*, 18 de fevereiro de 1879.

muito nervoso e, por ter ficado transtornado, comprometeu-se; levaram-no ao Châtelet e dali a Saint-Germain-l'Auxerrois, onde morreu. Todos os detalhes nos foram fornecidos por um de nossos amigos que também foi companheiro dele, e que os ouviu da mãe e da irmã do infeliz.'

XXXVI

[...] *Sicre roubou seu relógio e se enfeitou com ele.*

Eis o relatório do tenente Sicre:

> Paris, 28 de maio de 1871.
>
> Meu Coronel,
>
> Tenho a honra de vos prestar contas de que, no dia 28 de maio do corrente, ao aproveitar a licença que me havíeis concedido para ir à Rua Saint-Lazare, n. 90, visitar um oficial ferido em 19 de janeiro último na ambulância (o sr. Damaud, capitão, nascido em Roquefixade, Ariège), fui abordado por um padre em trajes civis, cavalheiro da Legião de Honra, que, ao me ver passar na Rua Lafayette, solicitou-me que prendesse um homem chamado Varlin, ex-ministro delegado nas finanças da Comuna, designando-o pelo nome. (Esse padre fora preso por ordem dele e sofrera mais de um mês de detenção sob o vil regime dos assassinos da Comuna).
>
> Apressei-me a deferir ao pedido e, vendo que fora reconhecido quando andei em sua direção, Varlin procurou escapar, fugindo pela Rua Cadet; segurando-o imediatamente pelo colarinho, mantive-o em meu poder e, assim, o levei até a Rua Lafayette, onde requisitei alguns homens armados do 3° Batalhão de Linha.
>
> Depois de atar-lhe firmemente as mãos às costas com uma correia, levei-o sob boa escolta até o sr. general-de-divisão Lavaucoupet, em Buttes-Montmartre.
>
> Durante o trajeto, foi reconhecido por todas as pessoas que se encontravam pelo caminho e, ao chegar ao Estado-Maior, não pôde negar sua identidade.
>
> Entre os objetos encontrados em seu poder, estavam: uma carteira com seu nome, um moedeiro contendo 284,15 francos, um canivete, um relógio de prata e o cartão de visitas do homem chamado Tridon.

> Após comparecer perante o sr. general-de-divisão e como não quis dizer nada, a escolta e eu o levamos, por ordem do general, até o muro do jardim – onde foram assassinados, em 19 de março, nossos bravos generais Lecomte e Clément Thomas – para ser fuzilado.
>
> A multidão, uns 3 ou 4 mil indivíduos, que acompanhara e reconhecera o ex-ministro, delegado da Comuna, bem como uma grande quantidade de pessoas dos arredores de Buttes-Montmartre, assistiu à execução, aprovando-a aos gritos de 'Bravo!'.
>
> Com respeito, sou, meu coronel, vosso mui humilde e obediente servidor.
>
> Sicre,
> Tenente do 67° Batalhão de Linha.

Eis, a seguir, um trecho do discurso pronunciado em janeiro de 1878 pelo sr. Engelhard, presidente do Conselho-Geral do Departamento de Seine, por ocasião de um pedido apresentado pela família de Eugène Varlin com vistas a obter o reconhecimento de que seu parente fora fuzilado:

> Por fim, o relatório do tenente Sicre diz que foi encontrado com o cadáver um relógio de prata. Tal objeto fora dado a Varlin por seus companheiros como prova de agradecimento, e o gravador, de quem apresento um atestado, declara ter gravado as seguintes palavras: 'A Eugène Varlin, recordação de seus companheiros'. Aquele que encontrou o relógio no bolso da roupa do cadáver necessariamente o abriu e, no inquérito, poderá declarar se tal inscrição estava gravada.
>
> Conheço o nome da pessoa em cujo poder está o relógio mencionado e que ainda hoje o usa. Posso até citar um detalhe singular. Há alguns anos, o detentor do relógio estava em um jantar no qual se falou sobre as execuções sumárias realizadas em Paris quando da entrada do Exército versalhês. Alguém pronunciou o nome de Varlin, dizendo que este se refugiara em Londres. O indivíduo, que não quero citar, respondeu: 'Varlin está bem morto. Eu [...] presenciei a execução. Um relógio encontrado com o cadáver atesta sua identidade'.
>
> Então, tirando um relógio do bolso, abriu a tampa e mostrou aos convivas aterrorizados a inscrição: 'A Eugène Varlin, em agradecimento, os operários encadernadores'. (Sensação.)

> Não quero nomear o indivíduo, repito; mas se ordenardes um inquérito, ele será chamado a depor, bem como os que leram a inscrição.
>
> Não insistirei sobre tal ponto. O Tribunal compreende sua gravidade, pois é proibido saquear os mortos e é infame gabar-se de uma ação que toda consciência honesta deve reprovar e censurar.

O sr. Engelhard escreveu ao autor sobre o assunto:

> Foi mesmo Sicre que eu quis designar. Foi ele que pegou o relógio de Varlin, o qual usa!

XXXVII

[...] *utilizaram poços* [...]

Em abril de 1877, quando houve a discussão realizada no Conselho Municipal de Paris objetivando conceder um auxílio à família de Popp, fuzilado em Mazas, embora não tenha tido participação alguma na luta, um conselheiro, Dumas, disse que

> na qualidade de adjunto do administrador do XII Distrito, foram-lhe solicitadas, após a volta das tropas, autorizações para o sepultamento de mais de 400 pessoas fuziladas na Prisão de Mazas. Todos esses cadáveres, entre os quais talvez estivesse o de Popp Filho, foram jogados em um poço do cemitério de Bercy. O certo é que a identidade dessas pessoas não foi reconhecida e não havia atestado de óbito.

XXXVIII

[...] *Os massacres em massa duraram até os primeiros dias de junho* [...]

O *Radical*, de 30 de maio de 1872, publicou a seguinte carta de um funcionário de Saint-Thomas-d'Aquin que, durante a Comuna, prestara serviços aos versalheses impedindo o tiro dos canhões de calibre oito que se carregavam por trás:

> Ao senhor conde Daru, presidente da Comissão de Inquérito sobre a insurreição de 18 de março, em Versalhes.

Senhor presidente,

Acabo de ler em um livro cujo título é *Enquête parlementaire sur l'insurrection du 18 Mars; Déposition des Témoins*, o seguinte depoimento do capitão do Estado-Maior, Garcin:

'Todos os presos que o foram de armas na mão eram fuzilados no primeiro momento, quer dizer, durante o combate. Mas, a partir da hora em que nos apossamos da margem esquerda, não houve mais execuções'.

No relatório do marechal Mac-Mahon sobre as operações do Exército de Versalhes contra a Paris rebelde, encontro a seguinte declaração: 'Na noite de 25 de maio, toda a margem esquerda estava em nosso poder, bem como as pontes do Sena'.

Infelizmente, o testemunho do capitão Garcin é contrário à verdade. *Quatro dias após 25 de maio*, meu filho e mais 14 infelizes vítimas foram mortas no Quartel Dupleix, situado na margem esquerda, perto da Escola Militar.

No dia 31 de agosto, encaminhei a este respeito ao ministro da Justiça uma queixa, da qual anexo uma cópia autenticada; depois de relatar os fatos relacionados a meu filho, pedia no documento que a justiça procurasse e punisse os culpados.

Esta, entretanto, até agora, ficou surda a minhas reclamações, apesar da publicidade que dei à queixa, com vistas a esclarecer o desaparecimento de meu filho.

Se fosse verdade que, como declara o capitão Garcin, o general comandante-em-chefe das tropas da margem esquerda tenha dado ordem de suspender as execuções a partir da noite de 25 de maio; ainda, se fosse verdade que o marechal Mac-Mahon emitiu um despacho com a ordem de suspender toda e qualquer execução, como declarou o coronel presidente do Conselho de Guerra quando houve o processo dos membros da Comuna, o oficial da Força Pública de nome Roucol, que ordenou os massacres do Quartel Dupleix, e seus cúmplices, teriam sido processados por ter mandado matar infelizes que não tinham participado dos combates, desrespeitando as ordens dos chefes do Exército.

Assim, situação terrível, na manhã de 29 de maio, enquanto, em Saint-Thomas d'Aquin, eu devolvia os canhões que meu filho e eu tínhamos jurado por nossa honra conservar para o Estado e pelos quais arriscáramos nossas vidas, meu filho era massacrado no fundo de uma cavalariça por aqueles que deveriam tê-lo protegido.

Em decorrência dos fatos que acabo de dar a conhecer, rogo ao senhor presidente que tenha a extrema gentileza de mandar corrigir o depoimento do senhor capitão do Estado-Maior, Garcin, que, a respeito das execuções, é inteiramente contrário à verdade.

Tenho a honra de vos saudar, senhor presidente, com a mais elevada consideração.

Assinado: G. Laudet.

Cópia autenticada enviada em carta registrada no dia 23 de março de 1872, com o n. 158, ao senhor conde Daru, que assinou aviso de recebimento.

G. Laudet.
Paris, 29 de maio de 1872.

XXXIX

[...] *Por muito tempo, dramas misteriosos foram encenados no bois de Boulogne* [...]

Doravante as pessoas condenadas à pena de morte pela corte marcial serão executadas no *bois* de Boulogne.

Todas as vezes que o número de condenados for superior a dez homens, os pelotões de fuzilamento serão substituídos por uma metralhadora.

(*Paris-Journal*, 9 de junho.)

O *bois* de Boulogne está totalmente fechado à circulação. A estrada está proibida – salvo acompanhado por um pelotão de soldados – e muito mais proibida está a saída.

(*Paris-Journal*, 15 de junho.)

XL

[...] *Algumas vezes amarrado ao rabo de um cavalo* [...]

Um homem de tez morena, cabelos negros e forte corpulência sentou-se na esquina da Rua de la Paix e se recusa a seguir em frente. Após várias tentativas de obrigá-lo a sair, um soldado, perdendo a paciência, espetou-o duas vezes com a baioneta, ordenando-lhe que se levantasse e tornasse a caminhar com os demais. Como era

> de se esperar, a advertência não surtiu efeito. Então, pegaram-no e o colocaram no lombo de um cavalo. Ele saltou imediatamente para o chão. Ataram-no ao rabo do animal, que o arrastou, como no caso da rainha Brunilda. O homem desmaiou de tanto sangue que perdeu. Por fim, reduzido à impotência, foi amarrado em um carro de ambulância e levado, em meio aos gritos e imprecações da população.
>
> (*Times*, 29 maio de 1871.)

> Perto do parque Monceau, o marido e a mulher foram presos e levados para a Praça Vendôme, a dois quilômetros de distância. A mulher sentou em uma pedra e, apesar das exortações do marido, recusou-se a dar mais um passo. Então, ambos se ajoelharam suplicando aos soldados da Força Pública que, se eles tinham de morrer, os fuzilassem lá mesmo. Vinte revólveres os atingiram, mas eles ainda respiravam e só faleceram à segunda descarga. Os soldados se afastaram, deixando os cadáveres.
>
> (*Times*, 29 de maio de 1871.)

> Outro prisioneiro, que também se recusara a caminhar, foi arrastado no caminho pelas mãos e pelos cabelos.
>
> (*Times*, 30 de maio de 1871.)

XLI

[...] *apareceram metralhadoras* [...]

O fato é testemunhado por vários jornais conservadores. *Le Siècle* entre outros. Preferimos citá-lo às folhas da linha de *Le Figaro*, que podem ser suspeitas de ter exagerado as glórias do Exército:

> Anteontem houve (em Satory) uma tentativa de revolta. Os soldados começaram pelos mais teimosos; mas, como o procedimento não parecia suficientemente resolutivo, mandaram trazer metralhadoras, que atiraram contra a massa. A ordem foi restabelecida, mas a que preço. (Versalhes, 27 de maio.)

> Por volta das quatro da madrugada, ocorreu uma nova rebelião de prisioneiros em Satory. Foram disparadas numerosas rajadas de metralhadoras, e podeis imaginar que o número de mortos e feridos deve ter sido bastante considerável. (Versalhes, 23 de maio.)

XLII

[...] Le Figaro *publicou* [...] *o histórico dos últimos dias do Hôtel-de-Ville* [...]

Eis um trecho:

> A cidadã A..., alta e já de uma certa idade, em torno de seus 40 anos, que outrora deve ter sido bonita e guarda desse passado uma elevada opinião de si mesma e de sua influência, foi sentar-se ao lado do oficial do Estado-Maior que substituía Delescluze; conversou algum tempo com ele em voz baixa.
>
> O oficial assinou duas meias-folhas de papel, entregou-as à cidadã de modo bastante misterioso e, depois, ela se levantou e saiu do Salão Vermelho.
>
> Na Sala do Povo, uma moça de rosto desaforado a esperava.
>
> Segui por um instante as duas cidadãs, aliás muito diferentes uma da outra, sendo uma incontestavelmente a dama de companhia da outra; vi que se dirigiam aos escritórios, situados ao longo do corredor que rodeava o pátio interno e se abriam para o mesmo por meio de portas de único batente.
>
> Há pouco tempo lá haviam sido alojados diversos serviços, visto que jamais assisti a tão grande número de mudanças de local como durante o reino da Comuna no Hôtel-de-Ville.
>
> Antes de subirem ao segundo andar, entraram primeiro no escritório dos fundos, onde estava instalada a instrução Primária, sob a direção de Minier e a inspeção de Jules Vallès.
>
> Lá ficaram alguns instantes, depois a acompanhante saiu levando um pacote bastante grande; a cidadã A... a seguia a uma certa distância e fechou tranquilamente a porta atrás de si.
>
> Então entraram no escritório seguinte e depois no outro; a cada vez o fardo aumentava; na última visita, ambas estavam muito carregadas; um guarda com grandes pacotes nas mãos as seguia alguns passos atrás, como um criado de casa abastada.
>
> Por simples curiosidade, entrei eu também nos cômodos de onde acabavam de sair e constatei que, no primeiro, o relógio de parede, os candelabros e os dois jarros de mármore negro tinham acabado de desaparecer; o tapete que cobria a mesa do segundo escritório servira de invólucro; as cortinas de quatro janelas, inclusive as duas do terceiro escritório, tinham desaparecido.

Só assim entendi o porquê do fardo do guarda que acompanhava as duas mulheres; quero crer que algum delegado compraçante requisitou um veículo para as cidadãs patriotas que tomavam tanto cuidado com o mobiliário do Hôtel-de-Ville. O contrário muito me surpreenderia.

Marfori.

XLIII

[...] O Gaulois *reeditou, como sendo de Delescluze, uma história sádica atribuída, em 1848, a Ledru-Rollin* [...]

Delescluze, já que é preciso chamá-lo pelo nome, mandara montar para si na administração do XI Distrito, local para o qual a Comuna o elegera e que ele administrava como delegado, um pequeno e agradável recanto onde ia descansar das preocupações do poder em companhia de jovens vestais recrutadas na legião das petroleiras.

Ademais, aquela administração distrital fora transformada em falanstério e, na noite em que lá entrou o general De Langouriau – o mesmo que foi traiçoeiramente preso em um vagão junto com o general Chanzy por ordem da Comuna e mantido prisioneiro durante alguns dias –, ela oferecera um espetáculo tão estranho quanto repugnante.

Cada casal, e eram muitos, fugira do próprio quarto em plena confusão, transformando quase todos os cômodos do vasto edifício em quartos de dormir! Por toda parte – no chão, em cima dos móveis, nas camas desarrumadas só se viam perucas rançosas, anáguas amareladas, corseletes encardidos, restos de comida, fundos de garrafas, farelos e manchas de todo tipo, resultado da orgia habitual da noite. Os soldados tiveram de proceder imediatamente à limpeza e à desinfecção do prédio para deixá-lo em condições de ser usado sem muito perigo para a visão e o olfato.

Delescluze, o Erostrate-Marat, que acaba de 'dar à liberdade funerais dignos dela', tinha, portanto, sua casinha naquele lugar de delícias, e a amante do senhor Verdure, outro representante eleito pelo XI Distrito, que fora nomeada 'delegada' do orfanato da Rua Oberkampf, utilizava seu novo posto para conseguir tudo que pudesse fornecer agradáveis distrações aos grandes homens da Comuna.

Esses fatos já eram conhecidos e quase públicos. Ora, eis que acabam de descobrir, no próprio teatro, uma dessas provas irrefutáveis que pertencem à história e à consciência públicas, e que relatamos em sua nudez reveladora.

Eis como a matrona infame encarregada, não esqueçamos, da direção de uma casa de orfãozinhos de todas as idades, a rapariga acoplada ao bandido Verdure, a proxeneta por profissão e experiência, satisfazia a lubricidade embriagada do incendiário-chefe de Paris. Aliás, certos objetos ignóbeis, encontrados em grande número naquela casa conspurcada, comprovam toda a prudência daquele Faublas da baixa demagogia na devassidão.

'Ao cidadão Delescluze,

'Atesto que a mulher de nome Henriette Dubom está num estado de saúde e decência que não deixa absolutamente nada a desejar.

'Paris, 5 de maio de 1871.

Cidadã Verdure.'

E eis o que valiam os mais ilustres entre os regeneradores da humanidade.

(Sem assinatura.)*

XLIV

[...] *encarnavam as petroleiras imaginadas por seus jornais.*

Lia-se no jornal *Le Globe*:

Poucos dias após a queda da Comuna, um membro da Assembleia Nacional teve a curiosidade de ir ver as mulheres prisioneiras em Versalhes. Mal entrara no pátio onde estavam reunidas 200 ou 300 dessas infelizes, sentiu que uma delas, toda esfarrapada, lhe segurava o braço: 'Não me deixeis, senhor!', exclamou ela.

Ele tentou se desvencilhar; a mulher agarrou-se com mais força a seu braço, dizendo: 'Pelo amor de Deus, não me deixeis; olhai para mim'.

* Ainda em 1895, *Le Figaro* contava que Delescluze requisitara para seu serviço pessoal os apartamentos do Elysées.

O deputado pôs então os olhos na prisioneira e não pôde conter uma exclamação de surpresa: 'Por Deus, senhora, que fazeis aqui?'

Acabara de reconhecer uma amiga sua, mulher rica e distinta, que mora em Paris. A senhora desatou a chorar, depois contou sua história:

Na quinta-feira, 23 de maio, após o fim da batalha em seu bairro, aquela senhora saiu e foi até seu tintureiro buscar alguns objetos. Ao sair da loja, viu-se no meio de um grupo de mulheres que fugiam, perseguidas por soldados.

'Prendei-as', gritavam, 'são petroleiras!'

No mesmo instante, as mulheres foram cercadas; a sra. X... junto e, apesar de seus protestos, foi enviada a Versalhes. A viagem foi feita a pé, e não se pode ter uma ideia dos sofrimentos morais e físicos da infeliz prisioneira. O cansaço, a fome, a sede tinham acabado com suas forças. Em Versalhes, todos os esforços que tentou para se comunicar com a família ou amigos foram infrutíferos. Todo mundo a via como uma verdadeira incendiária. Ninguém quis acreditar que fosse uma mulher honesta. Naturalmente, o deputado apressou-se em conseguir sua libertação. Sem este, ela poderia ter sido transportada com as companheiras para alguma penitenciária e lá ficar semanas ou meses esperando a sentença do Conselho de Guerra. Aquela senhora está convencida de que numerosas prisioneiras eram tão inocentes quanto ela; porém, acrescenta, éramos tratadas com o mesmo rigor que as verdadeiras culpadas. A sra. X... fala com horror sobre as cenas que presenciou durante o cativeiro.

XLV

[...] *A indústria parisiense foi aniquilada* [...]

Eis aqui, segundo o relatório do general Appert, naturalmente muito aproximado, o contingente de homens fornecido por determinados ramos profissionais: 528 joalheiros, 124 cartonageiros, 210 chapeleiros, 382 carpinteiros, 1.065 escriturários, 1.491 sapateiros, 206 costureiras, 172 douradores, 636 ebanistas, 1.593 comerciários, 98 fabricantes de instrumentos, 227 funileiros, 224 fundidores, 182 gravadores, 179 relojoeiros, 819 tipógrafos, 159 estampadores de papel de parede, 106 professores primários, 2.901 trabalhadores diaristas, 2.293 pedreiros, 1.659 marceneiros, 193 passamaneiros, 863 pintores de parede, 106 encadernadores, 283 escultores, 2.664 serralheiros mecânicos, 681 alfaiates, 347 tanoeiros, 157 modeladores, 766 canteiros.

XLVI

[...] *Os pontões, os fortes* [...]

Eis o relatório enviado ao autor por Elisée Reclus, que conta sua odisseia de prisioneiro desde a captura até o dia em que, a pedido das Sociedades de Geografia da Europa, foi solto, quer dizer, levado à fronteira com a Suíça:

> 1º – Conheceis Satory. A falta de ar e de sono me fizeram enlouquecer durante oito horas. Mas deixemos isso de lado.
>
> 2º – Sem dúvida ouvistes falar dos vagões para animais em que fomos transportados para Brest. Éramos 40 empilhados no vagão, jogados uns por cima dos outros. Era uma confusão de braços, cabeças e pernas. As lonas eram cuidadosamente fechadas ao redor da carga de carne humana, só respirávamos pelas fendas da madeira. Em um canto tinha sido jogado um monte de biscoitos esmigalhados; contudo, nós mesmos atirados em cima desse monte, sem saber do que se tratava, logo o esmagamos, reduzindo os biscoitos a pó. Durante 24 horas não recebemos outro alimento, nenhuma bebida; só em Lorient nos deram um pedaço de pão do tamanho de uma mão fechada. Durante toda a viagem, porém – 31 horas –, nenhum de nós pôde descer para respirar. Os excrementos dos doentes misturaram-se à lama dos biscoitos; a loucura tomou conta de muitos de nós: brigava-se por um pouco de ar, um pouco de espaço; vários de nós, alucinados, furiosos, eram como feras.
>
> 3º – *Quélern*. Os marinheiros do navio de transporte tinham despedido nossos policiais com insultos, tratavam-nos com educação, respirávamos o ar livre do mar, a manhã estava linda, o mar, tranquilo. Estávamos felizes e encantados com a súbita mudança. Um capitão da Força Pública, Chevreuil, nos recebe em Quélern. Era um homem de tropa, burro, ignorante, caprichoso, mas, no fundo, não muito malvado. Ameaça muito, mas não faz grande coisa. Os guardas são os mesmos policiais que estão por toda parte

como guarda-costas e carcereiros, gente muito espantada por ter de nos vigiar e que faz vista grossa quanto ao regulamento.

Mas era só o começo. Chega o diretor, sr. Delaunay, vosso conhecido, ex-diretor de Beauvais. Muito educado esse senhor, muito justo também, pois a justiça em um chefe de carceragem reside em não admitir reclamações e só acreditar na palavra de seus subordinados que se expressam segundo as fórmulas regulamentares e em ordem hierárquica. O fato é que fomos entregues ao arbítrio do chefe da guarda, um tal Rousseaux, ex-carcereiro de uma prisão da Alsácia. Passando por Paris, ele fora levado perante alguns membros da Comuna, gaguejara algumas frases patrióticas, e a menção da Alsácia removera todas as dificuldades. Versalhes pagou seus serviços dando-lhe homens da Comuna para perseguir; cumpriu bem sua tarefa, sobretudo depois da queda da Comuna. Enquanto esta estava em pé, maltratavam-nos com uma certa ansiedade; às vezes pareciam pedir-nos perdão, quase se desculpavam. Após as jornadas de maio, acabou-se a clemência; sabiam que não seríamos nós a mandar.

Abrigo: 20 casamatas, onde estávamos distribuídos em grupos de 40, deitados um ao lado do outro em catres sujos de prisioneiros anteriores. Nas casamatas no nível do pátio, o ar tornava-se espantosamente infecto durante a noite; mas nas de baixo, o cheiro ficava ainda mais fétido. As fossas sépticas, mal construídas, deixavam seu conteúdo ressumar através das paredes e, de manhã, a essência de excrementos enchia a primeira casamata até uma ou duas polegadas de profundidade. Havia casamatas vazias do lado oposto; não lhes ocorreu transferir para lá os prisioneiros. Mais tarde, quando aos 800 cativos vieram somar-se mais 200, estes foram colocados em uma barraca no meio do pátio; quando chovia, e chovia com frequência, a barraca se enchia de água.

Alimentação: no primeiro mês, biscoito e toicinho rançoso. 'Aquele que achar que o biscoito está mofado irá para a masmorra!' No segundo mês, um pouco de cozido todos os domingos; nos outros dias, 'sopa' e pão ou biscoito, alternadamente. A cantina estava nas mãos de um judeuzinho, representante de um ex-prisioneiro (ao menos parece, mas não o afirmo), que se tornou fornecedor da prisão. Segundo as cláusulas do contrato, seu lucro devia ser limitado a 10%. Mas os lucros que calculamos praticamente foram superiores a 480% ou 500%. Graças ao ar da montanha e à força de espírito que nos sustentava, tudo ainda ia bastante bem – só cinco tinham morrido – quando Jules Simon chegou para suavizar nossa sorte. Ele se dignou a achar que seus antigos eleitores – eu não estava entre eles – encontravam-se muitíssimo abatidos, decidindo recorrer com severidade. No dia seguinte, chega à prisão uma ordem de que eu fosse transferido, os cursos que tínhamos criado são suspensos por ordem do ministro da Educação Pública e, oito dias depois, um arremedo de biblioteca que possuíamos é interditado. Ao mesmo tempo, começa o regime da masmorra para os recalcitrantes. Meu melhor amigo, muito malvisto por causa de nossa amizade, lá ficou 35 dias; outro, mais de dois meses. Por fim, como, segundo me disseram, o caro Delaunay fora chamado a outras funções – prisão de Loos –, meus companheiros respiraram. Seu substituto, um corso, tratou-nos muito mais humanamente.

4º – *Trébéron*. Hospício militar, situado em uma ilhota de granito a três quilômetros de Quélern. Lá nossa situação é um pouco melhor, pois somos disputados por quatro governos distintos e ciumentos uns dos outros: irmãs de caridade, médicos, oficiais da marinha e um tenente-de-linha. Este bem que gostaria de ter sido malvado e feroz, mas os oficiais da marinha e os médicos o tratavam de 'grosso', zombavam dele e, afinal de contas, protegiam-nos um pouco. Quantos morreram ali, um desses hospitais para onde eram mandados os doentes dos pontões! Meus companheiros disseram 84, um guarda me disse uns 40. Não os contei; o fato é que o cemitério da ilha era pequeno demais, e que eram despachadas cargas de caixões.

5º – *Fontenoy*. Aqui só passei uma noite, uma noite e um dia, no fundo do porão, sem ar, sem luz, sufocando de calor e ofegante. Essas 24 horas me pareceram intermináveis. No entanto eu tinha mais filosofia do que outros e não estava acorrentado! O próprio imediato, muito educado, foi quem me levou até essa prisão, que chamava 'Sainte-Barbe, a prisão dos oficiais'. E meus companheiros da prisão vulgar!

6º – *Prisão Militar de Brest*. Cortesias, cuidados, respeito, víveres frescos, livros e jornais, tudo nos foi dado com a maior boa vontade do mundo. Só nos faltava a liberdade.

7º – *Prisão de Chantiers*, em Versalhes. Apresento-vos o tenente Mercereaux, bonapartista que fez propaganda vergonhosa com as brochuras de Adam Lux. Atreveu-se até a mostrar-me esse lixo. Lá somos 900 em três grandes salas. O tratamento, já o conheceis pelas cartas de Renard. 'Assim que virdes que em um grupo alguns se agitam, levantam os braços, atirai, sou eu que vos ordeno', disse o coronel Gaillard aos soldados. 'Nós somos a força e continuaremos sendo a força!' E os senhores Langlois, Naquet e outros se prestam à farsa de ir pedir informações a esse senhor sobre a maneira de tratar os prisioneiros.

8º – *Canil para cães de caça de Saint-Germain*. No pátio, em um de cujos barracões estamos, há uma bela cavalariça; reservam-na para o cavalo do senhor coronel, se ele nos der a honra de sua visita. Quanto aos prisioneiros, tudo é bom demais para nós. As janelas do canil são fechadas com tábuas e grades e só deixam passar o ar por um postigo; quatro baldes de lixo são esvaziados de manhã. O teto é baixo, o ar, irrespirável. Juntando bem os cavalos, haveria lugar para dezesseis, e somos 60, 80, 100 e até mesmo 117, como me garantiu um companheiro.

9º – *Prisão de Chatou*. Para a memória. Simples cárcere.

10º – *Casamatas de Mont-Valérien*. Frio terrível. Não somos em número suficiente para nos aquecer uns contra os outros. À noite, nosso hálito sobe até os trilhos do teto e lá se condensa, tornando a cair sob forma de chuva gelada. Nosso alimento é água suja com a qual foi lavada a louça. Todas as noites vem um oficial muito educado e nos pergunta se não temos reclamações a fazer: 'Não queremos morrer nem de frio, nem de fome', respondem os prisioneiros. Aquele senhor faz uma expressão compadecida, saúda-nos cerimoniosamente e no dia seguinte repete a mesma comédia. Por certo, estávamos mesmo mal, e, no entanto, quando um dia vimos entrar 16 prisioneiros vindos de Saint-Marcouf, entendemos o quanto nossa sorte fora suave comparada com a deles. Durante seis meses ou mais, os 200 federados jogados nas casamatas da ilhota de Saint-Marcouf tinham sido privados de ar, luz, leitura, conversa, tabaco e quase de alimento. Apenas migalhas de biscoito mofado e toicinho rançoso! O escorbuto os havia dizimado. Todos estavam doentes. De vez em quando o general ia insultá-los. Nas prisões que percorri, pude colher milhares de testemunhos. Minha impressão é que a pior de todas as prisões foi a de Saint-Marcouf; a mais tolerável, a de Fourat, na foz do Charente.

11º – *Casa Correcional de Versalhes*. Felizmente, diria eu, cheguei doente, o que me valeu a transferência para a enfermaria. Estou em regime de 'meia-ração': caldo, um pedacinho de queijo, às vezes um copo pequeno de vinho. A comida da prisão é muito ruim; dão cola à guisa de pão. Grande vigilância, mas sem excesso de severidade. O sr. chefe da guarda, que se acha o mais inteligente de todo o grupo, o sr. inspetor e o sr. diretor, sem contar a sra. superiora, têm ciúmes uns dos outros e vigam-se mutuamente;

> ademais, temem o que dirão os infames escrevinhadores dos jornais de Paris. Também parecem pensar: 'O dia deles pode chegar, quem sabe, sejamos prudentes!'
>
> 12º – *Conciergerie*. Conhecido.
>
> 13º – *Sainte-Pélagie*. Cheia de prisioneiros de direito comum.
>
> Nossos alcaguetes são falsários e condenados por roubo.
>
> 14º – *Prisão de Pontarlier*. Para a memória.
>
> Acrescento aqui a estatística dos 800 prisioneiros de Quélern: parisienses, 160; franceses de província, 562; estrangeiros, 73, sobretudo belgas e luxemburgueses. Sabiam ler ao entrar, 650; analfabetos, 150. Sabiam ler três meses depois, 750. Dinheiro extorquido durante o interrogatório: 7.200 francos. Valor dos objetos tirados: 36 mil francos.

XLVII

[...] *Só há uma explicação para esse fato estranho: é que De Beaufort pertencia aos versalheses* [...]

Eis aqui, a título de documento, a cópia da carta número *28 bis* endereçada ao general Borel; não pudemos confrontar a letra com que foi escrita com a de Beaufort:

> Ao general-chefe do Estado-Maior-Geral.
>
> Meu general.
>
> Confundem-me com o sr. De Beaufond, o que me contraria muito, principalmente pelo fato de me serem imputadas negligências por ele cometidas.
>
> Por certo, não perdi meu tempo durante os últimos quinze dias. Organizei toda uma legião de combatentes (s/c). Estes têm ordem de fugir quando as tropas se aproximarem, semeando assim a desordem nas fileiras dos federados.
>
> O meio indicado pelo conde de A... (o nome está em branco) parece-me viável. Eu o empregarei. Contando apenas com 100 bêbados será possível fazer muita coisa.

Meu plano está traçado. Ontem estive com Ibos e alguns homens muito enérgicos.

Onde estão os de Fonvielle? O sr. Chalest não me informou nada.

Sentimentos respeitosos.

De Beaufort.

XLVIII

[...] *os tubarões precisam mesmo comer* [...]

Os tubarões tiveram, de fato, o que comer: menos de três semanas depois, estávamos no mar; nosso amigo Corcelles, bravo oficial que fizera a Campanha da China, morrera e nós lançávamos seus restos ao reservatório comum. Temos de dar o nome desse amigo dos tubarões: chama-se dr. Chanal. Entre os milhares de condenados que passaram por suas mãos, não é possível citar dez casos de dispensa. E poderíamos avaliar os motivos que as ditaram, ao conhecer os seguintes fatos: o sr. Edmond Adam, deputado do departamento de Seine, fora à Ilha de Ré visitar o sr. Henri Rochefort, que lá estava internado; apresentou-se a seu hotel uma jovem que, pela módica quantia de mil francos, dizia poder obter do cirurgião-chefe o adiamento da partida de seu amigo. Bastava a moça dizer uma palavra, declarava ela, e o velho estava totalmente às suas ordens.

Relato de dois fugitivos. (Paschal Grousset e Jourde.)

Nota sobre o autor*

JOSÉ PAULO NETTO**

Esta *História da Comuna de 1871* é a obra mais conhecida de Lissagaray, participante da Comuna de Paris, evento que se constituiu num marco histórico na tradição das lutas sociais europeias – embora seja apenas um dos muitos frutos do seu incansável trabalho de jornalista, escritor e publicista, que se objetivou em publicações de gênero vário e interesse diferenciado. Filho de uma família burguesa bem situada na vida, Hippollyte Prosper-Olivier Lissagaray, de origem basca, nasceu em Auch, na região francesa da Ocitânia, em 24 de novembro de 1838.

Jovem de temperamento impetuoso, revelou precoce talento literário e logo se notabilizou por sua combatividade na defesa de ideais republicanos e na aberta oposição a Napoleão III – o que lhe

* Para um trabalho de referência sobre Lissagaray (que, ao que sabemos, carece de biografias em português), cf. R. Bidouze, *Lissagaray, la plume et l'épée* [*Lissagaray, a pena e a espada*]. Paris: Éd. Ouvrières, 1991.

** Professor emérito da Universidade Federal do Rio de Janeiro (UFRJ) e professor da Escola Nacional Florestan Fernandes (ENFF).

valeu perseguições e processos judiciais. Participou da proclamação da Comuna em março de 1871, fundou um de seus principais órgãos de imprensa e lutou de armas na mão contra os versalheses na *semana sangrenta* do mês de maio. Obrigado ao exílio, passou pela Bélgica e enfim se fixou em Londres, onde viveu até 1880, quando retornou à França.

Em Londres, tornou-se um assíduo frequentador da casa da Karl Marx, que admirava seus dotes intelectuais e estimulou-o a escrever a sua história da Comuna, publicada em 1876. Uma forte paixão uniu por alguns anos Lissagaray à filha mais jovem de Marx, Eleanor (Tussy), que, aliás, traduziu a *História* (em edição inglesa editada em 1886). O autor d'*O capital* opôs-se ao romance e os amantes separam--se (Eleanor ligou-se mais tarde a Edward Aveling; Lissagaray morreu celibatário).

Regressando à França, Lissagaray prosseguiu na luta política – teve papel relevante na luta contra Boulanger e na defesa de Dreyfus, sendo inclusive um dos fundadores, em 1888, da *Société des droits de l'homme et du citoyen* [Sociedade dos direitos do homem e do cidadão] – e continuou avançando em seus estudos sobre a Comuna (uma nova edição da sua *História* saiu em 1896, bastante ampliada). Faleceu a 25 de janeiro de 1901 – cremado conforme sua vontade, suas cinzas foram depositadas no Père Lachaise, em cerimônia fúnebre que contou com a presença de milhares de pessoas.